U0864670

近代文明史

（上 册）

张跃发／景晓强——————编 著

Modern History of Civilization

时事出版社
北京

前　言

历史学包括三个一级学科：中国史、世界史、考古学，其中前两门学科中首推通史。世界通史以人类社会为研究对象，旨在探索从古到今的历史发展规律，不同发展阶段及其特点。社会需要什么样的世界通史？这是不同时代的人们向历史学提出的同一个问题。

中华人民共和国成立初期，尤其是“文革”十年，历史编纂以阶级斗争为纲。五种社会形态是人类社会进化的普遍规律：古代史被定性为原始社会和奴隶社会，在西方终结于 476 年；中世纪属于封建社会，从古罗马帝国灭亡到 1640 年开始的英国资产阶级革命；近代史就是资本主义史；现代史从 1917 年俄国十月社会主义革命开始。以此为前提的学术成果，共同组成新中国的新史学。这对于清算欧美史学在旧中国的支配地位，无疑是一剂良药。

新中国成立时，迫于当年苏美在全球对峙的大环境，不得已一边倒。当年建国伊始，百废待兴，我们以俄为师，历史学也不例外。苏联专家的援助和指导功不可没，而在今天看来，“文革”结束前 27 年间国内愈演愈烈的教条主义学风和极左路线，苏联老大哥也要承担一部分责任。鉴于冷战年代两大阵营极端化的意识形态对立，对于五种社会形态定性的任何一点点怀疑，都被上纲上线，因为“社会主义取代资本主义，是一个不以人们意志为转移的客观规律”。而社会主义只能有一种（斯大林）模式：实行公有制，排斥任何形式的私有成分。质疑公有制作为社会主义制度唯一经济成分的普遍性，还容易延伸到对共产主义理想的动摇，这可是政治信仰啊！在那个年代，把学术争论上纲上线比比皆是。

所以，凡经历过或了解这一段历史的中国人都会认同：1978 年 12 月党的十一届三中全会，不愧是当代中国社会的伟大转折。停止使用“阶级斗争为纲”比较简单，而改革开放如何具体操作，却是一个认识逐步深化，并在实践中不断探索的长期互动过程。三中全会前后，全党对真理标准的讨论，党内外对“文革”的情绪化反思和理性反思争执不下，这促使党中央做出建国以来关于若干历史问题的决议，再加上平反冤假错案，都给全党全国解放思想，统一认识提供了不可或缺的民意基础。改革从农村开始，可谓顺应民心，其效果也立竿见影。改革途径是经济先行，其他领域的改革围绕经济建设这个重心全面推进。

改革初期，中央大年初一连续发布几个一号文件，农业连年丰收，各地出现卖粮难，给卖粮农民打白条，库存不足等问题。1988 年，中央取消粮票，接着全面放开物价。于是人们去银行挤兑现金，社会上抢购商品成风。为了缓解职工子女（含 1500 万下乡回城知青）就业压力，政府允许事业单位办企业，个体经营合法化势在必行，第三产业首当其冲。在国企产权改革中，中国抓大放小，产权与经营权分离，旨在建立现代企业制度；俄国接受外国专家建议，采用“休克疗法”，私有化一步到位。物价市场化改革涉及诸多产业和行业，事关人民切身利益，中国有序展开，整体联动。以汇率并轨为例，1993 年市场价已涨到近 10 元兑换 1 美元，而中国银行牌价为 5 元。从 1994 年 1 月 1 日起，央行大幅调整为 8. 6187 元，并为此向市场大量抛售外汇。一年后，汇率便稳定在 8. 27 元水平上，黑市交易完全消失。1997 年东亚金融危机，日元竞争性贬值，而人民币不为所动，东亚各国金融市场的恐慌得以缓解。此后人民币对一篮子外币双向浮动，再过渡到浮动区间不受限制……可以预料，随着中国经济基本盘持续向好，金融、财税、国企改革深入进行，人民币在资本项目下的可自由兑换指日可待。以人民币为国际储备货币的国家（中央银行）正在增加，并提升其储备权重。而卢布与美元的汇率，1998 年从 6：1 贬值到 20：1，2015 年约为 60：1，2021 年为 75：1。

改革开放 40 年间，虽然出现过物价恶性膨胀，数千万国企职工短期内同时下岗，国有资产流失，1989 年春夏之交的政治风波……但就全局全过程而言，改革实现了有序推进，风险可控，与同一时期苏联、俄国的改革开放相比，损失较轻，经历的社会阵痛小得多。归根到底，我国的改革成功了。如今，中国经济总量按汇率计，位居世界第二。非金融类对外直接投资累计总额，已超过外国对华投资。科技水平尚有不少短板，美国乘机全面打压；但也说明他们感受到竞争压力才出此下策。所有这些首先归功于邓小平同志的胆识和决断，以及党中央的坚强领导。中央还定期请专家讲课，召开座谈会，与各领域专家学者面对面讨论。其中经济学家发挥了重要作用（经济改革是重点）。应对新冠肺炎就是一个范例。以习近平总书记为核心的党中央，尊重科学，领导有方，全社会迅速动员，形成举国一致的强大合力，已经取得抗疫胜利。而某些强国，在防控疫情与恢复生产的两难局面中举棋不定，已出现二次反弹。

与经济学家在改革开放期间的出色表现相比较，历史学不但黯然无光，而且显得无所适从。旧体系不用了，新的世界史学科体系整体上看，至今未见突破。其实这并不奇怪，苏共总书记戈尔巴乔夫的改革，名之曰新思维，就是从政治、历史领域开始的，结果可想而知。

基于对改革开放以来国内外形势的持续关注，尤其是中俄改革进程的不同途径，从20世纪90年代初我就意识到掌握西方经济学基本知识的迫切性，并与我此前学过的《资本论》加以比较。1994年我在《社会科学报》（太原）第1期发表《金属货币与世界市场》。同年去南开大学做访问学者。在广泛阅读其馆藏的中文、英文经济史、经济学说史论著期刊之余，我还去经济学院旁听本科生的大课：西方经济学。旁听研究生论文答辩并参与讨论。

1999年，时事出版社出版了我的《民族国家与世界经济1500—1900》（第二作者刘养洁），首次提出：近代史的重点是西欧民族国家在天主教世界竞相崛起，以及世界经济一体化。2001年退休后，我趁热打铁，把这本著作扩充为一部体例完整的高校通史教材。最初拟书名“世界历史：从传统社会到近代文明”。西北师范大学杨鹏飞看了我寄的书稿，建议改为“近代文明史”。此书于2004年由世界知识出版社出版，2005年再版。杨先生在《世界历史》2006年第4期发表书评，青年教师王宝龙于2012年在《全国新书目》（北京）8月号上也发了书评，对拙著予以肯定。

2005年再版时，新责编嘱我写一则200字的内容提要，拟附于封面里侧。我写道：在世界通史中，近代部分是一部人类从传统社会向近代文明过渡的历史，是各专门史，诸国别史在世界范围交流、碰撞并融为一体的历史。此书旨在赋予通史教材以文明进化的学术内涵，使读者从近代国家、近代金融、近代科学与哲学、近代欧洲文学、近代工业与工人运动、近代殖民主义与民族解放运动、近代国际关系的形成与演变中，具体把握近代文明的丰富内涵与发展趋势。

与迄今为止国内外出版的同类著作相比，笔者自认为本书有以下特点：

第一，关于近代史开端。笔者不认同以重大政治事件作为历史断代唯一标志的传统作法。那些政治事件，当时肯定是轰动世界的头号新闻，却未必都是人类历史长河中的真实拐点。在历史断代问题上热衷于泛政治化，还容易导致英雄人物创造历史、决定历史走向的英雄史观。当然就政治事件本身而言，也不能一概而论。新中国成立的1949年，在华盛顿等主流媒体上，就很难占据头条。然而历史地看，这一年10月1日，由北平市军管会午后安排的这场庆典，无疑是近代中国百年以来，尤其是1921年中国共产党成立以来，这个东方大国由沉沦转而挺立，然后奔向民族复兴的历史转折点，以此作为近代（modern）中国不同时期的界标，可谓当之无愧。再加一句，1949年并不奢望充当人类历史的什么转折点。

说完近代史开端，有必要讨论其终点。为什么从1917年改为1900年？后者与近代史的新开端1500一样，当年并无惊天动地的大事，我以为共同原因是近代社会发展太快，“一天等于（过去）20年”（关于近代史开端，详见第一章）。

放弃1917，并不是因为苏联解体，史学家们一哄而起，胜者王侯败者寇。十月革命自有其历史必然性。她顺应俄国人当年对“和平、土地、面包”的渴望，给马克思主义者提供了实现科学社会主义理论设想的机会之窗。70年的苏联史有辉煌，也有阴影。即使解体，也给全世界共产党人留下了宝贵的经验教训。当然，全面评价十月革命已远远超出本文和本书范围。不过，平心而论，《震撼世界的十天》不足以担负世界现代史开端的重任，是确定无疑的。

这里讨论一下市场经济。在古希腊、古罗马不但有市场经济，连人（奴隶）也成为市场交易的商品，马克思把中世纪晚期的市场经济称为资本主义萌芽，本身并无不妥，但以此为由断定“小生产是经常地、每日每时地、自发地和大批地产生着资本主义和资产阶级”就有些过分了：把一切商业行为①意识形态化，把市场经济全部资本主义化。判断社会性质，不能只看现象或某个局部。政府对市场经济的政策和社会的营商环境更为重要。

第二，近代文明的精神家园在于人自身已获解放。在传统社会，人们直面大自然的无穷威力和变幻莫测，显得茫然无知且束手无策，自叹渺小而卑微；或者原有社会的各阶级，在斗争中同归于尽，社会秩序轰然倒塌，民不聊生，痛苦不堪时，人群中最聪明、想象力最丰富的个别人，把自然界（整体或其元素）当作崇拜对象，引领众人顶礼膜拜。并且把崇拜对象人格化，进而神化和圣化，同时赋予其独一无二的排他性至尊地位。

---

① 包括个体小商贩自销（代销）家庭副业产品的乡村集市。

直到文艺复兴、宗教改革和启蒙运动，西方文明方才从神学时代转向科学时代，从神权至上转向人权至上。不过政权虽已世俗化，个人精神生活领域的信仰支柱仍长期保持着，固化为西方文明的底色。

第三，在大国正文前，各加一则导言，试图描绘其民族心理和国家认同。措词如有冒犯，还请谅解，写作初衷是希望同胞在领略异国民情风俗及其底蕴之余，与我中华文明加以比较。

第四，关于中华文明和中华民族。这是我给第二章“民族国家与民族主义”后面增加的第四节。本书2005年再版后延宕至今，盖因此题所致。如今虽略有所悟然根底不深，终难登堂入室。此次不揣冒昧公之于众，乃出于以下考虑：

五四新文化运动以来，国人在民族国家（nation state）、中华民族（Chinese Nation）、国内50多个少数民族（ethnic minorities）问题上，长期莫衷一是，难以自圆其说。这是因为中文古代典籍中家国情怀不可分割，而家、国、天下在西周分别指大夫、诸侯、周天子（周王室）。无论是战国争雄，还是秦朝以降的改朝换代，都属于国家兴亡，“肉食者谋之”。只有面对日本灭亡中国，才属于“天下兴亡”因而“匹夫有责”（顾炎武）。

所以，现代汉语中的民族国家等词汇，完全是套用西方历史（详见第二章前三节）、西方话语系统的结果，在国际交往中姑且用之（无可替代），而一旦用这些词汇论述我中华民族以及国内少数民族时，则无异于削足适履。西方朝野这些年一直在西藏、新疆问题上喋喋不休，不遗余力，在反华立场（源于西方文明优越论）之外，译文混淆了中西历史差异，也是一个原因。西方世界普遍缺乏对中国的了解，加上藏独、疆独分子在美国暗中资助下公开造谣污蔑，有人相信也就不足为怪。对此，我们要对外讲好中国故事，但故事不能代替理论。理论一旦为群众掌握，也能变成物质力量（马克思）。

在理论研究方面，前辈和当代学人已经做了很多工作，他们从民族学、宗教学、社会学、政治学等方面研究中华民族，值得肯定和发扬。美中不足是都属于专业和专题研究，而综合性研究不够，因为社会是一个有机共同体。

中国史，尤其是中国古代史学者，对此也有精深研究，佳作名言传世，如钱穆先生的《晚学盲言》（上、下）（生活·读书·新知三联书店，2018）。在中西对比中，不乏真知灼见。不过始终以我为主，他人为辅。笔者以世界史为稻粱谋，看待中西，不分主次，且择善而从。但也不是简单的世界史加中国史，各说各话。本书60万言，中华民族一节仅5000字。

本书从1999年的前期准备，到2004年、2005年版确定近代史框架和时代定位，出过三个版本。这次修订，自忖与国内外版本的同类著作异多同少。至于成败利钝，相信读者自有公论。放眼长远，岁月是公允的裁判。

2005年再版时，责编要我赴京终审，但我因此书劳累过度（幸好已经退休），血压升至190/90毫米汞柱，不得已，想起当年我教过的本科生，现在北京某军校任教的景晓强，彼允诺前往，代为审阅。小景早在2000年读研期间，就在《历史教学问题》（上海）第4期发表书评《近代史开端与资本主义》，这是对拙著第一章内容的深入阐述。这些年来，我们在历史和其他理论问题上，一直保持通信联系。这次修订，小景撰写了第三章第一节内容，二、三、四节也时有补充，在评论各大国历史的章节正文前，小景分别写了导言，还对前三章内容和结构作了调整。至于在其余章节所做的增补，因点多且散，恕不详细列举。总之，本书得以付梓，我这位昔日学子有一半功劳。

毛泽东主席晚年号召全党认真看书学习，弄懂马克思主义。在那场群众性学习热潮中，辅导讲座，我每场必听。三位导师的两套中文版选集，我反复阅读，认真思考。为了追寻经典作家的思想渊源，我又自学西方哲学史进而涉猎西方通史，尤其是近代史，还有名人传记，此即所谓知人论世。1977年恢复高考，第二年恢复研究生考试，我以大学同等学力身份，就近去青海师范学院应考，被录取为世界近代史专业研究生。高校教学20年，我爱岗敬业；退休已满20载，仍不离不弃。可以说，世界史在我心中，犹如信徒去圣地朝觐。

本书错误和疏漏在所难免，欢迎同行和读者批评指正。

山西师范大学张跃发

2020年10月

目　录

（上　册）

（下　册）

第一章

近代史开端与资本主义

历史如大河奔流不息，“逝者如斯夫，不舍昼夜”（孔子）。历史轨迹有时如密西西比河，河面木筏上的船工顺流而下时，只见这条母亲河笔直宽阔，水流平缓，无声无息，两岸景观在几天几夜行程中也没有变化；但有时却如黄河九曲十八弯，如长江“惊涛裂岸，卷起千堆雪”。一位参加过1640年11月3日议会（史称长期议会第一次会议）的英格兰下院议员，或一名生活在1500年元旦的西班牙海上冒险家，清晨起床后决不会像先知一样向别人宣称：“啊，中世纪已经结束了，近代社会从今天正式开始!”可见，把历史划分为古代、中世纪和近现代是人为的。然而历史本来就是人自己创造的，“而且人类天性到处都是相同的”。[①] 历史学家有责任也有资格对历史进行记录、整理和编纂，而在历史课本、通史、专著的编纂、写作和课堂教学中，都需要把年代久远、包罗万象的史料和层出不穷的科研成果加以鉴别和取舍，按年代顺序划分章节、标出题目，借以区分不同的历史时期，首先是古代、中世纪和近现代。人类文明史已经有6000多年，其间最大的变化莫过于从“黑暗的中世纪”向近代文明过渡。那么，中世纪与近代史的分界线又在何处？其本质特征又是什么？这是学术界多年来热烈争论的重大课题。

第一节　历史分期中的社会形态陷阱

中学生使用的全国统编教材多年来把1640年英国资产阶级革命作为近代史的开端，苏联和新中国的大学历史教材，直到20世纪80年代也是这样。但从1992年起，由吴于廑、齐世荣先生任总编、高等教育出版社出版的《世界史·近代史编》（以下简称吴齐本。古代史和现代史编于1994年出版）却把1500年作为近代史开端，中学历史教材也做了类似调整。理由是马克思主义史学家从事历史分期的基础是“历史唯物主义关于社会经

① ［美］W. 汤普森：《历史著作史》下卷，第三册，孙秉莹译，商务印书馆1992年版，第127页。

济形态发展的理论，与以政治兴替或其他‘重大事件’为分期标准者有本质的不同”（见吴齐本《世界通史·总序》）。

吴齐本否定了苏联科学院《世界通史》体系和吴老自己于20世纪60年代初主编的世界通史中用重大事件划分历史时期的做法，无疑体现了他们在学术上的新探索，不过这一做法在西方并不新鲜，《新编剑桥世界近代史》第一卷小标题就是《文艺复兴》（1493—1520），实际上与将世界近代史的开端定在1500年一样。差别在于吴齐本认为：世界近代史是“西方资本主义上升、发展并向整个世界扩张的……历史”（《世界史·近代史编·前言》），而西方学者很少有人认同这种社会形态划分。换句话说，吴齐本的1500年开端说，只是把西欧封建社会和资本主义社会的转换期，从原来的1640年提前到1500年而已。这同苏联的世界通史体系以及我国周一良、吴于廑、李纯武、王荣堂、刘祚昌、刘宗绪、彭树智等名家在其主编的近代史教材中所持的“社会经济形态”开端说是相同的。这些教材的前言、导言都把近代史定义为一部资本主义产生、确立（刘宗绪）、发展或局部衰落（王荣堂）的历史。然而明白无误的经济理论和确凿无疑的史实都告诉我们：从1640年直到整个18世纪，包括英国在内的人类社会，均未达到马克思在《资本论》（该书涉及的事实及背景，几乎都立足于英国）中关于资本主义社会经济形态发展的标准。只是从拿破仑战争结束到19世纪四五十年代，以英国为代表的西欧社会经济形态，才呈现出与其以往、与同期其他所有国家迥然不同的本质差别。由此得出的结论只能是：吴齐本的1500年近代史开端说从中世纪结束的含义来看是正确的，但把资本主义社会的开端从1640年提前到1500年，却值得商榷。以英国为例，该国的儿童都知道：从1485年都铎王朝算起，中世纪史在英国就结束了。① 但这并不意味着英国进入了资本主义时代。② 恩格斯也认为16世纪和17世纪结束了中世纪。③

苏联历史课本中关于世界近代史的开端，原先采用列宁的1789年开端说。1934年8月9日，斯大林、日丹诺夫和基洛夫三人下达的关于《近代史》教科书大纲的意见，还遵循这一分期。但1940年，在几位院士的建议下，斯大林以行政命令的口吻把近代史提前到1640年，却未解释为什

① 来安年：《英美概况》（英文），河南教育出版社1988年版，第118页。

② 蒋孟引：《英国史》，中国社会科学出版社1988年版，第273页。

③ 《马克思恩格斯选集》第1卷，人民出版社1995年版，第25页。

么要从1789年提前到1640年。[①] 我国有的学者曾主张把近代史开端放在1566年。[②] 这三种开端说同现行教材中把近、现代史分期划在1917年一样，都以政治革命为标准。吴齐本虽然声称放弃了“政治兴替”，实际上并未摆脱社会形态是否发生质变，取决于政治革命成功与否的传统模式。其实，在近代史分期问题上，半个多世纪以来使史学家感到困惑的，不仅在于是否以“政治兴替或其他重大事件”（吴齐本《总序》）作为划分标准，更值得深思的是“近代史就是资本主义史”这个命题本身。

30多年前，钟国发先生就提出过这个疑问：“近代史是资本主义史吗?”[③] 他认为，在1640—1917年大部分年代里，处在资本主义社会制度下的地区和人口在世界上只占很小的比例，它有什么资格代表这一时期的人类历史呢？显然，钟先生忽视了这样一个基本事实：从15世纪以来，在以西欧为中心的欧洲和世界上，城市支配农村、国家支配城市（这同意大利的城市国家不同），并由这些西欧民族国家支配世界，已成为15—19世纪历史发展的总趋势。而人类历史的社会属性，总是由代表时代中心的那个阶级及其发展方向决定的。[④]

如果说钟国发先生这篇文章因为其中有含混不清的信号而被国内同行所忽视，那么，曾经分别担任西方和美国经济（史）学会会长的华盛顿大学政治经济研究中心主任道格拉斯·C. 诺思在他的主要著作《经济史上的结构和变革》中，对所有马克思主义者在学术上提出的如下挑战却不容回避：“对马克思主义者来说，17世纪是辩证法发展过程中的一个大难题。因为封建主义似乎到1500年已经灭亡，而在传统上与工业革命有关的资本主义，在几乎三个世纪中并没有出现。在马克思主义体系中，导致新阶级出现的技术变革既然是外生变量，所以马克思主义者有三个世纪的空白。他们的解释是，新兴的资产阶级用了几乎三个世纪来发展政治权力和创立基本的所有权，而后才引起工业革命。英国和法国革命是打开现代资本主

---

① 《列宁全集》第26卷，人民出版社2017年版，第144页；《斯大林文集》，人民出版社1985年版，第31页。

② 郑昌发：《16世纪尼德兰革命是世界近代史的开端》，《世界历史》1980年第4期。

③ 钟国发：《近代史是资本主义史吗——世界史编撰问题异想》，《新疆师大学报》1987年第1期。

④ 《列宁全集》第26卷，人民出版社1988年版，第143页。

义大门的突破口。”[①]

更值得注意的是吴齐本《世界史·古代史编》（上卷主编是刘家和、王敦书；下卷主编是朱寰、马克垚）的《前言》中这一段话：“……在原始公社瓦解后，……有一些民族、国家未经过奴隶社会、封建社会的连续发展过程。各国的奴隶社会、封建社会各具特点。本书上、下卷的划分只能说明是世界上古、中古史的分界，而不是世界史上的奴隶制时代与封建制时代的分界。”在同一套教材中，《前言》作者们不但否定了《总序》中关于“一般都以‘古代’相当于原始社会和奴隶社会阶段，‘中世纪’相当于封建社会阶段”的论断，而且对这一社会分期理论的普遍性予以否定。换句话说，从上古到现代的全部世界通史，与原始公社制、奴隶制、封建制、资本主义和社会主义制度之间，并不存在普遍的、无差别的一一对应关系。“世界历史发展的一般规律，不仅丝毫不排斥个别发展阶段在发展的形式和顺序上表现出的特殊性，反而是以此为前提的。”（列宁）

社会主义从理论变成现实以后，第一个社会主义国家苏联的革命道路、它的经济体制和种种具体措施，就被斯大林和后来的苏共领导人当作唯一正统的经典和样板强加给其他走上社会主义道路的所有国家。对斯大林模式的任何一点点背离都受到斯大林的怀疑和惩处。本来，社会形态演变是一个自然历史过程，而斯大林和赫鲁晓夫生前却以领导人的身份公开宣布，苏联从某一年起已建成了社会主义，或预言20年后苏联将开始建设共产主义云云。这种理论上的僵化和政治上的“左”倾给学术研究和社会发展带来的损害，已经是众所周知的事了。

不过这里要强调：苏联的解体并不是对科学社会主义的否定，而仅仅证明斯大林模式的社会主义体制无论对苏联、中国，还是越南、古巴，固守下去都是行不通的，结合国情采取改革开放政策，才是唯一出路。

必须指出，马克思在谈到“亚细亚的、古代的、封建的和现代资产阶级的生产方式可以看作是经济的社会形态演进的几个时代”（《政治经济学批判》序言）时，是抱着学术研究的态度在和读者平等地讨论问题，这一命题无疑是正确的。而斯大林在1938年却用肯定的句式写道：“历史上生产关系有五大类型：原始公社制的、奴隶占有制的、封建制的、资本主义的、社会主义的。”对这五种生产关系分别加以论证后他总结道：“这就是

① 道格拉斯·C. 诺思：《经济史上的结构和变革》，厉以宁译，商务印书馆1992年版。

人类史上人们生产关系发展的情景。”最后得出结论：“这就是辩证唯物主义和历史唯物主义的基本特征。”① 以奴隶制生产方式为例，说古希腊、古罗马社会是奴隶制社会，学术界是认同的。但一定要说古代中国、印度、日本或其他地方存在过奴隶社会的话，人们就不一定认同了。为什么？第一，古希腊，尤其是罗马法对人权（自由人）和物权（奴隶以及物件、财富）的规定与实施十分严谨、不容混淆；第二，在繁荣时期的雅典等城邦国家和罗马帝国时期的意大利本土，奴隶制度已成为社会上居于支配地位的生产和生活方式，而这又同当时当地发达的市场经济密不可分（市场经济中那只看不见的手依赖于法律约束与规范）。这两点是古希腊、古罗马社会不同于古代世界其他地方“奴隶社会”的显著特征。因此，古希腊、古罗马是典型的奴隶社会，而其他地方最多只能说程度不同地存在过奴隶制，但很难说在多大范围、多长年代里已经居于支配地位。由此可见，典型的古典奴隶制社会是特例而非人类历史的常规。既然并非每个国家都经历过前四种社会形态。每种形态并无一个固定、统一的既定模式，而且早晚不同、长短不一（多年来国内外学术界关于亚细亚方式的争论至今难有定论即为一例），马克思在《〈政治经济学批判〉序言》中提道：“大体来说，亚细亚的、古代的、封建的和现代资产阶级的生产方式可以看作是经济的社会形态演进的几个时代。”② 他在 1857—1858 年又指出，在亚细亚形态里，公社共同占有土地，分给其成员耕种；专制君主作为最高的或唯一的土地所有者高居于所有公社之上，以贡赋形式获取剩余产品，并主管灌溉、交通等共同事务；在公社内部，基本上是自给自足的经济，手工业和农业结合为一，因而亚细亚形态必然保持得最牢固，也最长久。这种生产方式被看作东方奴隶社会，还是看作由原始社会向奴隶社会过渡的形态，国内外学术界从 20 世纪 20 年代至今进行过多次讨论，迄今仍然没有定论。封建社会同样展现出丰富的多样性。西欧封建社会的基础是农村的庄园制度、城镇的行会制度、贵族等级制度（如法国特权等级内部不同级别）和罗马天主教会的普遍权力。教权与王权并立，世俗法与教会法并存，农业自然经济与工商业市场经济的力量对比此消彼长。从 13 世纪开始，这些传统的社会结构开始动摇。但欧洲社会从封建主义向资本主义的过渡，经历了几个世纪，决定性的变革发生在 18 世纪，法国大革命和英国

---

① 《斯大林选集》下卷，人民出版社 1979 年版，第 446、449、454 页。
② 《马克思恩格斯选集》第 2 卷，人民出版社，1995 年版，第 83 页。

工业革命是两大主要标志。而中国封建社会及其发展则与西方不尽相同。中国古代社会可以分为两个阶段：西周及其之前实行土地公有制，天子把天下土地分封给各诸侯国，或承认原诸侯的宗主权，这与西欧封建社会类似。秦汉以后的发展与西方不同。秦汉以后土地私有，形成以自耕农为主体、自然经济为特征的传统农业社会，其上层建筑是以皇权为核心的大一统中央集权国家。科举取士是国家官僚机器的组织保证，儒家学派成为官方的正统思想，也是全社会认同的行为规范之依据。虽然“社稷无常奉，君臣无常位”，但是中华文明却绵延两千年而不息。在近代殖民主义世界潮流的冲击下，不曾沦为非洲或者印度，中华民族实现伟大复兴后也不会像日本那样“脱亚入欧”：恃强凌弱，争夺世界霸权。文明发展形态各异，把古代世界各地的文明硬塞到奴隶制和封建制的理论框架中，显然不符合人类社会多元发展的历史事实，近代史同样如此。如果史学家把世界历史分期简单置于这样一个主观的历史框架之中，岂不是削足适履、自投陷阱？

越来越多的学者认为，1500 年前后是欧洲从黑暗的中世纪过渡到近代文明的转折点，这一转折的主要依据是欧洲诸国国民经济市场化。

第二节　欧洲经济市场化

欧洲是一块被第四纪冰川切割得最深、最为支离破碎的大陆。严格地说，它只能算是亚洲大陆伸进海洋深处的一个不规则半岛，一块世界岛屿上的次大陆。作为亚洲的天然延伸和亚、非两大洲之间的过渡带或接合部，欧洲东南部同埃及、两河流域和印度河谷的距离，比这三大古代文明与亚非腹地的距离近得多，尤其是交通方便得多。于是，在亚、非、欧三大洲交界地区孕育出来的古希腊、古罗马文明，一开始就具有多种族、跨地域、沿海上通道向境外扩散的特点。古希腊在地中海、黑海的众多殖民地和以亚历山大里亚为中心的希腊化世界就是证据。

从欧洲的海岸轮廓线和立体模型图来看，这里排列着世界上最多的半岛、海岛、群岛、海峡、海湾、内海和天然良港，给海上交通提供了方便。陆地上有穿越欧洲东、西两端，从比斯开湾直到乌拉尔山麓的完整平原。在这块平原的临海一侧，如从汉堡到的里雅斯特画一条线，那么这条线以西的欧洲内陆各地到海边直线距离，很少超过 400 公里。加上这里还有几条水流平缓、水量充沛的平行河流，从阿尔卑斯山麓可以直达北海

（铁路出现以前，水运成本只及陆运的1/10）。阿尔卑斯虽然同喜马拉雅一样构成欧亚大陆的地理屏障，但从未成为不可逾越的天然障碍，汉尼拔和拿破仑的大军，几乎从同一个关隘越过并出奇制胜；富格尔和美第奇家族遍及欧洲的商业和银行网点，从多处穿越这些关隘伸向中欧腹地。腓尼基、汉撒同盟和威尼斯、热那亚的商船队，其足迹更遍及直布罗陀内外的遥远海域。这些自然地理条件构成了欧洲经济商品化与市场化的基础。

十字军东征以前，欧洲到处是以庄园为独立单位的自然经济，庄园里自给自足，各地之间极少交往。那时，欧洲只有一个宗教中心，即罗马教廷。十字军东征（1096—1291）本来是一场十字对新月的宗教圣战，当年西欧封建主和广大信徒响应教皇乌尔班二世的号召，试图通过战争从异教徒（穆斯林）手中夺回圣地耶路撒冷，但第四次十字军东征却在威尼斯商人的后勤支援下放弃埃及改而进攻君士坦丁堡，事后获得贸易特权并获得拜占庭3/8领土。威尼斯商人的资助使宗教战争变成了商业战争，威尼斯商人为什么不让十字军攻陷君士坦丁堡并取而代之？这些商人不愿意承担在政治上统治帝国的负担。①

此后，威尼斯等意大利城市逐渐成长为欧洲与东方贸易的国际中心。当时在威尼斯与利凡特之间经商的大帆船，一个来回可获利十倍。② 威尼斯的玻璃制品、佛罗伦萨的优质呢绒、卢卡的丝绸都闻名全欧市场。不过这些城市的支柱产业并非加工业而是贸易和金融业。1252年，佛罗伦萨出现了中世纪以来第一枚金币——弗罗林。威尼斯的杜卡特和后来荷兰的古尔登（又译荷兰盾），都曾经是欧洲的通用货币（金币）。奥格斯堡的富格尔和佛罗伦萨的美第奇家族都拥有遍布全欧洲的商业和金融网点，以及巨大的矿山和手工工场。早在14世纪就孕育出马克思提及的“资本主义的最初萌芽”。所谓资本主义萌芽，实际上是指以国际转口贸易和国际金融业务为主要特征的商业资本。富裕而优雅的市民阶层已不那么看重王公诸侯的地位和权势，而对米开朗基罗这些艺术家和学者奉若神明。③ 柯西莫·美第奇正是文艺与学术的赞助者和保护人。早期文艺复兴的中心在意

① 伊曼纽尔·沃勒斯坦：《现代世界体系》第1卷，高等教育出版社1998年版，第51页。

② 詹姆斯·W. 汤普逊：《中世纪晚期欧洲经济社会史》，徐家玲译，商务印书馆1992年版，第14页。

③ 阿克顿：《新编剑桥世界近代史》第1卷，张文华译，中国社会科学出版社1988年版，第221页。

大利沿海城市佛罗伦萨、威尼斯和罗马等地。

13—14 世纪以来，西欧、中欧地区的商业和手工业城镇明显增加，这同广大农村的商品化农业息息相关。在英国，1250—1350 年，农民纷纷把剩余农产品运往市场。当时，英国中等农户年均收入 99.4 先令，直接消费的部分值 55.1 先令，而以交纳租税、购买衣物和出售剩余农副产品的方式进入市场约值 44.3 先令，即商品率为 45%，① 1348 年黑死病使英国人口减少一半。② 1381 年农民起义后，英国土地租金普遍下降，而农村短工工资稳步上升，城乡工资劳动者大量增加。在法国，从 13 世纪就流行货币地租。③ 14 世纪中期的黑死病使法国人口减少 1/3，而同一时期整个西欧死亡 2400 万人，占总人口 1/4。

1492 年以来，随着新大陆的发现和远东新航路的开通，欧洲市场受到极大刺激，西欧和中欧小麦价格在 1500—1700 年上升 4 倍，其中 1625—1650 年这 25 年就上升 3 倍。1500 年，波兰通过但泽港每年出口小麦 60 万蒲式耳（约合 220 吨）。④ 到 17 世纪上半期，每年出口小麦、裸麦达 20 万吨。如以 1471—1472 年法国物价指数为 100，则 1590—1598 年为 627.5⑤。1500—1600 年西欧各国生活必需品的物价和工资上升幅度（以 1500 年为 100）⑥ 见表 1。

表 1　1500—1600 年西欧各国生活必需品物价和工资上升幅度

项目	西班牙	法国	英国
物价	300	220	250
工资	275	140	130

这两组来源不同的数字中，三国物价与工资上升幅度各异，这与原始

① 侯建新：《现代化第一基石——农民个人力量与中世纪晚期社会变迁》，天津社科院出版社 1991 年版，第 223、273 页。

② 靳文翰：《世界历史词典　黑死病》，上海辞书出版社 1985 年版，第 654 页。

③ 张芝联：《法国通史》，北京大学出版社 1989 年版，第 64 页。

④ Herbert H. Rowen, *A History of Early Modern Europe 1500 – 1815*, the Bobbs Merrill Co. Inc., 1960, p. 28.

⑤ R. B. 沃纳姆：《新编剑桥世界近代史》第 3 卷，于可译，中国社会科学出版社 1999 年版，第 26 页。

⑥ Herbert H. Rowen, *A History of Early Modern Europe 1500 – 1815*, pp. 41 – 42.

资料来源与当时物价行情本身的混乱有关。但从这些数字仍然可以得出结论：得到金银最多的西班牙物价涨幅最大，距此较远或偏僻的内地涨幅较小；大宗农产品涨幅大，而其他生产生活必需品涨幅小；与物价相比，工资增幅滞后。

与生括必需品价格大幅度上涨相反，香料等商品价格则急剧下降。16世纪以来，从远东经海路直接运往里斯本的“大西洋”胡椒年均多达300万磅，以其质优价廉取代了以往由利凡特转运来的“地中海”胡椒。到17世纪，荷兰和英国东印度公司运往欧洲的胡椒每年1000万磅。阿姆斯特丹期货交易所的胡椒价格在大批预购订单的刺激下，从每磅60荷兰弗罗林（仿造金币）猛涨到175荷兰弗罗林，于是更多的胡椒涌入欧洲市场，结果造成供过于求，1652年又回落到38荷兰弗罗林。① 东印度群岛的咖啡产量，1711年只有100磅，1723年已达到1200万磅。②

这一时期的物价上涨不同于13世纪以来的行情变化。据史料记载和专家估算：西欧和中欧的物价指数，1200—1376年呈上升趋势；1376—1465年下降，原因之一是黑死病（1348—1349）；1476—1650年又呈上升趋势，主要原因是欧洲贵金属产量有变化：1200—1450年前后，欧洲白银产量减少，而从1450年开始，在瑞典、德国（波希米亚和蒂罗尔）发现了新银矿。③ 考虑到那时的货币主要是铸币，而其他金融工具又极少，经济交往中货币化程度有限加上运输成本和各种风险，这个解释应是可信的。

至于16—17世纪中期的物价上升，主要在于：以欧洲为中心的世界市场形成后，欧洲对东方香料、茶叶、丝绸的需求大幅度增长，而西方主要用贵金属去购买。英、荷东印度公司虽然在这一贸易中发了财，但它们对白银（有时包括黄金）的需求导致欧洲市场银价上升。④ 这就是说，连当时大量流入的美洲金银也难以维持欧洲原有的货币存量。随着西欧非农业人口和城市的增长，随着劳动分工的扩大以及劳动成果的商品化，社会总需求，尤其对食品等必需品的需求快速增长，而商品的社会总供给增幅严

---

① Carlo M. Cipolla, *The Sixteenth and Seventeenth Centuries*, Harvest Press, pp. 484－485.

② J. O. 林赛：《新编剑桥世界近代史》第7卷，乐瑞夫等译，中国社会科学出版社1999年版，第32页。

③ 詹姆斯·W. 汤普逊：《中世纪晚期欧洲经济社会史》，商务印书馆1992年版，第526—527页。

④ Carlo M. Cipolla, *The Sixteenth and Seventeenth Centuries*, Harvest Press, p. 511.

重滞后（交通、信息等工具的落后又制约着货币流通速度），这导致欧洲物价持续上升。以英格兰南部为例，1520—1560年，消费物价指数涨幅超过了1264—1900年的其他任何时期，而该地区建筑工匠在这一时期实际工资的下降幅度也是1264—1954年最大的。[①]

生活必需品价格大幅上升和某些奢侈品价格下跌，物价涨幅高于工资涨幅，16—17世纪中期在欧洲发生的这些价格变化史称价格革命。物价和工资这些反映宏观经济长期变化趋势的数字，最能说明西欧诸国从封闭的自然经济向开放的市场经济的转化程度。生产和消费方式商品化把更多的城乡居民卷入市场。交易商品从奢侈品扩大到粮食、酒类、呢绒、造船材料和黑人奴隶等日用品和生产资料。消费对象从社会上层扩大到城乡广大中产阶级。胡椒变成平民日常消费品，1600年前后，欧洲每年到货量为两万公担，当时欧洲人口共1亿，相当于人均年消费20克。[②] 到18世纪，茶叶对英国人来说也是如此。国际贸易有很大增长，英国出口额1720年为800万英镑，1763年为1500万英镑。这时英国拥有全欧洲货船吨位的大约1/3。法国出口额1714年1.2亿锂，1789年超过5亿锂，其中殖民地产品的再出口占很大比重。[③] 商品化生产和国内外贸易成为城乡贫苦居民的谋生手段和商人、农场主的生财之道，商业税收尤其是关税收入成为政府的主要财源。这是国民经济市场化的重要标志。产业的市场导向、经营方式的变化和各阶层个人收入差距的扩大，对传统的农村庄园经济起着瓦解作用。

从16世纪后期开始，随着新航路的开辟，欧洲商业和金融中心就从意大利城市共和国向大西洋沿岸的民族国家及其中心城市转移。西班牙、葡萄牙垄断了16世纪的东西方贸易；在17—18世纪，荷兰和英国的特许贸易公司成为东方香料、茶叶等大宗商品的主要买主，成为北欧商品交易以及大西洋两岸三角贸易的主角。这些中心城市如安特卫普、阿姆斯特丹、巴黎，尤其是伦敦，在成为国际商业、金融中心之前，早已成为国内统一市场中的工商业中心，它们在本国经济从自给自足向商品化、市场化转变

---

① Henry P. Brown and Sheila V. Hopkins, *A perspective of Wages and Prices*, Methuenand Co. Ltd, 1981, p. 16.

② 布罗代尔：《15至18世纪的物质文明、经济和资本主义》第1卷，生活·读书·新知三联书店1992年版，第260页。

③ J. O. 林赛：《新编剑桥世界近代史》第7卷，乐瑞夫等译，中国社会科学出版社1999年版，第36页。

过程中，发挥了商品集散、劳动力向第二与第三产业转移，以及技术和资本的辐射功能，主要商业和金融组织也从中世纪依附于君主的家族式商社转变为国王颁发特许状并具有独立法人地位的合股贸易公司（如英、荷东印度公司），以及具有现代国家中央银行职能的英格兰银行。所有这些深刻变化都与15—17世纪地理大发现互为因果。

总之，13—16世纪的意大利城市虽然商业兴旺发达，文化与学术欣欣向荣，上层市民富有而且文雅，但这些城市并没有改变意大利腹地，也就是广大农村的自然经济结构和农民传统的生产、生活方式；而16世纪以来西欧沿海兴起的城市既是东、西方贸易中心和东、西两半球的国际金融中心，又是本国国民经济市场化的辐射中心。重商主义成为国家政策和商人阶层的行为准则。他们的经营活动从流通领域延伸到手工业和农业生产领域，成为社会上最富有，也是最有抱负的阶层。而固守传统经营方式的贵族受货币地租长期不变和价格革命的影响，实际收入在减少，导致"贵族的贫困化"。换句话说，新的生产关系、财产关系和阶级关系正在形成，并对传统的所有制、社会等级和价值观念构成威胁。但这些传统因素仍然根深蒂固，既得利益者更是寸利不让、寸权必争。这说明欧洲中世纪历史的结束并不意味着资本主义社会制度在1500年、1566年、1640年或1789年会自动出现。

因此，虽然1500年这一年并未发生什么重大事件①，但上面提到的文艺复兴、地理大发现、商业革命、欧洲市场中心的转移，西欧自然经济向市场经济过渡……这些欧洲和世界历史翻天覆地的变革，都出现在1500年前后或在此时形成高潮。

法国年鉴学派的代表人物之一布罗代尔认为，在10～100年发生的人口消长、物价升降、生产增减、工资变化等起伏兴衰的社会现象，比政治革命、和平条约这些重大事件重要得多。他把前者称为"中时段"，而后者是"短时段"。至于"长时段"，他指的是人与其周围环境的关系，这是一部几乎静止不动的历史，② 主要用于同一时期不同地区历史的横向比较。恩格斯也说过，历史的最后动力，"不是短暂的爆发和转瞬即逝的火光，而是持久的，引起重大历史变迁的行动"。③

---

① 王治邦等主编：《外国历史大事年表》，辽宁人民出版社1985年版。

② 布罗代尔：《十五至十八世纪的物质文明、经济和资本主义》第1卷，顾良译，生活·读书·新知三联书店1992年版，第7页。

③ 《马克思恩格斯选集》第4卷，人民出版社1995年版，第249页。

因此，把1500年作为中世纪与近代的分界线，反映的就不是某一个重大事件的历史后果，而着眼于1500年前后长达100年间一个中时段的历史总趋势：欧洲从中世纪“黑暗”向近代文明社会的转变。欧洲历史在这一中时段里的飞跃，体现了历史发展过程中阶段性与连续性的辩证统一。那么，世界近代史与资本主义社会形态是一种什么关系呢？

第三节　商人资本与资本主义

商人把资本主要投向批发和外贸，如航运业、奴隶贸易、购买东印度公司股票等。此外，他们还以发料或加工包卖（或称委托）制度控制制造业，那时的工场主主要是商人。[①] 从15世纪开始，荷兰、英国和法国北部的国民经济已经逐渐市场化，但市场经济仅仅指生产要素（劳动力与资本，或物化的资本）按市场需求加以配置，并没有社会经济形态的含义，并非资本主义社会或某些国家所独有。[②] 18世纪初期，国内外市场实力最雄厚的组织是那些享有特权的海外贸易公司。从资产形式看，除土地资产外，商人资本占主导地位。以英国为例，1760年英国非土地资产占全国总资本的1/3。[③] 不过其余2/3的土地资产中，有许多是因为靠近城市和水陆交通线，或用于开矿造成的地价上涨所致，1860年土地资产仍占英国总资产的一半就是证据。只有到工业革命时期，商人资本才“从它原来的独立存在，下降为一般投资的一个特殊要素”。[④]

这时候资本主义积累才取代了重商主义时期的资本原始积累，15世纪以来西欧那种以国内外市场为导向的农业、手工业社会才变成以大工业为支柱并直接面对世界市场的资本主义工业化社会。

那么，资本原始积累是在什么条件下才转变成资本主义积累（即资本主义条件下扩大的或简单的社会再生产）呢？

一些教材对英国等国工业革命的经济和社会前提的解释有片面性：仿佛只要积累起足够的资本和自由劳动力，工业革命的条件就具备了。果真

① ［法］保尔·芒图：《十八世纪产业革命》，杨人楩译，商务印书馆1991年版，第42页。

② 吴敬琏：《通向市场经济之路》，北京工业大学出版社1992年版，第49页。

③ Roderiek Floud and Donald N. McCloskey，*The Eeonomic History of Britain Since 1700*，Press Syndicate of the University of Cambridge，New York，p. 128.

④ 马克思：《资本论》第3卷，人民出版社2009年版，第366页。

如此的话，工业革命就应该首先在西班牙进行，因为西属美洲（主要在墨西哥）的白银产量曾占世界总量的70%，秘鲁的黄金产量也相当可观。[①]何况在18世纪80—90年代，只有两三个工人的机器纺纱厂在英国并不少见。[②]

充足的资本无疑是工业革命，尤其是首先开始工业革命的国家必须具备的条件，但还不够充分，还要其他条件的配合。这些条件至少包括以下三条：

第一，市场经济的机制发育得比较成熟。

对这种成熟程度的一个判断依据是利率，而利率以物价指数为首要前提。因为如前所述，欧洲价格革命期间第一阶段物价持续上升势头到1650年基本结束。换句话说，1650年以后，西欧诸国物价水平不再出现前一时期的大起大落。货币市场上的复本位制有利于汇率的大体稳定。在这一共同的大前提下，1600年荷兰政府债券的回报率为8.33%。此后逐渐下降，1672年为3%～3.75%。1800年前后，这一利率在阿姆斯特丹市场上已低于3%，其间债券年交易额约为1400万荷兰盾，还不包括因战争等原因流出国外的大量资本。1600—1800年，法国利率比英国更高（这两国都高于荷兰），即高利率、高风险，如1716—1722年巴黎的投机风潮。[③]

低利率与工业革命有什么关系？低利率意味着交易成本低廉。换句话说，在这个国家里，资本在商业和工业之间、在不同行业之间、在国内各地区之间以及流向国外或吸引外资方面，都比别国更方便、更合算，也较少风险——18世纪法国金融投机、财政危机及其后果从反面证明了这一点。这一切都有利于诸生产要素更快、低成本实现最佳组合，得到最大的产出率。长时期保持低利率还有利于投资者把资本投向那些需要较长时期才能获得高回报率的行业。这样，投入短期证券市场的资本会相对减少。低利率是促成工业革命的重要条件。显然，这有利于资本投向从商业、证券业（那时的证券市场里还没有工业股票）转向工业和基础产业。现行利率和汇率是国内外资金市场供求关系变化的结果（利率、汇率已市场化）。中央银行通常在此基础上适当加以调节（公开市场操作），旨在使宏观经

---

① 奇波拉：《欧洲经济史》第2卷，第7章，贝昱译，商务印书馆1988年版。

② 保尔·芒图：《十八世纪产业革命》，商务印书馆1991年版，第305页。

③ Jan De Vries, *Economy of Europe in an Age of Crisis*, 1600－1750, Cambridge University Press, 1976, pp. 211－212.

济健康、平稳运行。对于一个成熟的市场化经济体系来说，市场要素说到底只有两个：资本和劳动力。这在微观经济和宏观经济领域都是如此。

第二，和平局面与政局稳定。

欧洲工业革命始于18世纪。从1701年的西班牙王位继承战争直到1800年前后的拿破仑战争，西欧列强不断受到战争困扰。最有可能率先开始工业革命的尼德兰和法国都陷于战争的灭顶之灾，只有海峡对岸的英国从内战（1642—1647）以来安享和平之福。拿破仑战争虽然使英国财政几乎破产，但英国正是在这场国际战争中打败了它在近代世界上最后一个竞争对手——法国，巩固了自己在海洋和殖民统治中的霸主地位。至于国内政局，英国在18世纪形成了内阁对议会负责的体制，国王成为“虚君”。议会、内阁与国王的关系，在法律和实践中最终定型并趋于稳定。这一体制虽然还不能同19世纪议会改革和文官改革后的局面相比，但法律至上和政局稳定的程度，无疑超过了同一时期大陆上任何国家。

第三，法律制度比较健全而且有效。

市场经济是法制经济，它崇尚法律、合同和商业信用。它不同于以传统农业为主、各自孤立的自然经济，而是一个商品、资本和人力随时自由流动的开放式国民经济体系；它也不同于集中而封闭的计划体制。为了使法人和自然人能够平等竞争，必须有成熟的法律和独立的司法体系。12世纪罗马法复兴以来，西欧（尤其是英国）在这方面已有长足进步。

商品交换需要市场。市场经济是从自然经济中孕育出来的。商品经济出现后，就有了市场经济，或称以市场为价值取向的经济，指诸生产要素的配置以市场需求为导向。市场经济是相对于传统农业的自然经济和社会主义计划体制下的产品经济而言。可见市场经济并不从属于某一固定的社会制度，绝非资本主义或某些国家所特有。15—18世纪的欧洲社会，既不同于14世纪以前那种“纯粹”的封建社会，也不同于英国工业革命和法国大革命以来的“经典”资本主义社会，而具有社会转型的过渡性质，其社会形态色彩是模糊不清的，但是经济的商品化与市场化是其区别于中世纪的鲜明特征，是近代文明社会出现的重要标志。

第四节　国际金融市场

世界市场包括世界各国商品交换的场所和领域，其市场行情已经趋同化。可分为两大部分：一是国际商品市场。包括有形商品市场（现货与期货市场）和无形商品市场（劳务、技术和信息市场）；二是国际金融市场。包括资本市场（股票、政府债券、黄金和国外直接投资等）和货币市场。货币市场就是短期资本市场，而资本市场通常指长期资本市场。在货币市场里，利率和汇率变动对市场行情起着重要作用；反过来说，利率和汇率市场化改革又是资本、资源和劳动力实现最佳配置的内在要求。

资本市场与货币市场是既相区别又有联系的金融市场。根据现代货币需求理论，全部货币需求包括三大类，即交易需求、预防需求和投机需求。在一定收入水平下，当利率上升（或下降）时，人们对货币（现金）的需求将下降（或上升），而将资金投入资本市场（或相反）。这同时就意味着资本市场上有价证券的价格将下降（或上升），这还将产生减少（或增加）国外直接投资的趋势。

货币市场是整个市场经济的核心。市场行情除受商品和劳务供求关系支配外，在更大程度上受资金供求关系的支配。换句话说，货币不仅仅是商品和劳务的一般等价物，在它们之间行使中介功能；它本身也是商品，具有商品的所有属性。鉴于货币的转移、交易成本很低，故其获利和风险机会也远大于一般商品。在市场经济中，货币市场往往后来居上，比商品市场发展得更快。国际金融市场是随着国际贸易发展起来的。早期国际贸易所使用的支付、结算和清偿手段通常是金银铸币。

一、金银产量与产地

古罗马帝国灭亡后，欧洲绝大部分贵金属都流入领主、大教堂和修道院的金银库中，另一部分因购买东方丝绸而流失（丝绸之路）。一直到1252年，在热那亚和佛罗伦萨才出现金币，其中佛罗伦萨的弗罗林（florin）和威尼斯的杜卡特（ducat）曾长期在全欧洲流通，并为别国所仿效。

中世纪欧洲的银矿集中在：①蒂罗尔。1523年，这里出产的纯银价值折合55855马克，1570年只有2000马克，16世纪末产量几乎为零；[①] ②萨克森的安那堡。1545—1560年期间，年均产银18024公斤；③波希米亚。1532年产银上万公斤，16世纪末几乎降为0。[②] 以德意志为中心的欧洲白

---

① 伟·桑巴特：《现代资本主义》第1卷，商务印书馆1936年版，第345、363页。

② 汉斯·豪斯赫尔：《近代经济史》，王庆余译，商务印书馆1987年版，第84页。

银产量，在16世纪中期达到高峰，年产6.5万公斤，此后便逐渐枯竭（成本高也是一个原因）。匈牙利和萨尔茨堡的金矿产量这时也十分有限。总之，在1500年美洲金银到来之前，欧洲累计只有大约2000吨金和2万吨银。

16世纪以来，欧洲金银的主要来源逐渐转向海外：1485—1520年从西非运抵里斯本的黄金年均半吨以上。17世纪来自莫桑比克的黄金年均1吨。更大的黄金产地是美洲：1500—1650年，从南美洲合法运入西班牙的黄金累计181吨。① 1693年在葡属巴西发现冲积黄金，从这里流入欧洲的黄金持续了大半个世纪：1701—1720年流入欧洲的黄金折合1.5亿马克，1741—1760年高达81.6亿马克，1764年以后急剧减少，19世纪几乎为0。② 16世纪从美洲和西印度群岛输入欧洲的白银共16632648公斤（主产地墨西哥），黄金181234.95公斤，走私除外。③ 截至16世纪末，西班牙帝国拥有世界贵金属开采量的83%。④ 此后墨西哥白银的年均产量仍在增加。⑤

1493—1800年，世界白银产量的85%和黄金产量的70%来自拉丁美洲。美洲白银产量在16世纪、17世纪和18世纪分别为1.7万吨、4.2万吨和7.4万吨。这些白银的40%经过海外贸易公司，主要是英国与荷兰东印度公司作为支付贸易逆差的手段运往中国，其次是印度等亚洲国家。运往波罗的海和利凡特的白银，有一部分最终也流入中国；加上日本的白银出口，全世界白银产量的一半流入中国。⑥ 欧洲人为什么不用黄金支付逆差？因为黄金不如白银合算。1592年前后，广州金银比价约为1：6，明崇祯时期（1628—1644）北京则为1：50，而西班牙当时的兑换率为1：12.5～1：14。18世纪末，中国金银比价为1：20。就中、日两国而言，11—16世纪，银和铜从中国流向日本，黄金从日本流向中国。16世纪以后，日本转而

① 通过走私、海盗和直接贸易流入欧洲的黄金更多，这使欧洲黄金的总存量增加了5%左右。

② 伟·桑巴特：《现代资本主义》第1卷，商务印书馆1936年版，第345、363页。

③ 汤普逊：《中世纪晚期欧洲经济社会史》，商务印书馆1992年版，第694页。

④ 汤在新：《近代西方经济学史》，上海人民出版社1990年版，第11页。

⑤ 1721—1740年230800公斤；1761—1780年366400公斤；1800—1810年553800公斤。

⑥ ［德］贡德·弗兰克：《白银资本》，刘北成译，中央编译出版社2000年版，第8页。

向中国出口白银，后来还出口铜，而进口金。这时，葡属澳门成为中国最大的外贸港口。明、清两朝大部分年代由澳门运往日本的生丝占中国对日总出口值的一半以上；由澳门运往印度果阿（1510—1961 年被葡萄牙占领）的生丝，年均 1500～3000 担；由澳门经马尼拉运往墨西哥的丝、棉织品占墨西哥进口总值的一半多。通过这三大外贸航线（中—日、中—印、中—美洲），境外白银通过澳门大量流入中国。1631 年，经菲律宾运往澳门的白银有 1400 万两，相当于明万历年间国库岁入的 3.8 倍。仅 1636 年，由日本输入澳门的白银就达 235 万两，而历年从日本流入澳门的白银累计高达 1 万万两。这些白银进入澳门后，一部分被葡商拿去兑换中国黄金，利用东西方金银差价实现黄金梦；更多的白银作为中国丝绸、茶叶、瓷器、水银出口的支付手段流入中国内地。① 据保守估算，流入中国的白银，1631—1645 年共计 1444 吨，明清交替期间有所减少，此后重新上升。这同奇波拉的估算出入不大，他认为 1600 年前后，输入东方（主要是中国）的白银年均 80 吨，② 15 年即 1200 吨。据黄仁宇说，明朝末年民间白银总量 2.5 亿两（800 万公斤）。欧洲白银经由大西洋、印度洋、波罗的海直接、间接流入中国的历史，从 16 世纪一直持续到 18 世纪末。这 200 多年间虽然不会一直保持年均 80 吨的水平，但累计总数也在万吨以上。中国在 15 世纪百年里共产白银 4000 吨。而 1500 年欧洲的金银存量分别是 3600 吨和 3.7 万吨。③ 从 1800 年以前白银在世界范围的流向和流量看，有理由得出结论：从哥伦布发现新大陆直到英国工业革命的经济和社会后果显示出来前，一个按价值规律自行调节的全球性贵金属市场已经初步形成，并对金银比价的波动和欧洲商品市场物价指数的上升发挥着重要作用。至于这么多白银流入中国而未见明清物价发生欧洲那么显著而长期的上升（1644 年前后的波动是由于改朝换代）是因为中国经济规模极大，1750 年前人均产值也不低于西欧。乾隆年间中国人口大于西欧、中欧人口总和。1780 年（清乾隆四十四年）中国总人口 2.75 亿。④ 实际人口比这个数字高 20%，其间包括俄国欧洲部分的欧洲总人口 1750 年才 1.45 亿，1800 年也只有

---

① 《“丝绸之路”谱写光辉历史篇章》，《参考消息》1999 年 8 月 11 日，另参见周育民：《晚晴财政与社会变迁》，上海人民出版社 2000 年版，第 57 页。

② 奇波拉：《欧洲经济史》第 2 卷，贝昱译，商务印书馆 1988 年版，第 452 页。

③ 贡德·弗兰克：《白银资本》，刘北成译，中央编译出版社 2000 年版，第 321 页。

④ 何炳棣：《明初以降人口及相关问题（1368—1958）》，葛剑雄译，生活·读书·新知三联书店出版社 2000 年版，第 75 页。

1.87 亿。[①] 而且外贸只占中国经济总量的 0.3% ~1%，[②] 工农业产品的商品率也很低。这种自然经济和重农抑商政策使财主们在买地盖房（其规模只能是有限的）之外，再也找不到投资场所，于是窖藏白银可能成了唯一选择——而这正是如此多的白银流入中国而未见物价上涨的主要原因。但也不是毫无变化，明代中期以来，全国城乡居民日常流通的主要币材从铜钱变成了银钱［碎银、银锭和有价证券（主要是银票）］，却是确凿无疑的。这在中国历史上还是头一次。可以肯定，这无疑有助于活跃城乡经济和全国统一市场的形成。但是与白银对西欧社会的影响相比，却有天壤之别。

贡德·弗兰克在其著作《白银资本——重现经济全球化中的东方》中认为，从"航海大发现直到 18 世纪末工业革命之前，是亚洲时代"，中国"是这个时代全球经济体系的中心"。首先应该肯定，那时确已出现了一个全球经济体系，这就是初具雏形的全球商品市场与货币市场；但是这个全球货币体系的中心并不在中国而在西欧。因为从 17 世纪开始，东西方贸易掌握在欧洲人手里，尤其是荷兰和英国东印度公司手里，他们取代了阿拉伯人和中国人在印度洋及其以东地区的主导地位；国际贸易和金融市场中心在阿姆斯特丹和伦敦，白银是直接或通过葡萄牙殖民地澳门、果阿和西班牙殖民地菲律宾流入中国和印度内地的，换句话说，尽管流入中国的白银很多，但欧洲商人获利最大却是不争的事实，他们从金银差价、长途运费、商品产销地差价、海盗活动、奴隶贸易、暴力掠夺与商业欺诈中赚取了大量利润，其总额肯定达到天文数字。所需的金银以很低的成本从美洲获取。忽视或回避西欧列强及其商人在东方的殖民统治、商业和海上霸权、技术优势和实际利益，仅仅以白银大量流入中国这一表面现象就得出结论说中国是世界经济体系的中心，显然是不全面、不科学的。明、清两朝国内货币市场不规范，山西票号（钱庄）的衰亡从反面证明了这一点。

1603 年，吕宋岛 25000 名华侨惨遭西班牙人杀害。荷兰人 1740 年在爪哇岛杀害华人上万，酿成"红溪事件"。明朝先后剿灭陈祖义、林凤为首的海外移民集团。明永乐二年（1404）"禁民下海"，清雍正五年

---

① 卡洛·M. 奇波拉：《世界人口经济史》，黄朝华译，商务印书馆 1993 年版，第 88 页。

② 贡德·弗兰克：《白银资本》，刘北成译，中央编译出版社 2000 年版，第 321 页。

（1727）严惩归国华侨，货物充公。明、清政府甚至与西方殖民者共同打击南洋华侨，以免危及其统治。[①] 清政府重农抑商、闭关自守的政策和自给自足的经济结构，也证明中国在世界经济体系中扮演着一个消极、被动的角色，处在世界商品与货币市场边缘而非中心地位。

19 世纪以来，美洲金银产量虽然减少，但俄国从 30 年代起大量提供黄金。19 世纪上半期世界贵金属产量先减后增，见表 2。

表 2　19 世纪上半期世界贵金属产量的变化　（单位：百万马克）

年代	贵金属总产值	白银	黄金
1801—1810	2106. 1	1609. 1	497. 0
1811—1820	1292. 7	973. 4	319. 3
1821—1830	1225. 6	820. 0	396. 6
1831—1840	1639. 7	1073. 6	566. 1

1848 年，加利福尼亚发现金矿，美国黄金产量第二年达到 193. 5 万盎司，为 1848 年的 4 倍。此后半个世纪年产量平均 200 万盎司，1898 年突破 300 万盎司。美国白银年产从 1861 年起突破 150 万盎司，此后迅速上升，1889 年突破 5000 万盎司。[②]

1851 年澳大利亚发现黄金时，当地非土著人口仅 43 万，淘金热使移民在 1861 年达到 115 万。在整个 50 年代，这里的黄金产量约占世界总量的 1/3，每年有数百万磅金条装船运往伦敦。[③] 1886 年，南非发现了更大的金矿，其产量直到 20 世纪末期，约占世界年均总量的一半。

二、世界货币制度的演变

如上所述，美洲金银大量而且持续流入欧洲影响着物价波动。欧洲价格革命标志着世界货币市场已经形成。此后，货币制度经历了如下演变过程：

---

① 钱平桃：《东南亚历史舞台上的华人与华侨》，山西教育出版社 2001 年版，第 77 页。

② 中国社会科学院世界经济与政治研究所：《苏联和主要资本主义国家经济历史统计集》，人民出版社 1989 年版，第 239 页。

③ Stuart Macintyre，《澳大利亚简史》（英文），上海外语教育出版社 2006 年版。

（一）复本位制

在重商主义时期，欧洲国际市场通用的货币制度是金银复本位制：金、银这两种贵金属同时被法律承认为货币流通的基础，即本位货币。都可以自由铸造，并且均为无限法偿。复本位制的优点显而易见：各国都易于接受。使用方便，日常交易用银币（铜币为辅币），现金支付额较大时用金币。

1663年英国铸造金币几尼（因币材来自几内亚，故名），其币值等于21先令。当时英国流通的金币初铸于亨利七世时代，值一英镑（20先令），重约7.988克。1717年，皇家铸币厂厂长牛顿将金价固定为每盎司黄金（纯度0.9）等于3英镑17先令10.5便士。[①] 美国于1792年规定一美元金币含金24.75格令（gr＝64.7989毫克），一美元银币含银371.25格令，金、银币重量比为1∶15，也就是说，当时西方货币市场上金、银价值比是15∶1。但进入19世纪后，由于世界银矿储量和开采量猛增，冶炼成本下降，加上国际市场交易方式变化等原因，金、银市场比价1866—1870年为15.5∶1，1876—1880年为17.8∶1，1889年为22.1∶1，1898年为35∶1。30年间银币比金币贬值50%。[②]

于是，人们就把金币收藏起来或熔化掉，使金币退出流通领域，这种劣币驱逐良币的现象叫作格雷欣法则。例如，当美国在1792年实施复本位制把白银对黄金的价值高估为15∶1时，市场上就只剩下银币在流通，金银复本位制实际上变成了银本位制；1834年美国铸币成色变成16∶1，加上不久发现了新金矿，导致黄金价值下跌，货币市场实际上成了金本位制。[③] 1850年金、银比价跌至14∶1，于是金币又把白银逐出流通领域。

货币市场由于金、银供给和需求变化，使复本位制度难以维持原来15∶1的币值，这就给国际贸易、投资、其他经营活动和国家财政带来极大不便以至损失，其中市场经济最发达的英国受影响更大，而该国金融实力也最强，于是英国便率先改为单一的金本位制。

---

① P. 金德尔伯格：《西欧金融史》，徐子健译，中国金融出版社1991年版，第13页。

② 林与权：《资本主义国家的货币流通与信用》，中国人民大学出版社1980年版，第275页。

③ 道格拉斯·格林沃尔：《经济学百科全书》，李滔译，中国社会科学出版社1992年版，第656页。

（二）金本位制

金本位制货币体系是指这些国家的货币100%以黄金作担保，而且这些黄金全用于对外活动的支付。换句话说，就是按国家规定的含金量（通常是固定的）自由铸造货币，黄金自由进出口。

金、银市场比价到18世纪末已变成15.5∶1，导致银币流入英国，而金币、金条流出国外。政府为制止黄金外流，于1798年下令停止银币的自由铸造，并规定用银币支付的最大限额为25英镑，这标志着英国开始向单一的金本位制过渡。1816年英国颁布铸币条例，发行金币。规定每盎司黄金（成色为11/12）折合3英镑17先令10.5便士，银币为辅币，其支付额最多为40先令，而金币具有无限制法定支付能力（无限法偿）。

但长达20年的拿破仑战争使英国共开支10亿英镑，国家债务高达年度财政收入的50倍（1791—1796年每年收入约1900万镑）。财政困难使英国市场流通的银行券（即钞票）不能按法定币值兑现黄金。直到1821年，英国经济好转，英格兰银行才重新充实储备金，该行发行的银行券得以按官定比率兑换黄金。1823年实现兑换金币的承诺，并取消对金币熔化、金条出口的限制。英国1821年实现了金本位制。[①] 1833年，英格兰银行获得独家发行钞票的权利。

到1878年，法国、比利时、意大利、瑞士、德国等欧洲国家都已从复本位制过渡到单一的金本位制。

美国自1849年加利福尼亚淘金热开始后，黄金市价贬值，白银供不应求（银价上升），美国银元被熔成银锭运出海外。美国铸币厂因缺少银锭而限制银币生产数量。1853年铸币法规定减少一美元以下硬币的含银量。1873年铸币法规定停止铸造银币，但1876年在西部发现大银矿，白银产量猛增，当时欧洲和印度也停止以白银为货币，国内外对白银的需求进一步减少。更重要的是，美国消费品物价指数1865—1900年一直呈下降趋势。[②] 于是，与白银生产有关的利益集团和吃够了粮价下跌之苦的西部农牧民，要求政府允许自由铸造银币以增加货币供应量，以便制止物价（特别是农产品价格）下跌势头，他们把1873年铸币法斥之为“1873年罪行”。政府作了让步，1890年公布谢尔曼购银法，并据此法在90年代四次

① 黄芳泉：《现代国际金融学》，华中理工大学出版社1992年版，第78页。

② John A. Garraty, *A Short History of the American Nation*, Third Edition, Harper & Row, 1981, p. 428.

出售公债，但仍无法制止黄金储备的减少，还加深了自由铸造银币派人士对总统的怨恨。[1] 为摆脱经济萧条，1900 年，美国正式通过金本位法。1902—1909 年，世界金银市场比价已突破 40 ∶ 1。[2] 至此，除中国等少数国家外，各大国（包括俄、日）都已实行金本位制。

在金本位制条件下，各国货币的含金量是固定的，因此不同货币之间的汇率也是固定的，黄金在国际上自由流动，市场汇率只能在狭小范围内（黄金输送点）偏离平价，此范围反映了两国间黄金的运输成本。当汇率波动超过其上下限时，私人套汇的黄金会防止汇率突破这一范围。这就是说，在金本位制下，以英国为中心的各国币值及其汇率是稳定的，而且这种稳定是由市场自动实现的。由于英国在 19 世纪是世界上唯一的“超级大国”，其国际收支的经常项目直到 1915 年前一直处于顺差，其资本项目下的海外净资产在 1914 年占世界各国对外投资的 43%。因此，外国机构和贸易商乐于接受英镑，视英镑等同于黄金；有时候看来比黄金更好，因为在国际经济交往中使用英镑更为方便。而且把英镑存入银行可获利息而储存黄金是没有利息的。[3] 这自然极大地方便了国际贸易和投资。从 19 世纪中期直到 1914 年，西方列强在物价大体稳定的前提下能实现令人羡慕的经济增长，其间商业周期的波动幅度又从未达到 1929—1933 年那么严重的程度，原因固然很多，而金本位制确实功不可没。

现代经济条件下的低通货膨胀率［通常指一个国家若干年内通货膨胀率被控制在每年一位数（即 10%）以下，尤其指低于 5% 的通胀率］使公司比较容易计划与决策，因为不再担心突如其来的通货膨胀造成的冲击。另外，低通货膨胀导致长期利率下降，投资者就愿意把资金锁定数年，因为他们不那么担心投资资金贬值。最后，中央银行和中央政府宏观调控的主要目标可以移到别处。

在 1914—1918 年第一次世界大战期间，各国实施战时国家垄断资本主义经济政策，金本位制自然也在放弃之列。战后西方恢复了金本位制，但

① J. 布卢姆：《美国的历程》下卷，第一分册，戴瑞辉译，商务印书馆 1988 年版，第 139 页。

② 克拉潘：《1815—1914 年法国和德国的经济发展》，傅梦弼译，商务印书馆 1965 年版，第 419 页。

③ A. G. Kenwood and A. L. Longhead, *The Growth of the International Economy* 1820–1980, George Allend & Unwin, 1983, p. 124.

却是残缺不全的、没有金币流通的金本位。[①] 原因之一是早在 1913 年，世界黄金储备的 60% 已集中于各国中央银行和国库之中，黄金供应不足日益严重。1929—1933 年大萧条来临时，英、美等国都完全放弃了金本位制（罗斯福总统还把美元含金量减少 59%，从 1900 年的每盎司黄金 20.67 美元贬值为 35 美元）。

（三）黄金—美元货币体系

1944 年 7 月 1—20 日，45 国财长在美国缅因州布雷顿森林开会，通过了一项综合性协议，史称布雷顿森林体系：①美元与黄金挂钩，各国确认 35 美元兑换一盎司黄金的官价。美国承担义务，按此价让各国中央银行用美元兑换黄金。②别国货币与黄金脱钩，而与美元挂钩，成员国汇价波动幅度不得超过 ±1%。当汇价超过此限时，各国有义务进行干预，以维护汇价稳定。③建立国际货币基金组织和世界银行。这是一种以美元为中心的可调整的平价世界货币体系。

（四）有控制的共同浮动汇率制

20 世纪 50 年代，由于美国在世界经济中拥有巨大优势，而欧洲、日本处在战后恢复时期，美元地位坚挺，到处出现"美元荒"。但进入 60 年代后期，外国中央银行拥有的美元远超美国黄金储备，黄金市场行情扶摇直上，这迫使尼克松总统 1971 年宣布，美国不再履行 35 美元兑现一盎司黄金的义务，12 月宣布美元贬值 7.89%，第二年年初又贬值 10%（42.22 美元一盎司）。美元跌势迫使西方国家在 1976 年牙买加会议上用共同浮动汇率制取代战后的黄金—美元货币制度。这是一种以市场汇率为主，政府适当加以干预，工业化国家共同协调的货币制度。1980 年 1 月，国际市场金价一度涨至每盎司 875 美元。[②] 1982 年 6 月以后，金价回落到 290 美元，[③] 1984 年后，金价持续回落，1997 年已跌至不足 300 美元，2004 年年底升至 457 美元，2020 年 8 月突破 2000 美元。

共同浮动汇率制与金本位、黄金—美元制不同之处是，后两种制度分

---

① 这种不完全的金本位制有两种形式：金汇兑本位，银行券能兑换外汇，再用这些外汇去外国银行兑现黄金（如德国、意大利等 30 个国家）；金块本位，银行券兑现金块时有一定限制，如英国 1700 英镑，法国 21.5 万法郎以上。

② 林沃尔德：《经济学百科全书》，李滔译，中国社会科学出版社 1992 年版，第 843 页。直接原因是 1979 年 11 月伊朗学生冲进美国大使馆，扣押 60 多名美国人作人质，12 月苏联入侵阿富汗。

③ 陈建梁：《国际货币体系汇率的前景》，《世界经济》1983 年第 1 期，第 12 页。

别以英镑和美元为中心货币，它们都等同于黄金。而在浮动汇率制度下，黄金已完全失去世界货币的功能，没有一个国家的货币能单独充当中心货币。在金本位时期，由于商品货币（尤指黄金）的供应有限，经常出现通货紧缩；而在当代浮动汇率制下，货币（纸币）供应不再受物质条件限制，就容易引起通货膨胀。尤其是充当主要国际货币储备功能的国家，当本国经济增长乏力或出现金融泡沫时，央行便实施宽松的货币政策（quantitative easing 量化宽松），导致流动性过剩，进而危及整个国际金融秩序。

三、现代金融组织

这一组织体系分为：①调控和监管系统：中央银行、政策性银行（如进出口银行）、外汇管理局、银（行）（证券）保（险）监（管）会（中国）；②商业银行：国有（控股）商业银行、私有商业银行、外资商业银行等；③非银行金融机构：证券公司、保险公司、基金管理公司等；④市场系统：货币市场、外汇市场、黄金市场、期货市场。

近代银行经历过漫长的演变过程：

（一）私人商业银行

经常性商品交易离不开货币，而银行是经营货币信用业务的经济组织，在货币市场供求关系中发挥桥梁作用。

中世纪欧洲的商人为避免货币保管和长途携带中的风险，就把自己的货币交给专门经营者，委托他们收付现金、办理结算和汇款事宜。当货币经营者利用这些数量可观的货币放贷谋利时，他们就变成经营存贷款和汇兑业务的银行家了。英文中的银行 Bank 源于意大利文 Banco，指坐长板凳的人。中文用“银行”表示 Bank，是因为我国直到 20 世纪 30 年代还用白银作本位货币（银本位制）的缘故。

在中世纪各种商业活动中，羊毛和毛纺织品交易名列前茅。于是，以呢绒加工闻名的佛罗伦萨从 13 世纪便成为欧洲第一个银行城。到 1338 年，这里有 80 家家族式商号、商社经营兑换货币业务，有的也兼营工商业。14 世纪末，佛罗伦萨共有 200 万弗罗林在流通。[①] 佛罗伦萨银行家在意大利各城市以及罗得岛、塞浦路斯、突尼斯遍设代理处。他们首创汇票[②]这一

---

① 汤普逊：《中世纪晚期欧洲经济社会史》，商务印书馆 1992 年版，第 566—567 页。

② 汇票源自 12 世纪的热那亚，被称作“用于兑换的工具”。

远距离货币流通手段。虽然正常的银行业务是他们兴旺的基础，但是在中世纪欧洲，最有利可图的大笔生意还得靠向各国的宫廷贷款。这些贷款除带来高额利息外，还能得到国王授予的种种特权，富格尔家族同哈布斯堡王室之间长达百年的密切关系就是一例。富格尔借钱给宫廷，后者把铸币权、境内的银矿开采权等好处给予这位银行家，当查理一世 1519 年当选神圣罗马帝国皇帝时，雅各布 · 富格尔贿赂选帝侯予以支持，事后他说："众所周知，如果没有我的帮助，陛下就当不上皇帝。"① 这个家族从织布业致富后，同时在海上贸易、矿业经营和银行等方面发了大财。奥格斯堡自由市也一度成为最大的商业、金融中心之一。

但是，高利润意味着高风险，佛罗伦萨最大的银行家巴尔迪和佩卢齐由于英王爱德华三世未能归还 1290—1345 年共达 43 万英镑贷款而倒闭。②在这次倒闭事件中只有一家银行幸存下来，这就是美第奇家族的银行，该家族后来拥有遍及欧洲的银行和商业网，长期主宰佛罗伦萨共和国的政治，史称"僭主"。该家族中有两人曾任教皇、两人为法国王后。在文艺复兴时期美第奇家族是艺术与学术的赞助者和保护人。

到 1460 年，佛罗伦萨还有 33 家银行，时至 1516 年就只剩 8 家了。在中世纪另一个商业中心威尼斯，1585 年全城 103 家银行中至少有 96 家宣告破产，导致银行的广大客户倾家荡产。③ 这些私人商业银行破产的具体原因尽管各不相同，但从宏观经济环境来看，这种大起大落却不可避免，因为：①小农经济和个体工商户往往经不起自然灾害、意外事故（商船沉没、海盗抢劫）和市场信息不灵通的打击，还贷能力差。②一方面，信贷市场极不规范，高利贷足以使借款人倾家荡产；另一方面，私人商业银行的信誉也很成问题，许多银行家把客户存款用于个人冒险活动，或将大笔资金贷给政府。③按照严格的神学定义，贷款必须是无息的。不过这个定义也有变通的余地，神圣罗马帝国、西班牙、英国在 16 世纪中期开始允许放债取息。④以中央银行为核心的现代金融体系尚未形成。总之，教、俗封建主的敌视态度和英、法、西班牙君主们被迫或有意停止还本付息，是包括富格尔等大银行家破产的重要原因。

---

① 阿克顿：《新编剑桥世界近代史》第 1 卷，中国社会科学出版社 1988 年版，第 635 页。

② 汤普逊：《中世纪晚期欧洲经济社会史》，商务印书馆 1992 年版，第 571 页。

③ 奇波拉：《欧洲经济史》第 2 卷，商务印书馆 1988 年版，第 460 页。

（二）国际多边支付体系

在商品批发集市上，由于大额现金交易很不方便；商人们便采用赊购赊销方式买卖货物，而将所有应付、应收款额记在当地一位银行家的账簿上。集市结束后，这位银行家将每个客户的借款与存款归总起来进行结算，其收付差额由客户用现金支付。14 世纪以后，则用汇票支付。这种做法最初出现于 12 世纪末的香槟集市上。[①] 到 16 世纪，这些手握大量票据的商人每年两次集中到里昂的一个票据交换集市上去。集市上有十几家或几十家银行，这些票据持有者通过自己银行与同行银行中的账户转账来结算并清理债权债务关系，这种票据交换在 1579—1622 年意大利北部波亚琴察（Piacenza）的贝桑松集市上每年举行四次，共有 5000 万斯库多（一种古金币）易手，商人多达 200 人，银行家五六十人。[②]

随着欧洲贸易中心向西欧沿海转移，这种一年数次的票据集市贸易改为常年固定在少数大城市的交易所里进行。安特卫普（1531）、伦敦（1571）、塞维利亚（1583）、阿姆斯特丹（1611）陆续建立起这样的票据交易所。由于荷兰在世界市场处于中心地位，1609 年成立的阿姆斯特丹汇兑银行，到 1721 年共有 2918 个私人账户，价值达 2888 万弗罗林，新大陆运往欧洲的金银也流入这个城市的银行以便支取。批发商们把有价证券存入这家银行，期待着适当的利润。繁忙的金融业务使阿姆斯特丹银行成为欧洲贵金属的巨大存贮库，成为世界上第一个多边支付和结算的国际中心，这些金银和证券还有助于汇率稳定，并抑制物价上涨。[③]

（三）世界上第一家中央银行：英格兰银行

16 世纪以来，西欧各民族国家的政府开支远远超过同期财政收入，这是因为：①专制君主不断加强中央政府权力，导致官僚机构膨胀，行政人员增加。②宫廷铺张浪费。宫廷与政府财政未分开。③常备军费用，尤其是争夺商业和殖民霸权的战争愈演愈烈，战争开支的巨大数额[④]和紧迫需要迫使政府大量举债。1293—1303 年英国与法国战争期间，每一方都花费了 140 万～170 万英镑，而当时英国每年的财政收入才 30 万英镑，任何一

---

① 奇波拉：《欧洲经济史》第 2 卷，商务印书馆 1988 年版，第 468 页。

② 奇波拉：《欧洲经济史》第 2 卷，商务印书馆 1988 年版，第 469 页。

③ Jan De Vries, *Economy of Europe in an Age of Crisis*, Cambridge University Press, 1976, p. 230.

④ 如卡斯提尔王国 1547 年预算案中，战争和防务开支就占到了 70%。

位国王不通过特别税收是负担不起这笔花费的。[①]

当时政府借款同私人一样，也要以财产作抵押。不过政府的抵押品是未来的税收。政府将某项征税权授予某个人，即“包税人”，后者有权向所有应缴税臣民征收这种税款，条件是他在征税前先向政府交纳一笔现金。包税人不必申报他所征收的税额。显然这个税额超出了他交给政府的现金，超出部分便落入包税人腰包。这实际上是政府在“寅吃卯粮”。例如，菲利普二世于1556年7月登基时发现，西班牙已将1561年前的税收都抵押出去了。[②] 政府借债通常与国外需要用钱相联系，英国女王为了向驻尼德兰的英军送去军饷，需要劝说那些与低地国家有贸易关系的大商人通过汇票向英军汇款，而由财政部向这些大商人还款。1585—1603年，驻尼德兰的英军共收到148万英镑（折合1500万弗罗林），而英国政府的实际开支比这个数字大25%，这是资金“让渡费”和商人从中弄虚作假所致。

上述包税制和通过大商人汇款，实际上都是短期债务，而且利息很高。为了避开商人、银行家的高利贷盘剥，菲利普二世借用中世纪筹措长期低息贷款的方法：年金，[③] 于1557年将政府未偿还的短期债务700万达克都变成年息5%的偿债性年金，用于对法战争。[④] 这样就不必让渡政府未来的收税权，国王又能重新以政府税收作抵押寻求新的短期贷款。对法战争结束后，菲利普二世于1560年颁布破产法令：冻结1557年前所有政府债务，也不再偿还本息，而是让所有债权人按其最初贷款额加上自然利息换成年金证券，年息5%，每年6月和12月由塞维利亚交易银行支付利息，新旧年金的年息总额380万达克。这个交易银行开始发挥国家银行的作用。不幸的是此后国王收入锐减，致使这笔年金利息也无力支付，国王遂于1575年、1595年、1607年、1627年、1647年和1653年六次颁布破产法令，迫使所有债主接受年金利息。然而由于年金利息到60年代已占政府财政收入的70%，定期支付根本不可能。法国人16世纪以来为筹集

---

① Thomas F. X. Noble, *Western Civilization*, Houghton Mifflin Company, 1994, p. 446.

② 奇波拉：《欧洲经济史》第2卷，商务印书馆1988年版，第484页。

③ pension，投资者将一笔现款一次性借给市政当局，然后在规定的一段年限内，投资者每年按照双方商定的利息收取“年金”，到投资者死亡为止，这种人寿年金的利息为5%～10%。

④ 奇波拉：《欧洲经济史》第2卷，商务印书馆1988年版，第489页。

“长期贷款”所作的类似努力也失败了。

但在尼德兰，这种努力取得了成功，1506—1609 年革命初期，荷兰三级会议曾宣布无限期停止支付年金利息。战争结束前夕，仅荷兰省长期贷款就达 1.4 亿弗罗林。[①] 1609 年和约签订后，政府把所有短期债券都换成年金，但年金利率却从 10% 逐渐降至 1655 年的 4%（随后又降低了 1%，使政府支付的年金利息从 700 万弗罗林减至 400 万弗罗林）。这一年还偿付了一部分年金本金。更重要的是，每次降低利率都是议会（多数议员都持有年金证券）主动颁布的。因为革命后的荷兰经济繁荣，政府信誉极好，因此，债权人都含泪收回了年金本金，因为他们再也找不到这么安全又容易生息的投资对象了。这同西班牙、法国年金债券持有者的处境有天壤之别！

英国历届政府也面临同样的财政困难，1659 年（英吉利共和国最后一年）政府开支 220 万英镑，而岁入只有 187 万英镑。政府债务累计已达 200 万英镑。复辟王朝（1660—1688）时期，政府预算仍然赤字不断。1671 年，伦敦商业和金融界人心惶惶，所有手持政府债券的人蜂拥到财政部门前，要求立即兑换现金。这些债券都是前财政大臣乔治·唐宁爵士 1655 年仿照荷兰人的理财技术设计的，购买这种有偿债券的人可定期领取现金另加自然增长的利息，并可通过背书转让给第三者，这种债券为伦敦的“金匠”（银行家）所接受。债券共 225 万英镑，政府已无力支付，1671 年年底由国王下令，把其中 130 万英镑债券予以冻结，这导致一些银行家宣告破产，政府信用也受到损害。

进入 17 世纪 90 年代后，英国注定要卷入一场反对法国的无穷无尽的战争，政府迫切需要源源不断的长期贷款。1693 年，议会终于承认所谓“长期有息贷款”，4 月，政府以 8% 的利率发行 1200 万英镑公债，并让认购者组成由帕特森等人于 1694 年创办的一家名为“英格兰银行”的股份公司。[②] 这一决定很受欢迎，11 天内公债就被全部认购。新组建的这家私人股份制商业银行继续为政府筹措更多新的贷款，该行还同意把政府债券票据（包括汇票）兑换成现金。但禁止给王室贷款，除非得到议会同意。在西班牙王位继承战争期间，英格兰银行继续接受政府的借款票据（相当

---

① 奇波拉：《欧洲经济史》第 2 卷，商务印书馆 1988 年版，第 494 页。

② Jan De Vries, *Economy of Europe in Age of Crisis*, Cambridge University Press, p. 230.

于认购政府公债）。这一做法几乎导致该银行破产，但政府从此却能源源不断地获得低息长期贷款。1702—1713 年，政府总开支的 31%（2940 万英镑）来自借款。[①] 这是因为英国关税统一且有效率。1721 年沃尔波尔减免百余种出口税后更是如此。政府还建立用于偿还国债的偿还基金。1769 年英国内阁把东印度公司的股息限制在 12.5%，一旦股息超过 6%，便会给政府造成沉重的财政负担。1786 年又建立新的偿债基金，确保每年有 100 万镑余额。这就增强了公众对政府债券的信任。因此，尽管英国在北美独立战争末期偿还国债的费用增加了 60%，国债总额达到 1688 年的 80 倍，而 1797—1798 年税收只够战费的 1/3，但是政府债券利率仍从 1717 年的 5% 降至 1749 年的 3%。[②]

由于英格兰银行以低于市场的利率向政府提供贷款，银行营业执照得以不断展期，并获得新的特权。1708 年该行展期时获得在全国的股份银行垄断权，1742 年更新营业执照时获得在英格兰发行银行券的垄断权。这些银行券在大批量商业交易中作为黄金的替代物主要在伦敦流通。1750 年政府委托该行管理国家债务。1759 年和 1794 年该行分别发行面值为 10 英镑和 5 英镑的银行券。[③] 1797 年又首次发行面值为 2 英镑和 1 英镑的银行券。而政府于 1770 年禁止伦敦的其他私人银行发行银行券。[④] 至此，英格兰银行的银行券已具有法定货币的职能。这家私人股份制商业银行完全变成了政府的中央银行。政府历年在该行的借款变成了政府的股份。1833 年政府规定该银行发行的货币具有合法偿付效力。

英格兰银行支付了这么多政府借款，并经受住了其他商业银行的竞争和商人们几次挤兑而生存下来并得以发展，除了自身经营有方、实力雄厚外，还因为政府历次对外战争尽管代价高昂，却每战必胜，英国的海外领地不断扩大，贸易特权深入到西班牙、美洲……因此，英国的实力不断增强，政府巨额债务反而成为商业信用扩张的工具，尤其是工业革命后，经济实力更加雄厚，伦敦在 19 世纪取代阿姆斯特丹成为国际金融中心，阿姆斯特丹在拿破仑战争中受到破坏后就一蹶不振。

---

① 奇波拉：《欧洲经济史》第 2 卷，商务印书馆 1988 年版，第 501 页。

② J. O. 林赛：《新编剑桥世界近代史》，第 7 卷，中国社会科学出版社 1988 年版，第 11 页。

③ P. 金德尔伯格：《西欧金融史》，中国金融出版社 1991 年版，第 107 页。

④ J. P. Keyon, *A Dictionary of British History*, Bank of England, Jecker & Warburg, 1981, P. 29.

英格兰银行在英国货币市场上的主要作用是扮演最后贷款人的角色。从1820年以来，该行作为贴现行的后台，对贴现行的最优票据进行再贴现，使其大量票据获得融资。这种最后贷款人职能可使英格兰银行控制全国货币市场，使之保持稳定。当然，这种控制作用只有在整个银行系统处于严重危机时才表现出来。1946年工党政府将该行收归国有，对私人股东给予赔偿，大部分董事保持原来地位，总管理处设在伦敦。

那么，中央银行与商业银行（包括非银行金融机构）的区别是什么？中央银行（央行）不以赢利为目的，商业银行以赢利为目的。央行与商业银行的关系是：第一，央行是政府的银行，如代理国库。第二，它是政策性银行，决定或变更存贷款利率、贴现率、汇率和商业银行存款准备金率，发行货币和国债券，这些工作通称公开市场业务。① 第三，它是银行的银行，它对全国所有商业银行实施监督，规定、变更商业银行的准备金率并提取之。央行通过这些职能发挥它在全国经济中的宏观调控作用。②

① 指变更利率、汇率、贴现率、存款准备金率、增发货币、发行国债券等。现在，贷款利率正在走向市场化。

② 宏观调控的四大目标是：在持续、适度的经济增长的同时，确保物价稳定、高度的就业水平和国际收支平衡。中央政府调控宏观经济的另外两个手段是投资和税收体制。

第二章

民族国家与近代民族主义

在古代，人类社会的组织形式，大体上以传统文明国家为主要特征。受主客观条件的限制，各大文明区域内的国家之间，并不具备今天的法律地位和边界划分。不同文明区域之间的关系也比近现代社会疏远得多，有限的和平交往和史册上记录在案的战争，影响并丰富了人们彼此之间的物质和精神生活，却很难从根本上改变各自文明社会的悠久传统。例如，欧亚大陆之间长达千年的丝绸之路、亚历山大大帝对东方的远征。上古初期的尼罗河、两河流域的文明，在后来的希腊化、拉丁化、伊斯兰化的反复耕耘中，出现了断层，进入历史博物馆。后来兴起的伊斯兰文明，尽管几十年间便征服了亚洲、欧洲和非洲的广大地区，然而，当圣战骑士深入欧洲腹地和亚洲深处时，比它更古老、文化根基更深厚的基督教文明和儒家文明却迫使其停下了脚步。在伊斯兰世界内部，随着教主离世，教派之争愈演愈烈。这个横跨三大洲的宗教帝国很快解体，形成各自为政的国家。在这些国家中，居住在小亚细亚的西突厥人（turks，来自中亚，又称土耳其人）于1299年独立建国，后来称为奥斯曼帝国。1453年，帝国军队攻陷君士坦丁堡（伊斯坦布尔），东罗马帝国（拜占庭帝国）灭亡。16世纪，土耳其军队曾经兵临维也纳城下。不过在1648年威斯特伐利亚会议上，奥斯曼帝国却被排斥在外，尽管它在东南欧占有大量领土，但被天主教国家视为异端。到19世纪，奥斯曼帝国更被欧洲列强视为垂死的“病人”，欧洲人随时准备瓜分“死者”留下的领土“遗产”。

在近代历史上，其他文明类型及其国家在基督教文明的攻势面前纷纷败下阵来，处于近代文明的边缘，而处于文明核心区域的欧洲列强，在争夺霸权和向海外扩张的过程中，建立并主导着国际关系、国际秩序和意识形态，并将其作为普世价值观。欧洲列强为什么能在近代世界长期具有支配地位？这与民族国家的形成和欧洲民族主义的兴起有着非常重要的关系。

第一节 民族国家是天主教世界的对立物

西欧民族国家的形成与近代文明密切相关，“国家主权从根本上决定了近代的发展”。[①] 长期以来，不少学者认为1640年资产阶级革命之后才产生了民族国家。李宏图《论近代西欧民族主义和民族国家》[②] 一文认为，“民族国家是在反对封建王朝过程中建立的”。16—17世纪西欧的“君主国还不是近代民族国家，只是‘王朝国家’”。程人乾在《论近代以来世界民族主义》[③] 一文开头也写道：“近代民族主义产生于英国资产阶级革命的发端，肇始于第一批近代民族国家的创建。”

如果李、程二文这些观点成立，那么在17世纪的欧洲，只有尼德兰（荷兰）和英格兰可称之为民族国家；17世纪以后，世界上新创建的民族国家也只能加上美国、大革命后的法兰西共和国（当然不包括后来的拿破仑帝国、复辟王朝时期的法兰西王国和第二帝国），以及其他取得资产阶级革命胜利的少数小国、弱国：比利时（1830）、土耳其共和国（1922）……至于近代史上称雄世界的新兴强国德意志帝国、大日本帝国、意大利王国、奥匈二元帝国、俄罗斯帝国，则由于尚未取得“反对封建王朝”或资产阶级革命的胜利，反而算不上民族国家，充其量只是“王朝国家”。李宏图同时又承认1648年《威斯特伐利亚和约》是对所有这些“主权国家的肯定”。而这些主权国家，包括德意志帝国前身的普鲁士王国，全都由各个王朝统治着。显然，这些王朝代表的主权国家无疑都是名副其实的民族国家。可见李、程二文的观点均难以自圆其说。

李宏图持这一观点的理由是，在君主国“这种政治体制中，广大民众还没有形成整体国家的忠诚与热爱，民族感情较为淡薄”。

历史和现状恰好与此相反。例如，法兰西民族英雄、圣女贞德

---

① ［德］马克斯·布劳巴赫：《德意志史》第2卷，上册，陆世澄译，商务印书馆1998年版，第441页。

② 李宏图：《论近代西欧民族主义和民族国家》，《世界历史》1994年第1期。

③ 程人乾：《论近代以来世界民族主义》，《历史研究》1996年第1期。

（1412—1431）原为一偏僻乡村的普通姑娘，却在挽救民族危亡、扶持查理七世登基加冕中发挥了关键作用。据历史记载，这位 17 岁的奥尔良姑娘在其家附近树林里，曾听到天上的声音，召唤她赎回法兰西。[①] 如果把西方史书中这一“上帝的启示”仅仅斥之为神话，那就错了。她对恢复法兰西王国全部国土的执着信念，以及宫廷神学家们对她这一特殊身份和使命的认可，已经载入史册。1429 年查理七世登基后对她十分倚重，采纳她对英作战的建议。她在民众和军队中的感召力，[②] 给我们清晰地勾画出这样一幅景象：中世纪后期西欧广大民众的崇拜对象，在从上帝及其代理人罗马教皇向民族国家的代表——王权身上转移时噩梦般的心路历程：收复国土、统一民族国家已是大势所趋、人心所向；但上千年来支配人们的宗教感情，仍以无所不在的习惯势力困扰着他们的头脑。否则，这一客观存在的重大历史事件何以如此，就永远只能是一个谜了。

如果这个例子还不能使两位学者信服，那么，已载入历史课本的 1813 年莱比锡“民族之战”，总不能仅仅看作众多参战国之间的“王朝战争”[③] 吧？明治维新及“大日本帝国宪法”（1889）的领导人和起草者们，不利用广大民众的民族感情能够成功吗？而普通民众对于民族国家的整体观念，则由于列强强迫日本开关出现民族危机、经济危机激化、民不聊生而增强（日本国土狭小、人口众多，岛国环境也增强了民族凝聚力）。1947 年《日本国宪法》一开始就说：“天皇为日本国之象征及日本国民整体性之象征。其地位基于主权在民之日本国民之总意。”至于日本人今后是否需要通过全民公决或其他方式重新确定天皇的地位，这是他们自己的事，外国人无须多说。不过有一点可以肯定：在自由主义

---

① Hutton Webster, *Medieval and Modern History*, D. C. Heath & Co. Publishers, 1919, p. 213.

② ［美］黛博拉·A. 弗雷奥利：《圣女贞德与百年战争》，刘晶波译，上海社科院出版社 2013 年版，第 98 页。

③ 关于这一类王朝战争，马克思在《革命的西班牙）一文中指出，“所有反法的独立战争都具有复兴性质和反动性质”。《马克思恩格斯全集》第 10 卷，人民出版社 2006 年版，第 467 页。

的英国，如果国人对君主制[1]表示异议，社会舆论尚可容忍的话，在日本则足以引起本土同胞的厌恶。世界各国的政治体制千差万别，试问：有谁能否认泰国国王这几十年来在稳定国内政局方面发挥的作用呢？南宋名将岳飞的爱国热忱之所以以悲剧告终，就因为“忠君”与“爱国”在传统社会是合二为一的。而当代日本、泰国都属于君主立宪制国家。两位学者的看法难以自圆其说的原因是混淆了等级君主制、专制君主制和议会君主制（君主立宪）之间的区别，而这三者都具有民族国家的外观。西欧民族国家不可能在自我封闭中单独产生，也无缘重复美利坚合众国的榜样：由不同民族的移民到3000公里外的新大陆融合成一个崭新的美利坚民族，并通过独立战争缔造出一个资产阶级国家，即现代（modern，或译近代）国家。[2] 现代国家虽然可以分为共和制和君主立宪两种政府体制，但其共同点在于：依法治国（the rule of law 而非 the rule by law），宪法至高无上。[3]任何人，包括总统或君主都要宣誓效忠于宪法；如果总统、君主违反宪法规定改变政府即被视为政变；他们任何违背宪法的言行都是非法的、无效的。任何个人或集团均不能被置于法律之上或之外，而弱者应受法律同等程度的保护。此即法律至上，也是“人民主权”的体现。这种对强者的制约和对弱者的保护即“法律面前人人平等”。

西欧各民族国家的形成虽然经历过不同的发展道路，但其共同点无疑是作为天主教世界的对立面，在与周围民族的竞争中，逐渐成长为民族国家的，见表3。

---

① 今日英国国王的全称是“上帝恩惠的大不列颠及北爱尔兰联合王国，以及其他领土和领地的女王，英联邦元首，宗教的保护者伊丽莎白二世”。英国政府、军队、海外领地直到反对党名称的前面都冠以“女王陛下的”名号。从理论上说，“除立法权外，其他合法权力皆属国王”。但从1689年议会颁布“权利法案”以来，英王的“其他合法权力”已逐渐由议会行使（详见第七章第一节）。“王权实际上已经等于零。”（恩格斯）英王现在的权力主要是形式上、礼仪上的，但却不可逾越。她对国家大政方针虽无决定权，却仍有咨询权、鼓励权和警示权。国家一切重大决策以国王的名义发布出来，容易为社会各阶层成员接受。因此，在和平时期，王权是“超越”并协调阶级矛盾、社会矛盾的缓冲器；在非常时期，王权不失为英国政治体制中最后一个稳定器。总之，英王是民族团结、国家统一和历史传统的持久象征，是全民族的精神领袖。

② 斯大林的民族定义，在我们看来，只适用于美国等少数国家。

③ 英文解释出自吴敬琏《当代中国经济改革教程》，上海远东出版社2010年版，第396页。

表3　古代文明国家组织形态及西欧地区从天主教世界向民族国家的演变

<table>
<tr><td rowspan="3">名称</td><td colspan="4">古代世界三大文明地区</td><td rowspan="3">15—18 世纪西欧民族国家</td><td rowspan="3">18—19 世纪近代国家（资产阶级国家）①</td></tr>
<tr><td rowspan="2">儒家文明</td><td rowspan="2">伊斯兰世界</td><td colspan="2">基督教世界</td></tr>
<tr><td>天主教</td><td>东正教*</td></tr>
<tr><td rowspan="2">维系纽带</td><td rowspan="2">共同的伦理价值观：对儒家学说的信仰与遵奉。对皇帝（天子）无条件忠诚。</td><td>宗教感情</td><td colspan="2">民族感情</td><td colspan="2">近代民族主义</td></tr>
<tr><td>对安拉及其使者穆罕默德的信仰与无条件忠诚。</td><td colspan="2">对上帝及其代理人的信仰与无条件忠诚。</td><td>居住在同一个中央政府管辖的地理范围内、属于同一民族（或有一主体民族）的臣民。对专制君主的敬仰与无条件忠诚（英国属于君主立宪）。</td><td>居住在同一个中央政府管辖的地理范围内、属于同一民族（或有一主体民族）的公民，对宪法的忠诚，对于按宪法产生的政府的服从，并尽其义务，同时享有公民权利。</td></tr>
<tr><td>官方经典</td><td>《论语》</td><td>《古兰经》</td><td colspan="2">《圣经》</td><td></td><td>无</td></tr>
<tr><td>政府类型</td><td>中央集权（郡县制）文官体制</td><td>东方专制主义</td><td colspan="2">等级君主制</td><td>专制君主制（或开明专制）</td><td>共和制或君主立宪</td></tr>
<tr><td>权力来源</td><td>授命于天</td><td>唯有安拉</td><td colspan="2">教权神授</td><td>君权神授（主权在君）</td><td>主权在民</td></tr>
</table>

① 近代（modern，或译为现代）国家即资产阶级国家这一提法，参见《马克思恩格斯选集》第 1 版第 1 卷，第 602 页；第 2 卷，第 409 页。另见列宁《国家与革命》，人民出版社 1949 年版，第 27、76 页。

续表 1

名称	古代世界三大文明地区				15—18 世纪西欧民族国家	18—19 世纪近代国家（资产阶级国家）
			基督教世界			
	儒家文明	伊斯兰世界	天主教	东正教*		
军队	王师（官军）		诸侯拥有私人武装		国王拥有常备军（战时，英国议会拨款组建陆军）。	国家拥有军队
政府与教会的关系或天朝与其属国的关系	皇权高于神权①	神权高于王权（政教合一）			王权高于神权。宗教民族化，从宗教战争趋向宗教宽容。	政教分离。宗教信仰自由。
	天朝与其属国大体上保持着朝贡与赏赐、保护的关系。	阿拨斯王朝（750—1259），以伊斯坦布尔为首都的奥斯曼帝国。	罗马教皇通过行使主教续任权、每年向各国居民按户征收彼得便士、亲自或由大主教给国王加冕或处以绝罚（开除教籍）而享有超国家权力。		以国王为代表的主权国家（民选的政府领导人向宪法宣誓效忠）。	民选的政府领导人宣誓忠于宪法。这些主权国家无论平时或战时都是国际关系中享有合法权力的唯一行为主体。各国都有资格参加国际会议。国际条约对各方均具有约束力。外交承认成为国家主权的一个外部象征。

① 先秦儒家主张以民为本的君主制，汉儒董仲舒把君权神授理论化，并取得官方哲学地位。君主专制在儒家宗法观念、韩非的法、术、势（帝王统治术）和秦朝政治实践的基础上趋于制度化，这种君主集权尤其以明、清两朝为甚（另见钱穆《中国历代政治得失》，生活·读书·新知三联书店 2001 年版）。中国若没有强大的中央政府，西方殖民主义势必把远东变成另一个印度或者非洲。

续表 2

<table>
<tr><th rowspan="3">名称</th><th colspan="4">古代世界三大文明地区</th><th rowspan="3">15—18 世纪西欧民族国家</th><th rowspan="3">18—19 世纪近代国家（资产阶级国家）</th></tr>
<tr><th rowspan="2">儒家文明</th><th rowspan="2">伊斯兰世界</th><th colspan="2">基督教世界</th></tr>
<tr><th>天主教</th><th>东正教*</th></tr>
<tr><td>通用语言文学</td><td>汉语</td><td>阿拉伯语</td><td>拉丁语</td><td>希腊语</td><td colspan="2">民族语文，文艺复兴和宗教改革促进了民族文学的繁荣及其世俗化。民族语文趋于规范、成熟。法语和英语是国际条约、国际学术、国际贸易的通用语文。</td></tr>
<tr><td>经济政策</td><td>重农抑商</td><td>崇尚商业</td><td colspan="2">禁止收取贷款利息</td><td>重商主义</td><td>自由放任</td></tr>
<tr><td>对外关系特征</td><td colspan="4">天主教世界同伊斯兰世界的彼此交往表现为：阿拉伯国家的统一与扩张；十字军东征；君士坦丁堡陷落后西欧商业城市增加。而远东儒家文明处在一个相对封闭的地理单元内，喜马拉雅山、太平洋和千里戈壁构成几乎不可逾越的屏障，加上内部原因，一直相当封闭。
古代丝绸之路虽然构成这三大文明的联系纽带。但是其影响所及主要限于社会上层的奢侈品消费。阿拉伯人主要起中介作用：把古代东方的科学技术传到西方。1453 年前，许多西方学者是通过阿拉伯文书籍了解古希腊经典著作的。中国主要是商品和文化（包括技术）输出者。西欧在东西方贸易中一直以贵金属弥补其外贸逆差。</td><td>地理大发现与西欧各国的重商主义互为因果，促使欧洲向全世界扩张。欧洲市场中心从地中海诸商业城市向大西洋沿岸转移，西欧经济结构从封闭的农业庄园经济向市场化国民经济转变。</td><td>英国等列强凭借其大工业、近代科技、金融中心和坚船利炮的优势，在国际贸易、国际投资和其他国际交往中居支配地位，并拥有广大殖民地和保护国。自由主义取代重商主义，形成以西欧、北美列强为核心的世界经济。世界经济一体化趋势迫使“一切国家——如果不想灭亡的话——采取资产阶级生产方式”。</td></tr>
</table>

* 参见第十二章俄罗斯帝国的兴起。

第二节　西欧民族国家向近代国家的演变

表3说明：中世纪欧洲的基督教文明①，同阿拉伯世界的伊斯兰文明一样，是一种教权至上、政教合一的神权政治体制。15、16世纪以来，西欧王权上升、教权衰落，体现在国王身上的权力是对内的至上权和对外的独立权，即国家主权。国家主权成为民族国家的根本属性。臣民排他性的民族感情超过了共同的、传统的宗教感情，神权政治开始向世俗政治过渡。法国大革命以来，主权在民取代了君权神授，以人权为起点、以宪法为准绳的近代民族主义取代了臣民对君主的无条件忠诚（忠君爱国）。政府从人治走向法治，神权政治完成了向世俗政治的过渡。民族国家变成了近代国家即资产阶级国家。

西罗马帝国灭亡之后，西欧出现了大小不等的君主国，这些国君的权力都很有限。罗马法②直到12世纪才重新在大陆逐渐复兴。在中世纪早期，罗马教皇及其在各地的教会是天主教世界最强大的组织。封闭、自给自足的封建庄园是社会的基层组织。每个领主在其领地内都享有几乎是绝对的权力。③ 这些封建特权的残余，在东普鲁士农村直到19世纪晚期依然存在。因此，君主只是首席勋爵而已，只有僧侣代表最后一点点理智，给民众提供可怜的精神食粮，欧洲成为天主教会的一统天下。④ 于是，在宁静的田园景色深处，实际上是无法无天者的乐园——从普通的拦路抢劫、

---

① 基督教文明的另一支——斯拉夫人的东正教文明在俄国等东欧一直居支配地位。

② 罗马法是古罗马奴隶制国家的法律的总称，最初只适用于罗马市民，故称罗马法。其中最为完备、对后世影响最大的是私法（民法，包括诉讼程序）。市民以外的外来人和被征服地区的居民适用万民法。212年，市民法与万民法合二为一，罗马法宣告统一。按《法学阶梯》一书的分类，罗马私法分为人法、物法与诉讼法三部分。人法主要规定人的权利能力和行为能力；物法规定各种财产权，又分为物权法、债法与继承法（实体法）；诉讼法规定诉讼程序（程序法）。罗马法是古代世界中反映商品生产和商品交换的最完备、最典型的法律。12世纪，罗马法在欧洲大陆复兴时，英国已经形成以普通法为基础的法律体系，并与以罗马法为基础的大陆法系并列。这两种法系还随着欧洲各国近代的殖民扩张而推广到世界各地，此即今天人们常说的大陆法系和英美法系。

③ L. Plunket, *A History of Europe*, Oxford at the Clarendon Press, 1927, p. 121.

④ 基佐：《1640年英国革命史》，伍光建译，商务印书馆1985年版，第6—9页。

私掠船直到17世纪的30年战争，就成了那时社会上的“法律”。

15世纪以来（如路易十一以来的法国和亨利七世以来的英国），西欧各封建国家都在加强中央政府权力，等级君主制在向专制君主制转化。随着“封建社会的瓦解，以及城市的发展……产生了实行君主专制的直接必要性，通过君主专制把民族结合起来。……但是，不应该庸俗地理解它的专制性质……宁可把它看成是等级的君主制（仍然是封建等级制，但却是瓦解中的封建君主制和萌芽中的资产阶级君主制）”。[①] 火炮把封建城堡炸得粉碎，市场经济又使墨守成规的贵族日益贫困化。这些专制君主在完成国家统一，维护领土完整（法国君主追求国家的所谓“自然边界”），建立常备军，实施行政、司法统一，在培育国内统一市场（如1834年德意志关税同盟）、统一度量衡和币制、取消内地关卡（英国在这些方面最为成功）、保护民族工商业并支持本国商业公司向海外扩张等方面都发挥了重要作用。到18世纪，以普鲁士国王腓特烈大帝和法国太阳王路易十四为代表的开明专制君主更把这种进步作用发挥到极点。各国专制君主依靠市民和中小贵族以不同方式向教皇在宗教、司法、财税等方面的超国家权力发起挑战，逐步收回了这些国家主权。

西欧民族国家是在宗教改革中成长起来的。在大陆各国，改革在新教创始人鼓动下，下层民众和一部分诸侯共同响应；在英格兰，则以国王挑战教皇权威的方式展开。改革削弱了教会（从教皇到教区教士）的世俗权力和解释《圣经》的垄断权。新教国家通过改革法律、税制、兵役、用本民族语言文字翻译钦定《圣经》，加快了从等级君主制过渡到专制君主制的步伐，实现了对全国臣民和土地的控制。国家政权趋向世俗化。

各国君主对外代表民族国家，是国际关系中享有合法权力的唯一行为主体（现在，政府间国际组织尤其是联合国和正在争取独立的民族，如巴勒斯坦解放组织，也是国际关系中的行为主体）；对内拥有不受限制的最高权力，代表文明、法律、社会秩序和国内和平。所有这些，都是城市商人和农村新贵族所需要的。反过来，商人和其他城乡中产阶级不但给国家逐年增长的军政费用，特别是战争开支提供财源，还为国王削弱世袭贵族及其特权、加强官僚机构（行政、司法、税收等）提供了忠诚而能干的雇员。各国专制君主竞相推行重商主义政策，正是出于这方面的实际考虑。但在客观上却变成了“萌芽中的资产阶级君主制”。这就是历史的辩证法。

---

① 《马克思恩格斯全集》第21卷，人民出版社1965年版，第459页。

专制君主在这几个世纪所发挥的进步作用，绝不是李文用法王路易十五那一句话所能抹杀的。① 荒淫的路易十五和无能的路易十六仅仅再次证明，专制君主制的进步作用在路易十四时代达到顶点后，已经走向历史的反面。正如天主教会在中世纪早期是文化中心而到文艺复兴时期已走向反面一样。至于雇佣军现象，它在欧洲大国常备军历史上从来不占主要地位，更不能作为王权失去民心的依据。

第三节　民族感情与近代民族主义

民族国家总是在民族感情的基础上（当然还有经济和其他基础）产生的。如上所述，法兰西人民的民族感情，萌发于百年战争（1337—1453）期间，而民族国家则形成于路易十一（1461—1483 年在位）时期。同样，近代民族国家或近代国家，即资产阶级国家是在近代民族主义的基础上产生的。而近代民族主义来源于启蒙思想和法国大革命。②

法国启蒙思想的核心是理性主义。理性思维使人的信仰正当化。法国大革命提出的自由、平等、博爱以及拿破仑战争都激发了欧洲各地的民族主义情绪。这场大革命完全摆脱宗教外衣，推动各国完成了政教分离，君权神授变成人民主权，宪法高于王权或者取代王权。

在这里，有必要强调一下专制君主与君主立宪的本质差别。普鲁士国王威廉四世对此深有体会，他于 1847 年 8 月在 8 个省议会组成的联合议会上宣布："我决不允许一张写着字的纸（指宪法）就像天意那样插手于我的上帝和这个国家之间，用其条款来统治我们，并取代古老神圣的忠诚。"③ 当法兰克福帝国议会派代表团到柏林给他送去皇冠，呈请他加冕时，这位国王断然拒绝："这不是皇冠，而是奴隶所戴的铁项圈。一戴上它，国王就会变成革命的农奴。"④ 威廉四世的这些话，是对专制君主制反动本质的生动注解，也一语道破了包括天主教在内的所有神权政治的实质（尽管普鲁士是新教国家）。总之，专制君主的特点是权大于法（人治），

---

① 路易十五的那句话是："我这一辈子已经满足了，我死后哪管它洪水滔天。"

② Hugh Seton Watson, *Nations and States*, *An enquiry into the origins of nations and the politics of nationalism*, Mthuen-London, 1977, p. 26.

③ 迪特尔·拉夫：《德意志史》，波恩，InterNatione 中文版，1987 年版，第 77 页。

④ 刘祚昌：《世界史·近代史》上册，人民出版社 1984 年版，第 409 页。

而立宪君主政府则依法治国（法治），君主也不例外。

这里有必要讨论一下所谓德意志“文化民族主义”。李宏图认为，法国文化的冲击与入侵“阻碍着德意志民族成为一个统一的民族”。因此，“对以法国为代表的西方文化的抗拒一直存在于德意志的历史之中。德意志从来就没有和西方文化融为一体，反西方传统一直存在”。

第一，阻碍德意志民族统一的主要因素不在于外来文化，而源于其本身的历史。1250 年以后，德意志人的神圣罗马帝国几乎徒有其名。1356 年，查理四世颁布“黄金诏书”，加剧了德意志的政治分裂。此后诸侯割据更加严重，以至于 1517 年宗教改革也无济于事——而在英格兰，宗教改革是它走向民族国家的必由之路；法国宗教改革虽然酿成残酷的内战（胡格诺战争），但法国专制王权正是从此得以巩固，直至太阳王路易十四。如果真有“德意志文化民族主义”，应该从马丁·路德的新教（路德教）算起。他翻译的德文《圣经》才是“统一的漫长道路上第一块里程碑”。

不是“文化入侵”，而是拿破仑军队入侵带来的空前的民族屈辱，激发起普鲁士朝野的民族感情：政府立即改革农奴制度。1810 年威廉三世在创办柏林大学的宣言中说：“国家必须用学术力量补偿在物质力量上受到的损失。”[①] 至于德意志知识分子，他们对法国大革命普遍表示欢迎，直到 1793—1794 年恐怖的消息传来后，许多人才感到厌恶。对于法国文化，德国思想家既不是单纯“模仿”，更没有一直抗拒。马克思把德国古典哲学看成是“法国革命的德国理论”，[②] 原因之一是德国哲学家继承并发扬了法国启蒙思想中反对神本主义的人本主义精神。[③] 如 1830 年法国七月革命在欧洲，尤其在德意志引起强烈的震撼。青年德意志派领导人之一伯尔纳听到七月革命的消息像触电一样感到振奋。[④]

拿破仑军队的入侵也直接推动了德意志的统一和进步。1803 年拿破仑颁布世俗化法令，废除 100 多个德意志小邦，把它们并入较大的邦，使 1815 年后的德意志邦联减少到只有 38 个独立的政治实体。1806 年拿破仑

① ［美］J. W. 汤普逊：《历史著作史》下卷，第三分册，孙秉莹译，商务印书馆 1992 年版，203 页。

② 转引自蒋永福主编《西方哲学》上册，中共中央党校出版社 1990 年版，第 395 页。

③ 冒从虎等：《欧洲哲学通史》下卷，南开大学出版社（天津）1985 年版，第 122 页。

④ Carl Becker, *Modern History*, Silver, Burdett and Company, 1933, p. 338.

迫使奥皇放弃神圣罗马帝国皇帝称号。当拿破仑把德意志西部和南部的教会土地收归国有后，这些国有土地随即为当地富裕农民所购买，形成类似法国的小农经济。[①] 拿破仑在威斯特伐利亚王国推行法兰西法典和其他法国法律，促进了德意志的社会进步。[②] 因此，仅用“痛苦、屈辱、仇恨的民族感情”[③] 概括德意志人对拿破仑入侵和占领的反应是不全面的。

第二，在德意志国家统一的各种内在动力中，主要不是文化而是经济为之奠定了基础。1834 年成立的德意志关税同盟就是一例。德国从此进入大规模工业革命的新阶段。[④] 为保护幼小的民族工业不受英国产品的排挤，李斯特著书论证保护关税的必要性。史称李斯特的理论是“经济民族主义学说”。[⑤]

第三，文艺复兴以来，德意志民族文化一直受到意大利、荷兰、法国和英国民族文化的哺育，同时又有发展和创新。牛顿、卢梭和休谟对康德的影响就是一例，“他们帮我从‘独断论’的迷梦中觉醒过来”。19 世纪大部分年代里，德意志学者在哲学、自然科学（包括用科学理论指导技术发明并实现产业化方面）、历史学等人文学科和音乐等文学艺术领域里，都处于世界领先地位。德国在文化领域里的这些优势，同它政治上的分裂以及由此而来的经济落后，使德国学者们更渴望国家统一。正如历史学家特赖奇克在纪念莱比锡战役 50 周年大会上所说：“我们还缺少一样东西——国家。我们是唯一没有共同法律的民族。……我们的船只在公海航行时没有国旗，像海盗一样。”他热忱呼吁，皮埃蒙特办得到的事，普鲁士也能做到。[⑥]

这种热情的呼吁在海涅的诗歌里变成了无可奈何的叹息：“俄国人拥有陆地，/英国人拥有海洋，/我们的支配权……/只是在睡梦里，/在天空的王国里。/在这里我们不会被割裂；/而其他国家的人民，/却在平坦的

① 卡尔·兰道尔：《欧洲社会主义思想与运动史》上卷，第一册，群立译，商务印书馆 1994 年版，第 129 页。

② 卡尔·艾利希·博恩：《德意志史》第 3 卷，上册，张载扬译，商务印书馆 1991 年版，第 61 页。

③ 李宏图：《论近代西欧民族主义和民族国家》，《世界历史》1994 年第 1 期。

④ Peter Mathias and M. M. Postan, *The Cambridge Economic History of Europe*, Vol. 1, p. 385.

⑤ Kurt F. Reinhardt, *Germany*: 2000 *Years*, Vol. 2, p. 514.

⑥ 古奇：《十九世纪的历史学和历史学家》上册，耿淡如译，商务印书馆 1989 年版，第 277 页。

大地上发展。”(《德国——一个冬天的童话》[①] 但是，这类浪漫主义文学并非德国特产。19 世纪西方有两大社会思潮，一是浪漫主义，从 18 世纪的卢梭开始，经拜伦、叔本华和尼采演变到 20 世纪的墨索里尼和希特勒；二是理性主义，始于法国启蒙学者，后来传给英国哲学上的激进派……[②] 总之，“各民族的精神产品成了公共财产。民族的片面性和局限性日益成为不可能，于是由许多民族的和地方的文学形成了一种世界的文学”（这里泛指科学、艺术、哲学、政治等——原注）。[③] 而李宏图断言：“德意志从来就没有和（以法国为代表的）西方文化融为一体，反西方传统一直存在。”似乎论据不足。

另外，也正是在近代民族主义的影响下，欧洲列强在争夺霸权和不断向海外扩张中，向其他地区文明古国纷纷发起挑战，通过殖民主义运动建立起欧洲在世界上的支配地位。

第四节　中华文明与中华民族

中华文明发源于东亚大陆的黄河中下游地区，是以儒家思想为正统的古典文明。在两汉年间（公元前 206—公元 220），其地理范围已经与现代中国相当。与古埃及、古希腊、两河流域、印度河古文明发源地相比，中华文明处在一个相当完整、相对独立的地理单元。

在中国人起源和进化问题上，西方有的学者主张中华民族西来说，这与单一地理区起源假设有关。斯皮瓦格尔（Jackson J. Spielvogel）在其《西方文明简史》中的观点就是一例[④]。诚然，旧石器时代猿人（直立人）化石及其遗物以非洲最为丰富，而中国境内的旧石器遗址，迄今已经发现百余处，且分布于长江黄河、云贵直到辽河、松花江广大地区。更为重要的是，在 300 万至 30 万年前的全部猿人史前史跨度内，中国猿人在其中后期的进化轨迹渐趋密集且清晰可辨。至于 25 万年开始的智人时代，中国境

① 科佩尔·S. 平森：《德国近现代史：它的历史和文化》，范德一译，商务印书馆 1987 年版，第 36 页。

② 罗素：《西方哲学史》下卷，马元德译，商务印书馆 1976 年版，第 213、263 页。

③ 马克思、恩格斯：《共产党宣言》，人民出版社 2015 年版。

④ ［美］斯皮瓦格尔：《西方文明简史》（影印本），北京大学出版社，2006 年版，第 3 页。

内的遗址数量更以百万计，且分布于中国版图的几乎所有地区及其延伸地。以下是旧石器时代直到新石器早期最有代表性（标志性）的少数具体证据。

元谋人是中国境内公认的最早直立人，最近一次科学测定为187万—167万年之间，通常称为170万年前。蓝田人距今110万年（公主岭蓝田人化石）。北京人50万—25万年前，2009年测定为77万年前。由于裴文中1929年这一发现，国际学术界才承认之前由荷兰人Eugene Dubois发现的爪哇人是猿人（70万—50万年前）。营口金牛山人距今28万年，大荔人23万—18万年，柳江人13万—7万年（2002年数据）。2008年发现的许昌人距今10万—8万年，填补了缺环，这是猿人向智人进化的敏感期。山顶洞人生活在3.4万—2.7万年间，通称3万年前。

这些数量丰富、分布广泛，彼此间呈现出明显的继承关系的猿人、智人化石和器物（器型、文饰、色彩……），构成相当完整的中国古人类进化系列链条，其人体化石的体型、体貌和体质，表现出不用于东亚以外人种的自我特征。

但是，无论猿人、智人，还是公元前后上千年的现代人，旧大陆之间的人种交融曾以不同规模和方式，在不同距离和范围内多次发生过。这次新冠肺炎在全世界如此广泛地传播，再次提醒人们，人类绝大部分遗传基因是相同的。种族歧视的反面是种族优越论，二者都不可取。

从传说中的三皇五帝，到史实越来越确凿的夏、商、周三个朝代，众多的部落、方国之所以共推黄帝、尧、舜、禹为天下共主，不仅因为这些首领所在的部落人多势众，更在于这些共主以天下苍生为念：黄帝首创养蚕、舟车……史称中华民族的人文始祖。尧命羲和制定历法，遴选舜为其接班人。舜接班后驱逐“四凶”（“修教三年、执干戚舞，有苗乃服。”《韩非子·五蠹》）。舜选择治水有功的禹为其接班人。汤武革命，更是“顺天命而应民心”。总之，这些共主都致力于扶正驱邪、除弊兴利和文明教化。此即儒家之所谓王道。文王和周公是王道的典范。后来平王东迁，周室衰微，齐桓公、晋文公号令天下时，仍然借助于周天子旗号以振其威。这就是“霸道”。而中华文明在王道和霸道中得以持续，华夷之辩也依稀可见。这就是中国既是民族国家又是文明世界的历史渊源。

华夏先民最初也信奉原始宗教。商朝尤甚，“殷人尊神，率民以事神，先鬼而后礼”（《礼记》）。商王事无巨细，动辄占卜，不问苍生问鬼神。武王伐纣，也以天命自谓，责纣“自绝于天，结怨于民”。不过，新王朝却不再迷信占卜，声称“惟命不于常”，上天之授命并不固定于某一人，“皇天无亲，惟德是辅”。“殷鉴不远，在夏后之世”。这是周朝君臣治国理念的一大转变和进步，也是他们总结夏、商两代经验教训和自身从政实践的结果。

诸子百家各自立论并驳斥对方观点时，都曾评论过历代政治得失，其中以儒家创始人最为详尽。孔子、孟子对西周典章制度赞誉有加，而对夏商两代言辞谨慎。据孔子说，“文献不足征”。这反而说明，孔孟对文王、周公的赞颂言之有据。

儒家对三代圣王贤相的理想政治模式作了理论概括，形成中华文明崇德贵民、远神近人的人本主义价值观。奠定了中央集权、精英政治的传统，以及精神文明世俗化的价值导向。而以农立国、传统农业大国又提供了雄厚的物质基础。

从汉朝到明清2000年间，中国一直遵循“王道”而非“霸道”的和平外交方式。即使在汉、唐盛世，也不曾有过亚历山大、成吉思汗之类的“世界征服者”，更没有成为主动出兵葱岭（帕米尔高原）以西，东达朝鲜全境、剑指日本的蒙古帝国、阿拉伯帝国，以及把地中海当作内湖的罗马帝国。这固然与中国古代重农抑商之国策有关，但仅此一点，理由并不充分。深层原因在先秦典籍——这一塑造中华文明内在性格的精神宝库——之中。虽然诸子百家学说各异，有些观点还针锋相对；但在否定穷兵黩武、滥杀无辜、殉葬陋习等方面，在“仁者无敌”（孟子）的治国平天下理念（法家例外）方面却无异议。儒、墨之口诛笔伐更是不遗余力。当齐宣王质问武王伐纣算不算以臣弑君时，孟子答：“残贼之人谓之一夫（独夫），闻诛一夫矣，未闻弑君也。”就连专论战争的《孙子兵法》，一开头就警告读者：“兵者，国之大事，存亡之道，死生之地，可不慎乎?”这种修身齐家治国平天下的仁政理念，使中华文明盛而不狂、衰而不倒，得以绵延至今；而那些不可一世的军事帝国、宗教帝国、近代殖民帝国，已先后灰飞烟灭了。

无论是中原王朝开疆拓地，还是少数民族入主中原，建立地方性以至全国政权，历史地看，都是中华民族融为一体的重要途径。但是，战争并非民族融合的主要方式，它们看似壮观，实为江海上之朵朵浪花。因为战争在2000年历史长河与1000万平方公里内，只占很短暂、很狭小的比例，而在其大部分年代和地域里发生的是和平融合方式：边民内迁（内附）与塞外军屯，民间下关东、走西口，茶马互市与异族通婚（上层是和亲），胡服骑射与北魏迁都洛阳……在各民族之间人员、商品、文化的频繁交往中，在语言文字、宗教信仰、风俗习惯、生产和生活方式的互相影响与良性互动中，中华民族已经形成各民族和睦、友好相处，守望相助、你中有我、我中有你、谁也离不开谁的命运共同体。

在中原以传统农业为主、边陲大部分地区以游牧为主的自然经济条件下，与西方文明的宗教传统、近代以来的殖民主义、帝国主义扩张态势相比，中华文明有助于社会和谐与政治稳定，但稳定中也隐含守旧与不思进取，和谐有余必然导致竞争不足。面对列强入侵、弱肉强食的国际竞争态势，中华民族却显得像一盘散沙。

面对这千年未遇之大变局，中华民族面临生死存亡的危机，朝廷几经战败受辱、几番割地赔款之后，终于允许改革。然而，为时已晚且言不由衷。于是，同情、认同、参与孙中山革命活动者日众。孙中山组织兴中会，多次发动武装起义，失败后去海外，随后组织同盟会。在会刊《民报》发刊词提出三民主义作为革命纲领。1911 年武昌起义成功，两个月内十余省宣布独立，脱离朝廷。1912 年元旦，中华民国成立，孙中山就任总统。共和体制取代了千年帝制，居功至伟。民国初期，虽然军阀混战，国家内忧外患，但袁世凯称帝、张勋复辟的后果，说明共和思想已经深入人心。在思想文化战线上，以 1919 年五四运动为标志，中华文明在把西方文明中国化、传统文明近代化的兼容并蓄和自我转型中，迈出了决定性的一步。在政治文明领域，孙中山、毛泽东堪为表率；宣传新思想、批判旧教条最力者，当属陈独秀；胡适在提倡白话文、用科学方法整理国故［《中国哲学史大纲》（上）为代表作］方面开创先河；鲁迅是中国新文学的奠基者，他倡导个性自由，揭穿旧礼教仁义道德说辞背后“人吃人”的本质。总之，这是一个思想开放而且自由竞争、学术空前繁荣、文学艺术突破传统束缚并在优秀传统基础上大胆创造的新时期。对中国政治进步、经济转型、社会移风易俗起到推动作用，它堪比春秋战国时期的百家争鸣。

另一场民族危机是日本全面侵华。日本至今仍把甲午战争称为日清战争。甲午战败之后，日本朝野利令智昏，认为中华民族早在清兵入关已经亡国。八国联军攻陷北京（日本趁火打劫）和日俄战争的经历，进一步让日本“相信”：中华民族的生存活力已经枯竭，中国迟早会步非洲后尘。日本人阴谋在他国瓜分中国之前，把中国变成另一个印度。

“中华民族到了最危险的时候!”同胞们想一想：如果山海关以内亿万同胞，也像台湾、东三省父老乡亲一样，每天必须向什么天照大神顶礼膜拜，而视黄陵桥山为普通的土丘；我们的子女在学校认字时学的是撒落一地的荒草，而永远不知道汉字书写的先秦典籍为何物，每念及此，笔者就不寒而栗。值此全民族生死存亡的关头，华夏大地上的民族、地域、宗教等差别还有多大意义？阶级差别也只好退而求其次。只有以中华民族作为我们共有的民族标识和群体认同，才能守护住中华大地上这个共同的民族家园。

令敌人和外人始料不及的是，国共两党在十年内战之后，竟然不计前嫌，重新携手合作，共赴国难，形成全民族抗战的大好局面（例如，全国抗战兵员的1/3来自四川）。这种重民族大义而轻党派利益的品质，难能可贵。当代世界上某些热点地区的权势者及其派别，在内忧外患中，仍置主要危险和全民族共同敌人于不顾，却热衷于兄弟阋墙。希望他们看看国共关系史。中华民族何以能屡遭磨难而自强不息，这不能不归功于中华文明的优良传统，以及在内外大环境逆转时的应变能力。

总而言之，中华文明是中华民族的精神家园，中华民族始终是这个家园的辛勤园丁。二者相得益彰，共同构成东亚大地上这一历久弥新的独特文明世界。

公元前8—前3世纪期间，希腊和黄河流域的古典文明曾经是古代文明世界最耀眼的两座灯塔。前者是西方文明的源头，后者奠定了中华传统文明的基因。二者差别在于，中华文明千百年来虽然有盛有衰，却从未中途熄灭或者被域外文明所取代，更未自行异化或者发生文明中心区域的地理位移，而是由本区域广大民众共同创立且数千年生生不息，至今保持着旺盛的生机与活力。何以如此，答曰：重农抑商为古代文明的体制基础，华夷之辨为其价值观准绳。所谓华夷之辨，并非以某个种族或族群（racial or ethnical）的肤色、血统别亲疏，也不以某一排他性宗教信仰为正统，而是以和而不同的世俗观念（人伦大道）为准绳。换句话说，以儒家思想为代表的传统文明，既是历朝历代官方的主流意识形态，也是普天下亿万庶民共同遵奉的价值观（乡风民俗）。中国人“天下大同”的理想，既不同于古罗马的世界帝国，更非当代美国普世价值观主导下的制度输出，而是范仲淹笔下的“先天下之忧而忧，后天下之乐而乐”。

由于中华文明一贯守正创新且不排外，兼容并蓄又择善而从，所以百余年来经历西方文明全球化之冲击而不倒，进而在西方文明中国化的自我更新（类似印度佛教中国化）中浴火重生。中华民族之所以具备顽强生命力、自我更生力、对外亲和力与包容性，其原因盖源于此。西方朝野习惯于把基督教文明的观念标榜为普世价值观，把西式民主看成是所有国家具有合法性的唯一标准。于是，其他传统文明，尤其是儒家文明及其古今政权，就都被美国朝野贴上“东方专制”“独裁统治”的标签。

偏见比无知离真理更远。这种对华偏见和傲慢态度，已经持续了百年之久（欧洲中心论、西方文明优越论）。处理此类国际纠纷，如同古人处理人际纠纷应秉持的原则一样，“以德报德，以直报怨”，“德不孤，必有邻”（孔子）。换句话说，中国走和平发展道路一如既往。中华民族实现民族复兴，并联合世界上平等待我之民族共同奋斗，人类命运共同体的目标终将实现。

大道之行，天下为公。

第三章

近代文明的精神家园

人的解放分为内部和外部两个方面。19 世界美国解放黑人奴隶，普鲁士、俄国改革农奴制，都是从外面、从上面让社会底层的民众获得解放。这些黑人和农民生平第一次开始以平等的公民（臣民）身份，在社会上自由选择职业、接受初等教育、自行安排私生活。政府从行政和法律层面提供制度性保障。英国人“由来已久的自由传统”在国民经济市场化、国家工业化和社会管理近代化过程中之所以保持并扩大，是由于历届政府几百年来采取小步不停、积少成多、有序推进的改革措施，逐步减少行政权对市场经济的干预（如取消东印度公司垄断权后又予以解散、废除谷物法）、下放并规范行政权力（如地方自治法、文官改革法）、限制土地贵族等特权而扩大民众参政权（1832 年、1867 年、8884 年、1918 年议会改革）。这种朝野互动、斗而不破、适当妥协的渐进式改革，在激发民众积极性的同时又维护了社会稳定。

欧洲人在人类文明竞争中之所以后来居上，还因为这里率先开始了一场使人自身获得解放的自我教育、自我完善的历史潮流：文艺复兴、宗教改革、启蒙时代。

第一节　人自身的解放

欧洲人自身获得解放是一场由少数精英（知识分子）发起并推动，得到某些君主支持和资助，并向市镇中产阶级和城乡平民普及的社会潮流：它以文学艺术人本化、教育世俗化、宗教自由化、信仰理性化（罗马教皇直到 1962—1965 年第 21 次会议上才肯定自由、民主和人权，认可宗教世俗化、自由化）为目标，通过文艺创作（以民族语言为工具，民间、民俗文化为养料），普及《圣经》和新教读物、开展宗教辩论、改革宗教仪式直到宗教战争这些方式，力求实现上述目标。18 世纪法国启蒙思想推动欧洲近代学术、近代科学的繁荣，并影响到法国大革命。

经过 15—18 世纪这场思想解放潮流的洗礼，广大群众的内心深处，程度不同地经历了一个从愚昧到良知、从感情用事到诉诸理智、从盲目到自觉、从盲从到理性、从自卑到自信的自我批判、自我教育或曰心灵净化与升华的过程。这是人的自我意识的苏醒，是人性取代神性的自我修身养性，也是一个人格复归并自我坚守、同时尊重他人人格，于是个人人格得到普遍认可，每个人得以有尊严地活着或者死去的道德复归过程。这一过程显得参差不齐，有时杂乱无章，甚至让今天许多中国人匪夷所思（尤其是大规模宗教战争，不止一国且持续多年）。至今也不能说已经完成——也不可能有完成时。但重要的是它发生过，其规模和深度史无前例且后无来者：宗教战争结束后，宗教宽容和宗教世俗化成为欧洲各国的共同特征。仅此也足以证明：黑暗的中世纪结束了，人类近代文明的曙光照亮了欧洲大地。

文艺复兴时期的小说、绘画、雕塑和建筑，大都以圣经故事或其中的人物为描写对象，宗教气氛浓厚。那时，无所不能的上帝在广大信徒（包括但丁、米开朗基罗）心目中仍无所不在且无可取代；然而实际上，这却是以人而非神为作品主人公的文学艺术作品。这些作品丰富的思想感情、丰满的人像造型和完美的艺术形象，无一不在宗教外衣下闪耀着人性的光辉，因而具备奋发向上的教化功能和永恒的审美价值。

经过宗教改革，由教皇及神职人员在上帝与平信徒（含国王）之间发挥心灵沟通作用的垄断局面被打破。此后，上帝的子民首先成了各自国家的臣民，普世的宗教变成了民族的宗教。在英国，宗教改革既是王室摆脱教皇至上权的工具，又是社会变革和政治革命的先导。英国革命又称清教革命。

以伏尔泰为代表的启蒙学者们，开始直言不讳地批判天主教会，百科全书派中的激进分子甚至否定教会，主张无神论。启蒙学者成为王宫的座上客，连圣彼得堡宫廷也传来启蒙学者的流行词汇。

由于商业革命、王朝战争、海外殖民、教会贪赃枉法、官商勾结起来掠夺美洲金银……也发生在15—18世纪，这场历时400年、影响亿万人的思想解放就显得十分必要，而且恰逢其时：既要鼓励追名逐利者，又对拜金主义风气加以遏制，重建道德规范、法律和秩序；当然，思想解放首先唤起了改革家、革命家的创作灵感和献身勇气，其中不乏救世良方。

这场思想解放对历史的推动作用，通过下面的比较更有说服力：以新大陆为例，这一块直通地球两极的大陆同样是欧洲基督教文明的延伸，但北美与拉丁美洲文明的差距，今天何其悬殊！这里面原因固然很多，而其中不可否认的一点无疑是：北美移民以英国清教徒为主体（包括大批德国路德教徒)，因而比天主教（旧教）的西班牙美洲具有更多的人文主义、宗教自由（尤其是政教分离）和启蒙思想。不仅如此，这两类美洲殖民地所属的各自宗主国，其文明差距今天不也十分明显吗？

总之，人的解放是个人的自我觉醒和整个社会环境趋向文明进步的一系列互动过程：既需要“认识你自己”（柏拉图）和外部世界，又少不了外力的推动。衡量弱势群体解放程度的若干人文指标，如文盲占总人口比例，在任何时候，都是评价一个国家文明程度的天然尺度。

第二节　文艺复兴

意大利人文主义史学家比昂多的名著《罗马衰亡以来的千年史》论述了410—1400年的西方史。他指出，古代史已随着西哥特人410年攻陷罗马城而结束。此后直到15世纪是另一个历史时期。他首次把这1000年历史命名为“中世纪”。意指古典文化与文艺复兴这两个文明高峰之间的一段历史。这是一段中介期，或称野蛮时期。[①] 英国史学家古奇也持类似观点。[②]

文艺复兴通常指1400—1600年欧洲社会在文化、教育、政治、艺术等方面发生的深刻而持久的剧变和转型。文艺复兴的意思是再生或使人恢复对久已遗忘的许多事物的兴趣，首先是恢复对古希腊、古罗马文明和思想的兴趣。但实际上，这是人文主义者在继承古典文明的基础上，冲破神学统治而获得思想解放的一次运动。

一、背景

13世纪以来，意大利城市的物质文明远远超过欧洲其余地区。这里的达官贵人和市民阶层对精神食粮的渴求也在增长。而在中世纪，经院哲学和禁欲主义统治着人们的思想，神职人员的腐化暴露出教会的虚伪。市民在失望和厌恶之余，自然把目光转向世俗的文化和思想。

12世纪以来，东西方学者从希腊文，尤其是通过阿拉伯文把古代典籍译成拉丁文的工作一直在进行。1453年君士坦丁堡的陷落，迫使大批学者

① 赵敦华：《基督教哲学1500年》，人民出版社1994年版，序言。

② 古奇（George P. Gooch）：《19世纪的历史和历史学家》，耿淡如译，商务印书馆1989年版，第69页。

携带古代典籍流亡意大利。“给惊讶的西方展示了一个新世界。”（恩格斯）

另外，15 世纪以来的地理大发现，激发起勇敢者对未知领域的好奇心和想象力。这种社会气氛有助于培育艺术家的创造力和学者的探索精神。德国金匠古登堡发明活字印刷的全套设备，排印过《圣经》等书。这一发明的推广，对繁荣文艺与学术、普及文化知识具有划时代的作用。

二、人文主义

文艺复兴时期形成的思想被称为人文主义。① 人文主义者主张一切以人为中心，肯定物质享受和今生今世的幸福，追求个性解放，歌颂爱情，反对禁欲、来世和蒙昧主义。

人文主义者从古希腊、古罗马文化中发现了以人为本、勇于追求、乐观向上的精神；又从《圣经》里找到早期基督教的理想：人们不分种族、无论贵贱，在上帝面前一律平等，彼此以仁慈、宽恕、博爱相待。因此，人文主义是对古典文化和中世纪基督教文化的继承和发展，是人本精神与早期基督教精神的融合与创新。

人文主义用人性取代神性，用个性解放否定禁欲主义，拥护中央集权而反对封建诸侯。但是，限于当时新旧思想的力量对比和人文主义者的认识水平，他们还不可能直接、公开地把斗争矛头指向天主教会和封建制度。

总之，人文主义思想反映了新兴市民阶层对光明、进步和文明的渴望，表现出蓬勃的朝气、坚定的乐观精神和非凡的创造才能。“这是一个需要巨人而且产生了巨人的时代，在思维能力、热情和性格方面，在多才多艺和学术渊博方面的巨人的时代。”（恩格斯）

三、成果介绍

在艺术界，绘画和雕塑是文艺复兴时期成就最大的两个领域。这些艺术家继承了古希腊、古罗马的传统，创造出透视绘画的原则和方法，使西洋美术的创作技巧趋于成熟。他们的创作题材虽然多取自宗教和神话，但

---

① 人文主义一词来自拉丁语 humanism，原意指中世纪意大利学者所学的文法、修辞、诗歌、历史、道德、哲学等人文学科。14—16 世纪，主要指欧洲学者们用古典文化和哲学思想取代中世纪神学统治，常译为人本主义；二是 18—19 世纪的进步作家强调仁爱、博爱，以抗议工业革命和自由主义政策下劳苦大众的苦难，这时可译为人道主义。

其艺术构思、色彩调配、人物表情和画面布局却展示出人的裸体美和丰富的内心感情。这些具有永恒魅力的艺术品，同薄伽丘的《十日谈》等文学作品一样，已成为全人类的共同遗产。莎士比亚在《哈姆莱特》中写道："人是一件多么了不起的杰作！他的理性多么高贵，他的力量多么伟大，他的仪表多么优美，他的举动多么文雅。他的行为像一个天使，他的智慧像一位天神。人，是宇宙的精华，万物的灵长！可是，在我看来，这个泥土塑成的生命算得了什么！"①

在自然科学领域，哥伦布和麦哲伦经过海上探险发现了地球，伽利略在开普勒、哥白尼和布鲁诺的基础上，用望远镜发现了宇宙。自然科学家们发现了我们周围的客观世界，人文学者们则发现了我们自己的主观世界。

在人文学科中，对欧洲君主专制制度的研究做出过重要贡献的人物是马基雅维利。他的著作以《君主论》（1532 年）和《论泰特斯·李维的前十卷》（简称《论述》，写于 1513—1515 年）最为著名。

16 世纪的欧洲社会有两个特点：一方面罗马教皇已从灾难性的大分裂（1378—1417）中重新恢复了权威。另一方面，一个重要的历史趋势是西欧各地王权普遍得到强化，而贵族、教会、等级议会和自治城市的传统特权受到削弱。从事远距离贸易的商人和银行家开始控制国内外市场，进而控制生产，他们给王室提供税源和信贷，君主则鼓励商人参与国际竞争。王朝战争和商业经营都需要君主在行政、司法、税制、市场管理（如统一度量衡、取消或减少内地关卡），尤其是在军队控制方面把权力集中到自己手里。法国国王就是在百年战争期间，于 1439 年集中军权的。西欧这些新兴的民族国家日益强盛，并向外扩张。而意大利人还在"流落四方，既没有首领，也没有秩序，被人征服、受人掠夺、任人宰割，以至满目疮痍"（《君主论》）。② 佛罗伦萨曾经十分富有而且高度文明，是文艺复兴时期的学术、文化中心，这时却备受内讧频仍、强邻入侵和商业萧条之苦。马基雅维利在该市市政厅做秘书的长期经历使他深信，意大利要想复兴，必须像西欧各国一样建立统一的民族国家。这两本书就是他对国家盛衰原

① 肯尼迪·O. 摩根：《牛津英国通史》，王觉非译，商务印书馆 1993 年版，第 304 页。

② 乔治·霍兰·萨拜因：《政治学说史》下册，刘山译，商务印书馆 1990 年版，第 405 页。

因的考察和政治家治国方略的探索。《君主论》讨论专制君主或其他专制政府，而《论述》则评述罗马共和国的扩张。

在《论述》中，他认为罗马教皇是意大利四分五裂的“唯一原因。”教皇虽无力统一意大利，却有足够的能量阻止其他当权者去统一。作者虽然把共和制看成比较好的政体，但又认为必须具备某些条件，而在立国之初或为了改造腐败不堪的国家，如意大利，则必须采取专制政体，①“才能遏制权贵们的野心和腐化堕落”（《论述》）。在他看来，当时法国的君主专制就是君主政体的典范。

马基雅维利的政治观点是：

（1）非道德的政治观。马基雅维利从人性论出发，认为人类最初与动物一样，是分散活动的。追求权力和财富是人的主要欲望，但权力和财富有限而欲望无穷。为了防止互相争权夺利，人们便从中选出领袖，颁布法律，产生了国家。国家是分散的个人为其生命和财产安全而建立的组织，国家的根本问题是统治权。这样就把政治与伦理道德区分开来，把政治的本质归结为一个世俗问题，使它与中世纪神学中的来世幸福和千年王国互不相干。此后，权力被看作国家机器和法律的基础。他最早用人的眼光考察国家，从理性和经验中而不是从神学中引申出国家的自然规律。② 他是最早尝试用阶级斗争观点解释历史的学者。

（2）政体思想。他认为人类历史上依次出现君主政体、贵族政体和共和政体，这是三种正常的政体类型。它们的变异形式是暴君政体、寡头政体和“群氓”统治。他反对世袭君主制，只把君主专制看作挽救意大利的临时措施。国家统一后，还是要实行共和制度。

（3）统治术。他写《君主论》就是要献给当时佛罗伦萨统治者洛伦佐公爵的。该书主要讨论统治者维护权力的方法。他是近代第一个注重统治术的思想家。他认为，维持国家政权的基础是军队和法律。他厌恶雇佣军而赞赏法国的常备军。因为雇佣军为了更好的价钱随时会背叛雇主，他们给意大利带来的只有恐怖。统治者建立一支由公民组成的军队并忠于他本人，就可以维护其权力并开拓国土。他主张统治者应把“如何才能保全国家的生存和自由”放在一切其他考虑之上（《论述》）。至于这样做“是否公正、人道或残忍、光荣或耻辱都可以置之不顾”。这种“只要目的正当，

---

① 徐大同：《西方政治思想史》，天津人民出版社 1985 年版，第 142 页。

② 《马克思恩格斯全集》第 1 卷，人民出版社 1956 年版，第 128 页。

可以不择手段”或“目的说明手段正当”（The end Justifies the means）的政治权术，即所谓马基雅维利主义。

马基雅维利用如此冷漠以至冷酷的语调鼓吹统治术而毫不顾及信用、正义和道德，一直引起人们的争议。对此可以作出的解释是，与其说他邪恶，不如说他坦率。他反映了当时“坏蛋和冒险家”到处横行无忌的社会现实，而不是在鼓吹道德沦丧。在研究政治学的时候，他把政治从道德等社会领域中抽出来单独加以考察，这是无可非议的（罗素《西方哲学史》）。

还应指出，既然他主张统治者应把国家安危置于一切考虑之上，那么，军人和公民（臣民）忠于统治者就等于忠于国家。由此可见，马基雅维利心目中的专制君主，不是暴君而类似后来的开明专制政体：军队和人民忠于这样的统治者只能是基于民族感情和爱国主义。

在文艺复兴时期，意大利的大学里在原有的神学之外，增设了一批与古典文化有关的课程，如修辞学、哲学和天文学。原有的宗教法、民法和医学课程里也增添了新内容，以适应市场经济、市民生活与学术进步的新需求，如博洛尼亚法律学校。这些世俗科目逐渐取代了原来以神学为主的教学内容和培养目标，预示着西方文化繁荣的新方向。到中世纪后期，这一类大学在欧洲各地灿若繁星。

四、评价

“在人文主义的伟大思想光辉和永恒的艺术魅力面前，中世纪的幽灵消失了。”（恩格斯）这是人类从未经历过的、最伟大的、进步的变革，它为欧洲随之而来的商业革命、政治革命、近代民族主义思潮奠定了基础。从方法论的角度看，人文主义学者大都在各自学术和文学艺术领域表达以人为本的观念，只有布鲁诺等少数人把矛头直指天主教会。

文艺复兴有没有历史局限和阶级局限性？没有，这些“给现代资产阶级统治打下基础的人物，决不受资产阶级的局限；相反，成为时代特征的冒险精神，或多或少地推动了这些人物”。[①] 至于人性、人道主义、个人主义这些在历史上起过进步作用的社会思潮，后来尽管滋生出诸多弊端，但那主要是后人在理解和应用中的偏差造成的。

到16世纪末，文艺复兴在意大利已经衰落，审美感堕落为色情刺激，

① 《马克思恩格斯全集》第20卷，人民出版社1971年版，第361页。

追求外表美的本性转化为轻薄与媚俗。崇尚古风的热情被歪曲为新的异教信仰。总之，它在追求个人幸福的同时忽视了伦理道德对自己和对别人的应有约束。后期，只有荷兰和英格兰还保持着文艺复兴的优良传统。

在文艺复兴时期，由于新世界的发现和新市场的开拓，欧洲人对自身文化产生了优越感。

第三节　宗教改革

宗教改革是指 15—16 世纪旧教（即天主教）与新教之间的争论、分裂和冲突。对于这一段历史，新教各派称之为改革时代，意思是通过改革恢复早期基督教的传统。而天主教方面则把这段历史命名为“新教反叛时代”，意思是某些人竟然背叛已经建立几个世纪的伟大教会组织及其教义与传统。[①] 准确的表述应为“新教改革”或“新教时代”，不过“宗教改革”这一提法更为流行。

一、天主教会的权威

西罗马帝国灭亡后，西欧出现了一系列软弱、松散的日耳曼国家。在很长时间里，能把西欧、中欧维系在一起的有组织的力量只有天主教会。在物质普遍匮乏、人们饥寒交迫的社会环境里，教会给他们提供了精神食粮和进入天堂的希望。那些饱受长期战乱之苦的人，有时在“上帝的和平”“上帝的信仰”中还可以得到短暂的喘息（休战）。遍及城乡的大小教堂和修道院，是当地唯一的文化教育中心和社会救济机构。宗教节日与日常的宗教活动还给广大居民提供社交、娱乐、参加集市交易的机会，人们的生老病死、婚丧嫁娶都离不开教堂和牧师。

罗马天主教会是世界三大宗教中组织最严密、等级制度最为森严的国际组织。教会认为彼得是基督（这是对耶稣的尊称）十二使徒之首，曾任罗马主教，是殉难者。被追认为第一代罗马教皇。560 年，西部天主教会承认罗马主教的领袖地位。756 年，法兰克国王矮子丕平将意大利中部土地赠送给教皇，教皇国从此开始。1054 年东、西部教会正式分裂后，罗马

---

① Carlton J. Hayes and E. F. Clark, *Medieval and Early Modern Times*, Macmillian Co. lnc., 1964, p. 290.

主教府成为天主教世界的领导机构。[1] 教皇一词逐渐成为对罗马主教的专称。教皇由罗马的枢机主教团秘密选举产生。教皇任命大主教团、枢机主教（红衣主教）、主教和修道院长。如英格兰有两个大主教，分别驻守坎特伯雷和约克。大主教管辖若干主教。亨利七世时，英国有 19 名主教，他们各有主教辖区。主教通常住在其辖区的最大城镇里，并有他自己的教堂，称之为总教堂（或译为大教堂），主教的助手称助祭或副助祭。主教、修道院长和大主教都属于高级教士。主教有权册封新牧师，并确认教会新成员。每个牧师通常都有各自的小教区，负责本教区教会事务与某些世俗事务。他指导宗教活动并管辖其境内的普通信徒，而牧师（此处还指高级僧侣）及其助手均称神职人员，他们不能结婚。教会有自己独立的司法系统（教会法和教会法庭）。

罗马天主教会不但有这么一整套独立的组织机构，还拥有天主教世界 1/3 的地产和其他财富，教会向居民征收什一税，各地主教向罗马缴纳贡金。封建领主还向教会捐钱捐物、捐赠土地。因此神职人员也是封建领主，他们还直接参与本国政治、担任政府要职，并出席等级会议。查理曼征战一生，才建立起中世纪欧洲最大的帝国，但在 800 年加冕皇帝时，他竟跑到罗马，请教皇给他戴上皇冠，以示正统。教皇的权力和威望，由此可见一斑。教皇敕令、教会法和教会法庭在各国都有效力。包括皇帝、国王在内的所有信徒，教皇及其他高级教士有权把他们开除教籍。遍布城乡的大小教堂，是所有信徒定期祈祷、聆听牧师教诲的场所，也是文化、教育和学术中心（包括修道院）。教堂门前的广场是农村集市和城镇的商业中心，宗教仪式、宗教节日是信徒们难得一见的聚会和娱乐机会。

罗马教会的权力和威望，在 11—13 世纪达到顶点。教皇尼古拉二世于 1059 年宣布禁止平信徒（此处指各国君主）授任神职，强调教皇只能由红衣主教团选举产生，实际上否定了神圣罗马帝国（962—1806）皇帝和罗马贵族选立教皇的权力。[2] 格列高利七世继续加强教皇权力，发布《教皇敕令 27 条》，赋予教皇高于各国君主的至上和绝对的权力。[3] 英诺森三世

---

① 参见《简明基督教百科全书》，中国大百科全书出版社上海分社 1992 年版，第 242 页。

② 《简明基督教百科全书》，中国大百科全书出版社上海分社 1992 年版，第 398 页。

③ William L. Langer, *An Encyclopedia of World History*, Harrap London, 1972. p. 222.

使教皇权威达到鼎盛。13世纪罗马教廷的收入远远超过欧洲各国君主收入的总和，罗马变成欧洲一个金融中心。[①]

但这一至上权力当时就受到神圣罗马帝国皇帝亨利四世的公开挑战，他列举格列高利七世的种种罪行，宣布废黜这位教皇，宣布今后由他自己任命其境内的主教。但因诸侯站在教皇一边，亨利被迫屈服。1077年年初，亨利前往教皇驻地卡诺萨，在城堡外面整整等候三天，赤足披毡，请求宽恕。教皇这才撤消了绝罚令，史称“卡诺萨屈服”。亨利在卡诺萨受到羞辱，引起德意志诸侯对教皇权力的恐惧。他们转而帮助亨利，使后者于1083年率军队攻陷罗马，扶持起一个新教皇克雷门三世，而格列高利则逃往诺曼人军队中。诺曼军队乘机攻入罗马，抢劫三日后撤退，格列高利1085年死于撤退途中。德国和意大利境内的众多诸侯为什么时而支持皇帝时而支持教皇呢？因为他们害怕皇帝与教皇达成协议，那将会导致教俗君主联合起来扼杀诸侯和德、意诸城市（共和国）的独立地位。[②]

经过几十年的授职权争论，亨利五世与新教皇卡利斯特二世于1122年在沃尔姆斯城订立宗教协定，达成妥协：①在德意志，主教由牧师按教会法选举产生，皇帝或其代表亲临选举会场，出现意见分歧时他有权干预。当选主教由皇帝授予其封地上的世俗权，而由教皇授予宗教权力；[③] ②在意大利和勃艮第，教皇应在选出主教六个月之内授予其圣职，然后由皇帝授予其世俗权。至此，皇帝和教皇的教职任命权之争告一段落。[④]

1177年，皇帝腓特烈一世重演100年前卡诺萨屈服的故事，亲往威尼斯拜谒教皇，吻其短靴，表示臣服。在与伦巴底同盟签订的和约中，承认亚历山大三世为合法教皇（当时两个教皇并立）。

英诺森三世再次把教皇权力扩展到顶点。他利用神圣罗马帝国内部的皇位之争，把德意志封建主的势力逐出意大利，并控制了西西里王国。当英国国王约翰拒不接受这位教皇派去英国的神父兰顿任坎特伯雷大主教时，英诺森于1212年宣布废黜英王，怂恿英国贵族联合法王反对约翰，迫

---

① 詹姆斯·W. 汤普逊：《中世纪晚期欧洲经济社会史·绪论》，徐家玲译，商务印书馆1992年版，第14页。

② ［意］路易吉·萨尔瓦托雷利：《意大利简史》，沈珩、祝本雄译，商务印书馆1998年版，第229页。

③ 《简明基督教百科全书》，第398页。

④ William L. Langer, *An Encyclopedia of World History*, Harrap, London, 1972. p. 222.

使约翰接受兰顿为大主教。[①]

但从 13 世纪中期开始，教皇逐渐为法国国王所控制，菲利普四世用一批市民出身且精通罗马法的法学家取代政府中原来的神职人员，并下令向僧侣征税。教皇卜尼法斯于 1296 年禁止僧侣给国王纳税，菲利普四世以禁止金银货币出境来对付教皇。[②] 1302 年，法王还首次召集全国性三级会议，与会的贵族、僧侣和市民支持国王逮捕法国一位大主教，国王随后派人暗杀了教皇。迫使继位的教皇迁往法国阿维农，史称“巴比伦之囚”。1378—1417 年的教会大分裂（即三个教皇并存）更使其威望一落千丈。随着王权的强化，教会与世俗统治者之间互相依赖的亲密关系已经为二者的残酷争斗所取代。

1453 年，异教徒攻陷君士坦丁堡，面对奥斯曼军队对欧洲的入侵，教皇卡利克斯特三世和庇护二世曾多方奔走，鼓动讨伐，但是当年乌尔班二世振臂一呼，十字军战士四方云集麾下的那种感召力，这时已无影无踪。这从一个侧面反映了教皇权威的衰落。

1512—1517 年，在由教皇尤里乌斯二世主持召开的第五次拉特兰会议上，高级教士们重申 1302 年教皇训令，即教皇权力高于教会和国家，但这种重申几乎是一纸空文。[③]

面对西欧王权上升的历史潮流，教皇也做出妥协但求相安无事。1438 年，教皇同意法国国王颁布市镇教会法，该法规定法国僧侣此后不再给罗马上缴首年俸禄，限制教廷享有的上诉权，削弱教皇指定法国高级僧侣的权力，而法王和法国僧侣的自主权增强了。1478 年，教皇西斯特斯四世的诏书允许西班牙国王和王后自行管辖其境内的宗教裁判所。随着教皇权力、影响和财政收入的减少（当时教皇国的收入已占教廷总收入一半），罗马的统治者这时更像意大利一个普通的领主而不像是天主教世界的精神领袖。

二、马丁·路德宗教改革

德意志地区在政治上长期处于分裂状态，但 30 年战争以前却相当繁荣

---

① 唐逸：《基督教史》，中国社会科学出版社 1993 年版，第 105—107 页。

② Carlton J. H. Hayes, F. F. Clark, *Medieval and Early Modern Times*, Macmillian Co. lnc., p. 129.

③ Carlton J. H. Hayes, F. F. Clark, *Medieval and Early Modern Times*, p. 291.

富庶，这里曾经是欧洲主要金银产地，1460—1530 年白银年产增长 5 倍，矿工多达 10 万人。南德意志许多城镇虽小，却同意大利商业城市一样富有，富格尔家族的总部就在奥格斯堡。科伦 1368 年商品流通额为 3700 万马克，1465 年为 2.1 亿马克。莱茵河中游的工商业在新航路开通后仍很繁荣。这时，由于西班牙、英国、法国已建立起统一而强大的王朝，教会受到国家某些限制，富有而软弱的德意志便成为教皇榨取财富的理想场所。从 15 世纪晚期开始，每年从这里运往罗马的钱财达 30 万古尔登，约占教皇年收入的一半，超过德国皇帝的年收入，德意志因此获“教皇奶牛”之雅号。“宗教改革之前，官方德国是罗马最忠顺的奴仆。”[①]

中世纪早期的神职人员曾以生活清贫、宗教热情和文化素养博得广大信徒的敬仰，但这时许多高级僧侣却像贵族一样傲慢、无知、懒惰与奢侈。教皇利奥十世的年收入 40 多万杜卡特，远远超过各国君主，1514 年，他在罗马盛宴其兄弟的婚礼花掉 5 万杜卡特，1518 年为其侄儿结婚又花掉 30 万杜卡特。关于教皇和高级教士们道德沦丧，有众多私生子的消息，也时有传闻。[②] 许多神职人员常年擅离职守，或因素质低下而无力履行宗教职责。在德国，教会势力格外强大，仅科隆一地就有 11 个大教堂、19 个教区教堂、男修道院 22 座、女修道院 76 座。路德家乡附近的小镇爱森纳赫就有 9 座男、女修道院。

文艺复兴以来，最易引起非议的腐败行为就是教皇出售赎罪券一事。最初，这种赎罪券由教会授予出征的十字军战士，后来作为其他宗教事业的一种筹款渠道。16 世纪初，利奥十世让教会出售赎罪券以便修建罗马圣彼得教堂中的一个长方形廊柱大厦。[③] 因为急于筹款，教皇竟许诺赎罪券还包括未来可能犯下的罪行。[④] 这种作法遭到许多虔诚教徒的反对，因为这是在教唆人们犯罪，会导致道德标准下降，引起人们在信仰和道德上的分裂。

民间流行的宗教运动也增加了人们对教会的怀疑，如英国的威克利

---

① 《马克思恩格斯选集》（第 2 版）第 1 卷，人民出版社 1995 年版，第 10 页。

② 托马斯·马丁·林赛：《宗教改革史》上册，孔祥民译，商务印书馆 1992 年版，第 184 页。

③ Carlton J. H. Hayes, F. F. Clark, *Medieval and Early Modern Times*, Macmillian Co. lnc., p. 292.

④ Jerry Brotton：《文艺复兴简史》，赵国新译，外语教学出版社 2007 年版，第 214 页。

夫、波希米亚的胡斯和德国的埃克哈特。这些宗教改革的先驱和“异端”神学家吸引了成千上万信徒。他们教导人们，拯救的道路并不是宗教仪式、修炼，而在于人们谦恭地服从上帝——当时导致人们敬畏上帝，常怀畏惧之心的背景是黑死病、饥荒、战争和其他疾病，还有向欧洲中部扩张的土耳其人。

1490—1503 年，德意志连续出现农业歉收、饥荒遍地，随后就是物价上涨，这导致有劳动能力的乞丐在大路上游荡。这些流浪者中有没落贵族、被遣散的雇佣兵、破产的农民和失业工人，还有大学生。当时德意志社会各种矛盾错综复杂，大资本家反对行会、穷人反对富人、贵族仇恨城镇……但有一点却是共同的，这就是城乡各阶层居民都反对罗马教皇的贪婪和巧取豪夺。①

在中世纪，教会虽然一直在谴责异端，但从康斯坦茨公会议宣布烧死胡斯（1415）之后，以思想罪处死学者的做法才流行开来。布鲁诺和塞尔维特分别被旧教和新教当局烧死，康帕内拉和伽利略受到宗教裁判所的审判。荷兰人文主义者伊拉斯谟在他的《愚人颂》里批评教会，并教导人们自己去阅读并理解《圣经》。

总之，到 16 世纪初期，罗马教皇已成为德意志各阶层的众矢之的，要求改革的情绪遍及城乡。从历史上看，德意志民众从未完全被基督教化，相反，它是基督教反叛的发源地。这在欧洲是最为与众不同的。

（一）马丁·路德及其 95 条论纲

马丁·路德是德国宗教改革运动的发难者，基督教新教路德宗创始人。他生于伊斯莱本，父亲早年在图林根附近当过矿工，经过多年艰苦奋斗，到路德成年时，他们家已拥有三座小高炉。1501 年，他进入爱尔福特大学学法律，听过比尔教授讲课。这位哲学家是唯名论代表人物威廉的得意门生，他的课很受学生欢迎。路德广泛阅读过西塞罗、贺拉斯、维吉尔等人文学者的著作。他还读了胡斯、埃克哈特等人的著作。1505 年获文学硕士学位，同年 7 月他发誓为僧以拯救自己的灵魂。进入爱尔维修奥古斯丁修道院后，他用斋戒、禁食、鞭笞自己以求解脱，最后被授予神甫职。当地教区代理主教约翰·施托皮兹劝他放弃苦修，系统研读《圣经》和奥古斯丁的神学著作。通过阅读和思考，他对传统教义产生了怀疑。1510

① 托马斯·马丁·林赛：《宗教改革史》上册，商务印书馆 1992 年版，第 101—102 页。

年，修道院派他去罗马向教皇汇报这里的情况，罗马教廷的腐败令人震惊。1512 年，路德被他的代理主教送往爱尔福特大学进修神学课程，获圣经学博士学位，并在维登堡大学担任神学教授。1515 年他担任迈森和图林根 11 座修道院的教区副主教。

1517 年，教皇利奥十世让阿尔布雷希特担任美因兹大主教、马格德堡大主教和另一个主教辖区的行政权，后者给教皇一大笔现款作为报答。这笔现金是阿尔布雷希特从富格尔家族借来的。教皇还让他在其辖区出售赎罪券，所得收入对半分成。教皇用这些现款扩建圣彼得大教堂。推销赎罪券的教士们把这种“商品”的功效吹得天花乱坠，说是只要把银币投入木箱中叮当一响，你所祈祷的人的灵魂立即就能升入天堂。这一切都发生在路德所管辖的教区。目睹这种庸俗而丑恶的行径，路德怒不可遏，他在讲道时痛加斥责，并于 1517 年 10 月 31 日在城堡教堂大门上张贴出《95 条论纲》，提议辩论赎罪券问题。这一论纲成为宗教改革的导火线。论纲在 1 个月之内就传遍全德国，并译成各国文字传遍整个西欧。据教皇在德国的使节报告说，这里“每一块石头和每一棵树木都在呼喊‘路德’”。①

路德的感召力在于他用通俗易懂的语言，讲出了当时几乎所有人都为之愤愤不平的赎罪券问题，系统表达了社会上普遍存在的改革愿望，而且路德的言行一直是宗教虔诚的化身。面对教皇和皇帝的迫害，人们信任他，进而为他的安全担心。当时德国有许多诸侯、贵族和市民主张没收教会财产，取消教会特权，建立民族教会以摆脱罗马的控制和剥削，他们是温和改革派；城市平民和广大农民，还有激进知识分子，在宗教改革的旗帜下，进而要求改变整个社会制度，他们是激进改革派。

路德《95 条论纲》的社会反响如此强烈，使教皇大为震怒。路德为了息事宁人，1518 年发表《解答》一文，一方面承认教会的正统性，表白自己这样做完全是为了维护教皇权威；另一方面又坚持宗教会议的权威高于教皇。教皇要路德去罗马受审，但撒克逊选帝侯出面保护他。教皇改而于 1520 年 6 月 15 日发布通谕，勒令路德在 60 天内公开放弃自己的观点。在此前后，路德写成并发表三大论著：《致德意志基督教贵族公开信》《论教会的巴比伦之囚》和《论基督徒的自由》。在这三本书里，他一方面坚持①君权神授，君权至上；②《圣经》的权威高于教皇。《圣经》是信仰之

① 托马斯·马丁·林赛：《宗教改革史》上册，商务印书馆 1992 年版，第 229 页。

本，通过自己阅读和理解《圣经》与上帝交流思想，而无须神职人员做中介。因此，全体信徒都是祭司；③皇帝有权召开宗教会议，宗教会议的权威高于教皇权力；④只承认《圣经》中提到的圣餐礼、洗礼和告解礼；[①] ⑤允许神职人员结婚。[②] 这些书很快就广为流传，第一本几天内销售4000册。另一方面，路德同教皇代表私下作了某些妥协，但教皇事后撕毁原先的协议，公布了开除路德教籍的通谕。路德被迫与教皇公开决裂，12月10日，路德当众烧毁教皇通谕。过去只有国王才敢如此藐视教皇，现在一个普通牧师也敢于向教皇公开挑战，以致有人主张宗教改革应从这一天算起。[③]

1521年1月2日，教皇给路德定罪，但撒克逊等德意志诸侯认为未经帝国议会审讯，不算定论。查理五世遂于1月27日在沃尔姆斯召开帝国议会传讯路德。在诸侯保护下，路德4月17日到会作了有力的自我辩护。皇帝虽然宣布路德不受帝国保护，但已是一纸空文。实际上，皇帝并不想因为开除路德教籍而疏远他周围的德意志诸侯盟友。

宗教改革之前，帝国和教廷一再为至高无上的权力而斗争，而这时双方不得不为生存而并肩战斗了。[④]

（二）路德教（派）的建立

1529年，帝国议会在施佩耶尔开会，罗马天主教徒在会场占多数而路德派占少数，议会中多数代表支持皇帝的决定：在天主教辖区不容许路德派存在。这个法令引起路德派的抗议，因此才有抗议者之称，也就是新教

---

① 天主教共有七项圣事：①洗礼（baptism）为新入教者举行的仪式，有水洗和浸礼。据说可赦免入教者的原罪和本罪，并赋予恩宠和印号，使其成为教徒。②坚振（confirmation）。由主礼人在已受洗者头上按手并敷圣油和画十字，使领受者坚定信仰。③告解（confession）。所有教徒须经常向神父告罪，并表示忏悔，由神父为教徒赦罪。新教认为只有上帝才能为教徒赦罪，故不视为圣事。④圣体（Eucharist）。以饼和酒代表耶稣身体和血，教徒行此圣礼能与耶稣融为一体，新教改称圣餐。⑤婚配（matrimony）。受过洗礼的男女双方在教堂由神父主持婚礼，新教也有但不认为是圣事。⑥圣品（holy orders）。圣职受任仪式。⑦终傅（Extreme Unction）。由神父或主教在患病或垂危教徒的口、耳、鼻、目和手、足等处敷擦橄榄油，并诵念祈祷经文，帮助受敷者忍受痛苦，可使灵魂得救。

② 路德自己结了婚，并有六个孩子。

③ 托马斯·马丁·林赛：《宗教改革史》上册，商务印书馆1992年版，第220页。

④ ［英］詹姆斯·布赖斯：《神圣罗马帝国》，孙秉莹译，商务印书馆1998年版，第375页。

徒（protestant）。他们于 1529 年 4 月 19 日在帝国议会上宣读抗议书，由撒克逊等 6 位诸侯和 14 个城市代表在上面签名。三天后他们宣誓一旦受到攻击便互相保护。这样，路德教派便与天主教会决裂了。1530 年，路德派起草信仰纲要并提交给奥格斯堡帝国议会。纲要规定在谁的辖区信谁的宗教，[①] 以及路德教的宗教仪式，确立教会从属于世俗政府的原则，建立廉洁教会，此即《奥格斯堡信纲》。

1555 年，德意志新教诸侯与皇帝查理五世缔结奥格斯堡宗教和约，规定由各邦诸侯决定其臣民的信仰，即“教随国定”原则，确认卡尔文主义为非法。

新、旧教在德国长期并存是引起 30 年战争的重要原因。1648 年威斯特伐利亚和约中的宗教条款规定：①卡尔文教徒同路德教徒享有同等特权；②教随国定（臣民必须信奉其国君的宗教），但允许那些不愿改宗的臣民迁往别处。[②] 这样，路德教、卡尔文教这些新教就获得与天主教（旧教）平等的地位，路德教正式确立。欧洲的宗教地图（即教徒的地理分布）从此便稳定下来，直到今天。

路德用一年时间把《新约》从希腊文译成德文，并于 1522 年出版。这个译本确立了未来德国文学特点的语言形态，至今仍是标准译本。而早期德文本《圣经》译自拉丁文，晦涩难懂。另外，印刷术的应用更为路德新教的传播插上了翅膀。

（三）路德与农民战争

1524—1525 年，德国农民起义的纲领是《十二条款》，此文件要求废除农奴制，减少赋税，取消狩猎特权，改革教会，恢复村社法和习惯法，建立一个没有私有财产、没有欺诈和压迫并由上帝亲自治理的千年幸福王国。[③]

路德是农民的儿子，他了解并同情农民所受的压迫，赞成起义农民的上述宗旨。但他反对使用暴力，认为改革只能用和平手段。他到发生动乱的地方去巡回布道，在他写的传单《反对杀人越货的农民暴徒》一文中，反对闵采尔的杀人号召，怂恿贵族镇压农民起义。农民战争使路德对“普

---

① 《世界史研究动态》1993 年第 1 期，第 22—23 页。

② Carlton J. H. Hayes, F. F. Clark, *Medieval and Early Modern Times*, p. 319.

③ 阿·米尔：《德意志皇帝列传》，李世降等译，东方出版社 1995 年版，第 309 页。

通人”一生都持怀疑态度，他反对教会内部的民主，而宁愿让世俗政权控制宗教改革并赋予其宗教职能。[①]

“当时，农民战争这个德国历史上最彻底的事件，因碰到神学而垮台了。”（马克思《黑格尔法哲学批判导言》）以路德为代表的市民温和派的反对，是导致农民起义失败的原因之一，而农民失败也削弱了路德派的力量，德意志南部地区农民不再支持路德教派，原来支持路德的一些诸侯也把农民起义归咎于路德，转而反对他。[②]

（四）路德改革的后果

路德新教把人们的宗教信仰置于合乎情理的基础上：人们合理的物质享受，包括牧师娶妻生子都已经合理合法，可以光明正大地去追求，这是福音主义的基督教。“教士的淫乱和邪恶消失了。”天主教会那种伪善和腐化在这里已经大大减少，人们更有德行也更高尚了。这样就恢复了基督教的人情味和感召力。

路德用《圣经》权威取代教会权威，用理性思维取代盲目信仰，这就在德国产生了自由精神。思想自由、出版自由变成了一种权利，一项新教权利。

路德译成德文的《圣经》通过德国人发明的印刷术（或来自中国，存疑），一种黑色艺术，在几年内便把路德的语言普及到全德意志，并成为共同的书面语言。[③] 1517—1520 年，路德写的 30 本书，印数超过 30 万册。他赋予这个政治和宗教上四分五裂的国家以语言文字上的规范和纯洁，这是德国统一的重要前提。如果说在《圣经》译本中，路德的语言还比较凝重的话，他的论战文章则通俗易懂，笔锋宏伟壮丽。

德国宗教改革是康德开始的哲学革命的先导。[④] 路德教派的宗教观念是在新的历史条件下塑造德意志民族性格的重要因素。普鲁士之所以成为德意志国家统一的核心，不但依赖于容克地主的武力和军国主义传统，而且依赖于路德新教的精神力量。新教诸邦的国家意识增强了，人们几乎忘

---

① 托马斯·马丁·林赛：《宗教改革史》上册，商务印书馆 1992 年版，第 292 页。

② 唐逸：《基督教史》，中国社会科学出版社 1993 年版，第 212 页。

③ Jerry Brotton：《文艺复兴简史》，赵国新译，外语教学出版社 2007 年版，第 218 页。

④ ［德］亨利希·海涅：《德国宗教和哲学的历史》，海安译，商务印书馆 1974 年版，第 41 页。

掉了帝国。

海涅认为路德是“我国历史上最伟大的人物”。他的优缺点都代表德国。他不仅有意识地而且直接激发了德国人的民族感情，更重要的是他十分清楚如何做到这一点……即使他最后未能使其余德国人站在自己一边，但他毕竟始终对德国产生着影响。他富于梦想，又实事求是。他身上充满了令人畏惧的敬神情绪，充满对圣灵的献身精神，同时十分了解并珍爱大地上一切美好事物。他说：“谁若不爱美酒、女人和歌曲，他就终生都是一个傻瓜。”他每日尽心竭力钻研教义上的细微差别之后，夜晚便拿起横笛，仰望繁星，把全部心思消融在音乐旋律和祈祷之中。

三、卡尔文主义

卡尔文，宗教改革家，卡尔文教创始人，生于巴黎附近。1523 年进入巴黎大学，着重学习哲学和辩证法，1528 年本科毕业，精通拉丁文。在学期间他同纪尧姆·科普一家来往密切（科普是国王御医，人文主义的热情支持者）。卡尔文又在奥尔良大学、布尔日大学学习法律，毕业后在法兰西学院学希腊语和希伯来语。他 23 岁出版《塞涅卡仁慈论注解》。这时他从一位有人文主义思想的天主教徒转变成宗教改革的积极倡导者。1536 年，他在去斯特拉斯堡途中成为日内瓦市议会的实际领导人，同年出版《基督教原理》，这使他成为新教领袖。他编订教会法规，由日内瓦市议会强迫市民宣誓遵守，拒绝者被驱逐。1538 年，他被下层市民逐出日内瓦，去斯特拉斯堡任牧师，研究《圣经》，并与一位再浸礼教徒结婚。1541 年，他实际上已成为日内瓦的领袖，把这个新教城市变成基督教社会的模范，吸引了法国大批新教难民。

发现人体血液在肺部循环流动的西班牙神学家、再浸礼教徒塞尔维特，因为一再匿名发表反对卡尔文和天主教的论战性著作，而被罗马方面判处死刑。逃离牢狱后，他来到日内瓦，被新教方面判处死刑，于 1553 年受难。

1559 年，卡尔文在日内瓦创办“日内瓦学园”，这是一个巨大的神学教育中心，从这里培养出的牧师前往法国、尼德兰、德国、意大利和英国。

卡尔文的《原理》以及他在日内瓦建立的教会模式和学园，还有他对《圣经》的注释，塑造了大陆教徒和英国清教徒的思想。

卡尔文改革要点：①废除天主教主教制，建立民主选举的长老制。教会圣职只包括牧师、长老和执事（协助长老和牧师管理教会事务的人）。长老会议由各教区民主选举的代表组成。②《圣经》是信仰的唯一根据。简化宗教仪式，在圣事中只施行由耶稣生前亲设的洗礼和圣餐礼。③提倡节俭，反对奢侈，取缔演戏和赌博。④日内瓦是政教合一的神权共和国。市议会由长老、牧师和上层市民组成，是最高行政机构。⑤鼓励经商，致富者被视为上帝选民。[①] 卡尔文把天主教的禁欲主义从修道院隐士的斗室引向社会生活，把劳动、节俭、放贷生息和聚敛财富说成是教徒获得上帝恩宠的唯一手段，是为上帝的荣耀服务。这种确信带来的轻松感足以解除传统的罪恶感造成的心理压力（直到在拉特兰第五次宗教会议上，才承认收取利息合法）。这样，卡尔文就把封建制度精神统治工具的天主教，变成为资本原始积累提供伦理道德支柱的新教。卡尔文派民主的教会组织形式在英格兰清教徒手里变成反对国教和王权的革命武器。所以，卡尔文主义，或称改革教会比其他新教派别更大地促进了资本主义精神的发展。[②]

四、英格兰宗教改革

从 3 世纪起，基督教就开始在英格兰传播。[③] 在整个中世纪，这里也是罗马天主教世界的一部分。到都铎王朝时期，英国的天主教会也同大陆教会一样腐化和专横。从 6 世纪起，教会根据圣经上说的农牧产品 1/10 属于上帝，向居民征收什一税。[④] 此外，教会还放高利贷，出卖伪造的圣物以剥削广大群众。主教和教会法庭滥用司法权，尤其是对异教徒的审判，采用秘密指控和道听途说、无陪审权——这些都与英国习惯法背道而弛，因此不得人心。威克里夫呼吁英国人改革宗教，但遭到镇压。这位改革先驱于 1382 年译出第一部完整的《圣经》英译本。宗教改革时期，这套英译本广为流传。

---

① 《简明基督教百科全书》，中国大百科全书出版社上海分社 1992 年版，第 170 页。

② 马克思·韦伯：《新教伦理与资本主义精神》，于晓译，生活·读书·新知三联书店 1987 年版，第 29 页。

③ 蒋孟引：《英国史》，中国社会科学出版社 1988 年版，第 38—39 页。

④ 10 世纪在欧洲普遍征收，有大什一税（粮）、小什一税（蔬菜）、血什一税（牲畜）等，税额往往超过 1/10。德国宗教改革中农民要求废除之。法国大革命后，各国才陆续废止；俄国东正教不向居民而直接从中央财政收入中提取 1/10 实物或税款。

马丁·路德的改革思想传入英国后，“异端分子”越来越多。1506—1521 年审理的异端案就有 342 起，许多人被处死。英国新教殉教者、人文主义者廷德尔就是其中之一。他曾把《圣经》译成英文（1536），1611 年钦定版《圣经》英译本即以他的译本为基础。

都铎王朝时期，英国王权空前强大，商人和新贵族出于商业利益和民族感情的考虑，支持王权对抗教权，以摆脱后者控制；支持本国政府与天主教国家的商业战争。反天主教倾向遍及英国社会。

（一）英国国教会的建立

亨利八世登基初期需要罗马教会支持，于是加紧镇压新教异端。1521 年以他的名义发表《七圣事确定论》，驳斥路德的教义，这件事博得教皇赞许，被封为“信仰维护者”。当时，英格兰被视为天主教的坚强堡垒。

从 16 世纪 20 年代起，英国卷入法国与西班牙的战争。亨利八世需要筹措军费。1527 年，西班牙的查理五世攻占罗马。同一年，亨利向教皇提出离婚申请，理由是王后卡瑟琳未生儿子。由于玫瑰战争结束不久，亨利担心死后会引起内乱，而且这时他已爱上波琳。来自西班牙王室的卡瑟琳原为亨利兄长亚瑟之妻，不料婚后半年亚瑟病故。父王亨利七世为了维护与西班牙的联盟，生前决定把卡瑟琳改嫁给次子亨利。但是按《圣经》规定，弟弟同寡嫂不能结婚。因此，亨利七世 1503 年这一安排曾征得教皇尤里乌斯二世的特别批准。

1509 年亨利登基（史称亨利八世），6 周之后，便与 23 岁的卡瑟琳举行结婚仪式。所以，亨利这次离婚也要经过教皇同意。但这一年（1527）教皇克力门七世已经成了查理五世的俘虏。他不敢处理这位西班牙国王的姑母同亨利八世的离婚案，只能久拖不决。两年后亨利失去耐心，决定利用英国民众的反罗马情绪，把此事交给大学学者去讨论，学者们认定国王应该离婚。后者便于 1533 年同波琳秘密结婚，1534 年宣布断绝与罗马的关系，没收原来交给教皇的教士首年俸禄。这些做法导致教皇保罗三世宣布开除亨利的教籍，而大主教克里默却为亨利八世举行再婚礼，并承认后者是英国教会最高首领。不久，波琳生下伊丽莎白，议会确认离婚有效，承认伊丽莎白是王位继承人（1534）。为确保这一继承权，议会批准亨利离婚，并规定波琳此后生下的孩子只有等伊丽莎白这位公主死后才能成为王位继承人。

1534 年，议会指定国王及其继承人为英国教会在人世间的唯一最高领袖，此即《至尊法令》。这一法令可以看作英国宗教改革的开始，也是英国国教（安立甘教 Anglican，又称圣公会）建立的标志。此后，僧侣首年俸禄不再上缴罗马而是献给国王。[①] 托马斯·莫尔就因为反对《至尊法令》而被处死。

1529—1536 年，亨利七次召集议会（史称宗教改革议会），陆续通过法令限制牧师收费标准，禁止兼领圣俸，迫使约克和坎特伯雷两位大主教缴纳罚金 10 万英镑，并无条件禁止把首年圣俸上缴罗马。到 1547 年，修道院 2/3 土地被廉价转让给乡绅。这些乡绅大都雇佣自由工人，产品面向市场，后被称为新贵族。[②] 1536 年，议会将年收入在 200 英镑以下的修道院财产永远判归国王及其继承人，被没收财产的修道院共 376 所。并镇压了阿斯克在约克郡领导的天主教叛乱。

1536 年 5 月，波琳被控告通奸罪，当月被处决。在处决前两天，亨利与简·西摩结婚，后生子爱德华，12 天后西摩去世。

1539 年，议会下令封闭所有修道院，没收其财产。同年公布《六条信仰法》，违犯或否认者被处以火刑、没收财产。两周之内仅伦敦就有 500 人被逮捕。[③] 爱德华六世继承亨利王位时只有 10 岁，由他舅父摄政。这位伯爵是新教徒，议会取消《六条信仰法》，海外新教徒纷纷回国。1549 年，议会通过《信仰划一法》，规定各教堂一律按爱德华六世公祷书做礼拜，取代罗马教会的礼拜用书。

玛丽女王登基时，议会宣布她母亲卡瑟琳与亨利八世当年的婚姻有效。玛丽是个公开的天主教徒，她立刻处决政敌，恢复天主教主教职位。1553 年她与天主教的西班牙菲利普亲王（1556 年成为国王）结婚，西班牙是英国劲敌，许多新教徒对这桩婚姻很反感。

玛丽还废除了爱德华在位时的所有宗教法规。当教皇认可英国财产现状时，政府才允许罗马派来的枢机主教波尔进入英国。议会也赞成恢复教皇权威，但没有答应给菲利普英格兰国王称号。[④] 1555 年菲利普回国，任凭其妻玛丽留在英国。这位孤单的女王更热衷于宗教迫害，在她登基 5 年

---

① E. N. William, *The Penguin Dictionary of English and European History* 1485 – 1789, Harmondsworth, 1980, p. 222.

② W. H. B. 考特：《简明英国经济史》，方廷钰译，商务印书馆 1992 年版，第 30 页。

③ 唐逸：《基督教史》，中国社会科学出版社 1993 年版，第 237 页。

④ ［英］安东尼娅·弗雷泽：《历代英王生平》，杨照明、孙振山译，湖北人民出版社 1985 年版，第 244 页。

间共有300多名新教徒被送上火刑柱，其中包括大主教克里默，史称“血腥的玛丽”。1557年，英格兰参加到西班牙一边对法作战，1558年法国占领英国在大陆的最后据点加莱。玛丽这些内政和外交举措把英格兰推向内战边缘。1558年11月17日，玛丽在一片反对声中病故。

继位的伊丽莎白是一位把英格兰从深重的宗教分裂中统一起来、把国家从被外国征服的危险中解救出来的政治家，是都铎王朝最后一代，也是最伟大的君主。[①] 她致力于海外贸易、探险和技术发明，保护商人、海外贸易公司和其他利益集团。在国外，面对西班牙、法国这两个天主教强国的威胁，以及英国同苏格兰、爱尔兰的宗教与政治纠葛，女王联合尼德兰，利用法国与西班牙矛盾，采用外交和战争手段维护国家独立并提高英国的国际地位。她甚至把个人婚姻也变成一种外交武器，借口这是“国家的事情”而在大陆君主的求婚者中间巧妙周旋。

当时英国中部、北部农村居民信奉天主教，占全国人口2/3，而南部市民多为新教徒。清教徒直到1603年只占全国总人口的2%。[②] 面对大陆宗教战争后新、旧教徒之间仍然存在的对立和天主教女王玛丽把国家引向内战边缘这一后果，伊丽莎白排斥新旧教极端派的干扰，奉行一种能为大多数臣民接受的温和的宗教政策。例如，她即位后保留玛丽女王时期的所有法官，其中几个人虽然被怀疑为天主教徒，但仍官居原职，直到退休。1559年她再次使议会通过至尊法令，法令称女王为英格兰教会的“最高管理人”，这比原先的“首脑”头衔容易为天主教徒所接受，同样达到了不受罗马控制的目的。她还授意议会选举帕克尔为坎特伯雷大主教，建立起主教制的英国教会，帕克尔主持修订第2版“公祷书”时吸收了路德教的精神，又保留天主教某些礼仪，这一公祷书一直沿用至今。她规定教士可以结婚。所有教士忠于朝廷，朝廷给予教士财政资助。

1567年，伊丽莎白授意帕克尔把爱德华六世批准的《42条信纲》改为《39条信纲》，吸收路德因信称义和卡尔文的预定说，旨在反对教皇权威，该信纲沿用至今。《39条信纲》标志着英国国教最终确立，英国就这样自上而下地完成了宗教改革。[③] 1570年，教皇庇护五世宣布革除伊丽莎

① 安东尼娅·弗雷泽：《历代英王生平》，湖北人民出版社1985年版，第264页。

② 沈汉：《英国议会政治史》，南京大学出版社1991年版，第150页。

③ 唐逸：《基督教史》，中国社会科学出版社1993年版，第238页。

白女王教籍，并号召天主教徒推翻她。女王给正在武装起义的尼德兰人以有限的援助，并与法国结盟反对西班牙。从1580年起，西班牙菲利普二世与法国天主教贵族吉斯公爵共同策划刺杀英国女王，适逢法国内战，菲利普二世又和软禁在英国的苏格兰前女王玛丽勾结，谋图复辟。1584年尼德兰革命领袖奥兰治的威廉遇刺身亡，坚定了英国反西班牙的决心。1585年英国与尼德兰公开签约并派军队前去援助，另派德雷克率2300人的舰队袭击西班牙的美洲殖民地。1586年，苏格兰的玛丽写信指示天主教徒刺杀伊丽莎白女王，此信被揭露后，议会两院于1587年一致批准处死玛丽。天主教徒玛丽被处死的消息传出后，西班牙国王菲利普二世立即宣布推翻异教女王伊丽莎白，并派遣无敌舰队：132艘战舰、3000多门大炮、2.4万名士兵征服英格兰，结果于1588年7—8月被英国海军打败，迫使西班牙残余船只绕不列颠岛一圈后返回，回国时只剩下86名幸存者，而英国的损失不足百人。[①] 英军副司令是德雷克，这场胜利传遍欧洲。哈克卢特在《海上强国》一书中写道："英格兰的未来在海上，海洋是通向商业和殖民的康庄大道。"为避免爱尔兰天主教徒勾结西班牙从背后威胁英国，女王两次派兵出征，1603年终于征服了爱尔兰。

（二）清教徒

伊丽莎白登基后，那些流亡在外的新教徒纷纷回国，他们带来卡尔文在日内瓦传授的新思想和宗教改革热情，要求清除英格兰国教内部保留的大量天主教礼仪，提倡勤俭廉洁，严格遵守宗教伦理。从16世纪六七十年代起，这些人被称为清教徒，而更通俗的称呼是"不信国教者"。

英国清教徒运动的发源地在剑桥大学和牛津大学，他们反对牧师穿制服，说制服会造成牧师高人一等的特殊化印象；认为一般信徒领圣餐时下跪的姿势是一种顶礼膜拜，洗礼时画十字是迷信的表现……[②]但伊丽莎白拒绝接受这些改革要求，1566年她命令坎特伯雷大主教发布公告，撤销不穿制服的牧师的职务。1569年，剑桥大学神学教授托马斯·卡特赖特要求恢复早期基督教的长老制，取消大主教、副主教等职，一切神职人员地位平等。伊丽莎白解除了他的职务，他流亡日内瓦，回国后按卡尔文教派的

---

① William L. Langer, *An Encyclopedia of World History*, Harrap, London, 1972, p. 76.

② 威利斯顿·沃尔克：《基督教会史》，孙善玲译，中国社科出版社1991年版，第510页。

组织体系建立清教教会，但仍不脱离国教。

1547年，格林德尔被任命为坎特伯雷大主教（前任帕克尔已死）。他同情清教徒，使这一运动迅速发展，大多数伦敦市民和议会下院议员都成了清教徒。在英格兰东部和南部出现了一批类似“长老会”的教区。伊丽莎白禁止清教徒集会，将格林德尔解职。还有一批清教徒主张立即建立真正符合《圣经》的独立教会，完全脱离国教，这一批人被称为独立派或分离派，独立派后来发展为公理会，[①] 创始人勃朗在剑桥求学时受卡特赖特影响，于1581年建立第一个不属于国教会的独立教堂，第二年被流放。他在尼德兰发表文章，主张牧师由会众选举，废除大主教和副主教，一切教牧人员的地位是平等的，教会不受政府干预，而由信徒自愿结合、共同管理；各教会独立自治，无上级机构，各教会自由选择教义、礼仪、教规。1581年为镇压清教运动，政府提出《禁书法案》，严禁各种违法宣传。下院接到上院通过的这项提案后作了修改：只有“心怀恶毒动机”中伤或诽谤女王、或把英国教义看成异端的言论才算犯罪，并予以镇压，而清教是承认国教基本教义的。于是，这项本来镇压清教的法律最后成了一个打击天主教的法律。[②] 女王晚年在宗教问题上时而压制清教徒议员，时而作出让步，这是由于对英国的最大威胁来自天主教的西班牙。天主教社团处于被剥夺地位，但受到的迫害很少，仅限于缴纳较多的捐税和款项，而且不能担任公职。

（三）英国革命期间的宗教问题

伊丽莎白于1603年病故无嗣，由苏格兰国王詹姆斯六世继位，改称詹姆士一世，从此两国共有一王，斯图亚特王朝从此开始。詹姆斯对议会专横霸道，促使下院日益同情清教运动。1618年他颁布《文体活动规定》，推荐在主日（星期日）举行民间娱乐和舞蹈活动，引起清教徒强烈反对。其后继者查理一世声称“没有主教，就没有真正的教会”。他反对卡尔文主义，而许多新贵族倾向卡尔文教，他们是下院骨干。国王与议会的关系更加紧张，受迫害的数万名清教徒陆续逃往北美殖民地，最早的那一批就成为美国历史上的移民始祖。

1637年，查理支持他的宠臣、坎特伯雷大主教劳德强迫苏格兰人实施

---

① E. N. Williams, *The Penguin Dictionary of English and European History*, Harmondsworth, 1980, p. 224.

② 沈汉：《英国议会政治史》，第130页。

英国国教礼仪，引起骚乱，遂进军苏格兰。为了压服苏格兰人，查理结束了 11 年的无议会统治，召开议会，以筹措军费，但 1640 年 4 月的短期议会和 11 月 3 日开始的长期议会导致国王与议会决裂。内战开始后，议会军队掌握在以克伦威尔为首的清教独立派手里。

1660 年 4 月 14 日，未来的查理二世在布雷达发表宣言，承认“信仰自由”。5 月 29 日，他应议会邀请来到伦敦并登上王位，斯图亚特王朝复辟。1661 年他召开宗教会议，对《公祷书》作了 600 处修改，以便把清教徒排斥于国教之外。1800 名牧师（约占全体牧师 1/5）宁愿被解职也不按新规定宣誓。这些人被称为“不信国教者”，但政府对非国教徒还算宽容。1685 年继位的詹姆斯二世从 1672 年起就是公认的天主教徒，并得到法国的秘密津贴。这位新国王任命大批天主教徒担任高级行政和宗教职务，此举违背了查理二世登基时的“宣誓条例”（1673）。新贵族担心照此下去，天主教徒势必要夺回亨利八世改革时没收的土地，这样一来，英国全部土地的 7/10 都得易手。[①] 商人们担心他把英国的工商业利益出卖给法国。不过，他们宁愿等待詹姆斯老死后把王位传给新教继承人。但在 1688 年 6 月 10 日，国王晚年得子。议会下院中的辉格党和托利党人见等待无望，便邀请詹姆斯二世女儿、信奉新教的玛丽及其丈夫、荷兰执政威廉前来英国保护“宗教、自由和财产”。威廉夫妇于 1688 年 11 月 5 日率领一万军人在英国登陆。詹姆斯二世见众叛亲离，只身逃往法国。议会宣布詹姆斯自动退位。这场政变没有流血便达到目的，故被称为“光荣革命”。

1689 年，议会通过“权利法案”，规定此后任何天主教徒都不能继承王位，任何一位国王都不能与天主教徒结婚。还规定议会的立法、赋税权力高于王权。威廉接受这一法案后即位为英国国王，斯图亚特王朝的复辟统治就此结束。

（四）评价

英国宗教改革是亨利八世和伊丽莎白一世在议会支持下，使英国在政治、外交和信仰领域里成长为民族国家的重要步骤。清教徒信奉的卡尔文教义适应新贵族和商人资本原始积累的需要。卡尔文派民主的教会组织形式，给他们在世俗领域运用议会权力反对专制王权提供了现成的革命武器。

---

① 马克思：《评基佐“英国革命为什么会成功？英国革命史论”》，《马克思恩格斯全集》第 7 卷，人民出版社 1959 年版，第 250 页。

清教运动使伊丽莎白时期灿烂的艺术花朵迅速凋零。16世纪中后期，英国成为欧洲文艺复兴的中心，涌现出以莎士比亚为代表的一批文学家和戏剧家。文化与学术繁荣兴旺，伦敦等城市里一片歌舞升平景象。而清教运动支配英国社会生活之后，抒情诗、民间音乐和戏剧一齐衰落。斯图亚特王朝初年（1603—1614），不但伦敦所有剧院被迫关闭，连莎士比亚晚年居住的斯特拉福镇上的剧院也未能幸免，直到1777年伯明翰仍然没有剧院。据说公演戏剧会使人染上懒散的习性，不利于实业和贸易。[①]

表4　1066—1901年英格兰王朝世系

年代	国王
1066—1087	征服者威廉一世（William Ⅰ，the Conqueror）
1087—1100	威廉二世（William Ⅱ）
1100—1135	亨利一世（Henry Ⅰ）
1135—1154	斯蒂芬（Stephen）
1154—1189	亨利二世（Henry Ⅱ）
1189—1199	理查德一世（Richard Ⅰ，the Lion hearted）
1199—1216	约翰（John，无地王 Lackland）
1216—1272	亨利三世（Henry Ⅲ）
1272—1307	爱德华一世（Edward Ⅰ）
1307—1327	爱德华二世（Edward Ⅱ）
1327—1377	爱德华三世（Edward Ⅲ）
1377—1399	理查德二世（Richard Ⅱ）
1399—1413	亨利四世（Henry Ⅳ）
1413—1422	亨利五世（Henry Ⅴ）
1422—1461	亨利六世（Henry Ⅵ）
1461—1483	爱德华四世（Edward Ⅳ）
1483—	爱德华五世（Edward Ⅴ）
1483—1485	理查德三世（Richard Ⅲ）
1485—1509	亨利七世（Henry Ⅶ）
1509—1547	亨利八世（Henry Ⅷ）

① 马克斯·韦伯：《新教伦理与资本主义精神》，生活·读书·新知三联书店，1987年版，第138、241页。

续表

年代	国王
1547—1553	爱德华六世（Edward Ⅵ）
1553—1558	玛丽一世（Mary Ⅰ）
1558—1603	伊丽莎白一世（Elizabeth Ⅰ）
1603—1625	詹姆士一世（James Ⅰ）
1625—1649	查理一世（Charles Ⅰ）*
1660—1685	查理二世（Charles Ⅱ）
1685—1688	詹姆士二世（James Ⅱ）
1689—1702	威廉三世（William Ⅲ）
1702—1714	安妮（Anne）
1714—1727	乔治一世（George Ⅰ）
1727—1760	乔治二世（George Ⅱ）
1760—1820	乔治三世（George Ⅲ）
1820—1830	乔治四世（George Ⅳ）
1830—1837	威廉四世（William Ⅳ）
1837—1901	维多利亚（Victoria）

* 1649—1660 年，共和时期（Common wealth）。

五、法国宗教战争

法国是一个天主教国家，不过也经历过宗教改革，这场改革以胡格诺战争（1562—1594）为特征。

法兰西斯一世和他的继位者从各方面加强中央集权：①贵族不能拥兵自重；②国王用高价出售官职和贵族封号，使新兴商人得以挤进贵族行列；③法兰西斯一世于 1517 年与教皇签订波洛尼亚宗教条约：由国王任免主教和修道院长，神职人员则把首年圣俸献给教皇。

当时法国教会也很腐化，所谓“神甫必贪，僧侣必淫”。因此，路德 1517 年发起宗教改革后，法国人纷纷响应。从 1520 年起，法国出现了新教运动，这些新教徒信奉卡尔文主义，法国的卡尔文主义者称胡格诺教徒。[1] 1559 年，全国建立起 72 个胡格诺教会。在卡尔文倡议下，巴黎召开

① William L. Langer, *An Encyclopedia of World History*, Harrap, London, 1972, p. 411.

第一次大会，通过了信经和长老宗教会宪章，教会由王公贵族领导（约占全国贵族的2/5～1/2）。16世纪后期有100万会员，主要分布在法国西南部，国王法兰西斯曾把这里22个村庄夷为平地，杀害了3000多名新教徒。亨利二世继续迫害胡格诺教徒。1560年，年仅10岁的查理九世即位。为稳住王位，摄政王（王太后）卡瑟琳释放了被捕的胡格诺教徒。1562年国王颁布敕令，给胡格诺教徒公民权，允许他们在城堡以外的市镇做礼拜，但巴黎高等法院拒绝登记这一敕令。国王这一和解措施激怒了天主教强硬派，吉斯家族的弗朗索瓦公爵于1562年率军队进入巴黎，途经瓦西镇时袭击正做礼拜的胡格诺教徒，死伤数百人，引起长达30年的内战。

在内战中，敌对双方都寻求外国支持。西班牙支持天主教徒，英、德支持新教徒，吉斯公爵和新教领袖孔代亲王先后被杀。卡瑟琳为化解矛盾，于1572年把她的天主教女儿嫁给新教领袖那瓦尔国王之子亨利。8月18日，新教显贵都来出席亨利的婚礼，席间一位新教领袖柯立尼遇刺后生命垂危，新教徒群情激愤，卡瑟琳担心闹事，便胁迫查理九世下令血洗新教徒。8月23日夜，发生圣巴托罗缪日大屠杀，2000人被害，全国上万名新教徒遇难。亨利表示放弃新教信仰才幸免于难。

经过残酷的战斗，胡格诺教徒在法国西南部组建联邦共和国。新旧教经过断断续续的战争与和解。到1589年，亨利三世遇刺身亡，那瓦尔国王亨利继位为亨利四世，开始了波旁王朝对法国的统治。但全国只有五座城市承认他的王权。面对多数法国人是天主教徒这一现实，亨利表示“为了巴黎作一次弥撒是值得的”（It was worth a Mass for Paris），他还致函罗马，表示接受天主教教义，教皇格列高利十四的回答只是简单地重申将这个反复无常的异端革出教门。

1591年，西班牙屯兵巴黎，法国天主教同盟军支持西班牙菲利普二世之女为法国国王，这引起国内民族情绪的高涨，社会各阶层对长达30年的内战已经厌倦，而分裂危险近在咫尺。1594年3月22日，巴黎人民隆重欢迎已皈依天主教的亨利四世进入首都，登上王位，全国各地纷纷归附，西班牙军队也撤出法国。亨利四世于1598年颁布南特敕令，给予胡格诺教徒与天主教徒同样的政治权利，新教贵族所在的若干城市享有刑事审判权，在100座城镇驻军2.5万人并自理财政，但是对新教徒担任公职以及活动范围作了某些限制。这一敕令带来新旧教之间的全面和解，宗教战争终于结束。

宗教战争的后果：①这是一场残酷而长期的内战，生命和财产损失超过百年战争，连卢浮宫和土伊勒里宫也遭受洗劫，十多万人死于非命。工农业生产受到严重破坏，普罗旺斯的1800台呢绒织机到1598年只剩4台。在国外，当别国竞相向海外扩张时，法国远洋船只几乎绝迹。王权衰微，国家几乎分裂，巴黎等地高等法院动辄违抗王命。国家负债近3亿锂。②南特敕令结束了民族分裂和长期内战，国内实现了持久和平，是民族复兴的起点。这是欧洲国家宗教宽容的一个范例。不过该法令具有妥协色彩，它默认新教享有某种“国中之国”的特殊地位，这种妥协在当时显然是必要的。

六、天主教会的改革：旧教重整旗鼓

16世纪的宗教改革既包括新教改革，也包括旧教改革，有些史学家把旧教改革称为反改革。由于宗教异端在中世纪一再出现，当1517年路德贴出《95条论纲》后，几任教皇均未认识到这次异端的严重性，他们更关心自己作为意大利一位诸侯的切身利益，而这种麻木不仁本身就说明教会已经衰落。直到保罗三世（1534—1549）才意识到局势的严重性，他虽然派代表同新教方面几次会晤，但因双方分歧太大而无法调和。不过教皇这时总算从诸侯身份的睡梦中醒悟过来，开始把教会事务作为自己工作的重点：1547年，保罗要求各地教会以西班牙为榜样，改组宗教裁判所。[①] 1562—1563年，特兰托公会议决定废除宣扬赦罪的讲道、减少教廷税收、禁止领取几份俸禄、强制规定主教驻地、改善神甫状况、改革修会、开设神学院教育教士。[②] 1567年，教皇庇护五世停止出售赎罪券的做法。1571年，庇护五世公开认可私人银行收取利息的权利。

教皇镇压新教的另一种手段是开列禁书目录，伽利略《关于两种世界体系的对话》（1632）就在禁止之列。

对付新教的第三项措施是召开宗教会议，1545—1563年开过三次特兰托公会议，重申七项圣事都要遵守，同时加强对高级教士的管理和约束，如禁止秘密结婚。

这些措施在一定程度上挽回了天主教的威信，教徒人数和信教地区均

---

① 又译异端裁判所（the lnquisition），始于13世纪，是教会侦察和审判“异端”的机构，遍及大陆各天主教国家，官员由教皇任命，不受地方教会和世俗政权约束。对“异端”（包括科学家）秘密加以审讯并严刑拷打，定罪后没收财产、监禁、流放或火刑。1483—1820年，仅西班牙就有30万人受迫害。

② 路易吉·萨尔瓦托雷利：《意大利简史》，商务印书馆1998年版，第364页。

有所恢复。天主教欧洲一半地区和半个德国的臣民仍信奉旧教，罗马教会的教义得以澄清，并把基督教传遍中南美洲。在复兴天主教会的事业中，耶稣会发挥了特殊作用。1534 年，罗耀拉为反对新教改革而在巴黎创建耶稣会。1540 年，经教皇正式批准，取得合法地位。总会长为终身制，总部在罗马，在全世界设 77 个教省，各设省会长，以下设分会长和院长。会内层层控制，会士相互监督。总会长对世界各地会士有绝对控制权，故有“黑衣教皇”之称。正式会士要发“三绝”誓愿（绝意、绝色、绝财），强调“听命、贞洁、清贫”，还强调绝对服从教皇，把服从上级视为服从上帝。仿效军队编制，纪律森严。

耶稣会致力于兴办文化教育事业，开办的大部分学校是免费的，设有古典文化、拉丁文等，把中世纪神学、天主教义同文艺复兴以来的文化知识巧妙地结合起来，强调严格训练和第一流学术标准。到 1700 年共创办 769 所学院和 24 所大学，垄断了欧洲天主教国家的全部中等教育。耶稣会另一项任务是渗透到各国宫廷，影响政府政策，声称“为了教会的最高荣誉，一切手段都是好的”。1589 年他们刺杀了法国亨利三世，1594 年暗杀亨利四世未遂。1605 年又在英国议会大厅地下室埋好炸药，企图暗杀詹姆士一世。这导致一些国家如葡萄牙（1759）、法国（1764）、西班牙（1766）、西西里王国取缔耶稣会，并由教皇于 1773 年宣布将其解散。但 1815 年后，耶稣会又死灰复燃。

耶稣会不但是罗马对付新教的武器，还是各国向海外传教的先锋，1542 年耶稣会士随葡萄牙人进入印度，1549 年到日本，1553 年到澳门，1583 年到中国内地活动。20 世纪初，他们的足迹遍及世界。直到今天，耶稣会仍是天主教世界最大的国际组织，拥有众多报刊、电台和学校，是教皇的得力助手。

七、总结

宗教改革把思想解放的范围从文艺复兴时期的文学艺术转向信仰领域，从文人学者和社会上层扩展到城乡广大民众。新教的两大基本原则是只信仰耶稣基督、《圣经》是唯一信条。这就否定了天主教会的传统地位，打破了天主教僧侣解释《圣经》的垄断权和教会组织的一统天下，用理性信仰取代盲目信仰。对民族宗教及其代表——君主的信仰超过了传统的普世信仰，官方语文从拉丁文变成各自的民族语文。总之，宗教改革使各国君主在其管辖的领土范围内享有完全的国家主权，给民族国家的建立、统一和巩固提供牢固的感情纽带和广泛的群众基础。

宗教改革是一场群众性反叛活动，它使欧洲在一个半世纪沐浴在血泊里。也正是这场血的教训，欧洲各国此后实现了宗教宽容，并向政教分离的目标前进。宗教狂热在欧洲社会生活中消失了。

人文主义用及时享乐取代中世纪的禁欲和逃避现实的修道院修身方式，卡尔文等新教伦理则倡导一种新的禁欲主义：用事业上的成功来证明上帝的恩宠。不过这种禁欲主义的经济效果，“只有当纯粹的宗教热情过去之后，才会显现出来。这时，寻求上帝天国的狂热的根慢慢枯死，让位于世俗的功利主义”。[①] 新教伦理给资本原始积累提供了精神支柱，当时欧洲各国最优秀的企业家和大多数学者都是新教徒。[②] 在德意志，新教地区的工商业比旧教地区发达。天主教复兴事业之所以取得了某些成功，同样是因为耶稣会实现了旧教伦理从避世到入世、从争权夺利到追求事业成功的转变。英国维多利亚时代和美国新英格兰地区的主流社会，一直遵循严格的道德标准和求实的工作作风，这些都应该归功于16世纪欧洲宗教改革。

教皇法庭1633年对伽利略的审讯表明，传统的基督教信仰与新生的近代科学是对立的。不过二者并非水火不容，因为许多学者都是新教僧侣和大学教师，而大学由教会管理。如牛顿把宇宙第一推动力归于上帝之手。笛卡尔表示，他的理性大厦是上帝的礼物，许多科学家把数学的规律性看成上帝有目的的安排。但欧洲学者对教皇谴责伽利略感到寒心，他们把自己的手稿偷运到新教国家去发表。这种政教合一、教会压制科学家的局面直到法国大革命以后才根本改观。例如，拿破仑收到拉普拉斯呈递的《天体力学》后责问他：“你写了这部讨论宇宙体系的大作，却从未提到他的创造者。”他当面回答：“我用不着这种假设。”这表明，一个经济上相对独立、面对政治强人充满自信的知识分子阶层（intelligentsia）这时已经形成。

---

① 马克斯·韦伯：《新教伦理与资本主义精神》，生活·读书·新知三联书店1987年版，第138页。

② R. K. 默顿：《十七世纪英国的科学、技术和社会》，范岱年译，四川人民出版社1986年版，第135页。

第四节　启蒙时代

启蒙在这里指人们用理性的光辉照亮千年黑暗，用理性主义取代信仰主义。文艺复兴以来，文艺与学术的世俗化潮流一直在发展；宗教改革导致信仰自由或理性宗教，这不但动摇着天主教会的根基——经院哲学，还直接推动了近代哲学与近代科学的诞生，为启蒙运动的产生奠定了基础。

一、近代哲学与理性主义

近代哲学与近代科学的诞生始于16—17世纪，其间起过主导作用的学者有英国的弗·培根、霍布士和洛克，他们的学说属于唯物主义经验论，其推理方式侧重于归纳法。在欧洲大陆，有笛卡尔、斯宾诺莎、莱布尼茨，他们形成唯理主义认识论。[①] 思维和存在的关系是否有同一性，这相当于上述的认识论。尤其是洛克和笛卡尔，他们两人的思想分别统治着英、法哲学。[②] 笛卡尔认为人先天地具有判断善恶、辨别真假的能力。一切知识都应该像几何学那样，经过严格的证明，并按照逻辑被正确地推论出来。[③] 因此，他提出“我思故我在”，[④] 近代哲学家对问题的提法大都接受笛卡尔这种强调认识主体的演绎式推理方法。[⑤] 霍布士直接得出“哲学排除神学”的结论，当时在思想界引起很大震动。英国经验论哲学的功利主义和个人主义，反映出英国商人阶层追求自由的精神和对未来充满信心

---

① 认识论和本体论都是近代哲学体系的重要组成部分。认识论是关于人类认识的对象和来源、认识的本质、认识的能力、认识的结构、认识的过程和规律，以及认识的检验的哲学理论。本体论是研究世界的本原或本性问题的理论。属于哲学的理论科学，在哲学知识体系中居于最高级的地位（沃尔弗，Christian Wolff，1679—1754）。他的这一主张在西方哲学界至今流行。马克思主义一般不使用“本体论”这一术语，但有时也把它当作关于存在发展的最一般规律的学说的同义语加以使用。恩格斯把全部哲学，特别是近代哲学的重大的基本问题归结为思维和存在的关系问题。他据此区别唯物主义和唯心主义。这相当于上述的本体论。

② 罗素：《西方哲学史》下卷，马元德译，商务印书馆1976年版，第123页。

③ 伍蠡甫：《欧洲文论简史》，人民出版社1997年版，第941页。

④ 按照普遍怀疑的原则，我们可以怀疑一切，包括上帝、物质，甚至于我的身体。但唯一不能怀疑的是“我在怀疑”。否则自相矛盾。我在怀疑时表示我在思想，而正在思想的我是存在的。（笛卡尔：《笛卡尔：我思故我在·导读》，王阿玲译，中国画报出版社2012年版）。

⑤ 罗素：《西方哲学史》下卷，商务印书馆1976年版，第87页。

的乐观情绪。[①] 近代哲学就是在这两大流派的演变、争论和渗透的思想基础上建立的，其中牛顿的科研成果最为突出。于是，源于英国的机械唯物论也就成了 18 世纪整个欧洲自然哲学的共同特征。[②] 总之，牛顿的成就和洛克的思想给法国启蒙学者提供了灵感、理论依据和思想方法。

18 世纪的法国社会已经摆脱宗教战争的狂热和偏执，进入以路易十四为代表的开明专制时期。从 1740 年起，书报检查制度有所放松。1750 年，政府对出版物检查的制度实际上已经取消，曾经繁荣一时的秘密文学遂告消失。报纸杂志数量大增，正统思想的偏见在新杂志里已经很少。法国与外国的文学、科学交流广泛开展，“巴黎的沙龙成为欧洲的大学”，给上流社会传播新思想提供了场所。到 1787 年，新教徒获得完全的公民自由。法国虽然是欧洲典型的封建国家和最大的天主教国家，大贵族的人数、政治特权和守旧倾向远大于革命前的英国，但法国工商业和外贸是大陆各国中最发达的，自由化贵族也是德意志、俄罗斯当时所没有的。法国农民的处境也比大陆其他国家好，然而正是这种已经摆脱农奴制度又备受贵族压迫的处境，使农民更为不满，尤其是城市资产阶级，他们在这个重商主义社会里代表着财富、进取心和文明教化，但他们在军队、政府和宗教界的晋身之阶都被特权等级堵死了，连经商都受到旧制度的刁难和限制。启蒙思想集中体现了资产阶级的不满、利益和愿望。

18 世纪的欧洲历史，进入以法国为中心的启蒙时代。这场伟大的思想解放运动，提供了哲学史上最为完整的机械唯物主义体系、战斗的无神论学说，以及更为系统的人本主义历史观。

二、五位法国启蒙思想家

伏尔泰、孟德斯鸠、卢梭、狄德罗、魁奈这些法国著名的启蒙思想家，“使 18 世纪成为主要是法国人的世纪”（恩格斯）。[③]

---

① R. K. 默顿：《十七世纪英国的科学技术和社会》，四川人民出版社 1986 年版，第 344 页。

② ［德］E. 卡西勒：《启蒙哲学》，顾伟铭译，山东人民出版社 1996 年版，第 53 页。

③ 在德国，知识阶层和讲究实际的阶层几乎完全分离。英国文明的特点是到处出现现实的天才，而纯粹的智力活动则是德国文明的主要特征。在法国，精神的发展和社会的发展彼此从未脱节过。现实社会里发生的每件事，知识界都立刻抓住并从中引申出新的财富来，知识界的每件事也会迅速在现实社会中产生反响。在法国，思想一般都领先于社会并促进其进步（基佐：《法国文明史》）。

（一）伏尔泰

当时整个欧洲知识界的领袖和导师。1791 年立法会议在他的骨灰柩车上写道："诗人、哲学家、历史学家。你使人类理性迅速发展并教导我们走向自由。"雨果称赞他的名字"代表了整整一个时代"。他的全集有 70 多卷，共 1500 万字（含两万封书信）。主要著作有《哲学通讯》《牛顿哲学原理》《路易十四时代》《查第格》（即《命运》）等。

伏尔泰出生在巴黎一个公证人家庭里（法国路易·勃朗和国内一些教材都笼统地说他出身于资产阶级家庭）。在巴黎上过一所耶稣会办的中学，"我在那里学会了拉丁文和愚蠢"。在社交场合，他以言辞犀利、妙语连珠而引人注目。但是当他讽刺到奥尔良公爵时，立即被赶出巴黎。1717 年，因揭露宫廷淫乱的作品被关进巴士底狱，后被驱逐出境。他去了英国，参加牛顿葬礼时，他感到惊奇的是，一个数学教授的葬礼仪式竟像国王那样隆重。他在《英国来信》一书中赞叹英国人的自由："他们自行选择通往天堂之路。……这里的贵族一点也不傲慢。"这本书在法国被政府和教会下令烧毁，但禁令却起了商品广告那样的作用，更多的人反而要看个究竟。

有一天，他正在剧场里谈笑风生，一位贵族德·罗甘（法国最高贵的姓氏之一，但本人毫无成就）走过来傲慢地问："伏尔泰，你的真名实姓叫什么?"伏尔泰未加理会而继续谈话，罗甘吼叫起来："我想知道你的名字!"他反唇相讥："我的名字没有您的尊姓高贵，但我至少为它带来了荣誉。"罗甘悻悻而退。第二天夜里，伏尔泰遭到罗甘手下人毒打。他愤而向罗甘提议决斗，罗甘担心他的剑术会像他的舌头那样锋利，便通过他的表兄、巴黎警察局长把伏尔泰关进巴士底狱，罪名是谋反的谈话和不法行为。① 由于伏尔泰的介绍，法国人才知道牛顿："既然宇宙万物都受万有引力支配，地球上那个只有五英尺高，用两条腿走路的渺小动物难道还能例外吗?"他并不推崇政治家和征服者，"他们不过是一群大名鼎鼎的坏蛋罢了。我们应当尊敬那些凭真理的力量征服人心的人，而不是依靠暴力奴役别人的人，……说到底，牛顿才是真正伟大的人物。"

牛顿的万有引力定律贬低上帝在自然历史中的地位，为自然神论提供

① 亨利·托马斯：《圣哲、常人、疯子》（伏尔泰篇），马俊杰译，农村读物出版社 1990 年版。

了理论依据。伏尔泰就是一个自然神论者。[①] 但是他的所有敌人和大部分读者都把他看成无神论者。这是因为他对新旧教会的无情揭露、嘲讽和批判往往超出宗教范围，直接导致无神论的结论。

在政治上，他深信自由是每个人的天赋人权，它只受法律的约束。法律面前人人平等，而法律是自然的女儿。关于政府，他认为专制政权是专断的，共和政体崇尚平等自由，但也可能产生暴政。因此，开明专制或英国君主立宪是最好的。它保存了专制政体中有用的部分和共和政体中必需的部分。伏尔泰称赞英国政治体制在从善方面具有无限权力而在作恶方面则被捆住了手脚。他在历史著作中首次把世界各大文明中心作为连续考察的一个整体，并把历史从传统的政治、军事扩大到文化领域；他还摆脱了西欧中心论，把历史视野扩展到印度和中国。他文思敏捷、才华横溢，嬉笑怒骂皆文章。他的著作拥有广泛的读者群，也给文坛带来清新的文风。他深信人类不断进步，社会不断发展，历史是一门以事实为依据的哲学。他认为以往的历史编纂有两大弱点：一是用神话解释历史事件，二是英雄崇拜。他的《论各民族的风俗与精神》是一本通史哲学提纲，标志着近代史学的一个里程碑，它以文化和思想史代替政治—军事史。

伏尔泰把宽容和自由看得高于一切，“我一点儿也不同意你的观点，但为了保卫你自由表达观点的权利，我愿肝脑涂地”。他用赞叹的语气写道，在英国30多个不同教派中，每个人都可以沿着他喜欢的道路进入天堂。“宗教狂热在英国与内战同时告终。”然而他对犹太民族却充满偏见。卢梭死后，他竟在信中说他“死得其所……像一条狗那样死去”。[②]

（二）孟德斯鸠

法国启蒙思想家、资产阶级政治理论和法学理论奠基人之一。给他带来不朽声誉的著作主要是《论法的精神》，此书1748年出版后，18个月内就再版20多次。这是继亚里士多德《政治学》之后最好的一本综合性政治理论著作。[③] 孟德斯鸠的法主要指由事物的性质产生出来的必然关系。“法的精神就是符合理性。”“在这个意义上，一切存在物都有它们的法。”这里指自然法则，相当于我们常说的客观规律。他为人类社会列举出四条

---

① 自然神论，认为上帝创造世界和自然规律后便不再干涉世界上的事。

② 卢梭：《一个孤独者的遐想》，张驰译，湖南人民出版社1986年版，第24页注释。

③ 李凤鸣、姚介厚：《十八世纪法国启蒙运动》，北京出版社1982年版，第121页。

自然法：①和平；②个人生存的欲望；③人们之间自然的爱慕；④愿意过社会生活（合群）。法律与各种自然因素、社会因素有关，这些关系就是法的精神。

这本书的学术价值在于：①排斥宗教神学的理性主义：笛卡尔把合乎理性当作检验一切知识的最后标准，这就把人与上帝完全分开，把神学逐出自然科学领域。孟德斯鸠在笛卡尔思想的基础上把神学与历史分开，把神学逐出社会科学领域。②关于政体分类学说，他在柏拉图（详见他的《理想图》）、马基雅维利、博丹、洛克等人的基础上，把政体分为共和、君主和专制政体。他着重批判专制政体而肯定前两种，但又认为君主政体中的贵族如果专横、傲慢或世袭权力和特权时，政治也会腐化；共和政体是民主的，但公民追求权力和财富的极端平等，也会腐蚀民主。③分权理论。要防止专制君主滥用权力，防止政治腐化，必须以权力约束权力。为此，权力要分开掌握和使用。他在洛克分权的基础上把国家权力分为立法、行政和司法三部分。他设想三权分立，既合作又彼此制约。而三权之中任何两种权力一旦掌握在一人或同一集团手中，民主便不复存在，专制则不可避免。[①] 他认为三权之中立法权更大一些，这是1688年以来英国政体的现实。这是一种阶级分权，反映了新兴资产阶级的参政要求。他赞扬共和政体，拥护英国式君主立宪政体，反对革命手段而主张与贵族妥协，自上而下实施改革。宗教上他是自然神论者。④关于自由和法律。政治自由仅指“做法律所许可的一切事情的权利”。法律保证自由，自由必须守法。自由不能转让，因此他反对战俘奴隶和天生奴隶论。公民自由主要靠良好的刑法来保证。刑法应该明确、固定，判决应该共同商议。判案应复审，要惩罚诬告者。废除子罪父坐或殃及子女，免除所谓大逆罪。如果以言论定罪，自由将无踪无影。绝对服从意味着服从者也是愚蠢的，甚至下令者也是愚蠢的。⑤主张男女平等。因为男女的天赋并无优劣之分。男尊女卑违犯两性平等的自然法则，是一种家庭奴役制，它与君主专制相辅相成。[②] ⑥关于气候等地理环境对历史的影响。如果人们的气质和感情因气候不同而异，法律就应当和这种气质、感情相适应。孟德斯鸠从人体生理

---

① 例如，16世纪威尼斯共和国的政体由100～300人组成的元老院负责外交、贸易和军事；40人委员会（小议会）是最高法院；另有大议会并每年从其中任命一个十人委员会，掌握全国领导权。这种形式上的分权并未改变威尼斯寡头政体的实质。

② 孟德斯鸠：《论法的精神》上册，张雁深译，商务印书馆1961年版，第265页。

组织对外界不同气温的反应出发，得出一个普遍性结论：炎热国家的人民像老人一样怯懦，而寒带居民像青年一样勇敢。他注意到中国北方人比南方人勇敢，日本人的性格很残忍……[①]因此，热带民族常沦为奴隶而寒带民族则能维护其自由。土地贫瘠使人勤劳、俭朴、勇敢和适宜于战争，而土地丰腴则使人因生活宽裕而怠惰、贪生怕死。贸易正在使野蛮的风俗日趋典雅与敦厚。孟德斯鸠把法律和社会生活、政治改革、自然条件等因素联系起来加以考察，这就把法学研究置于更广阔、更坚实的基础上，把法学理论推进了一大步。当然，他上面这些具体结论虽然有趣，但学术价值有限。不过该书文笔优美、结构宏大，在罗列事实和平铺直叙中不时闪耀着思想火花，因而广为流传。西方史学中的地理学派，多奉他为祖师。

古希腊医师、西方医学奠基人希波克拉底就已经注意到周围环境对人的身体和性格有影响。博丹认为地理环境对历史发展有决定性影响。孟德斯鸠和英国史学家巴克尔共同奠定了西方史学中的“地理环境决定论”。巴克尔在《英国文明史》中系统论证了这一思想，认为欧洲人就因为地理环境优越，才达到较高的文明水平。德国地理学家拉采尔认为人是地理环境的产物，地理环境是人地关系的主导因素。在《政治地理学》一书中他把国家与社会比作附着在土地上的生命有机体，提出“生存空间”概念。纳粹分子后来以此作为领土扩张的理论依据。

地理史观为寻求历史，尤其是经济史中的因果关系开阔了人们的视野。古希腊人常用欧亚草原证明环境对西亚人、尼罗河对埃及人体质、性格和社会组织的影响。但这种影响并非一成不变，在文明演进过程中，大自然在人类历史发展的每一个阶段递减其支配能力（米什莱）。人类社会进入工业文明以来，地理条件对近代文明社会的促进或制约已经相对减弱了。当代发达国家更多地依靠高科技产业和人才优势，而不在于本国自然资源的丰歉。但是，历史和地理始终是人类社会的纵坐标和横坐标，地缘政治和区位优势永远不可忽视。

孟德斯鸠与中国。[②] 在启蒙时代，由于大量中国商品运往欧洲，传教士介绍中国的200种著作在西方流传，法国文化界掀起一场长达几十年的中国热。当时谈论中国不但是一种时髦，简直成了有教养的标志。这是因

---

① 孟德斯鸠：《论法的精神》上册，张雁深译，商务印书馆1961年版，第240页。

② 许明龙：《孟德斯鸠与中国》，国际文化出版公司1989年版。

为那些对天主教的弊端早就深恶痛绝的人们，如今忽然听说远东有这么一个历史悠久、爱好哲学又勤劳智慧的大国，竟然存在于天主教文明之外而且其他宗教观念也很淡薄。这给法国知识界以极大的吸引力，为他们的反叛情绪提供了证据。

伏尔泰赞叹中国人“完全不需要我们，而我们则需要他们”。魁奈从重视农业的角度说：“不管哪个时代的人都不能否认，这个国家是人们所知的世界上最美好的国家。”他以中国周朝天子每年立春时亲自耕田为榜样，劝路易十四行籍田仪式，以示重农。而孟德斯鸠对中国有清醒的认识，他把中国列入专制国家一类，但承认有其特殊之处，专制国家本无法律或有法不依，中国却熔法律、习俗、道德、伦理于一炉，使之成为社会规范。儒家经典是道德和法律准绳，规范并维系着整个社会，且有监察制度，“它虽然愿给自己戴上锁链，但也徒劳无益。它用这锁链武装了自己，而变得更加凶暴”。① 他看到中国社会以家长制模式建立起来。皇帝有绝对权力，动辄以大逆罪惩治臣民。而何谓大逆却无明文规定。中国的专制还表现在刑罚的酷烈上。“子罪父坐这一事实说明，‘荣誉’在中国是不存在的。”

当欧洲人结束了拿破仑战争，重新面向海外时，启蒙学者笔下理想化的中国形象消失了。

孟德斯鸠代表资产阶级主流派观点，对欧美和世界各国的革命和改革都有深远影响。

（三）卢梭

法国哲学家、启蒙思想家、教育学家、文学家。他早年失去父母，自立谋生，备尝艰辛和世态炎凉。老板见他秉烛夜读，便施以棍棒，嫌这个学徒浪费了蜡烛。个人经历以及社会下层的苦难使他一生都在苦苦思索贫富对立问题。读了古今政治学名著后，他得出“一切源于政治”的结论。他的社会政治观点是：

1. **人类不平等的起源**。他也主张幸福的自然状态说，与霍布士“可怕的自然状态”说正相反。不过卢梭不像洛克那样泛泛而谈私人争讼中的不便，而是把性善论引申到人类有一种自我完善的能力上。这种欲望和能力使人发明工具、共同谋生，有了多余的生活资料。这些剩余物使人服从他人有了可能，甚至有此必要：如不首先迫使某人处于必需依赖他人才能生存的地步，便不可能奴役这个人。“谁第一个把一块土地围起来并说‘这是我的’，

① 孟德斯鸠：《论法的精神》上册，张雁深译，商务印书馆1961年版，第129页。

而且让一些头脑简单的人相信他的话，谁就是市民社会的真正奠基者。”结论：私有权是社会发展的必然产物，又是社会不平等的唯一源泉。

2. **社会不平等的过程。**这种不平等经历了三个阶段：贫富分化与对立、设置官职强化了对穷人的奴役、专制和暴政使主人与奴隶的对立达到顶点。他认为，在专制君主面前，一切人都是平等的，因为他们已经一无所有了。在专制政体下，谁也不知道明天会发生什么事。结论是，既然暴君仅靠暴力统治全体臣民，并把表面上公正的政府契约破坏殆尽，人们对他也就没有义务可言。“以绞杀或废除暴君为结局的起义，与暴君前一天任意处置臣民生命财产一样合法。暴力支持他，暴力也推翻他。”（《论人类不平等的起源和基础》）他预言：“危机和革命的时代已经来临。”（《爱弥尔》）他猜测历史的发展是一个螺旋式上升过程，他把社会文明和不平等的产生看成一种退步，又看作一种进步。

3. **社会契约论。**人类通过签订社会契约从自然状态转入文明状态，这是格劳秀斯等学者阐述其观点时常用的方法，卢梭也不例外。霍布士把政府的建立看成是君主与全体社会成员签订契约的结果，一旦契约成立，全体人民就毫无保留地把自己原先在自然状态下的自由全部转让给君主。君主成为合法的最高统治者利维坦，由他确保臣民的自由、个人利益和私有财产，确保社会安宁。洛克主张契约签订后，人民还保留一部分自由。可见霍布士是专制君主论者而洛克是立宪君主论者。卢梭设想人们彼此都以平等身份共同签订契约，毫无保留地把自己和自己的一切权利都转让给整个集体而非任何个人。于是，人们就可以从集体那里得到“自己所丧失的一切东西的等价物”，把自然状态下的平等发展为道德与法律的平等。“人民作为整体来说就是主权者”，拥有“至高无上的权威”。人民主权通过“公意”来体现。全体公民投票形成公意。虽然并非一致通过，但“最普遍的意志往往就是最公正的意志”，持反对意见的少数人也必须服从，否则就强迫他服从公意。卢梭把这叫“强迫他自由”。

卢梭认为人民主权不可分割，即人民拥有直接的立法权，政府只是执行法律的办事机构。他批评英国人：“只有在选举议会议员时才是自由的；议员一经选出，他们就是奴隶，他们就等于零了。”

卢梭彻底否定君权神授说，认为小国适合直接民主制、大国适合君主制、中等国家用贵族制。他的政治理想是由小私有者组成的社会，“在那里人人都有一些财产而又没有人能有过多的财富”。

卢梭思想的影响。在启蒙学者中，卢梭首创“人民主权”这一口号。

卢梭的政治学说通过罗伯斯庇尔等领袖人物的实践，深刻地影响到法国大革命的方向和进程。共和八年以前的所有法国宪法，都起源于卢梭的社会契约论（米涅）。美洲等地的革命文件中都有卢梭思想的痕迹。

卢梭把政治共同体强迫少数人服从“公意”说成是强迫他“自由”。据他说多数人的意见最公正。这未必万无一失，因为真理有时在少数人手里。在他这些悦耳动听的辩证法术语后面，我们不禁联想到雅各宾恐怖统治的冷酷现实。哪些具体观点代表“公意”？谁能确保这些公意不被寡头集团或独裁者肆意篡改？罗素把卢梭视为政治浪漫主义之父①是有道理的。西方资产阶级民主的重要原则是：多数人的意志起决定作用，但这种意志必须合理才是公正的，而且少数人享有同等权利，这种权利同样受到法律保护，如有侵犯，便是压迫（杰佛逊总统就职演说）。② 总之，以整个集体的名义行使主权，在上层表现为专制权力，在下层群众中表现为无政府主义。这种统治从形式上看可能是完美的，实际上却有致命危险。③

（四）狄德罗

法国作家、哲学家，法国《大百科全书》总编辑。孔德认为在 18 世纪启蒙思想家中只有狄德罗预见到（革命的）破坏之后必然是重新组合。他的《大百科全书》集中体现了科学、综合性和条理性。④ 他在哲学、伦理、戏剧、小说、政治学、文学批评、科学探讨等领域都有创见与贡献。狄德罗生于朗格里城一个颇受尊重的刀具师傅家庭，生活富裕。13 岁成为僧侣，但他违背父亲意愿，并未进入天主教堂。他在当地一所耶稣会学校接受启蒙教育，1732 年在巴黎大学取得文学硕士学位。⑤ 后来遵照父命学习法律，但是他对语言、文学、哲学和高等数学更有兴趣。1733 年已经小有名气，此后他的信仰逐渐转向自然神论，最后他的思想达到公开的唯物论和战斗的无神论高度，“认为上帝不存在的思想从来没有使任何人感到

---

① 罗素：《西方哲学史》下册，商务印书馆 1982 年版，第 225 页。

② David Burner, *An American Potrait*, Charles Scribner's Sons, N. Y., 1980, pp. 179 – 180.

③ 陈维纲：《评卢梭人民主权论的专制主义倾向》，《人大复印报刊资料》K5，1987 年第 3 期。

④ A. 古德温：《新编剑桥世界近代史》第 8 卷，王青等译，中国社会科学出版社 1999 年版，第 810 页。

⑤ 参见《新版不列颠大百科全书）第 5 卷，1982 年版。A. 古德温：《新编剑桥世界近代史》第 8 卷，王青等译，中国社会科学出版社 1999 年版，第 810 页。

恐惧”（《哲学随想录》）。他父亲在失望之余，不再提供学费。在巴黎 10 年流浪生活期间，他当过家庭教师，为书商搞翻译，给传教士写过 50 篇布道文，有时甚至被迫与乞丐为伍。虽然备尝艰辛，但一直坚持自学，广泛结交进步学者，形成自己独立的哲学与政治观点，积累起宽厚的知识面和学术功底，为编辑辞书打下了坚实的基础。

1745 年，出版商布列特向狄德罗提议把钱伯斯的百科全书译成法文。与他一起工作的两名翻译不久辞职，狄德罗邀请数学家达兰贝尔合作，全力以赴投入这项工作中，其他核心人物有霍尔巴赫、爱尔维修等，他们也是无神论者和唯物主义哲学家。西方哲学史著作把这些同一时代的志同道合者称为“百科全书派”，实际上伏尔泰、孟德斯鸠也撰写过不少词条。卢梭参与过前六卷政治、音乐词条的写作。当他看到达兰贝尔为第七卷所写的《日内瓦》一文后，因观点分歧与狄德罗的矛盾加深了。最后卢梭宣布与《百科全书》决裂，达兰贝尔迫于当局政治压力也退出编辑部。面对经费和人员短缺、反动舆论的诽谤、诬告以及当局的查禁，包括对狄德罗的三个月监禁（原因是他在 1749 年出版的书中写道“若要我相信上帝，就得让我用手指触摸到他”），但这一切都没有动摇他的信念。到 1772 年出版了 28 卷，1780 年增至 35 卷，但只能秘密销售。大百科全书的全称是《百科全书，或科学、艺术、技艺详解辞典》，这部卷帙浩繁、图文并茂的宏伟巨著，是对当时所有领域里全人类已达到的学术水平和技术成果的全面总结。在传播科学知识的同时，还反映了法国社会面貌，是启蒙学者反对封建制度、倡导科学、民主的建设性成果的全面展示。理性主义借助这些成果得到广泛传播，它的学术价值今天虽已过时，但其启蒙作用却是永存的，其文献价值也是其他工具书无法比拟的。总之，《百科全书》在人类文明宝库中占有特殊地位。“如果说有谁为了‘对真理和正义的挚诚’……而献出了整个生命，那么，例如狄德罗就是这样的人。”（列宁）

（五）魁奈

重农学派创始人。曾任路易十五的御医。重农学派以启蒙时代的“自然秩序”为哲学基础，是以“纯产品”学说为核心的理论体系。他认为财富是指“有使用价值又有出卖价值的东西”。“纯产品”是从土地取得的盈余，扣除一切支出后所剩下的产品。既然一国全年的纯产品以地租形式交给了土地所有者（地主）。因此，把政府税制简化为单一的土地税，对君主和全体国民甚至对地主都有好处。

法国重农学派是作为西欧重商主义对立物而出现的，它的财富观、贸易和赋税理论本质上与亚当·斯密相同，同属古典经济学派。法国重农学派重视商品化大农业，“由于缺乏充分的预付而从事小农耕作的劳动者，只能自给自足，对国家没有什么作用”。魁奈写道：“中国人虽然非常热衷于学问，……但他们在纯思维的领域却鲜有进展。因为他们受到利益动机的驱使。”（这里似指科举制度——引者注）

三、评价

启蒙时代指18世纪以法国为中心的欧洲资产阶级思想和文化运动。它在近代科学与哲学基础上，用源于自然法的理性原则、宗教宽容、政治平等、经济自由和进步观念，打破了人们对上帝的迷信和对“高贵”血统的敬畏，最终结束了信仰时代，崇尚知识、提倡科学成为新的时代精神。

启蒙学者在人文主义和理性宗教的基础上前进了一大步。他们之中最激进的一派（如狄德罗）直接走向无神论，卢梭则用人民主权把中世纪的教权神授和15世纪以来的君权神授一概否定了。人们在淡化宗教感情、从宗教感情转向民族感情之后，又把民族感情的归属对象从忠君爱国的旧传统中解放出来，变成忠于宪法的近代民族主义，使君权至上的专制国家变成人权至上的近代国家，即资产阶级民主和法制国家。法国大革命又把这种近代民族主义传播到欧洲和全世界。

18世纪法国战斗的唯物主义在政治上是反封建专制的革命武器，在理论上是“第一个自然哲学体系，是上述各门自然科学完成过程的结果”(恩格斯)。[①] 但这种唯物主义带有机械论的缺点。启蒙学者心中的“理性王国”只有在大革命的恐怖年代才得以“实现”。

在文艺复兴时期，任何怀疑古希腊和古罗马历史真实性的说法几乎被看成亵渎神明的行动；而启蒙时代的史学家则用理性原则审视历史，认为罗马王政时代的历史并不可靠，伏尔泰把中世纪史贬得一文不值，这后一点同文艺复兴时代的学者是一致的。新教史学家则用理性思维方式把早期基督教会理想化。

启蒙时代同文艺复兴一样，都是把欧洲社会从中世纪神学时代转变为近代文明（以近代科学为重要特征）的重要标志。宗教改革在这长达400年的思想解放运动中起到承前启后的作用：马丁·路德等宗教改革家深受人文主义思想影响，而18世纪启蒙学者的工作可以看作理性主义从宗教领

---

① 《马克思恩格斯选集》第1卷，人民出版社1995年版，第18页。

域向世俗领域的扩展。

表5 三种社会契约论比较

项目	霍布士	洛克	卢梭
人性论	恶	善，但不完美	善
自然状态（原始社会）	可怕的自然状态	幸福的自然状态	
	人性是自私的，人们的才智是平等的。因此，每个人都是其余一切人的敌人*。	人人有权行使自然法，但人性的缺陷给仲裁纠纷带来不方便。	人性善，故有一种自我完善的能力，由此产生出剩余财产。
签订契约的原因	滥用个人自由引起相互间无休止争斗，使人们感到恐惧。	为了克服不方便这类缺陷。	私有财产使人们彼此不平等，不平等带来不安全。
社会契约的特点	大家都放弃自己的全部权利并把它们转交给一个主权者利维坦（leviathan）。利维坦的权力是绝对、至高无上且不受侵犯的。利维坦凌驾于其余所有社会成员之上。	人们各自放弃其仲裁权并把它转交给一个中间人；同时保留其生命、私有财产。中间人若侵犯其生命财产，人民有权推翻他（革命权）。中间人同其余社会成员是一种契约关系。	人们彼此以平等身份把自己的一切权利全部转交给整个集体而非个人，再从整体那里得到其全部权利（人民主权论）。所有社会成员都是完全平等的。
政体	专制君主制	君主立宪制	民主共和制

* 经济学家称之为“霍布士丛林”。

第四章

西班牙的兴衰

西班牙处在不同文明的交会处。从地理上看，西班牙地处欧洲大陆西南端的突出部——伊比利亚半岛（Iberian Peninsula）上，这一特殊的位置使它在其历史的大部分年代里偏离欧洲文明的核心地区；然而这里又是欧洲通向外界的十字路口，与非洲大陆只有这里才近在咫尺，直布罗陀（Gibralta）海峡是欧洲最大的内海——地中海通往外部海洋的唯一出口。西班牙历史既渊远流长又难得在国际舞台上充当主角，地理条件是一个原因。

早在旧石器时代，克罗马努人（Cro-Magnon）就生活在法国、西班牙边境一带。古希腊人曾在西班牙南部沿海（当时称 Tarvesssus）[①] 地区建立殖民地，汉尼拔（Hannnibal 公元前 247—前 183）的军队从北非经过这里进入北意大利进攻敌人。西罗马帝国灭亡期间，以日耳曼为主的“蛮族”征服西班牙并扩展到北非各地。8 世纪，这里是阿拉伯帝国的西部边陲，又是十字军东征前欧洲人向外扩张的起点，经过长达七个世纪的收复失地运动，西班牙第一次成为一个民族国家，并拥有近代世界上第一个庞大的殖民帝国。在抵抗拿破仑军队占领的半岛战争中，出现了一部君主立宪宪法（1812）。20 世纪 30 年代，这里是资产阶级各民主党派与共产党组成的人民阵线遏制法西斯主义反动潮流的第一个战场。总之，西班牙是东、西方民族及其文化冲突与融合的重要舞台，东、西方文明的许多优点在这个民族身上兼而有之。但在历史的大部分年代里，这个民族与欧洲文明是“隔绝的，欧洲从它那儿所得很少，给予它的也不多”。欧洲从未从西班牙得到“一种伟大的思想或者一次重大的社会变革、一个哲学体系或者有成果的制度”。[②]

---

① Garlton J. H. Hayes, *Ancient Civilizations*, *Prehistory to the Fall of Rome*, Macmillan, 1969, p. 207

② 基佐：《法国文明史》，阮芷译，商务印书馆 1993 年版，第 15 页。

第一节 收复失地运动与国家统一

穆罕默德 632 年病逝后，由什叶派首领建立的倭马亚王朝（756—1031）继续向外扩张，他们于 711 年消灭西哥特西班牙王国（466—711），718 年又越过比利牛斯山进入法兰克王国。732 年在普瓦提埃战役中，宫相查理·马特率法军挫败了阿拉伯人的扩张势头，而西班牙大部分地区从此成为倭马亚王朝的一部分，从 756 年起，统治西班牙的阿拉伯贵族阿布德·拉赫曼自称埃米尔，后改称哈里发。西班牙从此成为一个独立的阿拉伯国家，其居民被称为摩尔人。首都科尔多瓦工商业繁荣，居民 50 多万。科尔多瓦大学和藏书 40 万册的图书馆使它成为西方世界的一个学术中心。到 10 世纪末，后倭马亚王朝走向衰落，这给那些住在西班牙北部山区、从未被征服的几个小小的基督教王国莱昂、卡斯提、那瓦尔和巴塞罗那驱逐摩尔人以可乘之机。8—15 世纪，这些基督徒一直献身于收复失地运动。1055 年他们攻占托莱多，占领西班牙中部。但北非的柏柏尔人前来援助摩尔人。他们固守格拉纳达及周围地区。后来，基督教国家逐渐联合成卡斯提和阿拉贡两个王国，并向专制王朝的方向发展。

这两国君主通过授予城市特许状和地方议会代表权的办法得到市民和贵族支持，并给摩尔人和犹太工匠、商人以宗教自由，使国内经济保持繁荣。但教俗领主在其巨大领地上藐视国王权威，并赢得某些免税和司法特权，成为半独立的统治者。①

1469 年，阿拉贡王位继承人斐迪南与卡斯提的王位继承人伊萨贝拉结婚。这次联姻导致这两个天主教国家于 1479 年组成单一的西班牙王国，由国王和王后共同统治国家。他们说服教皇同意与之签订宗教专约，由西班牙王室任命主教和修道院院长并建立宗教裁判所，以此对付其国内外政敌。他们强化王权、编纂法律，派遣王室官员去全国各地履行行政职务，这些职权过去属于当地贵族。

统一后的西班牙王国终于在 1492 年攻陷格拉纳达及其周围地区，把摩尔人武装力量完全赶出西班牙，接着又攻占北非的奥兰和的黎波里。从 1492 年起，王室不再履行宗教宽容政策，摩尔人被赶出西班牙或皈依基督

---

① Carlton H. Hayes: *Medieval and Early Modern Times*, Macmillan Publishing Co. 1966, p. 236.

教。10 年后政府下令驱逐犹太人，宗教裁判所在各地盛行。

就在西班牙基督徒完成收复失地运动的1492 年，斐迪南和伊萨贝拉为哥伦布开辟直达远东的新航路出资，并鼓励他和后继者们在中美洲和南美洲建立起庞大的西班牙海外帝国。斐迪南还是西西里国王。为了反对法国，他与神圣罗马帝国及教皇结成同盟。虽然他们没有男嗣，但大女儿乔安娜与勃艮第的菲利普结婚。菲利普与乔安娜之子就是著名的查理五世，后者是神圣罗马帝国皇帝。斐迪南的另一个女儿伊萨贝拉与葡萄牙国王曼罗耶尔一世结婚。第三个女儿卡瑟琳先同英格兰亨利七世的大儿子亚瑟结婚，亚瑟夭折后，遵照亨利七世临终遗嘱，改嫁给次子亨利。亨利登基（亨利八世）6 个月后，便与这位23 岁的寡嫂结婚（先王此举旨在维护与西班牙的关系）。斐迪南和伊萨贝拉统治下的西班牙这时进入欧洲历史舞台的中心。

第二节　西班牙的黄金时代

统一后的王权通过限制各地议会并利用城市警察武装（原先用于预防土匪）加强王权。皇家议事会按君主意图处理政务，皇室财政由于政府增加销售税额而显著增加。西班牙军队成为欧洲最可怕、最受尊重的军队，是训练有素、组织良好、勇猛善战的职业军人；另有一支强大的海军，它成功地为商船前往遥远的殖民地护航，并数次打败地中海上的阿拉伯人。斐迪南和伊萨贝拉的外孙查理一世既是西班牙国王，又是神圣罗马帝国皇帝查理五世。这时西班牙进入它历史上的黄金时期，这个国家拥有葡萄牙之外的伊比利亚半岛、尼德兰、意大利的那不勒斯、西西里、撒丁岛、哈布斯堡王室在中欧的若干世袭领地。除此以外，西班牙还占有巴西之外的整个美洲，以及亚洲的菲律宾。这是当时欧洲版图最大的国家，也是地理大发现以来世界上最大的殖民帝国。1503—1660 年，从墨西哥、玻利维亚等地合法运进黄金 200 吨、白银 18600 吨。[①] 这些金银的 1/5 要上缴给王室，[②] 西班牙成为欧洲最富的国家。

---

① 斯塔夫里阿诺斯：《全球通史　1500 年以后的世界》，吴象婴译，上海社科院出版社 1992 年版，第 147 页。

② Carlton J. H. Hayes, *Medieval and Early Modern Times*, Macmillan Publishing, 1966, p. 361.

查理是在他父亲的领地佛兰德斯成长的，他不会说西班牙语，但他梦想建立天主教世界帝国，并把法国、路德教和摩尔人看成主要敌人。1516年作为国王来西班牙时，他带来一批佛来明人充当顾问。西班牙贵族阶层把这些顾问看作外国人，1520年他们发动叛乱，结果被查理镇压。此后他经常到各地巡视，加强管理。1494年和1529年教皇把全世界非基督教领土两次分割给西、葡两国，这引起人们对国际法的争议。西班牙国王查理1519年又兼神圣罗马帝国皇帝，在各国宫廷引起恐慌。英、法等国只承认西班牙已经有效占领的海外殖民地，而宣称天空和海洋应由全人类共同使用。①

为了预防土耳其人向中欧扩张，查理于1526年使波希米亚和匈牙利成为哈布斯堡王室的一部分，但土耳其人还是于1560年夺回匈牙利并威胁维也纳。在国内，马丁·路德及新教徒使查理不安，法国弗兰西斯一世更是他的主要对手，因为这位法国国王感到自己的领土已被查理五世包围。查理于1521年向法国进攻。四年后他在北意大利的帕维亚俘虏法国国王，迫使后者割让米兰和勃艮第的一部分，但法王获释后收回了这些许诺。这时，欧洲各国担心神圣罗马帝国过于强大，英国亨利八世、教皇利奥十世与法王联合起来对付查理，加上当时德意志叛乱、土耳其人进攻。查理被迫于1529年与列强签订甘姆布瑞条约，法国收回勃艮第，欧洲恢复到1521年前的状况。但法王并不满足，他与德国新教诸侯、土耳其素丹结盟，共同对付查理。1559年的卡托—堪布累齐和约使法国得到原先属于德国的三大主教领地：梅斯、图尔和凡尔登。②

无休止的对外战争耗费了西班牙大量钱财，而最终一无所获。贵金属大量流入其他欧洲国家。查理赢得荣誉，而其他欧洲人获得财富。1556年查理退位，把国家分为两部分：他的弟弟费迪南成为哈布斯堡家族的神圣罗马帝国皇帝；由他儿子继承西班牙王位，即菲利普二世，并拥有美洲、菲律宾、尼德兰和意大利的领地。菲利普专权而且好战，在马德里近郊建起新的宫殿群。他限制议会权力，仅把议员看作纳税人代表。他建立官僚机构，让贵族们只提供情况而不听取其建议。他事必躬亲、大权独揽，无情地镇压国内叛乱，鼓励宗教裁判所迫害无辜。菲利普二世好大喜功，

---

① G. R. 波特：《新编剑桥世界近代史》第1卷，第644页。

② Carlton J. H. Hayes and Fredericky Clark：*Medieval and Early Modern Times*，Macmillan Publishing，p. 243.

1571年，在地中海莱帕恩托战役中摧毁土耳其海军。1580年，他吞并葡萄牙，仅保留其自治权。这时西班牙在欧洲的威望达到高峰。但他此后对外用兵却屡遭惨败：信奉卡尔文教的尼德兰新教徒在1566—1609年经过顽强的武装斗争，终于迫使西班牙承认北尼德兰独立。

西班牙与英国的战争。由于西班牙未来的菲利普二世已经于1554年与英国亨利八世的女儿、信奉天主教的玛丽结婚，因此菲利普要她镇压英国新教徒，但玛丽女王不久病故，而被新教徒伊丽莎白所取代。玛丽的丈夫菲利普曾想继承英国王位，遭到议会反对，他愤而离开英国回国，并在玛丽病故后向伊丽莎白求婚，遭拒绝。英国天主教贵族便与法国、西班牙勾结，支持苏格兰的玛丽女王夺取英国王位，恢复天主教。1568年玛丽女王在苏格兰被废黜，由她13个月大的儿子继位，称詹姆士六世。这位苏格兰的玛丽逃往英国，随即被软禁。在英国和大陆的天主教徒看来，玛丽是“合法”的英国君主，因为她是天主教徒。从1568年起，国内外天主教势力就在议论玛丽与诺福克公爵的婚事，并阴谋拥立玛丽为英国女王。伊丽莎白一世镇压了北方贵族的叛乱，并处死诺福克公爵。这一判决引起菲利普二世的仇恨，加上英国政府和商人一直不承认西、葡对世界的分割，西班牙对尼德兰革命的镇压又损害了英国对尼的传统贸易，英国商人霍金斯与其表兄弟德雷克第三次从西非到西印度群岛从事奴隶贸易（英国女王也有股份）和抢劫时，西班牙人向这些英国船队开火，霍金斯、德雷克于1569年逃回英国。英国社会舆论酝酿战争，但女王只是将西班牙给尼德兰殖民当局运白银的船（约15万英镑）没收作为报复。尼德兰总督阿尔瓦失去银饷，便加重赋税负担，尼德兰革命更加高涨。德雷克在政府默许下，率领船队穿过麦哲伦海峡，在未设防的美洲西海岸夺取价值50万英镑的金银，经太平洋、印度洋回国。此数相当于英国王室全年的收入，女王分到16.3万英镑，女王授予德雷克骑士称号。1585年，政府派德雷克率29艘船、2300名士兵袭击西班牙美洲殖民地。同年派遣海军出兵荷兰，援助革命者。1586年，苏格兰的玛丽令其同党刺杀伊丽莎白的亲笔信落入政府手中，议会两院一致请求处死玛丽，1687年玛丽被斩首。消息传来，菲利普二世立即宣布他将推翻伊丽莎白，夺取王位，在英国恢复天主教。1588年他派遣无敌舰队远征英格兰，结果遭到惨败。

与英国、尼德兰的战争结束后，西班牙与奥地利由来已久的牢固关系导致它参加欧洲大陆30年战争（1618—1648），这是欧洲历史上第一次大规模国际战争，主战场在德意志地区。初期是一场宗教战争和王朝战争

（争夺王位和领土），后来大国争霸的意图更加明显（瑞典和法国为此目的不惜与异教国家结盟——国家利益至上），同时也是一场商业战争。1640年葡萄牙独立，1643年西班牙在罗克罗伊之战中惨败。30年战争结束后，西班牙与法国的战争仍在继续。在查理二世的漫长统治中，西班牙的霸权结束了，在国际上沦为一个二等国家。17世纪60年代、70年代和90年代与法国的三次战争劳民伤财，继续丧失土地和威望。就是在美洲殖民地，西班牙也只能坐视英法势力渗入，再也无力夺回已失去的几个西印度岛屿。

17世纪是西班牙文学的黄金时代，塞万提斯的小说《唐·吉诃德》描写一个嫉恶如仇但不切实际的中世纪骑士到处碰壁的故事。不仅讽刺过时的骑士和骑士制度，还广泛描绘16世纪以来西班牙的社会生活，是欧洲早期优秀的现实主义作品。但从整体上说属于后期文艺复兴的组成部分。这部小说在作者生前已出版过16次，至今在世界各国共出版上千次。西班牙人自豪地说，即使我们一无所有，还有小说《唐·吉诃德》！

第三节　殖民帝国崩溃

统一后的西班牙始终是一个以农牧业为主的天主教国家。中部高原雨量稀少，只能放牧。1273年出现的“王国牧民荣誉会”使贵族有权赶着羊群每年穿越整个半岛，冬天和夏天分别去南、北滨海地区放牧。到1556年全国的羊群已达到700万只。这些羊群春秋两季来回放牧，损害沿途农民的庄稼，农村公社的牧场被长期霸占。① 沿海地区和内地也有农业，但是大部分耕地都在贵族手里，散居在城乡各地的犹太人和摩尔人被迫皈依基督教，西班牙人仍不信任他们，而犹太人控制着商业，摩尔人是最有技术的工匠和经验丰富的农民，对他们的歧视、压榨、杀害和驱逐影响经济发展。广大中下级贵族世世代代以战争为职业，以军功为晋身之阶，经商在他们看来有失身份。

一、国力由盛而衰

海外殖民地最初促进了西班牙城市里毛纺、丝织业的发展，有的手工工场多达几百名雇佣工人。呢绒和丝绸产品大部分用来出口。冶金产品也

① 朱寰：《世界中古史》，吉林文史出版社1986年版，第551页。

久负盛名，火枪、火炮多出口法国。但从16世纪中期开始，西班牙国民经济趋向衰落，美洲金银虽然源源不断流入西班牙，但这个帝国却很快走向贫困。原因是贵金属流入促使物价上涨。在价格革命初期（1620—1650年达到高峰），西班牙物价涨幅约为西北欧的两倍以上，工资也相应上升。[①]这就使西班牙工业产品过于昂贵。邻国工人纷纷前来“淘金”，1548年，仅瓦伦西亚（Valencia）就有上万名法国工人。1560年以后，工业逐渐萎缩，有成就的商人往往热衷于购买地产和爵位，以便享有荣誉和免税特权。在西班牙，城乡中产阶级始终没有发展起来。社会上奢侈之风盛行。直到1782年还有许多行业在西班牙被认为是“下贱的”，人们通常以从事体力劳动为耻辱。新世界的金银把人们引向海外，国内劳动力减少，陈旧的行会规章也阻碍工业发展。[②] 于是，它就只能是一个出口羊毛和矿产品、转口香料的国家。1512—1610年，羊毛出口量增加四倍。[③] 而本土和殖民地所需的工业制成品90%都从西北欧进口。尽管塞维利亚商会垄断着与殖民地的贸易，但拥有远洋船队的外国商人还是通过代理人控制了西班牙的进出口。巨额外贸逆差只能以金银来弥补。

西班牙的高物价、高工资还妨碍对美洲殖民地的开发：新西班牙的印第安劳动力非常低廉，以至于来自旧西班牙的穷苦青年无法获得工作，这同英属北美殖民地相反。

日渐衰落的西班牙统治了大半个欧洲，又控制着世界上大部分贵金属，而英、法等国正在成长。法国为打破西班牙对它的包围并夺取富裕文明的米兰和佛兰德斯，与西班牙作战长达50多年，史称哈布斯堡—瓦罗亚战争（1494—1559），这场断断续续的王朝战争使双方的财政几乎崩溃。

欧洲宗教改革和尼德兰革命也削弱了西班牙。

二、尼德兰革命

到15世纪，尼德兰大部分地区属于勃艮第公国，公爵的女儿玛丽于1477年与马克西米里安结婚。玛丽死后，尼德兰处在哈布斯堡王室统治之下。早在13—14世纪，佛兰德斯便以呢绒加工闻名欧洲。新航路发现后，

---

① 斯塔夫里阿诺斯：《全球通史 1500年以后的世界》，上海社会科学院1992年版，第152页。

② J. O. 林赛：《新编剑桥世界近代史》第7卷，乐瑞夫等译，中国社会科学出版社1999年版，第344页。

③ 朱寰：《世界中古史》，吉林文史出版社1986年版，第559页。

欧洲商贸中心从地中海转向大西洋沿岸，尼德兰经济更加繁荣。到16世纪，这个不足10万平方公里（今日荷兰、比利时国土总共才7万平方公里）的低洼地共有300万人口，分17个省，大小城市200余座。从1501年第一艘葡萄牙香料船在安特卫普卸货时起，这里就取代布鲁日成为欧洲商业中心，其交易所在1485—1531年由讲各国语言的人来经营。它还成了欧洲后期文艺复兴的学术中心。后来因港口泥沙淤塞，被阿姆斯特丹取代，后者在17—18世纪成为欧洲最大的转口贸易港与金融中心。据统计，1560年阿姆斯特丹所在的荷兰省有1000艘船。

但西班牙当局对这块殖民地横征暴敛，其国库收入的一半（约250万弗罗林）来自尼德兰。为了镇压新教徒（他们占居民大多数），1550年查理五世颁布法令，严厉惩治宗教“异端”。继位的菲利普二世更加严厉。1521—1566年，因异教“罪行”被杀害、被驱逐多达5万人。在财政方面，菲利普二世一登基就宣布国家破产（1557），拒付国债，给尼德兰银行家带来巨大损失；他还提高西班牙羊毛出口税，致使尼德兰羊毛进口量减少40%，同时中断尼德兰与西属美洲殖民地及英国的贸易。这对于以转口贸易和呢绒加工为生的尼德兰是致命打击。商业萧条，工人失业，宗教与民族矛盾十分尖锐。1565年，尼德兰一批贵族在奥兰治·威廉[①]支持下成立“贵族同盟”。1566年4月5日，该同盟成员身穿乞丐服装，请求政府停止迫害新教徒、立即召开三级会议，遭到拒绝。有些官员还讥讽他们是乞丐，后者便自称乞丐，开展秘密革命活动。这时弗兰德斯一些城市公开爆发革命，遍及尼德兰17个省中的12个。他们在短期内捣毁5550所天主教堂，毁坏各种“圣物”，史称“破坏圣像运动”。

1567年，西班牙国王派阿尔瓦公爵为总督并命令他率1.8万军队前来镇压，广大革命者分别在海上和密林里组织游击队（“海上乞丐”和“森林乞丐”）打击敌人。到1572年，荷兰和其他地区都获解放。7月，荷兰12个城市代表开会选举奥兰治·威廉为总督。10月，威廉就任总督，北方宣布独立。

北方的胜利鼓舞南方群众的革命斗志。1576年10月，尼德兰南北17个省代表在根特召开三级会议，通过“和解协定”：废除政府的法令，但仍忠于菲利普二世。广大群众在威廉支持下继续战斗。

① William of Orange，出身于拿骚（Nassau）一个伯爵家族。1559年，西班牙国王菲利普二世任命他为荷兰总督。

1568 年，有几艘热那亚商船为西班牙把金银运往尼德兰，供阿尔瓦军队作军饷，这些船在普利茅斯请求避难。英国女王对这批金银实行“保护性监管”，此后两国实际上已处于战争状态。1579 年，北方 6 省与南方安特卫普、布鲁塞尔和根特代表成立“联省共和国”。1580 年，菲利普二世宣布剥夺奥兰治·威廉公民权。1581 年 7 月 26 日，威廉在海牙宣布联省共和国正式成立，并任执政。1584 年 7 月，威廉被暗杀后其子莫里斯继任执政。1588 年，西班牙无敌舰队被歼灭，英国公开支持尼德兰新教徒。1609 年，西班牙与荷兰缔结休战协定，承认荷兰独立。

尼德兰革命是世界上第一次取得胜利的资产阶级革命，建立起历史上第一个资产阶级共和国。尼德兰人民摆脱西班牙殖民统治，也是近代民族解放运动的光辉起点。而西班牙 1561—1610 年在尼德兰的军费达 2. 3 亿弗罗林，折合 2300 万英镑。① 尼德兰独立后，工商业发展很快。来登呢绒年产 7 万 ~ 12 万匹，哈勒姆成为欧洲亚麻布主要产地，其他工业也有很大发展。荷兰农业生产水平很高、渔业发达。荷兰造船业当时居世界首位，其商船总吨位占欧洲总量的 3/4，被称为“全世界的海上马车夫”。法国财政大臣柯尔贝尔估计，欧洲远洋航船 1660 年共约 2 万艘，尼德兰人就拥有 1. 6 万艘。②

三、荷兰东印度公司

从 1595 年起，荷兰商船就开始与远东地区的香料群岛（今马鲁古群岛，Malukuz）建立直接的贸易联系。1597 年他们同爪哇的素丹签订条约，旨在防止以前控制这里香料贸易的葡萄牙人卷土重来。荷兰议会决定把几家私人船主合并成一家单独的公司，成立一个委员会加以管理，委员会对全体股东负责，政府予以资助并于 1602 年发给该公司特许状，为期 21 年，进口货物予以免税。该公司在好望角直到马来群岛的广大地区拥有垄断贸易、铸币、维持武装力量和宣战等广泛权力。创业资本 650 万盾（弗罗林），采用股份制。最初十年该公司就把势力伸向摩鹿加的提道尔（产丁香）、班达群岛（产豆蔻）和安汶岛。初期大股东年均红利 100%，一般股东 20%，1610 年红利高达 162%。1602—1782 年共支付股息 2. 32 亿弗罗

① 奇波拉：《欧洲经济史》第 2 卷，贝昱译，商务印书馆 1989 年版，第 485 页。

② ［德］汉斯·豪斯赫尔：《近代经济史》，王庆余、吴衡康、王成稼译，商务印书馆 1987 年版，第 234—235 页。

林，为原股本36倍。[①] 不久英国商人也在这一带出没。1619年英、荷东印度公司在荷兰总督府附近的一个爪哇人的村庄里发生战争，荷兰东印度公司总部也在这里，最后英国舰队被驱逐。

这位获胜的荷兰总督库恩于1619年把这个爪哇人村庄改名巴达维亚，即今天的雅加达，公司总部也设在这里。公司垄断了香料群岛的香料种植、收购和外贸。占有锡兰（今斯里兰卡）、爪哇、摩鹿加、中国台湾至好望角等印度洋沿岸的殖民地，并同印度、暹罗、日本通商。1605年，政府给公司在日本贸易的特权，1609年荷兰人在日本平户设立商馆，1637—1638年岛原起义期间，许多基督教徒卷入其中，起义失败后荷兰人被迫离开日本，政府只允许荷兰商人在长崎港出入。1633—1639年，日本5次颁布锁国令，但荷兰人在长崎的贸易权持续了200年。17世纪中叶是公司全盛时期，这一时期公司股东利润年均增长40%。[②] 18世纪，公司在印度拥有1.2万人的军队，后因英法势力渗入而逐渐衰落。1795年，拿破仑建立巴达维亚共和国后，该公司停止存在。1815年以后，东印度群岛仍然是荷兰的殖民地，直到1945年印度尼西亚宣布独立。

1621年荷兰设立的西印度公司，垄断了西非与美洲之间的贸易，当时荷兰商船队规模是英国的2倍、法国的8倍。

到17世纪中叶，荷兰成为世界上工农业、商业和外贸最发达的国家，成为又一个殖民帝国。阿姆斯特丹是最大的国际转口贸易、国际信贷中心。

30年战争结束以后，西班牙拒不承认威斯特伐利亚条约，并继续与法国作战。1657年，英、法两国签订联合进攻西班牙的攻守同盟。1658年，英法联军打败西班牙主力，菲利普四世的代表与法国签订《比利牛斯条约》：承认威斯特伐利亚条约中的有关条款，法国波旁王室与西班牙哈布斯堡王室联姻，并可以插手西班牙王位继承问题（伺机用波旁王室取代哈布斯堡王室在西班牙的统治）。法国放弃加泰罗尼亚，西班牙把北部一部分领土割让给法国，实现了黎塞留梦想的“天然疆界”。法国赦免孔代亲王。

---

① 宋则行、樊亢：《世界经济史》上卷，经济科学出版社1993年版，第71页。

② *Collie's Encyclopedia*, Vol. 8, p. 496.

《比利牛斯条约》签订后，法国取代西班牙成为欧洲霸主。[①]当时荷兰是唯一有思想自由的国家，霍布士、洛克、斯宾诺莎、笛卡尔、伽利略等著名学者都曾在荷兰避难或去发表著作。

在商业资本占优势的欧洲，荷兰是“标准的资本主义国家”。[②]但这个依靠转口贸易和商业资本取得优势的国家后来不得不让位于工业资本占优势的英国。17 世纪末，荷兰的国际地位趋于衰落。

四、西班牙王位战争（1701—1714）

查理二世没有儿子，他想把王位传给法王路易十四之孙菲利普，也就是查理二世的外孙安茹伯爵以防止帝国被肢解，同时规定法、西两国不得合并。不可一世的路易十四宣布其孙为西班牙国王菲利普五世，并以特殊敕令承认菲利普有权继承法国王位。这一前景将打破欧洲大国之间的力量均衡，英、荷立即与奥地利结成反法同盟，普鲁士等德意志诸侯也参与反法，而西班牙、巴伐利亚、科隆站在法国一边。1701 年战争爆发，意大利、尼德兰、德意志和西班牙成为战场，在美洲称为安妮女王之战，法国失利。1713 年缔结《乌特勒支和约》，各国承认波旁王室的菲利普为西班牙国王，但他及其继承人放弃法国王位继承权。英国取得直布罗陀和米诺卡岛，并获得在西班牙美洲殖民地贩卖奴隶的权利（为期 30 年），从法国取得纽芬兰、哈德孙湾等北美属地。西班牙把伦巴第、那不勒斯、撒丁和南尼德兰割给奥地利，把西西里给萨伏伊。和约增强了英国在海上和殖民地的实力，削弱了法国在欧洲的影响。西班牙丧失战略要地，被迫向英国开放其殖民地市场。

在七年战争、北美独立战争和拿破仑战争期间，西班牙都参加了，但均为次要或被动角色。

查理三世（1759—1788）统治时期，国王在行政和经济上作了某些改革。1767 年驱逐上万名耶稣会士前往教皇国，[③]并将其财产收归国有。[④]

---

① 王绳祖主编：《国际关系史》第 1 卷，世界知识出版社 1995 年版，第 103—105 页。

② 马克思：《资本论》第 1 卷；《马克思恩格斯全集》第 23 卷，人民出版社 1972 年版，第 820 页。

③ William L. Langer, *An Encyclopedia of World History*, Harrap London, 1972, p. 489.

④ ［苏］伊·莫·马依斯基：《西班牙史纲 1808—1917》，北京编译社译，生活·读书·新知三联书店 1972 年版，第 132 页。

原先政府只允许加的斯港与美洲殖民地贸易。从 1765 年起，陆续开放了 13 个西班牙港口，美洲殖民地港口增加到 24 个。① 查理三世的各项改革有助于社会发展，史称其为开明专制君主，不过效果有限。到 19 世纪初期，地主和教会仍占有全部耕地的 51% 和 17%，农民只占 32%（1140 万公顷）。14 世纪以来的长子继承制仍然有效，使大土地所有制得以延续。这些耕地多租给贫苦农民，租期 1～3 年，地租不断提高。全国 90 万农户（约 500 万人，占全国人口一半）为租佃农民。由大地主兼牧主组成的“牧民荣誉会”继续享有游牧特权。

法国西班牙联合舰队在特拉法加惨败后，拿破仑改而实施大陆封锁政策以对付英国。为堵住走私漏洞，法军入侵西班牙、葡萄牙。英国派威利斯勒即后来的威灵顿公爵率陆海军前来葡、西援助他们抗击法军。1808 年拿破仑迫使西班牙国王查理四世退位，立他自己的兄弟约瑟夫为王，引起大规模民族起义，游击队遍及全国，迫使 30 万法军陷入泥潭，史称半岛战争。入侵俄国前夕，拿破仑于 1812 年从伊比利亚撤军。

1812 年宪法。西班牙人在反抗拿破仑统治期间，选举出 308 名议员。这些议员于 1812 年 3 月 19 日——查理四世退位 4 周年纪念日——在加的斯举行议会会议，并在法军轰击该市的大炮声中通过了宪法，“西班牙民族是自由的。它不是、也不可能是任何一个家族和任何个人的遗产……最高权力的体现者实质上是国民”。② 宪法保留君主制度，但规定议会有权“免除那些没有能力，或因某种行为而应丧失王位的人的王位继承权”。国家最高权力机关是一院制议会，每两年用普选方式改选一次（1830 年后改为只有识字的人才享有选举权）。国王无权解散议会、延长会期和出席议会会议。议员不得连选连任。为防止宫廷阴谋，宪法规定，设立由 40 人组成的枢密院，其中 32 人由国王从议会提名的 120 名候选人中选择。还规定地方自治、个人累进税、义务教育和普遍兵役制、改革司法系统。“西班牙国家的宗教现在是、将来永远是天主教……禁止任何其他宗教。”

“1812 年宪法是古法典的翻版。但这是按法国革命精神理解的、适合现代社会需要的古法典。”③ 1812 年年末，加的斯议会邀请威灵顿坐在议

---

① 伊·莫·马依斯基：《西班牙史纲》，生活·读书·新知三联书店 1972 年版，第 13 页。

② 伊·莫·马依斯基：《西班牙史纲》，生活·读书·新知三联书店 1972 年版，第 132 页。

③ 《马克思恩格斯全集》第 10 卷，人民出版社 1962 年版，第 494 页。

员席上，议会代表国家向他表示感谢。

1814 年拿破仑退位后，斐迪南七世复位。他破坏了 1812 年宪法，导致里埃哥领导西班牙人民革命。西属拉丁美洲人民经过武装斗争（1810—1826），拉美各国陆续获得民族独立。至此，西班牙殖民帝国基本上已经瓦解（仅剩古巴、菲律宾和非洲小块地区）。

第五章

英国的社会变革与政治革命

英国文明的突出特点是，在维护传统与倡导变革中保持平衡。从 1215 年起，英国贵族开始用契约限制王权。此后英国政治具有两大特点：一是议会与国王分享权力；二是形成全国普遍适用的习惯法（Customs of Law），并由此形成以普通法（Common Law）为基础的法律体系（即英美法系）。法律高于王权，议会与国王共享权力，尤其是依法治国已经成为英国的历史传统，也是世界上各英语民族国家的共同遗产。据估计，现在英国人逃税的部分所占国民生产总值的比例，在西方各国中是最低的。英国人在维护其历史传统和倡导变革方面一直保持着平衡（只有 1640—1688 年是个例外，但这次革命使英国人此后永远爱好折中和稳健）。[①] 王室和议会至今犹存，但其地位与相互关系已经发生根本变化。英国议会历史最为悠久，但实现普选权却比法国等邻国更晚……这是他们在政治平等和个人自由方面彼此兼顾、谨慎推进的结果。虽然不免保守，但每前进一步，他们从未后退过。这使英国在长期的经济增长和缓慢的政治改革中得以保持社会稳定。英国至今还有贵族且受人尊敬，同时又一直是一个高度开放的社会。在这里，社会下层经过奋斗流动到社会中高层比较容易。都铎王朝以来，社会上形成一种以经商和航海为荣的风气。迄今为止，海外英国人及其后裔在 1 亿人以上。[②] 这是一个以四海为家的民族。

1603 年，苏格兰国王詹姆士六世成为英格兰国王，两国共有一王，实为两国合并之始。1654 年，共和政府将爱尔兰、苏格兰并入英国，取消边界关卡，30 名苏格兰议员进入英国议会。1707 年，苏格兰和英格兰正式合并，采用大不列颠（Great Britain）作为国名。1801 年，又合并爱尔兰，国名改为大不列颠及爱尔兰联合王国，简称联合王国（UK）。1921 年爱尔兰 26 个郡获得独立，成立共和国，其余 6 郡留在英国，国名也改为大不列颠及北爱尔兰联合王国。

英国的地理位置和历史传统使它无须保持一支强大的陆军。“八百年

---

① 罗素：《西方哲学史》，下卷，商务印书馆 1976 年版，第 130 页。

② 陈才：《世界经济地理》，北师大出版社 1993 年版，第 154 页。

来英国在其海岸几乎没有见过一个外国（军）人。”① “英国的政治活动、出版自由、海上霸权，以及规模宏大的工业”，英国人坚韧、果断而求实的民族性格，都是大陆各国所缺少的。②“英国是无须一部好宪法即可获得自由的唯一国家。”③

第一节 都铎王朝：有限的君主专制和转型时期的社会（1485—1603）④

一、英国的君主与议会

1066年，威廉征服英国后成为全国土地的最高所有者。他自己占有全国1/7耕地、1/3森林⑤，而把其余土地分封给教会、200多名男爵和若干骑士，这些来自诺曼底的征服者构成英国的统治阶级。而幸存下来的英国贵族到1086年只剩下两位，因为4000名大乡绅在1066年战争失败后都丧失了封地。威廉让所有封臣向他宣誓效忠。他在占领英国的征途中及此后，曾一再把土地分给臣属。这些封臣的采邑分散在好几个郡（shire）。各地的城堡经过威廉批准才允许建立。这种附庸关系中的直接化原则⑥与法国的层层分封制不同。据1086年土地调查册记载，封土较多的教俗大贵族共180人，其中32人的地租收入占全国地租总额的40%，他们除自有地外，把其余土地租了出去。⑦

威廉还拥有最高司法裁判权，王室法庭凌驾于封臣法庭之上。普通法在13世纪已自成体系并通行全国，使罗马法的复兴只能限于大陆各国。在这种土地制度、君臣关系、司法和法律体系下，英国王权比同一时期大陆国家要强大一些。

---

① 恩格斯：《英国经济状况二》，《马克思恩格斯全集》，第1卷，第678页。
② 恩格斯：《英国经济状况二》，《马克思恩格斯全集》，第1卷，第678页。
③ 西耶斯：《论特权，第三等级是什么？》，冯棠译，商务印书馆1991年版，第54页。
④ 英国历史分期（600—1901）：600—1066年，七国时代，以依附农为特征的封建制度开始形成。1066—1485年，封建制的成熟期。1485—1603年，从中世纪向近代社会的过渡期。1603—1640年，政治危机时期。1640—1688年，资产阶级革命。1688—1832年，改革年代。1837—1901年，维多利亚女王时代——大英帝国的全盛期。
⑤ 刘明翰：《世界中世纪史》，人民出版社1986年版，第81页。
⑥ 杨联华：《外国法制史》（第2版），四川大学出版社1992年版，第117页。
⑦ 沈汉：《英国议会政治史》，南京大学出版社1991年版，第5页。

但是，自给自足的农业经济把封建庄园变成互不统属的独立王国。领主（国王的封臣对于农奴来说就是领主）常常拥兵自重，高墙深沟的私人宅第形同军事堡垒。这些领主热衷于私人战争。大贵族还卷入宫廷阴谋，把持朝政甚至用武力争夺王位，对王权构成威胁。因此，中世纪时期的欧洲社会，几乎是一种无政府状态。英格兰也不例外，但与大陆相比，这里没有法国勃艮第公国那么强大的封建割据势力，加上议会从13世纪趋于制度化，英国的统一程度，政府的稳定和人民对王权的顺从都超过了大陆各国。不过英国领土地跨海峡两边，英法君主在领土、商业利益和王位继承方面的矛盾，终于导致百年战争（1337—1453）。

英国的议会是国家最高立法机构，它源于盎格鲁—撒克逊时期的贤人会议。由国王与贵族代表组成。贤人会议辅佐国王治理国家，包括按世袭原则选择王储。在1066年以前，“国王未征求意见不得行动”已成为公认的准则。威廉征服英格兰以后，在贤人会议基础上建立大议事会。安茹王朝时期（1154—1377），王室财政常入不敷出。为了便于大议事会同意征收特别税，国王就把参加者按其身份分为两部分：贵族们参加的会议叫贵族院，来自各地方的代表参加的会议叫平民院。前者又叫上院，后者又叫下院。到13世纪末，上院和下院完成了这一演变过程。①

约翰登基16年间，免役税比以前大幅增加，租金和动产税也增加了。约翰与教皇的冲突使英国给教皇的贡赋达到国库年收入的3倍。② 这些都引起贵族不满。当约翰的军队在布汶（Bouvines，今法国北部）被法国国王菲利普打败、收复失地无望的消息传来时，英国贵族们联合起来，1215年用武力胁迫这位“失地王”签订《大宪章》。这是一个维护贵族封建特权的文件（如领地上的司法权），但也限制了国王的征税权，国王对自由民及其财产应予以保护。尤其是监督大宪章有效实施的机制，奠定了法制高于王权这一现代国家精神的基石。③ 保护城市自治权也有利于商业繁荣。在爱德华三世（1327—1377）和理查德二世（1377—1399）统治的72年间，《大宪章》被确认36次。在斯图亚特最初两代君主时期，议会确认《大宪章》多达29次。④

---

① 刘建飞等：《英国议会》，华夏出版社2002年版，第4页。

② 刘明翰：《世界中世纪史》，人民出版社1986年版，第81页。

③ 如大宪章第3条内容，就为现代国家制定刑法时应遵循的罪刑法定原则，提供了最初的思想渊源。

④ 程汉大：《英国法制史》，齐鲁书社2001年版，第218、228页。

约翰1216年去世后，亨利三世由于类似原因被迫签署《牛津条例》（1258）：把一切权力交给15名贵族组成的御前会议。另一些青年骑士反对《牛津条例》对贵族特权的维护。在爱德华王子支持下，他们和市民奋起反抗。孟福尔这一派俘虏王子和亨利三世后，于1265年召开议会，参加会议的议员有教俗封建主，还增加了骑士和市民代表（每郡、市各两名）。在爱德华一世时期，每年两次召集议会已形成制度。其中1295年由他召集的议会，史称“模范议会”。从1297年起，只有议会有权批准赋税。① 1376年，议会以发战争财为由起诉宫廷大臣拉蒂默，史称“贤明议会”。1388年，议会全面清洗政府中的保皇派，被称为“无情议会”。② 1340年，议会以批准对羊毛、谷物征收为期两年的1/9税为条件，迫使爱德华三世颁布法令：“非经议会中高级教士、伯爵、男爵和平民的普遍同意，国王不得征收任何赋税。”后来吨税和磅税的征收权也相继为议会所控制。1399年，扩大的议会以“独裁、破坏自由和法律……”的罪名，迫使理查德二世退位。此后，没有一个国王敢于把王权置于议会之上，实际上形成“国王在议会中”的政治传统。③

二、都铎时期的议会和王权

都铎王朝（1485—1603）时期的欧洲，正值民族国家兴起、宗教改革与宗教战争盛行、争霸战争频繁、国际贸易中心转移和尼德兰革命的多事之秋，险恶的国际环境要求英国议会和王室密切合作、一致对外，维护民族利益和国家主权。而这只有通过强化王权才能实现。当时也确实存在有利于强化王权的主客观条件：第一，百年战争虽然以英国失败告终，然而正因为失去了海峡对岸的大陆领土，英国国王此后不必再为守卫这些海外土地而劳民伤财，也无须向法王行臣服礼。第二，幸运的是，英国大贵族由于在玫瑰战争（1455—1485）中自相残杀而仅剩下几十家，就是这仅有的幸存者也有一部分被放逐，受到削弱而且大都处于贫困之中。④ “贵族贫困化”在英国表现为户均收入减少而负债增加。到1642年，英国121名贵

---

① 蒋孟引：《英国史》，中国社会科学出版社1988年版，第192页。

② 沈汉：《英国议会政治史》，南京大学出版社1991年版，第57页。

③ 沈汉：《英国议会政治史》，南京大学出版社1991年版，第57页。

④ 伟·桑巴特：《现代资本主义》第1卷，李季译，商务印书馆1936年版，第566页。

族总收入约73万英镑而其债务150万英镑。[①] 他们的政治影响也削弱了。16世纪末，上院提出的议案只占议案总数的22%。[②] 与此相反，从政府没收教会地产和圈地运动中得益的乡绅即新贵族，[③] 由于采用自由雇佣劳动方式并以市场需求为导向，变得越来越富裕。17世纪初，英国有两万多乡绅，总收入是教俗贵族和自耕农收入的总和或三倍。到伊丽莎白女王时期，乡绅在议会下院已占据多数。[④] 因此，王权一直在强化：1307—1485年，英国九位君主中有六个被弑或被迫退位，而都铎以来不再有此现象：亨利七世终其一生都在与王位觊觎者做斗争。他使大贵族不再拥有家臣和私人军队。他的全体臣民从此得享和平之福，王位也恢复了应有的尊严。为了减少对议会的依赖，他亲自查账、关心外贸、增加王室收入，他给继位者亨利八世留下200万英镑库存，这一财政结余等于当时英国15年岁入之和。[⑤] 他建立星室法庭（1487—1641年是英国最高司法机构）以对付大贵族，他通过枢密院治理国家，其成员由国王选定。亨利七世在位27年，只召集过7次议会，其中有14年间只开过一次。

从亨利八世起，大贵族不再对王权构成威胁。相反，新教影响和民族意识使亨利八世的宗教改革受到议会支持。从1529年起，亨利召集的8次议会被称为"宗教改革议会"——国王和议会共同对付教皇和国内天主教会。正因为议会成了国王的驯服工具，议员缺席也就司空见惯，1589年议会共有462名议员，但表决时往往只有86人在场。[⑥] 对缺席议员从1581年起规定罚款20英镑也无济于事。都铎的君主们在利用议会的同时，也承认甚至有意提高它的权威。

都铎时期的君主专制主要表现为以下三点：第一，16世纪30年代出现的枢密院是代表国王处理日常政务的常设机构，其成员是宫廷重臣和政府各部首脑，精干高效。新设置的国务秘书在处理各种国内外事务中发挥着重要作用，并经常代替枢密院院长主持枢密院工作，伊丽莎白女王经常单独召见、接见枢密大臣。在地方政府里，国王任命的郡长及其助手治安

---

① 奇波拉：《欧洲经济史》第2卷，商务印书馆1988年版，第457页。

② 王乃耀：《论英国都铎王朝时期阶级关系的新变化》，《首都师大学报》1996年第3期，第50页。

③ 克伦威尔（O. Cromwell）曾说他的家族既不高贵也不卑微，乃一乡绅之家。

④ 奇波拉：《欧洲经济史》第2卷，商务印书馆1988年版，第50—56页。

⑤ 程汉大：《英国法制史》，齐鲁书社2001年版，第234页。

⑥ 沈汉：《英国议会政治史》，南京大学出版社1991年版，第96页。

法官有效地行使行政和司法权力。第二，通过宗教改革，英国主教、修道院院长不再给罗马上缴首年薪俸，所有教俗案件不再上诉罗马法庭。宗教法规须经国王批准，教会职务由国王任命，教义由国王决定。总之，王权高于教权，英国教会同罗马断绝关系。第三，国王不再那么倚重议会：1327—1437年，议会每年召开一次，而1453—1509年平均三年一次。① 议会虽有立法权，但国王通过召集和解散议会影响议会选举，行使否决权和其他手段，影响以至操纵议会两院的立法进程和结果。1539年，议会通过《公告法》，规定国王可以单独发布公告，用于行使立法和司法权。不过这些公告不得与普通法和议会通过的立法相抵触。

另一方面，都铎时期议会的权力和地位也在增强，这一过程最初不易觉察。从亨利七世起，议案取代民间请愿书成为议会立法的起点。1554年议会规定，凡根据喊声难以裁决的议案，下院采用投票计数表决。都铎时期制定并生效的议会法规累计达1900多件，超过前三个世纪议会立法之和（1245件）。② 在玛丽一世时期，议会虽然在教义、教规、女王婚姻方面对王权一再妥协，但一涉及教产和国家主权，议会寸步不让。在伊丽莎白时代，下院议员在宗教、财政和其他方面的政策辩论中发表不同意见时已经越来越直截了当，他们于1601年迫使女王把十种垄断权作废。③ 这时议员的文化素养和议政能力也很突出，1584年460名下院议员中，上过大学和法学院的分别为145人和164人，1593年分别增至161人和197人。许多下院议员是来自各自选区的乡绅，担任地方治安法官。④ 他们不领薪俸，了解民情又有政治经验。

纵观都铎王朝100多年间议会和国王的关系，大体上是融洽和谐的：二者互相依赖与通力合作远大于彼此间的隔阂和分歧。这是因为，一方面商人和新贵族在呢绒加工与贸易、商品化农牧业方面离不开强大王权的扶持和保护；另一方面，历代君主，尤其是伊丽莎白女王总是谨慎地处理与议会的关系，正像她最后一次对议会讲话所说，“你们从未有过，将来也不会有一个人

① John Gillingham and Ralph A. Griffiths：《中世纪英国：征服与同化》，沈弘译，外语教学与研究出版社2007年版。

② 程汉大：《英国法制史》，齐鲁书社2001年版，第265页。

③ T. K. Derry and M. G. Blakeway, *The Making of Pre-industrial Britain*, J. Murray, 1969, p. 105.

④ 治安法官（Justices of the Peace），原名治安员Keeper of Peace，是郡长的助手。

比我更谨慎、更爱我的臣民”。① 这使英国人爱戴君主的悠久传统和感情得以保持下来。我们之所以说英国是专制君主制，是指这是一个以王权为中心的政府体制。这一中心作用体现在国王控制着下院议长的人选，通过各种方式影响议员选举、在议会立法过程中发挥主导作用，不过这种专制与同一时期法国、西班牙等大陆君主相比又是有限和相对的。议会从 14 世纪以来就一直参与立法、决定税收，并有效地监督政府，由教俗贵族和市民代表组成的议会下院作为一个整体履行其职能，而大陆各国的等级会议代表分别开会，权威也差得多。这一时期只有在英国，法律高于王权、议会同国王分权成为社会各方面的共识，形成一种有效运行的制度，变成一种由来已久的民族传统。

都铎时期王权和议会权力都在增强，但二者又能融洽相处的秘密在于，以王权为中心的中央政府集权化趋势建立在维护并强化普通法权威的共同基础上。由此可以得出一个结论：英国法律的根本宗旨是对上用于防止政府滥用权力；对下在于保障各阶层人民的正当权利，即英国人所谓古已有之的各种自由。② 都铎王朝和随后斯图亚特王朝正、反两方面的经验教训都证明了这一点。

第二节　向市场经济过渡

一、出口结构的转变与呢绒工业的发展

在中世纪，英国是重要的羊毛出口国，1300 年羊毛出口已占其出口总值的 93%，达 28 万英镑。③ 主要运往佛兰德斯和佛罗伦萨，但百年战争和 1494 年佛罗伦萨市民起义加上法军入侵，使这两地呢绒工业受到惨重打击，英国羊毛出口也受影响。不过市场需求和佛兰德斯等地技工流入却促进了英国呢绒加工的发展。从 1395 年起，呢绒出口已达 2.23 万包（每包重 364 磅），超过羊毛出口 1.93 万包（出口值相差更大）。到 1500 年，呢绒和羊毛出口重量比已达 10：1。④ 到 16 世纪，呢绒出口已占出口总值的

---

① 从 13 世纪开始，英国逐渐形成法律高于王权、议会与国王分权的传统。

② ［英］安东尼亚·弗雷泽：《历代英王生平》，杨照明译，湖北人民出版社 1985 年版，第 264 页。

③ 蒋孟引：《英国史》中国社会科学出版社 1988 年版，第 167 页。

④ B. R. Mitchell, *British Historical Statistics*, Cambridge Univ. Press, 1988, pp. 358 – 359.

90%，1660 年仍占 73%。① 1550 年伦敦出售的窄幅呢绒 13.2 万匹，为 1500 年的 3 倍。② 虽然直到 1700 年还有 74% 的英国人住在农村，16% 的居民住在 1000 人以上的小镇上，10% 的人住在伦敦。但因呢绒加工从 14 世纪起逐渐遍及城乡各个角落，加上英国大部分工业不受行会控制，于是，到 17 世纪晚期，全国 1/5 人口靠呢绒加工为生，据说有一半欧洲人的衣服是用英国呢绒制作的。这说明英国出口商品从 15 世纪已转为以制成品为主，呢绒加工成为英国的民族工业。

二、外贸方面的变化

英国对外贸易从 1343 年起就掌握在汉撒商人手里，国王从汉撒商人那里得到一笔收入。③ 后来，伦敦商人多次向国王请愿，到 1560 年，女王才取消对汉撒商人的出口优惠待遇，本国商人从此自营进出口业务。

16 世纪末，英国出现了许多私人合股经营的特许贸易公司，这些独立的法人实体不同于中世纪“同业公会”或家族式商社。因为当时远洋贸易要冒很大风险，政府或私人都不愿或难以单独承担。于是，许多批发商出资“合股”经营，每次远航归来连本带利按出资比例全部分给各个股东，再与另一批商人出资促成一次新的远洋贸易。风险共担，利润共享。然而每次从国王那里领一个特许状都要付款并交年金，只有不断经营下去才有利可图。于是，临时的合股公司变成一个又一个常设公司，便于公司购买船只、建立海外贸易站、雇用职员等，这些股权也可以像股票一样在金融市场转让、买卖。伊丽莎白时期的贸易公司有莫斯科公司（1555）、东陆公司（1579）、土耳其公司（1581）、利凡特公司（1592），其中最重要的是东印度公司（1600）。

英国东印度公司。1599 年，在伦敦市长倡议下，200 多位市民出资买船，组建起一家“在东印度群岛贸易的伦敦商人的总裁和公司”，其中有公爵、伯爵 5 人，荣膺各种勋章的骑士 82 人，包括皇家枢密院成员。创业资本相当于今天 3 万美元。④ 1600 年 12 月 31 日，伊丽莎白女王授予该公

① Cipolla, *The Sixteenth and Seventeenth Centuries*, Havest Press, 1974. Vol. 3, p. 642.

② T. K. Derry and M. C. Blakeway, *The Making of Pre-industrial Britain*, J. Murray, 1969, p. 94.

③ 蒋孟引：《英国史》，中国社会科学出版社 1988 年版，第 174 页。

④ 夏炎德：《欧美经济史》，上海三联书店 1991 年版，第 39 页。

司特许状：15年内享有在好望角以东（主要是印度、香料群岛和中国）的贸易垄断权。公司给王室一笔酬金，此后每年付贡金。公司第一任总督托马斯·斯密曾在莫斯科公司和利凡特公司当过司库。公司由总督和20多名助理主持，确定海船出航日期，各位股东输出商品的数量和最低价格，负责审理公司的违章行为、罚金，接纳和开除公司成员。[①] 公司1601年派船出航远东安汶岛运回第一批胡椒。最初的8次商业航行每次获利170%。[②] 丰厚的利润使股东很快达到8000人，其中200人掌握实权。当时去印度一个来回要两三年，致使各股份交错、账目相混，加上维持海外商站的费用和日常开支，以及职员工资，使公司难以继续按航线单独结算和清偿，股东也无法随时退出。于是变成一家常设的、具有独立法人地位的合股公司：把公司资产和负债按一种复杂的计算方法，使一部分或全部股份留下备用。1617年8000多位股东共有资本162.9万英镑。1657年公司特许状展期后，资产变成长期资本，财务制度也采用现代的形式。从1661年起，公司每年分一次红利，股份也可以买卖了。到1788年，公司股票在伦敦交易所上市，公司成为一家股份制企业。在100年里，公司从印度等远东地区共赚取10亿英镑财富。

1608年，公司船队中的一艘船停靠在葡萄牙人控制的印度苏拉特港，威廉·哈克斯离船登陆，到阿格拉莫卧尔帝国皇宫里，把英王詹姆士一世信件呈递给皇帝贾汗季。起初皇帝很友好，但在葡人挑拨下，英国人的外交努力失败了。1618年，荷兰人在安汶岛杀害英国商人。1619年，英、荷两家东印度公司缔结协定，英方有权转运这里出产的1/3的香料，荷方为2/3。1623年，英、荷两家公司又在安汶岛发生冲突，10名英国人受拷打、被杀害。英国公司退而在孟加拉建立总部（加尔各答）。1642年，英国在这里战胜法国东印度公司。英国公司还与印度各地统治者巧妙周旋，软硬兼施，到17世纪末，公司在孟买、马德拉斯和孟加拉设立三大管理区，由总督管理。公司进而在亚丁、缅甸、新加坡建立前哨站。1635年，查理一世允许公司从事劫掠、伪造假币等活动。

1698年，伦敦成立一家新公司，经议会同意后由威廉三世予以批准，发给特许状，允许这家“英国公司在东印度开展贸易”活动。这样，原东

---

① ［苏］米·阿·巴尔格：《克伦威尔及其时代》，陈贤齐译，四川大学出版社1986年版，第39页。

② 桑巴特：《现代资本主义》，商务印书馆1936年版，第463页。

印度公司就有了一家竞争对手，而威廉三世在旧公司里有股份。1702 年，新、旧东印度公司合并为一家联合公司。这时公司资本雄厚，政府赋予公司宣战、媾和、组建军队、获得领土并管辖这些领土的权力。

1757 年，公司雇员克莱武在普拉西战役中率 3200 名军人（其中 2/3 为印度人）打败了 5 万人的印度军队，夺取孟加拉。此后，印度逐渐沦为英国殖民地。1765 年，克莱武由英国返回孟加拉，被委任为总督和总司令，他重新组建东印度公司行政机关。

公司在英国政府授权、支持和参与下，用武力、商业和外交手腕把葡萄牙人和法国人势力排挤出印度（如七年战争），同时侵占大片印度领土，征收巨额田赋。18 世纪后期，该公司在孟加拉收入的 2/3 来自田赋，1792—1793 年度，印度人给英国公司缴纳的田赋就达 300 万英镑，占农民收获量的 45% ~50% 。[①] 公司经营黄麻、茶叶等种植园，实施强迫劳动。公司还垄断了印度的食盐和烟草贸易。

东印度公司垄断了中英贸易。1760—1837 年，中英贸易增长迅速，中国进口增加 14 倍多，英国进口增长 9 倍多。从进出口货物总价值看，到 1830 年前，中国都有顺差，1820—1830 年年均 200 万 ~300 万英镑。英国进口中国茶叶（尤其是红茶），其次是生丝、绸缎、棉布、大黄、瓷器。到 18 世纪末，饮茶已流行于英国社会各个阶层。茶叶给东印度公司每年带来二三百万英镑利润，还给国库带来大量税收，公司来华货物中白银占 90% ，商品价值不足 10% 。17 世纪，由英、荷东印度公司运往亚洲的白银累计 4000 ~5000 吨，主要用于支付对华贸易逆差。[②] 18 世纪这 100 年间，英国输送到中国的白银累计 2 亿多元。[③] 但鸦片贸易改变了这一局面，据英国官方资料，1837 年 7 月到 1838 年 8 月，中国从英国、印度进口总值 650 万英镑，其中鸦片占 60% 即货值 340 万英镑；中国对英出口 310 万英镑，不足部分以白银支付，运出银元 980 万两，折合 250 万英镑。[④] 1830—1839 年，中国为支付逆差而出口白银年均五六百万两，相当于清政府岁入的 1/10。1821—1840 年，中国白银外流累计 1 亿两，相当于当时全国银币流通总量的 1/5。[⑤]

---

① 宋则行、樊亢：《世界经济史》上卷，经济科学出版社 1993 年版，第 173 页。

② 贡德·弗兰克：《白银资本》，中央编译出版社 2000 年版，第 8 页。

③ 魏永理：《中国近代经济史纲》上册，甘肃人民出版社 1983 年版，第 95 页。

④ 况浩林：《简明中国近代经济史》，中央民族学院出版社 1989 年版，第 40 页。

⑤ 李侃：《中国近代史》，中华书局 1994 年版，第 11 页。

公司与政府的关系。1773 年，英国议会通过《茶叶法》，旨在帮助东印度公司摆脱困境（其实公司在亏损期间雇员也有利可图，他们可以在公司船上夹带私货），因为公司积压了 1800 万磅茶叶，新法律授权公司直接从它在英国的仓库里向美洲出口茶叶。这些茶叶在北美免交进口税，并规定由公司代理人在殖民地经销，而不经过当地茶叶批发商。[①] 结果引起波士顿茶党案，1773 年 12 月 16 日夜里，塞缪尔·亚当斯率领几十人化装成印第安人，登上三艘茶叶船，将价值一万英镑的茶叶倒进大海。

另外，议会在 1773 年又通过法律限制公司在印度的权力：要求公司雇员担任印度各地总督时须经王国政府批准。1784 年，又给公司原有的垄断权规定期限：在印度和中国的垄断性经营权分别于 1813 年和 1833 年终止。1857 年，印度兵变爆发后，公司的行政管辖权也被取消，改由英国女王直接控制印度。1874 年，东印度公司作为一个商业企业被解散了。

在 16 世纪，西班牙人和葡萄牙人垄断着奴隶贸易，但英国人霍金斯于 1562 年乘船去西非把奴隶贩运到加勒比地区。1564 年他再次出海，女王把自己的船给霍金斯作为股东，还允许他悬挂王室标志。塞西尔（后来任财政大臣）也入了股，事后同女王一起分到 60% 利润。1713 年乌特勒支条约使英国有权在西属美洲贩卖奴隶，此后英国在大西洋三角贸易中占有 1/3 以上份额。1575 年政府一份公报指出，英国出口商品超过进口的总值，达 255214 英镑。

都铎时期，英国开始向海外扩张。1578 年，女王授予汉弗莱·吉尔伯特探险许可状，他率 260 人乘船向西北方航行前往北美，但风暴给船队造成的损失迫使他返航。1583 年，他声称为英格兰发现了纽芬兰，同年在返回途中遇难沉没。在伊丽莎白晚年，每年有一二百艘私人海盗船出航，带回 15 万 ~ 30 万英镑财富。[②] 其中最著名的人物是德雷克。仅 1577—1580 年一次环球航行，他就从南美西海岸夺回 50 万英镑财富，等于王室一年收入，女王分到 16.3 万镑。1588 年，英国打败西班牙无敌舰队是它向海外扩张的一个转折点。

在重商主义时代，英国外贸经营主体、经营范围和国家的作用都已不同于中世纪。外贸既是国家的主要税源又是商人致富的主要途径。

---

① 杨生茂：《美国史新编》，中国人民大学出版社 1990 年版，第 79 页。

② E. N. Williams, *The Penguin Dictionary of English and European History*, Penguim Books, 1980, p. 128.

三、圈地运动

圈地运动的内在动力是呢绒制品价格指数（以 1451—1475 年为 100）不断上升：1395 年为 80，1500 年为 114，1560 年为 183，1600 年为 263。[①] 据资料记载，15 世纪英国牧场地价是耕地的 2 倍、草地是耕地的 3 倍。[②] 一位农学家也说，若论经济收益，一英亩牧场超过 3 英亩耕地。虽然同一时期粮价指数升幅更大，但 20 个劳力耕种的农田改为牧场后只要一人放牧即可。[③] 牧羊业比种植业经济效益好的另一个原因是欧洲暴发过黑死病。这场烈性传染病使英国人口在 14 世纪从 400 万减至 200 万，劳动力锐减导致工资成本上升。[④] 16 世纪的牧场已有很大规模，通常能放牧 0.6 万 ~ 2 万只羊。正如当时人们所说，"绵羊的蹄子把沙土变成黄金"。

圈地方式与过程：英国的庄园同大陆一样，也是领主把一部分土地分成条田，由农奴耕种。这种农田在英国叫敞田，周围是荒地、草场和森林。14 世纪以来，随着商品化农业的发展，英格兰中部及东南地区，一些善于经营的领主，开始用篱笆或沟渠把自己经营的敞田围圈起来，阻止农民在收割后的耕地上放牧。到 15 世纪，他们进而圈占庄园周围的公用土地（荒地、沼泽、草地和森林）改作牧场，剥夺了农民在公地上的使用权。有的领主重新控制其领地或缩短租期。如果这块领地与农民的条田相交错，就设法交换或购买使之连成一片。有的领主直接把佃农即公簿持有农土地合并到自己的大田里，或提高租金。在圈占自由农民和自由持有农土地时，通常采用购买的办法。[⑤] 许多乡绅和贵族在利益驱动下，依仗权势，用威逼利诱甚至公开的暴力手段拆毁茅屋以至毁坏整个村庄，把农民扫地出门。大地主或承租人按自由雇佣劳动方式经营牧场或农场。[⑥]

1485—1607 年，英格兰中部的北安普敦郡 10% ~ 13% 的耕地被圈占，[⑦]

---

① Henry Phelps Brown and Sheila V. Hopskins, "A Prespective of Wages and Prices", *Economica*, 1981, 50 (1), p. 279.

② 刘明翰：《世界中世纪史》，人民出版社 1986 年版，第 517 页。

③ Charles Woolsey Cole, *Economic History of Europe*, D. C. Heath, 1946, p. 187.

④ 余志远：《英语国家概况》，外语教学与研究出版社 1996 年版，第 40 页。

⑤ T. K. Derry and M. C. Blakeway, *The Making of Pre-industrial Britain*, J. Murray, 1969, p. 82.

⑥ 夏炎德：《欧美经济史》，上海三联书店 1991 年版，第 226 页。

⑦ 克雷顿·罗伯特、戴维·罗伯特：《英国史》，贾士蘅译，国立编译馆 1985 年版，第 285 页。

到1660年该郡和莱斯特被圈占土地占30%。但就全国而言，1400—1650年被圈土地只占全部耕地的0.5%。① 当时全国耕地共3400万英亩。② 比例并不算高，且集中在以北安普敦为中心的英格兰中部及以东、以南，这里农牧业市场化程度高。在1640年革命和1642年内战期间，议会方面控制的地区正好是当初圈地比例大的地段，而其余农村区域则为王党势力所控制，这绝非偶然的巧合。

1688年革命后，那些流亡西欧大陆的英国贵族回国时带来尼德兰和别国的先进农业技术和新的农作物。18世纪，从事耕作和饲养在贵族中间蔚然成风，“回到自然中去”给人以富裕和体面的感觉，提高产量就是充实钱包。从市场需求看，英国人口在1710—1810年增长了一倍（1801年首次人口普查，共1050万人），开始成为粮食净进口国。③ 1760—1815年有一半年份处在对外战争中，拿破仑大陆封锁期间（1804—1814），来自波兰和普鲁士的粮食无法进口，加上工业革命引起城市人口剧增。小麦价格从1760年起开始上涨。1801年、1812年、1813年农业歉收，1/4英担小麦突破100先令大关，几乎等于大饥荒时的价格。在市场价格信号的引导下，英国农业革命进入高潮，开垦荒地、改良土壤（为此而延长土地租种期限）、排干沼泽的规模扩大了。选育优良牛、羊品种，种植萝卜和苜蓿作物做饲料。采用轮耕方法提高土地利用率，大量使用改良农具和天然矿物肥料，如磷酸盐、硝酸盐，推广农业科学知识并提高经营管理水平，使单产、总产和牲畜出栏数大幅度提高。到19世纪，英国某些地区小麦、燕麦和大麦产量已接近现代水平。④ 显然，所有这些做法只有在大规模经营的农牧场才能有效地发挥作用。当时国内市场大部分农产品是由100～500英亩的租地农场主提供的。总之，农业革命和规模效益给圈地运动以新的推动力。

这一时期圈占的土地大都用作农场耕地。围圈公有土地时，当事人向议会提出申请，通常都能得到批准，成为法令。当地农民只好放弃在公有地上砍柴、放牧等权利。1801年，议会通过一项《总法令》，规定地主或

---

① 吴于廑：《农耕世界与游牧世界》，《世界历史》1993年第1期，第4—5页。

② A. Toynbee, *The Industrial Revolution*, Beacon Press, London, 1956, p. 14.

③ W. H. B. 考特：《简明英国经济史》，方廷钰译，商务印书馆1992年版，第24页。

④ W. H. B. 考特：《简明英国经济史》，方廷钰译，商务印书馆1992年版，第37页。

代理人不得担任圈地委员，还命令圈地委员接受指控，以确保受损失者得到补偿。但实际上农民得不到补偿也只得忍气吞声，有些人离开自己的土地远走他乡。至于佃农，更是被随意驱逐。据统计，1727—1845 年，按议会法令围圈的土地共计 176 万英亩。① 1730—1820 年，议会共通过 3500 项圈地法令。② 另一个材料显示，1760—1815 年共圈地 600 万英亩，约占全部耕地的 1/5 或 1/4。③ 因圈地而流浪在外的人数，从 1688 年的 23489 人变成 1759 年的 13418 人，而 1801 年则增至 179718 人，分别占英格兰、苏格兰、威尔士总人口的 1.7%、0.9% 和 8.2%④，可见 19 世纪初圈地的规模远大于 17 世纪和 18 世纪。到 19 世纪中期，英国自耕农消失了。

圈地运动既为工业资本家积累资金，又给大工业准备好足够多“飞鸟般自由”的劳动者，起到“一箭双雕”之功效。对农民土地的剥夺，形成资本原始积累全部过程的基础。⑤

土地贵族在政府、军队中长期居于垄断地位，后来虽因农产品价格下跌而受损，却同时随着城市扩张、地价升值而致富。他们一直参与工业化进程，与矿山、运河、铁路建设及金融业务关系密切。加上接受过贵族学校（如伊顿 Eton）和牛津、剑桥大学人文主义教育的背景，英国绅士的风度和地位得以经久不衰。

圈地带来严重的社会问题。托马斯·莫尔在《乌托邦》一书中讽刺那些平时颇有风度的绅士：绵羊这种生物，原来只需要吃一点点食物，而现在却变得很贪婪、很残暴，变成吃人的野兽了。⑥ 自耕农大量减少，影响国家税源和兵源，农民破产和流浪还带来严重的社会问题。从亨利七世起，政府就发布不许圈地的法令，但农村基层政权的治安官员被乡绅和贵族把持，王室三令五申也只是一纸空文。

虽然政府允许年迈、残疾和慢性病人沿街乞讨，但随着圈地的扩大，到伊丽莎白女王初年，全国有上万名乞丐没有许可证，他们成群结伙穿过

---

① 汉斯·豪斯赫尔：《近代经济史》，王庆余译，商务印书馆 1987 年版，第 283 页。

② J. P. Kenyon, *A Dictionary of British History*, Secker & Warburg, 1981, p. 7.

③ W. H. B. 考特：《简明英国经济史》，商务印书馆 1992 年版，第 43 页。

④ B. R. Mitchell, *British Historical Statistics*, p. 102.

⑤ 马克思：《资本论》第 1 卷，人民出版社 1975 年版，第 784 页。

⑥ T. K. Derry and M. G. Blakeway, *The Making of Pre-industrial Britain*, J. Murray, 1969, p. 83.

村庄和市镇，引起富人的厌恶和恐慌。政府多次颁布法令，惩罚有劳动能力的流浪者。[①] 亨利八世时被处死的流浪者达7.2万人，伊丽莎白时代每年有三四百人被送上绞刑架。[②] 农民更是不断掀起反圈地暴动，其中以1536—1537年林肯郡、约克郡起义，1549年凯特领导的起义和1607年反圈地起义规模较大，都被政府镇压了。

但从经济效益和长远后果看，结论就不同了，圈地后出现的大牧场和大农场能产生规模效益，有利于改良土地（如排干沼泽）和改进技术（优化牧草和牛羊品种、改良农具、合理经营等），降低羊毛成本，使英格兰人均劳力的谷物产量高于尼德兰之外的任何欧洲国家。[③] 1735年前后，英格兰每英亩小麦产量比庄园制下提高一倍。18世纪初，英国小麦年均出口6000吨，18世纪中期每年超过5万吨。导致英国在18世纪工业革命之前就开始了一场农业革命（16世纪至19世纪中叶）。有的学者称为高农业时期。直到今天，英国农场的平均规模，为其他欧洲国家的2.5倍以上。这种现代化大农业格局不能不归功于当年的圈地运动。圈地运动还导致土地所有权的大规模转手，16世纪后半期，英国7个郡2500个庄园的1/3土地更换了主人，连查理一世都给伦敦商人出售了价值34.9万英镑的王室土地用于还债。[④]

综上所述，我们已经讨论了都铎王朝政府体制和经济结构的特点及其内部演变。由此可以看出，英国这种有限的君主专制，同封建领主支配下的农业自然经济向市场化农业经济的转变是相辅相成的。这是英国政治、经济和文化深刻变革并获得长足进步的一段历史，是英国从中世纪传统社会走向近代文明的过渡时期。从此以后，盎格鲁—撒克逊民族就从欧洲文明的边缘一步一步迈向世界舞台的中心。

第三节　英国革命（1640—1688）

一、斯图亚特王朝的专制统治

伊丽莎白女王1603年死后无嗣，由苏格兰国王詹姆士六世（他是伊

---

① J. P. Kenyon, *A Dictionary of British History*, 1982, p. 89.

② 刘明翰：《世界中世纪史》，人民出版社1986年版，第519页。

③ Charles Wilson, *The Transformation of Europe* 1558 – 1648, California University Press, p. 17.

④ 沈汉：《英国议会政治史》，南京大学出版社1991年版，第142页。

丽莎白女王之妹、苏格兰女王玛丽·斯图亚特的儿子）继承英国王位，改称詹姆士一世，斯图亚特王朝开始。詹姆士一世和他的儿子查理一世都迷信“君权神授”：国王不仅是上帝在人间的代理人，他们同上帝一样也是至高无上、神圣不可侵犯的。并对每一个臣民都手握生杀大权。臣民对君主说三道四，如同无神论者和亵渎神灵者妄言上帝行为不端一样，实属大逆不道。这两位君主在宗教、人事任用、商业和外交政策方面独断专行、蛮横霸道，完全背离了伊丽莎白女王与议会融洽相处的历史传统，导致议会与王权一再发生冲突。

1604 年，议会下院在给詹姆士一世的抗辩书中，坚持维护议员选举结果的有效性，要求确认并服从衡平法院①的权威：议员享有言论自由，在议会休会期间不受逮捕和监禁。抗辩书声称这是议会的传统特权，詹姆士一世勉强让步，予以认可。

詹姆士一世一直为入不敷出而苦恼。伊丽莎白一世给他留下 40 万英镑债务，而宫廷官员年俸就达 50 万英镑，王室地产多年来几经变卖，已所剩无几。关税收入虽已加强管理，1614 年才增至 14 万英镑，国债从 4 年前的 70 万英镑减至 28 万英镑，开支仍捉襟见肘。詹姆士一世的首席大臣索尔兹伯里在 1610 年议会开会时，提出“大契约”议案，由议会每年给王室 20 万英镑补助金，国王放弃监护权、盾牌钱、王室食物征集等封建权利，但此举涉及各方面利害关系，在议会未获通过。查理一世登基后第二年（1626），国债已达 100 万英镑。他想把吨税和镑税②变成他在位期间的永久税种年年征收下去，而议会只给他一年期限。议会还在抵制国王出售专卖权这个老大难问题上取得进展，下院于 1624 年通过由科克提出的《反专卖法案》，表示今后将根据普通法原则审查一切专卖行为，违者被处以巨额罚款。但是技术发明将拥有 14 年的垄断性经营权（现在国际上对专利权的保护期为 20 年），这是近代专利制度的开端。30 年战争期间，他的首席大臣白金汉在外交方面举措失当，尤其是 1627 年白金汉率 6000 名英军在法国雷岛登陆，支援胡格诺教徒，结果在战斗中损兵折将，海军耗资 10 万英镑而一无所获。英国从未遭受过如此不光彩的失败。国王还大举

---

① 英国法律形式分为普通法、衡平法和制定法三种。普通法是在习惯法基础上形成的一种判例法，13 世纪以来在全国普遍适用；衡平法是由国王的大法官依据个人良心所认为的“公平”“正义”原则判案，其实是在参照罗马法原则处理；为补充普通法和衡平法的不足，中世纪以来又出现了成文法，是由国王和议会制定的立法条文。

② tunnage and poundage customs，按每一英镑货值收取的税金。

借债，变卖王室土地并强制征收新税，但这些应急办法收效甚微，而民怨已经沸腾。为了从根本上解决财政困难，查理一世不得不于1628年3月召集他登基以来的第三届议会。试图让议会同意开征新税，下院议员为了反映民众对这三年来内政外交的不满，向国王呈递了一份“权利请愿书”。请愿书以1215年大宪章和爱德华一世期间的法律文件为依据，重申“人身保护令”：没有司法机关的逮捕令状，不得逮捕任何臣民。陆海军军人不得闯入民宅强行住宿。请愿书特别强调议会的征税权。声称对于议会没有同意的赋税，臣民拒绝缴纳时也不得监禁、不受处罚（曾有76位绅士因拒绝纳税而被捕）。议会批准五笔总额为30万英镑的款项支持战争，查理一世接受了这个文件，不过仅仅确认那些臣民古已有之的自由而不承认请愿书列举的新权利。面对下院里极端派的激烈辩论，查理于1629年3月2日命令下院休会，然而主持下院辩论的芬奇在议员们的压力下把会期推迟到3月10日，使下院有机会在休会前通过由埃里奥特起草的三项决议：对任何人采用天主教教义（这是针对国王宠臣劳德的）……或缴纳未经议会同意的赋税，都予以谴责。3月3日，国王派人把埃里奥特等9人逮捕并关押到伦敦塔，埃里奥特被罚2000英镑并判处长期监禁，他拒不认罪，于1632年死于狱中。

在11年无议会的个人独裁统治期间，查理一世继续征收有争议的吨税和镑税。从1634年起，查理进而开征久已废弃的船税。这种税收是英国中世纪用于抵御海盗骚扰而向沿海城镇征收的，从未在内地征收过。然而他却从1635年起把船税的征稽范围扩大到全国，当年征集到20万英镑，此后年年征收。同情清教徒的白金汉郡绅士汉普顿应缴的船税只有20先令，但他宁愿坐牢也拒不缴纳。在他的带动以及他在法庭上据理申辩的影响下，抵制船税的人越来越多，他们把缴纳船税者斥之为“自由的叛徒”。这同法国大革命的口号“自由、平等、博爱”一样，反映了革命群众的奋斗目标，又体现了英国的历史传统。

国王詹姆士和查理任人唯亲、独断专行的做法不但受到历届议会的公开抨击，还在宫廷内引起派系之争。这些争斗涉及对外政策、查理登基前的婚姻、征税谋私、收受贿赂以及钩心斗角、邀功争宠等，国王的宠臣、大法官和上院议长弗·培根被判刑，尤其是查理一世重用的劳德和斯特拉福，由于罪恶昭著均受到议会长期追究，之后被判处有罪并迫使国王同意执行死刑。

二、革命的开始

正当英格兰臣民对查理一世的个人统治怨声载道时，发生了苏格兰人民起义。苏格兰同大陆新教国家一样，16 世纪完成了宗教改革，由卡尔文倡导的长老会制度在苏格兰占主导地位。詹姆士六世 1603 年前往英格兰以后，两国共有一王，但各自独立，议会和教会也互不隶属。然而查理一世提拔的大主教劳德从 1628 年起执掌国王的宗教和政府实权。劳德经常坐镇星室法庭和教会最高法庭，参与财政部和枢密院的内政和外交决策，他和斯特拉福控制着政府各个部门。1637 年，国王根据劳德的建议，命令苏格兰采用英国国教祈祷书和宗教仪式。消息传来，苏格兰全国群情激愤。1638 年，苏格兰人在全国范围内组成“神圣的同盟和公约”，一场反对英国及其国教的人民起义爆发了。他们武装起来越过边境，进入英格兰北部，史称“主教战争”。查理与他的历代先王一样，没有常备军，这时招募军队又无经费，而军情紧迫。1640 年 4 月 13 日，他被迫召集已停开 11 年之久的议会，并许诺废除船税，企图以此换取议会答应拨款，以便组建军队。但愤愤不平的议员们（许多人重新当选）在皮姆和汉普顿领导下，在下院猛烈抨击斯特拉福的暴政（宗教迫害和滥征赋税），要求国王惩处斯特拉福。查理于 5 月 5 日解散议会。这届议会只存在三周，史称“短期议会”。

这时苏格兰人的起义不断扩大，他们占领英国东北部城镇，包括著名的煤炭出口港纽卡斯尔等地。英国内地城镇平民暴动，伦敦上万人在请愿书上签名，要求召开议会；查理一世于 1640 年 9 月在约克召开“大委员会”，参加会议的贵族也要求召开议会。10 月，查理一世与苏格兰人在里朋签订停战协定，答应每天付给苏格兰人 850 英镑，直到签订最后和约。当时他连这笔款项也无力支付。走投无路之余，他不得不重新召集议会。11 月 3 日新一届议会开幕，这届议会断断续续一直存在到 1653 年，史称“长期议会”。

英国议会上院议员由国王任命的贵族和高级僧侣组成。根据 1539 年法规，政府各部大臣不再是上院议员。[①] 亨利八世以来，上院议员实际上都是世袭贵族，但国王可以剥夺其议员资格。下院议员经选举产生，名额逐渐增加。在都铎时期，公簿持有农也有选举权。不过当他们的领主竞选议员时，这些农民必须把选票投给各自的领主。虽然当时选举很不正规，国

① 沈汉：《英国议会政治史》，南京大学 1991 年版，第 87 页。

王对下院选举很有影响力，但只要是民选议员，就不会对王权百依百顺。

当选这届议会的574名下院议员中，161人第一次当选，167人是短期议会议员，这300余人多数是反对国王暴政的。从出身看，330名议员是各地乡绅，即新贵族。他们多为商人、自耕农后代，其中1/3倒向王党阵营。另外240名下院议员享有各种贵族封号。从宗教信仰看，220名议员是国教徒，289名为各种教派的非国教徒，其中包括清教徒。这些人剪短发，被称为圆颅党人，有3名倾向天主教。在议会与王党的斗争中，最初130名议员是反对派，182名议员属于王党阵营。这些人一副贵族派头，被称为骑士党人或保王党人。

上院议员150人，教、俗贵族分别为26人和123人。上院享有司法权，在革命期间站在下院和王党之间的立场上。到1648年，上院仅剩16人，其余均已离去。1649年上院被取消。

议会下院开幕之后，皮姆等反对派议员要求审判斯特拉福，伦敦市民和郊区农民游行示威予以声援。1641年3月，议会冲破王党分子阻力，开始讨论对斯特拉福的审判案，指控他"使国王误入歧途"。[①] 伦敦市民上万人请愿要求将他处以死刑，下院判之以叛国罪，上院于5月8日同意这一判决。国王面对其住处白厅周围群众的压力，不得不予以批准。5月12日，斯特拉福在20万人围观下被处死。随后，劳德也以叛国罪被投入伦敦塔，1645年被处死，其他一些大臣流亡国外。

下院于1641年2—6月通过《三年法》等三项立法：每两届议会间隔时间不得超过3年。国王不按期召集，议会可自行开会。非经议会同意，国王不能解散或中断议会。取消星室法庭和国教法庭。宣布以前国王个人统治时期征收的船税为非法，此后非经议会同意不得征收吨税和镑税。释放李尔本、普林尼等政治犯。

10月，议会圆颅党人提出《大抗议书》，11月22日皮姆提议表决，12月1日凌晨以159∶148票的微弱多数通过。在讨论并决定是否将《大抗议书》刊印散发时，有的议员拔出了刀剑。《大抗议书》列举王室各种滥用权力的事实，要求授权议会实施改革，以便建立对议会负责的政府。具体要求包括议会已通过的法案：征税须经议会同意，强调只有这样才能挖掉以往许多罪恶的根源、废除全部专卖权。《大抗议书》还要求国王录用的枢密大臣和其他官员要为议会所信任、实行重商主义政策等。《大抗

① 杰弗里·罗伯逊：《弑君者》，徐璇译，新星出版社2009年版。

议书》全面表达资产阶级和新贵族对专制王权的不满以及改革弊政的要求，是英国革命的纲领性文件。曾被印成小册子广为传播，助长了国内反王室、反天主教情绪，加快了内战的爆发。12 月在伦敦市议会选举中，激进派赢得胜利。

1641 年 7 月，议会废除星室法庭和教会最高法庭。8 月，议会同苏格兰媾和。9 月，议会休会。

1642 年新年前后，伦敦市民一再请愿，要求把主教、主持牧师、教士大会等“连根带枝”一齐废除，议会下院经过激烈辩论，最后以微弱多数通过，但上院拒绝批准（1646 年 6 月 1 日主教制才被废除）。1642 年 6 月 4 日，查理一世带领 400 名军人闯入下院，逮捕皮姆等 5 名议员，但“这些鸟儿已经飞走了”，他们被伦敦市民藏匿起来。下院拒绝交出这些人，说这关系到议会的特权。查理率领卫队从议会出来进入伦敦城区时，被武装起来的市民挡住去路，连肯特、白金汉郡的大批农民也进入伦敦，沿途高呼“保卫议会，保卫王国”的口号。几天之后，皮姆等 5 人在群众簇拥之下，以胜利者的姿态回到下院。面对议会的敌视和市民的反对，查理一世仓皇逃离失去控制的首都北上，下院 175 名议员和上院 80 名贵族尾随国王而去。上、下院议员还剩下 30 名、300 名。[①] 6 月 2 日，议会给国王送去《19 条建议》：国王应同意议会的军事法案，军官由议会任命（其背景是此前爱尔兰起义），按议会愿望实施祈祷仪式，由议会任免大臣，指定国王子女的保护人，这些主张都被国王否定。7 月，议会组建公安委员会，由埃塞克斯任议会军总司令，共有 2 万步兵、4000 骑兵。

三、第一次内战

查理一世在英格兰西部和北部贵族以及绅士支持下，经过一番策划，于1642 年 8 月 22 日黄昏时分在诺丁汉的卡塞尔山升起王党旗帜，宣布讨伐议会里的“叛乱分子”，内战开始了。议会方面控制着英格兰中部和东南部，但在双方各自控制区如同在议会里一样，都有若干反对派。

1642 年 10 月 23 日，议会和王党军队在埃吉山首次交锋，王党获胜。国王乘胜南下，在距伦敦西北 50 英里的牛津设大本营。1643 年夏天，王党军又连获胜利，伦敦告急。8 月初，伦敦民兵解除格罗斯特城之围。9

① ［英］查尔斯·弗克：《克伦威尔传》，王觉非等译，商务印书馆 2002 年版，第 63 页。

月，议会同苏格兰议会订立“庄严同盟和公约”，共同反对查理一世并遵奉长老派教义。① 议会要求所有英国教士都在上面签字，近 2000 名教士因拒签而失去俸禄。1643 年元月，苏格兰军队开进英国北部，牵制王党军队，战局趋于稳定。但到年底，全国 2/3 土地落入王党军队之手。不过查理一世与反叛的爱尔兰人议和并征募这些天主教叛军充实其兵力，使很多英国人疏远了国王。

1644 年 7 月 2 日，鲁伯特亲王的两万军队在马斯顿荒原被议会军打败，1500 人被俘，议会军缴获 16 门大炮和 6000 支火枪，其间克伦威尔的“铁军”发挥了主要作用。这次战斗中议会方面本应全歼敌军，但曼彻斯特伯爵的 1.9 万军队按兵不动，听任国王率领残部逃走。事后他这样辩解：“我们就是打败国王 99 次，他还是我们的国王；而国王只要打败我们一次，我们统统会被绞死，我们的子孙将变成奴隶。”克伦威尔气愤地质问他：“那我们为什么要拿起武器?”② 麦考莱形容另一位议会军将领埃塞克斯伯爵说：“他是一个老实人，但绝非忠于议会的人。他最害怕的事除了失败之外，莫过于大胜了。”③ 他们代表议会里长老派的观点。这就是议会方面享有许多优势却在战场上一再失利的原因。1645 年 1—2 月，议会代表建议和谈，但被国王拒绝。议会军队各自为战、互不配合，埃塞克斯把地盘拱手让给国王，致使王党军队占领南部和西南部大片土地。包括东部方面军司令曼彻斯特在内的长老派议员数次与国王谈判，以便妥协。

1645 年 1 月，议会采纳克伦威尔的建议，把来自各郡的自愿军整编为一支统一指挥、统一拨款的常备军。4 月 3 日，议会通过自抑法责成议会议员辞去其军官职务，由费尔法克斯取代埃塞克斯的总司令职务，议员克伦威尔任副司令，主管骑兵（当时他正在前线指挥作战）。全军按克伦威尔“铁军”的编制、训练和式样改革成新模范军。

克伦威尔 1599 年生于亨廷顿郡，出身于新贵族家庭。他祖父曾为亨利八世服务，因此获得土地，具有佩戴盾形纹章的绅士身份（gentry 比有爵位的贵族低一等）。他母亲来自城市一位批发商家庭。他笃信清教，17 岁进入剑桥大学（校内多为清教徒），一年后离校。父亲死后，他回家务农。

---

① ［英］查尔斯·弗克：《克伦威尔传》，王觉非等译，商务印书馆 2002 年版，第 40 页注①。

② John Morley, *Oliver Cromwell*, The Century, 1900, p. 108.

③ 蒋孟引：《英国史》，中国社会科学出版社 1988 年版，第 346 页。

作为次子，在他手里已家道中落。21岁在林肯法学协会学法律。1628年当选议员，1640年再次当选为议员，他赞成《大抗议书》。内战打响后，他在家乡招募一支60人组成的骑兵队参加埃吉山战役，屡建奇功，享有“铁军”美誉。1640年晋升中将军衔，成为议会里独立派的代表，与长老派对立。

1645年6月14日，双方主力在纳斯比决战，曾败给克伦威尔的鲁伯特又率骑兵上阵，这次他打败克伦威尔女婿爱尔顿的骑兵，但鲁伯特只顾追击敌军而置自己一方的步兵于不顾，结果被克伦威尔的铁骑消灭，5000名步兵被俘，大炮和辎重全都丢失，包括国王的秘密信函。等到鲁伯特返回时大势已去，国王落荒而逃。王党占据的城市相继失陷，国王秘密撤出在牛津的大本营，投奔苏格兰寻求庇护。而苏格兰人以40万英镑把他出卖给英国议会，国王被软禁于北安普顿郡霍尔姆比。第一次内战结束。

四、长期议会的革命措施和革命阵营内部的斗争

长期议会在和保王党人的斗争中，陆续废除了枢密院等专制机构，建立各委员会分掌行政、立法、司法、外交和财政，各郡权力也由郡革命委员会掌握。议会里贵族议员多投奔王党，上院势力削弱，下院成为国家权力的中心，内战后成为全国革命的领导中心。因此，人们事后把长期议会的召开看作英国革命的开始。

1641年10月21日，议会听取关于爱尔兰叛乱的报告，据说3万名（实际上仅约5000人）新教徒在乌尔斯特被爱尔兰天主教徒杀害。议会不同意国王组建军队前去镇压。从1643年起，议会没收国王和王党分子土地，公开拍卖或用以抵偿国债。1646年，废除骑士领地制，取消领主对国王的封建义务。土地从此完全成为私有财产。不过公簿持有农的义务犹存。由于议会对各地圈地采取默许纵容立场，圈地规模扩大了，反对圈地的农民运动在1645年波及全国1/4地区，纳斯比战役后议会派军队予以镇压。

随着内战的胜利，革命阵营内部在如何对待国王，以及建立一个什么样国家的问题上分歧更尖锐了。社会上各种出版物仅1645年就有722种，而从1640年直到1660年复辟王朝开始，公开的论战性小册子里的文章累计2万多篇。[①] 控制着议会的长老派一面与国王讨价还价，一面通过决议

① 萨拜因：《政治学说史）下册，刘山译，商务印书馆1990年版，第537页。

把军队裁减到6000人，裁员加上欠薪（步兵欠薪18个月，骑兵欠薪43周，共欠款33万英镑），引起军队骚动。议会只答应发给6个星期薪饷作为遣散费。士兵集体抗命，同时把查理一世控制在自己手里。1647年3月，平等派领袖李尔本的革命思想在军队里广泛流传。士兵们在各连、营自发地推选鼓动员。这些鼓动员组成鼓动委员会，要求共和制和普选权。这引起军内外当权者和富人的恐惧。6月，克伦威尔离开议会来到剑桥附近的军队驻地宣誓决不遣散军队，他召集高级军官和连队鼓动员组成全军会议。到7月，上百名议员离开下院来到军营。军队向国王建议：信仰自由，由议会控制军队和海军10年，并指定国家官吏，议会任期3年。国王拒绝这些建议。8月6日，军队开进伦敦，议会从此掌握在独立派手里。八九月间，克伦威尔在威特岛与国王谈判。国王在军权、立法、册封贵族、解散议会方面拒不让步，并傲慢地说："没有我的支持，你们就会完蛋!"10—11月，克伦威尔在伦敦郊外普特尼主持高级军官和平等派代表参加的全军会议，会上两派各持己见。会后举行阅兵式，平等派士兵在阅兵场发生骚乱，克伦威尔压服了这场骚乱。12月26日，查理一世与苏格兰人秘密签约，同意废除主教制，恢复苏格兰长老派教会，苏格兰人则同意恢复国王的军权。1648年1月15日，议会放弃对国王的忠诚，议会选举时不再通知他。

克伦威尔与国王秘密勾结的消息引起广大士兵的不满，各团士兵委员会在少数军官支持下要求实现李尔本《人民公约》中的条款：普选、一院制议会、人民主权与共和国。而克伦威尔等高级军官则主张限制选举权、维护君主制。但这时独立派截获了国王给王后的密信，内战在即。克伦威尔于12月在军队会议上宣布释放所有被捕的平等派，答应战后实施平等派的某些要求；平等派捐弃前嫌，愿意一致对敌。议会里的长老派议员也抛弃了国王，议会通过决议，凡与查理联系将被视为叛国行为。

1648年2月，南威尔士王党分子首先暴动，苏格兰两万兵力入侵英格兰北部，克伦威尔平息南威尔士叛乱后挥师北上。8月下旬，在普雷斯顿附近的决战中，克伦威尔率8000人的军队击败两倍之敌。第二次内战结束。当军队浴血奋战时，议会长老派背弃决议，派代表团与国王谈判。

克伦威尔凯旋而归，11月10日在伦敦附近的阿尔班召开军事会议，通过"军队抗议书"：主张审判国王、解散议会、废除君主制。议会拒绝抗议书，军队便于12月2日开进伦敦，把国王从威特岛押解到赫斯特城堡，断绝国王与外界联系。12月6日，普莱德上校奉命率军队包围威斯敏斯特议会大厅，把议员中的长老派驱逐出去，只剩40多名议员，此即普莱德清洗。残缺议会于18日通过决议，审判国王。上院这时只剩三五名议员，居然也“一致”否决下院决议。为排除阻力，下院于1649年1月4日通过决议，宣布自己是英国最高权力的代表者，其决议无须上院和国王同意即具有法律效力。16日，下院成立最高特别法庭，由克伦威尔等68人（原定135人）出席，旁听席上座无虚席。公诉人约翰·库克（John Cook）声称国王叛国：发动内战、里通外国。6万人战死，另有10万人致残、生病，共占全国成年人的1/10。25日，国王被判死刑，50名议员签字。30日，查理在白厅大门口平台上被砍头，围观者成千上万。克伦威尔验尸后表态：“残酷是必要的。”史学家写道：这沉重的头颅落地声传遍全欧洲，把大陆各国王侯们吓得心惊肉跳，小心翼翼地捂住自己的脖子。

处决国王之后，残缺议会通过国务会议治理国家。1649年2月，克伦威尔被任命为国务会议主席。3月，君主制和上院被废除。同年5月19日，政府颁布法令，英格兰是一个“共和国”（Commonwealth of England），英国革命达到最高潮。

五、共和、复辟和政变

处死国王之后，政府并没有扩大选举权，贵族头衔仍然存在。常备军高达4万人（总人口600万），政府开支每年200万英镑，而外贸萎缩、经济萧条、物价上涨、税负增加，穷人苦不堪言。李尔本发表《揭露英国的新枷锁》，批评新政府的军事独裁和暴政。1649年5月，伦敦市民和军队士兵暴动，遭到政府镇压。彼时，克伦威尔正在爱尔兰镇压起义。

1649年4月，几十名无地农民在圣乔治山一带占据并开垦土地，1650年，北汉普顿和肯特郡有许多人仿效，史称“掘土派”。他们的理论家是温斯坦莱。他出版《自由法典》（1650）一书，认为社会上各种罪恶和穷困的根源在于私有财产，主张建立一个没有阶级差别、没有财产或金钱、人们共同耕种土地的社会。掘土派成员主要是平等派下层那些失去土地的穷人，故称“真正平等派”。他们寄希望于人们内心的理智和当权者，反对暴力手段。掘土派的行为引起当地地主恐慌，后被政府驱散。

（一）征服爱尔兰

爱尔兰人一直信奉天主教。1633年查理一世任命温特沃思爵士为爱尔兰代理总督，1639年升任总督，还被册封为斯特拉福伯爵。他在爱尔兰为英国新教移民扩充地盘。上交国王的税款增加3倍，其中包括从天主教会勒索的2万英镑，没收伦敦几家公司在北爱尔兰的特许状并罚款7万英镑。把英国国教信条强加给爱尔兰天主教徒。这些横征暴敛使他到处树敌。伦敦大商人纷纷到议会控诉他。长期议会于1641年5月把他送上断头台。但处死总督并未平息爱尔兰人的新仇旧恨（新教移民强占土地、宗教迫害、民族压迫和横征暴敛）。10月，爱尔兰贵族、农民和参加过30年战争的士兵一举武装起义，他们攻打都柏林未成，转而杀戮散居在乌尔斯特的英国移民，消息传到伦敦，议会决心报复，但内战在即，无暇顾及。议会于1642年通过借债法令，发行100万英镑土地抵押债券，以250万英亩爱尔兰土地作担保。1643年领导起义的天主教联盟大会宣布爱尔兰脱离英国。

1645年，查理在纳斯比战败后对爱尔兰起义者作出让步，起义者在英国内战中站在国王一边。1649年8月1日，议会任命克伦威尔为总督和统帅，率万余军人进入都柏林，9月初北上，以3倍于敌的兵力攻陷德罗赫达城后屠杀3500人。然后他挥师南下，攻占韦克斯福德后也如此凶残。1650年5月，他奉议会之令回国，留下女婿艾尔顿继任总督和统帅。

经过1641—1652年战乱，爱尔兰被完全征服，原来150万人口减半。英国议会没收1100万英亩土地，占爱尔兰耕地的2/3，以兑现1642年的土地抵押券，官兵欠饷也用土地券清偿，士兵都以每英亩4~5先令低价卖掉回国。许多军官和投机商占有这里大片良田沃土而住在英国，形成一个在外地主阶层，同英国大地主共同组成所谓土地贵族，这是革命后到19世纪末朝野保守势力的社会支柱。所以恩格斯说，克伦威尔的革命军队因征服爱尔兰而蜕化变质。1801年爱尔兰与英国合并，英国国名也做了变动。

（二）镇压苏格兰叛乱

1650年，苏格兰议会拥立查理一世之子为国王，称查理二世，克伦威尔率两万军人前来镇压，经过一个月行军和遭遇战，加上饥饿疾病，5000军人丧命。9月3日，双方在邓巴决战，3000名苏格兰军人被击毙，上万人被俘，而克伦威尔的军队只损失了20人，这是他一生最辉煌的战绩。1651年9月，他全歼查理二世6000名官兵，国王换便装才侥幸逃命。平息苏格兰叛乱后，克伦威尔留下以蒙克将军为首的大量驻军。

（三）英荷战争

1588年，英国打败西班牙海军后，新独立的荷兰成为英国的主要竞争对手，这个“全世界的海上马车夫”拥有1.6万艘商船，总吨位等于英、法、西、葡四国总和，以最低运费包揽欧洲大部分外贸业务。荷兰还有渔船6400艘。到17世纪中期，荷兰人在南非好望角和东南亚、中国台湾之间占据着大片殖民地和众多贸易据点，对英国的海外扩张构成威胁。1618年，荷兰商人在香料群岛南端安汶岛屠杀英国商人，荷、英东印度公司1619年达成妥协，但此后仍冲突不断，[①] 荷兰渔民还到英国沿海捕鱼，然后卖给英国人。在波罗的海，由于荷兰人的封锁，英国商人得不到这里的木材、松脂和大麻，严重影响本国造船业。英国商人在北美的利益也受到损害。

克伦威尔征服爱尔兰和苏格兰之后，加紧扩充海军，1649—1660年新建98艘军舰，加上战利品和原来军舰，共207艘。议会于1651年公布《航海条例》：进口商品不得使用英国和商品产地以外国家的船舶运输。荷兰不承认这一条例。两国交战（1552—1554、1665—1667、1672—1674），最后荷兰被迫承认航海条例对自己的限制，此后荷兰一蹶不振。英国又分别同瑞典、丹麦、葡萄牙等国签订类似条约。从1660年起英国陆续颁布新的《航海条例》，直到1849年才废除了这些重商主义条例。

30年战争后，法国和西班牙竞相拉拢英国，英国联合法国抗击西班牙，因为法国强大。克伦威尔要求西班牙向英国商船开放西印度群岛并停止宗教迫害，但被拒绝。1655年10月24日英法签约，11月28日英国和西班牙战争爆发，英国获胜，夺取牙买加，这里逐渐成为英国奴隶贸易的中心。英国就这样取代荷兰、西班牙初步建立起海上和商业霸权。

（四）克伦威尔成为护国主

克伦威尔压服平等派、驱散掘土派、征服爱尔兰和苏格兰，并打败荷兰以后，权力如日中天，但国内不满情绪犹在，哈里逊领导的“第五君主国人”就是不满分子的秘密组织。1648年“普莱德清洗”后，独立派议员在残缺议会里占多数，但激进派议员仍抨击克伦威尔的政策。克伦威尔迎合高级军官和新暴发户维护既得利益的愿望，于1653年4月解散“残缺议会”（从1640年开始的长期议会到此终结），7月4日召集“贝尔朋议会”，140名议员由他遴选，又称“小议会”。不料有些议员仍提出激进的改革要求，在克伦威尔和高级军官压力下，12月12日“贝尔朋议会”自行解散。高级军官们随之开会，通过“政府协议”。按照这个协议，16日宣布克伦威尔为终身护国主。一院制议会至少每5个月召开一次，护国主同议会、国务会议共同行使立法和行政权，并拥有任免权，统率常备军。议员候选人要有200英镑以上的财产，许多衰败市镇的议员席位被重新分

① 莫里斯·布罗尔：《荷兰史》，郑克鲁译，商务印书馆1974年版，第77页。

配到郡。1654 年 9 月，按政府协议的规定召开新一届议会，当议员们试图限制护国主权力时，克伦威尔解散了议会。1655 年，他镇压保王党人叛乱，把全国划分为 11 个军区，每个军区由一名少将领导，集当地军政大权于一身。

1657 年 1 月，议会废除军区制，却又恭请克伦威尔指定护国主的继承人，选举国务会议成员，成立类似上院的议会第二院，还要求克伦威尔成为国王。克伦威尔动心了，但在高级军官们的压力下，他不当国王但接受了其余建议。1657 年 5 月 25 日，议会迫使他同意 100 名激进派议员回到下院里而支持他的 30 名议员进入另一院（上院）。1658 年年初，议会表达士兵的不满，克伦威尔愤而解散议会。同年 9 月 3 日，克伦威尔在白厅病逝。

克伦威尔就其革命献身精神与政治、军事才干而言，可以说“集罗伯斯庇尔与拿破仑于一身”（恩格斯）。在废除君主制、建立共和国的革命事业中，他发挥了主导作用。在内战和共和初期，军事独裁自有其存在理由。只是在破城后还一再大开杀戒，实在罪责难逃。护国主体制同查理一世长达 11 年的个人统治从正、反两方面证明：在英国，任何凌驾于议会之上的政体都难以稳定，更难以持久。

克伦威尔去世后，他儿子理查·克伦威尔成为护国主。此人难以服众，第二年被迫辞职，政权落入少数高级军官之手。军官内讧以及伦敦大商人对军人专权的不满，给蒙克将军以可乘之机，他从苏格兰的驻地率军进入伦敦，让同胞按革命前的选举法选出议会，该议会决定政权应属于“国王、贵族和平民”。在蒙克授意下，查理一世之子查理在荷兰布雷达发表宣言：内战期间没收的教俗贵族土地不再变更，停止宗教迫害，除弑君者之外的其他反君主分子不予追究；宗教信仰自由；补发军队欠饷，常备军只保留 5000 人。

1660 年 5 月，查理回国登上王位，称查理二世，斯图亚特王朝复辟。1664 年，颁布《非法集会法》：宣布五人以上参加的祈祷集会为非法，以刑事罪论处。1660—1662 年，受迫害坐牢者达 3000 人，许多人因巨额罚款而破产，保皇党人复仇已达到掘墓鞭尸的地步。革命时期被没收的土地凡被出售皆为非法。1679 年，议会中的反对派针对政府任意逮捕并无限期监禁平民的行为，冲破上院阻力（三次否决），经国王批准，公布人身保护法：被逮捕者有权要求法院公布罪状，并立刻按法律审讯。这有助于限制执法机关肆意侵犯人权的行为。

1662年，查理二世以40万英镑的价格把敦刻尔克卖给法国。1664年，法国国王路易十四给查理二世5万英镑秘密赠款。

查理二世无嗣，王位的法定继承人是他弟弟约克公爵詹姆士，此人是公开的天主教徒。鉴于都铎王朝以来的宗教冲突，有些议员提出“排斥法案”：取消詹姆士的王位继承权。在辩论这个法案时，表示赞成的议员被称为辉格党人，反对者被称为托利党人。上院否决了排斥法案。1680年议会中有人重提这个法案，国王立即解散下院，并把所有不信国教者赶出政府部门。有些辉格党人以暗杀和暴动反对政府，为首者被处决，许多人流亡欧洲大陆。

1685年，查理二世去世，他弟弟詹姆士继承王位，史称詹姆士二世。他羡慕法王路易十四的专制统治。在复辟旧的政治、宗教体制方面，他比其兄走得更远，而且不容许加以变通。他镇压苏格兰起义和王位觊觎者。查理二世的私生子蒙默斯公爵领导上万人武装叛乱后，詹姆士乘机把常备军扩充到3万人。他任命大批天主教徒担任政府和教会要职……这些倒行逆施迫使议会中原来对立的托利党人和辉格党人于1688年联合起来发动政变，由信奉新教的玛丽及其丈夫威廉从荷兰来英国登上王位。这次政变没有流血便一举成功，说明是顺应民心的，故称“光荣革命”，实为宫廷政变。

1689年10月，议会通过“权利法案”，在列举詹姆士二世的种种专横统治、重申英国人民的基本权利（如请愿、自由选举议员）以后，规定国王未经议会同意不得中止任何法律的实施，也不得征收和支配税收，不得征召和维持常备军。天主教徒以及同天主教徒联姻的王室后裔不能继承王位。这个法案肯定议会高于王权的原则，确保“光荣革命”的成果不受侵害，是英国历史上一系列宪法性文件之一。

六、革命期间的对外关系

英国革命前夕，大陆国家受30年战争困扰，都希望英国站到自己一边。1639年，荷兰击溃西班牙舰队，查理一世改变英国外交传统，希望与西班牙结盟共同反对法国；而议会一直反对西班牙，因为它是英国商业和殖民扩张的主要对手。英国二元体制和查理专制统治是英国在30年战争期间外交政策摇摆不定的内因。①

---

① 王绳祖主编：《国际关系史》第1卷，世界知识出版社1995年版，第70—71页。

革命初期，30 年战争仍在进行，英国国内变幻莫测的政局引起各国朝廷反感和不安，但他们从本国商业、宗教、地缘政治利益出发，各自调整对英政策。

1641 年，查理一世把孙女玛丽许配给联省共和国奥伦治的威廉，寻求支持。1643 年，联省共和国派去上千名官兵，还有 2 万套装备和 8 万英镑。这一年 12 月，联省共和国派使团去英国，在议会和国王之间进行调解，未成。西班牙在英国革命期间援助爱尔兰天主教徒的武装起义，但是当法国占领弗兰德斯并封锁敦刻尔克后，西班牙与英国议会关系好转，同时却向联省共和国强调英国海军是对该国的威胁，旨在挑拨英国与联省共和国的关系。法国深陷于 30 年战争和投石党内乱，无力干涉英国事务。马扎然执政期间，与英国议会和国王都保持交往。1649 年 1 月，马扎然派特使去英国，以武装干涉相威胁，也未能阻止议会处死查理一世。1649 年 6 月，俄国把英国商人驱逐出境，只允许他们在北方寒冷的阿尔汉格尔斯克经商。教皇英诺森十世支持查理一世，反对清教徒和议会，但条件是查理宣布自己是天主教徒，承认教皇的首脑地位。总之，大陆国家之间的矛盾和战争，使他们难以联合起来干涉英国革命。

在英吉利共和国时期，克伦威尔恢复伊丽莎白时代的扩张传统，收复海外殖民地，为渔民和商船护航。当时英国的主要竞争对手是荷兰（联省共和国）和西班牙。法国和西班牙的战争促使英、法接近，1655 年 11 月 3 日英、法签订和约，西班牙也主动拉拢英国，但终于因为英国以西班牙美洲为扩张目标，以及西班牙支持爱尔兰天主教起义而难以成功。1655 年，英国远征军开赴西印度群岛，5 月占领西班牙属地牙买加。10 月英国对西班牙宣战，1657 年，布莱克率领的英国舰队在西印度群岛击毁敌舰 16 艘，俘获 5 艘。英国人把这次海战与 1588 年战胜“无敌舰队”相比拟。1657 年，英、法签订条约，共同对付西班牙，英军开赴大陆援助法国，法国占领敦刻尔克后转让给英国。1658 年，英国重获敦刻尔克。

光荣革命以后，英国外交出现了三个变化：①英、法由结盟变成对手，英、法矛盾开始成为国际关系中的主要矛盾；②英、荷形成特殊关系，荷兰已经接受“航海条例”。光荣革命使奥伦治亲王既是荷兰执政，又是英国国王威廉三世。两国关系密切，荷、英结盟共同反对法国；③英国参与西班牙、奥地利王位继承战争，并发动商业战争，控制了直布罗陀等战略据点（1704），在与大陆强国争霸中处于主动地位。总之，在整个 18 世纪，英国凭借其日益增长的工业实力和军事优势，采用商业渗透、侵略战争、海上探险以及外交手腕，挤进西班牙、葡萄牙美洲殖民地市场并居于主导地位，把西、葡、荷等老牌殖民帝国的一部分领地据为己有，打败竞争对手并取而代之，如英荷战争、七年战争；发现新的海外领土并占领之，如库克发现澳大利亚、新西兰（1772—1775），沿北美圣劳伦斯河探险，逐步成长为最大的殖民帝国、海上强国和超级经济大国。

第四节　英国革命的历史意义和理论成果

对于英国革命的评价，史家众说纷纭。1660年查理二世回国复辟之前就陪侍左右的保王派史学家克拉林顿（E. M. Clarendon）在他的《英国叛乱和内战史》中攻击革命者，对克伦威尔处死查理一世尤为痛心疾首，政治立场反动而鲜明。与此相反，恩格斯称这是英国历史上的“辉煌时期”。[①] 马克思把1640年和1789年革命不仅看作英国和法国的革命，而且“是欧洲范围的革命。……这两次革命……在更大得多的程度上反映了当时整个世界的要求”。[②] 英国革命结束了议会对王权的依赖，确立了议会在国家政权中的中心地位，为法律至上、议会民主、政党与内阁制度的形成奠定基础。至此，现代（或近代）国家即资产阶级国家已经建立起来，此后的任务主要是加以改革和完善。

英国革命自始至终借用宗教外衣。1688年革命后，英国保留着国王、贵族和上院，国家体制是君主立宪而非共和。这些就是人们常说的英国革命的保守性。马克思对此作过解释：“资产阶级与大土地所有者之间建立了长期的联盟，而这种联盟使英国革命在本质上有别于用分散土地来消灭大土地所有制的法国革命。”[③]

但是，这种保守性并不影响其重要地位。工业革命之所以首先在英国发生并得以完成，“保守的”政治革命是一个重要前提，它带来的君主立宪制使人民在享有更多个人自由的同时，国家又保持着长期的政局稳定、社会安宁与国内和平，避免了法国大革命后上百年反复出现的体制变换、政局动荡和对外战争（从某种程度而言与孤岛位置有关）。因为工业化最初只能是一个自然历史过程。在英国，个人自由首先指自由选择职业和自

---

① 《马克思恩格斯选集》第3卷，人民出版社1972年版，第392页。

② 《马克思恩格斯全集》第6卷，人民出版社1961年版，第125页。

③ 《马克思恩格斯全集》第7卷，人民出版社1959年版，第251页。

由创办企业，同时法制和市场条件又比较健全。

1640—1688 年革命期间，代表各阶级利益的政治理论得到发展。一大批资产阶级政治理论家致力于这场革命的政治合法性、伦理合理性研究。

霍布士，英国哲学家，牛津大学毕业。他提出可怕的自然状态说：人类最初完全处于敌对状态，人与人如同豺狼虎豹一样，每个人都是一切人的敌人。原因之一是人性是自私的；原因之二是人类生而平等。这种才智和能力上的平等引起相互竞争，并导致人们之间敌对和斗争的持久性。恐惧感促使人们实现联合、订立契约。大家都放弃自己的全部权力，而把它交给主权者——利维坦，只有他才能结束这种无政府状态。主权者即专制统治者，他的权力是绝对、至高无上和不受侵犯的。霍布士认为英国革命的核心是主权归属：国王坚持王权至上、权力不可分割，而议会要求自主权利、限制王权。

约翰·洛克，英国哲学家，牛津大学毕业后留校任教。光荣革命后结束流亡生活回国，成为君主立宪体制的代言人。无论古今中外，很少有人喜欢叛乱这个词。英国人 1649 年砍下国王的头，40 年后年又废黜了詹姆士二世。如果王权神圣，那么革命者造国王的反如同造上帝的反一样不可饶恕。为了解释这一矛盾现象，洛克建立起一种政府理论，试图把英国人反对独裁国王说成是正确的。[①] 1690 年，他发表两篇论文：政府论（上、下），其要点是：国家产生以前，人们生而自由且权利平等。凡是一个“掺进了他的劳动”的东西他都可以享用。在这种原始状态下，有足够的东西给一切人，并且“普天之下都是美洲”。因此，这是一种幸福的自然状态。但由于人人有权行使自然法，都是自己案件的仲裁者。有些人便乘机强行剥夺他人自由，给人们带来不方便。为了克服这一缺陷，人们便相互订立契约，自愿放弃自己惩罚他人的权利，把这种权力交给被指定的中间人。这个中间人按大家一致同意的规定来行使权力，此即国家的起源。洛克强调，人们签订社会契约时并未放弃全部权利，而保留其生命、自由和私有财产这些不可转让的权利。君主若加以侵犯，人民就有权推翻他。因此，政府是通过社会契约建立起来的，其权力是人们授予的，是有限的。如果政府侵犯人们这些不可转让的权利，授权者能够改变或取消它们，即人民有权推翻政府。他设想，革命是维护法律的最后保障。他认为

① Carl Becker, *Modern History*, Silver Burdett Company, 1942, p. 194.

人权包括生存权、健康权、自由权、所有权。①

所以，在洛克看来，政府的重大而主要的目的，在于保护人们的财产。为此要实现法治。他提出分权学说，国家有三种权力：立法权、执行权和对外权。其中立法权最重要。立法权由社会多数成员直接行使，并委派官吏执行的政府，是民主政体；由少数精选的人行使，是寡头政体；而由一个人行使，是君主政体。君主政体最符合人性需要，但君主也受法律制约和支配。若由同一批人行使行政和立法权，就会给人性的弱点以极大的诱惑，所以必须分权：议会行使立法权，君主服从议会。议会一旦接受人民赋予的权力，它便是神圣的、不可变更的。洛克认为人的本性是善良的，但并不完善，是有缺陷的。

《政府论》是对 17 世纪英国革命中各派政治思想的清理和总结，是近代西方政治理论的经典著作，洛克与霍布士同是法国启蒙思想的先驱。培根和洛克的经验主义认识论把哲学从经院派的玄想中解放出来，使之成为一门建立在实验、观察和常识判断之上的学科。

约翰·弥尔顿，英国革命时期清教独立派思想家、诗人，剑桥大学毕业。在意大利旅行途中听说祖国发生革命，他便回国投入其中。曾任克伦威尔政府拉丁文秘书。他强调思想自由的重要性："杀死一个人，只是扼杀了一个有理性的动物；但若是毁掉一本好书，便是消灭理智本身。"（《论出版自由》）认为言论和出版自由是一切自由中最重要的，"是一切伟大智慧的乳母"。在和平时期，言论自由只要不直接危及国家安全或社会秩序，就不应该预设前提条件，也不宜加以限制。否则，公民的基本权利和创造性思维将被扼杀。他复辟王朝时期被捕，后隐居。双目失明后口授写成诗篇《失乐园》，为世界文学名著，诗中充满强烈的清教精神。他强调共和但不反对公正的君主——君主立宪，只要符合人民的意志，即资产阶级的利益就行。

---

① 克雷顿·罗伯特、戴维·罗伯特：《英国史》，中山大学出版社 1990 年版，第 540 页。

第六章

英国工业革命

工业革命这一称谓是由法国经济学家热罗姆·阿道夫·布朗基首先提出的，不过使它得以广为流传却要归功于经济学家阿诺德·汤因比。这位经济学家于1881—1882年在牛津大学以工业革命为题，作了一系列学术讲演。从竞争取代中世纪行会规章、经济增长、工厂制度等方面论证工业革命引起的深刻变革，分析了工业化对农村自耕农和城市工厂工人的有害影响。

第一节　工业革命的前提

工业革命之所以能在英国首先发生，与英国的自然条件、社会氛围、技术准备、经济基础和内外环境密不可分。

一、政治前提：责任内阁制

1688年政变巩固了英国资产阶级革命的胜利成果，重新确认议会高于国王、司法独立于王权的原则。

18世纪以来，英国政治制度最大的变化是内阁制的形成。从组织形式看，内阁源于王国的中央行政机构王堂。亨利三世以来，中央行政机关是宫廷会议或御前会议，它起着摄政委员会的作用。都铎时期改称枢密院，这是一个由贵族组成的最高咨议机关。到斯图亚特王朝时期，枢密院成员越来越多，机构臃肿，效率下降。1688年以后，国王从枢密院20多名成员中挑选少数人组成一个小集团，[①] 国王根据这个小集团成员的建议制定政策。到威廉三世和安妮女王时期，国王（女王）经常与这个小集团成员一起开会。会议在一个秘密的小房间里举行，人们逐渐称这种会议为“内阁会议”。在内阁会议上，安妮女王很少过问政事，而来自德意志汉诺威的乔治一世在位时年事已高，且因多年住在德国，对英国事务既不熟悉又无兴趣，尤其讨厌会议中无休止的争吵。从1718年起干脆不再出席内阁会

① 蒋孟引：《英国史》，中国社会科学出版社1988年版，第398页。

议，而指定一位大臣（通常是财政大臣）代为主持。于是，会议主持人逐渐成为事实上的政府首脑。主持人初无固定称谓，辉格党领袖沃尔波尔任财政大臣期间，是政府实际领导人。他的政敌称他为“首相”，意在贬损他过分突出自己，违反了宪法精神。

1731 年，英国一艘走私船船长詹金斯被西班牙人俘虏，后被吊上桅杆并割去耳朵。这导致国内一批强硬派迫使沃尔波尔于 1739 年对西班牙宣战，史称“詹金斯耳朵之战”。结果英国失败，一些城市商人批评政府无能。沃尔波尔遭到议会七次否决后被迫于 1742 年辞职。但这只是他个人的失败，而内阁多数成员继续留任。这被看作内阁制的萌芽。

乔治三世不断给其“国王之友”封官晋爵，给某些议员和选民滥发赏金，广泛培植亲信，致使国王年金开支在 18 世纪中期高达 98 万英镑。七年战争期间，首相老皮特因为不同意国王与法国媾和，被迫于 1761 年辞职，此后 8 年间换了 6 名首相，直到俯首听命的诺斯 1770 年被任命为财政大臣后，托利党政府靠国王收买无党派议员以维持一个微弱的多数，才得以长期执政。但乔治的专断统治引起辉格党人反对，他们在罗金罕带领下成立“宴会俱乐部”（1762），形成英国历史上第一个有固定组织的反对党。[①] 1765 年，国王被迫任命罗金罕组织内阁，他在议会里要求取消对北美的“印花税条例”，结果于 1766 年被国王罢免，其他大臣也一起退出政府。国王越过议会解散政府（内阁）的做法使辉格党人感到忧虑。为了遏制王权，辉格党理论家伯克[②]于 1770 年发表小册子《论政党的作用》，认为一个无足轻重的党员要比一个伟大的“孤独者”的作用大得多。所谓政党，就是那些“根据一致同意的特定原则去促进国民利益的人们的联合体”。这是关于现代政党的最初定义。

伯克公开鼓吹政党应把追求公职作为第一需要，说这并非谋求一己之私利，而是为了占据“强大的政府堡垒”，以便实施其有益的计划。他澄清了人们以往对政党的误解，说明结党未必营私，党派对立不会导致内战和流血。政党不是邪恶之物，而是一个充分协调政府、议会和全体选民之

---

① 阎照祥：《英国政党政治史》，中国社会科学出版社 1993 年版，第 129 页。

② 伯克（Edmund Burke，1729—1797）从都柏林三一学院毕业。1765 年任首相罗金罕秘书。1766 年进入下院。他反对政府对北美殖民地采用强制政策，支持爱尔兰解放事业。但他谴责法国革命，发表对法国革命的反思，被认为是欧洲所有反动派的政治宣言。

间关系的中介性政治工具①。针对英国宫廷和政府界限不清的状况，伯克主张把宫廷和政府部门完全分开。伯克的上述观点同洛克的《政府论》一样，奠定了君主立宪体制的理论基础。

在18世纪六七十年代，以罗金罕为首的辉格党议员逐渐形成一支强大的政府反对派队伍，由督导员负责其组织工作，并在议会外建立起正规的院外活动组织，经常召集大小不等的会议，反对政府对北美殖民地的高压政策，倡导财政改革以削减国王年金。1782年建立起以罗金罕为首的混合内阁。罗金罕这一年病故，国王又指定托利党人谢尔本为财政大臣，重建政府。1782年，罗金罕派的福克斯与诺思联合攻击政府在允许北美独立时让步太多，8月下院通过了对政府的不信任案，托利党政府垮台而由福克斯—诺思联合政府取代。联合政府提出“印度改革议案”，被上院否决。国王乘机罢免诺思首相（1782），大部分阁员也跟着辞职（未随诺思辞职的蒙里奇招致同伙谴责），开创了内阁集体辞职的先例。1783年任首相的托利党领袖小皮特依靠国王支持，于1784年解散议会，提前大选。结果政府获胜，100多名反对党议员落选。由此开创先例：政府首相失去议会多数议员支持时，可以不辞职而是解散议会，提前大选，直接寻求选民支持。至此，政府对议会负责的责任内阁制已经形成。皮特为首的托利党代表土地贵族利益，而反对党辉格党代表工商业资本家利益。1784—1830年，托利党人把持内阁，许多辉格党议员对于反政府的议会活动感到厌倦，便纷纷离开议会下院，到乡下打猎消磨时光，这对政府来说本是一件好事。但是，当福克斯一伙于1801年重返议会时，托利党人反而批评他们擅离职守。这说明反对党不但为其政敌所接受，而且表明“一个积极、可敬、符合宪法的反对党”对于保护英国人的自由已变得不可缺少②，至此，反对党实际上已成为“国王陛下政府的一部分”。

1832年议会改革后，下院逐渐划分为界限分明的两大集团，辉格党改名为自由党，托利党改名为保守党。两党通过竞选获得议会多数席位以便组织政府，成为执政党；而议席较少的另一政党作为“国王陛下的反对党”在宪法和法律范围内监督政府、批评政府政策和内阁成员的言行。如果反对党的不信任案在议会获得多数，则内阁必须集体辞职或解散议会，

---

① 2021年1月6日，美国国会遭遇暴民（mob）冲击，致6人死亡一事，表明两党竞争已异化为不同利益集团循私舞弊的政治工具。

② 《纪事晨报》，1802年7月13日。

提前大选。而国王从1766年以来也从未超越议会解散过政府。至此，英国国王成了统而不治的虚君。英国这种责任内阁制和现代政党制度，就是通常所说的资产阶级议会民主制。现在，议会的职权主要是立法、监督财政和政府。这些职权主要由下院行使。根据1911年议会法，财政议案和国家预算只有在下院提出和通过才能生效，上院无权过问，也无权加以否决。但实际上国家预算和政府财政的决定权在内阁手里，因为下院讨论预算的期限只有26天，不可能逐项讨论并逐一询问。如果议会否决国家预算，就等于不信任政府，这时内阁必须全体辞职。因此，下院也不轻易否决内阁编制的国家预算。预算通过后，交给财政部具体执行。

德国、俄国和日本开始工业革命时，其政体并未达到英国式君主立宪和责任内阁制的程度，但是对于世界上首先开始工业革命的国家来说，这一政治前提却是不可缺少的。因为工业革命最初只是一个自然历史过程，即由私人投资者在市场机制比较成熟、在价值规律的作用下自发地推动这一过程。这就要求政府依法维护市场秩序和社会秩序，又能充分保障个人不动产和个人自由，而这只有在自由放任的英国式君主立宪体制下才容易实现。

二、经济前提：资本原始积累

如第五章第二节所述，圈地运动是早期资本原始积累的典型方式。“资本原始积累的不同因素，多少是按时间顺序特别分布在西班牙、葡萄牙、荷兰、法国和英国。在英国，这些因素在17世纪末系统地综合为殖民制度、国债制度、现代税收制度和保护关税制度。”①

（一）殖民制度

对殖民地的掠夺，包括增长极快、顺差很大的对外贸易。当时的外贸品种还包括奴隶、鸦片等，交易方式也极不规范。是英国资本原始积累的重要来源。英国16世纪打败西班牙、17世纪打败荷兰以后，18世纪主要同法国竞争，在西班牙王位继承战争、奥地利王位继承战争，尤其是在七年战争（1756—1763）中，英国都打败了法国，建立起世界上最大的殖民帝国。1757—1857年，英国仅从印度掠夺的财富就高达10亿英镑，以至英语中出现了一个名词nabob，专指18世纪那些从印度发财后衣锦还乡的英国人。正如笛福1726年所说：“简言之，英国的贸易造就了绅士，使这

① 《马克思恩格斯选集》第2卷，人民出版社1995年版，第266页。

个国家绅士济济。因为商人子孙逐渐成了高雅的绅士、政治家、议员、法官、主教、贵族和枢密院成员，他们与那些出身高贵，最古老家族的绅士毫无二致。”①

（二）近代国债与金融制度

多年以来英国争夺世界商业和殖民霸权的战争，尤其是持续了 20 多年的拿破仑战争，使国家花费 15 亿英镑。② 1783 年，英国失去它在海外最繁荣的北美殖民地时，国债高达 2.385 亿英镑。③ 利率虽只有 3%，每年付息仍高达 730 万英镑以上，而 1770 年以来外贸盈余已微不足道。国内外许多人担心国家信用即将破产。但英国的有利条件在于它的商业和外贸一直在扩大，其中工业品出口，尤其是军需品出口增长迅速，按 1700 年英国工业品出口值为 100 计算，1800 年为 544，1800—1820 年不列颠本土的出口额又增长 83%。④ 从 1814 年起外贸顺差每年超过 1000 万英镑。对外战争都不在本国领土上进行，而且每次都以胜利告终（北美除外）。另外，国家通过英格兰银行发行国债券，而把债权人的利息转嫁到全国纳税人身上，使巨额国债成为信用扩张的工具，这给工业革命提供了宽松的信贷环境，工业革命又把债券转化为真实资本。在这一坚实的财力基础上，英国金融系统经受住了战时财政和投机风潮的考验。

（三）南海泡沫事件

南海公司是 1711 年成立的一家私人合股贸易公司，主要经营西班牙美洲的奴隶贸易，为期 8 年。1719—1720 年，英国新出现 190 多家新公司，它们单独或合伙经营股票交易，股市价格猛涨，南海公司也参与股票交易。在法国约翰·劳经手的皇家银行股票和英国股市行情的刺激下，南海公司原来每股值 100 英镑的股票到 1720 年 7 月上升至 1050 英镑，⑤ 英格兰银行和东印度公司的股票只分别涨到 260 英镑和 445 英镑。⑥ 而早在这一

---

① J. O. 林赛：《新编剑桥世界近代史》第 7 卷，中国社会科学出版社 1999 年版，第 74 页。

② 肯尼思·O. 摩根：《牛津英国通史》，王觉非译，商务印书馆 1993 年版，第 453 页。

③ 汉斯·豪斯赫尔：《近代经济史》，商务印书馆 1987 年版，第 186 页。

④ 布罗代尔：《15 至 18 世纪的物质文明，经济和资本主义》第 3 卷，施康强、顾良译，生活·读书·新知三联书店 1993 年版，第 673 页。

⑤ 克拉潘：《简明不列颠经济史》，范定九译，上海译文出版社 1980 年版，第 376 页。

⑥ 汉斯·豪斯赫尔：《近代经济史》，商务印书馆 1987 年版，第 194 页。

年春天法国东印度公司已将其股息定为2%，这促使人们抛售股票。南海公司担心那些新建的公司会把公众的现金吸引过去，便促使议会于1720年8月通过了泡沫法案：未经批准的公司不得发行股票。这一反投机法令反而加快了泡沫的破裂速度，南海公司股票立即跌至175英镑，英格兰银行股票10月14日也降至135英镑（9月1日为227英镑）。结果发生了一系列自杀和没收财产事件。1721年，政府清理南海公司财务时，发现它共欠股东1400万英镑债务，还不算1711年成立时的股金。这一丑闻甚至涉及乔治一世，但被沃尔波尔开脱。[①] 8月，议会把该公司债务缩减到800万英镑，其余由议会偿还。1722年，英格兰银行接收了南海公司价值420万英镑的股票，付给股东5%年息；[②] 东印度公司也收购了南海公司一部分股票。该公司和英格兰银行各自用其原始股票价值的一半兑换政府年金，总算使这场危机得以平息。[③] 经过这次教训，英国广大股民的风险意识有所增强，政、商不分的现象也得到抑制。此后政府总是按期支付所有国债利息，加上财政大臣沃尔波尔理财有方。1717年，政府把英镑含金量固定为每盎司（纯度为0.9）3英镑17先令10.5便士（此后只有1797—1819年暂时中断）。1742年，当政府给英格兰银行换发新执照时，该行像以往一样向政府提供新贷款，并获得在英格兰发行银行券的垄断权，这使该行具有中央银行的基本功能。1844年，银行法正式确定英格兰银行为中央银行。以上这些措施增强了国债信誉，债券持有人同荷兰国债持有人一样乐于收取股息而不愿意让政府偿还债务本金了，甚至股息稳定在4%的南海公司股票1730年也超过其票面值，英国股票市场恢复正常。所有这些，同西班牙国王16世纪多次宣布政府破产（即赖账不还或停止支付国债利息）相比，说明近代国债制度及相应的金融制度在英国基本上已经建立起来（19世纪60年代以前，国债券权重较大，股份银行和铁路等工业股票还比较少）。[④]

英国工业革命期间，国内外技术发明之所以很快得到商业应用，形成新的产业部门，借贷资本成本低廉（贷款利息低）是一个重要原因。而这与英国市场机制，尤其是资本市场机制比较成熟有很大关系。

---

① J. P. Kenyon, *A Dictionary of British History*, Secker & Warburg, 1981, p. 327.

② 奇波拉：《欧洲经济史》第2卷（十六和十七世纪），商务印书馆1988年版，第508页。

③ Herbert H. Rown, *A History of Early Modern Europe, 1500 – 1815*, the Bobbs Merrill Company, 1960, p. 457.

④ 马克思：《资本论》第1卷，人民出版社2018年版，第861页。

三、技术前提

劳动方式与行业分工的细化、简单机械与工具的发明与推广，构成英国工业革命的技术前提。

（一）劳动与行业分工

英国呢绒加工和其他工业兴旺发达，一个重要原因是采用工场手工业生产方式。手工工场的生产率高于手工作坊，主要得益于劳动分工。第一种是工场内部分工。例如，生产缝衣针的手工工场，把生产过程分解为彼此衔接的一系列简单的重复动作（工序），总共92道工序，人均日产2400根缝衣针。而把这92道工序交给一个工人从头干到底，只能日产20根成品。换句话说，分工比不分工提高工效100多倍。[①] 第二种是行业分工。这种分工引起生产工具的专门化和手工工场的专业化。例如，伯明翰一家工场使用的锤子，按用途和性能区分共有500种。过去生产马车的作坊，几乎包揽了马车上所需的全部零件和配件，涉及的工种有木匠、铁匠、油漆和钣金工等；现在则由这些不同行业的工匠在各自专门的工场里按统一规格加工马车上的几十种零配件，最后装配而成。这不但提高了效率、降低了成本，还生产出质量稳定的高、中、低档系列成品。这两种分工带来经济效益，还有助于技术进步：简单而重复的生产工序，促使有才能的技工选择最合适的专用工具并加以改进，最终为机器取代手工工序提供了可能。

（二）简单机械与工具的发明与推广

机器与工具有时只有效率和大小的差异，并无本质区别，如手摇钻与简易钻床。机器通常由三部分组成：动力机、传动与调速装置（齿轮组或皮带轮）和工具机。现在还有自动控制装置。

社会需求对技术进步的推动力超过所有大学。中世纪中期以来，欧洲各商业城市纷纷兴建大教堂，都铎时期英国贵族新别墅的兴起和持续几个世纪的农业革命，都给技术发明和推广以持久推动力。建筑工程中广泛使用滑轮、杠杆和其他工具。16—17世纪，尼德兰的风车超过别国总和，人们用它排干内海，扩大耕地11万英亩。水车、手压水泵、意大利钟表技术、金属加工中使用的手摇钻，以及车床、磨床、拔丝机、延压机等简易机器的雏形已经陆续出现。16世纪已有人使用脚踏纺车和织布机。所有这些简单机械和工具的发明、推广、改进和配合使用（如组合滑轮），是何

---

① 参见亚当·斯密《国富论》。

时由谁在何处首先做出的，已经很难一一作出准确考证了。对我们来说，更重要的是培育这些发明的沃土，即市场经济的发育和市场的扩大，因为首先采用新技术的经营者，可以得到更多的利润。从全局来看也是如此，如造船技术和航海工具的进步就直接得益于世界市场的出现。另外，14 世纪以来中国火药传入欧洲，欧洲射击火器（步枪、火炮）由于战争而得以改进——军事上的需要成为技术进步的另一个推动力。

四、有利于技术进步的思维方式和社会氛围

17 世纪的欧洲哲学有两大流派：英国唯物主义经验论，以培根为代表，牛顿也属于这一派；另一派是以笛卡尔为代表的唯理论。前者是经验主义的，后者是理性主义的。培根和牛顿重视实验和数据，推崇归纳法，从特定的事实出发，得出普遍的理论原则。“纯理智的好奇心并没有什么重要性”，培根还认为知识的价值仅仅在于它能“促进人类福利”[①]。他提出科学实验的概念，他的《新工具》《新大西岛》和《随笔录》等著作把英国人从中世纪狭隘的思想模式引向现代，[②] 培根的学说构成皇家学会组织的基本原则。笛卡尔等大陆学者则强调逻辑推理和数学公式的完美性，推崇演绎法。在 18 世纪的技术条件下，英国人那种重视实验和社会效用的思维方式，显然比大陆学院式哲学思维方式更有利于技术进步。

培根的一些追随者从 1654 年起每周在伦敦聚会，讨论学术问题，并约定不涉及神学和政治。1660 年，他们正式成立“无形学院”。1662 年，这个学院得到查理二世颁发的特许状，并正式命名为“皇家学会”[③] 1665 年，《皇家学会哲学杂志》作为一种定期学术刊物问世。1624 年，政府颁布的垄断法给技术发明以 14 年保护期，开创了近代专利保护制度。17 世纪末，英国成立邮政总局，用于传递私人信件。当时上层阶级送子女出国留学或去大陆旅游已成为一种风气。16 世纪，约一半英国成年人能读书写字。[④] 教会已失去其文化中心的地位。革命后的英国人已从教会和专制王朝的精神束缚中解脱出来，“自由地追求自由精神”，在 17 世纪末成为一种时代特征。

---

① R. K. 默顿：《十七世纪的科学、技术和社会》，范岱年译，四川人民出版社 1980 年版，第 131 页。

② 李赋宁：《欧洲文学史》第 1 卷，商务印书馆 1999 年版，第 234 页。

③ 丹皮尔：《科学史》，李珩译，商务印书馆 1979 年版，第 221 页。

④ 肯尼思·O. 摩根：《牛津英国通史》，商务印书馆 1993 年版，第 230 页。

牛津和剑桥两所大学这时成为英国学术中心。这两所大学是绅士们理想的堡垒，是未来政治家和议员的摇篮。詹姆士一世曾感叹："要不是王位在身，我是很想成为牛津大学学生的。"

虽然当时的学术研究从整体上说未能直接指导技术发明，但这种崇尚科学、追求自由的社会氛围无疑有助于技术创新。

此外，英国清教思想有助于资本原始积累。

五、自然条件：优越位置与丰富资源

自然条件对社会经济发展的影响力同社会文明程度成反比。在当代，像日本那种工业原料主要依赖进口的国家，同样可以成为世界上高附加值制成品的重要出口国。但在18世纪和19世纪初，法国缺乏炼焦煤和优质铁矿石始终是制约其工业发展的一个因素：进口焦炭和铁矿石使其钢铁工业缺乏竞争力。而英国煤铁资源数量多、品位高、开采成本低。直到工业革命完成，煤炭一直是英国重要的出口商品。

英伦三岛位于西欧沿海中部，处在当时世界航运中心——大西洋航线的十字路口。30多公里宽的海峡和岛国位置，在和平时期给英国外贸提供方便，而每当大陆发生战争，英国总处在进退自如的有利战略地位。1066年以来，英国独树一帜的历史进程及其传统就不曾中断过。这是大陆诸国所没有的。

英国地形北高南低、西高东低，奔宁山脉从北向西南延伸，其东侧山势平缓，消失在广阔平原上。加上雨量充足，河流虽短但能通航，修筑运河便于廉价运输煤、铁矿石等笨重货物。海岸线长达上万公里，海岸之曲折也举世罕见，适宜于建设港口。潮汐落差大，有利于船舶出入，并向海外扩张。

除了以上五个方面的正面论述外。读者还可使用反证法，用意大利、西班牙、荷兰和法国的正反条件与英国对比，找出这几个国家不可能首先开始工业革命的原因。

第二节 工业革命的过程与后果

一、工业革命的过程

大多数国家的工业革命都从纺织工业开始，只有阿拉伯产油国、瑞士等国例外。

（一）纺织工业：世界上一切近代工业的摇篮

纺织工业作为近代工业的摇篮源于以下几个原因：第一，从市场需求看，衣服是人类仅次于食品的第二大生活必需品。而棉布柔软舒服、色彩鲜艳、经久耐穿又价格低廉，市场前景无限广阔。第二，从技术条件看，棉纺织是劳动力密集型工业。任何一位农村男女青年甚至童工，只要经过短期培训或以师带徒，都能上岗操作，而机器效率是手工纺织的几十倍。第三，资本有机构成低，即人均投资少、资金周转快。第四，棉花纤维的自然属性，如长度、粗细和弹性都很一致，便于机器加工。第五，棉花比重小，且适于长期储存，运输和仓储成本低。

对于英国来说，印度棉布从 17 世纪中期以来就是主要进口商品之一。[①] 它价廉物美，图案新奇而艳丽，穿在身上使人显得四季如春、永远年轻。而印度织工高超、熟练的手工技艺和低廉工资，使英国人除非采用大机器生产，否则永远无法与之竞争。英国商人从 1700 年起就一再要求政府禁止印棉进口。1720 年，政府对印度棉布课以重税，但东印度公司还能从中获利，且国内市场消费需求大，故效果有限。

（二）工具机的发明：工业革命的起点[②]

1733 年，凯伊发明飞梭。织棉线的梭子不用手抛就能自动往复，棉布幅面比手工更宽，速度提高一倍。[③] 织布机械化造成棉纱供不应求，以前需要三四名纺纱工才能供一名织布工，这时差距更大了。

1751 年，皇家学会出奖金 50 英镑，悬赏人们“发明一部最好的、同时纺 6 根棉线……而只需要一人照看的机器”。1764 年，哈格里夫斯发明珍妮纺纱机，上面有 8 个纱锭。1769 年，理发匠阿克莱特发明水力纺纱机并申请专利。1779 年，克隆普顿发明缪尔纺纱机，兼珍妮机和水力纺纱机的优点，纺出的纱线更细、更牢固。1771 年阿克莱特用水力驱动缪尔机，建立起世界上第一座机器纺纱厂，雇工 300 人。1785 年和 1790 年他又安装两台蒸汽机，1792 年去世时他已有资产 50 万英镑。他被称为“英国工厂制度之父”。[④] 纺纱机的使用和推广使纱线产量猛增，反过来又要求发明

---

① 布罗代尔：《15 至 18 世纪的物质文明，经济和资本主义》第 3 卷，施康强、顾良译，生活·读书·新知三联书店 1993 年版，第 602 页。

② 马克思《资本论》第 1 卷，人民出版社 1975 年版，第 410 页。

③ 肯尼思·O. 摩根：《牛津英国通史》，王觉非等译，商务印书馆 1993 年版，第 446 页。

④ 阿瑟·刘易斯：《增长与波动》，梁小民译，华夏出版社 1987 年版，第 109 页。

更有效的织布机。不久，织布机又有重大改进，加上印花机等设备的发明，白棉布、印花布、斜纹布加工都实现了机械化。①

（三）蒸汽机

纺纱和织布实现机械加工后，人均效率比手工提高几十倍。这些工具机效率高、数量多，人们迫切需要一种功率大、能源稳定、不受水力资源限制而且成本低廉的动力机与之配套。从1712年起，纽可门与约翰·卡利（又名考利）就在应用他们1698年发明的蒸汽机了，但仅用于排干矿井内积水。

瓦特20岁就去格拉斯哥大学校办工厂工作，22岁已“完全学会了法语、意大利语和德语，以便读外国的科学著作”。② 他旁听化学家布莱克教授的课，并与布莱克、卡文迪什等学者一起从事科研，参与过一些重要发现。从1761年起他开始研究蒸气压力，1763—1764年在修理纽可门蒸汽机期间作出了以下改进：①根据布莱克的潜热原理，在汽缸旁边安装分离的冷凝器，以减少汽缸热量损失；②把单冲程变成双冲程，使活塞杆来回都做有用功；③安装离心调速器，使机器平稳运转；④仿照磨刀匠的踏轮，瓦特把活塞杆的往复直线运动通过连杆和偏心轴，变成圆周运动③。这样，原来只能垂直提升矿井积水等重物的纽可门蒸汽机变成了普遍适用的“万能的动力机”（瓦特专利申请书用语），1784年获得专利权。后来，他与别人合作，用镗床加工汽缸体内壁与活塞孔，以提高精度、光洁度和同心度，减少活塞运动阻力，增加机器运转时的稳定性和汽缸体密封程度。经过这一系列重大改进，热效率提高到3%，为纽可门蒸汽机的4倍以上。④ 加工方法的改进还降低了蒸汽机成本，有助于零配件互换。瓦特蒸汽机很快在纺织厂、冶金厂、面粉厂得到广泛应用。1833年，英国拥有8.5万台蒸汽机。

（四）冶金工业的技术改造

英国原来也用木炭炼铁，造成森林面积锐减，早在1540—1640年，伦

---

① 侯宗卫：《外国近现代经济史》，西南财经大学出版社1989年版，第48页。

② ［法］保尔·芒图：《十八世纪产业革命》，杨人楩译，商务印书馆1991年版，第254页。

③ 王德胜：《科技简史》，解放军出版社1987年版，第193页。

④ 潘永祥：《自然科学发现简史》，北京大学出版社1984年版，第252页。

敦木柴价格就上升近3倍。[①] 1700年以后，英国森林已所剩无几，每年都从瑞典、俄国进口大量生铁。1709年，达比（1678—1717）父子发明用煤炭烧制焦炭的技术，并用焦炭炼铁获得成功。但此后40年间却未能推广，原因是木炭成本低于焦炭。直到1775年，英国45%的生铁仍用木炭炼成[②]，但此后焦炭炼铁得到广泛应用，这是冶金技术的一场革命。加上用瓦特蒸汽机带动鼓风机，炼铁炉容积更大，成本降低了。1815年，戴维爵士发明安全矿灯，大大减少了煤矿因瓦斯爆炸引起的事故。

（五）交通运输革命

棉纺、冶金和矿山采掘的发展，迫切需要大运量、快速度、低运费的运输工具，把煤炭、矿石和棉花及时送到用户手里。交通运输革命应运而生。主要表现在以下几方面：第一，开凿运河。1761年英国建成第一条7英里长的运河，把沃斯利的煤运往曼彻斯特，使这座新兴工业城市的煤价下降一半。到1830年，英格兰共有1927英里运河，[③] 苏格兰有813英里运河。运河与内河船运费只及陆上马车运费的1/10～1/6。第二，硬面公路的兴起。千百年来，陆地上的道路总是“晴天一身土，雨天一身泥”。在泥泞不堪、高低不平的路上马车往往一再受阻。1750年，有一批道路工程师修成第一条硬面道路：路基底部垫以大石，中部小石，表层铺上碎石和沙子，并且夯实，形成中间隆起的拱形路面，路两边有明沟，用于排水。这种公路平、直、硬，马车风雨无阻并可夜间通行。爱丁堡至伦敦的路程，过去马车要走14天，这时只要44小时。此后全国兴起修运河和硬面公路的热潮。由私人公司集资，向政府申请工程项目，政府允许这些公司完工后收费，期限通常为15～25年。第三，铁路的发明与应用。19世纪30年代以来，英国内河、运河和硬面公路在运输市场上开始受到铁路的挑战。1804年，一位矿井工程师史蒂芬孙（他14岁才开始学习英文字母，自学成才）发明的铁路机车以14英里时速在利物浦至曼彻斯特之间跑完31英里全程。由于铁路运输成本低廉而速度超过水运，因此铁路客运、货运很快超过了马车和帆船。1838年英国有500英里铁路，1850年达6600英里，1871年2万英里。1859年，铁路投资累计24.4亿英镑。铁路建设

---

① T. K. Derry and M. G. Blakeway, *The Making of Pro-Industrial Britain*, J. Murray, 1969, p. 98.

② 布罗代尔：《15至18世纪的物质文明，经济和资本主义》第3卷，施康强、顾良译，生活·读书·新知三联书店1993年版，第62、68页。

③ 彭迪先：《世界经济史纲》，上海三联书店1949年版，第122页。

与设备还促进了冶金、机械、煤炭工业的发展。铁路的技术改造和创新，使车速、货运量、安全性和客运舒适度不断提高。现在，中国铁路在重载和高速等方面处于世界先进水平。

二、工业革命的后果

（一）工业革命使英国成为世界工厂，世界变成英国市场

1760—1860 年，英国工人劳动生产率提高 20 倍。棉布成本大幅度下降，价格指数以 1780 年为 100，1812—1815 年为 32，1860 年为 13。[①] 1850 年，英国工业总产值在世界上占 1/3，占世界贸易额的 21%。40 年代英国生铁占世界产量一半、煤炭占 2/3。1827—1830 年，棉纺织品占英国出口总值的 1/2。[②] 1829 年，棉纺织品出口总值为 3700 万英镑，而机器出口总值为 25 万英镑，钢铁出口 174 万英镑。[③] 英国成为全世界机器设备和各种工业制成品的主要供应国。美国棉花、东欧谷物与各国初级产品出口都以英国为主要市场。1815—1830 年，英国对大陆各国政府债券的投资约 5000 万英镑，对南美为 2000 万英镑。这些外国债券一般由商人和银行家作中介，促进了债务国的工业革命。

（二）工业革命使英国成为现代化工业国

18 世纪中期以前，英国工农业生产虽已市场化，但直到 19 世纪头十年，英国农业（农、林、牧、渔业）产值仍超过工业（制造业、采矿和建筑）产值。1821 年，二者产值分别为 7600 万英镑和 9300 万英镑，工业超过了农业。从 1836 年起，英国棉纺织业中的工厂工人开始超过手工工人人数。[④] 1851 年，棉纺织工厂工人达到 52 万人。[⑤] 无论从产值结构还是从劳动力结构看，英国都已经从农业国变成了工业国。工业中的工厂制度取代了手工作坊，各种机器在工业部门大量取代手工工具。1815—1847 年，英国工业产量年均增长 3.5%，而同期人口年增长率不到 1%。从 19 世纪 40 年代起，英国机械工业，尤其是机床、纺织机械和铁路设备制造业产值的增长速度，超过纺织等消费资料一半以上。

---

① R. Floud and D. N. Mecloskey, *The Economic History of Britain Since 1700*, p. 111.

② W. H. B. 考特：《简明英国经济史》，商务印书馆 1992 年版，第 209 页。

③ B. R. Mitchell, *British Historical Statisties*, Cambridge University Press, 1949, p. 471.

④ 钱乘旦：《工业革命与英国工人阶级》，南京出版社 1992 年版，第 15 页。

⑤ W. H. B. 考特：《简明英国经济史》，商务印书馆 1992 年版，第 209 页。

工业革命还带来以下变化：不列颠（爱尔兰除外）城市人口在1851年占总人口一半。经济重心从伦敦及周围地区北移：英格兰北部成为制造业和煤炭、钢铁工业集中地区，人口也向北方集中，工人的实际工资从拿破仑战争结束以来开始增长。①

工业革命还把初等教育的普及和工厂立法提上日程。到19世纪中期，政府促使安立甘教和其他宗教团体建立初等教育体系。但由于自由放任政策，政府的干预是勉强的，直到1870年弗斯特初等教育法通过后，在英格兰和威尔士才普及了初等教育，并建立起教育主管机构。这比大陆先进国家差得多。1833年，工厂法禁止雇佣9岁以下儿童，13—18岁青少年周工时限于48小时或每天9小时，13岁以下童工每天要有2小时上课识字时间。政府派人去工厂监督其实施状况。拉法格回忆说，马克思从政府蓝皮书中看到这些报告，对工厂视察员如此敬重，以致他怀疑别国是否能“找到像英国工厂视察员这样有学识、无偏见而又毫无疑虑的人”。② 1842年，煤矿法禁止10岁以下儿童采煤。③

（三）工业革命产生了工业资产阶级和近代无产阶级

总的说来，工业革命带来的不是工人的绝对贫困而是更大的财富不均。产业工人和工业资本家利益的矛盾导致国际工人运动和共产主义运动的兴起（详见第十章第一节）。

总体而言，工业革命具有划时代的普遍意义，它不像政治革命和军事征服那样反复无常，也不像技术革命那样永无止境，更不像文艺复兴和启蒙运动那样局限于思想和文化领域，只涉及一部分人群。它改变了社会上所有人的生产和生活方式。这种从传统农业国向现代化工业国的转变在每个国家的历史上只有一次，而且是不可逆转的。工业化使每个国家永远摆脱了大规模饥饿，走出“马尔萨斯陷阱”（指人口与贫困恶性循环）。总之，工业革命是人类历史进入农业文明几千年来所发生的最深刻的变革和进步。“它迫使一切民族——如果它们不想灭亡的话——采用资产阶级的生产方式。”“使东方从属于西方。”（《共产党宣言》）工业革命是人类对大自然前所未有的改造和利用，它用机器代替手工工具，用蒸汽机取代人

---

① H. P. Brown, “A perspective of Wages and Prices”, *Economica*, 1981, 50 (1), p. 19.

② 保尔·拉法格：《回忆马克思恩格斯·忆马克思》，马集译，人民出版社1973年版，第12页。

③ J. P. Kenyon, *A Dictionary of British History*, Secker & Warburg, 1981, p. 228.

力和其他自然力，用铁路、轮船代替马车和帆船，电报、电话超越时间和空间。大工业和信息化使世界经济走向一体化，各国之间的依赖程度超过了中世纪相邻的省份和地区。平民百姓有机会享受过去帝王将相想象不到的文明、舒适生活。但是，工业化逐渐而且不可挽回地改变了大自然，造成环境污染、资源枯竭和生态危机，最突出的是全球气候变暖、臭氧层空洞、资源枯竭和公共卫生安全问题。人类社会面临经济增长与环境保护相矛盾的两难局面。而自然科学基础理论的重大突破与当代技术革命，以及与之相适应的社会管理和精神文明，有希望早日摆脱这一两难局面，实现经济和社会的协调以及可持续发展。

相比历次技术革命，工业革命在产业结构转换中的作用是无与伦比的。在古代，主体产业从游牧转向农业后，古典文明进入繁荣时期。从英国开始的工业革命是第一次技术革命。这次革命使主体产业从农业（第一产业）转向工业（第二产业），古老的传统社会变成以大工业为基础的近代文明社会。19 世纪晚期的新技术革命是第二次技术革命，国内外不少学者把它说成是第二次工业革命，使“工业革命”成了一个“无处不在，不可或缺的词汇，但它具有变化莫测的特点，因而成为捉摸不定的了”。① 实际上这次新技术革命主要是增加了第二产业内部技术和资本的密集程度。当代技术革命（第三次技术革命）才称得上第二次产业革命：以计算机、信息技术（IT）为代表的第三产业产值超过第二产业，白领工人人数超过了蓝领工人，工业社会正走向信息社会。工业革命缩短了后两次产业结构的转换周期，使技术创新成为一种社会自动机制。宏观经济从上千年来相对停滞的局面转向快速增长（前后相差 10 倍以上）。②

第三节　资产阶级经济学家

工业革命对社会科学的推动作用，同它对自然科学的推动作用一样大。它促使大批学者第一次把自己的科研方向转移到社会底层那些最不幸的人群身上，并试图用近代自然科学理论和方法解决经济问题和深层次社会问题，经济学的成果尤为突出。亚当·斯密、大卫· 李嘉图和马尔萨斯

---

① 《新帕尔格雷夫大辞典·工业革命》，经济科学出版社 1992 年版。

② 张跃发：《英国工业革命以来西方产业结构的两次转换》，《世界历史》1996 年第 1 期。

是该领域的杰出代表。

亚当·斯密是古典政治经济学理论体系的创立者，他毕业于格拉斯哥大学，后为该校教授。1776 年发表其代表性著作《国民财富的性质和原因的研究》，简称《国富论》。主要思想是：第一，财富观。针对重商主义和重农学派的财富观，他指出任何生产部门的劳动都是财富的源泉。国民财富即一国所生产的商品总量。为了增加国民财富，一是提高劳动生产率，方法是加强劳动分工；二是追加资本投入，以便雇佣更多工人、扩大再生产。他把资本区分为固定与流动资本。按形态又分为借贷、工业和商业资本。第二，“看不见的手”。他从一般的人性出发，引申出交换。交换引起社会分工，每个人都为自身利益而给资本寻找最有利的用途。这种活动受一只看不见的手的指导，结果就自然而然地促进了社会利益。政府永远不应干涉这些供求律，而宜采取放任政策，主要是自由竞争、自由贸易。国家的职能仅限于一个守夜人的作用：保卫本国不受别国侵犯，保障社会成员的人身和财产不受他人侵犯；建设和维护无利可图的公共工程、公共卫生设施。第三，赋税。政府的开支来自赋税。赋税原则是公平、确定、便利和经济。征税的重点是地主。第四，商品的价值。劳动是衡量一切商品交换价值的尺度。劳动分为简单和复杂的两类。价值由三种收入构成：工资、地租和利润，这三种收入构成全部国民收入。社会三大阶级相应地分别为工人、地主和资本家。

这部著作引起轰动，被译成多国文字。其学术思想逐渐成为政府经济政策的理论依据。英国首相小皮特有一次看见亚当·斯密走进大厅，他首先起立，表示欢迎，其他人也站了起来。斯密说：“诸位，请坐！”大家仍站着不动。皮特回答：“不，您先坐下，我们再坐。我们都是您的学生。”①

大卫·李嘉图是英国古典经济学家。他父亲是犹太人，伦敦交易所一位经纪人。14 岁时被其父引入商界，使他只能抽空跟随私人教师学习他喜欢的化学、地质。他的金融才干深受其父信任，让他独立处理事务。1793 年，他与一异教女子结婚，导致父子失和。他独立生活，从事股票买卖，26 岁时就有 3000 万法郎资产。1799 年，他读《国富论》之后，对经济学产生兴趣。1809 年，在《晨报》上发表《黄金的价值》。1817 年，出版《政治经济学及赋税原理》。据马克思说，李嘉图的全部著作已包括在这部书的头两章里。工业资本家从他的著作中找到了反对地主阶级的思想

① 景体华：《经济思想史话》，知识出版社 1986 年版，第 74 页。

武器。

李嘉图的学术成就主要是：第一，劳动价值论。不同商品的价值之所以相等，是因为生产它们时所耗费的劳动量彼此相等，即劳动创造价值。价值量由劳动时间来决定。因此，工资同利润、利润同地租是互相对立的——这就揭示了工人与资本家矛盾的经济根源。第二，分配学说。工资取决于工人及其家属维持生活所必需的价值，利润是商品价值超过工资的余额，地租是与对土地使用有关的商品价值超过工资加利润的余额。他还区分出级差地租的两种形态。第三，自由贸易学说。每个国家只应当生产成本较低的商品。最能保障整体利益的莫过于对资本做最有利的分配，也就是实行普遍的自由贸易。对于经济欠发达的国家来说，只要生产出成本相对低的商品，就可以同别国贸易并从中获益，尽管受益程度不同。这种比较利益或相对优势论发展了斯密的国际贸易“地域分工”理论，为国际贸易自由化作了新的论证。第四，货币数量说。针对 1797 年的“金块之争”，他主张恢复银行券的兑现，使其发行量受黄金数的限制。他仅仅把货币看成交换的技术工具，故主张用纸币代替铸币以节省流通费用。李嘉图关于以金属币为本位和自由兑换的方案，有助于稳定银行券币值，但他的法定额中有十足现金准备的主张有一定局限性。①

马尔萨斯早年是英国牧师，剑桥大学毕业，因发表《人口原理》（1798）而出名，英国经济学家的又一重要代表。他的理论从两个公理出发：食物为人类生存所必需、两性间的情欲是必然的。因此，人口在无妨碍时以几何级数率增加，而生活资料只以算术级数率增加。在第 2 版他补充说，人口如未受抑制，每 25 年增加一倍。总之，人口增加“有一种比粮食增加更快的趋势”。

从方法论来看，马尔萨斯把人等同于一般动物（自然属性）而抽掉人特有的社会属性。虽然他的理论有错误，政治倾向是反动的，但他提出人口增长与经济增长以至社会发展的关系这一重要命题，推动了人口学的创立。

工业革命以来的人口增长趋势，既不像马尔萨斯的预言那么悲观，也不像恩格斯设想的那么乐观（见图 1）。②

---

① 汤在新：《近代西方经济学史》，上海人民出版社 1990 年版，第 235、211 页。

② 张跃发：《工业革命新探》，《青海师大学报》1989 年第 3 期。

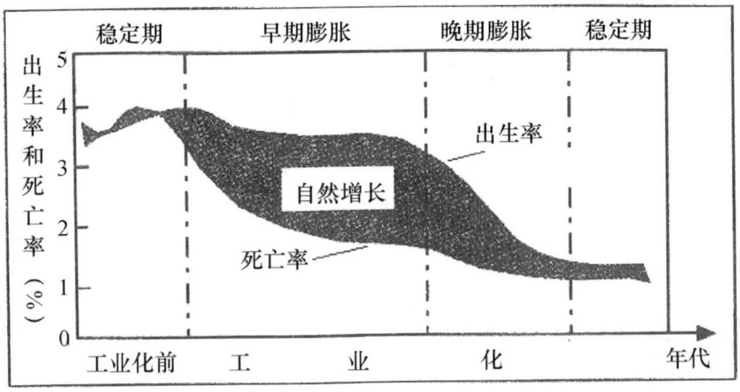

图1　工业革命以来真实的人口增长率

资料来源：Richard H. Jackson and Lloyd E. Hudman. *World Regional Geography*。

工业革命与人口增长关系方面的这一变化规律，从1820—1860年瑞典人口的统计数据所显示的宏观趋势中也可以得到证实。①

表6　三种经济理论比较

学派	重商主义	古典经济学	
		重农学派	亚当·斯密、大卫·李嘉图
年代和地区	15—18世纪，欧洲	1750年后20多年，法国	1776年、1817年，英国
哲学基础	源于商人的实践和政府政策	自然秩序	
一般特征	流通领域是财富的源泉，追求金银货币与外贸顺差。	农业部门提供的“纯产品”是财富的源泉，纯产品是总产量超过生产费用的剩余，由土地所有者获得，故提倡单一的土地税。	任何生产部门的劳动*都是财富的源泉，为此应提高生产率：扩大分工、增加资本投入。
	政府干预	自由放任	

① 卡洛·M.奇波拉：《世界人口经济史》，黄朝华译，商务印书馆1993年版，第77页。

续表

学派	重商主义	古典经济学	
		重农学派	亚当·斯密、大卫·李嘉图
代表人物及代表作	科尔伯（法国财政总监）	魁奈《经济表》、杜尔果**《关于财富的形成和分配的考察》。	亚当·斯密《国富论》、大卫·李嘉图《政治经济学及赋税原理》。
阶级基础与可行性	代表资本原始积累时期商人和君主的利益，在英国收效最大。	资产阶级在开明专制君主体制下的改革实践和理论探索，法国大革命前以失败告终。	代表工业资产阶级的利益，从19世纪40年代起为英国等工业国家奉行自由贸易奠定理论基础。

* 并非生产该商品所耗费的劳动，而指该商品所能购买到的劳动。因此，亚当·斯密阐述了劳动价值论，首次把价值归结为一般劳动。李嘉图系统阐述了劳动价值论。

** 杜尔果不接受土地是财产唯一源泉的理论，但接受了重农学派关于税收的许多观点，主张自由贸易。

第七章

美利坚革命

在金字塔和万里长城面前，美国人常感叹他们国家的历史短暂得不值一提。但是，任何一位对美国有点了解的人都知道，这个从殖民地发展成超级大国的国家，在近代国际关系中已经占有重要的地位，现代更是居于主导地位。美国历史舞台的广阔背景、复杂程度和变化速度，都是无与伦比的。随着美国经济的快速增长和社会进步，各种利益集团之间的联合与对立、矛盾与妥协、冲突与重组在不断进行。伴随西进运动而来的巨大经济规模与区域经济分工，同工业革命、新技术革命和20世纪中期以来的信息技术革命相结合，使美国不但紧跟西欧各国工业化步伐，最近半个世纪更成为世界科学与技术革命的中心。

不过，这并不意味着美国已经成了“人世间最后、最美好的希望”（林肯）。相反，美国社会贫富差距之大（基尼系数 Gini Coefficient 在发达国家中最高）①，各种犯罪和其他社会问题严重，以及多年来居高不下的外贸逆差和近年来加快上升的国债总额，早就引起美国有识之士的忧虑。美国在当代国际关系中的傲慢言行和救世主架势，连美国的盟国都表示不满。

总之，“美国是如此辽阔广大，有关它的一切说法多半是真实的，然而任何相反的说法可能也是真实的”。

美国近代历史的特点。第一，从殖民地到超级大国。这一飞跃在世界各大国的历史上是没有先例的。这个超级大国不同于古代军事大帝国和近代殖民帝国，而是一个按国家综合实力首屈一指的大国。第二，民族熔炉。美国既不是日本、德国、法国这类单一民族国家，也不同于中国、俄罗斯这些以某个大民族为主体的多民族国家，更不同于以宗教为主要纽带的伊斯兰国家，而是一个移民之国，是把世界各民族融合成一个新民族的民族熔炉（melting pot）。这些移民大都来自其祖国的中下阶层，年轻而富于创业和冒险精神。因此，美利坚民族“比任何一个民族都要精力充沛”（恩格斯）。第三，没有经历过封建社会，“北美社会从一开始就建立在资

① 官方统计2013年为0.45%，2018年为0.48%。中国2014年为0.469%，近年来全国致力于脱贫，全面小康，基尼系数2019年降到0.465%。巴西2010年为0.55%。

产阶级的基础上”。[①] 这里没有封建庄园（只有17世纪巴尔的摩例外），没有贵族。人们更加看重个人成就而不大关心血统、肤色、亲属等社会背景。但近年来社会上种族歧视明显上升。第四，善于学习又勇于创新。美国人虽然从未接受欧洲中世纪的社会制度，却接受了欧洲的宗教、风俗习惯和思维方式，尤其是英国的法律体系和法国的启蒙思想。美国在政教分离方面比欧洲国家更为彻底。《独立宣言》给法国《人权宣言》提供了蓝本。《联邦宪法》及其修正案体现出法律的连续性与适应性的统一。美国这部统一的成文宪法的权威性和持久性在世界上是独一无二的。第五，与欧洲国家相比，美国政府权力较小而个人自由较多（私人拥有枪支即为一例）。在一定程度上，给个人创造性的发挥提供了更大空间。各国知识分子移民国外时，经常把美国作为首选目的地。尽管存在各种社会问题，有时还出现大规模种族骚乱，但美国政局自建国以来一直比较稳定。不过，这种个人自由是美国地理条件和历史传统的产物。美国政界领导人在指责别国人权状况时，除了特定的政治动机之外，还因为他们忽视了国情差异和经济发展水平的差距。第六，美国是地理大发现之后兴起的世界强国。弱小的近邻和辽阔的海洋，使美国在这个世界堡垒中享有无比优越的地缘政治优势。例如，在两次世界大战初期，美国奉行孤立主义政策：与交战双方继续保持有利可图的贸易往来，尤其是军火交易。直到时机成熟时才亲自参战。并充分利用地缘和综合实力称霸世界。在和平年代，三面临海给美国与亚洲、欧洲、拉丁美洲通商提供便利，也便于美国控制海洋直逼别国近海。

近代美国与中国。美国对中国的态度从一开始就是实用主义的，它着眼于有利可图的双边贸易，包括不光彩的鸦片贸易和不平等条约。这种殖民主义政策同其他西方列强是一致的。另外，美国成长为世界大国的非凡经历和按照成文宪法组织的共和政府，使它把自己看成是全世界民主政治的楷模。许多美国人设想，一旦用这一模式把东亚这个有古老文明的大国变成“现代的、民主的基督教国家并追随美国的领导”，那将是多么令人自豪的事业！这种救世主式的优越感和传教热情构成美国对华政策中理想主义的一面（如把庚子赔款余额作为中国留学生经费）。美国忽视或无视国情差异，为这样的期待加上浓重的干预中国内政的色彩。

---

① 《马克思 恩格斯 列宁 斯大林论宗教和无神论》，人民出版社1999年版，第115页。

第一节　殖民地年代

一、美洲的殖民化

哥伦布来自热那亚，小时候在开俄斯航行时受到向西航行的启发。后来他在葡萄牙海滩、北大西洋的游历以及远航冰岛，使他隐约认识到当时民间盛传的关于海洋无底洞和大洋对岸无人居住等消息的虚假性，许多信息和迹象使他认定，“黑暗之海”以西必定有一个大陆。既然地球是圆的（这一说法在欧洲广为流传），又无第四个大陆存在，那么大洋彼岸只能是亚洲。所以，哥伦布的发现建立在科学论证和辛勤实践的基础上。他不是圣人，但在葡萄牙和西班牙两国竞相发现直通东方新航线的时代，他的确是一位成功者、一位伟大的探险家。

在哥伦布以前，已经有人横渡大西洋，去过西半球的岛屿或大陆海岸。但是，那些发现在欧洲和世界历史进程中都没有在经济、政治、科学或其他社会领域里产生反响，也没有人跟着他们的足迹继续前进，而这一切正是哥伦布 1492 年航行所以能永载史册的原因。这次航行把 15 世纪早已在缓慢进行的地理大发现迅速推向高潮。哥伦布不但永远结束了新大陆的孤立状态，新大陆的殖民化反过来改变了欧洲，引起价格革命，新旧大陆从此成为世界历史中不可分割的组成部分。

因此，当人们评论“谁先发现了美洲”时，不要把它仅仅当成一个地理竞赛问题，而首先应看作一个历史问题。“发现”这个词的完整含义，不一定是第一个到达，而是将发现者们往返的消息告诉更多的人，以便后来者做出更大、更多的发现和开拓。从这个意义上说，哥伦布是新大陆唯一的发现者。① 美共主席福斯特在《美洲政治史纲》中把 1492 年作为世界中世纪与近代史的分界线，是有一定道理的。

西班牙在新大陆的殖民霸权，由于 1588 年战败和 1609 年承认尼德兰独立而衰落。

1626 年，荷兰西印度公司以 60 个荷兰金币（古尔登）的代价，从印第安人手里购买曼哈顿岛。在该岛上建成新阿姆斯特丹。荷兰人以此为据点，北上哈德孙河，并在北美中部沿海广大地区取得统治权，命名新尼德

---

① 塔维尼亚在北京大学介绍其最新研究成果，冯秀文译，《世界史研究动态》1993 年第 6 期。

兰。但从 17 世纪中期开始，经过三次英荷商业战争，英国取代荷兰成为这一地区的主人，新阿姆斯特丹被改名为纽约（新约克）。

当时，在英国殖民地以北，从大湖区直到圣·劳伦斯河是新法兰西。南面是西班牙殖民地佛罗里达和墨西哥。18 世纪，英、法两国在欧洲和海外进行过一系列争夺商业和殖民霸权的战争。如西班牙王位继承战争、奥地利王位继承战争，尤其是七年战争（1756—1763），使英国继西班牙、荷兰之后，成为头等海上强国和最大的殖民帝国，把法国势力完全赶出北美大陆。

英国在北美先后战胜荷兰和法国而居优势的原因，除了战争结果和其他因素之外，人口数量和产业结构是重要因素：1720 年英属北美殖民地共有移民 46 万人，而加拿大的法国人在路易十四末年只有 2 万多；1780 年英属殖民地共有移民 265 万，而七年战争结束时北美的法国人只有 10 万。[①] 到 1766 年，估计有 20 万德国人来到北美以务农为生，独立战争时许多德国人为英国充当雇佣军。英国移民不但数量为法国人的 20 倍，而且多从事农业和制造业，也有参与三角贸易、收购皮毛的商人。形成农、工、商三大产业互通有无，产业结构比较合理的经济区域，而法国移民主要从事皮毛收购和进出口贸易。

二、印第安人

经过历史考证、考古发掘和古人类学研究得出的结论，美洲印第安人属于蒙古人种。他们在 1 万年以前陆续穿过白令海峡（当时处于冰川时代晚期，海平面低，可以涉水或踏冰而过）来到美洲，逐渐散居到南北美洲整个大陆。

1492 年以前，他们的社会形态处在部落公社阶段，生产力处于旧石器时代。其中最先进的部落或部落联盟是墨西哥的阿兹特克人、秘鲁一带的印加人和墨西哥尤卡坦半岛上的玛雅人。他们已进入新石器时代，处在向阶级社会转化过程中，出现了奴隶制。最强大的部落是阿兹特克、印加和大湖地区的易洛魁。相邻部落常彼此敌对，互相称呼对方野蛮人。印第安语言多达 1700 种，其中只有玛雅人有象形文字。当时全美洲估计有 1400 万 ~4000 万印第安人。

印第安文明对人类的贡献是培育出 40 多种植物，如玉米、马铃薯、红

---

① 奇波拉：《欧洲经济史》第 3 卷，商务印书馆 1989 年版，第 48 页。

薯、烟草、西红柿等。玉米和马铃薯产量高、适应性强，很快就传遍东半球各地。有人认为这是18世纪以来世界人口猛增的重要原因。这些新的作物品种大大丰富了旧大陆人民的物质生活。而旧大陆的探险家和殖民者却把各种传染病带到缺乏免疫力的印第安人中间，使他们大批死亡。

印第安文明的缺陷：他们从未发明出车轮，运输全靠肩扛人抬；也不会炼铁，始终未能踏进“英雄时代”，还处在铜器时代，即人类历史的童年阶段。他们用手紧紧抓住西方人手里的刀剑，满手流血而不知道原因。他们把嘶叫的马看作可怕的怪物，把骑在马上的骑士看作东方日出中出来、有四条腿的神人。

印第安文明的历史地位：印第安人是美洲大陆最早的主人。虽然受到欧洲白人殖民者的残杀和驱逐，许多部落被灭绝，但印第安人仍然顽强地生活下来，粉碎了白人把他们变为奴隶的企图。印第安血统今天已构成美利坚民族的一部分，印第安文明已渗透到美国和世界人民的物质和精神文明之中。印第安语名称如Ohio、Utah……遍及美国的江河湖海和高山平原，成为美国历史遗产和社会现实中不可分割的一部分。不过也应指出，印第安人长期以来自我孤立于主流社会之外，固守传统生活方式，又阻碍着自身的发展和进步。但是半个多世纪前的年青一代，已有许多年轻人放弃原来的谋生方式。仍住在保留地的印第安人，也在利用他们传统的手工艺品和民族文化作为旅游资源向外界开放。据官方2011年统计，美国印第安人有293万，两种血统者有229万。

三、英属殖民地

（一）詹姆士敦

1606年，国王詹姆士一世向一批商人发放了两份特许状：伦敦弗吉尼亚公司在北美大陆南部活动，普利茅斯弗吉尼亚公司在北美北部活动，允许他“可爱而且性情温和的臣民”开发这块土地，包括铸币权并保持一支武装力量。此后给马萨诸塞湾公司和威廉·宾以同样权力。公司招募移民去美洲，条件是前七年为投资者无偿劳动。伦敦公司于当年12月派出第一批移民共104人。1607年5月，他们驶入一条河流，命名为“詹姆士河”，并在河口附近定居下来，把这个永久性居民点命名为詹姆士敦。发现黄金的希望破灭后，经过几年创业，经受了疾病、饥饿考验后，他们靠种植玉米生存下来。到1612年，他们发现了使殖民地繁荣的希望——烟草，1617年他们已将两万磅优质烟草运往英国。虽然伦敦公司的参事会成员和弗吉尼亚总督发了财，但公司于1625年破产，投资者的10万英镑和几千名契约劳工的生命大都付诸东流，只剩下1200居民的詹姆士敦。1619年，弗吉尼亚人第一次召开议会，通过了一批法律，但詹姆士一世和他的儿子查理一世拒不承认。不过国王们忙于国内危机而无暇顾及，总督又离不开当地议会，于是一年一度的议会得以正常召开并行使职权。

（二）新英格兰

17世纪20—30年代，英国毛纺织工业一直不景气。国王不经议会同意擅自征税，加上宗教迫害，仅这一时期就有5万人离开英格兰，许多人来到北美。到1640年，仅弗吉尼亚就有8000人。

普利茅斯弗吉尼亚公司几经失败后，公司于1614年派人来北美探察划给它的开拓地区。这批人回去描绘了队长命名的新英格兰地区的种种诱人之处。1620年，公司由40人组成理事会，国王发给特许状，允许他们在北纬40°~48°、东起大西洋西到太平洋之间的地区享有所有权和管辖权。

英国诺丁汉郡斯克鲁比村的清教徒独立派信徒不堪宗教压迫，于1608年逃往荷兰。荷兰政府比较宽容，但他们在职业和宗教方面仍受歧视，于是有人想起弗吉尼亚，到那里他们仍然是英国人，而且远离本国，能得到宗教和政治自由。但他们没有路费，于是有102人来到英国普利茅斯，登上普利茅斯公司雇佣的五月花号船驶往弗吉尼亚。受海风和洋流影响，他们乘船来到科德角靠岸并勘察沿海地区后，决定定居下来，并以普利茅斯命名该地。冬天他们寻找任何可食用的东西，但仍有一半人饿死了。幸存者在当地印第安人帮助下，春天种植玉米，喜获丰收。秋收后（1621）他们大摆宴席感谢上帝，此后每年11月第4个星期四都要庆祝一番，名曰感恩节。

由于普利茅斯所在的新英格兰地区在弗吉尼亚政府管辖范围之外，这些移民始祖便根据1620年上岸后41人共同签署的“五月花公约”（其原则是“公正、自治、团结”）组成自治政府，自行选举总督（每年一次，可连任）。他们陆续还清英国商人送他们来美洲花费的债务，建立起一个独立谋生的村落。

1628年，一些有钱的公理会清教徒购买伦敦一家新英格兰公司股票，第二年该公司改组为马萨诸塞湾公司，从国王那里领到从事贸易活动的特许状，公司选出总督和12名股东横渡大西洋，在目的地把公司变成自治政府。议会由正副总督、参事会助理和代表组成，都由当地自由居民选举产生。议会有立法权，又是最高法院，它实际上成为一个由清教徒组成的自治共和国。马萨诸塞政府以波士顿为中心。另一个新建的殖民地罗德艾兰自治政府在1663年得到皇家特许状，保证其“宗教事务的自由”。

波士顿附近的新城[①]有一位牧师带领一批移民来到肥沃的康涅狄格河谷，同那儿很少几名荷兰人达成协议，以马萨诸塞为样板建立康涅狄格自治政府。

在弗吉尼亚以北建立的马里兰，是查理一世于1634年赐予巴尔的摩勋爵的领地，这里成了英国天主教徒的避难所。1649年以后，也实行宗教信仰自由。同弗吉尼亚一样，这里的“摇钱树”是烟草。

宾夕法尼亚是1681年查理二世把特拉华河以西土地授予威廉·宾以后建立的业主殖民地。宾的父亲曾任英国舰队司令，国王欠他父亲1.6万英镑债务，后者还拯救过国王的亲属。这块业主领地的特许状允许宾建立封建庄园、设立法庭、制定法律并颁赐爵位。[②]

到1733年，沿大西洋海岸的13个殖民地都建立起来了。这些殖民地从北向南是新罕布什尔、马萨诸塞、康涅狄格、罗德艾兰、纽约、宾夕法尼亚、新泽西、特拉华、马里兰、弗吉尼亚、北卡罗来纳、南卡罗来纳和佐治亚。各殖民地竞相以优厚条件吸收移民。由于殖民地工人的平均工资比英国同行高30%到一倍，加上自由土地，所以殖民地人口增加很快。17世纪，来自英国等西欧的移民大都是海外贸易公司出钱把他们送来的，条件是给出资者无偿服役5~7年，后减至4年。这些签了卖身契的白人被称为契约劳工，他们不是奴隶（白奴）。在服役期间和黑人奴隶一样干活，但期满后可获得自由，并得到50英亩土地和一套农具。起初，他们是大农场的主要劳动力。

从政治属性看，这13个殖民地分为：①公司殖民地，如弗吉尼亚、马萨诸塞；②皇家直辖殖民地，如纽约、新泽西、新罕布什尔；③英王封赐的业主殖民地，如宾夕法尼亚、马里兰、特拉华；④移民自己建立的“自治”殖民地，如康涅狄格、罗德岛。不过，弗吉尼亚和卡罗来纳先后被英王改为直辖殖民地，并把卡罗来纳分为南、北两个殖民地。

---

① New Town，1638年改名为坎布里奇Cambridge，位于今天的波士顿西郊，为著名的大学城。

② 乔明顺：《独立战争前英属北美十三个殖民地的土地政策》，《河北大学学报》1962年第2期。

这些殖民地都受国王任命的总督统治,[①] 总督指定若干人组成参事会,由拥有不动产的居民选举出议会,并有各自的宪法。如纽约议会1683年通过的“自由和特权宪章”。[②] 起初议会的作用不大,但由于总督和其他官员的薪金和政府开支依赖当地税收,而议会掌握了征税权。当地居民常以移居他乡相威胁,总督宁愿妥协。曾格因在报纸上发表抨击总督的言论被投入牢狱,后经陪审团为其辩护而被宣告无罪,为美国新闻自由开了先例。另外,英国国王远在3000公里之外,多年来自顾不暇,这些殖民地实际上有很大的自治权。

(三)殖民地的经济类型

阿巴拉契亚山东北西南走向,北高南低,中、南部沿海平原广阔,地势低平,气候温暖直到炎热,雨量充沛;而新英格兰地区多山,气候寒冷,居民以清教徒为主,马里兰多天主教徒。这些自然条件和移民状况使13个殖民地分为三大类型:

1. 北部是新英格兰工商地区(马萨诸塞、罗德艾兰、康涅狄格和新罕布什尔)

这里除康涅狄格等小河谷地和沿海狭窄的沉积平原外,没有大片农业区。全区农产品不能自给。冬季漫长而海岸线曲折,森林资源丰富,当地居民多从事捕鱼、捕鲸、造船、酿酒、制木桶、鞋帽、冶铁、航海和经商。独立前,这里平均每年为英国新建100多艘有横帆装置的海船,加上上百艘双桅、三桅纵帆船,总共建造了2343艘商船,[③] 共21万吨。约占英国船只总数1/3,成本只有母国40%[④]。与手工业相比,这里的商业和对外贸易“是经济收入的主要来源”。[⑤] 尤其是有利可图的三角贸易,这是18世纪欧洲和北美商人以贩卖非洲黑人奴隶为主的洲际贸易。从1655年起,牙买加成为贩奴中转站。贸易路线大致是从英国、法国港口把工业制

---

① 来安方:《英美概况》(英文)增订本,河南人民出版社2004年版,第361—363页。

② [英] R. C. 西蒙斯:《美国早期史》,朱绛译,商务印书馆1994年版,第178页。

③ 约翰·克拉潘:《简明不列颠经济史》,范九定、王祖廉译,上海译文出版社1980年版,第327页。

④ 杨生茂:《美国史论文选》,天津人民出版社1984年版,第30页。

⑤ J. 布卢姆:《美国的历程》上册,杨国标译,商务印书馆1988年版,第489页。

成品装船运往北美，互通有无后再装上这里加工的甜酒，然后驶往西非海岸，用日用品和酒换来奴隶、象牙和黄金，再把奴隶运往南北美洲和加勒比海诸岛屿，卖给那里的甘蔗种植园主，换来墨西哥银币和用甘蔗加工的糖浆，运往北美各港口加工甜酒。加勒比地区用糖浆换来北美玉米、面粉、猪肉、咸鱼，供奴隶食用。

三角贸易是英国，也是北美资本原始积累的来源之一。据估计从非洲运到美洲的黑人累计2000万，运往西亚、东南亚1500万，另有4000万黑人死在大西洋途中，加上绑架奴隶造成的损失，400年间非洲共损失1亿人口。[①] 有人把非洲社会的落后归咎于奴隶贸易造成的人口锐减；布罗代尔则认为，非洲人把同胞卖到国外市场，可能也防止了自身人口过剩。[②] 正确的提法应当是人口数量与自然资源相适应，才有利于经济增长和社会发展。1807年，英国宣布废除奴隶贸易。1815年，维也纳会议宣布废除奴隶贸易。《1885年柏林大会总议定书》称，“根据国际法原则，禁止奴隶贸易”。这项议定书由15个国家（包括英国）签字生效。1927年，国际联盟把海盗定义为“没有得到任何国家的政府批准，为私人目的进行的海上航行，其目的是掠夺财产，对人身施以暴力”。显然，这个定义也包括奴隶贸易。

2. 南部属于种植园经济区（马里兰、弗吉尼亚、南北卡罗来纳、佐治亚）

这里的气候和土壤适宜发展大种植园经济。一般庄园为五六百英亩，大种植园达5000英亩。多种烟草、水稻、靛青等作物。独立前，运往英国的烟草年均值1亿英镑，英国再把大部分烟草转运别国。1793年，惠特尼发明轧花机（清棉籽机）后，种棉花有利可图，主要作物从烟草改为棉花。

1680年前，白人契约劳工是种植园主要劳动力，此后，黑人奴隶取代白人劳工。

黑人奴隶制。在非洲和在其他大陆一样，有史以来就盛行奴隶制度，阿拉伯军队向非洲扩张时，把妇女作为妻妾，强制男子充当士兵和奴隶，助长了奴隶制的发展。黑人酋长同伊斯兰商人合谋，经营人口货物的出口。

---

① 田家盛：《人口科学教程》，人民教育出版社1987年版，第34页。

② 布罗代尔：《十五至十八世纪的物质文明、经济和资本主义》第3卷，生活·读书·新知三联书店1993年版，第502页。

葡萄牙亨利亲王（航海者）1460年去世前，每年都有七八百非洲奴隶经葡萄牙运往欧洲市场，被上层人物用作家庭仆役。哥伦布发现新大陆后，许多探险者带着黑人前来这里。不过欧洲殖民者最初曾迫使印第安人充当田间劳动力，但他们缺乏免疫力，染上欧洲人带来的传染病后大量死亡，而且这些自由的猎人也无法适应农田里强制性的劳动纪律。有些印第安人夜间逃跑后还招集本部落同胞回来报复，烧屋杀人。白人奴役印第安人的努力失败后，便把眼光转向大洋彼岸的黑人奴隶“市场”。在西非，刚果人为了一串珊瑚项链或一点葡萄酒，不惜出卖自己的父母、子女、兄弟或姐妹，同时还对买主指天发誓，说他们卖的是家中的奴隶。[①] 1619年，一位荷兰缉私船船长把第一批黑人奴隶带到詹姆士敦。1661年，黑人奴隶制在弗吉尼亚法律中得到承认，其他南方殖民地政府也跟着仿效。[②] 1760年，北美黑人奴隶约50万，3/4集中在南部。1793年，轧花机发明后，南部改种棉花。随着出口贸易的繁荣，奴隶制度也发展起来。种植园里的黑人劳动力不仅是南部社会的经济基础，也是北部银行家、船主、批发商的摇钱树。因为南部白人的外贸、信贷和海运都掌握在北方人和英国商人手里。

3. **中部是“面包”殖民地（包括新泽西、纽约、宾夕法尼亚、特拉华）**

这里地处北温带，地形和气候介于南北之间。适宜种植小麦，每英亩平均产20～30蒲式耳，高于英国平均收获量。[③] 这里还有许多德国、荷兰和瑞典农民，他们带来优良品种和先进技术。小麦和面粉是这里主要的出口商品，既有小农场也有大农场。

四、殖民地与宗主国的关系

受自然环境和交通运输条件的制约，13个殖民地沿海、沿河地区平原多为大农业，而靠近阿巴拉契亚山的内地则以小农业为主。南部各殖民地以大农场为主，北部以小农场为主。这些大农场以市场需求为导向。虽然英国从1551年起多次颁布航海条例，垄断殖民地对外贸易，但是18世纪中期以前，这里的工农业出口产品同母国经济有很强的互补性。殖民当局

---

① 布罗代尔：《十五至十八世纪的物质文明、经济和资本主义》第3卷，生活·读书·新知三联书店1993年版，第500页。

② 约翰·霍普·富兰克林：《美国黑人史》，张冰姿译，商务印书馆1988年版，第67页。

③ 福克讷：《美国经济史》上卷，王锟译，商务印书馆1964年版，第87页。

为了在与法国争夺北美的商业竞争和战争中得到本地居民支持，对这里的走私活动并没有严格执法，而殖民地居民面对法国人的扩张和印第安人的骚扰，也把英国驻军看成保护神。总之，北美殖民地同宗主国的共同利益大于相互之间的分歧。

在18世纪大部分年代里，以英、法为主要竞争对手的欧洲各国，在大陆和海外进行过一系列争夺商业和殖民霸权的战争，尤其是七年战争，这场战争在北美从1754年已经开始，印第安人被武装起来与法国人并肩作战，英军则从北美殖民地招募到大量英国移民及其后代。最后英军把法国势力赶出北美大陆，“新法兰西”变成英属殖民地加拿大。

七年战争使英国国债增加一倍，达到1.3亿英镑。而英国面对扩大了一倍的北美殖民地，每年仅1万人的驻军费用就5万英镑（战前只需1万英镑）。1748年，13个殖民地的行政和防务费用为7万英镑，而1763年为35万英镑。这一年海关职员薪金共8000英镑，而所收关税不足2000英镑。英国财政大臣格伦威尔对北美殖民地擅自印刷纸币深为不满。各殖民地一直为货币短缺而苦恼，这与宗主国的贸易逆差有关。1774年，格伦威尔利用议会通过的《通货条例》禁止各殖民地使用这种纸币。战后为了解决财政赤字，并有效控制这块繁荣的殖民地，政府决心严格执行航海条例，增加税赋和税种，加强海上缉私（当时仅纽约每年的走私额高达1万英镑），建立海关总署和海事法庭，巡逻船经常出海。为保护英国皮毛商人的利益，政府于1763年发布文告，禁止各殖民地给阿巴拉契亚山以西土地发放测量许可证，这引起移民和土地投机商的反对（而战前政府鼓励这样做，为的是同法国人争夺土地）。

总之，七年战争是英国与其北美殖民地关系的转折点：共同的敌人消失之后，内部原有的矛盾逐渐上升，加上殖民地经过100多年经营，工业有较大发展，与宗主国竞争的商品增多了。于是，英国决定严格执行《航海条例》打击走私，并对北美工业多方限制。如1732年的制帽条例、1750年禁止殖民地扩建铁加工厂和炼钢炉。从贸易关系看，13个殖民地同英国的双边贸易额从1710年的54万英镑增加到1771年的550万英镑，占当年英国进出口总额的23%。在18世纪大部分年代里，13个殖民地对英国贸易严重入超，1771年贸易赤字高达285万英镑。[①] 殖民地从账面上看

---

① B. R. Mitchell, *British Historical Statistics*, Cambridge Unversity Press, 1988, p. 449.

是顺差，但由于英国商人垄断了从收购到金融服务的各个环节，造成一部分种植园主负债经营。因此，北美商人和激进知识分子不再把英国驻军看成保护神，而把他们当作压制自由的敌人。上述一系列限制性法令出台，使英国与殖民地关系急剧恶化。随着殖民地的经济和社会发展，各地区之间的交往日益增加，尤其在新英格兰的沿海城镇地区，区域性商品市场正在形成，民族意识也开始觉醒。在文化领域，新英格兰几乎每个城镇都有中小学校，初等教育的普及程度超过英国。但在内地和南部，中小学很少。有钱人家聘请家庭教师，子女长大后送往英国上学。牧师哈佛在私人图书馆和1600英镑遗产的基础上，1636年在波士顿创办哈佛学院。耶鲁学院于1701年在纽黑文建成。这是美国最早的两所私立大学。在17、18世纪，一批有独立见解的启蒙思想家在北美成长起来，其中最突出的是富兰克林。他出身低微，是自学成才的科学家、政治家、外交家、编辑、精于致富之道的商人。他在学术和事业上的成就赢得欧洲上流社会的尊重，这有助于完成大陆会议交给他的外交使命。他向新旧大陆的人们证明，并非所有美国人都是无知的乡巴佬。1754年，在奥尔巴尼会议上他起草出各殖民地联盟计划，虽未成功，却是北美殖民地联合的首次尝试。他的名言是：人是制造工具的动物，劳动是价值的尺度，时间就是金钱。

另一位启蒙学者杰佛逊，毕业于威廉·玛丽学院。1773年创办《通讯委员会》，出版《美洲权利总览》（1774）、《弗吉尼亚纪事》（1785），创办弗吉尼亚大学。他是《独立宣言》主要起草人、民主共和党创始人、美国开国元勋，曾任国务卿、总统（1801—1805）。在《独立宣言》草案里，他谴责奴隶制度是“向人格本身进行的残酷战争”，它侵犯了黑人“最神圣的生命和自由权利”，但因南方代表反对而被删掉了。

第二节　独立战争

一、从冲突到对抗

1764年“糖税法”，尤其是1765年“印花税法”引起普遍抵制。9个殖民地代表在纽约开会重申殖民地议会的征税权，南卡罗来纳代表说：“我们应当站在天赋人权这一广泛的共同立场上……这个大陆不应当有新英格兰人、纽约人，我们都是美利坚人。”他们抗税的依据是无代表则不纳税，征税而无代表是暴政！伦敦方面被迫于1766年取消印花税，但又重申威斯敏斯特①是“对各殖民地具有约束力的最高立法机构”。1767 年，英国财政大臣唐森德推动议会通过四项法令：对北美进口的玻璃、铅、油漆、茶叶等征税，由海关征收，搜查违禁品和走私品，征收特别税供驻军使用，史称“唐森德法”。这些法令引起波士顿惨案（1770 年 3 月 5 日）。4 月，英国废除这四项法令，改而只征收茶叶税，每磅 3 便士，据说“让他们承认这一点儿象征性权利，要比千百万英镑更有价值”。

1773 年 12 月 16 日夜间，波士顿一群自由之子在亚当斯带领下，化装成印第安人，把港口里东印度公司运来的 342 箱茶叶倒入海中。英国立即对这一茶党案作出反应：封港、取消其自治权、增兵，把加拿大边界向南推进到俄亥俄河、阿巴拉契亚山以西。

英国的惩罚引起各殖民地对波士顿的声援。1774 年 9 月，12 个殖民地代表在费城召开大陆会议，决定停止对英贸易、抵制英货，同时向英王请愿，希望和平解决这场冲突。但乔治三世表示：“殖民地不是投降，就是胜利。新英格兰那些政府是叛乱政府，必须用战斗来决定他们是属于这个国家或者独立出去。”议会和政府竟唯命是从。

（一） 响彻世界的枪声

1775 年 4 月 18 日，马萨诸塞总督盖奇将军派 700 名英军去康科德没收军火。19 日清晨，这些英国红衫军途经一个村庄，名曰莱克星敦时，受到 70 多位民兵伏击，史称“莱克星敦枪声”，这标志着独立战争的开始。

武装斗争开始后，各地纷纷组建军队。在这种新形势下，各殖民地代表于 1775 年 5 月 10 日在费城召开第二届大陆会议。会上主张独立的意见占了上风。决定推举乔治·华盛顿为大陆军总司令，统一领导反英武装斗争。会议建议各殖民地组建独立政府，以对付英军的镇压。7 月 4 日，大陆会议通过杰佛逊等人起草的《独立宣言》，这是美洲革命的纲领。

（二）《独立宣言》

它分为两部分：第一部分从法国启蒙学者倡导的天赋人权出发，①宣告人人生而平等。每个人都享有生命、自由和追求幸福的权利。②人民为了保障这些权利，才成立政府。政府的目的在于促进人民的安全和幸福。③政府的正当权力来自被统治者的同意，即人民是政府权力的源泉。人民享有主权。④如果政府违背或损害了这一目的，那么，“人民就有权利改变它或废除它，以建立新的政府”。不过《独立宣言》也承认，当政府的

① 英国议会所在地名曰威斯敏斯特（Westminster）。

“罪恶尚可容忍时，人类总是宁愿默然忍受”，只有政府“企图把人民置于绝对专制主义的淫威之下时”，废除这样的政府，不但是人民的权利，更是一项义务。《独立宣言》就这样从人权出发，引申出政权和人民主权，得出革命权这一结论。革命不仅是人民的政治权利，而且是一项社会责任。[①]“这样就使美国人把自己独立的宪法条文，建立在纯粹的契约论国家学说的基础上，无需传统法规的支持。”[②]《独立宣言》第二部分列举出许多事实，控诉英国国王对北美人权的扼杀和践踏。最后庄严宣告：“这些联合殖民地从此成为、而且名正言顺地应当成为自由独立的合众国；它们解除对于英王的一切隶属关系，而且它们与大不列颠王国之间的一切政治联系亦应当从此完全废止。”

1776 年，潘恩发表革命小册子《常识》，宣传天赋人权，抨击英王和君主政体，热情号召人民武装反抗英国，争取民族独立。此书 3 个月发行 12 万册，当时 13 州总人口才 200 多万，它对于促使更多居民赞成独立并鼓舞其斗志发挥了很大作用。

1776 年 5 月，大陆会议宣告取缔美洲的皇家政府，各州建立新政府。这些新政府在数月内草拟或修改各自的宪法。所有宪法都包括权利宣言，强调分权和选举立法机构。由立法机构选举州长，任期 1 年。除了佐治亚均设两院制立法机构。

1777 年，大陆会议通过《邦联和永久联合条例》，提请各州批准。到 1781 年 5 月，13 个州批准完毕，条约生效。按此条例成立的邦联政府取代了大陆会议（1775—1781）的职权。总之，这是一个由 13 个独立国家（states，中文译州）自愿组成的邦联制国家。大陆会议在通过《邦联条例》之前，已经在行使政府职能：招募和统率军队、谈判条约、发行货币、筹款等。

二、战争经过

华盛顿以总司令身份赶赴前线时，大陆军从 1775 年 7 月起包围波士顿。城内 2000 英军正向制高点班克山轮番猛攻，双方伤亡惨重。第二年 3 月，英军统帅豪将军率军从海路撤出波士顿，前往新斯科舍。此后几年的

① 叶立煊：《人权论》，福建人民出版社 1991 年版，第 107 页。

② A. 古德温：《新编剑桥世界近代史》第 8 卷，王青等译，中国社会科学出版社 1999 年版，第 596 页。

主战场在纽约。1776 年 7 月，豪将军率 32000 人从新斯科舍出发占领纽约。华盛顿率部撤退，冬季渡过特拉华河，到达宾州，然后于圣诞节回师奇袭特伦顿，初战告捷，士气大振。1777 年，伯戈因率英军从加拿大沿哈德孙河南下，豪将军本应从纽约北上与之会师，但他却率军向西南进军，攻打费城。造成伯戈因 5000 人孤军深入，10 月 7 日在萨拉托加被迫向大陆军投降。消息传到英国，内阁决定和谈。而由富兰克林率领的美国代表团在巴黎经过长时间等待后这时才有机会谈判。因此，这场战斗成为独立战争的转折点。1778 年 2 月，法、美公开结盟，6 月法国参战，对英国的制海权构成威胁。1779 年 6 月，西班牙参战，英国海军更加被动。荷兰商人向法国、西班牙提供军需品，英国为此于 1780 年 11 月向荷兰发出最后通牒，随后向西班牙宣战。这时俄国宣布武装中立，英国陷于孤立。

1777 年至 1778 年冬，华盛顿率领的军队在费城以西 20 英里的福吉谷——一个荒凉的山谷里露营，官兵缺衣少食，艰难度日。双方在北部对峙，英军主力向南部展开攻势，华盛顿派格林将军指挥南方各州军队采取游击战术多次获胜。[①] 1781 年 10 月，康华里在约克镇率 7000 英军向华盛顿投降，当时有 7 万法国陆海军协助美军。

1783 年，英美签订巴黎和约，英国承认美国独立。美国西部边界到达密西西比河，领土 230 万平方公里，比原来 13 州扩大一倍多。

三、从邦联到联邦

《邦联条例》规定，组成美利坚合众国的各个州保持其“主权、自由和独立”。邦联只设国会，由各州代表组成，每个州只有一票表决权。国会休会期间由“诸州委员会”处理中央政府事务，各州均派一人参加。邦联政府的权力是宣战、媾和与外交事务、管理印第安人、铸币、确定度量衡标准、处理各州之间纠纷、设立邮政。邦联政府无征税权，其经费来自各州的捐助。修改邦联条例须经 13 个州一致同意。

邦联政府的困境：第一，土地问题。各州政府都想把西部自由土地纳入自己的管辖范围。大批拓荒者、土地投机商更是蜂拥而来。邦联政府 1785 年颁布法令，把西北部土地分成 6 平方英里为单位的若干小镇，每个镇细分为 36 个地段，每个地段 1 平方英里即 640 英亩。其中 4 个地段供学

---

① ［美］拉塞尔·F. 韦格利：《美国军事战略与政策史》，彭光谦译，解放军出版社 1986 年版，第 44 页。

校和政府使用，其余每个地段为最小出售单位，合每英亩 1 美元。投机商往往转手零售给农民，从中渔利。1787 年，土地法令为在西北地区建立州政府的组织法：总共建立 3～5 个领地，各由总督和法官管理。当领地上男性自由居民达到 6 万人时，可建立州政府，向国会申请加入邦联。制定州宪法，与原有各州平等。第二，外交困境。《巴黎和约》规定美国要向英国偿还战前债务，各州归还效忠派财产。英国以美未履行条约为借口，拒不归还大湖区 12 处要塞。而邦联政府无权对各州发号施令。各州不同的关税还给外国商人以可乘之机。当美国驻英公使亚当斯抗议英国不派公使赴美时，对方质问，英国应该派出 1 个还是 13 个公使？另外，西班牙利用美国中西部农民通过密西西比河出口农产品，分化利诱，挑起地区间利益冲突，直到 1788 年美国支付高额关税后，才许其船通过新奥尔良出海。第三，经济萧条。战时，大陆会议只能通过发行纸币和债券筹措经费，到 1780 年已发行 2.5 亿美元；战后 150 美元纸币只能兑换 1 美元硬币。邦联政府欠内债 3500 万美元、外债 780 万美元，靠各州自愿捐献。这时连债务利息都还不起，政府财政处于崩溃边缘。社会上物价飞涨，穷人苦不堪言。第四，谢司起义。战后老兵退伍回乡，往往只有借高利贷以便恢复农业生产，许多人负债累累，土地被债主没收，或因债务被法院投入监狱。以退伍军人谢司为首的小农 2000 人于 1786 年发动武装起义，半年以后才被镇压。

土地、外交和经济问题，尤其是农民起义使政治家和富人感到恐惧。他们认识到，邦联政府权力太小，无力应付政治、经济危机。大家的共识是，必须对邦联体制动一次大手术。

（一）制宪会议

1787 年 5 月 25 日到 9 月 17 日，各州（罗德岛除外）代表 55 人在费城一栋楼房二层一间大厅开会（现在的独立厅），着手修改邦联条例。代表们很快发现，只有另起炉灶制定一部新宪法，才能根除邦联条例中的缺陷。他们选举华盛顿为主席，约定辩论中不作记录。经过漫长而激烈的争论，并作妥协后，产生了一部新宪法。9 月 17 日，与会的 42 名代表中 39 人在宪法的定稿上签了字。这时，最年长的代表富兰克林说："在整个辩论过程中，我一再注视着主席座椅靠背上的一幅画：地平线上有半轮太阳。我不知道那是旭日东升还是夕阳西下。现在我终于高兴地知道，这是一轮红日正在东方升起。"

（二）联邦宪法

各州在讨论通过宪法时追加了一系列人权条款，即宪法前十条修正案后，获得九个州批准，开始生效。

从宪法条文、修正案和这200年的实施效果看，美国是联邦制、总统制共和国。

下面是宪法内容简介。[①]

美国宪法采用双重分权。①纵向：联邦和州政府。联邦政府权力采用列举式：征税、与外国签约、建立陆海军、铸币、借款、管理州际贸易。州政府权力采用保留式：上述联邦政府权力之外，作为一个主权国家应该具有的政府权力，仍归各州政府和州议会。显然，中央和地方政府之间不完全是上下级关系，而是契约关系。双方都服从联邦宪法的规定。这同法国、中国中央政府与各省的关系大不相同。中国现在的省源于元朝。元朝中书省是中央最高行政机关，因在河南、江浙等地设立派出机关行中书省而得名，简称“行省”，是地方最高行政机关。明朝改为布政使司，习惯上仍称行省，简称“省”。行省长官由朝廷委派，对皇帝负责；而美国50个州政府主要官员由选举产生，对本州负责。②横向：联邦政府三权分立、彼此制衡。

1. 行政权归总统。总统的地位和权力具体如下：

国家元首。美国总统是“国王和总理大臣的统一体”（西奥多·罗斯福）。他不对国会负责而直接对全国选民负责。他肩负外交礼仪上的权责；对内，总统作为“全体人民的代表”出席各种纪念、奠基、接见活动。

行政首脑。“行政权属于美利坚合众国总统”，具体表现在各部部长听候总统命令，总统与内阁成员是上下级而非同僚关系；广泛的行政决策权：任命、罢免、赦免权；拥有一套归自己掌握的行政办事机构。

宪法规定总统“应注意一切法律是否忠实执行”。为此可利用司法部检察系统和联邦调查局，调动武装部队强制执行国会的立法。

武装部队总司令。这一军事统率权使总统有权按指挥系统或越级指挥和调动军队，还有各州民兵（民团）。只有总统有权批准使用原子弹。为了维护国内安全或对外“保护美国利益”，总统有权使用武力，采取军事行动。

---

① 以宪法条文为基础，还包括后来的修正案和实施情况。到1967年，共有25条修正案。

有条件的立法否决权和委托立法权。总统有权否决国会立法，但否决后的法案如经国会再以 2/3 多数通过后，总统的否决无效。总统还参与法案的提出、通过到批准的全过程。法案经总统批准后，总统可制定相应的具体执行规则。总统还可用行政命令的方式行使立法权、司法赦免权。

外交权。总统是外交政策的制定与执行者。现代国际事务的复杂性和局势变化的紧迫性、外交事务的保密性，都使总统在外交工作中处于独一无二的地位。作为日常外交活动的主持者，总统每年向国会提交外交咨文，阐述其外交政策与策略，接见外国使者，接受国书。总统个人可以决定承认或不承认某一外国政府。国务院是总统下属机构。缔结条约权，“经参院建议和同意并经 2/3 议员赞同，总统有缔约之权”。总统还可以与外国签订行政协定而无须参院批准，这来源于宪法中的“默示权力”。

本党的领袖。总统可任命本党人士担任官职（政党分封制）作为报答，或用以控制本党人士。

2. 立法权和财政权属于国会。国会分参、众两院。参议院 100 名议员，每州 2 名，任期 6 年，可连任，每两年改选 1/3。副总统任主席，当表决一半对一半时他可投决定性的一票。众议院共有 435 名议员（再加哥伦比亚特区 3 名议员），按各州人口比例分配名额。任期两年，两年改选一半议员，可连任。现在多数参、众议员都是连任的。国会有权行使立法权，如果以 2/3 多数票重新通过了总统否决的提案，则总统否决无效。批准总统与外国签订的条约，国会现有 20 多个监督总统内政外交事务的专门委员会。举行听证会，确认总统提名的官员是否称职。宣战与媾和。授权总统招募军队、创制提案、起草预算案、批准拨款。国会弹劾总统等。

3. 司法权属于联邦最高法院。最高法院共有 9 名法官，其中一名为首席大法官，均由总统提名，参院确认后终身任职。最高法院的权力有二：第一，它是最高上诉法院，第二，它有解释宪法的权力（司法审查权），可以否决任何“违宪”的法案和法律。首席大法官主持新总统就职典礼。

各州也分为州长、州议会和州法院，三权分立、彼此制衡（balance and check）。宪法的哲学基础是只有人民才享有权利和特权，政府负有职责和义务，并且只被授予有限的权力去履行这些职责和义务。[①] 这种体制使法律的批准能建立在充分论证、权衡利弊的基础上，法案经过不同部门

① ［美］布鲁斯特·C. 丹尼：《从整体考察美国对外政策》，范守义译，世界知识出版社 1988 年版，第 21 页。

多次审查后才提交国会辩论。常由专门委员会论证，然后表决。它能防止某个官员或某个部门滥用权力，减少片面和随意性，确保法律的稳定性、权威性和可操作性。但从近 20 年的实践分析，双重分权（联邦与州、县分权，各级三权分立）和彼此制衡的弊端日渐显现，如加州火灾、沿海飓风、佛州楼房倒塌，尤其是新冠肺炎 COVID－19，美国历届政府的应对一再遭世人诟病。

随着国家实力的增强和政府调控宏观经济的需要，加上宪法语言本身的模糊性，政府干预国民经济和社会生活的力度和范围增加了。美国政府体制的变化趋势是，联邦权力扩大而各州权力相对削弱（尤其是财权）；联邦行政权力扩大而其余两个部门权力削弱。战时或危急时总统权力扩张，和平时期相对弱小。可以预料，行政、立法和司法三部门的权力天平，今后还会随着各自主管官员能力的强弱或其他原因发生倾斜和摇摆。但是三权分立与平衡的基本格局，预计不会动摇。

这是近代世界上第一部统一的成文宪法。

四、第一任总统华盛顿

乔治·华盛顿（1732—1799），合众国主要创建者（国父），第一位总统（1789—1797）。早年为土地测量员，在七年战争中服役，获英军上校衔。弗吉尼亚议会议员，第一、第二届大陆会议代表，被任命为大陆军总司令，直到美国独立。在此期间他遇到的主要挑战是，如何解决大陆军的兵源、装备和供应短缺，调解高级军官之间的矛盾，化解军方对大陆会议（即国会）的怨言。他竭尽全力协调并理顺这些错综复杂的关系，其间只向几位挚友、亲人透露一二而不能公开抱怨。1787 年，主持会议制定联邦宪法，第二届总统任期届满后返回故乡自己的农场，直到病故。华盛顿在战时尊重大陆会议，1796 年总统竞选时又拒绝提名连任，开创美国总统最多两届任期的先例。他在总统任内定期与政府各部部长磋商，听取他们的忠告，形成“内阁”这一概念，就像他作为总司令在战时依靠他的参谋班子一样，这又是一个良好先例。在《告别演说》中他呼吁全国同胞要团结，“政府的统一使美国人组成为一个民族。因此，你们要把维护全国团结奉为最神圣的宗旨”。“它是所有个人、集体和每一地区利益的守护神。”

“遵守宪法是我们大家应尽的义务。人民的权力和权利是以每个人服从宪法政府为先决条件的。人民可以用宪法规定的修正办法予以改正，但不可用篡权方式谋求改变。篡权的先例所产生的长久弊端会大大超出那种局部或暂时的利益。”

“按利益或地域划分的不同党派对国家是有害的。党派会煽动骚乱和暴动。它向外来势力和腐化敞开大门。君主政府可以宽容派性，而在民主型国家里不值得提倡，因为政府是选举产生的。”华盛顿担心党派之争危及政治稳定，是鉴于当时国内汉密尔顿和杰佛逊为首的两派在内外政策上不断发生争执。但是今天看来，国父当年的担心不幸而言中了；在国外，法国革命政府视美国为当然盟国（1778 年同盟条约），派外交使节到美国从事反英活动。

“对外关系的最高准则是在扩大外贸的同时尽量避免与外界任何部分永久结盟。遵守现有的双边协定但让我们到此为止。欧洲有一套基本利益，因此必定会经常忙于争执，而这与我们的利益无关。”“把自己卷入欧洲政治的诡谲风雨之中是不明智的。在感情上依附某一国而对另一国反感，会使我们忘记自身利益和立场而沦为大国、强国的附庸。一个国家想从别国寻求无私援助是愚蠢的。”① 华盛顿这种“孤立主义”奠定了美国对欧外交的基础，他的军功和政绩，他的政治言论和开创的不少良好先例，给这个崭新的、前途远大的国家奠定了基础。

第三节 对美利坚革命的评价

北美独立战争是继尼德兰之后，近代历史上被压迫民族在民族解放战争中取得的又一场伟大胜利。它结束了欧洲列强支配全世界的历史，开创了非欧洲世界民族解放运动的新时代。美国独立直接推动了拉丁美洲独立战争和法国大革命，“给欧洲中产阶级敲响了警钟”（马克思）。

1789 年，美国总统制开始运转时，欧洲社会舆论以好奇的目光注视着这个独一无二的国家元首每隔四年由其选民进行选择并加以评判。总统的权力竟然达到集国王、首相和大元帅于一身的地步，使那些谙熟王室内幕和宫廷统治的行家们觉得荒唐可笑，大家心照不宣地断定，这样的制度长不了：如果遇上一位强有力的总统，他决不肯屈从选民意志而要自立为王，至少也要终身秉政；而总统如果懦弱无能，那么等不到四年期满，人民就会起来把他轰下台去。但这些秋后算账派的算盘打错了。其实这并不奇怪，因为几千年来，世界各国都是由帝王将相统治并世袭相传的，而现

① 《华盛顿选集》，聂崇信译，商务印书馆 1983 年版，第 313—325 页。

在却由四年一换的三个部门分掌权力，共同管理一个远远大于古希腊城邦和中世纪意大利城市的共和国，把启蒙学者最大胆的设想变成现实，这是史无前例的创举。更重要的是，这一民选的文官政府政治上的稳定性、以宪法为中心的法治至上原则、法律体系的连贯性和适应能力超出了人们预料，也超过了许多外国模仿者。

美利坚革命也是一场资产阶级革命。比起英国的清教革命来，它以理性主义这一世俗理论为旗帜，实现了法国大革命的目标（马克思把独立宣言称为第一个人权宣言）而没有发生大革命中的过火行为，还避免了英法革命中共和、复辟等政治反复和政局动荡。敌对双方（当地居民中的革命派和亲英派）的利害冲突都不是因为世袭领地、封建特权或贵族封号引起的。因此，同各国资产阶级革命相比较，美利坚革命堪称典范。

美利坚革命保留了奴隶制度，这无疑是一种局限性，但历史上任何一场政治革命，当时都只能实现有限的目标。如果那些开国元勋们当年不与南方奴隶主代表妥协，美国独立事业就可能夭折；制宪会议上如果没有妥协，13 个独立的州政府就不可能自愿联合成一个统一而不可分割的合众国。

第八章

法国大革命与拿破仑

在中世纪的欧洲，法国是封建制度的中心，从文艺复兴时代起是统一的等级君主制的典型国家。它在大革命中粉碎了封建制度，建立起纯粹的资产阶级统治。这场革命所具有的典型性是欧洲其他国家所没有的，而奋起向上的无产阶级反对占统治地位的资产阶级的斗争，在这里也以其他各国所没有的尖锐形式表现出来（恩格斯）。可以这样说，法国是现代社会阶级斗争的主战场。法国人具有“天生的革命倡导权”（恩格斯）。

基佐（Guizot）认为，文明的两大要素是智力发展和社会发展。在英国，社会发展比人性发展更广泛、更辉煌，民族比单个的人更伟大……德国的风格粗野，然而智力发展超过了社会发展。在德国，知识阶层和讲究实际的阶层几乎完全分离。英国文明的特点是到处出现现实的天才，而纯粹的智力活动则是德国文明的主要特征。在法国，精神的发展和社会的发展彼此从未脱节过。现实社会里发生的每件事，知识界都立刻抓住并从中引申出新的财富来；知识界的每件事也会在现实社会中产生反响。在法国，思想一般都领先于社会并促进其进步。[①] 基佐先生在此讲述的是现代社会里国内社会思潮与哲学流派之间的关系。法国史学家米细勒（Julies Michelet）说：“法兰西人民……吵吵嚷嚷，纵情声色，活泼轻快——敏于学习，自以为是，对新事物如饥似渴。”

1789 年，法兰西陷入一场大革命。这在世界历史上是无与伦比的，它用近代社会取代了旧制度。它引起的社会变动如此巨大和激进，以至于此后所有革命运动都以它为先行者。就革命背景而言，法兰西当时在许多方面处于最先进国家的地位：法国是启蒙思想的中心，法国科学处于世界领先地位，法语是国际条约以及多数国家教育和上流社会的通用语言。法国按 1789 年前的潜力和 1789 年后的行为来讲都是欧洲最强大的国家。总之，18 世纪的欧洲人已经习惯于接受法国人的思想，他们依据各自的社会地位在这场革命中感受到最大的兴奋、勇气和恐惧。[②]

---

① 基佐：《法国文明史》第一卷，沅芷译，商务印书馆 1993 年版，第 8—16 页。

② R. R. Palmer and Joel Colton, *A History of the Modern World · Grand French Revolution ·*, Alfred A. Knopf. Inc., 1984, Preface.

第一节　法国的旧制度

一、等级君主制向专制君主制转化

中世纪的法国是西欧典型的封建等级君主制国家。国王把全国大部分土地分封给公爵、伯爵、主教和修道院长，后者又把土地分封给男爵、子爵，这些次一等贵族再把一部分土地分封给骑士，形成层层分封、逐级隶属的等级关系，即“我的封臣的封臣，不是我的封臣”。从法律上说，封君和封臣各有义务和权利。但实际上在卡洛林王朝和卡佩王朝时期，这种权利和义务已形同虚设。封土早已转化为世袭领地。例如，1172 年，香槟伯爵有 2000 个封臣，他本人则效忠于法国国王和其他 10 个封君。[①] 国王、领主和教会法庭各行其是，国王与自治城市结盟对付大封建主。

腓力四世为了筹集对外战争经费，向僧侣征收财产税，这引起教皇反对。为了对付教皇，国王于 1302 年首次召集全国僧侣、贵族和市民参加的三级会议。百年战争期间，三级会议支持国王度过危机。1439 年，查理七世发布公告：只有国王有权征税。此后历代国王就很少召集三级会议了。直到 1468 年路易十一为了集中王权才召集了一次，1614 年后不再召开全国性三级会议。直到 1789 年巴黎民众起义，才又一次召开。

法国三级会议的权力从未达到英国议会那么强大的地步，代表们更多地把它看成负担而不是机会。原因是法国人口和幅员（百年战争后）约为英国的三倍。各省三级会议的作用更为有效，并很好地协调着国王和人民的关系。而且这种等级会议几年才偶然开一次，很难发展成有活力的常设机构。1358 年以后，大臣们已经意识到三级会议对君主制是一个威胁，无疑也威胁到他们自己的既得利益。相反，王权神圣的思想正在得势。到 17 世纪，君主专制与等级代表的观念更是势不两立。

二、专制君主制的盛衰

（一）专制王权兴起

经过百年战争，法国君主从卡佩王朝一个普通的封建领主变成全国团

① 张芝联：《法国通史》，北京大学出版社 1989 年版，第 45 页。

结的中心和救世主。[①] 1302 年开始的三级会议全力支持国王，于 1439 年确认国王可以自行征税。国王利用百年战争期间民族意识高涨的机会，把全国军队集中到自己手里。路易十一平定大贵族联合势力的叛乱，并获得勃艮第公爵的领地，实现了国家统一。路易十一大权独揽，御前会议只起咨询作用。他任命大批新法官，重才干而不论门第。在波尔多、第戎等地增设高等法院。他还设立 11 个军事辖区控制各省，加强常备军，组建炮兵部队。他鼓励贸易、兴建公路、设立邮政驿站。派遣官吏越过领主直接向臣民征收人头税和间接税、增设盐税，[②] 使国王成为农民的直接领主。国王还基本上控制了教会，削弱城镇自治并使之拥护王权。

1624—1642 年，任路易十三首相的黎塞留是法国的实际统治者，他强行取消胡格诺贵族若干军政特权，强化中央集权，鼓励工商业、组建法国海军。1643 年，路易十三去世，继承王位的路易十四年方五岁，由黎塞留弟子马扎然摄政，他是国王的首相、教父和太后的情人，直到 1661 年去世一直大权在握。1648 年，法国在 30 年战争中获胜，但“福隆德骚乱”[③] 使国王两次逃离首都，马扎然镇压了贵族对王权的最后一次叛乱。这场斗争表明，当时日趋没落的封建贵族和正在成长的资产阶级都离不开专制王权的庇护和仲裁。专制君主制经过这场政治危机反而得到强化。

（二）专制王权的顶峰——路易十四的统治

1661 年，红衣主教马扎然病故，大臣们向 23 岁的路易十四禀报：“没有了首相，今后我们向谁请示呢?”“向我。”此后由国王自己主持国务会议长达 50 多年。当巴黎高等法院拒绝登记新法令时，路易十四亲往法院训斥法官：“你们以为你们代表国家吗？不，朕即国家!”然后把他们流放外

① G. R. 波特：《新编剑桥世界近代史》第 1 卷，中国社会科学出版社 1988 年版，第 79 页。

② 张芝联：《法国通史》，北京大学出版社 1988 年版，第 83 页。

③ 福隆德（Fronde，1648—1652），原指一种儿童游戏用的投石器，曾为巴黎当局所禁止。1648 年 4 月宫廷停发高等法院法官俸禄 4 年，巴黎法院联合各地法院提出 27 项建议：改革财政，经法院同意才能征税，要国王撤回派往各地的监督官。政府逮捕为首的三人，引起首都市民 8 月 28 日武装暴动，第二年王室成员逃往圣日耳曼，并派孔代（Conde）亲王率军镇压叛乱。巴黎法院的显贵害怕起义市民，又听说英国国王被处死，便与官廷妥协。孔代亲王自恃勤王有功，想取代马扎然的首相职位未成，便联合其他亲王显贵密谋叛乱。1650 年马扎然下令拘捕孔代。密谋者在外省暴动，孔代还勾结西班牙军队与法军作战。经过马扎然分化瓦解，到 1652 年平息了这场贵族叛乱。

地。他信奉王权神圣和君主绝对主权理论，告诉其子并公开声明："臣民无条件服从君主乃上帝的愿望。国君是整个王国的所有者，有充分权力自由处置国家所有财富，不管它属于教会还是俗人。法兰西这个国家并非一个团体而完全体现在国王一人身上。""臣民没有权利，只有义务。"① 福隆德之乱后，他恢复向各省派驻司法、治安和财政监督官制度，这些人逐渐成为地方长官，而原来的总督和当地显贵被召往凡尔赛宫，实际上成为国王的侍臣。从1665年起，他颁布民法、刑法、商法、海运法和殖民地法。这有利于维护公共秩序、促进商业繁荣和行政统一。在中央，路易十四建立内政外交、财政、陆军、宗教四个委员会和行政法院，另设显贵会议。这些机构都由国王主持，会议仅起咨询作用。中央各部由国王挑选的大臣掌管，国王分别与大臣磋商。这是一个完全听命于国王的、中央集权的官僚机构。

财政总监科尔伯是路易十四的主要助手。1664年、1667年他对进口制成品和原料出口课以重税，而对原料进口和制成品出口予以补贴，由政府投资开办国家工场，尤其是兵工厂。1664年，重建法国东印度公司，对火药、矿产和食盐实行专卖制度。新建的运河把大西洋和地中海连接起来。② 1666—1683年，政府为改进水陆交通花费1590万锂，③ 科尔伯还取消一些内地关卡，增设烟草、咖啡等间接税，加强人头税的征收。这些重商主义政策，史称"科尔伯主义"。它促进法国工商业发展，并使政府有财力供养一支欧洲最大的常备军：40万陆军官兵和276艘战船的海军。④ 即使在和平时期，如七年战争之前，也有陆军15万人。但是海外公司的股票先由皇亲国戚和显贵认购，最后才公开上市。公司始终是半国有公司，⑤ 裙带关系加上官僚作风，有些公司不久便垮台了。如法国东印度公司几次投机

① 吴于廑、齐世荣：《世界史·近代史编》，高等教育出版社1992年版，第165页。

② Herbert Rowen, *A History of Early Modern Europe*, 1500－1815, The Bobbs Merrill Co. Inc., 1960, p. 447.

③ 伟·桑巴特：《现代资本主义》，商务印书馆1936年版，第262页。锂（livre），20个苏（sou）等于1锂，1258年1枚有骑士比武图案的锂（弗尔）硬币在1774年已值5.16锂，1793年值4.83锂。1795年锂改为法郎（franc）。1803年法律规定1法郎值5克白银或322.56毫克黄金，1914年1法郎折合19.25美分。

④ ［法］皮埃尔·米盖尔：《法国史》，蔡鸿宾译，商务印书馆1985年版，第213页。

⑤ 汉斯·豪斯赫尔：《近代经济史》，商务印书馆1987年版，第179页。

失败后，1791 年被革命政府撤销。为了应付政府急需的款项，科尔伯不得不向大商人借款，让他们充当国家债权人和包税人。卖官鬻爵已经制度化，成为政府的生财之道。而且科尔伯的重商主义以损害农业为代价：租税负担过重和税负不公，是法国农业萧条的重要原因。加上连年对外战争（路易十四亲政 54 年间有 31 年处于战争状态），科尔伯主义并未达到预期效果。

1673 年敕令规定，全国所有高级僧侣均由国王授职，两名抗命的主教受到惩罚。1682 年，僧侣会议通过《法国教士宣言》，进一步强化国王的宗教权力。这导致罗马教皇一再予以谴责，路易十四派人占领教皇在法国的领地阿维农。1685 年，路易十四完全废除了南特敕令。3 年内 5 万户新教徒流亡国外，其中许多人是熟练工匠、海员和军官，6000 万锂资金也随之流失。

路易十四在欧洲的霸权和废除南特敕令引起新教国家的不安，德意志新教诸侯、荷兰、瑞典和西班牙结成奥格斯堡同盟对法作战，迫使法国放弃根据尼姆维根条约①兼并的土地。后来的西班牙王位战争和奥地利王位战争更是得不偿失，造成大量财政赤字。在宗教方面，1673 年，路易十四规定主教由国王授职，1682 年，进一步限制罗马教皇在法国的权力。

路易十四时期，法国宫廷和权贵的奢侈之风有增无减，上流社会道德沦丧。路易十五对其情妇蓬巴杜夫人和杜巴丽夫人言听计从，朝廷大权落入宫闱卧室之中。服装变化也反映出社会的分裂：贵妇人盛行紧身、开胸很大的上衣和宽大的裙子；男士穿紧身背心，半长礼服和仅及膝盖的裤子，膝盖下面是袜子。这种套裤平民不能穿，他们只能穿长裤，故称“无套裤汉”，大革命时期后者以此自谓，以示区别。②

一方面，路易十四奠定了法国中央集权政体的基础，这一专制体制被欧洲众多君主视为楷模。凡尔赛宫成为欧洲戏剧和文化中心，路易十四时代是法国古典主义文学的同义词，史称“开明专制”。另一方面，他好大喜功、穷兵黩武、到处树敌，使法国从欧洲霸主地位上跌落下来，去世时留下 30 亿锂债务，其中 20 亿锂是年金，年息 8600 万锂，而国家年收入才七八千万锂，这等于把 3 年收入让渡出去了。唯一的办法是强行降低利息，

---

① 这是法国经过对外战争于 1678—1679 年分别与荷兰、西班牙和神圣罗马帝国签订的条约。法国获得新的领土，并在欧洲拥有霸权。

② 刘宗绪：《世界近代史》，高等教育出版社 1986 年版，第 57 页。

并拒付债务，而这意味着国家破产。路易十四一生都热衷于豪华排场的宫廷生活，动辄慷慨赏赐，仅王室开支每年就500万锂。当科尔伯向这位国王汇报新建的凡尔赛宫共花费了相当于今天15亿美元巨款时，他十分尴尬，下令将所有财务账册统统烧掉。[①] 当这位太阳王结束其漫长的一生，已经病故的消息传出后，人们如释重负，异口同声地说："唉呀，太阳终于落山了。"

（三）专制主义的衰落

已经厌倦路易十四时代的法国臣民热烈欢迎新国王登基，然而这位"受人爱戴"的路易十五是一个懒惰、好色而且不称职的国王。他和无能的路易十六一起使法国国王原有的超凡魅力黯然失色。路易十五登基时，国家财政已到破产边缘，七年战争又使法国多年经营的海外领地丧失殆尽。值此内忧外患之秋，路易十五仍不理朝政，终日纵情于声色犬马之中。当一位大臣恳请他勤政时，他竟然回答："我这一辈子已经满足了，我死后哪管它洪水滔天！"当他1774年死后发丧时，棺材只能夜间偷偷从后门运出。

路易十五时期，法国金融投机已达到疯狂的程度。1716年，政府以打击投机和高利贷为名，逮捕1500人，罚款2亿锂，本想挽救财政危机。但有些人证据不足，而一些金融家、包税人同法官、宫廷显贵有姻亲关系，结果只收到1500万锂罚款，许多案件不了了之，而财政危机日甚一日。这时，一个名叫约翰·劳的金融家从阿姆斯特丹来到巴黎，说服摄政王，于1716年创建通用银行，政府授予该行20年特权。1718年，劳把它改组为皇家银行，开出的票据可用来给政府纳税。这家银行大量发行纸币，当年发行1.8亿锂，1719年发行6.4亿锂，1721年发行11亿锂。[②] 1719年，劳又把自己新创立的印度公司改名为西方公司并与皇家银行合并，还获得在密西西比河贸易的权力。[③] 首期发行1200股股票，每股500锂，4个月后便涨到1.8万锂，增值36倍。到1720年，共发行50万张股票，价值3亿锂，皇家银行与印度公司共同承兑政府的22亿锂国债。[④] 高峰期股票市场平均价格是其面值的5倍，[⑤] 史称"密西西比泡沫"。当时在巴黎出现了

① 《参考消息》1982年7月4日。
② Herbert H. Rown, *A History of Early Modern Europe*, 1500－1815, p. 415.
③ P. 金德尔伯格：《西欧金融史》，第137—138页。
④ 汉斯·豪斯赫尔：《近代经济史》，商务印书馆1987年版，第192页。
⑤ P. 金德尔伯格《西欧金融史》，中国金融出版社1991年版，第138页。

疯狂的抢购风潮，达官贵人和少数投机商乘机把股票抛出，换成金条，一夜间变成千万、亿万富翁，政府也偿还了9亿锂国债。[①] 不久泡沫破裂，政府于1720年10月24日关闭交易所，54家银行中的2000名职员检查上交的账目，有55万债权人要求赔偿价值22亿锂银行券（纸币）的12.5万股股票。成千上万股民的股票成了废纸。这场金融危机使政府信誉扫地。直到1800年法国才建立起中央银行——法兰西银行。

路易十六看上去正直善良、头脑清楚，既没有路易十四那么专横霸道，又不像路易十五那样荒淫奢侈。他性格随和、顺应潮流、立志改革，登基后就起用杜尔果任财政总监，解决积重难返的财政危机。杜尔果上台后就给国王呈递改革计划，计划中许诺“不破产、不增税、不借款”，减少开支直到小于收入，以偿还长期国债。他改革弊政，如放开各地的谷物交易（不含巴黎）。到1775年年底，国家开支减少6620万锂，使政府用于贷款利息的开支从870万减至300万锂。还提高了政府信用，荷兰银行家给法国的贷款利息从原来的7%降至4%[②]。改革初见成效，杜尔果再接再厉，1776年他提出一系列新举措，国王也同意实施，主要是取缔巴黎各种行会，用税率很轻的土地税支付农民修路的工钱（原来是无偿劳役）。牧师们在各地教堂宣读时，受到农民欢呼，但特权等级反对。杜尔果转而允许僧侣免税。国王迫于宫廷宠臣和王后安东尼特的压力，把杜尔果免职。这位任职不足两年的财政总监离职时写信责备国王反复无常，警告他：“查理一世就因为缺乏主见而丢了脑袋！”此后直到大革命爆发，又换了六位财政大臣。实际上，这位君主真正的嗜好是打猎和写日记。他那些冗长乏味的流水账日记中唯一引人入胜之处，在于探索“无事可记”同大革命中哪一个著名日期相吻合。例如，在1789年7月14日，他的日记里照样写着“无事可记”，原因是那一天打猎似无收获。[③] 回到王宫，当利昂库尔公爵向他汇报巴士底狱事件时，他忧心忡忡地问：“难道发生了一场暴乱？”“陛下，那不是暴乱，而是一场革命！”[④]

---

① 汉斯·豪斯赫尔《近代经济史》，商务印书馆1987年版，第193页。

② A. 古德温：《新编剑桥世界近代史》，中国社会科学出版社1999年版，第8卷，第784页。

③ ［法］G. 勒诺特尔：《法国历史轶闻》第1卷，杨继忠译，北京出版社1985年版，第258页。

④ 乔治·皮博迪·古奇：《十九世纪历史学与历史学家》，卢继祖译，商务印书馆1989年版，第410页。

1776年，国王任命内克尔为财政大臣。内克尔通过借贷、彩票和年金为政府筹措到大笔资金，缓解了燃眉之急，但政府仍然债台高筑。他继续推行杜尔果的改革措施，又惹恼了显贵。出于自卫，内克尔1781年公布《财政报告书》，谎称有1000万锂财政盈余，隐瞒了4000万锂赤字。在政敌和巴黎高等法院的反对声中，内克尔这一年被迫辞职。在此期间，法国已为北美独立战争花费20亿锂，比过去法国在波兰、奥地利王位战争和七年战争中开支的总和还多。1782年前后，政府年度赤字8000万锂，1787年达到1.12亿锂。每年仅偿还到期国债就开支3亿锂，占政府总开支的一半。总开支中军费占1/4以上，民用不足1/4，宫廷开支3500万锂。[①] 当时直接税、间接税的税负年均每户50锂，不算重（间接税与消费水平有关），问题在于税负几乎完全落在450万户穷人身上，而另外50万户却不同程度地享有免税特权。另一弊端出在财政政策和政府体制上。

到1783年卡伦成为财政总管时，政府由于不能偿还贷款利息，已经在金融界信用扫地。卡伦力挽危局，但他的所有改革努力都受到高等法院的反对。1787年年初，他提出一个激进的财政重建计划，并伴随行政改革：由各地三级会议征收土地税，税率很低但全国统一，任何人不得豁免；扩大印花税范围；把人头税降至个人收入的1/20以内。为弥补上亿锂财政赤字，他计划增收（7000万锂）节支（4500万锂）；把还款期从10年延至20年。这项计划在1787年2—5月举行的显贵会议上被否决，显贵们迫使国王把卡伦免职，继任的布里埃也坚持征收土地税和印花税，但巴黎高等法院拒绝登记新税法，贵族和教士支持法院，并要求召集全国性三级会议（1614年后未开过）。此外，1786年英法商约使英国廉价工业品涌进法国，造成企业倒闭，20万人失业，那几年农业收成也不好。

总之，大革命前夕的法国财政濒于破产，从国内外都借不到钱。特权等级拒不让步，增税毫无希望，节支为时已晚。走投无路的国王只好听从显贵和法院的劝告，召开全国三级会议。

三、18世纪的法国经济

法国从1831年起普查人口。据研究，1660年全国人口约2000万，1740年2460万，1790年2810万，1815年3030万，1830年3237万。在

---

① A. 古德温：《新编剑桥世界近代史》，中国社会科学出版社1999年版，第8卷，第771页。

对外贸易的刺激和重商主义的鼓励下，18 世纪法国有上百个大型皇家手工工场。民间手工工场多在北部，以棉毛加工为主，布列塔尼、诺曼底有不少麻纺织工场。革命前全国有 1300 架珍妮纺纱机。安新煤矿雇工 4000 人（1757），公司创业资本 2000 万锂。[①] 巴黎 60 万居民中有半数是工人及其家属。阿尔萨斯、洛林是炼铁中心，里昂、奥尔良是丝织中心。波尔多、马赛、勒阿弗尔等港口贸易兴旺。首都巴黎是家具、服装、化妆品等奢侈品生产中心。

1739—1789 年，法国工业产量年均增长 2%，半个世纪共增长 269%，比以前明显加快。[②] 18 世纪的法国城市堪称欧洲的典范，建筑物华丽而高大，巴黎是欧洲时髦风尚和艺术中心。1789 年，外省有 30 多所高等学校。多卷本大百科全书于 1751—1772 年陆续出版，这是对当时人类所有知识和最新学术成果的全面汇集与系统介绍。

法国商业比工业发展得更快。1713—1789 年，贸易（含物价上升 65% 这一因素）增长 5 倍，后期每年达到 3.5 亿美元（按 1940 年美元计算）。1780 年，法国有 2000 艘商船。[③] 1599—1788 年，法国成立了 70 家特许贸易公司，但乏善可陈，大革命开始后陆续消失。虽然七年战争使法国失去了印度、加拿大等海外领地，但最有利可图的西印度群岛仍然存在，这里曾占革命前法国与殖民地贸易额的 3/4，是世界上有名的甘蔗产地，法属安得列斯群岛上有黑奴 50 万。1770 年前后，每年有 1000 艘船由此出发，一半开赴法国。旧制度最后 20 年间，利润更大的贸易转向中国、印度和东非。当时对华贸易的月利润率为 2.86%，去印度一个航程（33 个月）的利润为 200%[④]。法国与远东的贸易 20 年间增加一倍。西班牙与其南美殖民地的贸易一度处在法国商人控制之下。法国 1715 年流通的金币为 7.31 亿锂，而 1788 年达 20 亿锂。

总之，18 世纪的法国是欧洲大陆工商业最发达的国家。然而法国毕竟还是一个农业国，1781—1790 年农业年产值 29.27 亿法郎，工业 27.1 亿法郎（当时，1 法郎等于 1 锂）。

虽然法国人口是英国的三倍多，但工农业生产水平比英国落后。从速

---

① 侯宗卫：《外国近现代经济史》，西南财经大学出版社 1989 年版，第 165 页。

② 《不列颠大百科全书·法国革命》（英文版），第 642 页。

③ 米盖尔：《法国史》，蔡鸿宾译，商务印书馆 1985 年版，第 238 页。

④ 布罗代尔：《十五至十八世纪的物质文明、经济和资本主义》第 2 卷，生活·读书·新知三联书店 1992 年版，第 466 页。

度看，在大革命期间，英国正处于工业革命高潮中；从产量看，1700年英国产煤600万吨而法国为70万吨，1813年才80万吨。英国是商品化大农业，并经历了一场农业革命，单产只有荷兰才比得上，而18世纪法国农业耕作技术同100年前一样落后，加上绝大部分地产都属于封建领主。“贵族贫困化”迫使领主们用其传统的封建特权加紧剥削农民，采用租地方式由农民分散经营，商品率很低，只有北部出现了少数商品化大农场。

四、等级森严的社会结构

在旧制度下，所有法国人一生下来就属于某个等级，且伴随一生。这种等级决定着每个人的合法权利和特权。每个等级内部又分成不同的阶层。这种等级差别同其他社会相比，更加难以逾越（只有印度种姓制度例外）。

第一等级是僧侣。法国是一个天主教国家，胡格诺教徒不到总人口的10%。南特敕令有限度地承认其信仰自由，天主教徒在社会上仍居支配地位。18世纪，全国有1700个修道院。革命前夕，教会拥有全国1/10～1/5地产，总价值40亿锂，年收益1亿锂，还有1.2亿锂什一税收入。有的大主教年收入30万锂，其奢侈、豪华不亚于王公。教会还在文化、教育及广大信徒日常生活中起着特殊作用。低级教士来自平民，年薪300～700锂，住在农村，不少牧师同情农民，对高级教士不满。所有神职人员都享有免税特权，只向国王交纳一笔贡礼。

第二等级是贵族。1760年全国旧贵族（指三代以上）8万人，加上穿袍贵族共30万人，占总人口1%，占全国地产20%①。领主不仅向农民收取土地年贡，他自己往往就是庄园主，出租或自己经营。他有权在本地集市收税。福隆德骚乱后，上千名贵族常年聚集凡尔赛，仰仗国王的恩宠和赏赐，有些担任军政要职，更多的贵族甘愿充当国王侍臣。他们纵情声色，日夜沉湎于宫廷舞会、歌剧、饮宴或狩猎之中，追逐别人妻子成为上流社会的风尚。而小贵族住在庄园中，故称“乡居贵族”，有别于上述“宫廷贵族”。由于价格革命而货币地租长期不变，贵族又鄙视工商业，他们只有出卖土地和借债以维护其尊严，或滥用封建特权加紧剥削。

---

① 布罗代尔：《十五至十八世纪的物质文明、经济和资本主义》第2卷，生活·读书·新知三联书店1993年版，第269页。

僧侣和贵族都属于特权等级，垄断了军、政和教会职务，享有免税特权[①]以及在其领地上的司法权力。英国贵族的次子一律为平民，而法国贵族的非长子也都保持贵族地位和特权。[②]他们常常一生都坐享其成，“只是小时候吃奶时用过一点力气”（博马舍《费加罗的婚礼》），因此顽固地反对任何损害其特权的改革。

其余所有法国人都属于第三等级。国家的赋税负担完全落在他们头上。13—15世纪，法国农民已摆脱了农奴地位，占有全国1/3土地，但他们仍然要给教会缴纳什一税，给国家缴土地税、收入税和人头税，给封建领主缴地租、销售税。借用领主磨坊、面包炉、葡萄酒压榨机都要交税。此外，政府还压低农产品收购价。总之，18世纪法国农村的萧条、停滞与落后，同城市里财富和知识的增长形成对照。不过法国农民比奥地利、普鲁士和俄国农民更为自由，占有土地的比例也高于中欧农民和英国雇农。“革命的导火线并不是埋藏在农民境遇最坏的地方，而是生活上尚称安乐自在从而能容许人思考问题以及自由已经在望的区域。”[③]

在第三等级中，最具实力也最有觉悟的是资产阶级。其上层主要指金融资产阶级：包税人、银行家、军火商人、奴隶贩子、贸易公司的大股东、自由派贵族。这些大商人同银行家关系密切。法国政府实行包税制度，全国分为五大包税区。1726年，重建包税所，由该所40名总包税人每年给国库上缴8000万锂。1726—1776年，该所红利达17.2亿锂。[④]他们成为全国顶级富翁。群众把总包税人叫“抢劫犯”，称其下属是二等小偷。当包税所1748年招募十几名包税人时，应募者竟达5000人。到1788年，国家已把总包税额增至2.5亿锂。

包税人、银行家这些金融“贵族”私宅的豪华已超过王公显贵之府第，“除去几百家豪门望族之外，连贵族也沦为资产阶级的房客”。“1789年以前，巴黎市内生产、消费和财富的最高主宰是资产阶级。”（饶勒斯）他们与世袭贵族交往甚密，分享统治阶级的经济利益，不同程度地依附于旧制度。政治上保守，是斐扬派的社会基础。

---

① 在古代，贵族不交军役税，因为他们本人要担任军职。但这种免税权在军役制取消后很久仍然保留着。

② 《人大复印报刊资料·世界近代史》，1985年第4期，第40页。

③ ［英］托马斯·马丁·林赛：《宗教改革史》上册，商务印书馆1992年版，第88页。

④ 王养冲：《法国大革命史论选》，华东师大出版社1984年版，第53页。

中层资产阶级指批发商、大工场主、自由职业者，这是一个多样化的职业群体，第三等级的代表人物多出于此，又称工商业资产阶级。这些人日益富有和自信，同时痛感行会规章、等级制度和封建特权的束缚。例如，一桶酒从奥尔良运到诺曼底由于沿途多次征税，价格提高20倍，而从中国运货至法国（如茶、丝）只增值3～5倍。贵族的傲慢态度也使他们深恶痛绝。

法国的行会规章烦琐而严厉，路易十四时代有150种法规，其中呢绒染色的规定就多达317条。违反者被罚款或被没收货物。在18世纪，政府税额增加了。这一阶层是主张温和改革的吉伦特派的社会基础。

下层即小资产阶级：小作坊主、小店主、帮工和手工业工人。他们构成城市平民，即“无套裤汉”。1720—1789年，物价上升65%而工资仅增加22%，实际生活水平下降25%。他们用一半工资购买面包，青黄不接时高达85%（类似于“恩格尔系数”），他们关心面包甚于自由。这些城市平民是最活跃的革命力量，是雅各宾派的社会基础。

“穿袍贵族”。从1520年起，购买贵族头衔变得容易起来。1603年以后，这些人被称为“穿袍贵族”。从路易十四开始，卖官鬻爵成为政府一项重要的经常性财政收入。这些“穿袍贵族”直到1789年始终是国家命运的中心：在支配着全国财富的同时，文学艺术和衣着服饰也因为这一阶层的自我表现而得以繁荣。这种资产阶级贵族化同革命前英国贵族资产阶级化趋势相反，后者热衷于商品化农牧业，而法国大商人则热衷于贵族头衔及其生活方式。但王室的种种限制和世袭贵族的排外心理使“穿袍贵族”无缘晋升高级军政要职，又给他们经营工商业设置重重障碍。总之，贵族在政治上始终同资产阶级背道而驰。资产阶级便以第三等级代表的身份与下层民众结成同盟。

五、关于“开明专制”

开明专制指16—17世纪欧洲出现的君主专制主义，借助18世纪法国启蒙思想对内强化中央集权、对外维护国家安全并争夺霸权的一种政府体制。如法王路易十四、普王腓特烈大帝和俄国女皇叶卡捷琳娜都是著名代表。这些君主的共同点是：①废除贵族和僧侣某些特权，建立近代国家的官僚行政机器。用国王直接掌握的常备军取代各地领主的私人军队。炮兵部队有能力摧毁国内任何领主的武装堡垒。司法改革，由国家编纂民法和刑法，用比较人道与合乎理性的原则使之统一和正规化，减少酷刑。用中央到地方的上诉法院系统削弱领主和教会法庭。税制改革加强了中央对基层的控制，领主农民在向国家臣民转变。农民的个人自由扩大了。②奉行重商主义，取消城市自治，程度不同地统一货币与度量衡，以利于国内市场的统一。③在财税、司法、主教任免等方面从教皇手里夺回国家主权。实行宗教宽容以维护社会稳定，这是政教分离的第一步。增加教育拨款，教育世俗化，用实用科目和近代方法培训公务员和律师。

开明专制君主与启蒙学者的关系，类似于文艺复兴时期教皇与人文主义学者的关系。这些君主是学术与文化艺术的赞助者、欣赏者和保护者，普王和女沙皇还与法国学者通信，请他们来宫廷长住，不论是否附庸风雅，客观上有利于学术繁荣，不过他们很少采纳其政治主张。对激进的启蒙著作则明令焚毁，并迫害作者。

开明专制君主的进步作用是有限的：普、俄、奥三国开明君主三次瓜分波兰，暴露出掠夺野心。对本国臣民也抱着目空一切的藐视态度和恩赐心理，自称是国家的第一号公仆（腓特烈）。声称一切为了人民，但一切都无须通过人民。据说开明君主比无知的臣民更能维护其利益。孟德斯鸠认为人民每逢有幸遇上一个明君或大帝，总要以十个昏君和暴君为代价。何况像路易十四那样雄才大略的明君，晚年也穷兵黩武，使国家负债累累、民不聊生。

国内教科书和专著却把欧洲专制君主按字面含义译成绝对君权制，[1]这并不准确。因为欧洲“皇权即使在其鼎盛时期，也从来不是权力的全部所在或不受阻挠的绝对权力”。“人们早就宣告过绝对权力为非法……”[2]换句话说，法律对王权的某些限制始终存在，同俄国沙皇和奥斯曼素丹相比，欧洲的绝对专制是有限和相对的。

第二节　法国大革命

一、斐扬派执政时期（1789 年 7 月 14 日至 1792 年 8 月 10 日）

斐扬派是法国大革命中的君主立宪派，因在斐扬修道院举行集会而得

① 吴于廑、齐世荣：《世界史·近代史编》，高等教育出版社 1992 年版，第 165 页。另见张芝联《法国通史》，第 111、127 页。

② 基佐：《1640 年英国革命史·前言》，伍光建译，商务印书馆 1985 年版。

名，主要代表人物有拉法耶特等。

（一）三级会议

1788 年 3 月，武装的巴黎民众上街，为财政大臣内克尔恢复职务而欢呼。内克尔征得国王同意后，宣布 1789 年 5 月 5 日召开三级会议。消息传出后，资产阶级要求把第三等级的代表名额增加一倍，并要求以代表个人而不以等级为单位进行表决。1788 年 12 月 5 日，高等法院同意增加代表名额，接着国王也同意了。

特权等级的代表是直接选举或由国王任命的。第三等级代表由年满 25 岁、全年纳税 5 锂以上的男子选举产生，城、乡分别采用三级、二级选举方式。

在选举代表期间，第三等级各阶层群众情绪激动，各地选民给当选代表递交了几百份陈情书（请愿书），诉说他们的疾苦和要求，农民的陈情书看来是当地教会人士写成的，措辞非常克制，仅限于实际目的。① 在巴黎，各种革命小册子广为散发，其中最著名的是西耶斯（Sieyes）的《论特权》和《什么是第三等级》，前一本重在“破”：破特权等级；后一本在于“立”：立第三等级。“第三等级是什么？是一切。迄今为止，第三等级在政治秩序中的地位是什么？什么也不是！第三等级要求什么？要求取得某种地位。”作者自称这是一部指导大革命的“理论教材”，声称“民族”是由第三等级一家构成的，否认其他等级的作用。② 这两本小册子发行了 10 万册。

5 月 5 日，三级会议在凡尔赛宫开幕，第三等级代表多达 610 人，约 25% 是律师（212 人），地方法官 162 人，③ 13% 是工商业者和银行家，7% ~9% 属大地主，5% 是其他专业人员，农民代表极少。第一、第二等级分别为 291 人、270 人。掌玺大臣在致辞中只强调讨论税收、限制新闻出版、民法和刑法这三类问题，并重申表决方式是每个等级一票而非每人一票。

---

① A. 古德温：《新编剑桥世界近代史》第 8 卷，中国社会科学出版社 1999 年版，第 780 页。

② 西耶斯：《论特权 第三等级是什么?》，冯棠译，商务印书馆 1990 年版，第 7 页。西耶斯还认为，哲学家的职能在于指明目标，他们未抵达目标便不知身在何处，行政官看不见目标便不知走向何方。

③ 刘宗绪主编：《法国大革命二百周年纪念论文集》，生活·读书·新知三联书店 1990 年版，第 279 页。

5月6日，第一、第二等级代表主张三个等级分别在各自会议厅审查代表资格，第三等级代表主张三个等级一起共同审查。

5月10日，在罗伯斯庇尔提议下，第三等级代表宣布由他们自己审查所有三个等级全体代表的资格，并邀请他们前来接受审查。少数僧侣代表陆续前往第三等级会议厅。14日完成资格审查，选举巴伊为主席。

6月17日，第三等级以491∶89票通过决议，宣布自己为国民议会，并邀请其他等级代表前来参加，命令“所有各省各类赋税与奉献，凡未经议会正式明确批准者，在全王国各省份概予停止”。规定不论根据什么理由解散国民议会，都将使一切现行赋税失效。另一项规定是，新宪法一旦生效，公债将由整个民族承诺支付。6月19日，又有一部分第一等级代表加入国民议会。

20日早晨，国民议会代表们来到会议厅门前，只见大门紧闭，周围布满武装人员。当时正下大雨，代表们在群众簇拥下，来到附近一个网球场，他们在场内庄严宣誓：“在制定出法兰西宪法之前，我们决不解散！”场外的群众欢呼：“国民议会万岁！”

23日，国王召集三个等级的代表参加御前会议，特权等级代表先在大厅内就座而让第三等级代表暂时在大厅外任凭雨淋。巴伦坦宣读国王声明：国民议会的决议无效。当讨论内容涉及第一、第二等级的特权时，应该分别审议。什一税、封建义务和赋税在未得到当事人同意前不得宣布放弃。最后国王命令散会。第一、第二等级退场后，第三等级代表坐着不动，当大典礼官重复国王命令时，愤怒的米拉波站起来响亮地回答：“回去告诉你的主人，就说我们是按人民的意志留在这里的，只有刺刀才能迫使我们离开。”国民议会代表当即通过决议：坚持它已经通过的一切决议继续有效，进而决定国民议会代表的人身不受侵犯。6月24日，第一等级大部分代表加入国民议会。25日，在奥尔良公爵率领下，47名贵族也来到国民议会会场。在既成事实面前，宫廷于27日改而要求三个等级的所有代表都出席国民议会。

（二）攻占巴士底狱

7月9日，国民议会把自己改名为制宪会议，决心实现网球场誓言，制定一部宪法。米拉波乐观地预言“这场革命无须暴力和流血”（就可以完成）。但王室这时正向巴黎调遣军队。制宪会议就此事要国王做出解释，国王拒绝回答，并于11日解除了内克尔的财政大臣职务。第二天，巴黎上万人抬着内克尔和奥尔良半身塑像上街游行，军队同群众发生冲突。12—

13 日人们到处寻找武器。据巴黎枪炮作坊事后向国民公会报告，那一夜共损失价值 11 万锂的武器。14 日凌晨，七八千市民拥入残废军人院，拿走 3 万支滑膛枪。上午，人们听说巴士底狱的大炮已对准圣安东区（工人居住区），其中有人高呼：“到巴士底去！”

巴士底狱是一座由 8 个 25 米高的塔楼环绕、塔楼之间有高墙连接的国家监狱，当时守备兵力只有 32 名瑞士雇佣兵，82 名残废军人，共有 15 门陈旧的大炮，1784 年已决定拆除这座监狱。7 月 14 日这天，里面只有 10 余名囚犯。面对蜂拥而来、手持武器的群众（有些人佩戴着红、白、蓝三色帽徽），典狱长先后接待了两批民众“代表”，接受他们的要求，下令把火炮撤至射击孔后面。中午，围观群众越来越多，有人用斧头砸开大门，成千上万群众冲进监狱，守军开枪射击，上百人牺牲，典狱长虽已投降但仍被杀害，割下头游街示众。革命者攻下这座封建专制的象征后，把它夷为平地。

7 月 17 日，国王前往巴黎，在 50 名代表陪同下来到市政厅，戴上标志革命的红、白、蓝三色帽。8 月 26 日，路易召回内克尔，并任命拉法耶特为新组建的国民自卫军总司令。他参加过北美独立战争，被誉为两个半球的英雄。

攻占巴士底狱的消息传遍全国，各地农民纷纷自发地起来废除封建特权，许多城堡被夷为平地，庄园的登记册被付之一炬，一些贵族遭痛打或杀害，为首者声称奉国王命令行事，此即 8 月全国农村大恐慌。一批贵族流亡国外，整个大革命期间，逃亡者共有 15 万人，其中教士 3.75 万人，贵族 2.55 万人。① 巴黎 60 个区的 200 名（后为 800 人）代表建立市政委员会，巴伊被任命为市长。

（三）八月法令

面对各地农民暴动，制宪会议里第一、第二等级代表纷纷走上主席台，主动表示放弃特权。从 8 月 4 日夜晚到 11 日，会议陆续通过一系列旨在“彻底废除封建制度”的法令：粮食买卖自由，废除内地关卡，统一货币和度量衡，无偿废除农民全部人身义务，取消领主法庭和教会什一税，废除特权等级的免税权，废除各地三级会议的财政和自治特权。但与土地有关的贡赋需要农民赎买，赎金较高。这一系列法令通称“八月法令”。国王同意这些新法令，但又表示：“我决不批准那些剥夺我的僧侣和我的

---

① 数据参见北大郭华榕 2008 年武汉年会论文。

贵族等级的法令。”

（四）人权宣言

全名是《人权和公民权利宣言》，于1789年8月26日由制宪会议通过。该宣言有前言和正文17条，前三条是总纲，内容包括两个方面：第一是自然权利和公民权利。人们通过政治结合建立公民社会，使自然权利演变为公民权利。这些权利是自由、财产、安全和反抗压迫。具体地说：①自由。其范围包括“有权从事一切无害于他人的行为”。“自由表达思想和意见是人类最宝贵的权利之一。因此，每个公民都有言论、著述和出版自由。”对自由的“限制仅得由法律规定之”。②财产。财产是神圣不可侵犯的权利，除非当合法认定的公共需要所显然必需时，且在公平而预先赔偿的条件下，否则任何人的财产不得受到剥夺。③安全。主要指人身安全。“任何人在其未被宣告为犯罪前应被推定为无罪”——无罪推定。制裁罪犯时不能施以酷刑。④反抗压迫。政府侵犯公民权利时，公民有权反抗。第二是主权在民。国民是一切主权之源，“任何团体、任何个人都不得行使主权所未明白授予的权力”。政治结合的目的在于保存人的自然权利和公民权利。所有公民都有权利亲自或委托他们的代表参与法律的制定。所有公民都有权了解、监督行政机关公务人员的工作。法律是公共意志的表现，“在法律面前，所有公民都是平等的”。上述自由、平等和主权在民即为“1789年原则（精神）”。

《人权宣言》是资产阶级反封建斗争的纲领性文件，也是建设近代国家的革命纲领。它用人权代替神权、君权和等级特权；用人民主权代替君主主权；用法律代替专制，把资产阶级政治理论变成法律条款，极大地推动了法国和各国人民争取、维护自身权利以及民族权利的斗争，[①] 具有深远的历史影响。

关于私有财产神圣不可侵犯这一原则，过去的教科书大都持批判态度。[②] 这种批判是不科学的，因为这一原则比起封建社会的所有权是一个历史进步。西欧封建法认定一块土地上可同时存在好几个主人。12世纪罗马法复兴，这些法学家为解决一物多主的矛盾，提出权利分割说，封君所

① 叶立煊、李似珍：《人权论》，福建人民出版社1991年版，第112页。

② 刘祚昌：《世界史·近代史》，人民出版社1984年版，第198页；王荣堂：《世界近代史》，吉林人民出版社1980年版，第193页；李纯武：《简明世界通史》，人民教育出版社1981年版，第471页。

有权为支配所有权，封臣所有权为从属所有权。[①]《人权宣言》中的这一原则废除了封建特权，使财产所有者对物享有绝对、无条件的使用、收益及处置权，但法律所禁止的使用不在此限（1804 年法国民法典第 554 条）。使财产所有者得以在完全独立和平等条件下参与市场竞争。历史地看，它为拿破仑法典关于所有权的严格定义奠定了基础。[②]

《人权宣言》把权利说成是天赋的自然权利，这是一种唯心史观。宣言歪曲了国家的起源、实质和作用，用抽象的普遍人权掩盖资产阶级的阶级特权（建立在金钱基础上的特权），具有虚伪性、模糊性和欺骗性。但也有真实性、清晰性与可操作性的一面（人权的普遍性）。

（五）十月五日事件

但是国王迟迟不批准《人权宣言》，还从外省调来军队。10 月 1 日和 3 日，在凡尔赛宫欢迎宴会上，调来的军官把象征革命的三色帽扔到地上肆意践踏，而佩戴上波旁王朝的白色帽徽。这些消息激怒了巴黎市民。10 月 5 日，大批群众以妇女为先导，后面是 2 万名国民自卫军来到凡尔赛，包围了王宫，拉法耶特控制着局势。国王被迫批准《人权宣言》，并同群众一起回到巴黎，10 天后制宪会议也迁往巴黎。此后国王就处在议会和巴黎市政府监视之下，而国王身边的贵族阿图瓦等人流亡国外。

在此期间，以俱乐部形式出现的巴黎群众性政治团体十分活跃，起初是为了让没有选举权的无产者接受公民教育，但随着革命形势的发展，俱乐部很快变成“无套裤汉”对议会和政局施加影响的压力集团。他们在这里获取信息、对重大议题展开辩论、表达自己的愿望、参与请愿或游行活动。其中影响最大的是雅各宾俱乐部，其成员多为君主立宪派。另一个是 1790 年建立的哥德利埃俱乐部，由资产阶级激进派控制，主要活动家有马拉、丹东、德穆兰和埃贝尔。该俱乐部不少成员同时参加了雅各宾俱乐部。外省也有不少这类群众团体。

1789 年 10 月 22 日，议会通过决议，议员候选人财产资格是每年缴纳一个银马克（约 50 锂）直接税。后来规定选民资格是全年缴纳相当于 3 天工资的直接税。这一资格限制在 1792 年被临时取消，直到 1848 年才

---

① 马克垚：《关于生产资料所有制问题》，《新华文摘》1993 年第 3 期。

② 人权可以分为两部分：人自身的权利和财产权。前者指生命、健康、安全、尊严或人格、隐私和自由（法律禁止的除外）；后者指物权、债权、股权和知识产权。关键是自由与约束、权利和义务的平衡，政府权力与其社会责任相平衡。

废除。

11 月 7 日，法令规定在职议员不得参加政府工作，这使法国议员不能享有责任内阁制的好处。

12 月 22 日，议会把全国划分为面积和人口大体相当的 83 个省，省以下是专区和区，这些基层行政辖区与小教区相吻合。均有议会和行政机关，地方官员和议员由缴纳相当于 10 天工资直接税的积极公民选举产生。[①] 这项工作于 1790 年 2 月完成。它有利于全国行政统一，消除残余的割据势力。1790 年 5 月，又把巴黎 60 个区改为 48 个区。

为了解决财政困难，11 月 2 日议会决定没收教会财产，包括占全国土地 1/10 的教会土地。12 月 29 日，政府以这些财产为担保发行指券[②]共 30 亿锂。

1790 年 7 月 14 日革命一周年时，在巴黎举行结盟节，以显示全国各阶层民众的团结。国民自卫军和群众共 40 万人前来参加，路易十六到场宣誓，要忠于即将颁布的宪法，民众欢呼："国民万岁！国王万岁！"

10 月 1 日，议会通过政府基本原则的法令：立法权属于一院制的议会，国王依法行使行政权，未经议会允许不得收税等。

（六）土地政策

1790 年 3 月 15 日，法令把封建义务分成两种：源于罗马法的封建统治权和封建契约，与此相应的义务也分为两种：对领主的个人义务和契约性地租。1790 年，法令所废除的封建制度只包括个人义务（8 月法令已废除），这意味着原来的封建财产今后将完全成为个人财产。封建地租在赎买前予以保留，但将变成类似市场条件下的地租。这一法令还规定，赎买价格相当于这块土地上 20 年的收益。如果是实物地租，则为年收益的 25 倍。多数农民一时拿不出这么多现金，赎买往往是一纸空文。教会土地拍卖时也给予出价最高者，穷人只能望洋兴叹。粮食自由贸易的受益者主要

---

① A. 古德温：《新编剑桥世界近代史》第 8 卷，中国社会科学出版社 1999 年版，第 880 页。当时全国 2400 万人口中，只有 430 万积极公民。

② 指券（assignats）起源于 1789 年 12 月，当时国民议会责成"特设托管局"负责出售教会土地。托管局向公众出售指券，4 年内共售出 40 万股指券，每股 1000 锂弗尔，年息 5%，然后以销售土地的收入清偿。1790 年，国民议会规定今后停止指券利息，指券同硬币一样在市场上流通。此后，托管局又印制了 500 锂弗尔、200 锂弗尔、50 锂弗尔三种面额的指券，到 1793 年 7 月，其市值已不足票面值的 30%。1796 年指券发行总额达 400 亿锂弗尔，为约翰·劳当年发行票据总额的 16 倍。指券这种流通的纸币已形同废纸。1800 年成立法兰西银行。1803 年执政府授予该银行在巴黎发行钞票的垄断权。

是商品化大农场主。因此，政府土地政策是这一时期农村骚乱的根源。

（七）宗教政策

1790 年 11 月，议会颁布教士宣誓法，所有神职人员都要宣誓忠于宪法，在讲坛上宣讲政府法令。1791 年 7 月，议会通过教士公民组织法：各级教区与全国行政区划相一致。主教和教士由当地积极公民选举产生。这些积极公民既包括天主教徒，也包括胡格诺教徒、犹太教徒和自由思想者。政府给教士发工资（此处教士包含天主教等所有神职人员）。切断教会与罗马教廷的关系，只剩下教义和信仰依旧。政府还下令关闭修道院，教士可以还俗。生死和婚姻登记由政府办理，学校教育世俗化。

政府的出发点是，神职人员既然由公民缴纳的赋税供养，他们为什么不能选择教士？教士的职业是劝人为善，他们就有责任开导俗人成为好公民。但是教士对没收教会土地心怀怨恨，由新教徒、犹太教徒和无神论者参与选举天主教僧侣是不公正的。结果，全国 83 个主教中只有 7 人宣誓，各教区牧师有一半人拒绝宣誓。教皇庇护六世谴责这些法令，引起许多已宣誓的教士收回誓言。到 1791 年，大多数主教流亡国外。政府的宗教法令把大批教士和教徒驱赶到敌对阵营，增加了革命阻力。

大革命爆发以来，路易十六就左右摇摆，面对议会和公众压力，他公开认可已实施的改革，但一回到王宫，王后和大贵族就指责他逆来顺受。他本想镇压革命，这时已身不由己，而王后和贴身贵族看来胸有成竹。他们教唆国王逃离巴黎，到外省或国外纠集力量，据说全国臣民仍然拥戴他，乐于勤王。路易犹豫不决，这时，议会的宗教政策和教皇的反对，使他决心做点事情设法恢复国王权威。1791 年 6 月 20 日深夜，国王、王后及其子女坐上马车逃离巴黎，直奔梅斯方向，议会得知消息后立刻派官员追捕。当马车行至边境小镇瓦伦时，国王被人认出，22 日，这些官员传达对国王的逮捕令状，路易十六当面大喊："这里不再有法国国王了！"于是国王路易十六于 25 日被押回巴黎，市民在沿途以沉默甚至唾骂对待他。此后人们纷纷撕毁国王画像。国王一家被重新安置在土伊勒里宫受到严密监视。议会随即宣布暂时中止国王权力，今后议会通过的一切决议不再需要国王批准，议会派专人到军营、要塞，要军队向议会而不是向国王效忠。议会为此修订宪法，他们已工作了两年。议会后来又通过决议，接受国王被人"劫持"的假设。后来又通过决议，恢复其王位。国王出逃把共和制问题提上日程，成为大革命的一个转折点。丹东、罗兰夫人主张共和，孔多塞"从哲学上"加以支持。

议会的袒护激怒了群众，从 1791 年 7 月 14 日第二个结盟节开始，人们每天都聚集到马尔斯广场并要求废黜路易十六。17 日，巴黎市政府命令拉法耶特率国民自卫军驱散群众请愿活动，结果 50 多人被打死。君主立宪派因此受到群众冷落。国王出逃还使国家面临外国入侵和复辟威胁，也加剧了革命阵营内部的分化，以罗伯斯庇尔为首的雅各宾俱乐部同马拉、埃贝尔的哥德利埃俱乐部联合起来，形成革命民主派；君主立宪派则退出雅各宾而成立斐扬俱乐部。

面对强大的共和势力，惊魂未定的路易十六于 9 月 14 日接受宪法，这就是 1791 年宪法。宪法以《人权宣言》为前言。立法和司法权属于选举产生的立法会议和法官，司法独立。行政权属于国王。宪法规定："没有比法律更高的权力；国王只能依据法律治理国家，并且仅依据法律才得要求服从。"国王签署的命令要大臣副署才能生效，国王对法律有延搁否决权，但以两届议会为限。国王即位 1 个月内须在议会宣誓忠于宪法，否则即被视为放弃王位。

（八）制宪会议通过的其他措施

废除长子继承权（1790 年 3 月 15 日），废除贵族爵位（6 月 19 日），废除土地税和入市税（10 月 31 日），当天，议会命令国王弟弟普罗旺斯伯爵两个月内回国，否则将取消其继任摄政王资格。11 月 9 日，又命令所有逃亡者在新年元旦之前回国，否则将没收财产。1792 年 2 月 9 日，正式没收逃亡者财产。取消行会制度和工业法规，废除贸易垄断，禁止消极公民加入国民自卫军。

霞不列法于 1791 年 6 月通过，其中规定：工人结社是"反对自由的犯罪行为"，"废除同一职业的公民所组织的各种行会，是法国宪法的原则之一"。以保护企业自由为名反对工人结社（1864 年废除）。

（九）立法议会（1791 年 10 月 1 日至 1792 年 9 月）

1791 年宪法规定，立法议会由积极公民（总数 450 万）中选出的 747 名议员组成。结果君主立宪派 266 席，共和派 136 席，平原派（中间派）345 席。共和派多为年轻的吉伦特派议员，布里索、罗兰是他们的领袖。君主立宪派在议会中居支配地位，他们得到平原派支持。

立法议会开幕后，新政府面临三大难题：一是物价上涨，财政困难。粮价短期内上涨十倍。巴黎市民于 1792 年 1 月砸破食品店和仓库门窗，强迫商人按原价出售食品，议会对于平抑物价的请愿置之不理。1790—1791 年，政府正常收入只够应付 2/5 开支。1790 年政府发行 1.25 亿锂指券，

1791年发行6亿锂，而当年出售教会财产仅收回纸币3750万锂。[①] 到1791年年底，指券贬值1/4。1792年对外战争开始后，物价如脱缰之马，直到1793—1794年冻结物价为止。二是拒绝宣誓派僧侣和反动贵族发动武装叛乱。最危险的叛乱来自国外王党分子。革命每深入一步，就有一批贵族流亡国外。到1791年年底，出逃者已达2万人。德国的科布伦茨成了反革命中心，这些亡命贵族受到欧洲各国君主的支持。三是外国武装干涉的威胁。1791年8月27日，普鲁士腓特烈·威廉二世、奥地利利奥波德二世在庇尔尼茨发表宣言，号召各君主国采取最有效措施，恢复法国国王的"君主统治"，扬言要派军队去惩罚"罪犯"，主持"公道"。1792年2月7日，普、奥结成第一次反法同盟（1792—1797）。

面对外国入侵的威胁，吉伦特派议员主张对外宣战，这对巩固其权力是必要的；路易十六暗中盘算，法国在对奥战争中将会失败，所以他宁愿坐山观虎斗；斐扬派担心战争会危及君主立宪制，主张妥协；雅各宾派反对战争，罗伯斯庇尔在立法议会上发言："真正的科布伦茨[②]就在国内。"针对吉伦特派"解放欧洲"的好战言论，他说："武装的传教士是不受欢迎的。"即使战争获胜，那些野心勃勃的将领也会毁掉革命果实，建立军事独裁。但罗伯斯庇尔派占少数。

国王命令布里索组阁，迪木里埃任外长，罗兰为内政部长，军队总司令仍是拉法耶特（立宪派）。1792年4月20日，立法议会仅以7票反对而通过决议：宣布对"波希米亚和匈牙利国王宣战"，为的是希望普鲁士和神圣罗马帝国均不致卷入。28日法军发起攻势，但以失败告终。将领在前线不服从命令，国王否决了保卫国家的紧急措施，拒不批准在巴黎修建军营供外省国民自卫军驻扎的命令，向议会权力挑战。法国东南部发生反革命暴动。6月13日，路易免去吉伦特派内阁职务，任命斐扬派组阁。20日，巴黎发生大规模示威，人们冲进土伊勒里宫，高呼："召回爱国者部长！"

在立法议会上，韦尼奥发言：外国已结成反法同盟，逃亡分子是以

---

① 新政府发行纸币是出于以下考虑：旧制度下和改革时形成的债务关系均予以承认，新政府打算用出售教会财产（主要是地产）的收入清偿。教会土地不能立刻全部出售，以免地价大跌。为应付急需，政府设立特别金库，用没收的土地为担保发行指券。由清算管理局兑付。待教会土地售完后，便可以把等值的指券收回并予以销毁。参见《新编剑桥世界近代史》第8卷，第755页。

② 指孔代亲王在境外科布伦茨组建的反革命军队。

“国王的名义”集合起来反对政府的。而宪法对于以他的名义进行的反对国民的活动不能加以制止时，应该看作国王放弃了王位。布里索也把前线失败的责任归咎于国王，“宫廷是牵线的中心，所有的阴谋都是在那里酝酿和发动的!”在激动的气氛中，议会于 7 月 11 日通过决议，宣布“祖国在危急中!”号召公民武装保卫国家。前来首都参加 7 月 14 日结盟节的各地代表组成结盟军。在结盟节上，群众只高呼“国民万岁!”这一口号。结盟军代表给全国 83 个郡（省）写信，表示要留在巴黎，他们还给立法议会写信，要求取消王政，通过普选召开国民公会，修改宪法。马赛成立了一支 500 多人的军队，步行 27 天来到巴黎，他们沿途高唱“莱茵军歌”前进，人们到处传唱，此即“马赛曲”（后为法国国歌）。7 月 29 日，罗伯斯庇尔和马拉在雅各宾俱乐部发表演说，放弃原来立场，转而对政府和议会加以攻击，主张共和，推翻君主制。

二、吉伦特派统治时期（1792 年 8 月 10 日至 1793 年 5 月 31 日）

（一）8 月 10 日革命

7 月 11 日，奥、普联军总司令布伦瑞克发表宣言：“如果国王、王后及王族稍受侵犯，如果他们的安全、尊严与自由不能立即得到保证……（联军）将给予巴黎全城以军事处分并彻底毁灭之。”

前线失败的消息，还有国王、王后通敌的传闻以及将领们的叛变，早就引起民众不满，布伦瑞克宣言传到巴黎后，更是火上浇油，大家把仇恨集中到国王身上，首都和各大城市纷纷要求国王退位。领导这场斗争的是罗伯斯庇尔，他和马拉于 8 月 8 日秘密成立指挥部，指挥部决定于 9 日夜发动起义。

9 日夜间警钟长鸣，巴黎各区起义者首先占领市政厅，成立名为“巴黎公社的革命政府”。10 日凌晨，两万名起义者冲进土伊勒里宫。在战斗中，雇佣兵和起义者各死伤五六百人。路易十六偕家眷逃往立法议会。议会（议员减少 40%，温和派逃离议会）宣布废除 1791 年宪法，国王退位，实施普选制，召开国民公会。把路易十六监禁在丹普尔堡圣殿骑士团住过的旧房子里。

8 月 10 日革命推翻了君主政权，斐扬派内阁的统治也结束了，立法议会建立起新政府——行政委员会，多数委员是吉伦特派。

8 月 15 日，立法议会通过法律，把逃亡贵族的土地分成小块，允许农民以分期（15 年）付款方式购买。

英国、西班牙、俄国和其他国家以法国停止路易十六行政权为借口，在 8 月陆续撤回各自大使。布伦瑞克率领的普军越界进入法国。20 日，斐扬派将军拉法耶特受到控告，因为他已投向奥地利人一边。政府向前线派出特派员，旨在清洗贵族出身的军官，前线总司令由迪木里埃担任。

（二）九月屠杀

这时号称 10 万之众的普奥联军和上万名逃亡贵族已越界进入法国。8 月 23 日，隆维要塞守军投敌。9 月 1 日，凡尔登陷落。消息传到巴黎，首都一片惊慌气氛，到处传闻监狱犯人要与逼近巴黎的敌军里应外合、举行暴乱。9 月 2—7 日这几天，300 多名群众自发地匆忙组织所谓“法庭”，对监狱里的犯人草率地审问一下，就私自处死了 1300 人。没有证据说明司法部长丹东教唆民众滥杀无辜，但他肯定是允许的。类似的血腥屠杀在凡尔赛、里昂、奥尔良等城市也发生过。这是巴黎市政府（公社）派往全国各地的特派员指挥干的。

凡尔登失守的消息激发起群众的革命热情，丹东洪亮的声音振奋人心：“警钟响了，但这不是警报而是对祖国之敌的威胁。为了战胜他们，就需要勇敢，勇敢，再勇敢！这样法国一定会得救。”6 万名志愿人员组成的军队开赴前线。

（三）宣布共和与审判路易十六

9 月 20 日，迪木里埃和凯莱曼率领法军借助浓雾在瓦尔密打败普鲁士一支炮兵部队，这是法国转败为胜的转折点。不到一个月，便把敌人赶出国境，巴黎的“无套裤汉”挽救了法国。

9 月 21 日，经过普选选举产生的国民公会在巴黎开幕。格累瓜尔发言支持废除君主制：“宫廷是罪恶的制造所，是淫荡腐化的源头，是暴君的巢穴。国王的历史就是一部国民受难史。”大会代表一致通过废除君主制的决议，22 日宣布成立共和国。以 21 日为共和新纪元的开始，即共和元年。宣布“自由、平等、博爱”是共和国的政治口号。国民公会代表 700 余名，其中吉伦特派 165 席，他们认为“这次革命应该停止了，否则它将引起一切都被推翻的危险”（布里索）。雅各宾派 80 多席，主张按平等和大众利益的原则建立共和国。布里索和罗伯斯庇尔的观点针锋相对。平原派 500 个席位，是中间派，初期附和吉伦特派观点。

从 10 月起，国民公会开始就处置国王问题展开辩论。10 月 20 日，发现了路易十六的新罪证，土伊勒里宫内一个铁柜里藏有大量文件，证明他与逃亡贵族、敌国君主有密切的书信联系。于是罗伯斯庇尔在会上慷慨陈词:“路易应该死，因为共和国必须生!”排斥吉伦特派的阻挠后，国民公会于1793年1月15日以投票确定国王是否有罪，结果以绝对多数认定路易有罪（683∶38）；在表决是否处以死刑时，历时31小时，采用唱名表决方式，结果是以361票（其中包括奥尔良公爵[①]的一票，他是波旁家族成员）对360票的一票多数决定对路易处以死刑。[②] 缓刑表决以380票对310票被否决。1793年6月21日，路易十六的囚车从丹普尔堡被押往刑场——革命广场（今协和广场），在断头台上送命。此前2月，法国向英国、荷兰宣战。

（四）限价法令

对外战争引起财政亏空，1792年财政收入3900万锂，而战争开支高达2.28亿锂。吉伦特政府滥发指券，1792年10月5日以教会财产为担保发行25.89亿锂，回收并焚毁6.17亿锂。17日又增发指券，流通量达到24亿锂。雅各宾派代表马拉建议停发指券，改用累进法摊募公债，但政府不予采纳。指券泛滥，导致购买力只及原先一半（1793年1月），其中粮价上升更快，粮商囤积居奇，农民不愿售粮。而大城市的饥饿导致某些市民抢劫食品商店。忿激派及其领袖札克·卢（或雅克·卢）要求政府限制物价，罗伯斯庇尔与这一派结盟，于1793年5月4日提出“粮食最高限价法案”，并在国民公会获得通过。

三、雅各宾派专政时期（1793年6月2日至1794年7月27日）

（一）6月2日革命

瓦尔密大捷第二天（9月21日），法军占领萨伏伊，29日占领尼斯，10月底占领美因兹和法兰克福，11月6日法军在比利时境内打败奥军主力，史称“热马普大捷”（Jemmapers），1月之内把奥军赶出比利时。意大

---

① 奥尔良·路易·菲利普（Orleans, Louis Philippe, 1773—1859），始称瓦卢亚公爵。在大革命中任北路军少将，参加瓦尔密和热瓦普战役。1793年他与迪木里埃之子在前线投敌，导致其父约瑟夫1794年被革命法庭处决。他长期流亡欧美各国。1815年波旁王朝复辟后，他回国领取革命期间因财产没收而给予的赔偿。1830年七月革命中被拥立为国王（1830—1848）。1848年二月革命中被推翻后，逃亡英国。

② William L. Langer, *An Encyclopedia of World History*, Fifth Edition, Houghton Mifflin Company, 1948, p. 631.

利、比利时居民把法军当作解放者来欢迎。吉伦特政府通过国民公会“以法国公民的名义宣布，凡欲恢复其自由的人民，均将予以友谊和援助”(1792 年 11 月 19 日)。“在我们所踏入的国土内，我们应把一切有特权的人或暴君视为敌人”（12 月 15 日），此即“向权贵开战，给平民和平”的口号。这一输出革命的法令使（小）皮特政府放弃了已在海牙开始的关于英法全面和解的非正式谈判。1793 年 1 月底，丹东敦促国民公会通过法令：法国宣布其“天然边界”在莱茵河、阿尔卑斯山和比利牛斯山。

处死路易十六和法军的节节胜利，引起沙皇叶卡捷琳娜二世等君主的恐惧和仇视。从 1792 年 7 月起，英、荷、西、奥就联合起来，结盟对付法国。1793 年 2 月 1 日，法国向英、荷、西宣战，法国合并比利时以后，盟国宣布被处死的路易十六之子（仍被关在丹普尔监狱）为路易十七。包括撒丁王国在内的欧洲国家组成第一次反法同盟，俄国正忙于瓜分波兰，没有参加同盟。3 月，保王党贵族和僧侣挑动旺代农民发动大规模武装叛乱。这是因为当地交通不便、消息闭塞，保王党人对刚发生的处死国王、城市暴力加以歪曲和夸大，加上革命政府开始征召 30 万新兵。旺代农民的困惑、不满和消极抵制便演变成武装反抗。

反法同盟军队大举反攻。3 月，法国退出比利时。4 月初，同盟军队已全面逼近法国边境。

面对国内外严重局势，雅各宾与吉伦特派的分歧越来越大。在雅各宾派推动下，国民公会组织非常法庭（3 月 30 日），与叛乱分子斗争，成立以丹东为首的公安委员会（Comote de Salut Public，或译为救国委员会）取代领导战争不力的执行委员会（4 月 6 日），向富人征借 10 亿锂债务用于军饷（5 月 20 日）。而吉伦特派处心积虑地压制雅各宾派。3 月末，吉伦特派将领迪木里埃向奥地利投降。国民公会于 4 月 13 日逮捕马拉，并加以审判，但在群众声援和有力的自我申辩下马拉被释放。吉伦特派还逮捕了巴黎公社副检察长埃贝尔。在里昂，他们屠杀了几百名雅各宾分子。

雅各宾派支持者决定反击，5 月 31 日，巴黎 33 个区的代表来到市政府。下午，他们要求国民公会逮捕 12 人委员会成员，并把 22 名吉伦特派代表送交法庭。国民公会只取消 12 人委员会。6 月 2 日，传来里昂的吉伦特派屠杀 800 名雅各宾分子的消息，巴黎市民被激怒了，8 万名武装民众携带大炮包围国民公会，迫使议员们退回会场，根据库通的动议，开除 29 名吉伦特派议员。此后雅各宾派在国民公会占优势，大革命进入最高潮。

（二）土地法令

国民公会把王室、教会以及逃亡贵族土地分成小块出售，允许十年内分期付款（6 月 3 日）。无地公民可以购买价值 500 锂的土地，20 年内分期付款，不收利息（9 月 13 日）。这两个法令使多数农民买到了土地。6 月 11 日法令规定，最近 200 年贵族从农村公社夺走的所有公地一律退还。如果农村公社有 1/3 居民要求分配这些公地，则按人口均分，10 年内不得因债务而被没收。这一法令也得以实施。这三个法令基本上满足了农民的土地要求，使法国成为一个小自耕农占优势的国家。7 月 17 日法令宣布无偿废除全部封建义务（包括地租），使所有租佃地成为农民的私产。与封建制度有关的一切契约文书，限 3 个月内全部烧毁，藏匿者将被判 5 年苦役。这些法令的实施使全国千百万农民把保卫革命政权同自身利益和命运连在一起，这是法国军队此后所向无敌的重要原因。

（三）1793 年宪法

由罗伯斯庇尔起草，6 月 22 日经国民公会通过的宪法，肯定劳动权、获得救济和受教育的权利。法律面前人人平等。保障出版、言论、集会及信仰自由。人的行为以“己所不欲，勿施于人”为准则。主权在民，“一切公民有同样资格担任公职”。宪法规定了国家组织机构和普选方式。这是当时世界上最民主的宪法，但由于国内外局势严重，还来不及实施。

1793 年 11 月 10 日，废除上帝崇拜，建立理性宗教，实施新的礼拜仪式。

（四）恐怖统治

在雅各宾统治时期，国民公会集立法、行政大权于一身，由公安委员会执行法律。7 月改选该会时，丹东落选，罗伯斯庇尔等人进入并在其中起领导作用。该会掌握军事、外交、司法和行政大权。它的命令由特派员前往各地执行。革命政府包括遍及全国的革委会和 3000 个雅各宾俱乐部。

9 月 17 日，国民公会颁布“惩治嫌疑犯条例”，标志着恐怖统治开始。从 1793 年 9 月 5 日到 1794 年 7 月 27 日止，革命政府共逮捕 30 万反革命分子，其中 1.6 万人被处决。[①] 10 月 16 日，王后安东尼特被送上断头台。31 日，吉伦特首领 21 人被处决，包括布里索、罗兰夫人（她丈夫闻讯后自杀）。许多“并无其他过错而只是未能履行选举职责的人”也被列入

① 姜大为：《四年来国际反恐状况评析》，《中州学刊》，2006 年第 1 期。《什么是恐怖主义?》，转载于《新华文摘》2006 年第 12 期，第 152 页。

“嫌疑犯”名单。更严重的是集体处决，如在里昂，他们用大炮集体杀害无辜；在南特，有2000名“叛乱者”被溺杀。雅各宾政府还用恐怖手段打击投机和囤积居奇者，他们武装下乡强行征粮。9月29日，政府颁布全面限价法令：规定统一的粮价，40种必需品按1790年价格再加1/3。违反者受惩处直到死刑。还规定工资按1790年水平只能提高一半。这固然稳定了市场，但在执行中不时发生过火行为，有些守法商人也未能幸免。

不过最高限价在国内叛乱和外国入侵的危急时刻，有助于最大限度地把全国人力、物力紧急动员起来为前线服务，如公安委员会在指挥军队的同时，还组织军火生产，发动科学家研制新武器，寻找代用品，打破敌人封锁。路布兰发明制造纯碱的新方法，受到政府鼓励（此法现已被侯德榜制碱法取代）。法国人在短期内使硝石（炸药原料）产量增长9倍。钢铁厂一年增加30多家，制造出1.5万门大炮。革命军队还创造出一种纵队和散兵队形相结合的新战术，充分发挥单兵主动性，任命军官主要看才干和表现。

雅各宾派这些政策和有力措施使国内外局势迅速好转，8月指券曾贬值到面值的20%，11月便回升到48%。在战场上，10月攻克里昂，12月19日收复土伦军港。到1794年年初，法军越出国界继续追击敌人。旺代叛乱也受到重创（死亡人数累计25万，占当地人口30%）。国内外敌人对革命政府的威胁基本消除。

（五）热月政变

随着形势好转，全面限价和恐怖统治日益引起资产阶级的反感和畏惧。社会上这股情绪反映到政府里，加剧了雅各宾派内部原已存在的矛盾。埃贝尔派要求进一步强化恐怖统治，甚至要推翻革命政府。而以丹东为首的温和派这时主张结束恐怖政治，恢复法制，“珍惜人类的鲜血”。丹东派成员德穆兰为此在报纸上攻击罗伯斯庇尔。他在1793年12月24日《老哥德利埃报》上呼吁释放20万嫌疑犯。大权在握的罗伯斯庇尔于1794年3月和4月先后逮捕埃贝尔和丹东这两派的骨干分子，并把他们送上断头台。[①] 这就大大削弱了雅各宾派政权的社会基础。

5月初，革命法庭宣判拉瓦锡（法兰西科学院院士）和其他28个包税

① 审判长按惯例询问丹东的姓名、年龄和地址时，他用洪亮的声音回答：“我是丹东，在革命期间相当有名，现年35岁，我的住所很快就会人去楼空，但我的名字将留在历史的先贤祠里。”

人死刑，拉瓦锡请求法庭给他足够的时间去完成他正在进行的科学实验，法庭副庭长科芬纳尔（1754—1794）竟回答："共和国不需要科学家！"①

6月10日，在罗伯斯庇尔坚持下，国民公会通过牧月法令：简化审判程序，惩罚全部改为死刑，并且可以不需要证据而"推理"定罪。这就把革命专政强化到荒谬地步。在牧月法令前8个月里，巴黎市共处死1165人，平均每周32人；牧月法令后一个半月内共处死1376人，每周196人，其中下层群众占41%以上。在外省，被处死者多达1.7万人，集体枪决或把犯人一齐投入河中溺死尚不在内。②"恐怖成了保护（罗伯斯庇尔）自己的一种手段。"③

于是，国民公会中残存的埃贝尔分子和丹东信徒联合起来反对罗伯斯庇尔，平原派也站在他们一边。7月26日（热月9日），罗伯斯庇尔在会上发言，指责"国民公会内部捣乱的罪恶联盟"，受到其他代表的批驳。27日，圣·鞠斯特在国民公会的发言被塔里安打断，代表们群起攻击罗伯斯庇尔。最后通过决议逮捕了他们几个。28日，罗伯斯庇尔等人被送上断头台，雅各宾派专政被推翻，"热月政变"标志着法国大革命的结束。

四、法国大革命的历史地位

法国大革命是继英国和北美革命之后，在更广阔的范围和更复杂的条件下发生的，是世界历史上最伟大、最彻底的一场资产阶级革命。"第一次完全抛开宗教外衣而在政治战线上作战，第一次真正把斗争进行到底，把敌对阶级消灭而使资产阶级获得完全的胜利。"（恩格斯）"整个18世纪都是在法国大革命的旗帜下度过的。"（列宁）"这是一次光辉灿烂的黎明，一切有思想的存在都分享到了这个新纪元的欢欣。"（黑格尔）《人权宣言》和1789年精神开辟了近代民族解放运动新时代，它推动了拉丁美洲革命，唤醒了德意志和欧洲其他民族的独立意识。从此以后，"自由、平等、博爱"成为各民族反封建的革命旗帜。

大革命的彻底性主要表现为倡导人权、法治和自由竞争，而废除君权、特权和封建制度，其次是土地政策。这些都值得肯定。至于输出革

---

① W. C. 丹皮尔：《科学史》，李珩译，商务印书馆1975年版，第262页。

② ［法］雷吉娜·佩尔努：《法国资产阶级史》下册，康新文译，上海译文出版社1991年版，第295页。

③ 《恩格斯致卡·考茨基》（1889），载《马克思恩格斯选集》第4卷，人民出版社1966年版，第454页。

命、全面限价、恐怖统治和宗教方面的过火行为，与当时特定的内外环境互为因果，固然也不失为“彻底”，但肯定难以为继，况且与人权、法治、竞争相矛盾。

中世纪以来的法国史，尤其是大革命以来的历史，给马克思建立阶级斗争和无产阶级专政的理论，提供了最丰富的经验和教训。

马克思把大革命中的恐怖主义看作消灭资产阶级敌人的一种平民方式。[①] 恩格斯认为：“民主共和国甚至是无产阶级专政的特殊形式，法国大革命已经证明了这一点。”[②]

大革命最初在德国受到普遍欢迎，美因兹、莱茵的革命议会曾宣布共和并决定并入法国。但九月恐怖的消息传来后，引起许多学者反感。这种变化也代表了当时其他许多外国人和事后法国人的看法。

泰恩认为，1789 年以来，法国人的思想和行为，一半像儿童，一半像疯子。大革命是一次瓦解，生命和财产的保障已随着中央政府的倾覆而荡然无存。恐怖分子不仅重复过去的专制主义，还培育了未来的专制主义。

“把这些过火行为归咎于哲学和人权成了当时的风尚。此后，理性主义的权威一直在下降。”尽管济伯尔在《1789—1800 年法国史》（5 卷本）中污蔑大革命是无政府主义的开端，但也承认，“如果用和平手段把腐朽的封建主义垃圾清除掉，在半个欧洲可能要经历半个世纪之久”。在空想共产主义革命家巴贝夫眼里，法国大革命“对人民来说，革命并没有完成”。

革命政府对初期逃亡国外、谋图勾结外国势力的王党分子，同后来因害怕恐怖统治而流亡的人不加区别是错误的。国民公会拒绝关于妇女选举权的请愿书。1793 年，国民公会强制取缔了革命初期成立的所有妇女俱乐部。

第三节　拿破仑时代

一、热月党和督政府

热月政变是结束过时的恐怖统治并恢复资产阶级正常秩序的转折点。（刘宗绪）这时，国民公会里宽容派占多数。这些人被称为“热月党人”。

---

① 《马克思恩格斯选集》，第 1 卷，人民出版社 1972 年版，第 321 页。

② 《马克思恩格斯选集》，第 4 卷，人民出版社 1995 年版，第 412 页。

（一）恢复正常秩序

1794 年 11 月 12 日，政府封闭了所有雅各宾俱乐部（全国共约 2000 个）。24 日，废除全面限价法令。12 月到第二年 3 月，吉伦特派议员陆续返回。国民公会取消 9 月 22 日为元旦的共和历法，恢复公元历。1795 年 2 月，对放下武器的叛乱分子实施大赦，恢复其公民权。在社交场合，女士、先生的称呼取代了公民。红色恐怖结束了，但正常秩序却姗姗来迟。

一方面，物价放开以后，指券到 1795 年 3—4 月只有票面值的 8%（1791 年发行，1793 年 4 月贬值一半）。饥饿的市民两次起义（4 月 1 日、5 月 20—30 日），高呼“面包！1793 年宪法！”另一方面，保王派叛乱也在首都蔓延，社会秩序失控，多数人对政府的软弱无能深为不满。10 月，督政府首领巴拉斯起用波拿巴维持巴黎社会秩序，后者在首都闹市区用大炮击溃四倍于己的武装叛乱人群，事后升任卫戍区司令。

（二）巴贝夫起义

巴贝夫（1760—1797）是法国革命家、空想共产主义者。大革命中支持罗伯斯庇尔，后因攻击热月党人被捕，半年后获释，后成为职业革命家，建立“平等会”和秘密起义委员会，发表《平等派宣言》，有 1.7 万军人和平民秘密参加，在发动武装起义前数小时被上尉格里塞尔出卖，巴贝夫等 65 人被捕。1797 年被判处死刑。1828 年，由其战友邦纳罗蒂出版《为平等而密谋》一书，反映了巴贝夫的思想：革命应该依靠少数人组成密谋团体用暴力手段来进行，“那些阻挡我们的人将被消灭”。建立劳动人民的革命专政组织，由这个组织掌握国有财产和被没收的敌人财产，吸收自愿者参加。剥夺私有者，人人参加体力劳动，倡导一种“普遍的禁欲主义和粗陋的平均主义”，对布朗基派和后世革命者有重大影响。

（三）督政府的窘境

根据共和三年（1795）宪法选出的立法院于同年 10 月 27 日开幕，产生督政府。新政府成立第三天，一个路易（旧硬币，折合 20 锂）的开盘价是 3700 锂，当天晚上竟涨到 4800 锂。督政府增发 300 亿锂指券以缓解财政困难，但滥发纸币加上官场贪污成风，导致信用下降，指券贬值到票面值的 0.35%。政府强迫人民认购公债，但收效甚微，国库依然空虚。1797—1798 年度预算亏空 2.5 亿法郎。而承包商与官府勾结，大发横财，如乌拉弗尔（1776—1846）在大革命前夕预见到三级会议内外的辩论需要大量纸张，于是抢先经营这项业务。致富后转而从殖民地运回大量食糖、咖啡、棉花等，在国内物价上涨的 3 个月里获利 50 万法郎（折合 1954 年的1.5亿法郎)。然后他购买土地和城堡，收购指券并影响其行情，从中渔利。他还利用社会关系从督政府首脑巴拉斯那里获得承办海军军需供应的垄断权，其中一笔生意就获利1500万法郎，成为全国首富。他借给督政府1000万法郎以应急，还垄断了法国同西班牙殖民地之间的贸易。1809年出狱后受到拿破仑赏识，官拜财政大臣。

1797年举行的立法院选举使保王党人在五百人院和元老院里占据多数。他们通过赦免逃亡贵族和恢复天主教的决议，迫使督政府于9月(果月)4日调军队到首都逮捕并流放了大批保王党人，处死其中16人，宣布198名议员的当选资格无效。此即“果月政变”。政府打击保王党人，使民主派迅速发展。在1798年4月议会选举中，大批民主派人士当选为两院议员。督政府又在5月(花月)11日宣布106名议员资格无效，并大肆逮捕民主派人士，此即“花月政变”。

督政府这种左右摇摆的政治倾向史称“秋千政策”。而当时人们对多年来的政局动荡和战乱已经厌倦。国际环境尤为险恶，1798年年底，俄国沙皇纠集英、奥、西、土耳其和那不勒斯组成第二次反法同盟。1799年，同盟军队已逼近法国东部、北部边境，国内旺代叛乱重新爆发。于是，以200家财阀为代表的法国既得利益集团，呼吁出现一个强大的政府来保护其财产，并为他们开辟国外市场创造条件，拿破仑就是在这种背景下上台的。

二、执政府

拿破仑·波拿巴1769年出生于科西嘉岛一个破落小贵族家庭，该岛在他出生那一年与法国合并。因此，他的口音一生都带着意大利语的痕迹。1779—1784年，在法国一所军校读书，毕业后被授予炮兵少尉军衔。1793年12月，在土伦战役中，拿破仑的作战方案(集中兵力炮击土伦港英军军舰并堵塞出海口)使法军出奇制胜，被破格晋升为少将。热月政变后受审查，但因证据不足于14天后被释放，在巴黎赋闲。时值2万多名保王党人在首都叛乱，督政府一筹莫展，督政官巴拉斯起用拿破仑。他用大炮予以镇压，开创了在大城市闹市区用重武器镇压叛乱的先例。

(一) 意大利战场

1792年开始的反法战争到1795年已经有名无实，普鲁士、西班牙与荷兰陆续退出反法同盟。但英国凭借其英镑和舰队仍与法国周旋。英国在大陆的主要盟国是奥地利。1796年，法国派三路大军直逼奥地利，目标维也纳：莱茵方面军8万人由儒尔当率领，易北河方面军8万人由莫罗率领，意大利方面军3万由拿破仑率领。督政府认为意大利方面军是辅助性的，装备和给养差，老弱病残多。在大本营所在地尼斯，拿破仑对部队作战前动员："士兵们，你们衣裳单薄、饥肠辘辘，政府欠了你们很多东西，可是它什么都没有给你们。你们的勇气和忍耐令人钦佩，可是这并没有给你们带来荣誉也未赢得威望。现在，我带领你们到世界上最富庶的平原去，在那里你们将会找到光荣、荣誉和富裕。意大利方面军的士兵们，难道你们缺少勇气和毅力吗?"4月初，他率军穿过阿尔卑斯山靠近地中海边的天险，出其不意进入皮蒙特，16天打了6场胜仗，俘敌1.5万，毙伤1万多，缴获大量战利品。伦巴底也为法军占领，意大利中部诸国纷纷前来进贡。拿破仑缴给巴黎的第一笔款5000万法郎解了政府的燃眉之急。拿破仑还带走大批珍贵的艺术品，其中一部分至今保存在卢浮宫。7月，奥地利王室派维姆泽尔元帅前来加强防务，当他听说对手是一位名叫拿破仑的年轻人，这位72岁的将领讥讽道："他只配做旺代叛乱那一帮乌合之众的头目!"但拿破仑于1797年1月攻陷曼托瓦，迫使维姆泽尔投降。从1796年4月到1797年4月，法军同以奥军为主的反法同盟会战14次，俘敌16万。[①] 10月17日，法、奥签订坎波—福米奥条约，法国控制北意大利、占领比利时、获得爱奥尼亚岛。奥地利承认阿尔卑斯山南的西沙尔平共和国，还有对法国有利的秘密条款。

1798年2月，法军占领罗马，宣布罗马为共和国。教皇庇护六世被人民囚禁。4月，法军占领瑞士，组成赫尔维谢共和国。

1798年5月，拿破仑远征埃及，法军分乘350艘军舰起航。6月12日，占领马耳他，当时英国严密封锁着直布罗陀。7月2日，法军占领埃及亚历山大港，然后征服埃及，并向叙利亚进军。这时，拿破仑得知国内局势严重，而纳尔逊的英国海军摧毁了埃及的法国军舰并封锁东地中海。拿破仑于8月24日秘密离开埃及回国，10月16日到达巴黎。

（二）雾月政变（1799年11月9日）

拿破仑回国后，督政府组织了一次盛大的群众集会欢迎他。人们把他当作英雄和救星。事后他说："当时我想，如果他们把我送上断头台的话，也会有这么多人前来观看。"督政官西耶斯、罗歇—迪科、五百人院院长、拿破仑的弟弟吕西安和塔列朗等官员于11月9—10日（共和国八年雾月十

---

① 李元明：《拿破仑评传》，中国社会科学出版社1984年版，第80页。

八日）协助拿破仑发动军事政变，解散立法团和督政府，成立由拿破仑、西耶斯和罗歇—迪科三人组成的临时执政府，拿破仑为第一执政。12 月 13 日，新政府公布共和八年宪法，从此开始其长达 15 年的军事独裁统治。

公布宪法时拿破仑发表文告宣布："宪法所制定的各项权限必须是强大和稳定的。公民们，革命已稳定在革命开始时的原则基础上，这场革命已经结束。"这后一句在当时颇受人们欢迎。公民投票的结果是 301 万张票拥护新宪法，反对票只有 1500 张，而共和元年宪法拥护票也不过 180 万张，热月党人公布的共和三年宪法仅 105 万人投票赞成。雾月政变过去一周，政府公债的市场价就从 10 点上升到 20 点。

宪法规定一切大权由第一执政掌握。立法机关由三院组成：立法院、保民院和元老院。议员采用多级选举办法，大都来自社会名流。在第一执政身边设参政院，所有法律都由参政院提出、保民院讨论、立法院表决、元老院审议，最后由第一执政批准公布。另设最高法院。

拿破仑给法国人带来了稳定、发展和荣誉，也巩固了自己的地位。他乘机于 1802 年 4 月清除保民院中 20 多名反对派，清洗了军队。5 月，保民院通过决议，重选"公民拿破仑·波拿巴"为执政并连任 10 年。随后又根据拿破仑提议成立荣誉军团，其成员由拿破仑从有功人员中选定，为此每年拨给 300 万法郎。8 月，在拿破仑授意下元老院举行全民投票，结果 330 万张票赞成他为"终身执政"，反对票仅 8000 张。元老院据此宣布拿破仑为终身执政。为适应这一变化，元老院颁布共和十年宪法，第一执政有权缔约，并任命第二、第三执政，向元老院指定自己的接班人，这已经是世袭制，只缺皇帝这顶帽子了。

三、执政府和帝国的政策

拿破仑深知自己的地位和威望是靠文治武功获得的，一旦失败，权力和威望会得而复失，于是他在进行对外战争的同时，以充沛的精力治理国家。

（一）政治

参政院之下设中央各部，地方设省、县、市（公社）三级行政体制。前两级长官由吕西安提名，第一执政任命。到 1800 年 3 月，各级官吏基本配备到位。波拿巴唯才是举、不分派系，即使原督政府官员如外长塔列朗、警务部长富歇也予以留任。他就这样建立起一部唯命是从又有效率的国家机器。政府在 1800 年 1 月 17 日下令关闭 60 家报纸（剩 17 家）。10—

12月，以“有人三次暗杀拿破仑”为借口，在全国一再实施大逮捕。旺代叛乱复活后，他立即镇压，下令枪毙一切携带武器者和煽动叛乱者。在镇压雅各宾派和王党分子过程中，建立起一套司法和警察制度及其队伍。

拿破仑是狮子，也是狐狸，他逐步放宽逃亡者回国条件。君主立宪派、老革命家拉法耶特，受热月党政府通缉的恐怖主义者巴雷尔、瓦迪埃都被允许回国。1800年5月，拿破仑宣布，凡宣誓效忠新政府者均可回国。到10月，回国者达5万人。对其中有才干的还委以重任。这有利于稳定大局，也显示出这个“科西嘉怪物”的政治魄力。拿破仑掌权期间，共提拔20余名元帅和数百名将军（帝国时共有824名将军，年金总额1600万法郎）。

（二）经济

拿破仑采取各种措施恢复有产者对政府的信用。如取消督政府强制他们购买公债、征发军需品的做法。1799年11月24日，他下令取消地方征税权，由中央统一管理，并发行税收期票，让纳税人届时从贴现中获息。于是银行家争相认购，提高了税收期票信用。在投资国税活动中，两家大银行于1800年合并为法兰西银行，该行拥有3000万法郎期票。1806年，政府赋予该行中央银行职能，这有利于恢复政府信用、稳定金融市场、活跃工商业。

政府还鼓励工商业者增加出口，尤其是具有传统优势的奢侈品出口。保护关税、统一度量衡，一律采用大革命中制定的公制，即现在通用的国际度量衡标准。还成立工商业协调组织，举办工业博览会。1799—1802年，外贸增长到2.4亿法郎。1802年，政府财政收支已略有结余。

（三）宗教

拿破仑认为教士比康德和所有德国空想家更有用。1801年7月6日，他与教皇签订《教务专约》：承认天主教是法国大多数人信仰的宗教。教士必须遵守国家法律，薪金由国家支付，主教由第一执政提名，再由教皇任命。教皇承认法国财产现状。后来又使教皇同意，凡教皇对法国教会的圣谕（包括召集主教会议、授予圣职等）都须经政府批准。还制定了新的教会组织条例，确保政教分离。这就从王党手中夺回一个重要的思想武器，巩固了波拿巴集权统治。

（四）拿破仑法典

拿破仑从1804年起设立起草委员会，由四位法学家组成，草拟《民法典》，其中有些条文是他亲自敲定的。参政院曾召开过107次会议讨论修改，有55次由拿破仑主持召开。1804年，正式公布民法典，其特点是贯彻私人财产的所有权无限制、契约自由、过失责任、法律面前人人平等诸原则。“所有权是对于物有绝对无限制的使用、收益及处置权，但法律所禁止的使用不在此限”（554条），还规定物之所有权得扩展到物的“添加权”，如土地产生的天然果实、家畜繁殖的小家畜。① 此法典注意维护小私有者的利益。马克思为此评论道：“1789年革命把半农奴式的农民变成自由的土地所有者之后，拿破仑巩固和调整了某些条件，保证农民能够自由无阻地利用他们刚刚得到的法国土地并满足其强烈的私有欲。”② 恩格斯认为这是一部典型的资产阶级社会的法典，总结了革命的全部法规，在法律上承认整个这种完全改变了的新秩序。③ 加上《民事诉讼法》（1806）、《商法》（1807）、《刑事诉讼法》（1808）和《刑法》（1810），总称法兰西法典。其中以《民法典》为主。它用法律条文巩固了大革命成果和近代社会早期的经济基础，成为各国民法，尤其是大陆国家模仿的典范。拿破仑晚年在回忆录中写道：“我的荣誉不在于40多次胜仗，滑铁卢已使这些丰功伟绩毁于一旦；但任何东西也摧毁不了的是我的法典，它将永垂史册。”

（五）教育与科学

拿破仑说：“政府首先关心的事情是教育，教育必须普及全国。”教育的目的是培养好公民。1800年，每个上诉法院辖区要有一所公办中学，允许私人办学。共和七年，政府设6400份中学奖学金，全国每年参加会考合格的中学毕业生有2000名。1791年，巴黎大学被关闭；1793年，全国27所大学被关闭。督政府时期，政府创办综合技术学校、高等师范学校、东方语言学校（含欧洲东方学研究中心）。1796年，正式恢复法学研究院，也恢复了上述大学。1806年，新建“帝国大学”，类似现在的教育部。为了便于管理，把全国分为29个学区，每个学区都设文、理、法、医、神学五个学院，从事教育和科研。文理学院组织本区中学生会考，只举办公开讲座，不招生。④

在征服埃及期间，拿破仑在所有文告和命令上签名时，都写着“科学院院士、东方远征军总司令”。他是在1797年12月25日参与竞争并当选

① 由嵘：《外国法制史》，北京大学出版社1989年版，第238页。

② 《马克思恩格斯选集》第1卷，人民出版社1995年版，第695页。

③ 《马克思恩格斯选集》第4卷，人民出版社1995年版，第248页。

④ 符娟明：《比较高等教育》，北京师范大学出版社1987年版，第55—56页。

为法兰西科学院院士的。他对院士头衔如此看重，固然有虚荣心，也说明他对科学是尊崇的。1814 年，当巴黎理工学校学生要求投笔从戎、上阵杀敌时，拿破仑说："我不愿为了争取金蛋而杀掉我的老母鸡！"此语后来镌刻在学校大教室天花板上，一直激励着学生发奋学习。

18 世纪下半叶以来，法国科学研究的整体水平赶上并开始超过英国。从拿破仑政府直到复辟王朝，是法国自然科学的繁荣时期，不过法国的领先地位不如在此前后的英国和德国那么明显：

表 7 1751—1851 年英、法、德在自然科学中的发现比较*

国家	数学	天文	物理	化学	生物	地学	总计
法国	18	11	26	43	8	3	109
英国	2	18	30	30	4	8	92
德国	14	15	14	19	7	9	78
其余国家	7	3	7	35	13	5	70

* 引自《自然科学大事年表》，上海人民出版社 1975 年版。

这一时期法国最伟大的科学家有拉普拉斯、拉格郎日、安培、柯西、傅立叶、蒙日、盖·吕萨克、伽罗华、菲涅尔、拉马克等。

蒙日的画法几何首先用于军事工业和工程，一度属于军事秘密。拿破仑重用的军事工程师大卡诺（1753—1823），在雅各宾专政时期被誉为"胜利的组织者"。

路易十四以来法国的理性主义和开明专制无疑有助于学术自由。科学家作为一个阶层，在拿破仑时代成为官方精英的一部分，复辟时期也是如此。英、法、德三国学者之间交往不断。英法战争期间，英国科学家戴维仍应邀前往法国领奖。

四、拿破仑战争与帝国

这一时期法国的对外战争目标不同于大革命时期，拿破仑发布文告："全体法国公民，你们希望和平，你们的政府比你们更迫切地希望和平……但是，英国政府拒绝和平。"

1798 年 12 月 24 日，俄国和英国联合奥地利、葡萄牙和奥斯曼帝国，共同组成第二次反法同盟。1800 年 5 月 6 日，拿破仑从巴黎率军出发，迎战同盟军队。由于沙皇保罗一世同英、奥不和，便于 10 月 22 日命令苏沃洛夫率军从意大利撤走，这里另有 8 万奥军。

1799 年年初，拿破仑率 4 万军队翻越圣·伯尔纳山口打击奥军。6 月 2 日，法军占领米兰，恢复西沙尔平共和国。14 日，在马伦哥战役中获胜，法、奥伤亡各为 5000 和 1 万。梅拉斯求和，并和拿破仑签订亚历山大里亚和约。

1800 年 12 月 3 日，莫罗的莱茵军团在巴伐利亚的霍亨林登打败奥军并向维也纳进军，奥地利与法国 1801 年 2 月 9 日签订吕内维耳条约：批准坎波—福米奥条约，莱茵河中游左岸归法国，法国获得奥地利所属的比利时和卢森堡，奥地利承认法国保护下的这些共和国：里尔维谢（瑞士）、巴达维亚、利古里亚、西沙尔平。一些德意志诸侯的领土有所扩大。

拿破仑在战场和谈判桌上的胜利使反法同盟土崩瓦解，只剩下孤零零的英国。1802 年 3 月 27 日，英法签订亚眠条约：英国将大革命以来占领的一切殖民地（特立尼达和锡兰除外）归还法国及其盟国，法国退出那不勒斯、罗马和厄尔巴岛，英军退出它在地中海、亚得里亚海占领的所有港口和岛屿，把马耳他还给马耳他骑士团，使其独立和中立。撤出埃及，不干涉荷兰、德意志、意大利内政。双方保证土耳其领土完整。爱奥尼亚受俄、土保护。亚眠条约结束了欧洲 10 年烽火，确立了法国在欧洲大陆的优势。拿破仑的政治地位更加稳固。

但这只是两国间暂时休战。1803 年 3 月 6 日，法国军事代表团启程前往印度。4 月 26 日，英国大使通知法国，英国将占领马耳他，如果法国七天内不同意，英国大使即回国。接着，英国舰队开始袭击法国船只，两国断绝外交关系。5 月 18 日，英国向法国宣战。不过双方在最初一段时间里只限于海上封锁，进行备战活动。英国一方面防御法国入侵本土，同时以英镑为后盾，在大陆拼凑新的反法同盟。

（一）拿破仑帝国（法兰西第一帝国）

1804 年，英国支持的一批法国王党分子潜回国内，企图暗杀拿破仑，但事先即被破获。拿破仑以敌对势力复辟活动为借口，加快了帝制步伐。保民院公开表示："把共和国托付给世袭皇帝拿破仑·波拿巴掌管，是法国人民的最大幸福。"5 月 18 日，元老院宣布法国改制为帝国，公民投票结果是 350 万票赞成，2000 票反对。1804 年 12 月 2 日，拿破仑在巴黎圣母院举行加冕礼。在庇护七世主持的典礼上，他突然从教皇手中夺过皇冠，自己用双手戴在头上。看来他既要利用教皇权威以示正统（类似查理曼大帝），又不愿给人留下"皇权来自上帝代理人的授予"这种印象。他册封了一批亲王和官吏，以及 18 名元帅。第一帝国从此建立。

（二）第三次反法同盟

到 1805 年，英国已联合起奥、俄、瑞典共同反对法国。西班牙则与法国结盟。

1805 年 8 月 29 日，拿破仑命令他在英吉利海峡岸边布伦军营里的 17 万军队急行军前往多瑙河，9 月 25 日渡过莱茵河，10 月 17 日夺取乌尔姆高地，20 日麦克的 3 万奥军和 16 名将军向拿破仑投降，士兵们忘记疲劳，欢呼："我们皇上创造了新的战争艺术，不用武器而用我们的双腿作战。"

但在麦克投降后第 4 天，法国、西班牙联合舰队就在特拉发加被纳尔逊的海军打败，纳尔逊阵亡。

拿破仑不为海战的失败所动，继续率军向维也纳推进，11 月 14 日，缪拉的骑兵进入奥地利首都，皇帝弗兰茨求和未成，逃往布尔诺与沙皇亚历山大一世会晤，拿破仑的大军尾随而来，缪拉在布尔诺以东 13 英里的奥斯特里茨高地与 1 万名奥军对峙，另有 7 万俄军，而且俄国援军正在赶来，更为严重的是 10 万普鲁士军队也在法军侧翼蠢蠢欲动。拿破仑力争速战速决。他命令前哨后撤，派代表面见亚历山大一世，建议休战，俄国谈判代表也向沙皇报告法军士气低落，准备撤回维也纳，诱使俄、奥皇帝把联军主力投向南边以切断法军退路。为了分化反法同盟，拿破仑私下曾答应把汉诺威交给普鲁士，这次又派塔列朗与腓特烈·威廉三世的代表豪格维茨周旋，法方诱使普鲁士按兵不动，消除西边的威胁。12 月 2 日，法军在奥斯特里茨战役中大获全胜：俄奥联军死伤 1.5 万，2 万人被俘，缴获大炮 133 门。在 1805 年 12 月 26 日普莱斯堡条约中，法国获得北意大利。奥地利承认拿破仑为意大利国王，并把威尼斯、伊斯特里亚、达尔马提亚、巴登、蒂罗尔割让给法国，承认巴伐利亚为王国。奥斯特里茨战役是拿破仑一生最辉煌的胜利。普莱斯堡条约结束了第三次反法同盟。1806 年 8 月 6 日，弗兰茨二世被迫宣布取消"神圣罗马帝国皇帝"称号，改为奥地利皇帝弗兰茨一世。

直到 1806 年 2 月，普鲁士才批准豪格维茨与法国签订的条约：普鲁士取得汉诺威，但向英国关闭一切港口。威廉三世并不愿与法结盟，便于 3 月 20 日与俄结盟。英国极力怂恿普鲁士对法作战，保证提供大笔英镑。拿破仑决心打败普鲁士，1806 年 7 月 12 日把德意志 16 个邦国组成莱茵邦联，他自己是邦联保护人，普、法关系恶化。8 月 9 日，普鲁士国王宣布总动员，以普为主力，包括英、俄等国的第四次反法同盟形成了。

普鲁士陆军在七年战争中曾战胜奥、法军队，这时仍沿用腓特烈大帝那种僵硬队形和有顺序的排枪，看不起法军灵活的散兵作战方式。加上布伦瑞克公爵与霍恩洛厄亲王意见不一，拿破仑10月14日在耶拿打败普军。15—17日，达武元帅在奥尔斯塔特打败普军，27日达武进入柏林。法军1个月内俘敌6万，还有600门大炮，20多名将军，其中一半军人未放过一枪，奥得河以西的普鲁士领土全被占领。

既然入侵英国已不可能，拿破仑转而于1806年11月21日发布柏林敕令：封锁大不列颠，禁止与其通商或通信，没收法国及其盟国境内英国人的财产，俘其臣民。来自或途经英国及其殖民地的船舶不得进入法国及其盟国口岸，此即大陆封锁体系。1807年1月7日，英国颁布"英王诏令"：禁止中立国船只进入法国及其盟国港口，或在执行"柏林敕令"的港口之间的贸易，违者将扣船并予以没收。同年12月17日，拿破仑颁布"米兰敕令"：宣布凡尊重"英王诏令"的中立国船只都将丧失国籍，成为拿破仑的战利品。大陆封锁曾经给英国造成巨大困难，但英国通过与俄国贸易、走私、贿赂海关官员，发展欧洲以外的贸易，尤其是与英国殖民地的贸易而恢复了元气。英国还利用海军优势有效地阻止中立国与法国贸易，加上工业优势，越到后来这场贸易战对法国及其盟国损失越大。1808年，英国外贸进口5150万英镑，比上年减少230万英镑，而1809年为7370万英镑，后几年虽有波动，但总趋势是上升的，同期出口总值的变化与进口相似。[①] 而法国外贸额从1806年的4.56亿法郎减至1811年的3亿法郎。[②] 封锁与反封锁是1812年英美战争的原因之一。

拿破仑全歼普军后，竭力争取与沙皇妥协，但15万俄军已开进波兰。1807年2月8日，法、俄主力在艾劳激战，双方损失惨重。6月14日，双方在弗里德兰再次会战，俄军败退。7月7—9日，法与俄、奥分别签订提尔西特条约，[③] 普鲁士只保留易北河与涅曼河之间的领土，从8.9万平方英里减少到4.6万平方英里；人口从1000万减为493万，涅曼河西南的普属波兰组成华沙大公国，萨克森国王任大公。易北河西的西普鲁士、汉诺威、萨克森组成威斯特伐利亚王国，由热罗姆·波拿巴任国王。常备军裁

---

① B. R. Mitchell, *British Historical Statistics*, Cambridge University Press, 1988, p. 451.

② 李元明：《拿破仑评传》，中国社会科学出版社1984年版，第195页。

③ 提尔西特在今天俄国西部飞地加里宁格勒地区，称苏维埃斯克市。

减到4万人，赔款1亿法郎。付清之前，法军驻扎普境。普、俄参加大陆封锁体系。

俄国承认法国征服欧洲大陆后形成的领土现状，承认华沙大公国。法国允许俄国在土耳其和瑞典扩张领土。法、俄还秘密结成反对英国和土耳其的军事同盟。

提尔西特条约标志着第四次反法同盟已经失败。拿破仑一生的战功和威望达到顶点，法兰西帝国包括比利时、皮蒙特和热那亚，这位法国皇帝还兼任意大利国王、莱茵邦联保护者、瑞士联邦仲裁者。他的兄弟分别是那不勒斯、西班牙、荷兰和威斯特伐利亚国王。法国军队占领北欧沿海港口和波兰。普鲁士、奥地利已经战败，沙皇俄国是他的不平等的盟国。总之，他是欧洲大陆的独裁者。但这一功业的顶峰也是帝国覆灭的起点。

11月，葡萄牙拒绝参加大陆封锁体系，国土被法军占领，王室逃往巴西。

（三）半岛战争

1808年3月，拿破仑率10万法军借保护海岸地区免遭英国侵犯而入侵西班牙，占领马德里，迫使西班牙国王查理四世把王位传给其子斐迪南七世。不久拿破仑禁锢查理四世父子，另立自己的弟弟约瑟夫为国王，引起西班牙民族大起义。缪拉残酷镇压，杀死平民2000多人。1808年，英军在韦尔斯利爵士（即威灵顿公爵）率领下在葡萄牙登陆，支持葡、西反法战争。

7月21日，约瑟夫以西班牙国王身份进入马德里。但各地零星的武装反抗持续不断，在马德里以南160英里的拜兰，陷入重围的1.9万法军向西班牙义勇军投降，打破了拿破仑不可战胜的神话。此后，法军主力驻扎在南部，穆尔率英军从葡萄牙出发占领西班牙西北部。在科鲁拉战役中，接替拿破仑的苏尔特元帅打败英军，穆尔被杀。但西班牙义勇军坚持战斗。法军入侵葡萄牙并占领波尔图。为了保卫里斯本，韦尔斯利奉命率军前来增援，苏尔特被赶出波尔图，英军再次占领西班牙西北部。1810年9月，西班牙制宪会议在雷翁岛开幕，第二年移到加的斯，1812年3月通过宪法。韦尔斯利率英、西、葡联军坚持反法战争，牵制了30万敌军，迫使法军两面作战，并点燃了奥地利人民的复仇情绪，1812年苏尔特的法军被歼灭，1813年联军攻入法国。斐迪南恢复王位，半岛战争胜利结束。

（四）第四次对奥战争

半岛战争激励着奥地利朝野的爱国热情。到1808年，全国15万人按法国的作战方式接受训练，部队装备和编制大有改进。1809 年 4 月 9 日，查理大公率 14 万军队向法国进军，拿破仑率军迎战。从 19 日到 23 日，法军接连打败奥军，5 月 13 日第二次进入维也纳。但在 21—22 日阿斯佩恩—埃斯林战斗中，两万法军被击毙，拉纳元帅阵亡。7 月 5—6 日，拿破仑在瓦格拉姆战役中打败奥军，不过双方伤亡都在 3 万以上。10 月 14 日，法、奥签订肖恩布鲁恩条约，奥失去 3.2 万平方英里领土和 350 万人口。这些土地分别给亲法的巴伐利亚、华沙大公国、俄国和法国。奥丧失所有出海通道，被迫加入大陆封锁体系，中断与英国的一切联系。奥还支付 7500 万法郎赔款。

拿破仑派人到罗马把教皇囚禁起来，此举引起欧洲天主教徒的强烈反对。

（五）对俄战争

1805 年 9 月 27 日至 10 月 14 日，拿破仑与亚历山大一世在爱尔福特会见，希望俄国在即将到来的法奥战争中站在法国一边，但没有成功。随行的塔列朗暗地里提醒沙皇：“法国是文明的，但其君主却不是这样。”“您应该拯救欧洲。”

1811 年，拿破仑准备对俄作战。原因是：第一，在提尔西特和爱尔福特，拿破仑都答应沙皇可以在东方扩张领土，但君士坦丁堡除外，而亚历山大决心把君士坦丁堡变成第三个沙皇格勒。第二，对波兰的争夺，法军驻在华沙大公国，又把加里西亚从奥地利转交波兰。此举旨在阻止俄国向欧洲扩张，而沙皇害怕法国帮助波兰复国。第三，法军迟迟不从普鲁士撤军。第四，俄国参加大陆封锁于己不利：沙皇提高法国商品进口税，同时对来自美洲的商品予以优惠，英国工业品更是大量涌入，并转口到中欧各地。英国也是俄国木材、皮毛等商品的主要市场。这使大陆封锁几乎名存实亡。

1812 年 5 月 16 日，拿破仑在德累斯顿设大本营，集中 51 万人的大军，其中一半是法国人，在外籍人员组成的军（建制）中各有一个法国师作为支柱。[①] 6 月，法军渡过涅曼河。9 月 7 日，法俄主力在距离莫斯科不远的博罗迪诺村会战，双方共出动大炮 1220 门，各伤亡 4 万多人，法军损失 47 名将军。俄军主动退却，并烧毁莫斯科，法国人入城后一无所获。10 月 13 日降第一场雪，19 日法军从莫斯科撤退，途中受到库图佐夫的军队、

① 李元明：《拿破仑评传》，中国社会科学出版社 1984 年版，第 213 页。

哥萨克骑兵和农民游击队的围追堵截，损失惨重，共丧失40万军队、上千门大炮和17.5万匹军马。

（六）帝国的末日

1813年3月16日，普鲁士向法国宣战。8月12日，奥地利向法宣战。10月，拿破仑仓促征集起来的15万军队在莱比锡被34万联军包围，法军大败。战场转移到法国。1814年3月30日，马尔蒙的部队投降，次日联军进入巴黎。4月6日，拿破仑被迫退位，联军授予他厄尔巴岛和200万法郎年金。

1814年4月6日，法国元老院召唤路易十八归国即位。5月2日，路易十八宣布尊重民主宪政。但是这位反法同盟军队强加给法国人的国王并不打算履行诺言，他和大革命以来流亡国外的保王党人25年来“什么都没有忘记，什么也没有学会”。复辟王朝的倒行逆施使法国人更怀念拿破仑。在维也纳，出席会议的俄、英、普、奥四大国代表正在为分赃不均而争吵不休。于是，拿破仑于1815年2月26日率1000名官兵偷渡回国。路易十八派内伊元帅对付拿破仑，结果内伊在阵前倒戈。3月19日夜，路易十八逃离巴黎。3月18日，奥、英、普、俄各出15万军队组成第七次反法同盟。6月18日，拿破仑在滑铁卢战败。7月22日，第二次宣布退位。“百日王朝”结束。拿破仑被囚禁到南大西洋遥远的圣·赫勒拉岛上，直到1821年去世。

1789—1799年，法国的内战和外战造成70万人死亡，加上此后拿破仑发动的历次战争，阵亡者共计90万人，且多为青壮年。他们占全国总人口的5.5%，而第一次世界大战也不过占3.5%。①

（七）拿破仑战争的性质

战争的起因和类型多种多样，这里只讨论战争中交战各方的是非曲直，主要指哪一方是正义的、革命的或自卫性的。在具体分析拿破仑战争的性质之前，有必要确定一下关于战争性质的判断标准。这个标准主要指战争是政治通过另一种手段的继续（克劳塞维茨），即着眼于交战双方的政治目的和战略目标。另外就是分析战争结果，尤其是停战协定或和平条约的条款。

拿破仑战争是1792年4月以来法国对外战争的继续和扩大。这场战争

① ［法］P. 布吕什：《法国大革命》，冯棠译，商务印书馆2000年版，第160页。

直到拿破仑帝国垮台，历时 23 年，其间只有 1802—1805 年的短暂休战。战场涉及加的斯与莫斯科之间的欧洲大部分陆地和海域，交战国包括英国在内的欧洲几乎所有国王和诸侯。战争规模、伤亡人数和财产损失前所未有，这是 19 世纪的一场世界大战。这场战争按性质变化可分为两段，以耶拿战役为分界线。

1792—1806 年属于前期，主要是一场以法国革命政府为一方，大陆封建国家伙同法国流亡贵族为另一方所进行的保卫革命成果、阻止反革命复辟，进而输出革命的生死搏斗。瓦尔密大捷后法军越出国境，并没有改变这场战争的革命和防御性质，[①] 因为只有捣毁王党在科布棱茨的大本营，打败反法联军主力，法国才能得救。

1806 年普鲁士在耶拿之战中失败，1807 年签订提尔西特和约后，这场战争变成拿破仑帝国同大不列颠争夺世界霸权，并与俄罗斯沙皇争夺欧洲霸权的一场王朝战争，同时又是一场侵略与反侵略战争：欧洲大陆各民族在抗击拿破仑侵略扩张的战争中，民族意识普遍觉醒；而拿破仑则公开声明，他是为了和平和荣誉而战，即法国支配下的欧洲和平。

以上对拿破仑战争前期与后期的划分，只是为了说明这两个时期的主要倾向。实际上，在七次反法同盟与法国的战争中，革命与复辟、民族压迫与民族解放、保卫革命成果与争夺霸权这些截然相反的战争目标，由于法国国内形势的变化、交战各方商业利益以及战略、战术本身的需要，往往密不可分地交织在一起并贯穿于战争始终。马克思在《革命的西班牙》中写道："所有反法的独立战争都具有复兴性质和反动性质。"不过如作具体分析，半岛战争比莱比锡民族之战的复兴成分多而反动倾向少。前者虽有英国插手，但全民抗战是其主要特征，尤其是在战争中产生了 1812 年宪法。而莱比锡会战的结果固然有助于德意志民族的觉醒，却恢复并巩固了普、奥、俄等国君主的反动统治。

拿破仑战争的进步性还表现在，即使拿破仑主观上以攻城掠地、勒索战败国赔款为战争目标，客观上仍然推动了普鲁士政府改革农奴制的进程。他废除德意志 100 多个小邦国，有利于德国统一。"法国在穿越欧洲，并改变欧洲之后向欧洲投降。法国屈服了，但法国的思想

---

① 1870 年 9 月 4 日前的普法战争对普鲁士而言属于防御或自卫战争。

却获得了胜利。”①

五、评价拿破仑

在欧洲人看来，拿破仑的政绩和战功超过了古代亚历山大以来任何一个世界征服者，而他给同胞和世界带来的危害和损失相对而言是其中最小的。他是领袖人物中的亚里士多德：天才和全才。雨果说拿破仑“随时随地都活在人世间”是有道理的。英国人指责他是暴君，而曼佐尼在悼念拿破仑的诗中却把他奉为解放者。鼓吹超人哲学的尼采更把19世纪一切远大希望都说成来自拿破仑。

“拿破仑的存在理由是革命。当他否定革命之后，正统主义、合法主义就吞噬了他的帝国、他本人和他的继承人。”（马松）

还有必要指出，当我们称赞拿破仑的丰功伟业时，一定要记住伏尔泰这一段话：政治家和征服者在哪一个世纪都不稀罕，他们不过是一群大名鼎鼎的坏蛋罢了。我们应当尊重那些凭借真理的力量征服人心的人，而不是依靠暴力奴役别人的人，是认识宇宙而不是歪曲宇宙的人。说到底，牛顿才是真正伟大的人物。

“生不用封万户侯，但愿一识韩荆州。”古往今来，总有众多粉丝（fans）追捧名人。相反，“时无英雄，遂使竖子成名”的逆反心理，也比比皆是。否定英雄人物，是历史虚无主义和宿命论的表现；相反，夸大英雄人物的历史作用，是个人迷信在作怪。实际上，任何英雄都改变不了历史发展的总趋势，却能在一定时期和不同范围延缓或加快原有的历史进程，甚至暂时改变一下方向。随着大工业的出现和全球文明时代的到来，单个英雄人物的活动天地和英雄史观的市场已经缩小，而普通群众全面参与社会活动的范围扩大了。总之，英雄崇拜与“对人民的偶像崇拜”（马克思）都是一种超现实的神秘主义历史观。

关于英雄人物的社会教化功能，另见第十四章第四节。如果一个民族连值得大众崇拜的英雄都不曾有过，那只能是这个民族的悲哀。

---

① 乔治·皮博迪·古奇：《十九世纪历史学与历史学家》，商务印书馆1989年版，第445页。

第九章

1815—1847 年的欧洲

这是一个从复辟开始，到革命将临的过渡时期。在这 30 多年间，欧洲没有发生过影响全局的政治和军事事件。

维也纳会议确定的欧洲政治地图和已经复辟的正统王朝，由神圣同盟国家用武力予以保证。欧洲处在俄、英、奥、法、普五大强国共同支配之下，其中英国最强、奥地利最弱。英国希望四大国在大陆互相制约、保持力量均衡，以便维护自己在世界范围的霸主地位。[①] 就政治权力而言，正统主义取得了胜利；但在思想领域，新与旧的斗争仍在继续，20 年代欧洲各地的革命就是证明。这几场革命和 1830 年法国七月革命打击了神圣同盟，但大国之间没有发生战争，大部分政治问题都被国际化了（如比利时、希腊）。各国已不可能单独采取军事行动，这给欧洲带来了稳定。列强重新向亚、非扩张，并以英国为榜样，陆续开始工业革命，经济加速增长。

在这一历史时期，欧洲资产阶级反封建的革命任务尚未完成，而大陆先进国家的工人运动随着工业革命的展开却已开始蓬勃兴起，“共产主义革命将不仅仅是一个国家的革命，而是将在一切文明国家里，至少在英国、美国、法国和德国同时发生的革命，在这些国家……德国实现共产主义最慢最困难，在英国最快最容易”。[②]

---

① 美国当代外交家基辛格的战略思想就是从这里汲取灵感的，他 1964 年的博士论文是：《重建的世界——拿破仑之后的欧洲：革命时代的保守主义政治》。

② 恩格斯：《共产主义原理》，《马克思恩格斯选集》第 1 卷，人民出版社 1995 年版，第 241 页。直到 1892 年，恩格斯仍认为“欧洲工人阶级的胜利，……至少需要英法德三国的共同努力，才能保证胜利”。《马克思恩格斯选集》，第 3 卷，人民出版社 1995 年版，第 718 页。而这套选集第 1 卷第 792 页注释 62 的说明却断言 1850 年以后，“他们再也没有重提无产阶级革命同时发生的设想”。中央编译局这个注释与第 3 卷第 718 页恩格斯的话不相吻合。

第一节 维也纳会议与 19 世纪 20 年代的革命

一、维也纳会议

“百日王朝”（1815 年 3 月 20 日至 6 月 22 日）之后，拿破仑被囚禁到遥远的圣·赫勒拉岛，俄、奥、普、英四大国君主都盯着拿破仑及其亲属统治的非法兰西国家，看看能把欧洲封建秩序恢复到什么程度，并从中夺取尽可能大的一份战利品。一方面，法国和欧洲人民经过 20 多年战争的蹂躏，渴望持久和平。另一方面，法国大革命以来的深刻影响，已经改变了欧洲各国的政治、经济和法律关系，普鲁士的农奴制和行会制度已被取消，法兰西法典在欧洲已经扎根，自由、平等的口号深入人心，连圣彼得堡宫廷也能听到人权宣言的词汇。因此，各国人民，尤其是在革命者中间已经唤起强烈的爱国主义感情。这三股不同的社会力量都对维也纳会议寄予厚望。

从 1814 年 9 月到 1815 年 6 月，除奥斯曼素丹和罗马教皇以外的欧洲所有国家君主或其代表 216 人，都出席了这次“处理战后一切问题”的国际会议①。会议标榜“再造社会秩序”“重建欧洲政治制度”“以均势为基础的永久和平”，以安定人心。这是近代史上规模最大、历时最长的国际会议。200 多位君主、亲王和大臣身穿光彩夺目的服装，从金碧辉煌的大厅里进进出出，在无休止的豪华宴会、舞会、庆祝活动以及盛大的阅兵典礼上尽情享受；而少数大国首脑则躲到某个角落里，在一张又一张巨大的欧洲地图上指手画脚、明争暗斗，随心所欲地把一个又一个民族地区分割给几个国家，只要这符合列强的意愿就行。大会没有正规的开幕式和议事日程。会议主席是奥地利外交大臣梅特涅亲王，他风流潇洒，谈吐温文尔雅，是一个反动成性但有才干的投机取巧之徒。一直到 1848 年革命，他都是奥地利的实际统治者。在欧洲外交界，他几乎是各国的仲裁人。

沙皇亚历山大一世自兼首相，想独占华沙大公国，但遭到英国首相卡斯累利的反对，因为这会使俄国更加强大。沙皇转而拉拢普鲁士腓特烈·威廉三世，许诺把撒克森全部交给普鲁士，作为后者失去波兰之一部的补偿，但梅特涅不同意。因为这会使普鲁士过分强大而削弱奥地利在德意志

---

① 陈之骅：《俄国沙皇列传》，东方出版社 1999 年版，第 160 页。

诸邦中的地位，他的德意志政策是分治和统治。从最后总决议的条款来看，梅特涅成功地使欧洲大国暂时取得了“均势”：俄国捞取了好处，但不让它过分强大；处置了战败的法国，但没有过分削弱它；德意志形成邦联，却不让它有一个强大的中央政府，普鲁士也只是其中一个邦国；意大利仍然四分五裂，并由奥地利控制其大部分地区。欧洲大小君主各得其所，至少多半感到满意。

正当列强为分赃不均而争吵时，拿破仑于1815年3月从厄尔巴岛流放地回到法国并重建帝国。这消息如晴天霹雳，代表们无不惊骇。他们刚刚镇定下来，便匆忙组成第七次反法同盟，在滑铁卢使拿破仑遭到最后失败。代表们这才又回到会议桌旁，于1815年6月签署最后总协议。

战败国法国代表塔列朗，是一个比西耶斯（《什么是第三等级》的作者，后帮助拿破仑发动雾月政变）还要善于生存的政治家。他生于豪门贵族之家，年幼伤足，不便于从军而进了教会，曾投身于大革命。恐怖时期流亡美洲，后回国任拿破仑外交大臣，极有才干。他曾想遏制皇帝的野心未成，于1808年法、俄皇帝在爱尔福特会见时，暗中唆使沙皇提防拿破仑。这时他作为路易十八的首席代表充分利用大国矛盾，力争使本国少受损失并恢复大国地位。为此，他在会上建议，应当把拿破仑扩张的领土归还给原来的合法领主，此即正统主义。如果当事国的利益还摆不平，可使其“失之东隅，收之桑榆”，此即补偿原则，这两点同英国的均势外交一起，成为制定会议文件“最后总决议”的指导方针。总之，透过政治家们冠冕堂皇的外交辞令，人们看到的是列强赤裸裸的民族利己动机、目空一切的霸权主义和鼠目寸光的实用主义。塔列朗就说过：“语言是用来隐瞒思想的。”“吾皇陛下对英国大使撒谎时，从来不回避对方的眼神。”

最后总决议：

①俄国占领波兰3/4领土，沙皇兼任波兰国王，允许波兰制定宪法。承认俄对芬兰（1809）和比萨拉比亚（1812）的占领。失去芬兰和波美拉尼亚的瑞典，从丹麦手里取得挪威作为补偿，而丹麦得到德意志诸侯领地霍尔斯坦因。

②普鲁士放弃波兰之一部，而占领萨克森的2/5（萨克森王国保留其余3/5）和波美拉尼亚以及威斯特伐利亚。德意志地区由34个诸侯国和4个自由市组成邦联。

③奥地利恢复对北意大利的控制（伦巴底和威尼西亚），获得伊利里亚和达尔马提亚，还从巴伐利亚得到萨尔茨堡和蒂罗尔以及加里西亚。奥

地利王室对中意大利诸国也有影响力。放弃尼德兰及莱茵河沿岸一部分地区。

④英国取得马耳他、赫尔戈兰岛、锡兰（今斯里兰卡）、开普、毛里求斯和爱奥尼亚群岛。

⑤瑞士重获独立，永久中立。

⑥恢复西班牙、撒丁尼亚（它获得热那亚）、教皇国以及两西西里王国的正统王朝。荷兰重获独立。

⑦法国退回到 1790 年边界，放弃若干边境要塞，把它们交给邻国，割让萨伏伊给撒丁尼亚。东北边境 17 个城堡由联军占领 3～5 年，由法国负担占领费用，并赔偿 1 亿法郎，交出军舰。

维也纳会议是 1648—1918 年最重要的一次国际会议。会议文件是列强争霸欧洲和世界的反映。一方面，它巩固了英国在世界上的霸主地位，奠定了欧洲直到 1870 年为止由五大国支配国际关系的局面，即维也纳体系下的和平局面。它用正统主义扼杀各国革命者对自由、平等的渴望，延长了君主政体的寿命，用补偿和均势原则压制民族独立和国家统一的历史潮流。另一方面，维也纳会议体现了近代国际关系中的文明准则，即各强国通过协商和平地协调相互利益，旨在谋求一个稳定的欧洲格局，一切特殊目的都要服从这一共同的最高准则。此后，各国普遍互派有特权的外交代表常驻对方首都（维也纳公约）。

二、神圣同盟

1815 年 9 月 26 日，沙皇亚历山大一世、奥国君主弗兰西斯一世和普王腓特烈·威廉三世在巴黎"为了神圣不可分割的三位一体，签字国决定结成同盟。同盟的原则是保卫宗教、和平与正义"。此即"神圣同盟"。这是拿破仑帝国瓦解后，欧洲君主国结成的反动同盟。11 月 19 日，法国也参加了。英国没有加入，但在许多场合支持其总方针。条约规定缔约国君主"无论何时何地，均须相互提供资金、援兵和其他援助"，以维护维也纳会议划定的边界，并镇压各国革命。这是"所有欧洲的君主在俄国沙皇领导下反对本国人民的一个阴谋"。[①] 神圣同盟组织过对意大利、西班牙革命的武装干涉。但在 20 年代革命潮流的冲击下、在同盟内部矛盾中逐渐削弱。1830 年七月革命后，同盟实际上已经瓦解。

---

① 《马克思恩格斯 列宁 斯大林论沙皇俄国》，人民出版社 1977 年版，第 340 页。

四国同盟（再保险条约）。英、奥、普、俄四国政府在 1815 年 11 月 20 日许诺，如果将来任何一方受到法国攻击，同盟各国将出兵 6 万人相助，“结盟各国……为商讨其共同利益，……各国的安定和繁荣的措施以及为维护欧洲和平，……定期召开会议”。1818 年法国加入，于是变成五国同盟。

神圣同盟和四国同盟是维护维也纳体系的组织保证和重要补充，目的都在于维护维也纳会议划定的欧洲疆界并镇压一切革命。

三、20 年代的革命

维也纳会议之后，欧洲历史进入反动时期，“幻想破灭、希望落空、诺言毁弃而改革推迟”。[①] 梅特涅敌视自由主义和宪法，说宪法只会带来动荡和麻烦。奥地利皇帝也说：“我不需要学者，只要老百姓听话就够了。”梅特涅严禁学生出国上大学，他在 1819 年诸侯会议上炮制的卡尔斯巴敕令中规定，禁止学生集会，加紧书报检查，穿红、黑、金色服装者被视作罪犯。大学教授胆敢在课堂上煽动危险的革命思想，立即撤职查办。梅特涅联合俄国充当国际警察，一心要扑灭欧洲任何地方的革命“火星”。但革命已成为 20 年代欧洲历史的主旋律，甚至在反动势力的堡垒俄国，也发生了十二月党人起义。

（一）西班牙革命

拿破仑被迫退位后，斐迪南七世恢复西班牙王位。他违背诺言，破坏 1812 年宪法和其他革命成果，杀害进步人士，加上 1810 年以来西属美洲独立战争，导致 1820 年由进步军官里埃哥领导的西班牙爆发革命。起义者要求恢复 1812 年宪法，各地成立革命政权。1822 年，神圣同盟决定由法国出兵镇压。法军入侵后，西班牙革命于 1823 年失败。

（二）意大利革命（1820—1821）

拿破仑统治意大利时期，实施了一些开明的法律和行政措施，自行削弱外国统治者在意大利的作用。拿破仑帝国崩溃后，奥地利卷土重来，意大利重新陷入封建割据、君主专制和外国统治之下，原来的社会进步成果被国内外复辟势力所葬送。于是出现了秘密革命组织“烧炭党”，旨在推翻专制政府，实现全意大利统一。1820 年和 1821 年他们分别在那不勒斯

---

① ［美］科佩尔·S. 平森：《近代德国，它的历史和文化》，范德一译，商务印书馆 1987 年版，第 78 页。

和皮蒙特发动革命，皮蒙特摄政王颁布宪法（与西班牙宪法类似）。但在神圣同盟策划下，由奥地利军队镇压了意大利革命。

（三）希腊独立战争（1821—1829）

“希腊是一个以经商为业的民族，而商人受土耳其帕沙（土耳其语，帝国行省总督、军队统帅等高级职务）的压迫最深。”（恩格斯）到 19 世纪初，希腊人在帝国境内享有某些商业、行政和宗教自治权。1821 年 3 月，在秘密革命团体“友谊社”领导下，希腊人奋起反抗民族压迫和官府的勒索，政府疯狂镇压，连君士坦丁堡的希腊总主教也未能幸免。开俄斯岛（又译希俄斯岛）大屠杀使 2.3 万人丧生、4.7 万人被卖为奴，幸存者仅 2000 人。起义者陆续解放伯罗奔尼撒大部分地区。1822 年，召开国民议会，宣布希腊独立。

希腊是欧洲文明的摇篮，希腊人这时显示出的革命勇气和土耳其骑兵的野蛮暴行，引起欧洲进步舆论的极大关注，在物资援助之外，许多革命者还参加希腊起义队伍。英国浪漫主义诗人拜伦就是其中的一名战士。

19 世纪 20 年代这些革命引起各君主国的震惊，神圣同盟于 1820 年 10 月在特罗波开会，俄、普、奥就镇压意大利革命签署协定书。英、法虽未签署，但并不反对。从 1821 年起会议移至莱巴赫举行。在此期间，奥地利正在镇压那不勒斯和撒丁王国的革命。1822 年，列强在意大利维罗那开会，这是神圣同盟最后一次会议，俄、普、奥三国不顾英国反对，仍授权法国武装干涉西班牙革命和西属美洲独立战争。英国外交大臣坎宁宣布民族自治权。以希腊正教首领自居的沙皇亚历山大一世本想支持希腊起义者，削弱其宿敌土耳其以扩大自己的势力范围，但一想到神圣同盟的“崇高原则”，便在维罗那会议上与列强一起谴责希腊起义，并拒绝接见会场外面的希腊代表团。梅特涅坚持扑灭希腊起义，因为他担心这场民族烈火会烧到自己头上——奥地利也是一个紧靠巴尔干的多民族国家。1823 年 3 月 25 日，坎宁宣布从即日起承认希腊叛乱者为交战一方，第二年向起义者提供贷款。1825 年，埃及总督阿里之子易卜拉欣率军在希腊登陆，援助土耳其。1826 年，英国威灵顿公爵去圣彼得堡与俄签订协议书，规定土耳其对希腊拥有宗主权，希腊完全自治，每年向土耳其缴纳一定数量的贡赋。英、俄共同调停希、土争端。如果调停失败，两国就采取一致行动建立一个独立的希腊。英国此举是出于自由主义和均势外交的考虑。1826 年，坎宁发表演说，对全世界被压迫民族争取自由和人权表示同情，并把设法保护这一事业作为大不列颠帝国的伟大任务。这一道义上的理想主义与英国的商业利益并行不悖。[①] 英国还想防止俄国利用希腊问题对土耳其发动战争，而俄国利用英国的主动行动和议定书，恢复并扩大了自己在多瑙河诸公国的优势。

但土耳其凭借其军事胜利拒绝给希腊人以自治权，于是英、俄、法三国于 1827 年 7 月 6 日签订伦敦条约，要求土耳其停火，土在奥支持下加以拒绝。10 月上旬，以英国为主的联合舰队摧毁了土耳其和埃及海军。1828 年，俄向土宣战，占领亚得里亚那堡，英、法转而向俄施加压力。1829 年，俄、土签订亚得里亚那条约。俄国边界推进到多瑙河口南岸，吞并了黑海东、西两边土耳其大片领土，商船可出入两海峡，俄居民在土耳其享有领事裁判权，并占领多瑙河两公国摩尔多瓦和瓦拉几亚 10 年，在此期间土向俄赔款 1500 万杜卡特。两公国大公由俄国指定，从两公国撤走所有穆斯林并拆除境内一切要塞。土耳其接受伦敦议定书条款，承认希腊独立。列强围绕希腊独立发生的争吵和冲突埋葬了神圣同盟。

（四）十二月党人起义

参加过反法战争的俄国青年军官在欧洲广泛接触到资产阶级民主思想。领导西班牙革命的青年军官里埃哥成了他们心目中的英雄。彼斯特尔从巴黎回国后气愤地说："难道我们解放欧洲就是为了把锁链套在自己身上吗？我们给予法国一部君主立宪宪法，现在我们自己难道不敢讨论它吗？我们用血汗换来的国际地位是为了在国内让人侮辱吗？"[②] 这些青年军官秘密组织南方和北方协会，尼古拉·屠格涅夫在彼得堡协会领导人会议上用法语喊道："赞成总统制，用不着多讨论了！"

1825 年，亚历山大一世突然病逝。因无男嗣，按照传统应由二弟康斯坦丁继位，但远在华沙的康斯坦丁早已放弃王位继承权。三弟尼古拉在彼得堡，兄弟二人远隔千里，互相向对方宣誓效忠，贵族们议论纷纷：这兄弟俩把皇冠当皮球玩耍，谁也不肯接受。最后，尼古拉决定称帝，并于 12 月 26 日在彼得堡"再宣誓"。

革命军官们利用这个机会发动武装起义，并拟定宣言，逮捕皇族，宣告推翻沙皇政府，召开立宪会议，以便决定废除农奴制的方式、国家制度和土地问题。由立宪会议决定共和还是君主立宪。但由于叛徒告密和起义

---

① Kurt F. Reinhardt, *Germany*: 2000 *years*, Vol. Ⅱ, Frederick Ungar Publishing Co, 1983, p. 510.

② 孙成木：《简明俄国通史》下册，人民出版社 1986 年版，第 4 页。

总指挥临阵脱逃，起义被镇压。敌对双方和群众死亡 1271 人。事后许多革命者被送上绞刑架或被流放西伯利亚服苦役。这是俄国历史上第一次反对沙皇专制的武装起义，它与俄国历史上的旧式农民起义有本质区别。旧式农民起义反对皇帝或沙皇，但从未把皇权作为一种主义来反对（幻想出现好沙皇、明君）；农民反对地主，但从未把地主作为一个阶级来反对（翦伯赞）。彼·雅·恰达耶夫在回答关于十二月党人推翻沙皇就是不爱国的指责时说："我不会闭上眼、低下头、封住嘴去爱我的祖国，……我认为盲目依恋的时代已经过去，现在我们首先要对祖国说实话。"① 这就把近代民族主义同传统的忠君（即爱国）区别开来了。

（五）波兰 1830 年起义

波兰于 1772 年、1793 年、1795 年被俄、普、奥三国三次瓜分，已经亡国。

拿破仑战争期间成立的华沙大公园，引起俄国对法国的仇视。1815 年，维也纳会议最后总决议把大部分领土划给俄国，沙皇亚历山大一世兼任波兰国王，政府与军队不同于俄国本土的军政体制，有一部宪法，学校使用波兰语。尼古拉一世继位后，宪法依旧但强迫波兰人说俄语。他的各种专制手段和殖民统治导致华沙市民 1830 年 11 月发动起义，被残酷镇压，并废止了 1815 年宪法。1830 年后 20 年里，波兰人大批移居西欧，在 1848 年欧洲革命中，到处都有波兰革命者。

波兰是欧洲自由的安全屏障。1830 年，波兰"用自己的革命防止了参加瓜分波兰的国家当时已经决定了的对法国的入侵"（恩格斯）。②"波兰由于其全部历史发展和目前所处的状况，较之法国在更大程度上面临着一种抉择：不是革命就是灭亡。"恩格斯针对俄国和德国又写道："压迫其他民族的民族是不能获得解放的。它用来压迫其他民族的力量，最后总是要反过来反对它自己的。"③

第二节 法国

一、法国七月革命

复辟王朝时期（1815—1830）。路易十八的法国称"法兰西王国"。虽

① 《人大复印报刊资料·世界史》1988 年第 6 期，第 77 页。
② 《马克思恩格斯选集》第 2 卷，人民出版社 1995 年版，第 633 页。
③ 《马克思恩格斯选集》第 2 卷，人民出版社 1995 年版，第 586 页。

然在重返巴黎前他许诺以英国分权制的两院为样板，要制定一部立宪宪章，但欧洲列强和法国人民对这位依靠外国刺刀上台的国王缺乏热情。由于“百日”招致的报复，法国割地赔款，并支付1.5万名占领军费用，国际地位也一落千丈。在国内，拿破仑疯狂的政治冒险和波旁王朝的两次复辟，加剧了社会上的政治对立，一部分人把大革命看作不可逆转的现实，另一些人则决心复辟旧制度，这些人伺机报复。天主教会组织的“金色青年团”疯狂迫害革命者和新教徒，法国南方有300多人成了牺牲品。拿破仑时期的10万军政官员被撤职，在百日王朝期间倒向拿破仑的内伊元帅经审讯后被处决，政治案件多达一万件。1815年选出的众议员几乎全是极端保皇派，被国王称赞为“难能可贵的议会”。不过国王总算明智，没有废弃1814年第一次复辟时亚历山大授意下颁布的宪章。

1814年宪章要点是：①君主立宪。国王权力受议会限制。贵族院议员由国王指定，众议员由选民选出。对选民规定了财产资格。②拿破仑法典继续有效。这首先意味着确认大革命以来的财产变化。③保留原帝国的行政和司法机构。④出版自由，公民平等，已废除的僧侣和贵族地位或爵位不予恢复。这部宪章体现了资产阶级同贵族复辟势力的妥协。

政府一方面加重税收，另一方面向英、荷银行家借债。1818年还清了赔款，赔款加占领费共支付7亿法郎，[①] 占领军撤走。这时，议会里出现了极端派、自由派和立宪派。这是政党制度的萌芽。1821年，法国出现秘密革命组织“烧炭党”，旨在用武力推翻波旁王朝。主要由退伍官兵、大学生、律师组成。1822年，他们发动军队哗变，被粉碎。多数烧炭党人希望由奥尔良王朝取代波旁王朝，共和派和拿破仑派成了少数。1823年，法国受神圣同盟委托镇压西班牙革命，此举助长了保王党人的气焰。

1824年，路易十八去世，由他的小弟弟亚多瓦伯爵继位，称“查理十世”。此人极端反动，连梅特涅都警告他：“如此专横下去，是违犯1814年宪章的。”新国王颁布法令，严惩亵渎教会的行为，加强书报检查，大学由僧侣管理，尤其是1825年“关于补偿亡命贵族10亿法郎”的法令（实际支付7亿法郎）：一个贵族可以得到相当于他1789年前财产收入的20倍。不过总的来看，这时的法国恢复了元气，国内经济繁荣，在国外重新树立起威望。这一时期未见经济丑闻，财政预算总有盈余。

1825年，英、法两国遭遇经济萧条，法国尤为严重，许多企业破产。

---

① 郭华榕：《法兰西第二帝国史》，北京大学出版社1991年版，第3页。

鲁昂加工的手帕 1815 年市场价 30 法郎，这时只卖 1 ~ 4 法郎。1829 年，粮食歉收，饥民骚动。国王不得不于 1830 年 3 月召开议会，多数众议员要求内阁辞职，国王拒绝，并于 5 月 16 日解散众议院，举行新的议会选举，结果自由派从 221 席增至 274 席。7 月 26 日，国王公布 4 道敕令：封闭报刊、解散议会、改变选举法（旨在增加地主选举人而剥夺商人选举资格）、9 月举行新选举。这些反动法令是对 1814 年宪章的公然破坏，成了七月革命的导火线。

针对七月法令，反对派报纸《国民报》编辑部公开抗议："政府违犯了宪法，我们可以不服从。"这等于鼓动起义，《国民报》记者梯也尔成了反对派首领。7 月 27 日，巴黎爆发武装起义。他们在狭窄而弯曲的街道上拆掉石头、石条、砖头垒成路障，大学生和工人埋伏在这些简易工事后面高喊："打倒波旁王朝!"革命老前辈拉法耶特是他们的指挥官。28 日，巴黎东区几万人参加起义，巴黎圣母院钟楼上升起三色旗。马尔蒙将军率 8000 名政府军前来镇压，双方伤亡数千人。29 日，起义者控制了巴黎，占领卢浮宫和土伊勒里宫，当群众在街头自发战斗时，由 5 名自由派议员组成市政委员会，首脑是拉法耶特。30 日，《国民报》发表梯也尔起草的宣言，为奥尔良公爵路易·菲利普上台制造舆论。8 月 7 日，众议院宣布路易·菲利普为国王，查理十世被迫退位并流亡国外。14 日，众议院通过 1830 年宪章，实行君主立宪，路易·菲利普向宪章宣誓效忠。

七月革命是金融资产阶级对土地贵族的胜利，它用法国人的国王取代战胜国强加给法国人的波旁王朝。这场革命像闪电一样冲破了 1815 年以来被正统王朝复辟的欧洲旧秩序，在德意志和意大利引起强烈震撼。它鼓舞比利时人民革命并脱离荷兰取得独立（其独立和中立地位得到列强保证），鼓舞波兰华沙人民于 11 月发动反抗沙皇统治的民族起义。七月革命使各国反封建力量对实现法国 1789 年革命理想重新恢复了信心，这些革命者过去只是暗地里窃窃私语，这时都敢于在大庭广众之下慷慨陈词了。革命的朋友和敌人都承认 1789 年精神在欧洲已经复活。此后，自由主义的西方国家与保守主义的东方国家这种欧洲二元制集团取代了 1815 年以来的五强协商。

1830 年宪章是基佐等人在 1814 年宪章基础上修改而成的，它把天主教从"国教"改成"大多数人民的宗教"，规定三色旗为国旗，废除书报检查，限制国王权力。选民年龄从 30 岁降至 25 岁，议员年龄从 40 岁降至 30 岁。1831 年，法令把选举人纳税资格也从 1000 法郎降至 500 法郎（当时1000法郎折合1959年100万法郎）。1831年，市镇法规定，由当地纳税最多的1/10居民选举本市镇参议员。国民自卫军法允许20～60岁的纳税人参加，自备武器。到七月王朝末期，全国选民达到25万人（1830年为9万人）。

七月革命后建立的政权代表资产阶级的最上层：银行家，交易所大股东，铁路、矿山和森林的所有者。国王路易·菲利普是他们的首脑。但从表面上看，这位“街垒国王”平时身穿便服、手持雨伞，在大街上常与市民握手。

七月王朝（1830—1848）同复辟王朝时期一样，大多数年代是在政治动荡中度过的：1831年和1834年里昂工人起义，布朗基秘密组织的“四季社”及其1839年起义，还有统治集团内部的矛盾，拉法耶特等人的改革要求以及奥尔良派内部争权夺利……这是因为七月王朝只代表资产阶级中的一部分——金融贵族的利益。而这时法国已开始工业革命，生产关系和阶级结构正处在深刻变革之中。

二、法国工业革命

一般认为，英国工业革命始于18世纪50年代，即纺纱机与织布机的发明互相促进，技术发明与应用最为集中的那一段时期。但其他国家都是通过引进英国机器开始工业革命的，例如，仅1822—1823年，就有1.6万英国熟练工人来到法国。因此不能以这些国家出现第一个现代工厂的日期作为工业革命的开端。

（一）后发国家工业革命的起始年代及其判断标准

考虑到当时保留下来的数据和其他资料不如后来周详完备，可以用以下两点作为各国开始大规模工业革命（或工业化）的衡量标准：第一，宏观经济水平、增长速度及其市场化程度；第二，对工业革命来说是必不可少的政治变革和经济政策。①

就法国而言，到18世纪晚期，国民经济年均增长已明显高于以往任何时期，也超过了尼德兰以外的大陆各国。大革命前夕已开始有少量珍妮纺纱机。拿破仑对英国的大陆封锁政策初期也有利于法国制成品对大陆各国出口。但总的说来，大陆封锁和英国反封锁给法国带来的损害超过英国。

---

① 张跃发：《工业革命新探》，《青海师大学报》1989年第3期；张跃发、迟桂芝：《有关工业革命开端几个问题之我见》，《青海社会科学》1991年第4期。

法国复辟王朝时期的市场繁荣基本上属于长期战乱后的恢复性增长。整个19世纪，经济增长最快的时期是从七月王朝到普法战争（1830—1871）这一段。1825—1854 年的国民收入年均约增长 1.5%，第二帝国（1852—1870）时期为 1.6%，1870—1900 年为 0.7%。从 1831 年起，法国铁路通车里程大幅度增加，进出口总额 20 年代年均 4 亿法郎，1832 年 5 亿法郎，1840 年 7 亿法郎。从宏观水平看，1831—1840 年法国人均 GNP（国民生产总值）242 美元（按 1965 年美元计算，下同），略高于英国 1765—1785 年的人均 GNP227 美元。[①] 1830 年以来议会立法活动频繁，绝大多数法令是为保护商人利益而制定的。结论是法国从七月王朝时期开始工业革命，即大规模工业化开始了。

（二）资本原始积累

第一，对外贸易与殖民扩张。在 18—19 世纪，法国是仅次于英国的殖民帝国，但其海外领地的人口、自然资源，尤其是经济价值远不如大英帝国。从市场角度看，法国同英国一样也有不少海外贸易公司。奴隶贸易和西印度群岛的蔗糖，以及对中国、印度的贸易，都给法国商人带来巨额利润。1722 年，法国东印度公司的资金高达 1.43 亿锂。[②] 但没有一家法国公司能像英国或荷兰东印度公司那样赢利，也没有一处法属殖民地像英属印度那样，为宗主国积累起如此多的资本。因此，法国工业革命以前，来自海外的资本积累不如英国充足。

第二，法国商业银行一直很发达，但约翰·劳的公司和皇家银行倒闭后，法国人对国家银行一直不信任，直到 1800 年才有中央银行——法兰西银行。大革命后，法国金融市场仍被众多商业银行所支配，他们常以 5% 的利率从社会上吸收存款，再以 7% 利息贷出——主要向国家贷款。法兰西银行创立时只有 3000 万锂（100 法郎等于 101 锂零 5 苏）资本，但它在巴黎拥有发行银行券的垄断权。该行从成立到 20 世纪初，贴现率一直是 4%，但初期作用有限。1840 年，制宪会议通过法律，赋予法兰西银行在全国范围的货币发行垄断权。1848 年，政府决定由该行兼并 9 家省立贴现和流通银行。[③] 1848—1853 年，法兰西银行发行钞票总额从 2.5 亿法郎增

---

① 西蒙·库兹涅茨：《各国的经济增长》，常勋译，商务印书馆 1985 年版，第 27 页。

② 布罗代尔：《十五至十八世纪的物质文明，经济和资本主义》第 2 卷，生活·读书·新知三联书店 1992 年版，第 237 页。

③ ［法］让·里瓦尔：《银行史》，陈淑仁译，商务印书馆 1997 年版，第 56 页。

至6.5亿法郎，货币供应量与工农业产品均以3%的速度增长（前者略高一点），直到1873年。[①] 工业家为了能得到大笔长期贷款，1830年以后由借款企业本身发行与其借款数字相同的许多同面额票据，这就叫债券。第一批此类债券在1837年为建造铁路而发行。出卖这种新票据的方法与出售股票并无差别。股份公司在1815—1830年只成立98家，而1840—1848年成立了1600家。

1850年前，法国90%的支付手段是白银。此后，由于加利福尼亚和澳大利亚黄金产量猛增，以及对远东贸易要用白银支付。到1856年，支付手段的50%用黄金，30%用白银，20%是纸币。这时实行复本位制，同一单位重量的金、银比价15.58：1。

1852年12月，动产抵押银行开业，资产1200万法郎，三年后为6000万法郎，仅利息高达2600万法郎。该行有权向公众发行有息证券，主要投资于公共工程，如港口、供水系统和煤气厂，大大刺激了法国经济。这种投资方式对大陆其他国家具有示范作用。1820—1870年，法国公共工程投资与制造业投资虽然都在增长，但二者数额一直保持在2：1之间。在1815—1819年和1880—1884年间，法国资本总值年均递增2.1%。

法国的资本积累与政府、政局密切相关：大革命前通过军队与政府开支，以包税、国债和卖官鬻爵方式培植起一个金融资产阶级。大革命期间政府以没收教会和流亡贵族地产作抵押，并滥发指券，促使产权转移和资金集中。热月政变（1794年7月）后，获得政府订货的少数商人成了暴发户，如督政府建立时（1795），只有25岁的乌弗拉尔通过承包军需品几年时间就成为全国首富。因此，这些金融贵族后来仍热衷于国债、外国债券和公用公司股票投资，这些股息也比国内大多数工业股息高。[②] 法国无休止的政局动荡、内战和外战使投资者缺乏安全感，许多人宁愿把资金投向国外金融市场。从挂牌的证券种类看，英国1725年有14家而法国1815年才有4家，1851年增至118家。

在商业银行和保险业领域，英、法各有所长。但法、德、俄三国第一

---

① 弗朗索瓦·卡龙：《现代法国经济史》，吴良健译，商务印书馆1991年版，第50页。

② Cameron Rondo, Pete Mathias and M. M. Postan, *Cambridge Economy of Europe*, Vol. Ⅶ, Cambridge University Press, 1978, p. 381.

批大型现代化工厂主要靠政府出资兴建,① 而英国工业化是在自由放任中由私人资本充当主力的。1830 年以后，合股公司在法国、比利时普遍兴起，成为工业革命的主要资金来源。20 年代法国的关税保护也有助于工业起飞。1830—1848 年工商业投资增加 50%，即从 300 亿法郎增至 450 亿法郎。②

第三，自由劳动力。人口总数及其自然增长率，1816 年、1846 年分别为 3000 万和 3540 万，1866 年、1886 年分别为 3650 万和 3790 万，1901 年、1911 年分别为 3840 万和 3920 万。1816—1846 年年均自然增长率 1.8%，此后逐渐下降，直到 1901—1911 年年均增长率才回升至 0.8%。总之，法国 19 世纪后半期人口自然增长率明显低于 1801—1911 年英国的增长率。③

表 8　法国劳动力在三大产业中所占百分比*

年份	第一产业	第二产业	第三产业
1851 年前	56.9	—	—
1856 年	51.7	26.8（28.5）**	21.4（19.8）**
1876 年	48.8	27.3	22.8
1911 年***	30	39	31

* 本表数据来自 Peter Mathias and M. M. Postan, Cambridge Economy of Europe, Vol. Ⅶ, p. 304.

** 括号内数据来自西蒙·库兹涅茨：《各国的经济增长》，第 265 页。

*** 1911 年数据来自西蒙·库兹涅茨：《现代经济增长》，载睿译，北京经济学院出版社 1989 年版，第 95 页。

1856 年第二产业劳力（即工人）人数为 447 万。

复辟王朝以来，农业技术改良成效显著，1840 年不再有休闲地。100 公顷以上农场占全国 1% 土地而地产价值占 28%。1830—1840 年小麦单产增加 0.9%，总产增加 19%，播种面积增加 49.3 万公顷，增幅 9%。19 世纪 30—50 年代马铃薯（已成主食）、葡萄酒和甜菜产量都有明显增加。这

① 奇波拉：《欧洲经济史》第 3 卷，吴良健译，商务印书馆 1989 年版，第 209 页。

② 侯宗卫：《外国近现代经济史》，西南财经大学出版社 1989 年版，第 175 页。

③ B. R. Mitchell, *British Historical Statistics*, Cambridge University Press, 1988, p. 9.

些年农村人口外流加快，50 年代年均流出 12 万人（这还与当时逐渐形成的铁路网有关）。

（三）工业化初期

法国工业革命也从纺织业开始，1805 年有纺织机械 12500 台，到 40 年代末有 566 家棉纺厂，纱锭 350 万支、丝织机 9 万台。毛织业也用剪毛机和毛纺机。[①] 1844 年，法国工业增加值的 2/5 来自纺织和成衣。到 1866 年，纺织品出口占制成品出口总值的 60%。外贸总值占国民生产总值比例，1830 年为 13%，1850 年为 19%。1815 年出口总值 6.2 亿法郎，1830 年为 12 亿法郎，1850 年为 18.59 亿法郎。出口商品中除纺织品外，家俱、化妆品、酒、高档服装比重较大。40 年代丝织品占制成品出口总量 10% 以上。[②] 到 40 年代，法国人几乎能制造英国出口的任何机器，只是成本比英国的同类产品平均高一半。[③]

1815 年产煤 88 万吨，1847 年为 500 万吨，而当年消费量 750 万吨，缺额靠进口。铁产量 1818 年为 11 万吨，1846 年为 100 万吨，其中一半用焦炭炼成。1820 年有 39 台蒸汽机，1848 年有 5212 台。

1831 年有铁路 30 公里，1851 年为 3230 公里，1861 年为 9160 公里，1871 年为 16600 公里。[④] 七月王朝把最有利可图的铁路工程交给金融贵族去承包，他们建成铁路后又进入钢铁和煤炭领域，发展合股公司，而土地贵族进一步衰落。铁路建设带动了钢铁、机械工业。七月王朝在公路、铁路、运河与远征阿尔及利亚的花费，使 1840—1847 年财政赤字达 15 亿法郎。1836 年公路法规定，成年人每年要在公路上劳动三天或以税代工。许多公路把村庄、集镇与外界连接起来，240 座桥梁由政府新建或修复，另有 31 座由私人公司承建。政府客运票税收从 1828 年 540 万法郎增至 1846 年的 950 万法郎，有两家公司控制了全国 1/3 客运量。邮政业务量也增多了。

第二帝国时期，法国年均经济增长是英国的 3 倍。[⑤] 在流通领域，30

---

① 侯宗卫：《外国近现代经济史》，西南财经大学 1989 年版，第 174 页。

② 克拉潘：《1815—1914 年法国和德国的经济发展》，傅梦弼译，商务印书馆 1965 年版，第 71 页。

③ 夏炎德：《欧美经济史》，上海三联出版社 1991 年版，第 307 页。

④ 中国社会科学院世界经济与政治研究所：《苏联和主要资本主义国家经济历史统计集》，人民出版社 1989 年版，第 748 页。

⑤ P. 金德尔伯格：《西欧金融史》，中国金融出版社 1991 年版，第 161 页。

年代巴黎首创大型百货商店，50 年代获大发展：店内商品齐全、明码标价、保证质量，在老板与顾客之间建立起可信赖的供求关系。

基佐政府认为，帮助工人改善其处境的办法不是支持他们反对老板，而是发展教育。1830 年法国有 200 万名小学生，1848 年达 350 万名。每个公社设一小学，每省设师范学校。教育经费 1840 年前后占国家财政预算 1.2%①。1790 年 12 月 31 日设专利局，1794 年创建国立工艺博物馆。

三、里昂工人起义

有 13 万人口的里昂是法国丝织工业中心，其中工人 4 万人。1826—1831 年，在经济萧条打击下，工人工资从每日 4 法郎减至 1 法郎，而工时长达 15 ~16 小时。1831 年，经罗讷省省长调解，工人与工厂主、批发商达成工资协议，但首相佩里埃以自由主义为理由，宣布协议无效。商人们有恃无恐，撕毁了协议。于是，上万名工人愤而罢工。11 月 21 日，数千丝织工人举行集会，在去会场途中遭到军队袭击，工人被迫还击，筑街垒、插黑旗，其中一面旗上写道："劳动而不能生存，毋宁战斗而死！"工人占领市政厅、扣押省长、控制全市好几天，却不知道下一步怎么办。12 月，中央政府派 3 万大军镇压了这场起义。起义者在法庭上宣布：1830 年 7 月资产阶级完成了革命，现在我们也要进行自己的革命。此后，工人的处境毫无改善。为互相解困，他们组织起互助社。在互助社领导下，工人继续同商人斗争。1834 年 2 月，政府逮捕了互助社领袖，3 月又颁布禁止结社的新法令。4 月 9 日，法庭审判被捕工人领袖时，互助社与共和团体联合组织群众示威集会。军队向示威工人开枪。工人举起红旗，上面写着"不共和，毋宁死！"的口号，同军队战斗了四天，军方用大炮轰击平民居住区的街垒。工人死伤千余人，领导人被处以重刑。这次起义具有鲜明的政治性质。② 其他城市也发生了工人起义。当时报纸评论道，工人是这个商业和工业社会的隐患，随着工人增加，社会将永无宁日。资产阶级表示要"停止彼此责难，号召用一切力量去帮助那个维护我们利益的政府"③，共同对付工人阶级。

---

① 弗朗索瓦·卡龙：《现代法国经济史》，吴良健译，商务印书馆 1991 年版，第 40 页。

② 刘宗绪：《世界近代史》，高等教育出版社 1986 年版，第 198 页。

③ 让·勃吕阿：《法国工人运动史》第 1 卷，生活·读书·新知三联书店 1957 年版，第 241 页。

四、法国的阶级斗争史学

法国是近代西方社会里阶级斗争的主战场，研究这一斗争的史学理论也出现在法国。

梯叶里出身贫苦，1813 年从巴黎高等师范学校毕业后成为圣西门的秘书，受他的影响很深。他最著名的著作是《诺曼人征服英国史》（1825）。他把这段历史看成强者与弱者的斗争，其中诺曼人代表 1814 年复辟的法国贵族，盎格鲁—撒克逊人代表第三等级。[1] 在 1853 年出版的《第三等级的形成和发展史论》一书中，他把历史研究的重点放在人们各种社会关系的中心领域——阶级关系上来，这是一个重大突破。他想证明 1848 年革命是一个偶然事件：既然无产阶级与资产阶级过去同属第三等级，并在反封建斗争中并肩战斗过，为什么还要相互斗争呢？所以，他把反封建斗争看成推动人类社会进步的最后一场阶级斗争。

基佐是历史学家、政治家。1812 年起受聘巴黎大学近代史教授，参与起草 1814 年宪章。七月王朝初期，参与制定 1830 年宪章。任内政大臣（1830）、国民教育大臣（1832—1836）、首相（1847—1848）。在历史研究中，他把阶级斗争首先看作政治斗争，看成争夺政权的斗争。他认为，在英国革命中，宗教和政治领域的党派斗争掩盖了各阶级争权夺势的斗争，而这种斗争又掩盖了各自经济利益的冲突。[2] 这一结论已达到马克思以前关于阶级斗争理论的最高水平。他认为英国革命比法国革命顺利的原因是前者渗透了宗教精神，未抛弃传统。英国革命一开始就不是作为破坏力量，而是作为捍卫现行法律免受王权侵害的力量出现的，即虔诚的宗教信仰和对“秩序”的企盼。

米涅在其主要著作《法国革命史》中，用土地贵族和资产阶级的对立和斗争来看待这段历史。

托克维尔在他的《旧制度与大革命》（1856）一书中，也用阶级分析方法详细论述了法国大革命的原因和历史地位。

---

① J. W. 汤普森：《历史著作史》下卷，第三册，孙秉莹译，商务印书馆 1996 年版，第 313 页。

② 孟庆顺等：《西方史学史纲》，河南大学出版社 1989 年版，第 195 页。

第三节 英国

一、战后困难与 1832 年改革

拿破仑战争使英国耗资 15 亿英镑，战死 21 万人。1795—1800 年，政府年均开支 2000 万英镑以上，但胜利与和平并未立即带来预期的繁荣，而是长期的萧条：30 万复员军人进入劳动力市场，加上多年来因圈地而失去土地的农民，资本家乘机压低工资。大陆各国经济尚未恢复，对英国产品的需求有限。国内外军需品订货大幅度减少，市场需求不旺。政府本应刺激需求，但却急于减少因长期战争造成的 8.6 亿英镑国债（仅年息就 3100 万英镑），[①] 减少通货，紧缩信贷，大幅度增加间接税，并取消战时个人所得税，把财税负担完全转嫁到低收入居民身上，结果市场进一步萧条。政府为了维护土地贵族利益，于 1815 年颁布《谷物法》：小麦上涨到饥饿价格，即 80 先令/夸脱（旧制 20 先令为 1 英镑）时才允许进口，并对进口小麦征收高额关税。1817 年小麦涨到 96 先令 11 便士，引起工人和企业家强烈不满。经济萧条引起曼彻斯特 6 万多人于 1819 年 8 月 11 日在圣彼得广场举行和平集会，要求改革选举制度，取消谷物法、工会合法等。政府派骑兵疯狂镇压，11 人被杀、600 人受伤，报纸讥讽此惨案为“彼得卢战役”。12 月初，托利党议会通过六项法令：不准拖延对罪犯的审判、禁止教唆他人使用武器、对渎神和诽谤性小册子加以处罚、授权治安法官在骚动地区搜查并扣留武器、严禁诽谤性集会等，人们称之为“禁口令”。

从 1821 年起，英国经济开始复苏。但 1825 年 7 月出现新一轮经济萧条。由于 1824 年已废除禁止结社法，心怀不满的工厂主、商人和银行家组织起伯明翰政治同盟等许多团体，并吸收工人参加，1832 年组织起十多万人参加的游行和集会。“工人阶级全国同盟”在伦敦也组织 7 万人示威游行，要求成年男子选举权。辉格党人以议会改革为宗旨，与托利党中的自由派联合反对政府。1830 年的农业歉收在五个郡引起 400 多人捣毁脱谷机、焚烧谷垛的农民运动，类似城市工人捣毁机器的斗争，史称“斯温运动”。在工人、农民运动的配合以及法国七月革命的鼓舞下，英国资产阶级激进派迫使下院于 1832 年 3 月 23 日通过改革草案，6 月 7 日上院通过。

---

① P. 金德尔伯格：《西欧金融史》，中国金融出版社 1991 年版，第 230 页。

改革内容：①重新分配下院席位：取消不足2000居民的56座衰败城镇席位，2000～4000居民的城镇只保留一个席位，把空出的143席重新分配：22个较大的城镇各得2席，21个城镇各得1席，各郡（农村地区）从94席增至159席，13席留给苏格兰和爱尔兰。②扩大选民范围：在城市，房租年收入10镑以上的房东和全年交房租10镑的房客都有选举权。在农村，从自己永久产业上获40先令收入者，享有10英镑地产的自由持有农，租期60年的公簿持有农以及租期短、租地收入50英镑的承租人都获得选举人资格。[①] 按此规定，城市选民从18.8万增至28.6万，各郡选民从24.7万增至37万。③改革投票方式，把投票期从15天减至2天，以防贿赂、舞弊。

1832年改革使中产阶级获得选举权，工业资产阶级代表进入下院，打破了土地贵族对议会的垄断。这是一次政治妥协，广大工人一无所获，但在斗争实践中积累了政治经验。

二、走向自由贸易

从19世纪20年代起，伦敦的批发商就一再向政府请愿，要求自由贸易。他们深信英国商品的竞争力，并争辩说，如果继续保持高关税，外国也会把英国产品拒之门外。1823—1827年任贸易委员会主席的赫斯基森促使政府作出以下改革：①减少原料进口税，如生丝每磅进口税从5先令7.5便士降至4便士，羊毛从6便士/镑降至1便士/磅，制成品进口税减少20%～50%，共涉及上千个商品品种；②帝国特惠制。从英属殖民地进口的商品比别处关税低，对来自加拿大的木材、小麦，澳大利亚羊毛，英国免征进口税。英属殖民地也可以直接与别国贸易（这是17世纪以来几个航海条例所禁止的）；③1823年关税互惠法。此后6年间英国与15国（包括俄国、瑞典、丹麦、巴西和哥伦比亚等国）签订双边协定，互相允许对方商船自由出入，不受限制；④修改谷物法，1828年法令规定，当国内小麦价格升至73先令时，可免税进口小麦。[②] 皮尔首相时期，英国关税继续下调。

随着工业革命接近于完成，要求自由贸易的呼声更加响亮，亚当·斯密和李嘉图的经济思想为英国更多朝野人士所接受，他们发现阻力来自国

① William L Langer, *An Encyclopedia World History*, Houghton Miffin, 1968, p. 657.

② Norman Lowe, *Mastering Modern British History*, Palgrave, 1998, p. 21.

内。1839 年，由科布登和布赖特领导的反谷法同盟建立起来，他们认为废除谷物法是全世界走向自由贸易的第一步，这会带来国际和平新时代。“管事最少的政府是最好的政府。”（这正是后来曼彻斯特学派的主张）该组织谴责谷物法只有利于土地所有者，而让社会上其他所有人多花冤枉钱。土地贵族反驳说工业家想用廉价面包来维持工人的低工资。[①] 反谷物法同盟经费充足、活动频繁、群众基础雄厚。仅 1840 年就在各地召开过 200 次大型群众集会，向议会呈递了 700 多份请愿书，散发小册子 1400 万本。更重要的是，反谷物法运动与 1838 年开始的宪章运动相配合，在国内形成强大的舆论压力。1841 年，皮尔首相一上台就出现经济危机，当年财政赤字高达 700 万镑。在国际事务上英国也面临重重困难。为了缓和社会矛盾，皮尔于 1842 年两次降低小麦进口税。1845 年，英格兰和爱尔兰马铃薯歉收促使他不顾土地贵族的反对，于 1846 年 1 月提出废除谷物法议案，议会经过 4 个月激烈辩论，终于在自由党支持下通过了三读，经上院通过后由女王签署生效。[②] 反谷物法运动也有利于工人，该同盟组织 10 万多工人参加游行集会。1846 年 6 月，在保守党首相皮尔支持下，议会废除了谷物法，从 1849 年起对每夸脱小麦只征收一先令固定关税，到 1869 年完全废除小麦进口税。

史学家麦考莱认为，1848 年欧洲大陆各国都发生革命，为什么英国能平安无事？这同废除谷物法有关。这丑恶法令的死亡消除了中产阶级对政府、对土地贵族的怨恨，大陆各国中产阶级正是借助民众这种怨恨发动革命的。学术界普遍认为，废除谷物法是英国从重商主义转向自由放任的主要标志。此后，英国工人阶级在政治上成了“伟大的自由党”，即工厂主领导的政党的尾巴。[③]

三、其他自由主义政策

法国大革命鼓舞了英国的资产阶级激进派，“自由、平等、博爱”的口号响彻英国，迫使政府实施改革。1807 年，禁止奴隶贸易法，[④] 议会从

---

① J. P. Cenyon, *A Dictionary of British History*, Secker & Warburg, 1981, p. 93.

② 阎照祥：《英国政党政治史》，中国社会科学出版社 1993 年版，第 227—231 页。

③ 《马克斯恩格斯选集》第 4 卷，人民出版社 1995 年版，第 279 页。

④ William L. Langer, *An Encyclopedia World of History*, Houghton Miffin, 1968, p. 473.

1808 年开始颁布劳动法（尽管最初有名无实）。1833 年，完全废除奴隶制度，政府给奴隶主赔偿金共达 2000 万英镑。1821 年，实施金本位。1825 年，完全废除出口机器的禁令。① 1815 年和 1833 年，议会先后取消东印度公司在印度和中国的贸易垄断权。1849 年，议会废除航海条例（1651 年颁布，1660 年后几经修订）。

自由贸易首先对英国有利，如 1838 年与奥斯曼帝国签订协定，使英国商人只按货价交 5% 关税即可进入土耳其市场，并在土境内经营对外贸易，税率与土耳其人相同。1827 年英国对土出口 50 万英镑，1849 年升至 240 万英镑，进口也与此相当。② 从英国进出口总值看，1847 年进口突破 1.12 亿英镑，比上年增加 2500 万，出口共 7000 万英镑，比上年增加 300 万英镑，1848 年因萧条下降，但此后一路上升。③ 自由贸易虽然给英国造成外贸逆差，但国内消费物价不易上涨，制造业因原料进口价降低而竞争力更强了。

19 世纪上半期这些政治、经济、行政和社会改革，说明英国工业化和社会现代化是在自由主义环境里实现的，18 世纪的理性主义这时候不知不觉变成了功利主义。④ 反过来，自由主义借助于大工业的雄厚经济基础和改革成果，成为英国的民族哲学和国家政策，最后也给予工人阶级起码的政治权利并着手减轻大工业对他们的严重危害。

四、宪章运动

1815 年以后，英国从战时状态进入和平时期，工业革命带来的经济和社会后果显现出来，工人群众的生活水平和劳动条件总体上说虽然在逐渐改善，但富人与穷人的收入差距却在扩大。社会不公平现象更加严重，手工业主和手工工人在大工业排挤下朝不保夕，破产和失业越来越普遍。周期性经济萧条使阶级矛盾更加尖锐。工人群众参加了资产阶级民主运动，但从 1832 年议会改革成果中却一无所获，他们的愤怒情绪由于 1834 年济贫法而火上加油。受英国历史上大宪章和 1832 年资产阶级改革成果的鼓舞，工人阶级也要为维护自身经济利益争取政治上的保障。

---

① 樊亢、宋则行：《外国经济史》（近现代部分）第一册，人民出版社 1966 年版，第 147 页。

② 西·内·费希尔：《中东史》上册，商务印书馆 1979 年版，第 335 页。

③ B. R. Mitchell, *British Historical Statistics*, Cambridge University Prss, 1988, p. 452.

④ 萨拜因：《政治学说史》，商务印书馆 1986 年版，第 743 页。

1837 年，伦敦工人协会向议会递交请愿书，1838 年请愿书名曰《人民宪章》，主要内容有：成年男子普选权、取消对议员的财产资格限制、给议员发放薪金（使穷人可以离职担任议员）、合理划分选区、议员每年改选一次。共有 120 万人在《人民宪章》上签名。1842 年，在第二份请愿书上签名者多达 330 万人，当时租用五辆马车把这些签名材料运往议会。其间发生过大罢工，但请愿书均被议会否决。由于 1846 年废除谷物法后粮价下跌，工人处境改善。1847 年，工厂法规定 10 小时工作制，导致许多工人脱离宪章运动。领导人之间的观点分歧也削弱了自身力量，他们深受边沁、詹姆士·斯图尔特·穆尔思想的影响。1848 年，第三次请愿书也被议会否决。此后英国经济进入新一轮繁荣，这场运动也陷于消沉。

宪章运动的领导人和骨干多为手工业者而非产业工人，这是因为前者是工业革命的直接受害者，以棉纺业为例，1836 年手工工人为 160 多万人，而此后工厂工人超过此数，手工工人逐年减少，[①] 1841 年棉纺织工厂工人达 525 万人。[②] 手工工人原先体面而富裕，如今他们的手艺却一文不值，这些人文化程度较高，今不如昔的巨大反差迫使他们深入思考自身命运和整个社会问题。

宪章运动是工人阶级以争取普选权为中心的、独立的群众性政治运动，而过去英国工人群众仅仅跟在资产阶级激进派后面参加政治斗争，他们是在同自己敌人的敌人做斗争。宪章运动虽然失败了，但《人民宪章》中的主要条款后来逐渐在英国得以实现。

第四节　四分五裂的德意志

欧洲有三大民族：拉丁、日耳曼和斯拉夫人。日耳曼人的后代德意志人生活在欧洲的心脏地区，位于北海、波罗的海和阿尔卑斯山之间，周围有为数众多的民族与之相邻。境内有奥得河、易北河、威悉河、莱茵河和南部的多瑙河，均可通航，这种地理位置和地形有利于国际交往。由于东、西两边均无天然屏障，德意志民族自古以来就处在不断向外迁移、向外扩张同时又备受内战和外战蹂躏的交替之中，处在欧洲军事、政治与宗

---

① 钱乘旦：《工业革命与英国工人阶级》，南京出版社 1992 年版，第 15 页。

② B. R. Mitchell, *British Historical Statistics*, Cambridge University Press, 1988, p. 104.

教冲突的舞台中央。德意志的政治地图在历史上一直变幻不定。因此，这个民族的历史虽然同其他拉丁民族一样古老，但他们拥有自己统一国家的年代却短暂而且一再中断。在德意志历史的大多数年代里，这个民族内部的政治地图如同参加狂欢节小伙子身上五颜六色的花布衫——各国诸侯的边界彼此犬牙交错地拼凑到一起，几乎每个诸侯巡视其领地时，都要跨越邻国的领土。

一、1815 年前的德意志

德国作为一个国家名称出现于10 世纪初。当时，德国的王位不采用长子继承制而在公爵圈子里选举国王。但那时德国最强大、最有效的组织不是政府而是教会。奥托一世控制德国的基础在于他与教会结成联盟，他保持着任命主教的权力，这是力量的源泉之一。他打败马扎尔人以后向东扩张，在斯拉夫人地区移民定居，然后他干预北意大利政局，并应教皇邀请前往罗马恢复秩序，教皇出于感激，于 962 年给奥托一世加冕，使他成为神圣罗马帝国皇帝，[①] 神圣罗马帝国由此开始，他成为德意志地区教、俗两界的最高统治者。奥托二世干脆长驻罗马，到亨利三世（外号“黑脸”）时皇帝权力达到顶峰，他进而在教会树立起相应的权威。亨利四世认为他的权威同教皇一样也来自上帝，这就同教皇在主教授职权问题上有了冲突。结果德意志地区主教和修道院长的任命须得教皇和皇帝两者承认。而在意大利，依赖于控制教职授任的皇权大都崩溃。结果是，中世纪的教皇即便未能完全凌驾于王权之上，至少也同世俗权力处于平起平坐的地位。

腓特烈一世（外号“红胡子”）曾六次进军意大利，历时 30 年，损失惨重。在他的晚年，神圣罗马帝国拥有北海至意大利中部之间的大片土地，他与查理曼一样成为德国历史上的传奇人物。但他的孙子弗里德里希二世却醉心于学术和艺术，长年滞留在西西里岛，使这里的宫廷成为欧洲文化中心，却失去了对德国的控制。1250 年以后，神圣罗马帝国几乎徒有其名，鲁道夫一世被选为皇帝时，实际控制范围不超过奥地利公国。

1356 年，德意志人的神圣罗马帝国皇帝查理四世颁布黄金诏书，授予

---

① Carlton J. H. Hayes, Frederick F. Clark, *Medieval and Early Modern Times*, Macmillan Publishing, 1966, pp. 145 – 148.

七个有主权的诸侯[①]选举皇帝的权利。诸侯领地为帝国法律所承认，大诸侯在各自领地内有独立的法律、税收权和军队，选侯会议选出的皇帝不再需要教皇批准。此后，在德意志地区恢复中央集权已不可能。在中世纪，人们相信罗马是世界上法定和自然的中心，罗马教皇是上帝在宗教事务方面的代表，罗马皇帝是上帝在世俗事务方面的代表。其实，东欧从未承认过这种想象。在西欧，随着英国、法国、西班牙强大王权和统一国家的出现，皇帝的首脑地位也不复存在。伏尔泰说过，神圣罗马帝国既不神圣，也非帝国，首都并不在罗马。但这两个罗马首脑却有能力阻挠德意志、意大利实现统一。

德国诸侯发展出帝国议会这种会议制度，出席帝国议会的三个代表团分别来自选帝侯、精神和世俗诸侯、自由市的代表。皇帝可以召集议会，但各地诸侯只关心自身利益，城市的利益主要与过境商业相联系。帝国缺乏共同的经济中心，阻碍农业市场化步伐。皇帝加强君权的努力得不到新兴势力的支持。相反，奥托一世以来的三个世纪里，历代皇帝醉心于攻城掠地，“条顿骑士的精华一代又一代越过阿尔卑斯山，战死于伦巴底人的剑下，或死在更为致命的罗马热病之中”，国力消耗殆尽。这些都是神圣罗马帝国长期分裂割据的主客观原因。到腓特烈三世称帝时（1452—1493），国号改称“德意志民族的神圣罗马帝国”，表明帝国疆域只限于德意志一隅之地了。更为不幸的是，从斐迪南二世开始，神圣罗马帝国对德意志来说只是一种障碍和负担，历代奥地利皇帝之所以背负着它是因为不知道如何把它甩掉。[②]

中世纪后期，以卢卑克为中心的汉撒同盟和奥格斯堡等南德城市里，以富格尔为首富的家族式商社，分别从事北欧地区和阿尔卑斯山两侧的转口贸易，使 14—16 世纪的德意志成为欧洲最富庶的地区之一。富格尔家族在雅各布这一代曾垄断欧洲的银、铜和水银矿。该家族出资 55 万盾帮助马克西米里安一世成为神圣罗马帝国皇帝（1493—1519），皇帝授予他铸币权。15—16 世纪，德国农民的所有封建义务都逐步转而用货币支付。

---

① 其中三个是美因茨（Mainz）、特里尔（Trier）和科隆（Cologne Coln）大主教，另外四个是俗人：波希米亚（Bohemia）国王、勃兰登堡侯爵（Margrave of Brandenburg）、撒克逊公爵和享有主权的莱茵伯爵（Count palatine of the Rhine）。这一制度提高了七个选侯的自治地位，防止任何德国诸侯重建强大政府的企图。

② 詹姆斯·布赖斯：《神圣罗马帝国》，孙秉莹译，商务印书馆 1998 年版，中译本序言。

1470—1530 年德意志在经济方面处于欧洲的首位。[①] 13—16 世纪，德意志地区大学的数量在欧洲是最多的。但 17 世纪以来，德意志却落后了。原因是：①欧洲贸易中心和航海通道西移，德国城市的财源减少、经济衰落；②德国宗教改革、农民战争加深政治分裂。德国在欧洲舞台上一直处于软弱地位。在 30 年战争（1618—1648）中，德意志诸侯各自寻找敌对的外国为其靠山。战后，德意志人口从 1600 万减少到 700 万，地价跌至原来的 1/4，工业资本损失大半，商业几乎停顿，利率最高达到 3 分，大部分地区倒退到自然经济状态。境内 300 多个独立的诸侯国分崩离析，四邻受外国蚕食。直到 19 世纪初，各拉丁民族仍把日耳曼人看作文明程度低一等的人；③农奴制度复活。30 年战争后，农民反封建力量削弱，国际市场粮价上涨，容克地主用农奴制方式加紧剥削农民，以便增加粮食出口量。在易北河以东，“自由农民如白色乌鸦那样少见”。在西部，大地主以代役租形式从农民份地上榨取地租，农民负担较轻。

二、普鲁士王国与农奴制改革

17 世纪以来，欧洲盛行专制王权，德意志地区也不例外。在众多诸侯中，最成功的要算奥地利的哈布斯堡家族和普鲁士的霍亨索伦家族。1348 年以来，哈布斯堡家族成为奥地利大公国的大公，并一直被选为神圣罗马帝国皇帝，直到 1806 年。

普鲁士是 1618—1945 年的北德意志国家。原为古普鲁士人居住地，13 世纪被条顿骑士团[②]征服后始称普鲁士。从 1415 年起，起源于符腾堡的霍亨索伦家族被授予“勃兰登堡选帝侯”称号。1618 年，由勃兰登堡选帝侯霍亨索伦家族成员兼任普鲁士公国大公，1660 年摆脱波兰控制，1701 年经神圣罗马帝国皇帝批准成为普鲁士王国。勃兰登堡大选侯腓特烈三世（1701—1713 年在位）兼任普鲁士国王，改称“腓特烈一世”。他的儿子腓特烈·威廉一世有经济头脑，又能严格治军，建立起一支 7 万多人的精

---

① 《马克思恩格斯全集》第 37 卷，人民出版社 1974 年版，第 267 页。

② 条顿人（Teuton）是古日耳曼（German）部落的一支。纪元前就居住在易北河一带。条顿骑士团是赫曼因（Hermann of Salza）于 1190 年在巴勒斯坦建立的十字军军事组织，成员是德意志骑士。他们从 1228 年以反对异教的俄国人和立陶宛人、开拓殖民地为己任。1410 年被波兰、俄国和立陶宛联军击败，1466 年波兰收复西普鲁士，占据东普鲁士的条顿骑士团臣服于波兰。1525 年，骑士团团长将东普鲁士改为世俗的普鲁士公国。

锐军队。而奥地利人口为普鲁士的 3 倍，正规军也只有 8 万～10 万人。腓特烈一世坚持贵族子弟必须到军队服役，担任士官生或尉官。到腓特烈·威廉一世后期，军队增加到 19.5 万人，占全国人口 4%，耗费国家收入的 2/3，战费从 800 万塔勒增加到 5000 万塔勒。约一半岁入来自王室领地，另一半来自税收。① 继位的腓特烈二世，史称“腓特烈大帝”（1740—1786），在奥地利王位继承战争中夺取西里西亚，从此成为欧洲五大强国之一。在七年战争中，他与英国结盟，又一次打败奥地利。1772 年他与俄、奥第一次瓜分波兰，夺取西普鲁士。他被称为一名理想的开明专制君主，热衷于促进文学与艺术，曾邀请伏尔泰长住宫中。② 当时德国涌现出一大批杰出诗人、作家和学者，如莱辛、赫德尔、歌德、席勒、康德……腓特烈大帝全身心致力于军队、财政、经济和司法工作，在论文中主张君主施政应正直、公正和人道。君主从属于国家，被称为“国家的第一公仆”。把军队从 8 万增至 20 万人（总人口 500 万），财政收入从 700 万塔勒增至 1900 万塔勒。1685—1805 年，欧洲约 35 万新教徒为逃避宗教迫害而来普鲁士定居，政府为新移民安排住地、给予荒地、发补助金、免除租赋 2—15 年。18 世纪末建起移民新村 900 个，约安置 30 万人。法国胡格诺教徒多为工商业者，政府让他们在城镇定居。1786 年，普鲁士 1/3 居民由移民及其后代组成。

1763 年腓特烈大帝颁布初等教育的详细计划，旨在培养顺从的公民和有用的商人，使容克后代成为军队和官僚机关的骨干。腓特烈让法国数学家、天文学家莫佩蒂乌担任柏林科学院（1740 年成立）主席，使该院充满活力。普王使容克、农民和市民这三大阶层各守其业、父子相承。重商主义在普鲁士以“官房主义”的名义出现（或译为官府主义），旨在为王室理财，以充实国库。贝歇尔等人高估金银的价值，主张增加进口，对独身者罚款，鼓励出口，奖励采矿，厉行节约。这些与别国重商主义类似。官房主义者征税的秘诀是：从鹅身上拔到最多的毛而听到最少的叫声。因为普鲁士仅限于国内收入，而当时英、法正在向海外扩张。③

1806 年，耶拿之战和《提尔西特和约》震动了普鲁士朝野人士：人口

---

① J. O. 林赛：《新编剑桥世界近代史》第 7 卷，中国社会科学出版社 1999 年版，第 402 页。

② E. N. William, *The Penguin Dictionary of England and European History*, Penguin Books, 1980, pp. 156－159.

③ 夏炎德：《欧美经济史》，上海三联书店 1991 年版，第 203—204 页。

从1000万减至490万，领土也减少一半，赔款1.2亿法郎。空前的割地赔款和民族屈辱迫使政府实施改革，阻挠改革的贵族已销声匿迹。1807年被任命为首相的施太因宣布《关于放宽土地占有的条件限制和自由使用地产以及农村居民人身关系的敕令》：废除农民对地主的人身依附，只保留那些“由于土地所有权或由订立作为自由人所能承受的特别契约而产生的义务”。[①] 规定城乡居民可以自由购买贵族土地，无论地主或农民都可以经商或做工。允许城市有一定自治权，改革行政机构，加强中央集权。

随后，施太因颁布《普鲁士各城市规程》，城市权力在市参议会。议员由有一定财产资格的市民以无记名投票方式选出，国家只监督、审查选举是否舞弊。财政、教育和救济事业由各个城市自己管理。1808年，施太因制定改革法规，设国务院作为国王手下的最高行政机关，国务院下设各部，他使这些部权责分明，为近代国家机器奠定了基础。施太因的市政和行政改革旨在改变容克地主把持朝政且效率低下的弊端，因此受到特权阶层的仇视。他们向法国警方告密，说施太因对异族统治不满。拿破仑闻讯大怒，指示普王把他免职并要捕杀之。他逃往俄国给沙皇亚历山大当顾问，后随沙皇参加维也纳会议。

1810年，曾协助施太因改革的哈登堡擢任首相，他筹款并向拿破仑缴足巨额赔款后，继续施太因的改革事业。1811年，颁布《调整法令》，第一条是：“迄今还未转归农民自有的产业，应按本法规定的条件归农民所有。附着在这些产业上的一切权利义务都应通过对双方公平合理的物质补偿而予以解除。”即责成地主取消农民的封建义务，条件是农民把自己份地的1/3～1/2让给地主，或支付货币地租（按常年标准）的25倍，农民就取得对所使用土地的所有权。还规定只有具备整套农具并已名列税册的农民方能赎买封建义务。政府还取消了行会特权，他在任期间一直推行自由贸易。

1821年，颁布《义务解除法》和《公有地分割法》。前者重申只有富裕农民才能赎买封建义务；后者规定把农村公社的公有土地加以分割，使之成为私人地产。

---

① 卡尔·兰道尔：《欧洲社会主义思想与运动史》上卷，第一册，商务印书馆1994年版，第126页。

这些法令实施到 1848 年，共有 24 万农民获得自由。[1] 这些普鲁士农民可以从事手工业，也可以像容克地主那样经营商业。土地自由买卖使他们从此获得自由和土地，为此付出的代价是：共交出 153 万德亩土地和 1.95 亿塔勒现金。尽管农民作出这么大牺牲，地主仍保留着对农民的某些司法权和警察权。容克地主则用这些资金和土地雇佣农业工人经营大农场。列宁把这种农业资本主义道路称为普鲁士式道路。德国西部和南部农村与法国相似，以自由的小农为主。直到拿破仑时代，这里最大的地主都属于天主教会，这些教会对农民的剥削比较温和。当拿破仑把教会土地收归国有时，农民已经有财力从政府手中购买这些没收的土地了。这些地方的农民可以就近把农产品运到城市出售，而东部农产品要出口国外或运往德国别处才能卖掉。最后，南部在政治上受奥地利控制。约瑟夫二世早在 1781 年就把农民从农奴地位解放出来。

哈登堡任命洪堡为教育大臣，实施教育改革。1810 年创办柏林大学，既出人才，又出学术成果。他任命沙恩豪斯特对军队体制做全面有效的改革，为打败拿破仑奠定基础。1813 年，哈登堡说服国王与沙皇结盟，共同对付拿破仑。巴伐利亚（1825）、萨克森（1840）承认犹太人的公民身份，并在经济上享有平等权利。

三、1815—1847 年的德国政治

维也纳会议恢复了德意志地区的正统王朝，但没有恢复被拿破仑取消的神圣罗马帝国，而是让 34 位君主和 4 个自由市组成一个松散的德意志邦联，由奥地利君主担任邦联主席。列强不愿意德国统一而听任奥地利与普鲁士互争雄长，使其在国际上继续处于软弱地位。在德意志诸邦国内部，王公贵族和各邦议会把"梅特涅制度"奉为国策：严格的书报检查、无孔不入的暗中监视网，对大学校园的监视尤其严密。梅特涅反对拿破仑战争期间兴起的制宪倾向和民族主义情绪。德意志邦联在美因河畔的法兰克福有一个议会，该议会由两个会议组成，均由奥地利代为主持。这个议会不同于英国议会，它由构成邦联的各主权国家的政府代表团组成，旨在保护

① W. O. Henderson, *Industrial Revolution On the Continent*, Frank Cass & Co. Ltd, 1961, p. 24.

邦联成员国独立，免受外敌和国内敌人（自由主义者）的侵犯。①

但随着城市里受教育人口的增加，大革命和拿破仑战争以来传遍德国各地的民族主义和自由主义思潮，在知识分子中间已深深扎根，要求民族统一、制定宪法成了他们的共同呼声。法国七月革命更使他们勇气倍增。连梅特涅在给皇帝的呈文中也承认“许多人（多在教育界）妄想德意志境内的民族统一。……青年人为达到这一下贱的目的，从事系统准备已非一代人，……在教授和初出茅庐的文人中，革命热情已经成熟。”②

1832 年 5 月 27 日，3 万名大学生和市民在哈尔特河诺伊斯塔特汉巴赫宫集会，西本普法费尔站在象征自由的黑、红、黄三色旗下预言：“一个共同的德意志祖国站起来的日子终将到来。”群众接着高呼：“自由、统一的德国万岁！”“祖国、人民自由、各国人民团结万岁！”③ 此即今日德国国旗由来。

1833 年 4 月 3 日，一些大学生协会成员和市民攻占了法兰克福警察总署，直到军队赶来予以镇压。邦联各国乘机迫害革命者，许多人逃往美国；另外一些政治流亡者同手工业工人在巴黎于 1836 年成立“正义者同盟”，要求财产公有和平均分配，主张由少数人用密谋方式建立共产主义社会，口号是“四海之内皆兄弟”。

1840 年以后，同盟的重心转到伦敦，并发展成国际性工人组织。盟员受魏特林、卡贝、蒲鲁东和布朗基思想的影响，魏特林是同盟早期领导人。

四、关税同盟

虽然群众中的民族意识和自由化思想并未取得任何成果，但在另一领域里，德意志人却朝着民族统一迈出了重要的、扎扎实实的一步。

德意志的分裂状况严重阻碍各地的商品流通，“境内 38 道关税和路捐钱，如同人体的每一个部位被结扎，血液不能流通一样。要从汉堡去奥地利或从柏林去瑞士做生意，就得路过十个国家，熟悉十种关税和路捐条

---

① William L. Langer, *An Encyclopedia World of History*, Houghton Miffin, 1968, p. 715.

② 罗素：《自由与组织》，陈瘦石译，中山文化教育馆编辑，民国 25 年版，第 48 页。

③ 迪特尔·拉夫：《德意志史》中文版，波恩 Intex Natione 1987 年版，第 74—75 页。

令，缴纳十次过境税。谁要是在三或四个国家交界处居住，他就要在怀着敌对情绪的收税官……夹缝里了却一生而没有自己的祖国。这种状况对于那些想干出一番事业和做生意的人来说是令人沮丧的。他们用羡慕的目光看着莱茵河对岸。在那边，从英吉利海峡到地中海，从莱茵河到比利牛斯半岛，从荷兰边界到意大利的众多民族，他们可以利用自由航行的河道和畅通无阻的公路自由贸易而碰不上一个收税官。”（李斯特）①

针对这种封锁，普鲁士从 1819 年起就陆续同其他邦国签订条约，如 1828 年同黑森—达姆斯塔特的双边关税同盟，1831 年的普鲁士关税同盟。最后，是从 1834 年 1 月 1 日建立的德意志关税同盟。它包括 18 个邦国的 40 万平方公里土地和 2350 万人口。同盟的基本原则是对外建立共同关税（以普鲁士 1818 年税率为基础），由普鲁士负责与外国谈判。进口咖啡、粗糖按货价征 20%，制成品征 10%，原料进口不征税。② 而成员国之间的货物通过时废除一切关卡。后来同盟为保护成员国工业，进一步提高进口税，只有汉堡是自由港。这还不是完全意义上的经济一体化，各成员国保持自己的商法、专利法和政府垄断。关税收入在成员国中按人口比例分配。奥地利宁愿处在关税同盟之外，这使普鲁士在其中居主导地位。后来，巴登、汉诺威也陆续加入。它促进了德意志境内统一市场的形成和工商业发展，为德国的政治统一奠定了经济基础，德国的工业革命也由此开始。

五、德国工业革命

拿破仑战争期间，德意志的铁工厂和武器加工有很大发展。战后十几年主要是恢复经济。19 世纪 30 年代是德国经济的转折时期，这十年间纺织工业加速发展。莱茵河畔的科隆、埃森、多特蒙德已成为新兴工业中心。在 40 年代，铁路建设引起重工业蓬勃发展，接着就是 1846—1847 年萧条和 1848—1849 年革命。关税同盟地区的原棉进口，1834 年为 15.5 万公担，1845 年为 34 万公担。1846 年该地区有 313 家纺织厂、75 万枚纱锭。

---

① 迪特尔·拉夫：《德意志史》，中文版，波恩 Intex Natione 1987 年版，第 76 页。

② A. G Kenwood, *The Growth of the International Economy*, 1820 - 1980, State University of New York Press, 1983, p. 77.

普鲁士从1816年起控制了莱茵兰和威斯特伐利亚。这里是德国主要的煤、铁矿区。汉诺威加入关税同盟后，北德意志大部分地区都在普鲁士控制或影响之下，德国大多数通航河流由此注入北海或波罗的海。1815年，鲁尔和萨尔煤产量分别达到38万吨和11.3万吨。[①] 普鲁士的地理和资源优势、重商主义政策，加上1834年关税同盟组成的统一市场，使近代工业迅速发展起来。

拿破仑战争结束后，普鲁士在恢复和发展经济中迫切需要资金。设在伦敦的罗斯柴尔德银行的创始人 Mayer Amschel Rothschild（1743—1812）是德籍犹太人，他与其长子在美因河畔的法兰克福创立银行总行，其三子 Nathan Mayer（1777—1836）在伦敦设立分行。该行于1818年和1822年给政府两笔贷款，最终使其实现财政收支平衡并减少了国家债务。[②] 负责出售若干皇室土地，实行税制改革，鼓励道路建设。博伊特[③]重建技术委员会，建立柏林技术研究院并在"普鲁士促进知识协会"中发挥主导作用。1772年，腓特烈大帝批准创立海外贸易公司，旨在促进外贸与运输。起初政府提供7/8的资本，后降至一半，另一半为私人资本。该公司被授予出口蜡、进口盐等商品垄断权，到1790年该公司成立了一家经营信贷和代理国家贷款的银行，1809年成为纯粹的国家银行柏林皇家银行。罗特尔领导该公司期间（1820—1848），控制着许多国有企业，如棉纺厂、面粉厂、钢铁和化工厂。这些企业到1848年共值1050万塔勒。他还把国家银行重组为普鲁士银行，这家银行同芬克在威斯特伐利亚、舍恩在东普鲁士开办的地方政府银行一起，对全国经济恢复和扩张发挥了重要作用。海外贸易公司在1823—1843年把730万塔勒普鲁士商品运销南北美洲和远东，30年代这家公司在国内投资工业，[④] 促进了国有企业的发展和国内市场的繁荣。

德国的货币尤为混乱。这是因为德意志小国林立，中世纪属于各诸侯的铸币局有600多所。1816年，仅在莱茵地区就有70多种外国硬币在流通，普鲁士银币铸币费差额高，限制了流通范围，战后在莱茵地区只充当

---

① W. O. Henderson, *Industrial Revolution On Continent*, Frank Cass & Co. Ltd, 1961, p. 14.

② 莫茨 Motz, F. C. A. V. 1825－1830年任普鲁士财政大臣。

③ Beuth, P. C. W. 1815—1845年任普鲁士贸易和工业大臣。

④ 程广中：《德国工业革命的前提和特点》，《求是学刊》1985年第2期，第83页。

记账单位。1838 年，德意志各邦在德累斯顿开会，将汇率定为 4 个普鲁士塔勒兑换 7 弗罗林。会议还决定铸造一种共同的新银币称联合币，等于 2 塔勒或 3.5 弗罗林。此公约在后来 20 年中一直有效。1871 年 10 月的货币改革采用马克，100 芬尼为 1 马克。本币是 10 马克的金币。这次改革使德国放弃银本位而采用金本位货币制度。1875 年，帝国议会决定创立中央银行。

18 世纪以来，汉堡、科隆、美因河畔的法兰克福和柏林出现了许多私人银行。如著名的犹太人罗斯柴尔德在法兰克福开设的汇兑所，在伦敦、巴黎、维也纳等地有分行。梅维森于 1853 年在达姆斯塔特建起一家工商银行，其章程与巴黎的动产抵押贷款银行相似。这些商业银行参与工业投资，1856 年该行参与 7 家工业公司的经营，并将这些公司改为股份公司，把这些新股份的 1/3 留给自己。沙夫豪森的私人银行从 1851 年起参与采矿和冶炼联合公司、科隆棉纺厂、科隆机械制造股份公司、再保险公司与铁路等实业活动。汉泽曼从其父手里接过贴现公司后，便着力给工业家贷款。他与通用电力公司以及采矿、冶炼、有轨电车、铁路等部门关系密切。这些私人银行还给欧洲国家以至秘鲁贷款。1870 年，在柏林成立的德意志银行是德国最大的商业银行，主要经营政府贷款和铁路证券，后参与工业、保险和建筑业。在七八十年代，该行为克虏伯、西门子—哈尔斯克公司发行证券。

德国第一条重要的铁路（德累斯顿—莱比锡）建于 1839 年，到 1850 年已有 5856 公里，而同期法国只有 2996 公里。[①] 毛奇的论文《选择铁路方向要注意什么?》，从军事战略角度作了论证。[②] 铁路网使德国自然资源得到充分利用，钢铁、煤炭工业也发展起来，萨尔和上西里西亚成为重要的工业区。柏林建成机车和铁路车辆工厂。铁路使运输费用下降 80% 以上，克虏伯（1812—1887）发明一种新的铸钢法，质量与英国钢材相当。他死后，由其长子阿尔弗雷德经营，技术和产量都超过以往，给市场提供钢轨、机车和枪炮。新铸的大炮在 1851 年伦敦博览会上参展，引起轰动。

德、法两国工业革命都始于 19 世纪 30 年代，起初法国比德国先进，

---

① W. O. Henderson, *Industrial Revolution On the Continent*, Frank Cass & Co. Ltd, 1961, p. 19.

② 卡尔·艾利希·博恩：《德意志史》第 3 卷，上册，商务印书馆 1991 年版，第 160 页。

但是到了60年代，德国尽管尚未统一而工业化水平却超过法国，原因如下。第一，人口增长压力和低工资水平。[①] 在构成后来德意志帝国的疆域内，1815年有2500万人口，比法国少500万；而到了1870年，德意志人口增至4500万，超过同期法国3700万的水平。低工资还与农民赎买封建义务有关。第二，德国煤铁资源丰富。19世纪中期，法国洛林地区冶金企业所需焦炭来自德国。外汇支出加上运费，增加了成本。1865年，德意志产煤炭2500万吨，仅次于英国（8500万），高于美国（2140万）和法国（940万）。第三，腓特烈大帝以来的军国主义传统，以及普鲁士出于与奥地利争夺统一事业领导权的需要，使其重工业的增长超过轻工业。政府的武器采购使大型军工厂、钢铁、煤炭和机械工业飞速发展。克虏伯于1835年从其父手里接过工厂时只有4名工人。1861年有2000人，1873年有1.6万人，成为欧洲最大的火炮生产厂家之一。第四，新教移民流入普鲁士。第五，德国科技处于领先地位。

面对欣欣向荣的德意志关税同盟，奥地利试图夺回经济支配权。1849年，奥地利商业大臣布鲁克建议所有德意志邦国同奥共建一个单一的关税联盟取代已有的关税同盟，匈牙利大地主和波希米亚工业家也希望以此扩大其市场。但普鲁士的反对和汉诺威1854年加入关税同盟给奥地利的计划以致命打击。1866年，关税同盟变成成员国税收联盟。不过1853年奥地利与关税同盟签订商业条约，并着手谈判奥—德货币制度。从50年代起，奥地利与普鲁士的经济差距扩大了，普鲁士为首的关税同盟执行更自由的财政政策而奥地利却更加依赖关税保护。

在英法商约推动下，法国于1862年与德意志关税同盟签订了类似的条约，1866年双方废除转口贸易税。奥地利抗议这一安排，因为这与奥—北德贸易中的最惠国安排不相容。[②] 奥转而同南德诸邦一起对法加强关税保护。俾斯麦任普鲁士首相后，普、奥用一项新的最惠国商约取代了1853年条约，但奥丧失了它原来在德国市场的优惠地位。在争夺德意志境内经济主导权的长期斗争中，奥地利在1865年已败给普鲁士。

---

① 汉斯·豪斯赫尔：《近代经济史》，王庆余译，商务印书馆1987年版，第373页。

② W. O. Henderson, *Industrial Revolution on the Continent*, Frank Cass & Co. Ltd, 1961, p. 28.

六、德国古典哲学

面对英国工业革命和法国的政治革命，在政治分裂、经济落后、人民贫困的德意志地区，知识分子只能在精神世界里描绘资产阶级的理想图画（心灵把思想领域当作避风港）。

歌德（Goethe，1749—1832）说："我一念及德国人就感到痛苦。作为个人，他们是有价值的；但作为整体，则毫无希望。"他还说："我不知道有哪一个民族比德国人分裂得如此严重。你看见工匠、思想家、牧师、主人和仆人、年轻人和成年人，但就是看不见人。"马克思写道："思想的闪电一旦彻底击中这块素朴的园地，德国人就会解放成为人。"[①] 恩格斯说："德国人有一种非常严肃的 Grudichkeit，即彻底的深思精神……"[②] 这些主客观因素使德国成为欧洲的精神战场。

19 世纪初期以来，德国学者在自然科学领域的突出成就，给哲学家从总体上进行理论概括提供了条件。此外，从外部推动德国哲学的主要力量是法国大革命和拿破仑战争。马克思把德国古典哲学说成是"法国革命的德国理论"。

莱布尼茨是德国哲学家、数学家，大陆唯理论哲学的系统化者。在形式逻辑三条规律的基础上，他提出充足理由律，这后一条虽然并非形式逻辑的基本规律，但可视为逻辑论证的基本原则。他为数理逻辑的创立奠定了基础。他的单子论有不少辩证法思想，但他的思想体系仍未摆脱形而上学[③]的束缚。这里的形而上学是作为反辩证法的同义词来使用的，莱布尼茨有一句名言："自然界从来不飞跃。"在数学方面，他是微积分学创立者之一。他试制的计算器比帕斯卡的更好，在加减运算之外还能乘除。他还改进了采矿技术。

莱布尼茨对中国古典文化有浓厚兴趣。他阅读译成西方文字的中国经典，并且与那些从中国回来的耶稣会传教士们直接交流。他受《易经》中阳爻和阴爻两种符号的启发，于 1703 年创造出二进制算术符号，而近代电子计算机大都采用二进制。

---

① 《马克思恩格斯选集》，第一卷，人民出版社 1995 年版，第 15—16 页。

② 《马克思恩格斯选集》，第四卷，人民出版社 1995 年版，第 695 页。

③ 蒋永福：《西方哲学》上册，中共中央党校出版社 1990 年版，第 298、306 页。

17世纪末在中国传教的耶稣会士们认为，儒家礼仪属于世俗和政治范畴，因此不影响中国人信仰基督，而同在中国传教的方济各会和多明我会(Order of Preacher)[①] 教士们（都是天主教派别）却把儒家礼仪说成是宗教性质的。莱布尼茨为此于1700年撰文《关于儒家的俗礼》，证明儒学礼仪并非宗教而只是俗礼，他担心这种争执会打断中国与西方的交往。果然，教皇克里门十一世1715年降旨，否定中国的传统礼仪，要求中国人加入基督教后必须放弃这些礼仪，如祭祀祖先。清朝的反应是不允许传教士来华。

莱布尼茨在比较中国与西方文明后认为，西方以哲学与科学方面的理论见长，而中国则以道德见长。他的同行与好友沃尔夫进一步论证了他关于中国人的自然神学，说孔子哲学中并无（神的）启示或自然性宗教，而是充满了理性、容忍和道德。所以他认为，道德学不属于神学，也无须建立在科学基础上，只要接受理性即可。沃尔夫对中国古人的道德实践和动机作了分析，肯定他们追求至善境界当初并非“野心勃勃因而假仁假意”，而是源于内心的德性（人性善）。另外，他对中国的专制皇权和社会现状有清醒的认识，1726年他写道“中华帝国的面貌变得十分悲惨”。[②]

莱布尼茨以后的德国哲学，已经不满足于重复笛卡尔理性主义，转而强调经验、直觉和主观思维。最终完成这一转变，并开创德国古典哲学的伟人是康德。

康德生于哥尼斯堡，即今天俄国最西端的飞地加里宁格勒。他在哥尼斯堡大学毕业后留校任教，后为校长，直到退休，一生未离开故土。他提出过太阳起源的星云假说，被认为是近代最后一位伟大的哲学家兼科学家。他同情法国大革命，但反对暴力和恐怖。他承认“自在之物”的客观存在，又认为自在之物是不可知的。在认识论方面，他首次提出并全面论证主体性原则，用自觉的辩证法在德国掀起一场“哲学革命”。海涅说：“德国被康德引上了哲学道路，使哲学变成一项民族事业。一群出色的大思想家突然出现在德国土地上，就像用魔法呼唤出来的一样。”[③] 康德的《纯粹理性批判》（1781）出版时无声无息，但是到1789年，“康德哲学几

① 多明我会教派创始人多明我或译多米尼克（Dominic，约1170—1221）。

② 秦家懿编译：《德国哲学家论中国》，生活·读书·新知三联书店1993年版，第3、5、11、48、150、163、168页。

③ 亨利希·海涅：《论德国宗教和哲学的历史》，海安译，商务印书馆1974年版，第113页。

乎变成了德国人唯一的话题”。康德针对法国唯物主义反映论消极、直观的弱点，在认识论中突出主体的能动地位。他把这种哲学变革称为哥白尼式的革命。这场革命的目的在于协调文艺复兴以来人文主义同启蒙时代理性主义的对立，以及科学与宗教的对立。人文主义强调人的自由和幸福，理性主义立足于自然科学研究中形而上学的自然观。康德用发展和辩证观点建立的星云学说，就是对这种自然观的一次冲击。他在《纯粹理性批判》中用理性为自然立法，以便在认识领域把科学与自由统一起来；在《实践理性批判》中，他用理性为道德立法，以便把自由与正义、幸福与道德协调起来；在《批判力批判》中，他把审美判断看作形式与内容、感性与理性的统一，使美学成为认识论与伦理学的中间环节。这样，三大批判便构成一个真善美的哲学体系。康德先验论哲学的真正价值，在于他构筑了一个理性而自由的哲学人文主义时代。康德承认，卢梭的小说《爱弥尔》把他领上正道，学会尊敬人类。他指出，应当把每一个人都看成他本身，都看作目的而非手段，“容许最大限度的人类自由”应当成为国家制定宪法的根本原则。看来社会稳定和发展的关键，在于使个人自由和政府权力这两股力量保持均衡与协调。正像林肯总统对南部奴隶州所说，自己管理自己是自治，但还要强行管理别人，并把个人自由和州权置于联邦政府之上，那就不是自治而是暴政了。康德认为哲学不是去“发现真理”，而仅仅在于“防止谬误”。

费希特和谢林的哲学思想，是从康德到黑格尔哲学发展过程的中间环节。

黑格尔是德国哲学家，他把康德开创的德国古典哲学发展到顶峰。黑格尔曾任海德尔堡大学、柏林大学教授，1830 年任柏林大学校长。德国的国家哲学和法哲学在黑格尔著作中得到最系统、最丰富和最终的表述（马克思）。[①] 在青年时代，他把法国大革命看成照耀全人类和欧洲的灿烂曙光。但他反对在德国爆发革命而赞成社会改良，其哲学的政治倾向是保守的和民族主义的。他认为哲学的出发点是绝对观念或绝对精神，它先于一切事物而存在。这个绝对观念经历了逻辑、自然和精神三个阶段，其哲学体系也相应地由逻辑学、自然哲学和精神哲学三部分组成。在《历史哲学》一书中他写道：“世界历史无非是‘自由’意识的进展”，世界历史的分期以自由意识的发展程度为标志。他把这种发展程度分为历史的①幼

① 《马克思恩格斯选集》第 1 卷，人民出版社 1995 年版，第 8 页。

年时期：在东方国家里只有一个人是自由的；②青年时期：在希腊和罗马，有一部分人是自由的；③老年时期：在日耳曼世界，全体成员都是自由的。“自然界的‘老年时代’是衰弱的；但‘精神’的老年时代却体现着成熟和力量。”[①] 该书是作者1822—1831年在柏林大学的数次演讲，由他的学生爱德华德·甘斯（Edward Gans）于1837年整理出版。这同维柯把历史分为神、英雄和人的时代相类似。维柯旨在揭示文艺复兴时期人的觉醒。黑格尔通过美化古代日耳曼人在森林中的自由，想要唤醒自己同胞的民族自豪感，早日实现国家统一。在《历史哲学》中，他指出启蒙学者强调理性有片面性，真实情况总是一个人既有理性又有热情。“由于精神是自在自为的理性”，所以世界历史是“精神的自我意识和自由的必然发展”。[②]

1831年黑格尔去世后，他的学生分裂为对立的两派。这一分裂与黑格尔哲学本身的含混有关：青年黑格尔派，是激进的唯物主义的左翼，老年黑格尔派是保守的右翼。前者的代表人物有斯特劳斯、卢格等，马克思也是其中一员，这一派企图从黑格尔哲学中做出无神论和革命的结论，以论证德国有必要进行改革。

黑格尔哲学是一个体系庞大、结构完整、内容如百科全书的理论体系。他是第一位把过去所有思想体系的各种原则都包罗进来的思想家。他的哲学体系庞大而且内容艰深，但由于思想深刻、学术渊博而具有广泛持久的影响。19世纪末，英美各国第一流哲学家大多数是黑格尔派。[③] 马克思直到晚年仍然声称自己是他的学生。

黑格尔哲学的最大功绩是恢复并系统阐述了辩证法这一最高的思维形式，[④] 量子论的发现确实得益于由康德和黑格尔发展出来的德国哲学传统。[⑤]

费尔巴哈是德国唯物主义哲学家，他在埃尔兰根大学获博士学位并在该校任教。1830年，因发表无神论著作《关于死与不死的思想》被永远赶

---

① 黑格尔：《历史哲学》，王造时译，上海书店出版社1999年版，第112—115页。

② 黑格尔：《法哲学原理》，商务印书馆1982年版，第352页。

③ 罗素：《西方哲学史》下卷，商务印书馆1976年版，第276页。

④ 恩格斯：《反杜林论》，《马克思恩格斯选集》第3卷，人民出版社1995年版，第59页。

⑤ 路甬祥：《跨在新世纪的台阶上》，《光明日报》，2000年12月25日。

出大学讲坛，不得不隐居农村长达20年。1870年，他加入德国社会民主工党（爱森纳赫派）。主要功绩是，在抽象而费解的黑格尔主义的长期统治之后，他用清醒的哲学代替了沉醉的思辨，恢复了唯物主义哲学的权威，纠正了人们对唯物主义的庸俗化理解，例如把伊壁鸠鲁的唯物主义说成是肉欲主义。[①] “庸人把唯物主义理解为贪吃、酗酒……即他本人暗中迷恋着的一切龌龊行为；而把唯心主义理解为美德……对‘美好世界’的信仰。”[②] 不过费尔巴哈自称是人本主义者，他不理解革命实践的意义。

1841年，费尔巴哈发表《基督教的本质》，认为古人崇拜自然神，是因为他们离开自然就活不成，这本来是人珍惜自身的表现，是人们自我崇拜的表现，但在崇拜它时又把自己的本质转移到一种非人的东西——神上去了，使它成了一种人格化的超人。所以宗教是人的本质的虚幻反映，他把这种虚幻的本质叫作自我异化。所以，不是神创造了人，相反，是人按自己的面貌创造了神。“神学的秘密是人类学。因此，超自然的宗教应该被人类互爱的宗教所代替。”他揭示出神学和思辨哲学的秘密，把神性和理性还原为人性，把本来属于人的本质归还给人。“这本书的解放作用，只有亲身体验的人才能想象得到，那时大家都很兴奋。我们一下子都成为费尔巴哈派了。”[③] “费尔巴哈把宗教的本质归结为人的本质。但是，人的本质并不是单个人所固有的抽象物，在其现实性上，它是一切社会关系的总和。”（马克思《关于费尔巴哈的提纲》）

近代文明包括物质和精神文明两个方面。工业革命的英国，在向海外出口机器设备，让更多民众享受物质文明成果的同时，也把英国的标准推广到世界。法国大革命推动了欧洲和世界各国的政治革命和制度变革，这是上层建筑领域的推陈出新。至于这个新的上层建筑是否适应革命后的社会心理需求，则有待于哲学家们的探索和论证，以及本国民众对这些哲学成果的认可和响应，直到国际学术界的推崇。从这个意义上说，只有德国出现过这样一场哲学革命。如果把法国的政治革命比喻为社会上层建筑中的硬件，那么，德国哲学革命就是上层建筑中的软件。

---

① 萨拜因：《政治学说史》上册，商务印书馆1986年版，第173页。

② 恩格斯：《路德维希·费尔巴哈和德国古典哲学的终结》，《马克思恩格斯选集》第4卷，人民出版社1995年版，第232页。

③ 《马克思恩格斯选集》第4卷，人民出版社1995年版，第218页。

七、兰克史学与普鲁士历史学派

1757年，哥廷根大学（位于威悉河支流莱讷河的一座小城）在欧洲首次开设历史学课程。伽特勒（1729—1799）、施洛塞尔（1735—1809）、希棱（1760—1842）先后主持这门课程，他们与其他史学家致力于近代历史学基础的建立，用历史启发德意志人的民族意识，逐渐形成哥廷根学派。就个人声誉而言，他们谁都无法与同时代的伏尔泰和吉本（1737—1794）相比，但作为一个学术群体却具有明显的优势。他们通过出版学术专著、课程设置、古籍整理、课堂教学、专题研讨、外出讲学以及互相切磋，向国内外源源不断地输送人才，形成一支训练有素的专业化历史教学、科研队伍。经过哥廷根学派和后来柏林大学历史学家几代人的不懈努力，历史学从学者狭小的书斋走进学校并面向社会，成为一门与其他人文学科并列的、独立的基础学科。拿破仑赞叹："哥廷根大学不属于某一个小邦，也不属于德意志，它属于整个欧洲。"因为这所大学的历史、政治和法学驰名欧洲，"到哥廷根去！"这句话在欧洲有志青年中风靡一时。该校培养了高斯、洪堡兄弟等一大批有国际声望的学者，并为兰克史学奠定了基础。

兰克是19世纪西方最有影响的历史学家，被尊称为近代历史学之父。1818年他从莱比锡大学毕业，1825年被聘为柏林大学"非常额"（指正常编制之外）历史学教授，1834年为正式教授，1841年获"普鲁士钦定历史学家"的头衔。[①] 他对西方史学的主要贡献是通过漫长一生持之以恒的教学活动和大量高水平学术著作，为史学研究提供了一套科学的批判原则和方法，他凭借渊博的学术和大约20种欧洲以及波斯、阿拉伯语文追寻史料之间的联系，再用类推法重现历史事实，并用现代语言和规范的术语准确地加以诠释。他考证历史的目的在于"重建历史"。兰克在其成名作《拉丁和条顿民族史》（1824）前言中写道："历史指定给本书的任务是评判过去、指导现在以利于未来，可是本书并不奢望完成如此崇高的任务。它的目的不过是说明事情的真实情况而已。"为了在写作中贯彻"批判、准确、透彻"的准则，他严格核实各种见证物，使用最真实、最原始的资料，厌恶一切模棱两可、混乱不清的东西。兰克身体力行并始终强调的这种治学态度和方法即所谓客观史学。

有没有"客观"史学，以及兰克史学是否客观，这是一个史学理论问

---

① 郭圣铭：《西方史学史纲要》，上海人民出版社1983年版，第155页。

题，此处不拟深究。① 兰克的学风无疑是严谨的。他一生有50多卷著述，以及指导研究生期间采用的研讨班（Seminar）方法，还有他对学生的深厚感情（他说“我最好的作品是我的学生”），使19世纪的德国成为近代西方史学的科研和人才培养中心。直到20世纪初，兰克史学仍在西方史学界居支配地位，英国剑桥学派奠基人之一阿克顿就是兰克的学生。

普鲁士学派又称小德意志学派，是19世纪下半叶盛行于德国的史学流派，因大肆鼓吹用普鲁士王朝的武力统一德国而得名。人们嘲笑兰克的客观史学是“苍白的，没有血肉的东西”，后者主张德国史学家要有一颗“民族良心”，认为政治是“学者的天职”，公开支持俾斯麦的铁血政策。为了统一宁愿牺牲自由，只有海涅在知识分子中是一个明显的例外。列宁称这个学派是为德国容克和大资产阶级服务的“官僚警察”。这个学派的代表之一、史学家特赖奇克在纪念莱比锡战役50周年的演说中动情地说：“我们还缺少一样东西——国家。我们是唯一没有共同法律的民族，我们不能派遣外交代表参加列强会议。在外国港口，也没有礼炮向德意志的旗帜致敬。我们的船只在公海上航行时没有国旗，像海盗一样。”他热切地呼吁：“皮蒙特办得到的事，普鲁士也能做到。”这篇爱国主义演说词在全国引起轰动。

普鲁士学派的爱国主义热情，当时有其合理性，不过他们为此不惜歪曲和夸大史实的作风，当时就受到国内外同行的批评。值得注意的是，这些史学家尽管流露出民族沙文主义狂热，还是写出了一批有学术价值的历史著作。

第五节 空想社会主义

随着西欧国家工业革命的展开，资本主义社会的固有矛盾开始暴露，而启蒙学者当初预言过的美好的理性王国，这时“成了一幅令人极度失望的讽刺画”。于是，一些有高度社会责任心和正义感的先进人物转而寻找新的理想社会，作为根治社会上种种弊端的灵丹妙药。可是，当时社会生产力还不发达，社会基本矛盾开始暴露但尚未充分展开，工人阶级从一般无财产群众中的分离过程才刚刚开始。因此，这些先进人物不成熟的社会

---

① 客观史学的不确定性来源于认识主体的价值观和认知水平并不一致。而且认识对象，即历史事实也不同于物理学事实，它更像心理学的事实。

政治理论，是对当时不成熟的新的生产关系和新的阶级关系的一种反映。空想社会主义来源于乌托邦主义，取自托马斯·莫尔《乌托邦》一书中的理想社会：思想自由、服饰相同。该书抨击英国社会，其真实动机是回到古代社会去。

在社会主义思想史中，影响最大的空想家莫过于傅立叶、圣西门和欧文。

一、傅立叶

法国哲学家、经济学家、空想社会主义者。早年曾在巴黎、里昂、鲁昂等地以店员为职业，自学成才。主要观点和思想贡献有：第一，他对资本主义弊端的揭露和批评，是马克思以前最尖锐、最生动而机智的，是自古以来最伟大的讽刺家。他列举商业中的 36 种罪恶：囤积居奇、证券投机、高利盘剥……资本主义是一个是非颠倒的世界。在那里是每个人对全体、全体对每个人的战争。医生盼望自己的同胞患寒热病、律师希望每个家庭打官司……第二，在任何社会中，妇女解放的程度都是衡量社会普遍解放的天然尺度。[①] 他批判资本主义制度下妇女劳动的苦难。他说许多夫妻天天吵架，夜间之所以重归于好，只是因为他们没有钱买两张床。这显然是一种文学语言。第三，自由劳动理论。他强调大生产和协作的优越性，而以前的空想家都局限于小生产方式。在和谐的社会组织法朗吉（又译为法伦斯泰尔）里，保留生产资料私有制，劳动成果的分配按资本、劳动和才能分别占（4～5）/12、5/12 和（2～3）/12。全体成员住在公共宿舍里，人们用友好的劳动竞赛代替你死我活的竞争。劳动将成为一种享受。每个法朗吉里有 1620 人，因为人有 810 种性格。曾在美国试验，但失败了。劳动权是傅立叶发明的。[②] 第四，人类历史是一个发展过程。人类社会已经历过蒙昧、宗法和野蛮三个阶段。今后还要向最理想的和谐文明阶段发展。他的著作有《工业和协作的新世界》等。

二、圣西门

法国空想社会主义者，贵族出身。青年时代参加过北美独立战争，热情支持法国大革命，主动放弃贵族头衔。后来厌恶大革命中的血腥恐怖和

① 《马克思恩格斯选集》第 3 卷，人民出版社 1995 年版，第 300 页。
② 《马克思恩格斯全集》第 36 卷，人民出版社 1974 年版，第 153 页。

拿破仑的军国主义，呼吁欧洲各国君主放弃穷兵黩武和权力崇拜，转而用真正的基督精神关怀穷人。1823 年，在失望、苦闷之余，曾用手枪自杀，幸而只伤了一只眼睛。他认为资本主义社会来自两个敌人：无政府状态和专横霸道。他的学说生前不受重视，死后对欧洲知识界影响很大，尤其是对孔德（实证主义与社会学奠基人）等人很有影响。1828 年，他的几个门徒强调给所有人工作（充分就业）的重要性，并主张实施宏伟的公共工程，如苏伊士、巴拿马运河，发展全世界铁路网，这些计划旨在统一全球。[①] 他和他的信徒把国家看成一个大型工业公司。

主要贡献与观点有：第一，欧洲历史的进步规律应该从“产业发展的需要中去寻找”。15 世纪以前，农业是主要产业，贵族领导农业，因而政治权力也集中在他们手里，而新的工业制度与旧的封建制度的斗争引起法国大革命。这场斗争不仅是贵族和资产阶级之间的阶级斗争，而且是贵族、资产阶级同无财产者之间的阶级斗争。“这在 1802 年是极为天才的发现。”[②] 他预言，随着文明的进步，阶级斗争的激烈程度和重要性会逐渐减少。目前的社会斗争并非穷人与富人之争，而是勤奋的集团（如企业家）与社会寄生虫（如土地贵族、僧侣和债主）的斗争。因此，他猛烈攻击继承权，认为国家才是物资和金钱的继承者。[③] 圣西门预见到世界将进一步工业化，相信科学与技术会解决大部分社会问题。从以上分析中他得出结论：实业家一定要掌权。如果法国失去 3 万名贵族、官僚、将军和主教，对国家并非不幸，而如果失去3000 名科学家、艺术家和手工业者，法国就会变成“没有灵魂的肉体”。第二，对未来社会的天才设想：过去是军事社会，未来是工业社会，以有秩序地生产商品为中心。知识是新社会的基础。分配原则按能力计酬，能力用工作效率来衡量，即按劳分配。未来社会里国家将要消亡，对物的管理和对生产的领导将取代对人的统治（专家治国论）。银行将通过调节信用来组织和指挥社会生产。第三，改造社会的方法，通过取消遗产继承权来消灭人对人的剥削。提高人民的文化程度，反对危险的、破坏性的革命行动。

---

① C. W. 克劳利：《新编剑桥世界近代史》第 9 卷，中国社会科学出版社 1992 年版，第 150—151 页。

② 《马克思恩格斯选集》第 3 卷，人民出版社 1995 年版，第 9 页。

③ 卡尔·兰道尔：《欧洲社会主义思想与运动史》上卷，第一册，群立译，商务印书馆 1994 年版，第 47—49 页。

三、欧文

英国社会改革家、空想社会主义者。早年在苏格兰办工厂，关心工人福利，开设托儿所和小学，曾去美国试办过“新和谐村”，不久失败，还耗费了他大部分财产。在英国试办交换商场，用劳动券交换商品，也失败了。1834 年，任全国总工会联合会主席，是合作社运动创始人。他把生产劳动同智育、体育结合起来。1817 年，提出 8 小时工作制，并在自己工厂里把工时缩至 10 小时。这些努力推动了英国工厂法的制定。①

三位空想社会主义者的共同点：只把工人群众看成受苦受难的阶级，而把解救苦难的希望寄托在说服富人和当权者使其良心发现上。想用和平方法实现其理想，反对一切政治斗争，如欧文反对他的工人参加宪章运动。

三人各有特点。欧文主要是社会改革的实践家。晚年主张废除私有制，故可称为空想共产主义者。② 圣西门具有天才的慧眼与博学的头脑，觉察出后来社会主义者几乎所有思想的萌芽。傅立叶对资本主义的批判特别出色。但三人是属于同一时代、同一类型的思想家。

空想社会主义是同无产阶级对社会改造的最初本能的渴望相适应的，它的意义同历史的发展成反比。这些体系的创始人在许多方面是革命的，但他们的信徒总是组成一些反动的宗派。③ 他们给马克思主义者提供了思想来源，是启发工人觉悟的宝贵材料。“直到今日（1877）事实上还支配着英、法两国大多数社会主义的工人的头脑。”④

第六节　近代欧洲文学

“文学是一个连续不断的故事。”“艺术以艺术为营养。”（默多克）为了展示文学自身的某些继承和发展规律，有必要对文艺复兴以来的欧洲文学史（主要是英、法、德三国）简明扼要加以评述。

---

① 吴黎平：《社会主义史》，北京出版社 1986 年版，第 114—121 页。

② 《欧文选集·总序》第 1 卷，柯象译，商务印书馆 1984 年版。

③ 马克思、恩格斯：《共产党宣言》。

④ 《马克思恩格斯选集》第 3 卷，第 416 页；第 4 卷，人民出版社 1995 年版，第 418 页。

一、文艺复兴时期的文学

古典主义，以人文主义思想为核心。这些作家认为，人生的目的不是追求梦幻式的来世天堂，而是今生今世实实在在的享受。人的自然欲望是正当的，理应予以满足而不是自我压抑并加以限制。爱情是人生最高尚的感情，应当珍惜并予以歌颂。人的认识能力和创造力应该加以保护和发挥。[①] 大部分人文主义作家都用本国民族语文而不是拉丁文写作。在意大利，作家使用的拉丁语是托斯坎尼地区的俗语。这里是早期文艺复兴的中心，繁荣富庶，人才荟萃的工商业城市佛罗伦萨就在托斯坎尼。今天意大利语仍以托斯坎尼语音为标准。这样做首先是为了从古代和民间语言中吸取营养，同时也表现出一种民族自豪感，这对于各自民族语文的形成、规范和发展做出了贡献。在创作方法上，他们既学习、模仿希腊与罗马的古典文化，又注重写实。写实既立足于本国的社会现状，又具有全欧洲以至世界眼光。作品的体裁多种多样，情调乐观而且健康。作家以文学的世俗化为历史使命，中世纪以来的封建文学和宗教文学被迫退居次要地位。早期文艺复兴的“三杰”是但丁、彼特拉克和薄伽丘。法国的拉伯雷、蒙田，西班牙的塞万提斯和英国的莎士比亚，都是文艺复兴时期文学的杰出代表。莎士比亚的戏剧和诗不但代表文艺复兴后期的最高成就，对于世界文学的影响也是无与伦比的。他通过一个个栩栩如生的艺术形象，对封建势力走向没落、资本原始积累把英国带向近代社会的历史变迁，做了深刻的心理剖析和道义上的审判，是对转型时期的英国以至欧洲社会的理性思考、伦理探索和艺术概括。在这些人物形象，特别是正面形象中，莎士比亚表达了他对人生、对社会的反思，同时寄托自己的理想，也间接反映出人民的情绪、追求和愿望。他还是一位语言大师，他的许多名言警句如同哈姆莱特这些艺术形象一样，已经成为英国全民语言的一部分，成为人们特指某种典型事件、典型人物的代名词。

二、17 世纪文学

17 世纪的欧洲危机重重。意大利丧失了十字军东征以来在欧洲享有的商业优势，这时任凭列强摆布、宰割。德国经过 30 年战争的浩劫，国弱而民穷，帝国境内的诸侯割据更为严重。西班牙从上个世纪欧洲的头等强国

---

① 李赋宁：《欧洲文学史》第 1 卷，商务印书馆 1999 年版，第 157 页。

变成二流国家。只有英、法两国蒸蒸日上：法国经过胡格诺战争（1562—1594）重获统一与和平，专制王权空前强大，到路易十四渐臻顶峰，法国几乎成为欧洲霸主。英国虽然经历过革命、复辟和政变（1640—1688），但国力仍在增强，农业市场化和呢绒工业，以及有利可图的对外贸易与商业战争，培育出财力雄厚的新贵族和商业资产阶级。在政治理论方面，英国的霍布士、法国的笛卡尔与荷兰的斯宾诺莎是欧洲三大理性主义者。笛卡尔关于文艺创作的理性原则，得到作家和艺术家的普遍认同。这一时期英国的文学巨匠是弥尔顿，法国文学在17世纪达到全欧洲的最高水平。[①] 各国文人竞相模仿路易十四时代的法国文学，把文艺复兴以来的古典主义文学潮流推向高潮，其杰出代表有悲剧作家高乃伊、拉辛，喜剧家莫里哀。古典主义以古希腊、古罗马文化为典范，主张用规范的民族语言，按照规定的创作原则（如戏剧的“三一律”[②]）进行创作，崇尚理性和自然，通过典型化人物直接表达其伦理观念。到18世纪，古典主义文学仍然主宰着欧洲文坛，许多国家先后涌现出自己的古典主义流派。

三、18世纪的启蒙文学

18世纪属于法国启蒙时代，大多数启蒙学者肯定世界是物质的，对物质的解释是机械的。他们用自由反对暴政，用自然神或无神论否定天主教会的权威和宗教偶像，用信仰自由和宗教宽容维护天赋人权，用法律面前人人平等否定特权和专制。虽然古典主义文学仍然统治着文坛，但是最能体现时代精神的是启蒙文学和英国的写实主义小说。

启蒙学者信奉理性主义。理性主义起源于17世纪物理学和数学的新发现。笛卡尔光辉的演绎推理和牛顿力学在天文学等领域的辉煌成就，鼓舞着政治学家、经济学家。法国哲学家封特涅尔在《数学的功用》序言中声称，有必要用几何学阐释文学。[③] 这一观点虽然牵强附会，不过同以前古典主义流派相比，启蒙文学的理性具有更为坚实的哲学与科学基础。在对

---

① 李赋宁：《欧洲文学史》第1卷，商务印书馆1999年版，第292页。

② 指剧本的情节、地点和时间三者必须完整一致，即每个剧本限于单一故事情节，事件发生在一个地点并在一天完成。源于亚里斯多德的“整一性”。经过文艺复兴以来的历代剧作家，尤其是17世纪法国作家的发展和实践，被人们普遍认同并遵守之。这一创作原则直到浪漫主义时期才被突破。

③ J.W.汤普森：《历史著作史》下卷，第三分册，孙秉莹译，商务印书馆1996年版，第79页。

待历史遗产问题上，启蒙学者不再像古典作家那样，把古希腊文学作品看作难以逾越的典范，而是立足于创新和发展。针对古典主义者永恒和绝对的美学观，伏尔泰认为美有相对性，美随时代、地点的变异而有不同的内涵。笛卡尔轻视历史。[①] 伏尔泰和其他启蒙学者认为王政时代（前753—前510）的罗马史是无稽之谈。启蒙文学比起古典主义文学来，视野更加开阔，如伏尔泰的戏剧《中国孤儿》（1755）、学术著作《中国入门》（1764）、《论各民族的风俗与精神》。伏尔泰、孟德斯鸠、狄德罗、卢梭和博马舍的小说、散文、戏剧同他们的学术著作一样，在当时和现代都拥有广大的读者群，对后来的文学创作和文艺理论产生了深远影响。

启蒙文学同其他启蒙著作一样，把宗教神学推上理性法庭严加审判，思想深邃、构思巧妙、情真意切、文笔生动，很有说服力，能打动人心。

18 世纪，巴黎中产阶级的生活时尚、休闲方式和审美情趣，成为其他欧洲人仿效的楷模。为了适应这种“生活艺术”的需要，一种典雅、活泼的新型风格——罗可可艺术在法国形成。罗可可在法语中的意思为“用石子堆砌的假山”。这是对巴罗克[②]风格的继承和改造，它崇尚玲珑纤细、优雅精巧，融合了刚传入西方的中国园林艺术风格。1830 年以后达到高潮，罗可可艺术促进了现代美学的诞生。

与大陆国家不同的是，18 世纪的英国社会趋向稳定。正如洛克的政治学说是 1688 年以来土地贵族与资产阶级妥协的理论基础一样，洛克和他的哲学继承人贝克莱、休谟的经验主义哲学是 18 世纪英国哲学的基础。在这种社会和思想背景下，18 世纪英国文学以古典主义和经验主义为特征。其中小说创作成果最大，代表作家有蒲柏、笛福、斯威夫特和约翰逊。蒲柏的作品包括译作，大都采用双韵体，他把这种体裁发挥到几乎完美的境界，他的另一贡献是把英国讽刺文学发展到新的高度。笛福直到近60 岁时才以《鲁滨逊漂流记》（1719）闻名全欧洲。[③] 该书反映出资本原始积累时期创业者求生存、谋发展的精神面貌。他是近代小说或现实主义小说的先驱。斯威夫特的名作《格列佛游记》（1726）迄今仍是世界文学中最好

---

① J. W. 汤普森：《历史著作史》下卷，第三分册，孙秉莹译，商务印书馆 1996 年版，第 80 页。

② 巴罗克（Baroque）风格的建筑、家具和室内装饰，以及乐曲和艺术品，追求动势与起伏，具有铺张浮华的倾向，旨在达到标新立异、奢华绮丽的效果。

③ 吴伟仁：《英国文学史及选读》（英文）第一册，外语教学与研究出版社 1988 年版，第 190 页。

的小说之一。该书与《鲁滨逊漂流记》一样也是游记，但不是发现新大陆或战胜野蛮人并传播文明，而是用于讽刺英国和欧洲社会的两党政治、战争和争权夺利。约翰逊是18世纪中后期英国文坛的泰斗。他的《英文辞典》（1755）和《英国诗人传》都是传世之作。他的小说、评论代表英国文学开始从古典主义向浪漫主义转变。

18世纪英国小说的兴起与经验主义哲学、现代市场经济的发展密切相关，既然一切知识来源于观察和实践，作家对普通市民日常琐事的描写就有了哲学依据；反过来，市场经济下中产阶级的兴起，给这些小说提供了更大的读者群体。文学商品化使作家成为相对独立的自由职业者，他们不再需要“恩主”的供养和保护，可以在更广阔的政治舞台和文化圈子里活动与交往。

18世纪英国小说仍然属于古典主义潮流，他们用怀旧的理想观点检验、分析并讽刺当时社会。到18世纪中后期，产生了感伤主义流派，其名称由斯特恩的《感伤旅行》（1768）而来。这一派作家仔细描写人物遭遇不幸时的心情，怜悯弱者的疾苦，但也放纵个人感情，作品里流露出失望、悲凉的情调。

四、德国的狂飙突进运动

德国启蒙运动虽然也对封建制度不满，但初期并未与王公贵族决裂，直到莱辛为代表的一批作家才以废除封建制度、消除分裂为己任，要求建立民族文学。莱辛的《汉堡剧评》和《拉奥孔》奠定了德国现实主义文艺理论的基础，他还用丰富的戏剧作品实践这些理论，致力于消除宫廷贵族的影响和盲目崇拜法国古典主义的倾向，他的诗、寓言和戏剧都用德语写成，和宗教改革家路德一样使德国语言文字走向规范和成熟。

狂飙突进运动指德国18世纪70—80年代兴起的文学运动，因德国作家克林格尔的剧本《狂飙突进》而得名。反对封建割据，批评死气沉沉的封建文艺和虚伪道德，提倡个性解放和创作自由，歌颂“自然”，强调“天才”和“民族风格”，是对法国启蒙思想的继承和发展。这一时期（尤其是歌德与席勒合作的十年）古典主义和浪漫主义在德国文坛同时发展，代表人物有青年时代的歌德、席勒和赫德尔。

1769年赫德尔在巴黎结识了狄德罗，受到很大影响，回到汉堡又遇见莱辛，1770年在斯特拉斯堡见到年轻的歌德，两人交往密切，赫德尔向歌德介绍莎士比亚的作品，开阔了歌德眼界。从1771年开始，赫德尔进入狂飙突进的创作，如《论语言的起源》（1772）等。1776 年赫德尔在魏玛结识席勒，为席勒主编的刊物撰稿，出版《民歌集》（1778），后再版时书名改为《民歌中各族人民的声音》。歌德也热情赞扬莎士比亚，并全面否定“三一律”。1774 年，出版书信体小说《少年维特之烦恼》，这是在国际上产生巨大反响的第一部德国作品，在青年中间出现了“维特热”。《浮士德》（1831）是歌德用毕生精力完成的一部巨著，描写主人公浮士德一生探求真理的痛苦经历，反映文艺复兴到 19 世纪初德国进步的、科学的力量同反动的、神秘的力量之间的斗争。语言抒情优美、内涵深广。席勒早期的剧本《强盗》1780 年公演，引起轰动，有的评论把他誉为德国的莎士比亚。之后，他的代表作《阴谋与爱情》（1784）再次轰动舞台，它反映了德国市民与封建统治者之间的阶级矛盾。1794 年后，与歌德合办《时代》杂志，共同领导魏玛剧院，并继续文学创作，两人合作 10 年之久。

五、浪漫主义文学

法国大革命和 1830 年七月革命，以及英国工业革命，标志着资产阶级在欧洲范围的胜利，同时也带来新的社会矛盾和问题。在思想领域，法国启蒙学者的理性原则、德国古典哲学中的客观唯心主义、英法空想社会主义者对未来的美好设想，使欧洲文学思潮从文艺复兴以来的古典主义转变为 19 世纪初期的浪漫主义。描写理想、抒发个人情感以及对大自然的感受、借鉴民间文学、采用夸张手法是浪漫主义文学的共同特征。有些作家着力暴露腐朽的封建主义，讽刺资本主义弊端，要求进一步变革；另一些作家则更多地流露出小资产阶级的怀旧和伤感情绪，表现出对黑暗现状的无奈和对革命暴力的恐惧。

浪漫主义兴起于德国，后传播到欧洲其他国家，德国浪漫主义缺乏反封建的战斗精神，却富于理想主义和神秘色彩，这与德国的政治分裂、哲学革命是相适应的。德国早期浪漫主义理论家是施格尔兄弟，他们在 1798—1800 年创办的《雅典娜神殿》杂志上首次提出浪漫主义这个名称，这个流派强调想象与情感，文学创作要绝对自由，不受古典主义规范的约束。追求宗教的神秘感和象征感,[①] 被高尔基称为消极的浪漫主义。[②] 诺瓦利斯和蒂克是这一理论的实践者。1805 年左右，阿尔尼姆和布伦塔诺在海

---

① 张良村：《世界文学历程》，国际文化出版公司 1997 年版，第 167 页。

② 朱维之：《外国文学史》，南开大学出版社 1994 年版，第 148、152 页。

德堡创办《隐士报》，形成海德堡浪漫派，他们两人收集编写的民歌集《儿童的奇异号角》和格林兄弟合编的《儿童与家庭童话集》是对德国民族文学的重要贡献。海涅也是在浪漫主义影响下走上创作道路的，但他的《论浪漫派》（1833）的发表却结束了浪漫主义在德国文学中的统治地位，他抨击这是“中世纪文艺的复活”“是一朵从基督教鲜血里萌生出的苦难之花”。他的主要作品是长诗《德国—— 一个冬天的童话》（1844），暴露普鲁士王朝的反动统治，号召被压迫人民奋起建立自由的人间乐园，表达作者要求统一的爱国思想。

英国最初的浪漫主义作家是所谓“湖畔派”诗人：华兹华斯、柯尔律治，因住在远离城市喧嚣的湖边而得名。代表作是他们合作发表的《抒情歌谣集》（1789）。第二年再版时，华兹华斯加了一篇序言，主张诗是“强烈感情的自然流露”，把诗的取材范围扩展到寻常百姓家，抒写田园生活中的诗情画意，语言朴实易懂，韵律与口语一致。评论家将这篇序言称为英国浪漫主义宣言。

英国和欧洲浪漫主义代表作家是拜伦。1809—1811 年他游历西班牙，并到希腊各地。回国后他作为上院议员在议会发言支持卢德运动，反对政府的暴力镇压。他的诗歌体小说《唐璜》（1824）讽刺“神圣同盟”等反动势力，批判金钱万能，是一部现实主义与浪漫主义相结合的杰作。《恰尔德·哈罗尔德游记》是他另一部代表作，这是一部歌颂自由、独立，反抗暴政的游记体抒情长诗，表达出热情奔放的感情和大自然的壮丽景色。拜伦出资武装起 500 名战士参加希腊独立战争，在丛林中巡逻时生病，于 1824 年逝世，希腊临时政府宣布全国为他哀悼 3 天。

英国诗人雪莱更注重对未来的描绘，他是天才的预言家（恩格斯），在诗剧《解放了的普罗米修斯》（1820）中把这位古希腊神话人物改写成一个为人类幸福不惜牺牲一切的英雄形象，相信人类社会将会“像精灵一样自由”。雪莱还是出色的山水诗人，把人格化的自然力同诗人的政治激情融为一体。“冬天已经来临，春天还会远吗?”就出自他的《西风颂》。

雨果是法国浪漫主义文学的旗手和领袖。小说《巴黎圣母院》（1831）、《悲惨世界》（1862）、《九三年》（1874）是他的代表作。从 1823 年起，在 60 年创作生涯中共发表 26 部诗集、20 部小说、12 部戏剧和 21 部理论著作，他的作品深刻反映了 19 世纪法国的社会现实和作者的人道主义理想，富于浪漫主义激情，在戏剧创作中完全打破了“三一律”，构思奇特，获得成功，标志着浪漫主义完全战胜了古典主义。[1]

六、批判现实主义文学

19 世纪 30 年代以来，工业革命在英国接近于完成，大陆各国的工业革命已经大规模展开，资本主义社会的内在矛盾比较充分地暴露出来，浪漫主义作家对美好未来的天真幻想，在严酷的社会现实面前破灭了：贫富差别更加悬殊，城乡广大小资产阶级纷纷失业、破产或失去土地，金钱关系渗透到生产、生活和社会关系的一切领域，资产阶级使“人与人之间除了赤裸裸的利害关系，除了冷酷无情的‘现金交易’，就再也没有任何别的联系了”。冷静务实已成为新的时代“精神”，浪漫主义者对社会的抽象抗议失去了往昔的感召力。这一切使“人们终于不得不用冷静的眼光来看他们的生活地位、他们的相互关系”（《共产党宣言》）。文学家也开始用冷静的分析和深刻的批判代替上一代人的热情和怨恨。法国的司汤达、巴尔扎克，英国的狄更斯以其大量传世之作形成一股新的流派——批判现实主义，其世界观的核心是资产阶级人道主义与个人主义。不过原来的浪漫主义并未立即消失，只是失去了往日的清晰轮廓，而逐渐与其他文学派别合流。

批判现实主义文学的共同特征如下：第一，真实性与广阔性。现实主义作家的社会理想、政治倾向和思想感情，主要通过对生活具体、真实的描绘自然地流露出来，而不像浪漫主义作家那样在作品中直接抒发自己强烈的爱憎。他们的小说往往反映整个时代，以及社会各阶层的生活风貌。许多作家力图把作品写成时代的记录，巴尔扎克把小说总标题定为《人间喜剧》，要“写出整个社会的历史”。狄更斯用“艰难时世”为小说取名。马克思、恩格斯指出他们的作品所提供的历史材料比当时历史学家、经济学家、统计学家的全部著作所提供的还多。不过他们对社会下层劳动者仍不够了解，在作品中往往是被同情的对象或作为陪衬出现。第二，暴露性和批判性。批判现实主义是“批判地再现当时存在的社会制度和社会关系，解剖式地暴露、撕毁一切假面具”（高尔基）。巴尔扎克申明要为自己所处的时代开出“恶习的清单”，司汤达主张小说是反映社会黑暗的一面“镜子”。批判现实主义作家大都是人道主义者和改良主义者。第三，描写典型环境中的典型性格。现实主义文学除了“细节的真实外，还要真实地

---

① 朱维之：《外国文学史》，南开大学出版社 1994 年版，第 172 页。

再现典型环境中的典型人物”。[①] 这些作家注意到浪漫主义者忽略客观环境影响而过分主观化、理想化的人物描写方法，把作品中的人物放到具体社会环境和矛盾中加以刻画，使艺术形象达到个性与共性的和谐统一。他们塑造的反面人物极为成功，而正面人物则争议不少。[②]

司汤达是法国批判现实主义文学的主要代表，其代表作是长篇小说《红与黑》和《巴马修道院》。福楼拜有长篇小说《包法利夫人》《情感教育》等，作品文字精练，是法国近世散文的典范。左拉早期受浪漫主义影响，后来信奉孔德的实证主义哲学，是法国自然主义文学奠基人。第二帝国崩溃和巴黎公社起义使他注意社会问题。1871—1893 年，创作了由 20 部长篇小说组成的《卢贡—马卡尔家族》。还发表《实验小说论》，提出自然主义的创作原则。德雷福斯案件发生后，他发表《我控诉!》（1898），被判刑后逃亡英国。巴尔扎克是法国现实主义文学大师，代表欧洲早期批判现实主义小说的最高水平。他父亲出身农民，在大革命和帝国时期善于钻营，当过副市长。然后通过承包军粮、经营呢绒业致富。1814 年，巴尔扎克随父母迁居巴黎，就读于寄宿学校。1816—1819 年，遵父嘱上法律学校，但他立志当作家，其父勉强同意供他两年生活费。1819—1829 年，他练习写作但以失败告终，投笔从商又一败涂地，还赔进去 4 万法郎，以致拖累终生。1829 年，发表小说《舒昂》，又译《朱安党人》，此后便杰作迭出，中篇小说《高利贷者》长篇小说《驴皮记》《高老头》更使他闻名遐迩。他每天写作十六七小时，有时半个月足不出户。到 1840 年终于筑起一座巍峨的文学大厦——由 97 部小说组成的《人间喜剧》。这 90 多部小说分为风俗研究、哲学研究、分析研究三部分。风俗研究由六个场景组成：私人生活，如《高利贷者》《高老头》等，外省生活如《欧也妮·葛朗台》，巴黎生活如《交际花盛衰记》《邦斯舅舅》，还有分别反映政治、军旅、乡村生活场景的小说。这些小说里的 2400 多个人物形象汇集了 1816—1848 年法国社会的全部历史，揭示贵族在历次革命冲击下必然灭亡的下场，还展现了资产阶级血腥的发家史，剖析资本主义社会里人与人之间的“交易关系”。

都德一生创作长篇小说 13 部、短篇小说集 4 部。《月耀日故事集》里

---

① 《马克思恩格斯选集》第 4 卷，人民出版社 1995 年版，第 462 页。

② 这三个共同特征，主要根据朱维之《外国文学史》第 188—192 页写成，并有某些增删和改动。

有两类题材最为成功：一是小人物的凄苦，二是反映普法战争的爱国主义精神，如《最后一课》。

狄更斯是英国批判现实主义文学的重要代表。10 岁时他父亲因负债入狱，全家一度住进狱中，12 岁起当童工，16 岁在伦敦一家律师事务所当抄写员，19 岁当新闻记者。1836—1837 年出版的长篇小说《匹克威克外传》使他一举成名。到 19 世纪五六十年代，他的思想和艺术更趋成熟，作品有很强的批判力量，对社会生活的描绘更广阔也更深入。如自传体小说《大卫·科波菲尔》，另有《荒凉山庄》《远大前程》等。《艰难时世》是唯一一部反映劳资矛盾的小说，《双城记》生动地再现法国大革命期间英、法两国的社会现实，说明这场革命的合理性，又反映了革命高潮中失去理智的冲动，“这可怕的屠杀持续了四昼夜”。在艺术上把浪漫色彩与写实手法有机结合起来，情节波澜起伏。既有对大革命场面的大笔勾勒，又对主要人物的肖像、心理精雕细刻，笔法细腻、语言凝练。

19 世纪，欧洲涌现出一批伟大的作曲家，如海顿、莫扎特、贝多芬，这三位都是维也纳古典乐派的代表人物。柴可夫斯基是俄国作曲家。有人感叹，19 世纪是创作世界名曲的时代，而 20 世纪是演奏世界名曲的时代。

第十章

马克思主义诞生与第一国际

在人类思想演变历史上，在近代社会政治实践的史册上，马克思主义思潮和共产主义运动，是其中最有影响、群众参与最广泛的意识形态和社会潮流。时至今日，仍然具有旺盛的生命力和时空适应性。与此相伴的现象是，也一直备受敌对方的仇视、污蔑和攻击。

第一节　历史背景

一、19 世纪欧洲三大社会思潮

宗教改革打破了教权至上和天主教神学的一统天下，启蒙思想和早期资产阶级革命又打破了君权神授观念，用人民主权取代专制王权。这些变革使西欧各国的社会思潮和哲学流派，在 19 世纪呈现出多元化局面，其中影响最大、历时最久的要数自由主义、民族主义和社会主义。

（一）自由主义

自由是相对于奴役、压迫、限制、管理和规范而言。[①] 在古罗马，自由指的是把奴隶和未取得罗马公民身份的人从被束缚、受歧视或虐待中解放出来。在近代，人文主义者用天赋人权、人民主权否定君权至上，用思想自由对抗专制统治。在市场经济条件下，自由首先指自由选择职业和自由经营企业。在大革命年代里，罗兰夫人临刑前哀叹："啊，自由！人世间多少罪恶，假汝之名以行！"但不能因为雅各宾党人滥用自由而否定自由本身。

自由主义是直接从启蒙学者批判专制君主的精神遗产中继承下来的。这是一个随着历史发展和国情差别而不断改变重点和倾向的社会思潮。在英国，自由主义思想家（如弥尔顿）的革命锋芒，到 1688 年后已经消失，并转向妥协和保守（如洛克）。19 世纪，英国的自由主义以自由贸易为旗

---

① 根据《基本法》和《基本人权法案条例》，港人拥有和平集会和公众游行的自由和权利。30 人以上的游行只需要在 7 天前通知警务处，并根据原定路线游行。《环球时报》，2014 年 7 月 4 日第 10 版。

帜（科布登、斯密、边沁和J. S. 穆尔），旨在维护工厂主的财富、地位和政治权力。英国成为世界工厂后，自由主义逐渐成为官方政策，这是别国难以完全做到的。但这些学者并非政党骨干，他们对政治家的直接影响十分有限。

边沁是功利主义学说的代表。“功利”指外在事物给当事者带来的利益或损害。趋利避害是人的本性，“两利相权取其大，两害相权取其小”是人们的行为准则。他把这种准则概括为“最大多数人的最大幸福”。[①] 每个人追求利益时，自然就在增加着全社会的财富。不过他承认，这种本性是自私的，只有国家通过立法才能增进人们的最大幸福。法律固然能制止邪恶，但本质上一切立法对自由都是一种限制。[②] 因此，政府对经济生活应采取不干涉原则。

J. S. 穆尔发展了边沁的功利原则：理性的、有道德情操的快乐比声色犬马带来的感官乐趣价值更高，“做一个不满足的人比做一头满足的猪要好，做一个不满足的苏格拉底比做一个傻瓜好”。他在《自由论》一书中强调在“个人独立”与“社会控制”之间做出恰当的调整。他把人的个性可能发展的程度看作衡量政府好坏的尺度。这反映出19世纪英国资产阶级在国内外自由竞争中的自信和乐观态度。

格林批评边沁把自由与法律对立起来的观点，称这是“消极自由”的概念。他赋予自由以积极的含义。自由是“从事值得去做的或享受值得享受的事物的一种积极的力量或能力”。契约自由可能是达到此目的的手段。果然如此，那就是好事，但它本身并非目的。自由主义哲学的核心是总利益或人类福利的观念。他的理想是一切人都自行自由地思想和行动，这些思想和行动又受到充分道德责任的指导和制约，为此，强制应降至最小程度。他认为教育是最重要的社会职能。民族是能使共同利益观念有效发挥作用的具有社会凝聚力的最大单位。[③]

自由主义损害了英国工人运动，助长了熟练工人中的贵族化倾向。

在复辟王朝时期，法国最敏锐的自由主义思想家是孔斯坦（或译为贡斯当）。他出生于洛桑一个胡格诺教徒家庭，曾在牛津和爱丁堡上学。加

---

① 此语实际上出自哈奇森（Hutchesom，Francis）：《我们的美与德性观念探源》（1725），载于索利《英国哲学史》，段德智译，山东人民出版社1992年版，第168页。

② 乔治·霍兰·萨拜因：《政治学说史》下册，刘山译，商务印书馆1990年版，第799页。

③ 萨拜因：《政治学说史》下册，商务印书馆1990年版，第799—804页。

入法国国籍后，被执政府任命为法案评议委员会成员，因反对拿破仑而于1802年被开除，流亡国外期间写出大量理论著作和浪漫主义文学作品。1815年，拿破仑重返巴黎后召回孔斯坦，并让他起草一部君主立宪宪法，即后来公布的“补充法令”。孔斯坦一贯重视宪法，认为宪法是从非法制度向合法制度过渡的政治工具，是赋予政权以合法性进而确定分权，以及保障公民自由的手段。从这个意义上说，君主立宪与代议共和制之间的差别完全是形式上的。因为二者都是立宪政府，它们与不尊重个人自由的专制君主制有本质区别，也不同于大革命中的雅各宾主义，后者奉行的人民主权说用平等取代个人自由，使“全体人民受压迫”，实际上是“独裁的普遍化”。

孔斯坦说古希腊、古罗马人享有政治自由而无个人自由，现代人的自由是通过代议制政府保障个人思想、言论和经营自由，保障私人财产的安全。[①] 财产权并非天赋权利，这就否定了贵族的世袭权。他把个人的独立性看得比国家权力更重要。财富就是力量，因此，应该由有财产的中间阶级来掌权。他把这看成18世纪革命的最大收获。

托克维尔在他的《论美国的民主》第1卷（1835）《引言》中对孔斯坦的自由加以反驳：“在美国逗留期间，……给我留下深刻印象的莫过于地位的平等。”针对七月王朝用财产限制选举权的做法，他强调普选权。他把当时西方政体分为自由政体与专制政体。认为民主形式是现代社会前进的方向。他以美国为例，说明反对派能防止政治僵化，使社会走向文明并崇尚道德。反对派无损于政府权威，而且它本身已成为民主政体不可缺少的组成部分。在德国，当时封建割据与君主专制并存。由于国家统一需要民族主义热情，自由的呼声极其微弱，因此马克思攻击普鲁士的书报检查令时写道：“你们赞美大自然赏心悦目的千变万化和无穷无尽的丰富宝藏，你们并不要求玫瑰花和紫罗兰散发出同样的芳香，但你们为什么却要求世界上最丰富的东西——精神只能有一种存在形式呢?”[②]

马志尼是意大利爱国者和革命家，在民族复兴运动中是民主共和派领袖。热那亚大学法律系毕业，曾加入烧炭党。1830年被皮蒙特警察局逮捕，后被流放，他逃往马赛，创建爱国组织“青年意大利党”，主张共和，创办《青年意大利报》。马志尼于1834年1月从瑞士率革命者进攻萨伏

---

① 徐大同：《西方政治思想史》，天津人民出版社1985年版，第372页。

② 《马克思恩格斯全集》第1卷，人民出版社1956年版，第7页。

伊，但失败了。1834 年，他创建人民的神圣同盟“欧洲青年党”，这是旨在各国建立共和的第一个国际性民主组织。1845 年前后，马志尼成了欧洲最受爱戴也最受仇视的人，成千上万穷人把他看成先知，而保王党人把他描绘成嗜血成性的无政府主义者和疯子。① 梅特涅在信中写道：“我曾与拿破仑打过交道，但现在欧洲出现了一个更危险的人物——马志尼。”他是天才的演说家、诗人和哲学家。他不相信任何政府，因为政府损害人民自由，主张用革命方式摧毁一切现存政权，建立他的民主共和国。意大利革命爆发期间，他是罗马共和国三执政之一。法军攻陷罗马后，他流亡国外，继续为意大利统一而斗争。60 年代宣传在“劳资合作”和“生产合作社”基础上解决工人问题。

马志尼看上去纤小瘦弱，但意志坚强，投身革命长达40 年，致力于人民自由和国家独立、统一。“民族是操同样语言，具有平等公民权利，为了发展和完善社会……而结合起来的公民整体。”他主张通过普选建立一个由自由公民组成的单一共和国，“独立、主权、共和三者合一”。对外主张各民族互相尊重与合作：“意大利曾经通过罗马帝国统治世界，后来又通过天主教统治世界。现在，容光焕发并经历过苦难、得以净化的第三个意大利，会作为光明的天使在各国中间活动。”他的功绩在于激发起同胞的爱国热情，但他的观点和言行往往不切实际，而且自相矛盾。

19 世纪欧洲自由主义的中心在英国，主要表现为议会改革和自由贸易，各国革命者把英国当作避难所。在法国，自由主义思潮哺育了复辟王朝和七月王朝的反对派和革命者。30 年代以后，随着工人人数和破产手工工人的增加，自由主义同国家社会主义（路易·勃朗）、蒲鲁东主义、乌托邦主义一起，把法国工人引向社会主义运动。使法国成为各种社会主义流派和政治运动的中心。而在意大利和德意志，由于当务之急是国家统一和民族独立，马志尼的民主共和理想、海涅的自由主义都被王朝战争的凯歌所淹没，资产阶级自由派心甘情愿地拜倒在王权脚下，民族主义成为欧洲社会思潮中一个新的主旋律。

（二）民族主义

19 世纪的民族主义按其具体目标可以概括为民族独立、民族统一和民族扩张。前两个奋斗目标在历史上具有进步作用，后一种在近代主要表现为殖民扩张和列强争霸。

---

① Carl Becker, *Modern History*, Silver Burdett, 1942, p. 340.

中世纪后期，西欧社会教权衰落、王权强化，以专制君主为代表的民族国家打破了罗马天主教会的一统天下，民族感情成为本国臣民之间主要的维系纽带和共同的精神寄托。启蒙思想和法国大革命又用人权至上和人民主权取代君权神授。于是，以忠君爱国为核心的民族感情升华为以人权为出发点、以忠于宪法为核心的近代民族主义。

19 世纪中期以来，随着工业革命在西欧的完成或深入，随着 1848 年革命失败和资产阶级政权的巩固，自由主义日益成为反对工人运动的政治工具。民族主义在德、意取得胜利后，欧美列强都走上争夺霸权、海外殖民的民族扩张主义、帝国主义道路。最能代表这种转变的是孔德的实证主义和斯宾塞的社会有机体理论。

斯宾塞用庸俗进化论解释社会现象（1895）：人类和自然界都处在进化之中，进化就是物体的集结，即物体由不确定的、无联系的状态向确定的、有联系的异质状态转变，成为一个和谐与均衡的有机整体。当进化达到顶点而均衡后，解体过程就开始了，一切又退回到原始状态。解体完结后，进化重新开始。

同等自由规律，每个人都有充分自由并与他人的同等自由协调一致。社会就用这一原则组织起来。斯宾塞以此为依据，要求政府采取自由放任政策，充分保障个人自由，认为“生存竞争，适者生存”不仅在生物界，在人类社会里也起支配作用。他把“强存弱汰”看作自然进化规律，这看上去很残酷、很悲惨，但对整个社会发展和“纯化”却是很自然的，甚至是一种最高的“仁慈”。任何力求消灭生存竞争的做法，都会引起智力和体力的普遍衰退。

这种社会达尔文主义在 19 世纪中后期十分流行，说明自由主义从 17—18 世纪反封建的革命武器变成了资产阶级仇视人民、反对工人阶级的工具。从鼓舞被压迫民族争取解放的“1789 年精神”变成“种族优越论”和帝国主义侵略扩张的“科学”依据，在世界上造成了恶劣影响。

斯宾塞的社会有机体理论强调国家不是许多单个个人的联合体，而是一个统一的有机体，每个社会成员都是这有机体不可缺少的一部分，个人的存在和价值以整体的存在和价值为转移。因此，整体的生命比构成整体各个部分的生命更重要、更持久，即国家高于个人。这同 18 世纪的社会契约论不同。社会有机体论是国家权力和民族主义恶性膨胀在政治思想领域的表现，是军国主义者对内独裁、对外扩张的帝国主义理论。

（三）社会主义[①]

马克思以前的各种社会主义。恩格斯认为，在原始基督教的教义与活动中，可以找到现代社会主义的某些特征。[②]

英国人托马斯·莫尔于1516年用拉丁文写成《乌托邦》，意思是“乌有之乡”。该书以对话形式揭露资本原始积累的残酷性，描绘废除私有制、产品归全社会所有、人人参加劳动的理想社会。认为儿童应受初等教育，并用本族语进行。第一个提出劳动教育的思想，是早期空想共产主义者。意大利空想共产主义者康帕内拉1599年领导那不勒斯人民反对西班牙侵略者的起义，事泄后被关押20多年。在狱中写成《太阳城》一书，主张一切公有，没有家庭也无私产，人人都有劳动光荣感，人人都应受劳动教育、学习艺术和手工技艺。法国启蒙思想家、乡村神父梅里叶在《遗著》（1864年整理出版）中设想一个由“公社”组成的理想社会，人人劳动、财产公有。他认为用教育的手段即可实现这一理想。法国人马布里强调在财产公有制下，人类才有幸福可言。设想取消继承权，制定“取缔豪华法”，建立一种苦修苦炼的、禁欲主义的斯巴达式共产主义社会。法国人摩莱里设想的公有制是生产资料公有，不包括生活资料，这是他的新贡献。他把实现理想社会的希望寄托在人类理性发展上，认为通过和平的、智慧的法律，将来最凶恶的敌人也会放下武器。巴贝夫的特点是以密谋和暴力方式夺取政权，其理想社会充满了“普遍的禁欲主义和粗陋的平均主义”（第八章第三节）。傅立叶、圣西门和欧文的思想见第九章第五节。法国革命家布朗基参加了18世纪法国发生的几乎所有革命斗争，加入过烧炭党和人民之友社，创立家族社、四季社等秘密革命组织，受到历届政府的残酷迫害，在牢狱中先后度过37年，被称为“永久的囚犯”，两次被判死刑。在1871年巴黎公社第一次会议上，仍在狱中的布朗基被选为公社名誉主席。[③] 公社以达尔布瓦大主教等人质交换布朗基，遭到梯也尔政府拒绝。1878年6月，政府迫于舆论压力特赦布朗基。他终其一生都在为工人阶级利益而斗争，认为革命是社会进步的先决条件，革命就是夺取政权。但他把革命看作由少数人组成的秘密团体随时可以发动起来的“儿戏”，这种

---

① 徐觉哉：《社会主义流派史》，上海人民出版社1999年版。

② 恩格斯：《论原始基督教的历史》，《马克思恩格斯选集》第4卷，人民出版社1995年版，第457—483页。

③ 吴黎平：《社会主义史》，北京出版社1886年版，第132页。

人为地制造革命、举行暴动的观点使他的事业一再失败。他反对公开的合法斗争，夺取政权的目的是建立一个完全平等的社会。总之，布朗基主要是一个政治革命家，他既无社会主义理论也没有改造社会的实际方案，而主要是一个实干家。①

卡贝是法国空想共产主义者，1840 年移居英国，宣扬“和平的共产主义”思想。1847 年，在美国建立共产主义移民区的试验遭到失败。卡贝思想的特点是，第一，在私有制和未来共产主义社会之间有一个过渡期，既保留私有制，又能尽快消除贫困，并逐步废除财产与权力的不平等；第二，虽然主张和平地转变到共产主义，但他把这转变的希望寄托在工人身上而不是社会上层或慈善家。②

蒲鲁东是法国小资产阶级社会主义者，无政府主义创始人之一，与马克思是同时代人。当过排字工人和船夫，开过印刷所，1838 年移居巴黎。发表《什么是财产（或所有权）》（1840），书中提出一个著名论断：财产（所有权）就是盗窃（之物）。他谴责的不是个人对物品的占有，而是“使用或滥用”物品的绝对权利，他把这种滥用看作社会罪恶的根源。蒲鲁东是工业革命时期城乡小资产阶级（主要是小农和工匠）的代言人，认为任何经济范畴都有好、坏两个方面。他企图用小私有者的普遍化代替资本主义的大私有制，以便保留资本主义好的方面而限制其坏的方面。主张由劳动者入股的“交换银行”发放无息贷款协助工人建立合作社、作坊或小工厂，在大工业竞争中挽救小生产者免于破产。他把个人自由同一切政府权威完全对立起来，“打倒政府！打倒政党！”以便废除一切国家，即“社会清算”。反对工人组织工会或参加罢工斗争。蒲鲁东主义迎合法国工人想过小康生活的愿望。在 70 年代，法、意、西等大陆国家的工人运动中，他的思想一直是流传最广泛的社会主义思潮。在巴黎公社委员中，大部分是蒲鲁东主义者。马克思在《哲学的贫困》（1847）、《论蒲鲁东》③中对普鲁东主义都有深刻的分析和中肯的评价。

魏特林是德国早期工运活动家、空想共产主义者。裁缝工人出身，1835 年流亡巴黎，第二年参加正义者同盟，1842 年发表《和谐与自由的

---

① 恩格斯：《流亡者文献》，《马克思恩格斯选集》第 3 卷，人民出版社 2012 年版，第 293 页。

② 吴黎平：《社会主义史》，北京出版社 1986 年版，第 142 页。

③ 《马克思恩格斯选集》第 2 卷，人民出版社 1995 年版，第 140—148 页。

保证》，提出空想共产主义计划，用暴力摧毁旧制度，把希望寄托于少数人密谋。1845年，在布鲁塞尔与马克思相见，拒不接受马克思的正确意见，同其他人也合不来。[①] 1847年6月，共产主义者同盟在伦敦召开第一次代表大会，彻底改组正义者同盟，并开除魏特林及其追随者。1849年，他重返美国直至逝世。他的贡献是在瑞士建立正义者同盟若干支部，1841年出版《年轻一代》。这是一份由工人写、给工人看的定期刊物，是"德国无产阶级独立的理论运动"，从这个意义上，恩格斯说魏特林是"德国共产主义的创始人"。[②] 在理论上，他指出"只有那种自己专有一份财产的人，才有一个祖国"，第一个提出"无财产者无祖国"的观点。批判沙文主义的本国第一、性别第一论调，"只有社会以平等的一视同仁的方式照顾其一切成员时，我们才会有一个祖国"。他还指出：工人队伍必须有一个自身建设和完善的过程，即个体和群体的人格完善，才能挑起革命重担。他的理想社会是共有共享、人人待遇平等、没有第一和最末的区别，"斯巴达人在财富共享制度下生活了500年"。以此证明其可行性，这显然是错误的。

二、古典政治经济学、德国古典哲学及自然科学背景

古典政治经济学、德国古典哲学是马克思主义的重要学术基础，详细参见第六章第四节、第九章第四节的叙述。在自然科学发展史上，从全局来看，17世纪以前都处在神学时代，科学仅仅是神学的恭顺的婢女；18世纪以后，欧洲才进入科学时代。近代科学与古代科学的区别有：第一，前者是理论化的知识体系，后者以经验积累为主。古代工匠和学者大都各自独立工作，进展缓慢。而近代科学与技术互相促进，加速发展，在科学—技术—生产力之间具有双向传递效应。19世纪中期以来起主导作用的技术发明，大都是在科学理论指导下出现的。第二，古代科学与神学、哲学浑然一体；近代科学已摆脱宗教束缚而独立，并与哲学相分离，六大基础学科各自形成理论体系，其成果已被观测或实验结果所证实，具有可重复性以及可预测性（如冥王星的发现），并往往采用数学分析方法表示出来。这些完美的数学表达式和精确、明晰的数量与空间关系，使它赢得了

---

① 《马克思恩格斯选集》第4卷，人民出版社1995年版，第194页；弗·梅林：《马克思传》，樊集译，人民出版社1972年版，第156页。

② 马克思：《1844年经济学哲学手稿》，人民出版社2000年版，第219页。

不容置疑的威望和信誉。[①] 第三，近代科学是国际性的活动，专业术语和符号是通用的，信息交流比货物交流更快，每一个有价值的成果都是人类共同的财富。而古代科学是各自孤立的，重复劳动和重新发现一再发生，学术进展屡屡中断。

许多社会科学家受到近代自然科学成果的鼓舞和科学方法论的启发，也想在各自学科的研究领域里发现类似牛顿力学定律那样的普遍规律。马克思也不例外，“任何一门理论科学中的每一个发现，……都使马克思感到衷心的喜悦”（恩格斯）。马克思的《数学手稿》，他与化学家肖莱马等人的友谊，恩格斯的《自然辩证法》《反杜林论》都显示了他们的科学素养和渊博学识。

三、阶级基础

工业革命带来阶级关系的新变化。“无产阶级是由于工业革命而产生的。”（恩格斯）无产阶级从它形成的第一天起，就同资产阶级的利益相对立。随着工业革命在西欧各国的展开和完成，工厂工人的人数在增加，以英国为例，从1836年起，现代化棉纺织厂工人已达到160万人，超过了手工业棉纺工人的总和。由于用机器操作的人均产量是手工工人的10倍以上，产业工人的重要性也在增长。到19世纪中期，工人、资本家和土地所有者构成英格兰社会三大主要阶级，小农基本上消失，城市里小资产阶级的人数在减少。工厂工人的能量还由于英国工厂法的实施和法国、德国普及初等教育的最初努力而不断增强，他们和手工工人中的先进分子逐渐意识到自己的处境、地位和力量（如英国宪章运动领袖和德国的魏特林）。“整个社会日益分裂为两大敌对的阵营，分裂为两大相互直接对抗的阶级：资产阶级和无产阶级。”

1825年英国出现的经济危机和1847年遍及欧洲的经济萧条，暴露出资本主义制度的内在矛盾，无情地粉碎了资本主义辩护士们把这种制度说成自然而然、天然合理、将会永远存在下去的论调。

现代工人运动的兴起。“大工业把大批互不相识的人们聚集在一个地方，竞争使他们的利益分裂。但是维护工资这一对付老板的共同利益，使他们在一个共同的思想（反抗、组织同盟）下联合起来。”最初是个别工

---

① 张跃发：《试论近代自然科学的几个特点》，《青海师范学院学报》1983年第3期。

人反对老板，然后是许多工人以至几个工厂的联合斗争，捣毁机器（英国卢德运动）或提出经济要求。随着资本家联合压制工人，工人们进而感到“维护自己的联盟，比维护工资更为重要”。于是，“工人们献出相当大一部分工资支援这个联盟。在这一斗争（真正的内战）中，未来战斗的一切必要的要素在聚集和发展着。一旦达到这一点，联盟就具有政治性质”。①

从1824年起，英国议会取消《联合法案》，给工人组织工会以完全的自由。1825年以后，工人罢工也合法了。② 1830年，由多尔特策动的全国劳动者保护协会把150个工会联合起来。1834年，全国总工会联合会成立，几星期就达到50万会员，声明为了八小时工作制将举行总罢工，但该组织受到欧文及其信徒汤普逊领导的工会的影响而陷于混乱。③

英国宪章运动④、法国里昂工人起义和德国西里西亚纺织工人起义，标志着工人逐渐摆脱对资产阶级的依附，开始具有独立的阶级意识，并作为一支独立的力量登上政治舞台。但是，当时的工人运动还处在各种非科学的社会主义思想影响之下。一方面，欧洲工人运动的兴起，已经为马克思建立科学社会主义理论奠定了阶级基础；另一方面，当时工人运动中的思想混乱和斗争水平，说明工人阶级迫切需要正确理论加以引导。

第二节　马克思、恩格斯简介

卡尔·马克思（1818年5月5日至1883年3月14日），马克思主义创始人，无产阶级革命导师。生于普鲁士莱茵省特里尔城一个律师家庭，这里工业发达、靠近法国，大革命的思想和法兰西法典在这里影响很深。他就读于波恩大学和柏林大学法律系，先攻读法学，后来主要研究历史和哲学，并参加青年黑格尔派。1839—1841年，完成博士论文并寄往耶拿大学，未经答辩便获哲学博士学位。1842年10月，任《莱茵报》编辑。1843年3月，该报被查封，6月与燕妮·冯·威斯特华伦结婚，10月迁居

① 马克思：《哲学的贫困》，《马克思恩格斯选集》（第2版）第1卷，人民出版社1995年版，第193页。

② 罗素：《自由与组织》，陈瘦石译，中山文化教育馆编辑，1936年版，第196页。

③ William L Langer, *An Encyclopedia of World History*, Harrap, London 1972, p. 658.

④ 尽管恩格斯与马克思做了很多工作，但社会主义在宪章运动中一直不占优势。

巴黎。1844年年初，创办《德法年鉴》杂志，在该杂志上发表《〈黑格尔法哲学批判〉导言》等文章，阐述消灭私有制、实现人的解放的思想，并指出只有无产阶级才是实现人的解放的革命力量。4—8月，所写的《1844年经济学哲学手稿》首次提出劳动异化论。1844年8月，马克思和恩格斯在巴黎会见（1842年年底他俩曾在科伦首次见面，但彼此印象不深）①，从此两人并肩战斗终生。这次会见后两人合著《神圣家族》，阐明唯物主义历史观的基本原理。1845年，因从事革命活动被逐出法国，迁居布鲁塞尔，写出《关于费尔巴哈的提纲》。1845—1846年，与恩格斯合写《德意志意识形态》，系统阐述唯物史观。1846—1847年，与恩格斯在布鲁塞尔建立共产主义通讯委员会和德意志工人协会。1847年，发表《哲学的贫困》。同年与恩格斯一起加入正义者同盟，帮助该同盟改组为共产主义者同盟（以下简称共盟）。受共盟第二次代表大会委托，与恩格斯一起起草共盟纲领，即《共产党宣言》。这是科学共产主义的第一个纲领性文献，是各国无产阶级革命的指南。

在1848年欧洲革命期间，马克思、恩格斯回到德国参加革命，先在科隆创办《新莱茵报》，马克思任主编，通过该报指导德国革命。革命失败后经巴黎定居伦敦，在伦敦重建共盟地方组织和中央委员会。1850—1852年，写出《1848年至1850年法兰西阶级斗争》等著作，发展了马克思主义的国家学说。50—60年代，他用主要精力写作《资本论》，第一卷于1867年出版。《资本论》对资本主义生产方式作了科学分析，把社会主义学说置于科学基础上。

马克思是第一国际的实际领导人。普法战争爆发后，马克思指出巴黎工人在民族危急关头不能推翻“国防”政府。巴黎公社失败后他又发表《法兰西内战》，赞扬巴黎工人的革命首创精神，总结公社的经验教训。

马克思在写作《资本论》的同时，还关注国际共产主义运动的发展。1875年，他给德国社会民主工党领导人白拉克写信，对爱森纳赫派和拉萨尔派合并纲领做了批评性批注，此即《哥达纲领批判》（1891年公开发表），发展了科学社会主义学说。同恩格斯合写《通告信》（1879），批评党内“苏黎世三人团”的机会主义。

马克思一生的主要学术贡献是发现唯物主义历史观和剩余价值规律。

---

① 海因里希·格姆科夫：《恩格斯传》，易廷镇等译，Dietz Verlag Berlin，狄茨出版社1984年版，人民出版社2000年版，第76页。

恩格斯（1820 年 11 月 28 日至 1895 年 8 月 5 日），马克思主义创始人之一，无产阶级革命导师，马克思的亲密战友。生于普鲁士莱茵省巴门市（今伍珀塔尔市），父亲是纺织厂主。1873 年，中学未毕业就被迫经商。后参加激进的文学团体“青年德意志”，在其刊物《德意志电讯》上发表《伍珀河谷来信》，揭露社会的黑暗。1841 年，去柏林服兵役，在柏林大学旁听哲学课，参加青年黑格尔小组。1842 年 9 月，服役期满后去英国曼彻斯特，在他父亲和别人合营的工厂里工作。在这里，他深入调查研究工人状况，与宪章派骨干来往。1844 年 2 月，在《德法年鉴》上发表《国民经济学批判大纲》，表述科学社会主义的某些一般原则。1843—1844 年，撰写《英国状况》三篇，对英国现状、历史和宪法做了客观评价。

1844 年 8 月，恩格斯与马克思相见，从此并肩战斗终生。当时与马克思合写《神圣家族》。他于 1845 年出版《英国工人阶级状况》，阐明无产阶级能够争取自身的解放，指出社会主义要与工人运动相结合。后与马克思合写《德意志意识形态》。1846—1847 年与马克思建立共产主义通讯委员会和德意志工人协会，并同马克思一起加入正义者同盟，帮助同盟改组为共产主义者同盟。后与马克思共同起草共盟纲领，即《共产党宣言》。

德国三月革命爆发后，他和马克思一起回国，共同创办《新莱茵报》。1849 年 5—7 月，去德国西南部参加维护帝国宪法的武装起义并投身战斗。起义失败后经瑞士去伦敦，同马克思一起重建共盟中央和地方组织。为了总结 1848 年革命经验，写出《德国农民战争》《德国的革命和反革命》两本书。为了资助马克思，他在 1850—1870 年去曼彻斯特经商，其间经常与马克思通信，商讨各种政治与学术问题。1851—1862 年，在《纽约每日论坛报》和其他报刊上发表文章，涉及许多国家的政治问题，以及若干军事理论。

1870 年，返回伦敦后，恩格斯担任第一国际总委员会委员。1876—1878 年，写出《反杜林论》一书，对马克思主义的三个组成部分哲学、政治经济学和科学社会主义作了系统而准确的阐述，“消极的批判变成了积极的批判；论战变成对马克思和我所主张的辩证方法和共产主义世界观的比较连贯的阐述”，被认为是马克思主义的百科全书。1879 年，与马克思合写《通告信》。这一时期他还致力于研究自然科学中的哲学问题，这些札记在他逝世后以《自然辩证法》的书名出版。认为“自然界是辩证法的试金石”。

1883 年马克思逝世，恩格斯继续指导国际工人运动，整理出版马克思的《资本论》第二卷（1885）和第三卷（1894）。出版《家庭、私有制和国家的起源》（1884）、《路德维希·费尔巴哈与德国古典哲学的终结》（1888）。1889 年，促成第二国际成立大会的召开。1891 年，公开发表马克思《哥达纲领批判》。写出《1891 年社会民主党纲领草案批判》《法德农民问题》（1894），1895 年为马克思《1848 年至 1850 年法兰西阶级斗争》一书再版写了导言，针对阶级斗争条件的变化制定出新的策略。晚年在书信中批评那种把马克思主义教条化的倾向，强调发展马克思主义。

第三节 《共产党宣言》

一、出版经过

正义者同盟的领导人接受马克思、恩格斯的建议，决定改组同盟。1847 年春天委派莫尔（1813—1849）到布鲁塞尔和巴黎邀请马克思、恩格斯加入同盟。1847 年 6 月，正义者同盟在伦敦召开第一次代表大会。恩格斯出席了大会。大会决定改名为共产主义者同盟，把战斗口号“人人皆兄弟”改为“全世界无产者联合起来”。大会根据恩格斯的提议，通过了共盟章程第一条：推翻资产阶级政权，建立无产阶级统治，建立没有阶级、没有私有制的新社会。

1847 年 11 月 29 至 12 月 8 日，共产主义者同盟在伦敦秘密举行第二次代表大会，德、英、法、比、波兰、瑞士等国派代表参加，包括英国宪章派左翼领袖琼斯。11 月 14 日，恩格斯以 2/3 多数票在巴黎当选为代表后，同马克思一起参加大会。沙佩尔（1812—1870）被选为大会主席，恩格斯是大会秘书。大会中心议题是讨论共盟纲领，经过长时间热烈而透彻的讨论，代表们最后赞同马克思阐述的原理，并委托他和恩格斯起草一个准备公布的、周详的理论和实践的纲领。马克思和恩格斯于 1847 年 12 月至 1848 年 1 月用德文写出《共产党宣言》，这个宣言于 1848 年 2 月底在伦敦由共盟中央委员会付印。《共产党宣言》第一个德文版本（单行本）共 23 页，印数 1000 本，寄往大陆各国，由其盟员散发。经过马克思、恩格斯修订，很快又印出一个 30 页的德文新版本。这个版本是马克思、恩格斯赞同的其他版本的基础。①

---

① 周尚文：《国际共运历史事件人物录》，上海人民出版社 1984 年版，第 29 页。

二、内容介绍

现在的《共产党宣言》由七篇序言和正文组成。正文分引言和四章，主要内容是：第一，阶级斗争学说和无产阶级的历史地位；第二，共产党的性质、目的和理论原理；第三，驳斥对共产主义的种种诬蔑，批判各种非科学的社会主义思潮；第四，阐明党的斗争策略原则，把党的近期目标和最终目标区分开来并联系起来。《共产党宣言》结尾以大无畏气魄向全世界工人发出战斗号召，其革命热情与刚刚到来的欧洲革命气氛相吻合。

《共产党宣言》的基本思想是：生产关系及其社会结构是社会上层建筑的基础；人类全部文明史都是阶级斗争的历史；无产阶级只有使整个社会永远摆脱剥削、压迫和阶级斗争，才能解放自己。

三、关于暴力革命

《共产党宣言》最后“公开宣布”：无产阶级的目的“只有用暴力推翻全部现存的社会制度才能达到”。这种光明磊落的做法把共产党同一切密谋式团体区别开来了，何况不是现政权而指社会制度，这在随后的科隆审判案中十分重要。

作者把暴力革命作为无产阶级革命的唯一手段，这在1848年欧洲革命前夕是十分自然的，俄国十月革命和中国革命也证明暴力手段是必要和有效的。但是暴力方式只能是在反动、腐朽的统治阶级剥夺了人民从事合法斗争的一切手段之后别无选择的结果，或国内外复辟势力武装干涉、颠覆革命政权的结果。总之，革命暴力是矛盾双方居支配地位的一方把暴力强加给另一方造成的，革命性质并不取决于所采取的斗争方式。

恩格斯后来承认《共产党宣言》中这一提法有片面性，1895年他认为“选举权已经……由历来是欺骗的手段变为解放的手段”。“资产阶级和政府害怕工人政党的合法性活动甚于害怕它的非法性活动，害怕选举成就更甚于害怕起义成就。因为这时斗争条件发生了根本变化。”① 马克思也肯定和平过渡的可能性。

四、对《共产党宣言》的评价

《共产党宣言》发表170多年来，马克思主义在世界上得到广泛传播。

---

① 《马克思恩格斯选集》（第2版）第4卷，人民出版社1995年版，第517页。

在人类思想史上，没有一种思想理论像马克思主义那样对人类产生了如此广泛而深刻的影响。近代以来，马克思主义极大推进了人类文明进程，至今依然是具有重大国际影响的思想体系和话语体系，马克思至今依然被公认为“千年第一思想家”。①

任何科学理论都是一个开放体系，需要在实践基础上充实、修改和发展，马克思主义也不例外。“所有的理论都是灰色的，只有生活之树常青。”这是马克思生前一再引用的名言。针对当时有些年轻人往往以马克思主义者自居，他表示“我只知道我不是马克思主义者”。

科学社会主义作为马克思主义三个组成部分之一，是马克思主义创始人在其创立辩证唯物主义、历史唯物主义和剩余价值学说基础上，参加革命实践后创立的，是对乌托邦等非科学的社会主义的继承、批判和发展，这些过程不应也不会因为革命导师辞世而自动结束。

当代中国经济从计划体制向市场体制的转型之所以成功，就在于中国朝野的主流平台在坚持科学社会主义政治方向的同时，大胆应用西方经济中有利于我的概念、术语和结论。可贵之处还在于，上述坚持和运用都是中国人自主做出的明智选择。而西方舆论至今仍然断定：经济市场化、自由化必然带来政治多元化、政体西方化。难怪有西方媒体把中国市场经济说成是列宁主义市场经济。

马克思主义既是共产党人的指导思想，又是人们的研究对象，当然也是我们的研究对象。“真理面前人人平等”并不是资产阶级口号。学习和研究《共产党宣言》，要把这本著作同马克思、恩格斯的全部著作联系起来，与这些著作的社会背景结合起来。因为他俩在《共产党宣言》德文版序言中承认“有些地方已经过时了”。“但是《共产党宣言》是一个历史文件，我们已没有权利来加以修改。”《共产党宣言》作为一个历史文件，它始终是人类政治文明史上一座无人企及的丰碑。过去《共产党宣言》曾鼓舞各国革命者，唤起千百万劳苦大众第一次投身政治活动，工人阶级作为一支独立的力量登上政治舞台。各国官方及其御用文人在诋毁《共产党宣言》的努力失败后，有人并不甘心，声称要出版一部《非共产党宣言》的政治思想史著作，企图抹杀《共产党宣言》的影响力和历史地位，至今只不过是口头说说而已。

---

① 2018年5月4日，习近平总书记在纪念马克思诞辰200周年纪念大会上的讲话。

最后要着重指出，《共产党宣言》仍然具有旺盛的生命力；书中既有对资本贪婪本性的深刻剖析，以及对资本主义社会民主、自由的揭露和批判；又描绘了共产主义理想社会的大致轮廓：“每个人的自由发展是一切人自由发展的条件”“民族间对立关系的消失”“公共权力失去政治性质”……前者提醒我们在市场经济大潮中要不改共产党人的本色，后者提醒我们要始终坚定共产主义信念和远大理想。

第四节　第一国际（1864—1876）

一、成立背景

1848 年，欧洲革命失败后，共盟中央委员大都流亡到伦敦，马克思、恩格斯改组中央委员会，并吸收威廉·李卜克内西等加入共盟。但中央委员维利希和沙佩尔鼓吹密谋和暴动。在 1850 年 9 月中央委员会会议上，马克思、恩格斯严肃批评这种左倾冒险错误。鉴于他们另立中央，迫使马克思委托伦敦区委组织新的中央，将沙佩尔、维利希开除。另外，共盟特使诺特荣克被官方逮捕，他携带的秘密文件落入警察手中，随后又有 10 个盟员被捕，其中有的成了叛徒，政府借此机会制造“科伦共产党人案”，马克思到法庭上作了有力的辩护，一部分人被释放。鉴于革命高潮已经结束，共盟实际上无法正常活动，经马克思提议遂于 1852 年 11 月宣告解散。共盟是无产阶级第一个国际组织，有明确而公开的纲领《共产党宣言》，是“一个极好的革命活动学校”①。

从 19 世纪 60 年代起，西欧工人运动重新发展起来，其中英国早在 1850—1851 年就出现混合机器工人机械师协会，这是以高会费和争取自身利益为特征的熟练工人工会组织，有会员 12500 人。许多工会仿效这种方式。1868 年，英国职工大会即工联成立，这是英国主要的工会组织，约 1/10 的各行业熟练工人（15 万人）为其会员。1988 年，该工联包括上百个行业工会，共有 1100 万会员。② 当年伦敦工联理事会由木工、铸造、制鞋等行业工会组成，奥哲尔任书记十余年，口号是“诚实的劳动，合理的工资”“防御而不是进攻”。英国工人发现，每当他们用罢工手段要求提高工资时，资方就从大陆输入大批廉价劳工对付罢工，为了避免劳动力市场竞

① 《马克思恩格斯选集》第 4 卷，人民出版社 1995 年版，第 204 页。

② The Cassell, *Encyclopedia Dictionary*, Trade, 1993.

争，有必要与大陆国家的工人组织联合起来。

1859年，法国宣布大赦，允许1848年流亡者回国而不附加任何政治条件。1861年，政府出钱让工人选代表去英国参观国际博览会。1864年2月，托伦和他的朋友们利用巴黎的补缺选举发表声明，史称六十人宣言：要求社会解放、劳动自由、信贷。强调他们提出的候选人的工人身份。工人代表虽然落选了，但表明受蒲鲁东主义影响的工人不顾阻拦参加了政治活动。3个月后，政府废除大革命以来限制工人结社的霞不列法，工人运动得以迅速发展。

1863年7月，参观国际博览会的法国工人代表同英国工联在伦敦举行群众大会，抗议沙皇对波兰民族起义（1863年1月22日）的镇压。会上两国工人代表就建立国际联合组织问题进行磋商，并选出一个筹委会。会后，筹委会委托奥哲尔起草英国工人致法国工人的《呼吁书》。《呼吁书》建议召开各国工人代表会议，加强国际团结，共同反对资本家的剥削。

二、成立经过

为了加强国际联系，进一步支援波兰人民，英、法、德、意、波等国工人代表于1864年9月28日在伦敦圣马丁堂集会。大会由历史学家E. S. 比斯利（1831—1915）任主席，马克思应邀出席，被选进大会主席团。英国工联代表奥哲尔在会上宣读《呼吁书》，法国工人代表托伦致答词。当法国侨民勒·吕贝代表法国工人向大会倡议建立国际组织时，代表们热烈鼓掌。结果选出30人组成临时中央委员会（后改为总委员会），奥哲尔任主席，克里默（1828—1908）为总书记，马克思是委员兼德国通讯书记。10月11日召开的中央委员会正式定名为国际工人协会，简称国际。

起草纲领时，马志尼、布朗基这一派强调政治革命，而蒲鲁东派和欧文主义者贬低任何政治手段，坚持经济目标。两派争执不下，最后都同意由马克思执笔起草。马克思起草的纲领形式上温和而实质上坚决。既坚持《共产党宣言》的原则，又不至于把这些非无产阶级的社会主义流派拒之门外。他起草的《国际工人协会成立宣言》和《共同章程》在11月1日中央委员会会议上一致通过。[①]《共同章程》最初是由马克思用英文写的。在1866年日内瓦大会上作了补充、修改，同附件《组织条例》一起经大

① 周作翰：《国际共产主义运动史》（修订版），高等教育出版社1994年版，第44—45页。

会批准。1866 年，托伦（蒲鲁东右派）出版的法文译本把工人阶级为解放事业进行政治斗争这一条歪曲了。于是，伦敦代表会议（1871 年 9 月 17 日—23 日）通过了马克思拟定并予以颁布的新版国际工人协会章程草案（包括组织条例）。该章程用英文、德文、法文公布。1871 年出版英文、法文版，1872 年在莱比锡出版德文单行本。①

《成立宣言》用事实揭露无产阶级与资产阶级利益是对立的，指出资本主义社会生产力的任何新发展都必然要"加强社会对抗"。在肯定英国工人运动的成果和局限性后得出结论："夺取政权已成为工人阶级的伟大使命。"并指出工人阶级只有"组织起来"并"为知识所指导时，人数才能起决定胜负的作用"。还给各国工人运动提出三项任务：组织政党并用科学社会主义理论武装起来；加强国际团结；监督本国政府的外交活动，争取公正的外交政策。

《共同章程》规定国际工人协会的任务："工人阶级的解放必须由工人阶级自己去争取"，这种解放不是为了争取特权和垄断权，而是"消灭一切阶级统治"。一切政治运动都是实现工人阶级经济解放的手段（这句话满足第一国际内部对立双方的愿望且无懈可击）。目的要让协会成为"各国工人团体进行联络与合作的中心"。协会的组织原则是民主集中制。《共同章程》还对协会的组织制度（代表大会、中央委员会、各国支部的组成、召集、各自职权与相互关系、章程修改等）作了具体规定。

恩格斯后来谈到民主集中制时说，为了不使我们的组织蜕化成为宗派，应当允许进行讨论，但是共同的原则要始终不渝地予以遵守。

三、国际的主要活动

第一，加强组织建设，健全领导机构。1864 年 9 月 28 日，大会选出中央委员 32 人。11 月 22 日，中央委员会宣布的名单达 55 人。马克思提醒改组后的总委员会：增强无产阶级成分；未领取会员卡、未预交一年会费者不得当选中央委员，不能出席总委员会会议，这两条迫使许多中央委员退出。1865 年，中央委员恢复到 30 人左右。同时，各国支部纷纷建立并有发展，瑞士、英国等国和巴黎、布鲁塞尔、柏林等地先后建起支部。到 1867 年，法国各地共建 20 多个支部。1868 年，伦敦有 50 个工会正式

---

① 《马克思恩格斯选集》第 2 卷，人民出版社 1995 年版，第 672 页。

加入协会，拥有会员 2.5 万人。在德国，由于法律限制，只能以个人身份加入。

第二，支持各国工人罢工。1866 年，伦敦缝纫工人罢工，资本家企图从大陆招募工人破坏罢工，总委员会立即指示各国支部，动员工人拒绝受雇，并给罢工者以物质援助，就这样粉碎了资方阴谋。巴黎铜器工人、日内瓦建筑工人、比利时煤矿工人罢工时，总委员会都作了类似工作，取得很大成效，显示出工人的国际团结，提高了第一国际在工人群众中的威望。

第三，声援被压迫民族解放斗争。伦敦会议和总委员会（1864 年 9 月）、日内瓦大会（1866 年 9 月）曾就波兰独立通过决议，马克思、恩格斯还多次参加纪念大会，抨击俄国镇压波兰民族起义，指出支持波兰独立将拆毁俄普联合，扫清欧洲社会进步的障碍。总委员会通过了马克思起草的《意见书》（1867），谴责英国曼彻斯特地方政府处死芬尼亚社社员的暴行。马克思 1870 年致福格特信中说："多年的研究使我得出结论：不是在英国，而只有在爱尔兰才能给英国统治阶级以决定性打击。"①

第四，推动各国民主运动。洛桑大会（1867）通过《关于工人阶级的政治斗争》的决议：工人的社会解放与其政治斗争不可分割，取得政治自由是首要和绝对必须的事。因此，协会支持法国人民反对波拿巴专制制度，支持德、意民族民主运动，在美国内战中支持北方，支持英国第二次选举改革运动。

第五，国际内部反对各种错误流派的斗争。在前期（1864—1868）主要是反对蒲鲁东主义和工联主义，后期（1869—1876）主要针对巴枯宁主义。在伦敦会议（1864）上，马克思挫败蒲鲁东主义者的阻挠，把波兰问题列入议程并通过决议。在日内瓦大会（1866）上，他们又反对政治斗争，还反对脑力劳动者参加国际，大会否决这个提案，指出国际的存在有赖于脑力劳动者，并赞扬马克思的功绩。在布鲁塞尔大会（1869 年 9 月）上，法国代表托伦宣扬"土地归农民、贷款归工人"的私有观点，大会通过决议"全部生产资料公有化"，并号召工人学习刚出版的《资本论》第一卷。

当时，工联主义在英国盛行。在爱尔兰问题上奥哲尔污蔑芬尼亚社员是叛乱者，总委员会于 1867 年废除主席一职（奥哲尔是主席）。巴黎公社

① 《马克思恩格斯选集》第 4 卷，人民出版社 1995 年版，第 589 页。

失败后，奥哲尔等工联领袖反对马克思写的《法兰西内战》，竟公开声明退出国际。

巴枯宁出身于俄国贵族家庭，曾任沙皇军官。1840 年去德、法留学，深受蒲鲁东思想影响。在 1848 年革命中，他领导德累斯顿工人进行巷战（1849），颇有才干。普鲁士把他判死刑后引渡给俄国。1857 年，被流放到西伯利亚。1861 年，经日本、美国到伦敦。宣扬个人绝对自由，取消国家，以废除继承权为革命起点。① 1868 年，他建立国际社会主义民主同盟，以同盟全体会员身份加入国际，未被接受。巴枯宁又宣布解散同盟而让各国组织分别申请加入，国际接受了这一方式。

巴黎公社失败后，乘大陆各国政府围攻国际、英国工联脱离国际之机，巴枯宁攻击马克思是独裁者，阴谋夺取国际领导权。在法、德各支部支持下，1872 年 9 月在恩格斯主持的海牙大会上开除了巴枯宁和他的助手詹姆斯·吉约姆，并公布罪行材料，会后把总委员会从伦敦迁往纽约。海牙大会后，巴枯宁派召开“反权威主义”大会，反对海牙大会一切决议。马克思、恩格斯为此撰文加以还击。1873 年 10 月，巴枯宁声明退出政界，1876 年去世，这一派随之分崩离析。

迁往纽约后，总委员会实际上已停止活动，1876 年 7 月 15 日在费城代表会议上宣布解散。

四、历史地位

第一国际 12 年间的成绩和经验对国际共运具有启发、借鉴、指导作用。在实践方面，国际支持、动员各国工人罢工，声援巴黎公社，支持各国民族解放事业，促进了马克思主义与各国工人运动相结合。在理论方面，《成立宣言》《共同章程》和历次大会（会议）决议，体现并丰富了科学社会主义理论。在组织建设方面，国际在欧美 17 个国家建立支部，② 培养工运骨干，为各国建立工人政党奠定了组织基础。马克思以他的深刻思想、远见卓识和领导才能赢得大家信任，实际上是国际主要领导人。在

① 其实马克思、恩格斯在《共产党宣言》（1847）第二章已经提出“废除继承权”。

② 这些工人政党即今天欧洲各国的社会（民主）党。尽管这些政党没有统一、完整的理论，但一般地说，它否定革命和无产阶级专政，主张通过议会道路实现社会主义，因而与伯恩斯坦修正主义一脉相承。到 1979 年年底，社会党国际包括 69 个组织，其中十几个是执政党。执政前后都奉行多党制。

处理内部矛盾时，他求同存异，把化解矛盾与坚持原则相结合。总委员会的权力十分有限，它的权威主要是道义上的。只是在后期，为了对付巴枯宁的派别活动、阳奉阴违和夺权野心，总委员会才具有开除某个支部的权力。（可以与第三国际、“共产党和工人党情报局”作对比。）

针对巴枯宁的错误言行，恩格斯于1873年公开发文《论权威》《行动中的巴枯宁主义者》。这些文献载于人民出版社1972年版的《马克思恩格斯选集》第二卷。

近代文明史

（下 册）

张跃发／景晓强——————编 著

Modern History of Civilization

时事出版社
北 京

第十一章

1848 年欧洲革命

这是一次名副其实的欧洲革命，从巴勒摩到波兹南，从巴黎到布加勒斯特，革命烈火烧遍欧洲大陆，一直到沙皇大门口。革命前各国的阶级关系极其复杂，民族矛盾和阶级矛盾交织在一起，各个国家国情不同，革命的目标和任务各有侧重，马克思主义理论在这场革命中第一次真正发挥其对实践的指导作用。

第一节　1848—1852 年的法国

一、尖锐的阶级矛盾

从 19 世纪 30 年代起，法国开始大规模工业革命。1835—1870 年，法国经济年均增长率是同期英国的 3 倍。法国政府公债到 1848 年达 55 亿法郎，各种有价证券共计 440 亿法郎，借贷资本年均增幅远大于工商业投资，加上用高额财产资格限制选举权，七月王朝时期国家的经济命脉和政治权力便集中到资产阶级中的一个集团——金融贵族手中。这种对经济和政治权力的垄断引起社会其余阶层的强烈不满。到 19 世纪 40 年代，以共和派为中心的不满情绪更为广泛。

二、二月革命

19 世纪 40 年代，法国社会的反政府力量逐渐形成三个派别：王朝反对派包括奥尔良派和正统派，即波旁王朝的支持者；资产阶级共和派以拉马丁为代表，要求共和，保护关税；小资产阶级民主派的代表人物路易·勃朗主张由国家帮助工人建立合作工场，被称为社会主义者。后两派都要求普选权，当时全国 3600 万人口中只有 26 万选民。

政府拒绝这些改革要求，政府总理基佐在众议院回答普选权的要求时说："先生们，发财吧！发了财，你们就会成为选民了。"政府进而于 1848 年元月下令禁止一切宴会，2 月 21 日再发禁令，导致群众走上街头。经过与政府军战斗，起义者 24 日占领首都多处据点。中午，国王宣布退位，拉马丁在市政厅阳台上宣布共和国诞生。

临时政府由温和共和派、激进共和派与社会主义者组成，温和派占优势。确定蓝、白、红三色旗为国旗。全体男性公民年满21岁、在其市镇居住6个月以上者均有选举权。3月5日，临时政府决定于4月9日选举制宪会议，代表由普选产生，投票是秘密和直接的，每4万男性公民选出一名代表。释放一切政治犯。公民自由包括新闻、集会、政治信仰。一切公民有权参加国民自卫军，由政府提供装备与津贴，2.4万人的兵力用于维护巴黎社会秩序。向各省派特派员取代旧省长。

对外政策：反对1815年维也纳体制，奉行和平政策，废除法国殖民地、属地的奴隶制度，禁止奴隶贸易。经济政策：巴黎交易所恢复营业。各省银行改为法兰西银行分行，以活跃工商业。税收方面的主要变化是每一法郎税额增加45生丁，即税负提高45%。由于土地税是主要税源，增税的负担就落在农民头上。

临时政府成立第二天便承认劳动权，并成立劳动委员会，办公地点在卢森堡宫，主席是路易·勃朗，副主席阿尔贝，委员中有工人和雇主代表。由他们研究劳动问题，提出改革方案。但该委员会有职无权，也无经费，5月13日便停止存在。当时巴黎失业工人18万多，临时政府于2月27日设国家工场，到6月中旬，有12万工人在国家工场从事修桥铺路、扫街植树等劳动，日工资2法郎，非工作日1法郎。这种工资等于“变相的施舍”（路易·勃朗）。政府却对埋怨增税的农民暗示，增税是为了养活失业工人，旨在分化工农关系。

4月23日选举制宪议会，拉马丁为首的温和共和派550人当选，保守共和派250席，以法罗、巴罗为首。赖德律-洛兰和路易·勃朗为首的民主派、社会主义者议员100人。5月4日的制宪议会宣布成立共和国。10日，解散临时政府，另建新政府，以温和共和派为主。早在4月21日，正规军已调入巴黎。

三、六月工人起义

二月起义胜利后，工人以为新政府将是一个“社会的、民主的共和国”。意在组织劳动、消灭失业和贫困。而新政府却预感到：答应这些要求等于让工人支配生产资料，这是对私有制的致命威胁。

5月15日，巴黎15万工人上街游行，要求给失业者工作，对富人征重税，援助波兰革命者，均被拒绝。6月21日，新政府解散国家工场，10

多万工人重新失业，政府还强迫其中的单身工人服兵役。22—25 日，4 万多工人与 30 万政府军在巴黎街头展开搏斗，500 名起义者牺牲，事后处死 1.1 万人，2 万人被逮捕，3500 人被流放到阿尔及利亚等地。

六月起义是政府蓄意挑起的。起义爆发后，小资产者、外省富裕农民也参加国民自卫军来镇压工人。

“这是现代社会两个阶级之间的第一次大规模战斗。这是为资产阶级制度的存亡而进行的斗争。蒙在共和国头上的面纱被撕破了。”① 六月镇压打破了二月革命以来欧洲各地城市人民起义不可战胜的说法。六月起义是法国也是欧洲革命的转折点，因为法国是唯一能给周围各国以有力推动的国家。②

四、路易·波拿巴政变

六月镇压后，卡芬雅克成为临时国家元首——执政。制宪会议 11 月通过第二共和国宪法：公民有普选权。议会权力较大，总统权力受到限制，人民有较多的民主自由。1848 年 12 月 10 日，全国选民对六名总统候选人进行表决，结果拿破仑一世的侄儿路易·拿破仑·波拿巴获 540 万张选票，占绝对多数。这一结果出人意料，却事出有因：工人投路易·波拿巴的票，是为了向“六月的屠夫”卡芬雅克报仇；民主派对政府拒绝延期偿债、恢复债务囚禁法不满；法国大部分选民是农民，他们最关心自己那一小块土地，而把新成立的共和国仅仅看成增加 45 生丁税的罪魁祸首。马克思把这次投票看作一次农民政变，君主派和大资产阶级则把波拿巴上台看成复辟君主制的第一步。波拿巴本人更是投其所好，在竞选中向后者答应“秩序”和财产，向农民许诺减税、保护地产，用低息贷款安抚小资产阶级，这些自相矛盾的廉价许诺果然奏效。

总之，二月革命以来法国社会各阶级之间的政治斗争和公开内战削弱了彼此的力量。各派势均力敌、相持不下，大家都希望出现一个有能力恢复社会秩序的政府，于是路易·波拿巴上台了。

五、从总统到皇帝

1849 年 5 月 13 日，选举立法议会：保守共和派（实为君主派）约 500

---

① 《马克思恩格斯选集》第 1 卷，人民出版社 1995 年版，第 415 页。

② 《马克思恩格斯选集》第 1 卷，人民出版社 1995 年版，第 550 页。

席，被称为秩序党人，以梯也尔、莫雷为首；民主派和社会主义者通称“山岳派”，共200多席，以赖德律－洛兰为首；温和共和派近100席，代表是卡芬雅克。秩序党人占多数。

立法议会开幕不久，山岳派便攻击总统武装干涉罗马共和国，提议审判总统和内阁成员，立法议会予以否决。山岳派转而号召人民武装起义，少数群众上街游行，被军队驱散，赖德律－洛兰亡命英国。民主派失败后，秩序党人成了波拿巴的主要对手。后者收买上万名流氓组成十二月十日会，在公开场合为自己捧场，并殴打革命者。1849年11月1日，波拿巴任命亲信取代秩序党人巴罗组阁，夺回政府大权。但又支持立法议会颁布反动法令：恢复酒税（12月20日），公布国民教育条例（学校归天主教会管理）。城乡群众的不满导致补缺选举（1850年3月10日）中工人和民主派当选，秩序党议员在恐慌之余于5月31日通过决议，取消普选制。波拿巴又使立法议会拨款200万法郎供他收买军官，在阅兵过程中，军队向他欢呼：“皇帝万岁！”1851年1月10日，他免去秩序党人尚加尼埃的总司令职务，把军队权力夺了回来。

秩序党人失去军事大权后，正统派与奥尔良派分裂，1851年又赶上经济危机。群众不满情绪因限制公民自由、取消普选权而转入地下，出现各种秘密协会。而秩序党议员更加反动，公开鼓吹恢复旧王朝，这使他们大失民心，社会舆论转而支持总统，股票行情上涨。元月中旬有286名议员离开秩序党阵营。波拿巴想修改宪法，但这需要3/4议员赞成，而山岳派坚决反对修宪。波拿巴转而于1851年11月4日向立法议会建议恢复普选权，被秩序党议员否决（355：348）。这时秩序党已完全丧失民心。11月6日，秩序党议员提议另外组建警察以便保护议会，被否决（403：300），这说明秩序党已无力控制议会。

波拿巴总统就这样利用议会各派矛盾和农民的拿破仑观念[①]分别战胜了民主派、秩序党人，把军政大权夺了回来。1851年12月2日，他发动政变：派遣5万名军人控制首都，发表告人民书，宣布解散立法议会，恢复普选权，并举行公民投票对政变表态，结果700万人赞成帝制、100万

---

① 指法国农民对波拿巴伯父拿破仑·波拿巴（1769—1821）的怀念和迷信。路易·波拿巴曾在议会讲，仅仅拿破仑这个名字本身就是一套纲领：对内意味着秩序、权威、宗教和人民福利；对外是民族尊严。马克思说（传统意义上的）农民不能自己解放自己，他们总希望有人从外面、从上面撒下雨露和阳光……关于拿破仑观念的表现和实质，请阅读马克思《路易·波拿巴的雾月十八日》。

人弃权、60 万人反对，公民投票给政变披上合法外衣。

从 1852 年元月起，波拿巴镇压反对派，迫使共和派议员流亡国外。解散国民自卫军，没收奥尔良王室财产。到 3 月末他感到大局已定，便解除 32 个省的戒严状态。3 月 29 日，新宪法生效：1852 年宪法赋予总统极大的权力。实行普选制。这种以军阀为首领，以军警、官僚和教会为工具，实行侵略政策和所谓“超阶级”的资产阶级专政，即波拿巴主义。

1852 年，宪法假共和之名，行帝制之实。9 月、10 月间总统巡视全国各地，在演说中表示尊重天主教会，支持工商业，保证“帝国就是和平”，以消除国内外舆论对法国重蹈第一帝国扩张、导致复辟的担心。11 月 7 日，元老院依据宪法修改权宣布恢复帝制，路易·波拿巴为法国人的皇帝，即拿破仑三世，① 帝位可以继承。经公民投票，780 万人赞成，仅 25 万人反对。12 月 2 日，即其伯父 1804 年加冕日和 1805 年奥斯特里茨战役胜利日，帝国正式建立，史称第二帝国。

第二节　德国革命

一、革命的原因

普鲁士从 1834 年起，进入大规模工业革命时期。到 1846 年，关税同盟地区的工厂工人已有 120 万，到 1848 年前后，德国约 1/3 非农业劳动力在工厂里劳动。② 关税同盟各邦 70% 人口住在农村。在蒸气动力、炼铁、纺织和外贸方面，法国超过德国 1/4 以上，德国只是在采煤和铁路长度方面比法国多。更严重的问题是容克贵族垄断军政大权，还有国家的分裂割据局面。虽然改革了农奴制，但 1848 年仍有 3/4 农民没有赎买封建义务，封建的大地产制在东部依旧占统治地位。

希望德国统一的人们对 1840 年登基的普鲁士国王腓特烈·威廉四世寄予很大希望，但这希望不久就落空了。新王刚登基虽然采取释放政治犯、平反冤案、放松书报检查等开明措施，但毕竟是一个君权神授论的信奉

---

① 拿破仑一世即拿破仑·波拿巴皇帝（1804—1814，1814，1815）。拿破仑二世即拿破仑一世与路易丝（Marie Louise）所生之子，1814 年被封为罗马王。拿破仑一世退位后他被带往奥地利宫廷。1818 年被封为 Duke of Reichstadt，1832 年去世。

② W. O. Henderson，*The Industrial Revolution on the Continent*，Germany，France，Russia 1800 – 1914，Frank Cass and Co. Ltd，1961，p. 21.

者。他在1847年普鲁士联邦议会上反对制定宪法的讲话，表明不能指望和平地改变专制王权。普鲁士直到1847年才有这种全国性议会，以前只有地方性的贵族会议。德意志各邦的代议机关叫邦议会，或者叫等级大会。①

到40年代，德国中等阶级已经不愿意继续忍受专制制度对其商业活动的束缚。一部分土地贵族变成纯粹的商品生产者，并与城市中等阶级休戚相关。小生意人埋怨捐税和市场上种种障碍，农民备受放债人、律师压迫，工人憎恨政府和大工厂老板，并深受社会主义思想的影响。总之，反政府群众由上述阶层组成，但或多或少都受资产阶级领导。② 到1847年，"'人民'已经成了一个难以捉摸的概念，没有明确的含义，却具有无限的感情色彩。"③

1845—1846年，从爱尔兰到德意志都出现农作物歉收：在德国，1847年马铃薯产量只有常年的2/3，当时块根作物占粮食产量的1/4，这引起全国饥荒。

普鲁士1846年下列农作物产量比1843年下降幅度分别是：小麦13.3%、黑麦42.4%、大麦18.1%、燕麦24.1%、马铃薯8.7%。④ 农业歉收加上1847年欧洲的经济萧条，加剧了城乡之间及各自内部的社会矛盾。

1815年以来，欧洲各国的专制君主、异族统治和封建制度与民主力量、民族主义者的矛盾，由于1830年法国七月革命胜利而更加尖锐，欧洲各地纷纷出现革命组织，各种革命思潮来势汹涌。40年代的法国是各国革命者的聚居地，法国从大革命以来就是欧洲阶级斗争的主战场，被七月革命复活了的1789年精神鼓舞着各国的年青一代，尤其是德国大学生和青年知识分子。

威廉四世为解决财政困难于1847年下令召开联邦议会。议会以制宪作为拨款条件，国王拒绝制宪并解散议会，资产阶级的不满情绪更大了，尤其是在工业集中的柏林地区和莱茵省。

---

① 各地的贵族会议 Landes Stande，邦议会 Landtag，或称等级大会 Standeversammlung。

② 《马克思恩格斯选集》第1卷，人民出版社1995年版，第504页。

③ 古德温：《新编剑桥世界近代史》第8卷，中国社会科学出版社1999年版，第811页。

④ Peter Mathias and M. M. Postan, *The Cambridge Economic History of Europe*, Vol. Ⅶ, p. 390.

二、柏林三月革命

法国二月革命的消息一传到德国，2 月 27 日在巴登，随后在南部其他地区就爆发了革命，巴伐利亚国王于 3 月 20 日被迫退位，一些自由派人士进入各邦国政府班子。

德国革命中心在普鲁士。3 月 3 日，科隆出现请愿活动。13 日，奥地利首相梅特涅下台，革命进入高潮。14 日，柏林的革命者与军队发生流血冲突。15 日，梅特涅逃跑的消息鼓舞了柏林革命者，双方在冲突中死伤 170 多人。18 日，群众在王宫广场前集会，威廉四世宣布取消书报检查，并许诺从首都撤走上万名军人和 70 多门大炮。在混乱中又发生巷战和街垒战。3 月 18 日深夜，国王写了《致我亲爱的柏林市民》，在这一文告中他表示，如果起义者从街垒撤走，他答应撤军。那一夜国王曾打算逃往英国，而这意味着他将自动放弃王位。[①] 第二天，当起义的群众抬着死难者经过王宫广场时，国王在阳台上脱帽鞠躬，并许诺召集议会以便制定宪法。起义者击退了政府军。21 日，国王为了保住王冠和生命，戴着黑、红、金三色授带，由大臣、亲王和将军陪同，在革命者控制的首都大街上骑马巡视。黑、红、黄三色旗在全城飘扬。29 日，国王任命莱茵省大工厂主康普豪森和 D. J. 汉塞曼组织内阁。

5 月 22 日，国民议会开幕，国王在会上强调宪法要与王室相协调。在 400 名议员中，150 多人拥护王室，左翼议员 100 多人，其余是中间派。新政府害怕群众，让原来的军、政、警官员继续留任。到 8 月，随着巴黎、维也纳革命失败，欧洲革命转入低潮。18 日，普鲁士各地容克代表在柏林召开“各阶级私有财产保卫者大会”，史称“容克议会”，容克势力取代了军队中的进步军官。10 月，国王罢免资产阶级内阁而代之以反动分子。11 月，军队重新进入首都柏林。11 月 16 日，政府军闯进国民议会大厅，强行解散议会。议员们只是号召人民拒绝纳税。12 月 5 日，国王自行颁布钦定宪法（该宪法到 1854 年得以定型）。[②] 它反映了新旧势力的妥协，[③] 宪法规定议会分为贵族院和众议院，众议院议员通过两级公开选举方式产生。

---

① Kurt F. Reinhardt, *Germany*: 2000 *Years*, Vol. 2, Frederick 1983, p. 529.

② Kurt F. Reintmrdt, *Germany*: 2000 *Years*, Vol. 2, Frederick 1983, p. 529.

③ 卡尔·艾利希·博恩：《德意志史》第 3 卷，张载扬译，商务印书馆 1991 年版，第 147 页。

尽管实现了成年男子普选权，但所有选民按其纳税能力分为三个阶级：第一阶级占选民总数8%；第二、第三阶级分别占12%和80%。三个阶级分别选举各自初选人，初选人名额各占总名额的1/3。然后在初选选举人中产生众议员。由于各个等级拥有同样多票数，因此，“一千个富人相当于十万个穷人”。贵族院议员由国王指定的贵族和庄园主组成，终身任职或世袭相传，它确保了贵族和大资本家在议会上、下两院的优势地位。后来虽然屡遭非议，但该宪法在普鲁士一直实施到1918年革命为止。

柏林三月革命就这样失败了，但这部宪法毕竟是资产阶级自由派的一个收获。

革命失败的原因在于资产阶级妥协和叛变。他们为什么叛变？因为在整个欧洲革命中，“站在大资产阶级背后的是无产阶级”，而“德国资产阶级与其说是害怕德国无产阶级，倒不如说是害怕法国无产阶级。1848年巴黎的六月战斗已经向它表明什么前途在等着它”。①

三、马克思、恩格斯与德国革命

（一）共盟的重建与解散

德国革命爆发时，马克思、恩格斯在巴黎。3月18日，柏林革命爆发的消息一传到巴黎，马克思、恩格斯就以共盟中央名义于21—29日在巴黎写出《共产党在德国的要求》，共17条，主要内容有：第一，建立统一的、不可分割的德意志共和国；第二，无偿废除农民一切封建义务；第三，土地、工厂、矿山、银行国有化；第四，普选、全民武装、司法改革、政教分离；第五，社会经济改革，组织大规模农业生产，劳动权、社会救济、高额累进税。这些要求是共盟在德国革命的纲领。《共产党在德国的要求》的基本精神是号召无产阶级通过自下而上的革命道路实现德国统一，把资产阶级革命进行到底，并为社会主义革命创造条件。从3月底到4月初，以共盟盟员为主的300多名德国革命者带着《共产党在德国的要求》和《共产党宣言》，秘密、分头返回祖国，投入革命斗争。4月5日，马克思、恩格斯等共盟领导人也回到莱茵省首府科隆，着手恢复各地基层组织，号召盟员在参加工人组织的同时，积极加入到当地民主团体中去，马克思还担任科隆民主协会主席。6月1日，共盟中央在科隆创办大型政治日报《新莱茵报》，马克思任主编，恩格斯等任编委。该报名为民

---

① 《马克思恩格斯选集》，人民出版社1995年版，第292页。

主派机关报，却显示出无产阶级性质，成为共盟宣传革命思想、组织革命力量的中心。从创刊到 1849 年 5 月 19 日被迫停刊，共出 301 期。两人在上面发文 181 篇，并以《新莱茵报》名义组织几千人的群众大会。报纸被封后，他俩来到维护帝国宪法运动的革命中心巴登，建议起义领袖率群众向法兰克福（议会所在地）进军，但未被采纳。6 月初，马克思离开德国去巴黎。恩格斯参加巴登—普法尔茨起义部队，这是一支以工人为主的 800 人志愿团队，由共盟科伦支部主席维利希领导，恩格斯是他的副官，参与制订作战计划，还亲自参加过四次战斗。起义失败后，恩格斯经瑞士流亡伦敦，和马克思改组共盟中央，1850 年 3 月合写《中央委员会告共产主义者同盟书》，认为新的革命即将爆发，号召工人不断革命，建立公开或秘密的独立工人政党，武装工人，等等。但预期的革命高潮迟迟未到。1849 年各地农民再获丰收，工商业重新繁荣。马克思在 1850 年 10 月首先得出结论：在生产力蓬勃发展时“谈不上什么真正的革命”。但这一清醒估计却遭到维利希、沙佩尔等人反对。“他们日夜在计划着怎样推翻世界，而又以‘明天就开始！’这种麻醉剂来陶醉自己。”并另立中央，马克思等多数派于 11 月底在科隆成立新的中央，并开除维利希、沙佩尔。“科隆共产党人案”之后，共盟于 1852 年 11 月 17 日宣布解散。

（二）马克思、恩格斯对 1848 年革命的总结

在《1848 年至 1850 年的法兰西阶级斗争》中，马克思用唯物史观深刻、系统地分析这一段法国历史，指出革命的根本原因在于经济。六月镇压表明资产阶级变成了反革命势力。工农联盟是无产阶级革命成功的重要前提，否则雄鸡合唱会变成孤鸿哀鸣。他首次提出无产阶级专政，“在革命之后，任何临时性的政局都需要专政，而且是强有力的专政”。① 在《路易·波拿巴的雾月十八日》里，马克思系统总结法国阶级斗争经验，深入阐述资产阶级国家的共同本质及不同形式，论证无产阶级革命摧毁资产阶级国家机器的必要性。

恩格斯在《德国的革命和反革命》（1851 年 8 月至 1852 年 9 月）中用唯物史观研究德国革命，在研究这场革命何以爆发以及失败原因后，指出不同阶级联合起来战胜共同敌人后，战胜者之间的（阶级）对抗就会尖锐化。这已成为一条规律。在具体分析德国各阶级的经济地位及其在革命中

① 马克思：《危机与反革命》，《马克思恩格斯选集》第 1 卷，人民出版社 1995 年版，第 313 页。

的态度后证明，只有工人阶级才能把资产阶级民主革命进行到底。又指出武装起义是一门艺术：一是不要玩弄起义；二是起义一旦开始，就要下最大决心行动起来并发动进攻，防御是起义的死敌。

四、法兰克福全德议会

柏林三月起义后，来自德意志各邦国的570名代表前往美因河畔法兰克福[1]市圣保罗教堂开会，其中2/3的代表来自普鲁士和奥地利。他们的目标是民族统一和宪法自由。大家同意建立德意志议会以代替中世纪的邦联大会（或称邦联议会）。[2] 它只是各邦使者出席的会议，主席由奥地利使者充任。1848年5月18日，全德制宪议会（Frankfurt National Assembly）在法兰克福圣保罗教堂开幕，一开始代表们就在德国的领土和民族问题上争论不休。在北部与南部之间、普鲁士与奥地利之间、文化和宗教（新教与旧教）问题上，几个世纪以来的对立又出现了。争执很快集中到德意志统一的两种方案上：一部分人赞成包括奥地利在内的大德意志方案，另一部分人赞成建立一个排斥奥地利、在普鲁士领导下的统一的德国，即小德意志方案，小德意志方案逐渐占优势。

出席全德议会的代表中有许多名人和知识分子，这些学者和诗人不缺少热情和善良愿望，但当时的内部矛盾和一系列难以逾越的障碍使他们难以梦想成真。会议选举加格恩为主席，他是黑森－达姆斯塔特官员，小德意志方案的主要鼓吹者，他在开幕式上讲话："我们必须起草一部德国宪法，我们的权威来自维护国家主权这一目标。德国人需要一个单一的国家，并按人民的愿望去治理。"但1815年以来的现实是，没有奥地利和普鲁士同意，德意志邦联什么事也办不成，而这两个强国看来都不想承认法兰克福议会的权威。

正当议会就宪法草案争论不休时，在易北河两公国什列斯维格—霍尔斯坦因突然爆发了反对丹麦的起义，这进一步分散了代表们的注意力。这两公国原是丹麦国王"个人的领地"，这一安排始于1460年。当时什—霍的大公被选为丹麦国王，这两个公国在国王誓词中得到如下许诺："他们将永远保留其自由和不可分割（的地位）。"此后，历代丹麦国王都兼任什

---

① 奥德河畔还有一个法兰克福市。

② 德意志议会（German Parliament）、邦联大会（Bundesversammlung）或称邦联议会（Bundestag）。

—霍公国大公。而维也纳会议（1815）把霍尔斯坦因确定为德意志邦联成员，这使邦联有权干涉该公国南部的政治事务。那时，霍尔斯坦因和南什列斯维格居民说德语，倾向德国，而北什居民说丹麦语，以丹麦的事业为己任。丹麦民族主义者要求使这两公国成为丹麦王国的一部分，德国人的民族感情驱使他们要把这两公国合并到德意志邦联中去。1848 年 1 月，丹麦新国王弗里德里希七世登基。他强行宣布合并两公国并派丹麦军队占领什列斯维格，[1] 这引起两公国反叛。法兰克福议会授权普鲁士军队前往干涉，普军不顾英、俄两国警告，进入两公国。经过英国多次调停，8 月 28 日，普、丹签订马尔摩休战条约，两国军队撤出两公国。其行政和管理权暂时归德意志邦联代表和丹麦联合行使。这一安排引起两公国和法兰克福议会的抗议。1849 年 3 月，普军重新入侵，1850 年 7 月 2 日，普、丹实现和平。根据 1852 年 5 月 8 日英国、俄国、法国、奥地利、普鲁士、瑞典和丹麦签字的伦敦协定书——未让两公国和法兰克福议会签字——规定：什列斯维格—霍尔斯坦因继续作为丹麦国王个人的联合（领地），并保持其半自治政治组织。[2] 这场斗争表明，法兰克福议会在对外事务中没有影响力，既无权力也无权威。

经过长时期争论和妥协，到 1849 年 3 月 28 日，议会完成宪法起草工作，规定议会是最高立法机关，帝国首脑是“德意志人的皇帝”。全体公民在法律面前平等，言论、出版和信仰自由。私有财产不可侵犯。议会选举普鲁士国王为德意志人的皇帝，因为只有普鲁士的武装才有能力维护国家免遭外国侵略。

宪法草案体现了不同观点的调和与折中：在君主立宪基础上设计出一种混合的政府形式，试图把君主、贵族和民主三种统治方式的优点结合起来。人民代表采用普选、平等、直接和秘密投票方式选举产生，从宪法草案的基本原则和具体条款看，这是德国自由派人士吸取英国、法国、瑞士和美国经验与政治信念的结果。

草案规定德意志是一个联邦制国家。起草者试图把国家统一的理想同各邦国政治特性、地方主义结合起来，看来美国联邦宪法的成功范例给他

---

① William L. Langer. *An Encyclopedia of World History*, Houghton Mifflin, 1968, p. 724.

② Kurt F. Reinhardt, *Germany*: 2000 *Years*, Vol. 2, Frederick Ungar Publishing Co, p. 531.

们树立了榜样。

议会选举普王为皇帝后便派出代表团前往柏林，把一顶有世袭权的皇冠呈递给威廉四世，威廉拒绝接受，他把这比喻为奴隶的铁项圈。法兰克福议会对奥地利作出让步，把它也包括在德国之内，但是奥地利和其他各邦拒绝承认这部宪法。

普鲁士等邦的拒绝引起广大革命者的抗议，一场维护帝国宪法的武装起义在撒克森和巴登等地爆发，普王派军队镇压了这些革命。13 个月后，法兰克福议会被迫解散，“德意志邦联”及其议会在 1851 年又恢复了，保守派战胜了自由主义者。

第三节　奥地利革命

一、落后而反动的多民族帝国

从 1438 年起，德意志七大诸侯（选帝侯）就在哈布斯堡家族成员中选举神圣罗马帝国皇帝。奥地利纯粹是僧侣主义王朝，它从未关心过德意志的幸福。而在国际舞台上，奥地利仍然是中世纪帝国的代表。① 19 世纪的奥地利是欧洲五大强国之一，不过在这些列强中又是最弱小而且短命的一个。但是这个帝国经历了宗教改革、土耳其人大举入侵和法国大革命、拿破仑战争的冲击而得以幸存。它在列强中的劣势和地处欧洲中部的位置，使其成为大国之间力量均势中不可缺少的一个平衡因素。

1806 年 8 月，拿破仑一世迫使弗兰茨二世放弃神圣罗马帝国皇帝称号，只保留奥地利君主称号，改称弗兰茨一世。维也纳会议之后，奥地利巩固了它在北意大利的地位，占有伦巴底、威尼斯和达尔马提亚。但奥地利 1815 年以来作为德意志邦联的一部分，其领土被一分为二（并非行政上的分割）：首都维也纳附近及其以西 1/3 地区居住着 800 万日耳曼人，处在邦联之内；而其余 2/3 领土上居住着 1600 万斯拉夫各民族（斯洛伐克人、波兰人、塞尔维亚人和克罗地亚人），还有 500 万马扎尔人、500 万意大利人和 200 万罗马尼亚人。“这是个什么民族国家啊！”皇帝一想到这些，就要叹息一番。

约瑟夫二世和他母亲玛丽娅·特丽莎（从 1740 年起为女皇，引起奥

---

① ［英］詹姆斯·布赖斯：《神圣罗马帝国》，孙秉莹译，商务印书馆 1998 年版，第 3 页。

地利王位继承战争和七年战争）曾在法国大革命前夕改革农奴制，使农民获得一定程度的自由。在 1815 年后的反动时期，改革已经被梅特涅的保守政策所取代。为了保住这座“各民族的监狱”，他与沙皇、普王结成神圣同盟。

拿破仑战争时期，奥地利工业有初步发展，1832 年有 130 英里铁路，1848 年延伸至 1070 公里，其中一半由国家投资建成。但奥地利没有参加 1834 年的德意志关税同盟，突出地表明这个国家的自我封闭和保守。不过它毕竟处在欧洲中部，到 1848 年革命前夕，全国已有上百家现代化纺织厂和其他工厂，首都维也纳是巨大的工商业中心，在音乐方面也久负盛名。

刚刚开始工业革命的奥地利不但暴露出欧洲国家常见的各种社会矛盾，还由于民族歧视和民族压迫而使矛盾更尖锐、更复杂，加上 1845—1846 年马铃薯歉收，这一切都使奥地利难以避免这场欧洲革命风暴。

二、三月革命

1848 年，巴黎二月革命和巴登、巴伐利亚等地爆发革命的消息传到维也纳以后，革命者于 3 月 13 日上街游行，军队的镇压导致第二天的游行变成武装起义。皇帝只好迫使梅特涅辞职，这位独霸欧洲政坛 30 多年的公爵和外交家，在一片打倒声中化装出逃，流亡英国。15 日，群众包围皇宫，要求立宪，斐迪南一世被迫同意颁布宪法，改组内阁，认可群众组织的国民自卫军和安全委员会，同意 4000 名大学生组成学生军。国民自卫军和学生军代表共同组成中央委员会，旨在监督政府。这时候，一些工人也武装起来了。

4 月 25 日，皇帝颁布钦定宪法：立法机关为两院制，皇帝对立法有绝对否决权。5 月 11 日颁布的选举法规定，大土地所有者才能进入上院，收入在 200 弗罗林以上者有资格进入下院。

5 月 14 日，政府下令解散中央委员会，引起第二次武装起义。皇帝偕同宫廷人员 16 日从皇宫逃往西边的因斯布鲁克。17 日，政府又承认中央委员会的合法性，答应召开制宪会议。26 日，政府又解散学生军，再次引起武装起义。经过战斗，政府再一次收回成命。在此期间，广大农民奋起废除封建义务。

7 月 22 日，制宪国民议会开幕，自由派占优势。议会宣布废除农民对领主的依附关系，但保留劳役地租或代役税，除非农民赎买（后来改为国家负担 1/3），这项法令并未得到皇帝批准。

29日，皇帝派代表向议会宣读御旨，表示皇帝回京取决于维也纳居民的品德。议会答应恢复首都秩序，表示竭诚欢迎皇帝尽快回宫。8月19日，皇帝检阅国民自卫军，接着便镇压工人运动、屠杀示威者，这表明资产阶级已与工人阶级决裂。

10月3日，奥地利正式对匈牙利宣战，这引起首都市民反对。6日，他们包围火车站，同士兵联欢。在随后的武装冲突中，起义者攻陷武器库，武装了10万人。7日，皇帝再次出逃。维也纳十月起义胜利了。10下旬，7万名政府军包围维也纳，11月1日用200门大炮攻陷首都。1849年3月，皇帝曾颁新宪法，不久又废除。奥地利革命失败了。

三、捷克民族解放运动

捷克在神圣罗马帝国和奥地利帝国统治下一直是境内工业最发达的地区。19世纪40年代初已有1300家工厂企业，其中400家是棉纺织厂。帝国境内共有90万枚纱锭，其中捷克就拥有36万枚。使用的蒸汽机占帝国一半，棉纺织品占帝国总产量的3/4。布拉格还是机器制造业中心，帝国使用的机器有2/3是这里制造的。1832年修成第一条铁路。

但在政治上，捷克只是奥地利一个行省。政府强制实行德意志化政策，大工业为德国人所垄断，德语被规定为国语（捷克语属于斯拉夫语系）。捷克资产阶级处处受排挤，工人农民受本地封建主和哈布斯堡王朝的双重压迫剥削。1848年革命前夕，布拉格等大城市就发生过大规模捣毁机器的斗争。3月1日，布拉格市民举行群众大会，向奥皇请求召开立法议会、取消封建义务、捷克语与德语平等。6月2日，在布拉格召开奥地利境内的斯拉夫人代表大会，提出在奥地利联邦内各民族平等的原则。大会谴责瓜分波兰、谴责匈牙利人对斯拉夫人的压迫，希望土耳其统治下的斯拉夫民族获得解放。布拉格市民在维也纳五月起义的鼓舞下，于6月12日发动起义，经过五天战斗，最后被政府军镇压。革命失败后，资产阶级自由派公开叛变，转而支持哈布斯堡王朝镇压匈牙利革命。

第四节　匈牙利民族解放战争

居住在今天匈牙利的马扎尔人是东汉王朝时匈奴人的后代。896年，马扎尔部落从乌拉尔山脉迁移到匈牙利平原定居下来，建立王国。从16世纪起，土耳其和奥地利先后入侵匈牙利。1699年，奥地利打败匈牙利并占其全部领土，奥皇兼任匈牙利国王。规定由国王和匈牙利等级议会共同管理国家，议会每三年召开一次，但匈牙利等级议会在1812—1825年未召开过。匈牙利在军事、政治、经济、文化方面都是奥地利的附属国，德语是官方语言。日耳曼人在匈牙利办工厂、开商店，控制市场和原料。据1840年人口调查，匈牙利境内1100万人口中，马扎尔人480万，其余是罗马尼亚人（220万）、斯洛伐克人（160万）、乌克兰人（40万）、塞尔维亚人（32万）、奥地利日耳曼人（120万）。哈布斯堡朝廷勾结匈牙利封建贵族共同压迫其他少数民族。所以恩格斯说："德国贵族和匈牙利贵族的利益是一致的。"① 匈牙利地势平坦、土地肥沃、气候温和、雨量适中，农牧业一直很发达。这时近代工业也发展起来，到1848年出现了800多家手工工场和若干现代化工厂，采用蒸汽机。1846年，有两万商人。40年代建成了几条铁路线，布达佩斯有商业银行和30多家储蓄银行。但哈布斯堡王朝的政策妨碍匈牙利工农业的发展。1845—1846年马铃薯歉收和1847年经济危机严重影响到匈牙利经济，1847年粮价比1846年上升4倍。而匈牙利贵族继续出口小麦、进口玉米，以牟取暴利，这加重了穷人的苦难。② 意大利巴勒摩一月起义和法国二月革命的消息传来后，裴多菲用诗歌欢呼意大利革命，科苏特在下院要求废除农奴制，建立人民代表制，在匈牙利实施自治。维也纳三月革命的消息一传到布达佩斯，这里的革命者从15日黎明起，就在裴多菲领导下通过了改革纲领"十二条"，并把十二条同他刚刚写成的《民族之歌》一起油印散发。当天他在街头给群众热情朗诵：

起来，匈牙利人，祖国正在召唤！
时候到了，现在干，或者永远不干！
是做自由人呢，还是做奴隶？
就是这个问题，你们自己选择！
在匈牙利人的上帝面前，
我们宣誓，我们
永不当奴隶！
……
匈牙利这个名字一定要重放光彩，

---

① 《马克思恩格斯全集》第6卷，第195页。
② 韩承文：《1848年欧洲革命》，上海人民出版社1983年版，第486页。

恢复它古代的伟大荣誉。
几个世纪以来忍受的侮辱羞耻，
我们要把它彻底清洗！
……

成千上万群众重复着呼喊：我们宣誓……然后他们一起包围市政厅，强迫市长答应在“十二条”上签字。两万名群众又前往总督府，迫使总督答应“十二条”上的全部要求，并命令军队不要干涉。到中午时分，革命者控制了布达佩斯。

3 月 18 日，匈牙利议会通过一系列法令，奥皇裴迪南一世批准其中的取消劳役制和什一税条款。27 日颁布敕令，匈牙利无权处理国家的军事和财政问题，这引起布达佩斯革命群众的反对，迫使奥皇取消敕令，转而批准匈牙利议会和内阁的所有法令。这就是三月革命。

6 月 28 日，匈牙利选出新的国民议会，在科苏特倡议下，议会批准建立国民自卫军。

巴黎六月起义失败后，奥皇于 9 月初镇压匈牙利革命，宣布匈牙利政府颁布的法律一律无效。匈议会任命科苏特为国防委员会主席。奥皇任命匈牙利贵族拉姆堡伯爵为总督，他一上任便被布达佩斯的群众抓住并处死，奥皇宣布这是叛乱。在 9 月 29 日的决战中，匈国民自卫军击溃奥军主力。10 月 3 日，奥皇对匈宣战，维也纳群众声援起义者，迫使奥皇出逃。10 月底，奥匈军队在维也纳附近战斗，匈总司令莫克临阵投敌。10 月 31 日，奥军攻陷维也纳。12 月 2 日，裴迪南退位，由其侄儿弗兰茨・约瑟夫继位。

1849 年 4 月 14 日，匈牙利议会宣布独立并选举科苏特为国家元首。匈连打胜仗，奥地利帝国处在崩溃边缘。奥地利一旦解体，将在波兰和邻国引起新的革命，会沉重打击俄、普这两个君主国。于是在奥皇一再请求下，俄皇尼古拉一世决定派 24 万大军前来镇压，奥将无偿提供一切军需品。

这时匈军队已控制全境和特兰斯瓦尼亚。5 月底，15 万俄军入侵匈牙利，7 月 7—11 日在科马罗姆决战。11 日，科苏特交出政权逃往土耳其。8 月 13 日，匈方向俄军投降，裴多菲战死沙场。9 月 27 日，科马罗姆要塞守军向俄军投降。这次镇压改变了国际关系，使奥地利和普鲁士君主拜倒在沙皇脚下。

在此期间，奥斯曼帝国统治下的摩尔多瓦、瓦拉几亚和特兰斯瓦尼亚也发生革命。

第五节　波兰民族解放战争

现代波兰的面积 31 万平方公里，人口 3800 万。1025 年，成立统一的波兰王国。1569 年，同立陶宛联合，成为北欧大国，17 世纪衰落。1772 年、1793 年和 1795 年被俄、普、奥三次瓜分而亡国。衰亡原因之一是波兰的国王经议会选举产生，这种自由国王制使君主成为大贵族争权夺利以及邻国干涉波兰的工具。① 而且决议只有一致通过才有效力，也就是说，每个议员对议会讨论通过的法案都拥有否决权，这使国家立法职能瘫痪。波兰平原自古以来就是欧洲大陆东西方向的交通走廊，战略地位十分重要。维也纳会议后，波兰大部分国土由俄占领，亚历山大一世兼任波兰国王，“波兰第四次被瓜分”②。

1830 年，在法国七月革命鼓舞下，华沙人民于 11 月 29 日起义，被俄国十多万军队镇压。波兰失败了，却拯救了欧洲的革命，本来以俄国为首的神圣同盟国家已准备好向法国进军，波兰起义把俄国牵制了整整一年。③

在三四十年代，波兰农村的货币地租和自由雇佣劳动取代了古老的劳役制。失去土地的农民增加了，有的庄园变成采用机器、雇佣工人的商品化大农场。棉纺工业中心在罗兹、波兹南，西里西亚也有近代化工厂。1843 年，在西里西亚修建铁路。不久，华沙—维也纳铁路通车了。

1846 年 2 月 19 日夜，克拉科夫爆发武装起义。22 日，革命者成立“波兰共和国民族政府”，发表《告波兰人民宣言》。号召 2000 万波兰人武装起来反对沙皇占领军，废除一切封建特权，把土地分给农民，3 天之内起义军扩大到 6000 人。3 月初，俄军攻陷克拉科夫，1200 名爱国者被杀害。1846 年，加里西亚发生了大规模农民起义。

“波兰在欧洲的历史上起着非常重要的作用”，“波兰是欧洲大厦的基石。因为无论是革命势力或反革命势力，谁能在波兰站稳脚跟。谁就能在

① 孙成木：《俄国通史简编》上册，人民出版社 1986 年版，第 355 页。

② 恩格斯：《暴力在历史中的作用》，《马克思恩格斯全集》第 21 卷，人民出版社 1956 年版，第 463 页。

③ 恩格斯：《沙皇俄国政府的对外政策》，《马克思恩格斯全集》第 22 卷，人民出版社 1956 年版，第 40 页。

欧洲取得彻底胜利”。[1] 波兰每次起义都是对俄国在欧洲霸主地位的打击，而且波兰民族民主革命所要解决的农民土地和民族独立问题，在东欧具有普遍意义。

柏林三月起义的消息传来后，波兹南起义者 20 日成立“民族委员会”。24 日，普鲁士政府答应在波兹南大公国实施“民族改组”。民族委员会宣布减轻农民租赋，取消地主对农民的封建特权。5 月 2 日，3000 名手持镰刀、长矛的波兰农民两次打垮两万组织严密、装备良好的普鲁士军队。5 月 9 日，接管起义军指挥权的右派分子不顾官兵抗议，向普军投降。

普军在用大炮攻陷克拉科夫和利沃夫市后，加里西亚总督于 1848 年 4 月 22 日发布命令，废除农奴制度。事后 52.8 万户农民无偿获得土地，佃农的地租也大为减轻，当地 3/4 土地掌握在小农手中，俄占波兰部分也废除了农奴制度。

第六节　关于 1848 年欧洲革命的总结

一、革命的性质和任务

总的说来，1848 年欧洲革命的目标是，推翻专制君主或外族统治、消灭封建农奴制度或其残余、实现民族复兴和国家统一，可见这是一场资产阶级革命。由于各国经济和社会发展水平不同，面临的革命任务也不尽相同：在法国是推翻七月王朝，把金融贵族集团的统治扩展为整个资产阶级的统治。在德意志和意大利，[2] 革命目标之一是政治自由（共和或君主立宪），二是国家统一。普鲁士国王虽然反对第一个目标，却利用第二个目标与奥地利争夺德意志霸权。因此他需要群众力量，也就不得不多一点自由主义色彩。[3] 在奥地利是废除封建土地关系，支援帝国境内被压迫民族的解放运动，建立资产阶级民族国家。在东欧各斯拉夫民族地区，是推翻本民族封建统治，同时赶走外国统治者，实现民族解放和民主革命的双重任务。另外，欧洲各国革命者还有一个共同的对敌任务：打击欧洲宪兵——俄国沙皇的专制政权。因为在维也纳会议后，俄国成为欧洲大陆的霸

---

① 《马克思恩格斯全集》第 19 卷，第 40 页。

② 关于意大利革命，详见第十五章第一节。

③ 卡尔·兰道尔：《欧洲社会主义思想和运动史》上卷，第二册，群立译，商务印书馆 1994 年版，第 125 页。

主，国内农奴制直到19世纪中期仍相当稳固。俄国地主和商人及其总代表沙皇，历来具有扩张野心。十二月党人和法国七月革命使沙皇把欧洲任何地方的革命火星都看成对自身的威胁。

二、革命前夕的阶级关系

与早期资产阶级革命不同，1848 年革命前夕西欧已经开始工业革命，商业资本有很大发展，其中犹太人发挥着重要作用。① 阶级关系急剧变化，而在政治上，大陆各国（法国、低地国家除外）仍处在专制王朝统治之下，阶级矛盾、民族矛盾错综复杂，政治和思想斗争十分尖锐。不过，大陆各国的主要矛盾仍然是资产阶级同专制王权、封建贵族的矛盾。与英法革命不同之处还在于，资产阶级反封建任务尚未完成，身后又出现了现代工人阶级反对资产阶级的斗争。德国资产阶级没有海外殖民地，国内市场因政治分裂、农民赎买封建义务而十分狭小，王公贵族和军队、政府就成了工商业者的主要顾客。经济上对统治阶级的这种依赖决定了他们政治上的软弱和动摇：既要求国家统一和政治自由，又离不开普鲁士专制国家的保护，既畏惧国王又害怕人民。德国革命一爆发，资产阶级就感到腹背受敌，“它对国王和人民双方都采取敌对态度，但对每一方的态度都犹豫不决”，“在上层面前嘟囔；在下层面前战栗”，从一开始就蓄意背叛人民，而与封建主妥协。这就是恩格斯给德国资产阶级的画像，这是德国革命失败的主要原因。

因此，欧洲资产阶级这时已失去了早期革命期间的首创精神。没有勇气领导人民完成反封建任务，而无产阶级还很幼小，没有足够的力量领导这场革命。所以，1848 年革命是欧洲资产阶级政治上从革命趋向保守和反动的转折点。他们告别了革命先辈高尚的献身精神，从神秘而危险的革命地下组织和炮火纷飞的战场转向熙熙攘攘的市场，革命家变成了商人和政客。

三、革命的历史意义

这次革命规模、声势和激烈程度是如此巨大，致使“成打的王冠纷纷

---

① 匈牙利、波兰的商业掌握在犹太人手里，维也纳新闻界是犹太人的天下。波兰有 300 万犹太人；布达佩斯 100 万人口中，犹太人占 1/5；柏林有 14 万犹太人。据 Hugh Setson, *Nations and States*, Methuen and Co. Ltd. 1977, pp. 388 – 391。

滚落街头而无人拾取”。30 年来在欧洲发号施令，主宰各国命运的国王、皇帝、首相和教皇，都不得不向革命低头或逃离王宫。最后，大部分王权虽然恢复，但普鲁士毕竟有了一部宪法，各国解放农奴的步伐加快了。那些“1848 年革命的掘墓人，竟成了它的遗嘱执行者”。

这次革命虽然失败了，但顽强奋战后的失败和轻易获得的胜利具有同样的革命意义。1848 年革命验证、丰富和发展了马克思主义关于阶级斗争的学说和国家理论。

第十二章

俄罗斯帝国的兴起

俄罗斯一部分属于欧洲（尽管西欧知识分子长期不承认俄国是欧洲国家），另一部分属于亚洲（俄国在亚洲的作用，一直局限于军事和外交方面）。这个横跨欧亚大陆的国家本来可以把东方的思想财富赋予物质文明昌盛的西方，并把西方的现代化带给东方。然而在沙俄时期它却一度把东方专制政体加诸西欧，而把白人殖民主义加诸东方。这种双重性格在俄罗斯内心深处造成一种自卑感，形诸于外的却是自命不凡和装腔作势。① 甚至有学者认为，直到现在，“俄罗斯仍然是一个无所适从的国家，西方—斯拉夫的二重性是俄罗斯特征中一个不可分割的特点”。

第一节 农奴制度的形成与沙皇集权

一、伊凡三世与1497年法典

俄国封建农奴制是逐渐形成的。9—10世纪，基辅罗斯的东斯拉夫人以农村公社为社会基层组织。耕地、森林、草原和荒地都是公社财产，每个农户都有一份耕地（份地）。但耕地使用权可以继承，称祖传地或世袭地。大部分农村居民是村社自由农民，富有者占8%、奴隶占9%。后者多来源于战俘。基辅大公每年冬天派武士队到各地征收贡品（索贡制度），运往君士坦丁堡，换回宫廷需要的奢侈品。到11世纪初，基辅出现了铸币。②

随着土地价值的提高，王公和其他世袭贵族不断强占村社土地（称白地）。小农的土地（份地）称黑地，他们必须向王公纳税。大公、王公不断给贵族、教堂赏赐土地。封建主土地扩大而小农土地减少是11—12世纪基辅罗斯封建化过程的主要特征。这些封建主在其世袭领地上建起庄园，利用奴隶和一部分村社农民在庄园里劳动，但自由农民当时仍占大多数。

---

① 详细参见《俄罗斯民族性格中的内在矛盾》，载于《编译参考》（北京）1989年第6期，第4页。

② 孙成木：《俄国通史简编》上，人民出版社1986年版，第25页。

1240—1480 年是蒙古人统治罗斯时期。

1480 年，伊凡三世使俄国摆脱蒙古人统治而重获独立。这位莫斯科大公用武力和其他手段扩大领土，打败劲敌立陶宛、占领诺夫哥罗德等地。在国内，大公从“同等人中第一位”变成俄罗斯国家唯一的君主。拜占庭帝国 1453 年灭亡后，他自称沙皇①，以拜占庭皇统继承人自居。他废除王公们各自指挥的亲兵队而代之以服役贵族组成的常备军。铸币、邮政逐渐统一。登记全国居民以便征税，废除索贡制度。

1497 年法典规定，农民只有在秋后尤里耶夫节（俄历 11 月 26 日）才能离开主人出走他乡，并支付居住费。法典保护大贵族和僧侣特权与财产。僧侣（基辅罗斯于 988 年皈依东正教）归教会法庭管辖，严惩人民反抗。这是第一部全国统一的法典，标志着中央集权的统一民族国家已经形成和农奴制度在全国范围开始确立。“惊惶的欧洲……这时看到一个庞大的帝国突然出现在它的东部边境而弄得目瞪口呆；甚至使欧洲发抖的土耳其素丹巴耶济德本人也破天荒第一次听到这个莫斯科公国人的傲慢的语言。”② 伊凡三世奠定了俄罗斯统一的民族国家的基础。

到 16 世纪中叶，罗斯东北地区的人口达 900 万。农田扩大，在木犁、木耙和短镰刀之外，还出现铁犁和月牙形长柄大镰刀。以牛、马为耕畜，施粪肥，作物以黑麦（裸麦）、燕麦为主，春小麦和大麦较少。西部是大麻，北部是亚麻主产区，三圃耕作制开始代替二圃制。粮食产量只有种子的 1 ~2 倍（当时西欧中欧为 2 ~6 倍），但因地广人稀，耕作粗放，人均产量仍不少。17 世纪末开始种植马铃薯。农作物之外，还有畜牧、园艺、蔬菜栽培，以及狩猎和捕鱼。

二、伊凡四世时期的农奴制

伊凡四世于 1544 年掌握实权。1547 年，这位 17 岁的莫斯科大公在克里姆林宫举行加冕仪式，由大主教马卡里把皇冠戴到他的头上。马卡里在祝词中宣布，沙皇的权力来自上帝，他的权威至高无上。

伊凡四世利用下层臣民对大贵族专权和增税的不满情绪，于 1549 年第一次召开有大贵族、高级教士和莫斯科小贵族参加的缙绅会议讨论改革，编纂新法典。会议颁布法令，解除世袭贵族在城镇的司法权，一切案件都

① 沙皇（Tsar），来自古罗马帝国奠基人恺撒（Caesar）。

② 马克思：《十八世纪外交史内幕》人民出版社 1979 年版，第 70 页。

由沙皇法庭审理，法令还使封地贵族享有与世袭贵族同样的地位。1550 年新法典重申 1497 年法典对农民的限制，规定一切法律向沙皇报告，再由“波雅尔杜马”议决，这是沙皇与显贵之间的妥协。此后，国家重大决策都要经过缙绅会议中各等级代表的认可，这标志着俄国等级代表君主制的确立。

在军事改革中，政府对于按门第选任军官的传统作了某些限制。1550 年，沙皇把莫斯科附近各县土地分封给 1000 多名小贵族，以扩大皇权的社会基础。① 新兵役法规定每个世俗封建主都要率骑兵为沙皇服役（150 俄亩出一名武装骑兵），这支军队成为沙皇扩张领土的骨干力量。行政改革包括废除世袭领主衙门，中央政府按行政职责分设新衙门。在教会改革中统一东正教宗教仪式，消除放荡和舞弊行为，兴办学校，禁止王公贵族给教会捐地，教会也不得购买土地。1565 年，沙皇实行“特辖制”，把全国领土划分为两部分：一是沙皇直属的特辖区，二是保留原来隶属关系的普通区。被划入特辖区的王公、贵族一律迁往普通区，到那里领取土地。特辖区土地由沙皇分给亲信和服役贵族。在立窝尼亚战争期间，伊凡首次召集包括 75 名商人代表参加的缙绅会议（共 374 人）。

伊凡四世 1570 年率军队征服并血洗诺夫哥罗德。在特辖制期间（1565—1572），伊凡四世血腥屠杀政敌，4000 名波雅尔被杀，数万无辜平民丧生，连亲生儿子（皇太子）也被他打死，事后又悔恨不已。时人称这位暴君是“恐怖的伊凡雷帝”。特辖制加快了农民的农奴化过程：那些因战功而受宠信的服役贵族得到特辖区封地后，便强迫农民迁入，不堪忍受压榨的农民在 1560—1570 年大批逃往伏尔加河、顿河中下游荒地，成为自由的哥萨克，② 后来这里成为农民起义的策源地。为制止农民逃亡，沙皇规定 1581 年为禁年，禁止农民在尤里耶夫节前后两星期离开主人，此后多次宣布禁年。到 1593 年，政府基本完成登记全国农民的工作，便颁布法令，禁止农民更换主人。登记簿成了农民契约的法律依据：凡被登记为某个地主名下的农民即为农奴。各级封地衙门专管地主土地及农奴，协助地主追捕逃亡农奴。许多地主为了控制劳动力，逐渐采用单一的劳役地租代替代役租，并以高利贷方式给农民借种子、牲畜和现金。俄国农民就这样

---

① 朱寰：《世界中古史》，吉林文史出版社 1986 年版，第 208 页。

② 哥萨克（Kazak），来自土耳其语，指没有固定职业和固定住所、离开本土的自由民。

被法律和债务锁链农奴化了。

三、沙皇专制制度

1612年，俄国军队从波兰侵略者手中收复莫斯科。1613年，700多名等级代表（包括少量市民和农民代表）在克里姆林宫举行缙绅会议，选举米哈伊尔·罗曼诺夫为沙皇。开始了罗曼诺夫王朝（1613—1917）的统治。

在莫斯科市民起义冲击下，新沙皇阿列克塞一世于1648年召开缙绅会议，编纂法典。1649年，经315名代表（共350人）签字后生效。

1649年法典共25章967条，主要是：①对反叛沙皇、教会和政府者处以死刑。②把服役封地改为世袭领地，使波雅尔与普通贵族合流，形成统一的封建土地制度。③农民若从宫廷、国有或私有土地上逃亡，主人追捕时不受年限限制。这就把农奴制度在全国以法律形式完全固定下来了。④地主要为逃亡农民代交捐税，但不能任意剥夺其份地。

1649年法典巩固了农奴制度和沙皇权力。1653年以后沙皇不再召集缙绅会议，而分别召集贵族讨论军事问题、召集商人讨论税收问题。

17世纪晚期，沙皇米哈伊尔任命的杜马司书增至13人，具体处理中央内政、外交事务。他们出身低微，但听话而且能干，构成沙皇政府官僚机器的最初核心。尽管波雅尔贵族占杜马成员一半以上，但并未妨碍沙皇权力的集中。

影响沙皇专制权力的最后一股势力是东正教会。1589年，沙皇戈东诺夫时期的大主教约瑟夫当选为俄国东正教会第一任总主教。俄国教会从此摆脱了对君士坦丁堡总主教的依附地位，这提高了俄国在基督教世界的国际地位。到米哈伊尔登基时，他父亲任总主教。1652年，尼康任总主教后，公然鼓吹教权高于皇权。1666年，在沙皇召集的宗教会议（有两位希腊大主教参加）上，决定流放尼康。此后，沙皇把教会置于自己的权威之下，使其成为专制王权的驯服工具。俄国东正教会不再向居民征收什一税，而由中央政府每年给教会直接拨款。教会和修道院还拥有大量土地和全国1/5农业人口。①

从以上皇权与三个权力机构（缙绅会议、杜马和教会）之间关系的相互演变中可以看出，俄国在收复国土并向外扩张的战争中，军队权力已集

---

① 陈之骅：《俄国沙皇列传》，东方出版社1999年版，第76页。

中到沙皇手中；为了维护所有封建贵族对农民的支配权，沙皇在强化农奴制过程中加强了中央政府的行政和司法权力；沙皇利用缙绅会议巩固其皇权之后，便不再召集此类会议；沙皇还把教会牢牢置于君权控制之下。沙皇专制政体就这样在农民农奴化、宗教国家化和对外侵略战争中逐步形成并得以巩固，这有利于全俄统一市场的形成和商人阶层的成长。

四、商业和城市的发展

一方面，随着社会分工的扩大，经济活动逐渐专门化。到 16 世纪末，地主把农民劳役租改为代役租（货币）的现象已很普遍，国家赋税也在增加。产品交换和税收货币化是商业从农业和手工业中分化出来的动力。另一方面，汉撒商人从 12 世纪以来在诺夫哥罗德与俄国人的贸易也在促进商人阶层的形成。到 1567 年，英国北方贸易公司的商人获准在喀山和阿斯特拉罕经商并可由此直达波斯。该公司资本额在 1553 年只有 6000 镑，1583 年已达 8 万镑。沙皇政府 1649 年以英国人处死其国王为借口，取消英商在俄境内的居住权，只允许他们到阿尔汉格尔斯克把商品批发给俄国人，并要纳税。

到 17 世纪中叶，随着长期战乱的结束，俄国农业有了新发展。耕地扩大，产量略有提高，黑麦产量在中央地区是种子的 2 ~ 3 倍，在西伯利亚是 8 ~ 10 倍。西伯利亚的皮毛收购、伏尔加河的捕鱼业、农业区的养蜂业都日见重要，各地区间的市场联系扩大了。

更重要的是农业开始商品化：1650—1655 年俄国粮食出口达 100 万普特（1 普特 = 16.38 公斤），折合 1.6 万吨，还出口 50 万俄尺呢绒、帆布和亚麻布，价值 12.6 万卢布的油脂，9.8 万卢布皮货，37.1 万卢布皮革。[①] 这些产品基本上是地主从农奴那里取得的缴租物。

1649 年，俄国有专门客商 13 人、客帮[②] 158 人、呢绒帮 116 人。客商的资本从 2 万卢布到 10 万卢布不等。当时最大的商人是大贵族（波雅尔）莫罗佐夫。该家族经营的谷物出口额达 20 万卢布、鞣革达 8 万卢布。他的世袭领地上有 300 个村庄（遍布 17 个县），除农业外还经营酿酒、铁和麻布作坊，仅烧碱厂的钾盐年产 1700 桶，收入 2.4 万卢布。雇佣着 15000 名

---

① 雅可夫柴夫斯基：《封建农奴制时期的商人资本》，敖文初译，科学出版社 1958 年版，第 20 页。

② 客帮是以长老为首、类似村社的组织，是商人行会的前身。

自由工人和农奴工人。俄国最大的修道院之一索洛维茨修道院每年出售的食盐，从16世纪中叶6000普特增加到18世纪中叶的53万普特，[①] 加上其他产业，年收入10万卢布。手工业从专门给官府定制逐渐转向为市场生产。1638年，首都有300余名五金工匠，分50多个行业。北方林区有木材加工、造船和木制生活器皿加工。17世纪，诺夫哥罗德有皮匠800人，这里还是麻布工业中心。17世纪的手工工场有商办、官办、外商办的企业和世袭领地上的企业，以农奴为劳动力，大部分产品供应国家，只有少量进入市场。

农业商品化和手工业的发展促进了商品流通和城市繁荣。17世纪欧俄部分（乌克兰除外）有216座城市，[②] 市民中有半数人经商。莫斯科是最大的工商业中心，人口20万。当时少数客商控制着正在形成的国内市场，他们以商业组合形式在国内大批量长途贩运，并与宫廷、达官贵人互相利用，获取暴利，有的大量购买地产，转化成农奴主。国家垄断着碳酸钾、毛皮、大黄等商品的出口。从事零售商业的是广大市民、哥萨克、小贵族和莫斯科的射击军[③]家属。

总之，到17世纪后期，俄国社会中新出现的商人阶层已开始在政治和社会上发挥作用。如在1649年法典中就采纳市民要求，废除了“白地”的免税特权（这与沙皇限制世袭贵族特权的愿望相吻合）。不过总的说来，自然经济在俄国仍占绝对优势。

第二节　彼得大帝和叶卡捷琳娜大帝

一、彼得一世改革

彼得一世1682年与其兄伊凡五世同时即位，立为“第二沙皇”，由其姐姐索菲亚摄政。1689年，彼得推翻索菲亚掌实权。1696年，其兄病故后，成为唯一君主。1697年，他化装成下士随大使团出国考察，翌年因索

---

① 孙成木：《俄国通史简编》上，人民出版社1986年版，第131页。

② 孙成木：《俄国通史简编》上，人民出版社1986年版，第135页。

③ 为守卫京城莫斯科，伊凡四世从市民中招募了一支军队，使用新式射击火器，称射击军。服役期间发军饷、军服和食物，是近代常备军的萌芽。其中，保卫沙皇的射击军称近卫军。彼得一世死后37年间，由于近卫军的介入，共发生516次政变。[俄] 戈·瓦·普列汉诺夫：《俄国社会思想史》第一卷，孙静工译，商务印书馆1996年版，第110页。

菲亚在国内笼络射击军发动叛乱而回国。他粉碎叛乱，把索菲亚囚禁在修道院里，处死她的亲信和上千名射击军官兵，沙皇从此掌握实权。

1695 年，彼得一世率军征服亚速夫无功而返。1697 年，秘密出访西欧开阔了视野，这使他痛感俄国的落后与官场的保守和腐朽。他以非凡的决心和毅力改革内政，对外，为了打开波罗的海出海口，彼得一世与瑞典进行北方战争（1703—1720）并取得胜利。

彼得一世的主要改革如下：

（一）行政改革

第一，城市。1699 年彼得在各市设自治署，1720 年改为市政局，受新首都彼得堡市政总局管辖。市政局保护商人不再受地方督军压迫，政府税收也增加了。各市政局由当地大商人控制。市政总局颁布法令，把商人按资本分为各种行会，行会在各自市场有垄断权。第二，地方。1708 年，彼得把全国分为 8 个省，后增至 11 个省。各设总督一人，拥有军政大权。1719 年，又把全国分为 50 个州，州以下设若干区，保留原来省一级建制，但省督只管军事（类似大军区）。各州有完整的官僚机构，州长对中央负责。第三，中央。1711 年，设参政院，后规定设九名参政官代表沙皇处理政务。用沙皇任命的亲信取代历来由王公显贵把持朝政的波雅尔杜马。后来，参政院负责预算、贡赋、陆海军编制和法令制定。建立监察厅监督法令的执行，地方各级监察官直属参政院大监察官，另设总监察官监督参政院。以前中央有 50 多个衙门，权力重叠、职责不清。这时设 11 个委员会分管陆军、海军、外交、开支、税务、矿务、手工工场、商务、监察、领地和司法。各由 10 名成员组成，大事按多数票表决，各部开支由开支委员会统一管理。这些改革增强了沙皇政府的权力和权威，办事效率提高，奠定了近代国家机器的基础。

（二）军事改革

针对射击军多次参与政变的弊端，彼得另建近卫军取而代之。他还聘请外国军事顾问并派贵族青年出国学军事，以提高军官素质。国内设军校和炮兵、工程学校。彼得亲自主持会议，制定军事条例和陆、海军章程，强调“既有陆军又有海军的人才是双手俱全的君主”。他创建波罗的海舰队和里海舰队（黑海舰队已经建立）。

（三）宗教

设宗教委员会，后改名为管理总局，取代总主教权力。总局局长由沙皇任命的俗人担任，沙皇自任东正教“最高牧首”。实现了政教分离，不许教会参政。彼得将一部分教产收归国有，限制修道院人员名额。把退伍的伤残士兵和穷人送修道院令其供养，对分裂派教徒加倍收税。

（四）社会与经济

1714 年，颁布“一子继承法”，贵族只能将其不动产传给一个儿子，其余子女只继承动产。旨在巩固大地产制，迫使贵族子弟从军参政、自谋出路。1722 年，政府颁布“官秩表”，把文武官员分成 14 个等级，量才使用，“论功取仕”，打破门阀观念。例如，沙皇提拔的两名副省督原为农奴出身。

时值北方战争期间，政府开征人丁税，农民负担增加 3 倍。1724 年，国库收入 8500 万卢布，其中 460 万卢布来自人丁税，许多自由农民为逃税自愿为农奴。

1701 年，抵达彼得堡的第一艘外国商船来自荷兰，彼得授予它永不纳税的优待。聪明的船主让这条船航行百年，为正常周期的 4 倍。彼得设置商务机构，旨在由俄国控制外贸。他还“狂热地建立工场”（斯大林），主要是冶金、造船和各种军工工场，共建起 200 多家较大的企业，其中国家工场 86 个、私人和公司工场 114 家，而 1695 年全国总共才 21 家。① 这些国家工场往往不计成本，但增强了国家军事实力。1718 年，俄国生铁达 180 万普特，北方战争后出口生铁。1724 年，彼得参与制定关税法，以保护民族工业并增加税收。当年共出口 420 万卢布而进口 210 万卢布商品。彼得大帝时代，俄国外贸额增长 4 倍。

（五）教育和文化

1714 年，各省设立初等算术学校，到 20 年代，全国 2000 名 10—15 岁学生在 42 个城市的算术学校上学。还设立矿业等专门学校，培养实用技术人才，对贵族子弟实施强制教育。这时俄国建起许多第一个公共文化设施：博物馆、图书馆、公园、剧院和报纸。尤其是科学院，1725 年下设数学、物理和社会科学三个部。1710 年，采用简易俄文字体取代原来复杂的教会字体。彼得大力倡导并强迫其同胞采用西方生活方式，如穿西装、剃胡须、办舞会，用法令对付守旧派。他下令从 1700 年元旦起按拉丁习俗过新年并按罗马历法计算日期，而过去按俄历过新年。

北方战争初期尽管出师不利，彼得一世还是从 1703 年开始征调劳力在

---

① Nicholas V. Riasanovsky, *A History of Russia*, Fourth Edition, Oxford University Press, 1986. 11, p. 236.

涅瓦河口修筑彼得堡。1709 年，他率军在波尔塔瓦歼灭瑞典军队主力，4 年后下令把首都从莫斯科迁到彼得堡。“彼得堡与莫斯科公国不同，它不是一个种族的中心，……而是为进行世界性阴谋而精心选中的巢穴。”① 彼得大帝以西方近代文明为榜样，冲破阻力，对俄国传统社会实施深刻而多方面改革，维护贵族和商人阶层的利益，完成向专制君主制的转变，奠定了俄罗斯近代国家机器的基础。同时，他在北方战争（1700—1721）中不畏强敌，终于打败瑞典，夺取波罗的海沿岸土地，给俄国直接面向西方打开大门。这些文治武功是俄罗斯年青一代迈向近代文明的基石，也是俄国在欧洲和世界上与列强争霸的起点。改革缩小了俄国同西方列强的差距，宫廷和上层社会的西方化倾向从此成为不可逆转的潮流。

俄国从一个半内陆国家扩张为三面直通海洋的世界大国，从一个固守传统的落后国家成长为欧洲五大强国之一，彼得一世改革起了决定性作用。尽管阻力重重，连妻室、儿子都反对改革，彼得仍坚定不移，甚至“用野蛮制服了俄国的野蛮”。②

二、1725—1762 年的俄国

1721 年，参政院为表彰彼得一世战胜瑞典，封他为“全俄罗斯大帝”和“祖国之父”。一位大臣致辞称颂彼得使俄国人“从愚昧无知的深渊登上世界光荣的舞台”。俄国改名为俄罗斯帝国。

从 1725 年彼得病故到 1762 年这 37 年间，俄国经历过五代沙皇或女皇，保守派得势、贵族特权扩大、宫廷政变不断、德意志贵族依靠亲戚关系长期把持朝政，但彼得大帝的改革方向已难以动摇。在此期间，缩短了贵族服役期限（1736），贵族可在土地银行得到低息贷款（1754）。到 1762 年，政府允许贵族完全摆脱服役或供职义务，专门从事商业活动并申请出国。

从 1731 年起，政府允许地主全面干涉农民生产活动和家庭生活（如婚嫁、宗教等），农民负担加重了。到 40 年代，俄罗斯 640 万男性居民中，农奴 340 万，占 53.7%③。

---

① 马克思：《十八世纪外交史内幕》，人民出版社 1979 年版，第 81 页。

② 唐晓峰：《马克思恩格斯列宁论宗教》，人民出版社 2010 年版，第 416 页。

③ 孙成木：《俄国通史简编》上，人民出版社 1986 年版，第 282 页。

三、叶卡捷琳娜二世

1762 年 7 月 9 日，33 岁的皇后在近卫军军官支持下发动政变，推翻其丈夫彼得三世自立沙皇，彼得三世事后一再表示放弃皇位并效忠于她，但不久还是由官方宣布“病死”。为巩固政权，她对政变中的有功之臣慷慨赏赐，在位 34 年共赏赐 80 万农奴和大量土地。允许地主交纳少量现金后占据南俄土地，大批贵族来此掠夺了 5000 万俄亩土地，建立起农奴制庄园。没收修道院地产，把这些土地连同 99 万农民赏赐给贵族。允许地主把自己的农民流放到西伯利亚，此后五年有两万农民受此处罚。

这位女沙皇即叶卡捷琳娜二世，她同普王腓特烈大帝、奥地利女皇塔丽莎及其子约瑟夫二世、法王路易十四都被称为开明专制君主。女沙皇 1740 年聘请伏尔泰为彼得堡科学院院士，还与伏尔泰、狄德罗、达兰贝尔通信。1767 年，召集新法典编委会讨论贵族和市民权利，并颁布《圣谕》，听取各地贵族、市民和农民的抱怨。她还侈谈三权分立和法律面前人人平等，但是当狄德罗劝她废除农奴制时却遭到拒绝。

女沙皇镇压普加乔夫农民起义后，实施了如下改革：

（一）行政与司法

用省、县两级体制取代三级管理，全国分 50 个省。除行政机关外，另设刑事、民事法院，由省长任命院长，陪审员由各自等级选举，任期三年。总督管 2—3 个省。城市有自治权，市长和市政局由上层市民和商人选举产生。市民按财产、税负和职业分六类。500 卢布以上资产的商人免交人丁税、免服兵役、免受体罚。女皇用“官僚专制”（列宁）使彼得一世以来的国家机器臻于完善。1754 年，成立贵族银行和商人银行，给贵族提供 6% 利息的贷款，而当时商业银行利息高于 10%。集中中央权力，在农民起义中遭受损失的贵族共得到 150 万卢布政府贷款，使乌克兰贵族享有与俄罗斯贵族同样的特权。

（二）强制推行俄罗斯化政策

取消乌克兰和波罗的海地区自治权代之以省，摧毁第聂伯河流域的哥萨克武装营地，向少数民族地区强制移民。用俄语取代乌克兰语，这里原来比俄国中部先进，到 19 世纪中期竟变成俄国文盲最多的地区。

（三）扩军备战

把俄国陆军变成欧洲最强大的军队，扩建黑海舰队，发展军火工业。

大革命爆发后，这位开明女皇扬言要与“法兰西瘟疫”决一死战，对法国逃亡贵族关怀备至，声称“法国君主的事就是所有君主的事”。与英、普、奥共同组成第一次反法同盟。在国内，迫害拉吉舍夫等进步知识分子。

叶卡捷琳娜二世三次参与瓜分波兰，两次打败土耳其，称霸黑海，夺取克里米亚、比萨拉比亚。俄国商船可出入两海峡，有权在君士坦丁堡建一座东正教教堂。七年战争期间，俄国哥萨克军队出现在柏林。① 女皇通过调解普奥争端得以干涉德意志事务。北美独立战争期间，她带头发表武装中立宣言（1780），把争霸舞台扩展到欧洲之外。

叶卡捷琳娜二世这些维护贵族特权和商人利益的内外政策和显赫的文治武功，受到统治阶级的赏识。俄国人口从1762年1900万增至1796年的2900万。1767年，新法典编委会授予她“大帝”称号。

第三节　改革前的俄国社会

一、农奴制度由盛而衰

俄国农奴制度经过历代沙皇，尤其是彼得大帝和叶卡捷琳娜大帝对贵族的百般庇护，从法律地位、实施范围和实际效果看，已经发展到顶点。地主可出售农奴，后者即使有父、母、子、女关系，也分别出售，任其骨肉分离。这类广告与牲畜、宠物商品登在同一份报纸上。一位女地主先后虐待致死140名农奴，照样不受处罚。农奴还给国家交人丁税。据1762—1766年调查，全国农奴占人口总数75%以上，男性农奴共715万人，分地主农民、国家农民和宫廷农民三种，自由农民很少。

在奢侈品市场和上层社会西方化生活方式的诱惑下，地主对货币的需求日益殷切，而大多数地主受文化程度和传统观念的限制，仍然固守落后的生产工具和经营方式。于是，加紧剥削农民就成为18世纪以来俄国社会的显著特征。1860年，个体农民交给主人的货币值为1800年的10倍。② 这种农奴制法律趋于完备、地主加倍奴役农民的现象，史称农奴制“复活”或“再版”。

---

① M. M. Postan H. J. Habakkuk, *the Cambridge Economic History of Europe*, Vol. Ⅵ, Cambridge University Press, 1966, p. 708.

② Nicholas V. Riasanovsky, *A History of Russia*, Oxford University Press, 1993, p. 342.

地主收租方式有两种：在莫斯科以南，从斯摩棱斯克到奔萨的黑土带7个省，因土壤肥沃、气候温和、收成好、距市场近，地主多采用劳役租；而在黑土带以北12个省（非黑土带），天寒地贫、农业收成不好，地主多收代役租（现金）。代役租数额全由地主决定。劳役一般是每周三天，有的五天，还要给主人打柴、割草。农忙季节农民只能早晚偷闲或星期天到自己份地上劳动。代役租农民的份地人均14俄亩（每俄亩等于1.09公顷），其中耕地3.7俄亩；黑土带农民份地8.8俄亩，其中耕地3.1俄亩。随着农业趋于市场化，在18世纪60年代，代役租人均1~2卢布，90年代提高到人均5卢布，劳役租天数普遍增加。有些农民被剥夺全部份地，按月领取衣物与口粮，一年四季全为主人劳动。18世纪后30年间，农民人丁税增加4倍多。代役租农民可以离开本村外出打工，或搞运输、做小生意。从1799年起，农民外出谋生已经合法，多数打工者所得无几，极少数有发大财的。薛略节夫伯爵的农奴尼·西泽莫夫在1771年曾把他的商业网扩及莫斯科周围四个省，营业额91万卢布，他个人财产超过5万卢布。1795年，大工场主伊凡诺夫要求赎身，他的主人切列捷夫伯爵开价13.5万卢布，外加他拥有的工场、土地和农奴。赎身获得自由后，他仍是纺织业巨头。[①] 萨凡·莫洛佐夫1801年建起一个小小的丝织和花边加工厂，并开办钾盐厂，1820年已拥有20架织机和40名操作工人。这一年他赎身获得自由，但他的一个儿子仍保留农奴身份，因为他的主人要价太高。1825年，莫洛佐夫放弃这些加工厂前往莫斯科开办一家棉毛混纺的织布厂，他还大规模进口棉纱，再转卖给其他加工厂。[②] 1862年，他病故时该家族拥有两个大工厂，1890年拥有四个工厂，雇工3.9万人，产值3500万卢布。[③] 到1861年前，全国有300万农民外出打工。有些大地主鼓励农民外出打工或学习手艺，以便挣钱回来给他交租。除进城之外，有些农民去伏尔加河以及黑海沿岸的大农场当雇佣工人。这些大农场开始应用机器和肥料，经营方式已经完全市场化了。主要农作物除原有的黑麦和小麦大量出口外，新增作物还有土豆、甜菜，南部出产葡萄酒。土豆产量在40年代提

---

① 布罗代尔：《十五至十八世纪的物质文明，经济和资本主义》第3卷，顾良译，生活·读书·新知三联书店1992年版，第519页。

② W. O. Henderson, *The Industrial Revolution of the Continent, France, Germany, Russia* 1800-1914, Routledge, 2006, p. 209.

③ 列宁：《俄国资本主义的发展》，《列宁全集》第3卷，人民出版社1959年版，第495页。

高5倍，葡萄酒在30—50年代增产3倍。以甜菜为原料的糖厂1825年有7家，1850年后达380家。生丝和某些染料植物在外高加索也出现了。优质羊毛由于政府引进新品种而增加，1812年良种羊有15万只，1853年约为900万只。有些经济作物集中在某个地区：东北部种植亚麻、阿尔汉格尔斯克省专门养牛、乌克兰以饲养马出名、伏尔加河与顿河之间养良种羊。

二、商人阶层的成长

18世纪以来，俄国已成长起一个独立而且实力雄厚的商人阶层。以莫斯科为中心的全俄统一市场，在这个多民族统一帝国的广大国土上开始形成。93个经营外贸的莫斯科商人拥有117.5万卢布资本。他们在各大城市和港口设办事处，包揽内外贸易，成为全俄市场的主人。1721年，市政总局的条例把商人分成若干行会，使他们享有市场垄断权，尤其是批发垄断权。①

商人阶层的经营活动，以手工业产品为基础。1765年，中央手工工场署管辖的制革（32个）、制绳（25个）、制帽（17个）、玻璃（22个）、造纸（22个）等轻工业企业共161家，总资产43.3万卢布；管辖的铁厂86家、炼铜厂34家。但农村个体手工业仍占重要地位，18世纪末俄国出口的大部分法兰绒、麻布和粗帆布都是农民分散加工的。

1754年，政府废除国内贸易关卡，按1754年前政府规定的5%税率及总税额推算，国内商品销售总额应为2200万卢布、外贸总额1350万卢布。② 当时国内拒付的期票总额已达200万卢布，1825年国内贸易总值9亿卢布，说明商业和金融活动已达到相当规模。

18世纪中期出口的大麻纤维占出口总值31%，鞣革占21.8%、生铁占14.4%。进口商品有酒、水果、糖、优质呢绒和其他制成品。对英贸易占俄进出口一半以上，与中国的贸易1784年为600万卢布。19世纪初，俄国年均进出口额分别是5200万卢布、7500万卢布。50年代后期每年出口额2.3亿卢布、进口2亿卢布。③ 1842年出口粮食46.8亿升，1846年英国废除谷物法后，俄国第二年出口量比上一年增加一倍。1855年谷物出口

---

① 雅可夫柴夫斯基：《封建农奴制时期的商人资本》，敖文初译，科学出版社1956年版，第42页。

② 孙成木：《俄国通史简编》上，人民出版社1986年版，第314页。

③ Nicholas V. Riasanovsky, *A History of Russia*, Oxford University Press, 1993, p. 345.

占俄总出口额35%，1861年占40%。[①] 1860年出口量234万吨，[②] 多由希腊商船从敖德萨和塔甘罗格装运。

（一）农业商品化

随着人口增加，城市扩大，酿酒、军队用粮尤其是出口量的增长，俄国农业进一步商品化。伏尔加河与黑海沿岸新农业区出现少数大农场，这里除了小麦，还种植烟草、甜菜和向日葵。农场主采用机器、新式农具并雇佣劳动力，劳动力大都是外出打工的农奴。但从全国范围看，俄国农业生产水平在19世纪上半期进步不大。直到改革农奴制前夕，每俄亩粮食产量仍停留在30～35普特的水平上，是法国单产的40%、英国的一半。[③] 主要原因还在于农奴制度，地主因循守旧，却抱怨农民“懒惰而又顽固”；而农民把改进技术、提高产量看成是“我们家老爷的事情，是贵族的玩意儿”，与自己毫不相干。[④]

（二）商业资本向工业资本转化

1765年，只有2%的莫斯科商人拥有手工工场，而到1850年前后，该市固定商人中有14.3%的人拥有自己的工厂（场）。[⑤] 在大商人中（第一行会商人），95%的人拥有工厂。进口商品结构也在改变。如上所述，18世纪的进口商品多为奢侈品，而19世纪20年代英国允许机器出口后，俄国1824—1860年进口的机器总值增长72倍。1850—1860年进口机器310万银卢布，是1844—1846年的3倍。[⑥]

三、工业革命

（一）沙皇政府在工业化中的作用

在历代沙皇心目中，发展经济、改善国家经济体制使其有效运转，已成为他们保持和加强政府权力的重要条件。彼得大帝以来，随着俄国在欧

---

① M. M. Postan H. J. Habakkuk, *The Cambridge Eeonomic History of Europe*, Vol. Ⅵ, Cambridge University Press, 1966, p. 803.

② 中国社会科学院世界经济与政治研究所：《苏联和主要资本主义国家经济历史统计集》，人民出版社1989年版，第143页。

③ 侯宗卫：《外国近现代经济史》，西南财经大学出版社1989年版，第362页。

④ 列宁：《俄国资本主义的发展》，《列宁全集》第3卷，第276页。

⑤ 雅可夫柴夫斯基：《封建农奴制时期的商人资本》，敖文初译，科学出版社1956年版，第172页。

⑥ 孙成木：《俄国通史简编》上，人民出版社1986年版，第412页。

洲列强中地位的提高和一系列对外扩张的成功，包括克里米亚战争的挫折，都促使沙皇政府把国家工业化看作增强军事实力的根本保证。专制君主对工业化的支持包括政府津贴、贷款、奖励、赠送土地、关税保护、军事订货、给那些为军队服务的企业以免税待遇或其他特权。政府在铁路和公共工程建设中慷慨投资，并在铁路、银行、制糖业、木材贸易和伏特加销售中扮演所有者、投资者、经理或监护人的角色。① 但政府的支持是基于战略和军事上的考虑，往往不计成本，当局并没有真正的工业政策。占支配地位的观点来自土地贵族，他们认为俄国不应该人为地搞工业化，国家的发展是一个“自然”过程。因此，官僚体制在扶持工业的同时，又限制其发展。工业劳动力多为农奴，他们缺少技术，生产效率不如自由工人，产品缺乏竞争力。地主阶级在政治和社会领域享有至高无上的权威。他们思想保守，对于自己领地上的私人工商业者总抱着敌视态度。俄国农业落后、农民贫困、中产阶级弱小、国内市场狭窄，这一切都阻碍着工业化进程。

（二）财政与金融

1724 年中央政府财政收入为 850 万卢布，1794 年为 4000 万卢布。1795 年收入 4910 万卢布，46% 用于陆海军开支，20% 用于国民经济，12% 为行政和司法，9% 为帝国宫廷开支，② 国民教育仅占 1% ~2% 。③ 从 1769 年起出现财政赤字，第二次对土耳其战争（1787—1791）达到高峰，1791 年赤字为 2547 万卢布（收入 5940 万、支出 8487 万）。财政收入中直接税占一半以上（其中人丁税占 1/3），间接税占 43%，其中酒税占 29%、关税占 9%、盐税占 7%，可见商业已成为政府主要税源。

为弥补财政赤字，政府在增税之余，1769 年开始从国外筹款。荷兰人亨利·霍普的银行于 1787—1793 年成功地推销了 19 笔俄国公债，每笔公债为 300 万弗罗林，共计 5700 万弗罗林。旺·迪伦写道：“俄国全靠荷兰的贷款才从土耳其夺得黑海沿岸大片领土。”④ 第三个办法是大量发行纸

---

① W. O. Henderson, *The Industrial Revolution on the Continent*, 1800 - 1914, Cambridge University Press , 1966, p. 202.

② Nicholas V Riasanovsky, A History of Russia, Oxford University Press, 1993, p. 284.

③ 孙成木：《俄国通史简编》上，人民出版社 1986 年版，第 419 页。

④ 布罗代尔：《十五至十八世纪的物质文明，经济和资本主义》第 2 卷，顾良译，生活·读书·新知三联书店 1992 年版，第 591 页。

币。到 1796 年，面值 1 卢布的纸币只等于银币卢布的 68.5%，当时政府内债已达 2.1 亿卢布。为了稳定币值，政府于 1839 年规定银卢布是本币，纸币为辅币，二者比值为 1∶3.5。从 1840 年起，国家财税一律用银卢布结算（银本位制）。18—19 世纪是俄国建立近代货币、金融、财税和国债制度的时期，这些金融工具是资本原始积累的重要手段。

（三）工业化初期的俄国

彼得大帝是俄国制造业之父。他给俄国商业和制造业企业的政府补贴超过以往所有朝代，这些企业大多是由贵族或外国人开办的。到 1727 年，已有 233 家工业企业，包括图拉的军工厂、乌拉尔 20 家炼铁厂、彼得堡的玻璃厂、喀山的一批钾盐厂。各地新建的棉布和毛纺织厂，都以农奴为劳动力。彼尔姆九座矿山有 25000 名农奴，莫斯科的船用帆布厂有 1000 多工人，更多的农奴被派往国有森林伐木。[①] 这些工业对于维持彼得庞大的陆海军和对外扩张战争固然发挥了重要作用，但由于管理不善、技术落后、质量低劣、不计成本，到 1744 年政府不得不下令关闭其中 3/4 的工矿企业，不过到叶卡捷琳娜二世时代，这类国有"大企业"又从 1762 年的 1000 家增加到 1796 年的 2000 家。另外，还有国家和私人合股开办的企业，一些商人也重新开办私人企业，包括莫洛佐夫这一类农奴。

俄国近代工业也是从棉纺织开始的，1808 年莫斯科的工厂里出现第一批纺纱机，1812 年大火使其受损，但伊万诺夫从这一年开始兴建纺织厂并生意兴隆。1822 年，俄国第一个关税法令就是针对英国的：1820 年英国对俄出口棉织品价值 70 万英镑，1838 年降至 5.9 万英镑。[②]

俄国第一家近代化棉布厂是由萨瓦·莫洛佐夫于 1825 年在莫斯科开办的。1827 年，盖耶在波兰罗兹建起棉纺织厂。接着，德国人纷纷在罗兹建棉纺厂。1843 年，俄国共有 40 家棉纺厂、纱锭 35 万枚。到 1850 年，2/3 棉纺织品是用机器加工出来的，即纺织业已基本实现机械化。[③] 1860 年，全国共有 57 家棉纺厂，雇佣工人 4.2 万人。但美国内战导致俄国原棉短缺，政府在向中亚扩张并修筑铁路的同时，还鼓励商人去那里投资棉花种植业。到第一次世界大战前夕，中亚给俄国纺织厂提供的棉花每年超过 5

---

① W. O. Henderson, *The Industrial Revolution on the Continent* 1800 - 1914, Routledge, 2006, p. 206.

② Nicholas V. Riasanovsky, *A History of Russia*, Oxford University Press, 1993, p. 210.

③ 韩承文：《1848 年欧洲革命史》，河南大学出版社 1995 年版，第 411 页。

亿磅。1891 年，俄国拥有 600 万枚纱锭，超过大陆任何国家。1906 年，745 家工厂雇工 38.8 万人，棉织品产值 5.89 亿卢布。1830 年，在华沙出现第一家近代化亚麻加工厂。

1790 年，俄国生铁产量 13 万吨，当年英国才 6.8 万吨。英国从瑞典和俄国进口生铁。

1838 年，瑞典工业家伊曼纽尔·诺贝尔在圣彼得堡建立蒸汽机制造厂并得到俄国陆海军一批订货单，在克里米亚战争期间他的生意非常兴隆。1851—1860 年，俄国机器制造业总值增长 10 倍多。1860 年，彼得堡有 15 家机器制造厂，全国有 1 万家注册的机器厂和作坊，工人 50 多万，产值 1.67 亿卢布。① 1855 年，俄国产煤 15.6 万吨。

第一条 25 公里长的铁路于 1836 年通车，从圣·彼得堡通往沙皇夏宫查士可耶—塞罗。1852 年，建成彼得堡至莫斯科的铁路线，大规模铁路建设始于克里米亚战争之后。40 年代末，商业轮船开始在伏尔加河上航行。

自由劳动力。随着农奴外出谋生人数增加，政府从 1799 年起允许农民打工挣钱。到 1850 年，地方政府发给农民半年至一年外出的证明有 100 万件、短期证明 200 万件。在乌拉尔和图拉的国有和私人企业中，大部分工人是农奴。有些企业家是贵族，使用自己的农奴，有的雇佣整个村子的农奴，但是在大城市的加工工业中，自由工人比例增加了。1825 年，俄国有 11 万自由工人，占加工工业工人总数的 33%，1860 年达到 52.8 万，占 87%。② 农奴在全国总人口中的比例从 1762—1766 年的 75%，③ 降至 1833 年的 45% 和 1858 年的 30.7%。不过那些单个外出打工的工人和农场工人只能算暂时性自由劳动力。

鉴于俄国幅员辽阔、人口众多、各地经济水平差异极大，采用法国工业革命中的标准衡量上述史料，可以把俄国大规模工业化的开始定在 19 世纪 40 年代。④

---

① 陶惠芬：《俄国工业革命的启示》，《世界史研究动态》1993 年第 5 期，第 47 页。

② 韩承文：《1848 年欧洲革命》，河南大学出版社 1995 年版，第 411 页。

③ 侯宗卫：《外国近现代经济史》，西南财经大学出版社 1989 年版，第 361 页。

④ H. A. 罗日科夫认为应从 19 世纪初算起，米·尼·波克罗夫斯基主张从 30 年代开始，《剑桥欧洲经济史》（徐强等译，第 6 卷，经济科学出版社 2003 年版，第 810 页）作者彼得·马赛厄斯等认为俄国经济从 60 年代开始起飞。

四、教育事业和改革思潮

1802年，政府设立教育部。亚历山大一世把全国分为六个教育区，按欧洲模式各设一所大学，每个省会设一所中学，改善各地小学。亚历山大一世统治末期，全国有337所小学、48所中学、6所大学，如莫斯科大学、喀山大学、哈尔科夫大学和圣·彼得堡大学，彼得堡大学校内还建立了教育学院。俄国的大学拥有广泛的自治权，每所大学在册学生百余人。1825年，俄国有5500名中学生。亚历山大一世末年的愚民政策伤害了大学，尤其是喀山大学。在强调官方人民性的三四十年代，政府加强对大学的控制并限制私人办学。1830年，波兰起义后，政府关闭了维尔纳（维尔纽斯）大学。1833年开办基辅大学和其他一些新的技术、法律、艺术、工艺、农业、兽医和建筑学院，以培养高级实用人才为主。

俄国沙皇的专制制度，虽然经过彼得大帝的西方化改革和叶卡捷琳娜二世的开明专制，但都是为了巩固和强化中央集权与农奴制度。沙皇的神圣地位受到享有特权的贵族和国家教会的支持，任何人胆敢批评政府和东正教，就被投入监狱或流放到西伯利亚。但1825年十二月党人起义打破了俄国社会死水一潭的局面，连尼古拉一世也侈谈“改革”。到三四十年代，如何看待农奴制，已成为俄国朝野议论的中心话题。以国民教育大臣乌瓦洛夫为首的官方人民性理论代表最反动的一派，他们认为俄国人“笃信正教，拥护沙皇，对农奴制习以为常”。伊凡四世深信：不采取恐怖手段，“在俄国不可能伸张正义”。[①] 而在贵族中更为流行的是斯拉夫派和西方派理论。前者过分强调传统文化和民族特性，以此作为因循守旧、排斥西方文化的理由；西方派（自由派贵族）认为俄罗斯民族的希望在于彼得大帝式的西方化政策，赞赏西方民主自由，抨击农奴制。恰达耶夫甚至感叹，在俄国有记载的往事中没有任何高尚的、鼓舞人心的东西。他说，“在世界一切民族中，只有我们对世界毫无贡献，我们也没有从这个世界学到什么”，这种对本民族夸张式地自我控诉，被称为在黑夜里放出的一枪，在知识界引起强烈反响。这两派对国家未来的发展道路有分歧，但都程度不同地主张自上而下改革农奴制，逐步实现君主立宪和议会政治。[②]

但是，对俄国青年学生影响更大的还是革命民主主义者。其中首推赫

① 陈之骅：《俄国沙皇列传》，东方出版社1999年版，第21页。
② 孙成木：《俄国通史简编》下，人民出版社1986年版，第79页。

尔岑。他是民粹派的创始人（列宁），出身于贵族家庭，十二月党人的思想和精神使他走上革命道路。从莫斯科大学毕业后，他因宣传反农奴制思想被流放五年。1847 年去巴黎，参加过二月革命并目睹巴黎六月起义。从这次起义中他认定，俄国不能重复西方走过的道路，而应通过农村公社走一条非资本主义道路。他为废除农奴制奋斗了一生，晚年发表回忆录《往事与随想》，对青年一代影响很大。屠格涅夫于 50 年代发表《猎人日记》引起社会舆论对农奴的广泛同情，起到《汤姆叔叔的小屋》在美国废奴运动中的那种作用，是欧美人道主义文学潮流的一部分。赫尔岑、屠格涅夫、别林斯基和车尔尼雪夫斯基都主张废除农奴制，他们是俄国革命民主主义思潮的代表人物。

第四节　克里米亚战争

一、东方问题

这是 19 世纪 30 年代以来西方外交界常说的一句话，用以表示列强对土耳其奥斯曼帝国境内的巴尔干未来命运的关注。英国担心俄国向巴尔干和地中海扩张威胁帝国海上生命线，因此支持土耳其抵制俄国侵略。东方问题的实质是关于土耳其统治下巴尔干各民族未来命运和对黑海门户所有权的争论（恩格斯）。

（一）奥斯曼帝国

这是奥斯曼突厥人（即土耳其人）建立的伊斯兰军事封建帝国。原为土耳其人的一支，祖居中亚。13 世纪西迁小亚细亚，1299 年其酋长奥斯曼自称埃米尔，宣布独立，此后逐渐蚕食拜占庭帝国领土。1453 年攻陷君士坦丁堡。其版图最大时包括北非、南高加索、黑海北岸、中东和阿拉伯半岛。数次兵临维也纳城下，苏里曼大帝时帝国达到鼎盛。皇帝称素丹，握有军、政、宗教大权，又是最高土地所有者。1535 年，苏里曼同法国国王签约：前来经商的法国人纳税后可在帝国港口自由贸易，遇到民事、刑事纠纷时，按法国法律审理，这是欧洲人强加给帝国的第一个不平等条约。①希腊独立战争暴露出英国、法国与俄国在巴尔干的矛盾。19 世纪 30 年代，尼古拉一世与梅特涅会晤时，曾三次询问："对土耳其有何想法？"最后，

① Hugh Seton Watson, *Nations & States*, Westview Press, 1977, p. 247.

梅特涅只好反问："您是把我当作医生还是当作继承人呢?"沙皇无言以对，不再提这个垂死的病夫（指腐朽的奥斯曼帝国）。东方问题由此产生。

（二）列强的东方政策

从彼得一世开始，俄国就一再南下。18 世纪吞并黑海北岸后，便一心要打开两海峡。当时俄国 80% 的出口小麦经过两海峡。① 沙皇梦想把君士坦丁堡变成俄国第三个首都。1833 年，俄土条约使俄国军舰得以自由出入两海峡，但该条约有效期只有 8 年。期满时，在英、法倡议召开的国际会议上，列强允许土耳其有权对一切国家的军舰封闭两海峡。英国把中东看作它的海外市场和海上交通枢纽。1838 年，与土耳其签订的商务协定使英商按 5% 的货价纳税。1846 年废除谷物法后，英国从多瑙河诸公国购买的小麦同买俄国的一样多。1847 年，英对土出口值达 240 万英镑，为 1827 年的 5 倍。从均势外交原则看，1849 年俄国镇压匈牙利革命后，已成为欧洲宪兵，英国不愿让俄国更加强大。1844 年，尼古拉一世访英时曾提出土耳其一旦崩溃，俄、英应利用各自陆、海军优势"协同行动"，使"双方真正获益"，当时英方只是默默倾听，沙皇误以为已获英默许。直到 1853 年，英国外交大臣在秘密函件中才对沙皇的说法逐一批驳。

法国 1251 年、1535 年、1740 年三次与土耳其签订双边条约，其中享有①贸易特权（按货值抽 3% 进口税）；②领事裁判权；③法国有权保护土耳其境内的天主教徒。因此，法国与英国有共同的商业和战略利益，都把俄国当作主要对手。拿破仑三世还想通过对俄战争摧毁滑铁卢失败以来针对法国的维也纳体系。所以，法国需要这场东方战争，这是尼古拉始料不及的。

奥地利虽然感激沙皇 1849 年对匈牙利革命的镇压，但又害怕奥斯曼帝国瓦解会引起巴尔干各民族完全独立。因为这会影响维也纳对国内各民族的统治，而且巴尔干一旦置于俄国保护之下，奥地利东面和南面都将置于沙皇包围之中。因此，奥地利不得不辜负尼古拉的"信任"。

（三）围绕"圣地"问题的斗争

东方战争的导火线是巴勒斯坦圣地问题。圣城耶路撒冷是世界三大宗教活动的共同中心，犹太教、基督教和伊斯兰教根据各自宗教传说，都奉该城为其圣地。根据中世纪到战前（1853）的若干双边条约，圣地的东正教、天主教和新教徒分别受俄、法、英三国保护。在圣城管辖权和伯利恒

① 孙成木：《俄国通史简编》下，人民出版社 1986 年版，第 53 页。

圣陵（耶稣降生地）教堂修缮问题上，天主教徒和东正教徒争吵不休、互不相让。沙皇过分相信英、法矛盾，并想转移国内舆论对农奴制度的不满，于是便挑起了战争。

二、战争经过

沙皇特使缅希科夫乘军舰前往君士坦丁堡，素丹作了让步，但拒绝俄方关于沙皇对土耳其全境所有东正教徒拥有保护权的最后通牒。1853 年 6 月 21 日，8 万俄军越过普鲁特河，7 月占多瑙河两公国摩尔多瓦和瓦拉几亚。10 月 23 日，土耳其对俄宣战。11 月 1 日，俄对土宣战。30 日，俄黑海舰队 3 小时内全歼土耳其在锡诺普港的海军。这消息震惊全欧洲，社会舆论谴责俄国，英国反俄情绪高涨。1854 年 1 月 4 日，英、法联合舰队驶入黑海，要求俄军撤出两公国，尼古拉表示“1854 年的俄国仍像 1812 年一样强大”。这有损拿破仑三世的自尊心。英、法与土结盟后，于 3 月 27 日、28 日向俄宣战。7 月，奥地利正式要求俄国撤出两公国，普奥军队陈兵俄国边境，迫使俄于 8 月撤出两公国。奥地利军队获英、法认可后立即进驻这两国领土。

在此期间，英国军舰在白海，英法舰队在敖德萨、堪察加炮击俄国，但只有威胁性质。英国首相帕麦斯顿采取“间接接近”战略：用海军封锁对方海岸，以陆战队攻打其陆上薄弱阵地，把战争局限在某个地点。英国只想削弱俄国，于是，英、法对俄在塞瓦斯托波尔实施长期包围战（1854 年 9 月 25 日至 1855 年 9 月 9 日）。该要塞陷落标志俄国失败，俄军共伤亡 22 万人，尼古拉一世于 1855 年 2 月服毒自杀。本应成为入侵者坟墓的南俄草原，这时成了俄军坟墓，士兵在途中丧失 2/3。后勤供应方面，俄军牛车冬天在泥泞中爬行，远不如英、法轮船和联军在克里米亚占领区修建的铁路方便。双方武器装备相差悬殊，俄财政部到阿姆斯特丹借款，引起卢布在国际市场贬值。1856 年 1 月 25 日，政府接到报告：战争再拖延下去，国家将会破产。

1856 年，巴黎和约的条款对俄极为宽大，英、法撤出塞瓦斯托波尔要塞，俄放弃保护土境内东正教徒的权利。列强尊重奥斯曼帝国领土完整和独立，帝国对两公国拥有宗主权。平时对外国商船开放两海峡，而对外国军舰一律关闭。

三、战争的性质与后果

对于作战双方来说，这是一场宗教狂热引起的战争；对俄国人来说，这是实现传统野心的战争；对土耳其人来说，这是生死存亡的战争（恩格斯）。[①] 根据克劳塞维茨的理论，这是一次“限于政治考虑而不以消灭敌手为目的的‘绝对’战争”。

经过这场战争，连沙皇和高级军官都承认俄国同西方强国的差距太大。[②]“俄国前所未有的觉醒时期开始了。……沙皇滥用了俄国人民的忠诚。”“战争证明，哪怕出于纯粹军事上的考虑，俄国也需要铁路和大工业。于是，政府着手培植俄国的资本家阶级。但是，这个阶级没有无产阶级是无法存在的，而为了创造无产阶级分子，不得不实行所谓农奴解放。”（恩格斯）[③] 总之，战争使更多的人认识到国家落后的主要根源在于农奴制度。农民骚动由战前年均 35 次变成战后 63 次，1861 年达 1176 次。几十万农奴自行加入哥萨克自由农民队伍，还有许多农奴逃往波兰（那里已经废除农奴制），农奴制由于战争失败而陷于空前的危机中。

俄国国际地位一落千丈，法国取代俄国而以欧洲大陆霸主自居。失去俄国支持的奥地利，再也挡不住德意志和意大利统一事业了。

战后英、法资本支配着土耳其钞票发行和财政监督权。1862 年，塞尔维亚起义者把土耳其官员赶出贝尔格莱德，1867 年塞尔维亚独立，此后该国成为俄、奥争夺的对象。1877 年，摩尔多瓦和瓦拉几亚组成统一的罗马尼亚并脱离土耳其而独立，法、俄表示支持。东方战争改变了维也纳体系，是 1815—1870 年间最重要的国际事件。

第五节　俄国废除农奴制

农民骚动、战争失败、财政危机（1860 年国债总额达到国家财政年收入 3 倍）、国内外民主派声势浩大的反农奴制活动，迫使亚历山大二世一登基就表态，“与其让农民自下而上地起来解放自己，还不如自上而下地进行改革”。“到处都在谣传，说我要给农民自由。”[④] 1857 年，沙皇主持成立“秘密委员会”讨论农民问题，第二年改为公开机构“农民事务总委员会”。10 月，沙皇提出改革原则：改善农民生活，保障地主利益，巩固

---

① 《马克思恩格斯全集》第 9 卷，人民出版社 1995 年版，第 486 页。

② H. J. Habakkuk, *The Cambridge Economic History of Europe*, Cambridge University Press, 1966, Vol. Ⅵ, p. 709.

③ 《马克思恩格斯全集》第 22 卷，人民出版社 1956 年版，第 45 页。

④ 孙成木：《俄国通史简编》下，人民出版社 1986 年版，第 102 页。

政权、安定社会。1861 年 2 月 7 日，沙皇在国务会议上说："再拖延下去只会给国家，特别给地主造成有害的灾难性后果。"又安慰说："请诸位相信，凡是为保障地主利益能够做到的一切，都做到了。"①

一、二月十九日解放法令

沙皇批准的这一套法令，包括 17 个文件，共 207 条，主要是关于农民脱离农奴依附地位的总法令。要点是：①从法令公布之日起，农民获得人身自由，有权支配私人财产。地主保留所属的全部土地所有权，但须给农民宅基地和份地。农民得到份地九年内要承担劳役租或代役租，称暂时义务农。代役租由村社征收，转交给地主。②代役租每人每年 8～12 卢布；劳役租每人每年男 40 天、女 30 天，其中 3/4 在夏天完成。③份地面积和赎金。份地面积按土地肥力递减，都小于原使用面积。超过当地标准的份地，地主有权收回，称割地。留给农民的份地，"饿死嫌太多，活命嫌太少"（恩格斯）。赎金按当地代役租 6% 利率的本金计算，即赎金 = 代役租 ÷ 6%。如代役租 10 卢布，则赎金为 10 ÷ 6% = 166 卢布。农民交清赎金的这些土地转归村社集体所有，村社对收缴赎金和捐税负集体责任。村社社员"相互负责"，村社定期按户重分耕地。为防止农民外出增加其余社员捐税负担，家属必须留下，农民担心全家外出会失去份地，也让家属留守。

交清赎金的农民称为私有农民。农民可先交 1/5～1/4 赎金，余额由政府垫付，农民在 49 年内还清本息。到 1905 年，农民共付款 22 亿卢布（原赎金为 9 亿卢布）。地主在失去土地时得到国家以债券形式支付的一次性补偿。

二、其他民主改革（1864—1881）

（1）地方自治。按 1864 年法令，省、县两级自治会议由贵族、市民和农民三年选举一次，这两级民选代表中贵族在省级占 74%、县级占 42%。从 1866 年起，政府开始限制地方自治机关。按 1870 年城市条例，建立城市自治机关国家杜马即市参议会，其代表按财产资格四年选举一次。管辖权属于行政长官和省长。这两种地方自治机关的权力仅限于管理当地经济活动、社会救济、监狱、学校和医院。

---

① 孙成木：《俄国通史简编》下，人民出版社 1986 年版，第 107 页。

（2）司法改革（1864）。以欧洲为榜样，制定新司法制度与诉讼程序。法律面前人人平等，诉讼程序公开。建立律师制，陪审员参与审案。司法人员的任免不受政府干预。这一改革比较彻底，但对所谓政治案件，司法诉讼仍然专横、暴虐。

（3）军事改革。全国分16个军区，归陆军部管辖。1867年普遍实行义务兵役制，陆军士兵服役期改为6年，水兵7年。废除体罚。

（4）财政改革。1860年设国家银行。全国统一预算和收支。各省设监督局，从1868年起公布稽查员年度报告。

（5）教育改革。1863年，沙皇授予大学广泛的自治权。校长、系主任实行选举制，上级批准。对两首都学术出版物免予检查。1864年，在各中学实行各社会等级和不同信仰一律平等原则。

三、效果与评价

这场以解放农奴为主的资产阶级改革，是由代表农奴主阶级的沙皇政府实施的。到1906年赎买结束时，2128万农奴获得解放，① 他们有权改变职业，拥有动产、不动产，可用自己名字签订合同、提起诉讼。此后30年谷物总产量由20亿普特增至33亿普特。全国形成专业化农业区和畜牧区。农民交付的20亿卢布赎金成为资本原始积累的重要因素。解放农奴从资本和自由劳动力两方面促进了工业革命。从政治上看，这使俄国“向资产阶级君主制转变的道路上前进了一步”。② 激进派感到失望，这是对农民的大规模掠夺。新的地方自治由于官吏无知、腐败而成效不大。这场伟大的改革并未触动沙皇专制，不过传统的贵族阶级衰落了，而中产阶级尤其是无产阶级迅速成长，俄国在迈向近代国家的漫长道路上前进了一大步。③

表9　伊凡三世以来沙皇世系

沙皇	年代
沙皇伊凡四世 Ivan Ⅳ	1533—1584
费奥多尔 Theodore Ⅰ	1584—1598

① 侯宗卫：《外国近现代经济史》，西南财经大学出版社1989年版，第362页。

② 《列宁全集》第17卷，第103页。

③ Nicholas V. Riasanovsky, *A History of Ruasia*, Oxford University Press, 1983, p. 378.

续表

沙皇	年代
波利斯·戈东诺夫 Boris Godunov	1598—1605
费奥多尔二世 Theodore Ⅱ	1605（即位后被杀）
罗曼诺夫王朝	1613—1917
米海伊尔·罗曼诺夫 Michael Romanov	1613—1645
阿列克塞一世 Alexis Ⅰ	1645—1676
费奥多尔三世 Theodore Ⅲ	1676—1682
伊凡五世 Ivan Ⅴ	1682—1689
彼得一世（大帝）Peter Ⅰ, the Great	1682—1725
叶卡捷琳娜（凯瑟琳一世）Catherine Ⅰ	1725—1727
彼得二世 Peter Ⅱ	1727—1730
…………	
彼得三世 Peter Ⅲ	1762
叶卡捷琳娜二世 Catherine Ⅱ, the Great	1762—1796
保罗一世 Paul Ⅰ	1796—1801
亚历山大一世 Alexander Ⅰ	1801—1825
尼古拉一世 Nicholas Ⅰ	1825—1855
亚历山大二世 Alexander Ⅱ	1855—1881
亚历山大三世 Alexander Ⅲ	1881—1894
尼古拉二世 Nicholas Ⅱ	1894—1917

第十三章

日本明治维新

1854 年开国之前，日本属于东亚儒家文明圈，但与大陆边缘其他国家不同，日本从未接受过天朝上国的封号和敕令，其领土的任何一部分从未经历过中原王朝的行政管辖，这在东亚文明世界是独一无二的。

明治维新之后，日本人在内政体制改革西方化的同时，把西方近代殖民主义也东方化了：对外侵略扩张屡屡得手，每次收益都大喜过望，与俄争霸后又初露锋芒，一举跻身世界强国之林。于是，灭亡中国、征服亚洲和太平洋（大东亚共荣圈）的冲动便势不可当。1945 年战败后，借助美国的庇护，日本朝野对发动侵略战争的责任，从未有过德国式的自我反省，因而在战后政府的人事安排和对外关系中，与德国重建的政治方向大相径庭。多年来与对岸三个邻国的关系时好时坏。

第一节　德川幕府

一、德川政权的建立

在日本，幕府是指 1192—1867 年执掌全国政权的军阀，史称武家幕府。① 天皇实际上是武家幕府政权的陪衬。这 600 多年又细分为镰仓、南北朝、室町、战国、安土桃山和江户（德川）时代。

德川家康（1542—1616）是三河（今爱知县）冈崎城松平广忠之子。早年结识织田信长，1590 年随丰臣秀吉灭北条氏。秀吉封给家康关东②八州土地，筑江户城（今东京）。③ 为五大老中的首席。1598 年，秀吉死后家康辅其子秀赖（6 岁）。家康利用秀吉旧部互相倾轧之机，在 1600 年大名争雄的关原之战中打败西军、排斥异己、削其封地，大封东军将领，掌握了全国实权。1603 年，家康迫使天皇封他为右大臣和征夷大将军，在江户设幕府。而丰臣秀赖仍领有大坂（大阪）附近三国土地，年收入 65 万

---

① 蒋立峰：《日本天皇列传》，东方出版社 1991 年版，第 110 页。

② 大阪及其以西被称为关西，以东为关东。

③ 吴廷缪：《日本史》，南开大学出版社 1994 年版，第 215 页。

石（指租税达65万石的土地面积，下同），仍是丰臣秀吉的合法继承者。丰臣氏一族君臣势力很大，大阪又是全国最富的城市。1614年，家康两次向大阪进攻，1615年占领该城，迫使丰臣秀赖母子自杀，随即消灭丰臣氏一族。1616年家康死。幕府经过第二、第三代将军统治，确立了德川时代的政治、经济体制。

这一体制集中表现在对大名的控制、对朝廷的压制和对农民的剥削上。

关原之战后，家康把谱代大名和亲藩（即同姓近亲的大名、老臣）安置在靠近江户的畿内和关东地区。把外族大名（外样大名）封到九州、四国等边远地区。在他们之间还亲疏交错，使相邻藩主（大名）互相牵制，便于幕府控制。幕府还以违反法令、无嗣等理由削减以至没收大名领地，即使近亲也不例外。1615—1647年，被没收、削减的大名封地共850万石，计86家。①

1615年，幕府对全国大名规定了13条武家法度，从对外关系到私自结婚都加以干涉。到1635年又增至21条，如承担军役、提供工程费用等义务。参觐交代是武家法度之一，它规定各藩大名一年住在自己领地上，第二年住在江户，大名妻子常住江户，类似人质，远地大名为此支付大量经费。德川后期改为大藩主三年之中一年住在江户。在控制之外，幕府还与大藩主结为亲家。

对于朝廷，家康规定禁中及公家诸法17条，第一条规定天皇的职能，用种种禁令把天皇和公卿限制在宫墙之内。

对于农民，幕府着眼于如何从他们身上榨取更多的年贡和税收。为确保税源，政府禁止土地买卖。要农民多吃杂粮、节省大米，德川家康的谋臣本多正信献策：统治农民之法是给他们留下一年口粮，使其既无余财，又不致饿死。② 这种不死不活的政策，是幕府对待农民的根本原则。

二、幕藩体制

幕府直辖土地占全国总面积的1/4，遍及许多大名领地，还包括江户、京都、大阪、长崎等大城市和外贸港口，以及矿山。将军手下的幕臣分为

---

① 周一良、吴于廑：《世界通史》（中古部分），1972年版，第519页。

② 井上清：《日本现代史》第1卷，吕明译，生活·读书·新知三联书店1956年版，第41页。

旗本（约5000人）、御家人（1.7万人）。旗本的禄米不足万石，有资格觐见将军，御家人比旗本低一等，此外还有4万多名家臣。这六七万兵力驻在江户，平时担任幕府警卫、值勤和管理事务。幕府从直辖土地上获得租米680万石，分给直属武士（旗本、御家人、家臣）的禄米为260万石，其余归将军一族所有。[①] 这些武士多年来跟随将军，忠心耿耿、士气旺盛。幕府的财源除土地收入外，还有好几处银矿、铜矿和金矿。这些金银财宝构成幕府初期的主要财源，外贸收益也很可观。

除将军直辖领地外，全国70%土地分封给270个大名。他们用领地贡米的一半作为藩政财源，其余充作家臣武士的俸米。藩主以农民反对武士剥削为借口，逐步收回封地，使原来有采邑的多数家臣（武士）移居城市，靠藩主的实物俸禄生活。[②] 大名对幕府负有政治（如参觐交代）、经济及军事义务。大名从将军那里受封的土地只限一代，故在大名继承、将军更替时，都要举行改封仪式。大名在其领地上拥有财政、军事、司法和行政权力，俨然像一个独立的君主。

幕府和各藩豢养的武士，到明治前夕已有40万，连同家属共200万人，[③] 约占全国人口6%（1872年全国人口3400万）。[④] 武士有佩刀、称姓以及在平民“无礼”时格杀勿论的特权，是世袭职业军人。以忠君、节义、勇武、廉耻、坚忍为武士道（精神）。到德川时代，日本儒家大师鼓吹杀身成仁、舍生取义，更把武士道理论化、系统化。[⑤] 武士阶层的平均俸禄与农民所得已相差无几，除少数受宠者外，多数人只够活命。于是，

---

① 坂本太郎：《日本史概说》，汪向荣译，商务印书馆1992年版，第282页。

② 吴廷缪：《日本史》，南开大学出版社1994年版，第218页。

③ 侯宗卫：《外国近现代经济史》，西南财经大学出版社1989年版，第278页。

④ Hugh Seton Watson, *Nations & States*, Westview Press, 1977, p.287.

⑤ 武士道产生于八九世纪，1192年建立的镰仓幕府，是日本历史上第一个武士政权。此后武士成为统治阶级，他们以攻占杀伐为职业。在日本历史上，幕府时代长达676年。武士道以忠君、尚武和绝对服从为道德规范和行为准则。这些规范和准则起源于神道教、佛教、儒学和对天皇之国的迷信。经历了三大阶段：旧式武士道，江户时代的新型武士道和明治维新后转化为近代军人精神及皇民精神的武士道。明治以来的武士道强调全体日本人只效忠天皇一人，报效国家即效忠天皇，倡导“士魂商才”。吉田松阴主张征服朝鲜和中国东北（满洲），以弥补欧美给日本造成的损失。他的众多得意门生都是明治维新的领袖人物。甲午战争和日俄战争后，日本在社会生活和精神生活领域全面实现军国主义化。对内实行极权统治和统制经济，对外实施武力扩张。西方的社会达尔文主义给日本武士道披上现代“科学”外衣，使东西方三个法西斯国家很容易结成轴心国。

有的武士兼任藩主的账房先生或私人秘书，还有人改行奏乐或以茶道为谋生手段。①武士俸禄由长子继承，不许分家产。日本家庭里男尊女卑，父子、夫妻、长幼之间等级森严、不得逾越。

天皇。据《古事记》《日本书纪》中记述的第一代天皇叫神武天皇，距今已3000年。②但是据可靠史料记载。圣德太子摄政（593—621）以前，日本最高统治者被称为大王。在推古（年号）15—16年派遣隋使时，圣德太子决定正式使用“天皇”称谓代替“大王”的称呼。现在我们看到的圣德太子以前天皇谱系，其名字和谥号是后人参考传说和天皇“事迹”编造出来的。德川幕府在控制、监视和限制天皇的同时，也仿效前代将军的做法，送女入宫，将军成为外戚，以强化“公武一体”的局面。过去天皇子女成年后都因皇室手头拮据和权力衰微，大多出家入道，成为僧尼。德川家宣奏请并出资让皇太子以亲王身份成家，皇女下嫁。还增加皇室领地，出资修缮陵墓。这都改善了朝廷与幕府的关系。当时天皇的实权已降至历史最低点，不过神道是国家宗教，依照神道教义，天皇不仅是日本最高统治者，还是“神子”，是显出人形的神。天皇祭祀祖先神灵，不仅是宗教活动，也是管理国家的政治活动。1946年前，日本实际上是政教合一的国家。

在这种幕藩体制下，天皇、幕府、大名和武士共同构成日本的统治阶级。这些人通称为士，19世纪共约200万人，其余90%以上的日本人是农民、手工业工人和商人。

16世纪末，日本有1600万人，80%以上是农民。自从丰臣秀吉（1536—1598）实行检地（1594）和兵农分离以来，直接耕作者拥有土地占有权（否定了原先的土地世袭私领地），全国土地都是幕府分封给大名的公有地。丰臣秀吉还发布《刀狩令》，没收民间所有刀、枪和其他武器。所谓兵农分离是确定每个人的身份，农民从此不能成为武士，也不许离开农村。手工业者和商人的职业也要世代相传，武士以俸禄（米）为生，跟随主人集中于大名手下，成为职业军人（身份统制令，1591）。这种检地和兵农分离，到德川时期更加完善，原来的庄园制被彻底摧毁，百姓（农民）为领主耕种一块世袭份地，每户份地5反（一反等于1/10公顷）以下，不许买卖，限制分割继承。领主按当年收获量剥削农民50%～70%实

---

① 鲁思·本尼迪克特：《菊与刀》，吕万和译，商务印书馆1990年版，第44页。
② 蒋立峰：《日本天皇列传》，东方出版社1991年版，第7页。

物地租（五公五民或七公三民），即年贡。农民还负担各种杂税和劳役，由领主的代官、村吏代收。村庄里的山头、草地归全村农民公有。农忙时村民互助，必要时开会商讨全村大事，如选举村吏、确保全村交纳年贡、共同祭神、兴办工程等，但贫农不许参加。政府把几个村组成一个乡组，若干乡组组成郡，构成幕府和大名统治广大农村的基层组织。

工商业者称为町人。幕府让各地商人组织行会（株仲间）垄断市场。新参加者须出重金购买这种资格，这种特权被称为“株”。天明年间（1781—1788）仅大阪就有130多个行业的仲间。行会密切监视产品质量、售价和交易过程。幕府对行会课以重税，工商业者政治上受人摆布。行会内部由门第高的家族控制，领主给他们以减免租税的特权。学徒（丁稚）从七八岁开始，长大后当店伙（手代），有的还升作掌柜（番头），就是店主人的儿子也要从学徒作起。

在士、农、工、商之外，日本还有30万贱民：分秽多和非人两种。他们世代从事屠宰、皮革等卑贱行业，永世不得改变身份，也有平民因犯罪被贬为非人的。贱民备受歧视，至今还是一个社会问题。日本传统社会就处在这样一个等级森严、尊卑有序的状态下。这种土地制度和小农经济与欧洲中世纪相似。①

三、商品经济的发展

（一）农业和手工业的商品化趋势

德川幕府结束了国家长期分裂和多年战乱局面，带来长达200年和平安定的环境，加上幕府初年奖励四木（桑、茶、楮、漆）、三草（红花、麻、兰）和棉花种植，以及大规模开垦荒地，鼓励商人出资排干沼泽。②全国粮食总产量1598年为1851万石，1688—1704年增至年均2591万石。农民还改良农具，增施油渣等肥料，用石灰作杀虫剂，选用良种，实行轮耕，栽双季稻。先进地区的稻谷产量18世纪初达到每反（一反等于2.6尺、幅宽9寸）2~2.5石（一石为180.4升，一石按150公斤计，折合中国亩产200公斤）。全国人口从1600年1600万增至1725年2600万。江户人口接近百万，大阪和京都各30万。

其他经济作物棉、桑、烟草和油茶籽发展更快。18世纪，日本人开始

① 《马克思恩格斯选集》第2卷，1972年版，第223页页末注。
② 吴廷缪：《日本史》，南开大学出版社1994年版，第286页。

种马铃薯、西瓜、花生、胡萝卜等。19世纪初，生丝产量比17世纪中期增加3倍。

剩余农产品增加、经济作物扩大，给市场带来更多的商品，农民购买种子、农具和肥料的花费增大，作为领主收入的年贡米也货币化了。幕府和大名领地大都采用1/3缴银制。农民为了缴纳货币地租，往往以田地作抵押、高利借贷，有的因此失去土地，成了佃农。17世纪末的京都、江户附近农村地区，失去土地的佃农已占自耕农一半。

18世纪以来，农业商品化步伐加快，少数本百姓上升为富农。他们和商人一样，从领主那里承包大片土地出租给农民或雇佣短工耕种，成为经营地主。有的富农和商人把棉花等原料贷给农民，让农民在家里用自己的织机纺纱织布，付给报酬。到19世纪初，纺织、造纸、酿酒等行业出现了手工工场。1854年，全国雇佣十人以上的手工工场有300多家。不过家庭手工业在全国仍占优势，是农业自然经济的补充。那些为市场服务的手工工场已经与经济作物集中产区形成固定联系，形成地区性以至全国生产中心。民间手工工场以棉纺、丝织为主，幕藩经营的官营工场以军工为主。50年代开港以来，幕府和西南强藩购买西洋设备，新建铸炮、造船、冶铁、火药厂和金银铜矿，采用8马力蒸汽锤和15马力蒸汽机，并聘请荷兰等西方技术人员作为骨干和老师，这些工厂在幕府垮台前多已投产。

（二）全国市场的形成

参觐交代制迫使各藩在江户买地建房，加上常住、往返和家臣的开销，使幕府所在地江户成为名副其实的政治中心和全国最大的消费城市。以江户为中心的五条干道通往全国各地，沿途设有驿站，主要供参觐交代和幕府军队、官员使用。后来随着商品粮、其他农产品和工业品市场的扩大，尤其是对外贸易的需要，形成以这五条道路为骨干的陆上交通网，还有沿日本四大列岛形成的近海航线。以江户为中心的关东地区是全国最大的日用品和奢侈品消费市场，这些商品主要靠大阪供应和集散（包括由长崎进口的商品）。因此，从18世纪起，大阪、江户之间的海运最为繁忙。1736年，运进大阪的白棉布117.8万反、染色棉布32.7万反。① 100年后，运往大阪的籽棉增加4～6倍，棉布增加40倍以上。② 元禄年间，江

---

① 一反等于2.6中国市尺，幅宽9寸。

② 井上清：《日本现代史》第1卷，吕明译，生活·读书·新知三联书店1956年版，第52页。

户和大阪的大商人分别组成10个帮、24个批发商公会，不久又发展成全国性商业同盟，这些同盟决定着全国许多商品的价格。大阪是“天下的厨房”，京都、兵库、大津、长崎也发展成全国性商业城市。大阪还是棉织业中心，京都的西阵、九州的博多生产精美的丝织品。越前、美浓、土佐的造纸，尾张、肥前的陶瓷、京都的漆器……都行销全国。

（三）货币发行与民间信贷

日本通行金、银、铜三种钱币，幕府设立这三种钱币的铸造厂（座），独占铸币权。各藩发行“藩钞”。据废藩置县（1871）时调查，德川时代的藩钞多达1694种，有244个藩发行这种不兑现货币。1609年，幕府规定金、银、铜钱的兑换率为1：5：4000。[①] 拥有大量资金的货币兑换商（两替商）设钱庄，为大商户办理存款、贷款、票据和汇兑业务。1662年，大阪10家钱庄组成以“十人两替”为名称的同业公会，管辖着120～200家钱庄。另有一批钱庄（“藏屋敷”“挂屋”及“札差”）以幕府领主为服务对象。这两种钱庄组成全国信贷系统，这些钱庄还兼营商业。

全国度量衡的统一在德川初期已经完成。井上清认为这是幕府和各藩出于勘测土地与征收年贡的需要。

四、幕藩财政困难与商人势力抬头

17世纪以来，以三都（京都、大阪、江户）为中心的商品市场迅速发展。幕藩的税收和年贡有限，而城市生活费用增加、奢侈品花样翻新、礼仪开支浩大，多数藩主把德川初期的积蓄都花掉了。财政赤字增加，幕府1700年前后年收入46.7万两白银，而支出140万两以上，加上代收年贡的代官中饱私囊，或受贿后降低租率（从38%降到28%），财政日见困难。各地大名还负担参觐交代的开支，以及对幕府的临时徭役，有的已濒于破产。将军和大名入不敷出，便拖欠或克扣家臣俸禄，加上物价上涨，旗本中多人值夜勤时竟没有棉衣御寒。许多武士以至大名都低三下四向商人借债，有些武士靠副业维持生计。另外，国内长期的和平局面使藩主觉得耗费巨资豢养武士是一种负担。

幕府为了救济武士，曾于1719年颁布法令，宣布因借债发生的诉讼由双方协商解决，这等于默认武士赖债合法。这一法令引起江户商业公会向市长（町奉行）提出抗议，债主们还打算张榜揭帖要武士还债，迫使幕府

---

① 吴廷璆：《日本史》，南开大学出版社1994年版，第272页注24。

撤销这一法令。

德川幕府从第五代纲吉（1680—1709）将军起，因腐化和奢侈导致财政失调。1695 年，幕府改铸货币，降低成色，获利 500 万两白银，但发行劣币引起物价上涨。1736 年，幕府又发行大量劣币和辅币（铜钱、铁钱）。

由于年贡米是领主及其家臣的主要财源，他们要把这些大米换成货币才能在城里生活，因此，当 1730 年以来米价跌落而其他商品价格不动时，大名和武士深受其害。为防止米价跌落，幕府在丰年大量买米，但财力有限，便鼓励商人也买米以平抑粮价，允许米商成立行会。后者操纵米价，市场因收成丰歉和人为投机而动荡不定，动摇着幕藩统治的基础。

德川初期对商人限制甚严，但随着农业商品化和城市繁荣，城乡批发商、货币兑换商积累起大量财富。17 世纪末，大阪巨商鸿池善右卫门一人操纵着 30 余藩的经济。他们一家的年收入相当于 10 个藩主的收益。鸿池发明清酒酿造法，畅销大阪、江户，他还经营大阪至江户的海运，成为大阪最大的金融商。住友家族于 1623 年在大阪开“泉屋”铜店起家。1690 年，从幕府那里取得别子铜矿开采权，以此致富。三井高利（1622—1694）在江户和京都开办绸缎庄起家，后经营钱庄。这三个大商人家族同后来的富士、三和、第一劝业银行共同构成近代日本六大垄断资本集团。

大阪巨商淀屋垄断了该市木材、鱼、米和蔬菜市场，资金折合 1.2 亿两白银，有 33 个大名向他借贷。这位豪商无视幕府法令，经常身穿里外全白的衣服招摇过市，或换上幕府赏赐的礼服出没花街柳巷。据日本学者 1789 年估计，全国 15/16 的财富已经被商人占有。由此可见，商人阶层在 19 世纪初已控制了日本经济，并成为许多大名、武士的债主。商人还通过典当、地租、过继、招婿等变通方法“购买”上层阶级的身份。

商人财力如此显赫，必然冲击传统的儒家思想和重农抑商政策。在长崎当过译员的学者西川如见（1648—1724）在《町人囊》中说，商人虽位居四民之末，但它能滋润天下万物。有的儒学家改而强调农、工、商者“缺一则国不存矣”。石田梅岩认为“营利乃商人之道”，而不单纯是私欲。近松在其剧本中写道：“商人虽说不带刀，但这里大批新银的光泽，足够把刀刃扭弯。”这些言论反映了新兴商人阶层的重要性和自信心。

五、锁国令与兰学

德川初年，政府为了充实财力，准备消灭丰臣遗族，曾经承袭织田、丰臣的开放政策，继续鼓励外贸。1615 年，发给赴日的广东、南京商船朱印状，并委托这些明朝商船给福建总督去信函，要求恢复官方贸易。明朝从中期以来因饱受倭寇抢劫骚扰之苦，拒绝日方要求，但民间贸易并未中断，中国每年有几十艘船来长崎等港。1609 年，日、朝恢复贸易。幕府、大名和豪商还与南洋各国有贸易往来。17 世纪，南洋各国除华侨集中的地方建有唐人街外，还出现了“日本町”（城镇）。这些日本人市镇到日本锁国后同本土隔绝，便与当地人通婚而逐渐同化。中、日贸易品种多，数额大，日本常有逆差，长期以来用白银支付差额。①

1542 年，葡萄牙人从澳门首航日本。他们乘中、日官方贸易中断之机，在澳门—长崎航线上垄断中国生丝和日本白银交易，获利 5～10 倍。1609 年、1613 年英、荷商人获准分别在长崎、平户设商行，并享受治外法权待遇，后来又在江户、大阪等六港设分行，给日本运来枪炮、火药、铅、呢绒、生丝、绸缎等商品。葡萄牙人在经商之外，还传播天主教。以沙勿略为首的西班牙传教士到 1580 年已使 15 万日本人皈依天主教。1610 年，教徒增至 70 万人。由于天主教教义同日本民族祭祖、忠君传统格格不入，幕府深怕天主教在日本传播会动摇自身的统治，更担心教会通过商人给南方大名提供武器，加上新教国家英、荷商人不断中伤西班牙、葡萄牙，说这两国正利用教民征服日本。于是，1612—1639 年，幕府多次发布锁国令，规定除特许船只外，严禁日本人出海。政府一再迫害天主教徒，到 1638 年几乎使其完全销声匿迹。外船来日本，一律到长崎限期交易，结果只有七家日商被特许从事外贸业务。1715 年，幕府规定只许中国船每年来 30 艘，荷兰船 2 艘。此后日本因国内工业产品增加，丝、糖等已能自给，而金、银产量减少，外贸逐年下降。但日本人在与西洋各国接触中开始学习近代科学知识和实用技术。由于初期与荷兰人交往最多，便把西方的知识通称为兰学。初期还局限在“东洋道德，西洋技术”的范围，类似中国洋务派“中学为体，西学为用”。不过有人已公开批评幕府的闭关锁国政策。1828 年，政府加强了洋学之禁。

六、幕藩改革

19 世纪以来，农业自然经济继续解体，幕藩财政困难，下级武士贫困潦倒，而商人阶层财大气粗。农村两极分化，市民苦于物价上涨，而特权商人和地方官吏乘机鱼肉百姓，城乡阶级矛盾激化。1837 年 2 月，大平盐

---

① 晁中辰：《明后期白银内流及影响》，《史学月刊》1993 年第 1 期。

八郎在大阪领导500市民和农民暴动，烧毁房屋3000多间。暴动虽被镇压，但各地仍不时出现骚乱。长州藩防府（山口县东南）1831年爆发10万人起义，暴动都针对豪商和官吏。1833—1836年，各地又遇暴雨和旱灾。为了巩固政权、增加财源（幕府每年赤字50万两），幕藩当局相继实行改革。

天保改革（1841—1843）。天保后期，在幕府老中水野忠邦主持下进行：①厉行节约，杜绝奢侈风气，取缔贵重服饰和高级食品，要农民满足于陋室和粗粮。奖励武士习武。②归农令。当时流入江户的农村饥民达该市总人口的30%。归农令规定：除常年营业者及其妻室外，流民一律回乡。降低雇工工资。③解散特权行会（株仲间），允许村吏和地主运货到城镇批发零售，不必经过特权商行。④幕府对商人课重税，铸造劣币，折半减免大名、旗本欠幕府的债款。⑤1843年，下令收回大名、旗本在江户周围10里、大阪5里之内的土地，归幕府直辖，把这些大名转封他地。这些改革违背市场规律、损害商人和大名利益，多以失败告终。

藩政改革和强藩兴起。与幕府改革相反，西南诸藩利用各自优势实施改革。1840年，长州藩利用濑户内海发展商贸，藩主承担贫困武士债务，37年分期偿还。萨摩藩武士多达总人口的1/3，藩主把武士欠三都商人的500万两债务以每年偿还1/250的赖债方式加以解决，把藩内债主升为武士使其放弃债权。该藩还强迫琉球发展外贸，绕过幕府锁国令往返大阪，这些利润成为萨摩的重要财源。佐贺、土佐藩也采用类似办法发展商业和商品生产，装备西洋军备。在改革中，诸藩起用那些受西方思想影响、善于理财的下级武士参与藩政，这些改革增强了西南诸藩实力。幕府和西南诸藩的改革均实施于天保年间，史称天保改革。

第二节　开国与倒幕

一、列强打开日本大门

1612年日本锁国后，英国被迫于1623年关闭平户商馆。1673年，英国商船来日通商遭拒绝。1804年俄派使节来日要求通商，1808年俄国列扎诺夫率船来长崎要求通商被拒，俄国军舰袭击虾夷（北海道）以示报复。①

---

① 信夫清三郎：《日本外交史》上册，天津社科院日本研究所译，商务印书馆1980年版，第46页。

在拿破仑大陆封锁期间，英国实施反封锁，并夺取荷兰海外殖民地。1808年，英国军舰费顿号因追捕荷轮闯入长崎，迫使幕府加强海防。针对英、美捕鲸船不断出没近海，幕府于1825年下达“坚决击退外国船只令”。但清朝在鸦片战争中的失败迫使幕府1842年放宽“击退外船令”，准许给遇难的外国船提供饮食和燃料。1837年，美国商船开进江户湾浦贺（1943年划入横须贺），要求通商，被大炮击退。1846年，美国使节比得尔率军舰再来浦贺，要求建交，被拒。1848年，美墨战争结束，加利福尼亚发现黄金，西海岸人口剧增。这时美国已不甘心在东亚继续扮演鸦片战争期间那种次等角色，加上北太平洋捕鲸业获利丰厚，美国急需利用日本港口避难、加煤加水，而日本坚持闭关锁国，于是美国决心诉诸武力。

1852年11月，总统菲尔莫尔派东印度舰队司令培理率四艘军舰（其中两艘为蒸汽动力）从诺福克出发，1853年6月3日驶入江户湾浦贺，要求幕府接受总统国书，就营救美国遇难船员订立永久协约，给美船提供补给品，开放日本港口，并表示美国无意传播基督教，美国的行为与英国无关。① 日方要美舰转赴长崎，培理威胁：“若不受理，舰队就开进江户与将军直接谈判。万一开战，美国必胜，那时可执白旗来见。”7月8日，美舰在江户湾强行抛锚并测量水深，日本人惊恐地眼见这些浮动的火山上的……野蛮人停在其内海长达一周。幕府官员回答“无礼的来信”已经收到，这是违背日本法律的，并告诉培理“现在你们可以离开了”。培理临走时警告日本官员，明年他将再来听取对总统信件的答复，当日本人问到是否还带这四艘军舰时，他回答“全部带上，可能还会多几艘”。② 7月15日，舰队驶往琉球，与琉球王约定通商、设煤库，并占领小笠原群岛。沙俄闻讯也派海军中将普查廷率四舰到长崎，要求划定国界并通商，幕府许诺两三年后解决。普查廷因克里米亚战争而撤往上海，等待本国专使。

面对邻邦中国割地赔款的前车之鉴，以及美、俄以海军为后盾的开国要求，幕府不知所措。1853年，幕府老中首座阿部正弘（1819—1857）打破200年来将军专断国政的惯例，把美国叩关情况报告天皇。7月1日，将美国国书译本分送各藩大名征询对策。朝廷内外议论纷纷，莫衷一是。

---

① 信夫清三郎：《日本外交史》上册，天津社科院日本研究所译，商务印书馆1980年版，第57页。

② ［美］托马斯·帕特森：《美国外交政策》上册，李庆余译，中国社会科学出版社1989年版，第155页。

同月，德川家族第12代将军家庆去世，继位将军家定（1853—1858）身体孱弱、膝下无子，在继承权争论中出现两个派别。

暂停上海的俄国将军普查廷向培理建议共同对日行动，培理拒绝。普查廷遂于1854年1月3日返回长崎，与日方谈判七次。在领土问题上双方互不相让。关于建交，日本只答应今后与别国建交时给俄以同样待遇。值得注意的是，俄方条约草案中已包括片面领事裁判权和最惠国待遇。

1854年2月11日，培理率七艘军舰再次来江户湾，其中三艘是蒸汽轮。培理于3月8日摆开阵势，……“长长的甲板上站满刺刀闪光的水兵”，鸣17发礼炮，全副戎装的乐队高奏“星条旗永不落”，500名水兵护卫着培理上岸。于是日、美签订神奈川条约（日美和亲条约）：日本救护遇难美国水手与货物，给美船提供补给品，最惠国条款，开放下田、箱馆，在下田设领事馆。归途中培理又与琉球国王签订类似条约，培理使用“公约”以回避琉球归属与主权问题。

美国就这样迫使日本结束其200年闭关锁国史，当时一位美国远征队员在日记中傲慢地写道，美国雄鹰几乎不允许鸟儿歌唱。① 同年8月，英国舰队驶入长崎，与幕府签订和亲条约。俄国、荷兰也分别与日签约。1858年6月，《日美友好通商条约》除原已开放的下田、箱馆（函馆）外，增开神奈川、长崎、新潟、兵库四港和大阪、江户两市，美国人可与日本人自由贸易、在日修建教堂、享有治外法权。日本出口税率5%，从美国进口货关税也是5%（日本关税原来平均20%）。② 同年日本与荷兰、俄国、英国和法国签订类似商约，这五项条约史称安政五国条约。

二、开港的后果

1858年开港后，西方廉价工业制成品借助不平等条约中的低关税，大量涌入日本市场。其中英国商品占进口总额75%（1860—1867）。横滨港1865年进出口总值2938万银洋（元），占日本进出口总值的70%～90%。外国商人在开港地区划定永久性居留地（租界）。1863年，横滨有32家居留地，其中英商16家、美国5家。常住外国人940多名，其中英国人占一

---

① ［美］托马斯·帕特森：《美国外交政策》上册，李庆余译，中国社会科学出版社1999年版，第156页。

② 信夫清三郎：《日本外交史》上册，天津社科院日本研究所译，商务印书馆1980年版，第76页。

半。外国常驻兵力1000人，保护其居留地商人。进出口货价由外国人一手决定，加上运费，使日本蒙受双重损失，如横滨生丝售价不足纽约市场价的一半，1866年虽有回升，也只及国际市场价的60%。外商还大量走私、贩卖军火，牟取暴利。他们进而雇日本人去内地收购生丝、茶叶等商品，在日本投资办厂，给政府贷款。到1871年，明治政府确认的外债总额加利息共400万日元。

受进口影响最大的是棉花种植和加工业，其次是丝织、糖和油菜籽加工业。1861年，棉花收获量只及1859年前的5%，而进口棉布已占全国市场的1/3。当时日本500万人（占总人口近1/6）以棉花种植与加工为主业或副业，洋布、洋纱大量进口使上百万人失业。开港10年间，日本商品化农业已从棉花为主转向水稻为主，养蚕业因生丝出口而迅速发展。横滨开港几年后，生丝价格就上升3~4倍，造成百业萧条、生丝独秀的局面。日本被纳入世界经济体系，成为欧美列强的工业品销售市场和农产品供应地。

黄金外流、物价飞涨。按1854年日美条约第5条规定，外币可以与日本货币按相同比价通用。实际上，外商当时多用墨西哥银元。日本金、银比价1∶6（官价1∶5），而世界市场金、银比价1∶15或1∶16，于是外国商人纷纷从菲律宾经上海把墨西哥银元运入日本，套购日本金币，倒卖一次获利3倍（运输和交易成本很小）。到1859年，日本金币外流100万两，而国内黄金产量很少。巨额黄金外流使日本金币大幅升值、银币贬值，市场一片混乱。1860年，幕府改铸金币，使新币重量只有原来的1/3，这才制止了外商投机风潮。但这一改革使日元含金量减少2/3，货币贬值加上洋货进口，导致国内物价全面上涨。① 以日本人主食大米为例，1867年比1859年上涨7倍（为原价8.27倍），大多数市民苦不堪言。

阶级关系新变化。开港后农民和市民处境恶化，1860年爆发了43次农民起义，1865—1867年，年均55次。他们摧毁地主和富商住宅，烧掉“检地账”，要求减租、平分地产。这一时期城市贫民起义也不断发生，多为针对囤积粮食的“米骚动”。物价上涨加上幕府、藩主克扣禄米，武士们“怨主如仇敌”。这些人原是统治阶级成员，这时已经贫困潦倒，许多人改行经商、打工、设塾授徒，有些沦为浪人。另外一些武士接触到西方文化和科技，他们从寻求个人出路推及国家前途，不同程度地希望政治改

① 万峰：《日本资本主义史研究》，湖南人民出版社1984年版，第36—40页。

革，有些已经在西南诸藩参与改革。

总之，开港之后城乡经济商品化过程加快，原已存在的各种社会矛盾这时迅速激化，其中武士贫困化最为重要。外国租界、治外法权和外国驻军还带来前所未有的民族屈辱，民族矛盾与国内政治、经济危机互相交织，使日本社会进入大动荡、大变革的新时期。

三、尊王攘夷与武装倒幕

1858 年，幕府收到美国通商条约（安政条约）草案后，立即分发给各地大名征询意见，并派阁老会议成员到京都请求天皇批准。幕府以为肯定会得到天皇“敕许”，不料水户藩前藩主德川齐昭这批攘夷派事先煽动孝明天皇（1847—1867 年在位）不要批准，天皇果然迟迟不批。这时候，其他攘夷派中山忠能（公卿）、岩仓具视（孝明天皇侍从）以及民间志士梁川星岩等人多方活动，反对开国。导致幕府借“敕许”以平息各藩非议安政条约的打算落空。而朝廷却一改 200 年来的冷落处境，不自觉地陷入权力之争的旋涡之中。

正当这些人就开国还是攘夷争执不休时，又出现幕府将军的继嗣问题。既然开国与否在朝野引起轩然大波，由将军发挥强有力的领导作用就尤为必要，但将军德川家定体弱多病且无男嗣，于是推选继嗣更加迫切。萨摩藩主岛津齐彬和幕府官员岩濑忠震推举一桥庆喜为继承人，说他才略出众；而彦根藩主井伊直弼等人拥立家定堂弟、未成年的纪伊藩主德川庆福为继任将军，他们看重德川家族的血统。1858 年 6 月，井伊直弼被任命为大老。他强行决定庆福（改名家茂）为继任将军，命令庆喜“隐居谨慎”。正当幕府在条约问题上左右为难时，传来英、法于 1858 年 6 月 26 日、27 日迫使清朝签订北京条约的消息。哈里斯担心英、法军舰会乘胜从天津来日本，在美国之前与日签订商约，便一再催促幕府签约。7 月，来到下田的美国军舰加强了哈里斯说话的分量，天皇被迫“敕许”。29 日，日、美全权代表在商约上签字。

8 月 14 日，德川家定死去，德川家茂成为第 14 代将军。随后，日与荷、英、法分别签订类似条约。

井伊直弼拥立家茂为将军后大权在握，他命令德川庆恕、松平庆永等支持德川庆喜继嗣的一派大名退隐，在京都、江户大肆逮捕尊王攘夷派，其中吉田松阴等八人被处死，受株连者达百余人。井伊对反对派的清洗和迫害，史称“安政大狱”。此举意在强化幕府的专制统治，却促使反对开国的攘夷派与主张尊崇天皇的尊王论者联合起来反对幕府。他们不断杀害外国人，1860 年 2 月又有两名荷兰船长被杀，幕府给每个遇害者 1000 两新小判（改铸后的日本金币，一两约等于 1.26 美元）。[①] 外国人在日本不断受伤或被杀，加深了他们对幕府统治能力的怀疑。而尊王攘夷派更把仇恨集中在幕府的当权者身上。3 月 24 日，水户浪人（指丧失主君和俸禄的武士）和萨摩藩武士在江户城樱田门外杀害了大老井伊直弼。此后，“尊王攘夷”就从政治言论变成下级武士、浪人的行动口号。他们已不受本藩局限，在全国展开倒幕斗争。

在此期间，幕府保守派岩仓具视、萨摩藩主岛津久光改革幕政，改善与朝廷的关系（公武合体），并镇压尊王攘夷派（指寺田屋之变，7 名攘夷派领导人被杀）。这引起长州藩主不满，在尊王攘夷派领导人久坂玄瑞策划下，公武合体派武士被赶出长州藩政府，这里成为倒幕根据地。

1860 年 12 月，美国领事馆译员休斯根被浪人刺杀。1862 年年底，来自长州藩的高杉晋作等人在江户烧毁英国公使馆。幕府威信下降，各地志士汇集京都，通过公卿三条实美怂恿天皇下令幕府攘夷。幕府遂改变政策，于 1863 年 5 月 10 日宣布封港攘夷，长州藩主乘机炮轰下关附近的美国商船和法、荷军舰。美、英、法、荷四国胁迫幕府处分长州藩，并以大炮轰击下关，击沉长州军舰。英国以萨摩藩拒不引渡杀人凶手为理由，8 月 15 日派军舰炮击萨摩炮台，双方交战两日，互有伤亡。长州藩政府在商人、富农资助下组建“骑兵队”，装备新式武器，高杉晋作任队长，尊攘派有武力做后盾。

但孝明天皇仍支持公武合体派。公卿在天皇支持下，联合幕府和萨摩、会津藩士力量，于 1863 年 8 月 18 日发动政变，把尊攘派势力赶出京都，长州藩政也为保守派所把持。1864 年 6 月，长州内外的倒幕派铤而走险，真木和泉、久坂玄瑞率军队攻打京都，被会津、萨摩军队击败，真木和久坂自杀，此即“禁门之变”。7 月，天皇下令幕府讨伐长州藩，幕府集结 35 个藩的兵力准备出征。

英国乘机联合美、法、荷三国舰队对长州 1863 年炮击外船进行报复。1864 年 8 月 5 日，四国出动 17 艘军舰、288 门大炮、5000 名军人进攻关门海峡，三天后攻陷下关。长州被迫议和：优待外国过往船只、不再修复或

① 信夫清三郎：《日本外交史》上册，天津社科院日本研究所译，商务印书馆 1980 年版，第 83 页。

新建海峡炮台、赔款300万美元，但由下达攘夷令的幕府负担。下关战争证明攘夷纯属妄想。①

11月，幕府军队逼近长州，藩主毛利投降并接受幕府处罚决定，征长战争结束。

开港以来国内外时局的变化，尤其是下关战争使西南强藩的政治家和商人逐渐懂得：盲目排外既不可能也不可取。1865年2月，倒幕派在长州重新掌权，他们放弃攘夷口号。对幕府表面上恭顺，实则大量进口武器、新建藩营工场、改革军制，暗中积蓄力量。

以西乡隆盛、大久保利通为首的激进派从1864年起掌握了萨摩藩政权，他们也像长州一样从上海购买西洋船舰17艘，数量居各藩之首。派遣留学生，这里成为倒幕派新据点。1866年3月，长州藩代表木户孝允与萨摩藩的西乡隆盛、小松带刀缔结萨长同盟，准备武力倒幕。

一方面，幕府和西南强藩对峙期间，法国支持幕府进行改革，并贷款3500万法郎供幕府购买武器和军舰。另一方面，占日本对外贸易70%的英国政府于1865年10月给驻日公使巴夏礼下达训令：鉴于鹿儿岛和下关两次战争后的形势，对大君政府（指幕府）的统治力量已不能完全信任，暗示要同有实力的大名接触。于是，巴夏礼先后会见萨摩、宇和两藩藩主父子，并与长州藩武士接触。这时，长州从萨摩购买武器，萨摩从长州运进粮食。英国还直接给两藩提供武器。11月，萨、长建立经济同盟，实现了政治、军事和经济上的倒幕联合。

1866年7月，幕府宣布第二次讨伐长州。但这时江户、大阪市民暴动和各地农民起义（全年农民起义106起、市民暴动35起），对幕府的统治地位构成威胁。8月20日，将军德川家茂在大阪去世，幕府以办丧事为由被迫撤军，政府威信一落千丈。

家茂去世后，一桥庆喜是众望所归的继承人，但他于9月28日只继承了德川宗家（指德川嫡系家族），直到1867年1月10日德川庆喜才接受天皇的任职诏令，被委任为第15代将军。另外，一直压制倒幕派的孝明天皇于1866年12月25日病故，15岁的太子睦仁于1867年1月即位，称明治天皇（1867—1912）。朝廷和幕府都在争夺天皇，因为天皇在谁手里，谁就是“官军”，而对方就是“贼军”。

---

① 信夫清三郎：《日本外交史》上册，天津社科院日本研究所译，商务印书馆1980年版，第103页。

在此期间，幕府和萨、长二藩都在为打败对方而积极备战。7月，西乡隆盛和大久保利通与土佐藩士后滕象二郎（他是藩主山内容堂的亲信）、坂本龙马缔结“萨土盟约”，以实现“大政奉还”为目标。8月，法国新外长芒斯特担心过分袒护幕府会伤害英、法关系，导致600万两贷款未能达成协议，德川庆喜的改革因财源中断而陷入困境，10月14日，他上表请求奉还大政，同日，朝廷公卿岩仓具视和倒幕派以天皇名义发密旨“殄戮贼臣庆喜”①。11月17日，朝廷传谕德川庆喜：外交和其他紧急事务仍暂由幕府处理。12月，天皇下诏：废除征夷大将军职务。

倒幕派为摆脱被动局面，一方面，在京都等地集结五个藩兵力，并包围皇宫禁城；另一方面，由西乡隆盛、大久保利通联合皇室公卿岩仓具视，于1868年1月3日突然发动宫廷政变，以天皇名义发布“王政复古大号令”：批准庆喜奉还大政并辞去将军职务，废除摄政、关白和幕府制度。另设总裁、议定和参与三职，分别由栖三宫任总裁，由公卿和五个藩主担任议定，大久保、西乡和木户等任参与，组成中央政府。当晚在宫内召开三职会议，决定勒令庆喜辞官纳地，并发表“一洗旧弊”“广开言路”“登用人才”“百事一新”的改革纲领。这表明德川政府已失去合法性，日本新政府宣告成立。

第三节　明治维新

一、德川幕府政权覆亡

早在王政复古以前，西乡就密谋策划扰乱社会秩序，旨在迫使庆喜挑起战端。当时有500名浪人在江户成群结伙闯入富人宅院，明火执仗地抢劫金银、散布谣言。消息传到大阪，幕府官员和会津、桑名藩藩士果然要求与朝廷决战。1868年1月1日，庆喜制订“讨萨表”。2日，幕府军队从大阪向京都进发。3日，朝廷斥责庆喜为“朝贼”，决定讨伐。4日，1.5万幕军与5000名新政府军在京都郊外鸟羽、伏见激战，历时四昼夜，幕府大败。2月4日，庆喜从大阪返回江户。战后，近畿以西各藩纷纷投向萨、长方面，三都大商人如三井等家族转而以财力支持新政府，继续追讨幕府军队。

---

① 蒋立峰：《日本天皇列传》，东方出版社1991年版，第141页。

在外交方面，新政府于1月15日向驻在神户的各国公使面交国书，内容是天皇亲裁内外政事。过去条约中称大君，今后改为天皇，承认旧幕府与外国所订条约，对外开国友好。各国公使承认新政府与旧幕府为对等交战团体，在战时宣告中立。不过，法国暗中支持幕府，英国商人向倒幕派大量出售武器。

31日，朝廷宣布庆喜为贼臣，并予以讨伐。2月3日，剥夺了庆喜官职。数日后，以萨、长为主力的政府军从京都出发，东征江户城。3月间，幕府领地上3000人起义，关东各地农民反对幕府征兵课税。面对这种局势，幕府陆军总裁胜海舟说服主战派和庆喜投降。新政府也害怕农民起义，愿意宽大处理。4月21日，政府军“无血入城”接收江户，给德川家族静冈土地70万石。幕府残余势力直到1869年5月政府军攻下函馆才彻底灭亡。历时一年半的内战（戊辰战争）最后以新政府胜利而结束。

二、明治政府的维新措施

（一）《五条誓文》

1868年3月14日，天皇公布施政纲领《五条誓文》：广兴会议，万事决于公论；上下一心，盛行经纶；官武一体，以至庶民，各遂其志，毋使人心倦怠；破除旧来之陋习，一本天地之公道；求知识于世界，大振皇国之基础。中心思想是稳定人心，建立以天皇为中心的中央集权国家，表达地主、资产阶级富国强兵的勇气和决心。不过五条誓文以天皇率百官在紫宸殿向“天神地祇”宣誓的形式发布，说明天皇只对神负责而不对人民负责，反映出新政府政教合一的神权色彩。①

（二）《维新政体书》

1868年闰4月21日政府公布《维新政体书》，规定政府体制和组织法令。第一，“天下权力皆归于太政官，使政令无出二途之患”。太政官等于总理大臣，下设议政、行政、刑法三个权力机关。议政官主管立法。立法机关分上、下两局，上局由议定、参与和由各藩家臣中选出的议员组成，下局由各藩选出的贡士组成。上局确定政体、制定法律、条约，决定机密政务，诠衡三等以上官吏，宣布和战。下局承上局之命，讨论租税、货币、条约等，实为上局咨询机关。行政官主管行政。由议定充任大辅（相）辅佐天皇，统辖行政、神祇、会计、军务、外国、民部六官（省）。

① 吴廷璆：《日本史》，南开大学出版社1994年版，第370页。

刑法官拥有监察、裁判、警察等司法权。议政、行政、司法三机关长官不得互兼，具有三权分立的组织形式。《维新政体书》还要求官员不得与官职之人在家里私议政事。三等以上官员以公选之法四年更换一次，众望所属而难以离职者得延长之。第二，地方政府。京都、大阪、江户三府为中央直辖领地，与各藩、县并列。称府藩县三治制。它用君主和官僚式的中央集权取代幕府和列藩专制的领主统治，具有进步意义。

1868 年 7 月 17 日，新政府改江户为东京并定为首都。9 月，改年号为明治。

法制改革。江藤新平强调与万国并立之根本在于富强，富强之本在于正国民之地位。正其地位即制定刑法、民法，使民心安宁、财用流通。国民乃深信政府，而保全其权利。担任司法卿后，他以法国民法典为蓝本，编成《皇国民法暂行规则》，但未实施。不过政府批准了他起草的《司法职务定制》，确定司法、审判、监察诸官职责和法院章程。1872 年，政府出版《宪法类编》，供法官办案时参考。

（三）版籍奉还

一方面，内战使各藩分裂为勤王、佐幕两派，藩主与其武士的主从关系发生动摇，军费开支使多数藩主濒临破产。各藩拥兵自重，藩权向下级武士转移。另一方面，农民反对各藩劳役，要求新政府兑现“年贡减半”的诺言，1869 年，发动起义 110 起，新政府也受到威胁。参与（官名）木户孝允、大久保利通说服萨摩、长州、土佐、肥田四藩主，联名上表朝廷，请求奉还版籍。1869 年 6 月，新政府批准收回各藩版籍，任命旧藩主为藩知事，使其失去对土地和人民领有权。这种以和平方式废除封建领有制的措施，有利于中央集权。

（四）废藩置县

版籍奉还后，新政府改革藩政和藩士禄制，引起士族不满以至暴动，一些小藩因财政困难主动要求废藩。岩仓、大久保和木户促使天皇于 1871 年 7 月发布废藩置县诏书，全国废 260 个藩，划为 1 都 3 府 302 县，1888 年合并为 3 府 42 县。① 免去藩知事，使其定居东京，中央任命府知事和县令，府县之下设区、镇、村。1872 年，编制户籍，给旧藩主以“华族”身份使享有家禄。政府承担各藩内外债 7800 万日元并接收各藩纸币 2493 万

---

① 日本现在有一都（东京都）、一道（北海道）、二府（京都府、大阪府）和 43 县这两级地方政府。县以下是市、町、村等基层政权。

日元。将旧藩债务变成政府公债，以赎买方式废除封建俸禄制。

（五）废除武士俸禄制和身份制

1872年，士族户主共42.5万人，家属151.5万人，合计194万人。政府发给其俸禄和赏典禄（戊辰战争中有功者赏金），约占政府年收入1/3。为了解除这一沉重负担，1872—1876年，政府取消大名和武士终身年俸，代之以一次性产业资金和金禄公债券。产业资金是现金，相当于5~14年俸禄，① 用于自谋职业。公债券是政府债券，从第6年起按抽签方式30年内偿清。当时有31万武士共领取1.73亿日元公债。公债发行后，少数华族和上层士族成为资本家或寄生地主。广大下级武士沦为工人、佃户，少数人当小官吏、教员。到1884年，这1.7亿日元公债的80%集中到少数大商人手中。

1872年，政府废除旧的等级身份制，实行士、农、工、商四民平等。除天皇具有神性外，全国居民分为华族（原大名、公卿）、士族（原武士）和平民（原农、工、商及贱民）。平民可称姓并骑马（由于工人、农民世代无姓，政府编户造册、登记居民时要他们立即报出姓氏，结果当事人匆匆拟就，致使大多数日本人姓氏至今杂乱无章，难以掌握），华族、士族为官之外还可经商。废除秽多、非人称呼，改称平民。

（六）军事改革

新政府深知“强兵”是富国之本。山县有朋从欧洲研究军事回国后，任兵部大辅，与西乡一起把萨、长、土三藩骑兵、步兵、炮兵1万人改为天皇近卫部队，归兵部省管理。1871年，改组兵部省，设陆军和海军部，次年分别改为省。1873年，发布征兵令：陆军分为常备（服役3年）、后备（2年）、国民3个系列，5个兵种。1890年，陆军5个师团5.3万人，海军25艘军舰、10艘鱼雷艇，共5万吨。木户主张军制以普鲁士为榜样，设陆、海军校，聘请德国人为军事顾问。1878年，设参谋本部直属天皇（帷幄上奏权），使军部与政府并列。1871年，把“府兵”改为“逻卒”，为近代最早的警察。川路利良认为，国如同家，政府乃父母，警察乃保姆，希望日本成为警察国家。

（七）财经改革

（1）土地改革（1872）。使四民可自由买卖土地，丈量全国土地并划

---

① 鲁思·本尼迪克特：《菊与刀》，商务印书馆1990年版，吕万和译，第54页页末注。

地价，用近代土地私有制取代封建领主土地所有制。土地改革后，1874—1890 年全国耕地扩大 22%，1878—1890 年大米总产增加近一倍，佃耕地占全部耕地的 36%。

（2）地税改革（1873）。新地租按地价 3% 征收（地价以米价为基数，五年调整一次）。镇、村还征收不超过地税 1/3 的地方税，丰歉不变。地税一律交现金，土地所有者是纳税人。地税改革完善了土地私有制，全国地税有统一标准，稳定了财政收入。1875 年，地税收入 5000 万日元，占国税总额的 88%，但地税占农民收获量的 34%，负担沉重。它有利于寄生地主，佃农把 68% 收入交给地主，扣除种子、肥料等开支，净收入只占 17%，而地主租地纯收入占收获量的 34%。明治年间米价一直上涨，而佃农交实物地租（大米），这就在日本培育出财力雄厚、政治上保守的寄生地主阶层，成为政坛保守势力的社会基础。

在金融方面，政府委托三井、小野发行纸币、管理公款收支和汇兑业务。1871 年，政府把货币从一两改为一圆。1872 年，公布“国立银行条例”，先后建立四家国立银行，发行货币、代理财政。1876 年，以金禄公债充作国立银行资本。1879 年，华族出资建立的第 15 国立银行资本占国立银行总资本的 40%，三井银行（1876）也是政府经济支柱。

（3）殖产兴业（1870—1885）。1870 年，设工部省，省内按工业部门设十个司（寮），把工业生产列为“国家第一紧急任务”。到 1885 年，用于基建和军工等国营企业的投资达 2900 万日元（其中铁路 1400 万日元、矿山 800 万日元），接收幕藩企业后，又加以扩建。1869 年，开通东京—横滨电报，1872 年，这两市间铁路通车。1871 年，建立国营邮政制度。棉织、丝织、呢绒工业也发展起来了。

（4）扶持私人资本。日本国营企业到 80 年代多数亏损，待其业务发达时，政府再低价卖给私人，如长崎造船所，当年投资 92 万日元，这时以 9 万日元一次性付清方式卖给三菱。兵库造船局，创业资本 59 万日元，以 5.9 万日元卖给川崎。这些新兴财阀（政商）购买 11 座矿山，4 个纺织、丝织厂，3 个农牧场，2 家造船厂。私人企业在 1873—1881 年还得到政府贷款 5300 万日元。政府把 31 艘轮船无偿交给三菱，使三菱得以挫败美、英公司，独家经营日本沿海至上海航线。

（八）文明开化

幕末以来成长的洋学者是传播西方文化的先驱。著名思想家、教育家福泽谕吉（1834—1901）说：“我们洋学者的目的只有一个，就是介绍西洋实际情况，使日本国民……早日进入开化的大门。”他在《劝学篇》中说：“凡天生的人一律平等，无贵贱之别。”该书发行百万册。他一生著作、译著60多种，在明治初年创办“明六社”，旨在“以卓识高论，唤醒愚氓”。十多名社员译书20余部，论文百余篇，介绍西方科学与民主。70年代日本出现报纸，如《读卖新闻》（1874）。

明治维新之前，日本45%的男子和15%的妇女都认识字，这个数字同当时最先进的西方国家相比也不逊色。①

1871年设文部省，次年颁《学制》，旨在普及四年制初小义务教育。一半课时为自然科学。70年代设师范学校，尽管当时百废待兴，财政困难，但政府拨给文部省经费仅次于工部省。1906年，日本95%适龄儿童上了学。② 1871年，政府派48人组成使节团，由右大臣岩仓率领出访欧美，旨在修改不平等条约、学习西方制度和文化。修约受挫后，他们全力考察学习，历时一年，把英国作为富国榜样，以德国为强兵楷模。大久保随团归来后改变了旧观点，力主推动殖产兴业。1872年，大藏省引进外国专家19人，到1876年各省（部）共引进外国专家469人，待遇高、要求严。政府进而认识到在国内培养技术人才更合算。建立工学校（后改为工部大学）。东京大学（1877）有理、法、文、医四个学院。1873年，派出留学生373人，经费达25万日元。1875年，文部省严格审查出国留学生，回国后须还清贷款。这些人回国后都成了科技骨干。津岛久光等保守派诬蔑文明开化是“以美为母，以法为父”，“拼命崇拜西方”以致“礼义廉耻扫地”，政府予以批驳，坚持教育改革和开放。

上述各项改革，使日本社会风气大变，武士剪掉旧发型，人们竞相穿西服、吃西餐、喝牛奶。猪肉、牛肉曾受上层社会轻视，这时成为上品。

维新初期，保守派西乡隆盛曾率军发动大规模叛乱，新政府在商人和下级武士支持下予以平息。

三、评价

在西方列强打开亚洲各国大门，其他国家纷纷沦为殖民地和半殖民地的关键时期，只有日本用短短14年（1854—1868）就完成了从被迫开国

---

① 埃德温·赖肖尔：《日本人》，孟胜德译，商务印书馆1980年版，第180页。

② F. H. 欣斯科：《新编剑桥世界近代史》第11卷，中国社科院世界史所译，中国社会科学出版社1987年版，第27页。

—盲目排外—主动开国向武装倒幕的转变，然后用 20 年（1868—1889）实现了国家机器及其运行机制的现代化。显示出日本人非凡的应变能力和民族凝聚力，以及对西方文明的鉴别和吸收能力，为欧美以外地区非白人种族在维护民族独立的同时赶上发达国家树立了榜样。

从国际环境看，明治维新的时机可以说千载难逢：60 年代的英、法两国，在亚洲致力于全面打开中国大门，无暇他顾；沙俄正忙于经营刚从中国夺去的 150 万平方公里远东领土，其实力尚未从东方战争中恢复过来；美国带头打开日本大门后，国内就陷入南北战争；俾斯麦正忙于德国统一事业。就在欧美列强放松或尚未来得及干涉日本的数年之内，倒幕派一举成功。

日本作为西方世界之外与欧美列强并驾齐驱的第一个强国，是对 400 年来白人种族优越论和欧洲中心论的挑战，增强了所有非白人种族，尤其是亚洲各民族独立、自强的信心。这是值得所有亚洲人共同庆幸的。但是，正因为明治维新是打着天皇旗号的一场宫廷政变，这场资产阶级“革命”或改革成功后建立的政权就具有浓厚的封建性和武士道神权色彩，使军国主义者很容易借助国家机器，把日本人强烈的进取心和对天皇的传统感情引向扩张争霸的道路上去，给亚洲人民带来深重的灾难。

第十四章

美国的成长

美国的成长主要指领土扩张和制度统一。地理范围的扩大和黑人奴隶制的废除，给工业革命提供了新动力。19 世纪末，美国已经成长为世界头号经济强国。

第一节　领土扩张

1783 年，英、美签订巴黎和约，规定美国领土北及英属加拿大和大湖以北，南至西班牙殖民地佛罗里达（北纬 31°），西边以密西西比河为界。

一、购买路易斯安那

从密西西比河到落基山这一大片土地有 200 余万平方公里，1699 年就成为法国殖民地，1718 年法国人在密西西比河口建起新奥尔良城。1762 年，按一项秘密条约，法国把路易斯安那和新奥尔良割让给西班牙 40 年。1800 年，西班牙把路易斯安那秘密交给拿破仑，为西班牙王后的女婿帕尔马在意大利换取一个王国。1801 年，拿破仑派其妹夫勒克莱尔将军率 3 万大军增援海地，继续镇压海地民族起义。

1802 年，法、西两国公布了移交路易斯安那的文件。在此以前，西班牙国王命令其新奥尔良总督停止美国公民在该市存放货物的权利——这是 1795 年平克尼条约中的一项内容。消息传来，愤怒的中西部农民向杰佛逊总统申诉其苦。总统告知美驻法公使利文斯顿："我们国家 3/8 农产品通过新奥尔良运往市场，……法国（守住这扇大门）是对我们采取挑衅态度。法国占领新奥尔良之日，就是我国同英国联合之时。"① 面对美国的抗议，西班牙取消了这一禁令。接着，杰佛逊派利文斯顿和门罗去法国谈判购买新奥尔良，法国外长塔列朗反问："美国愿不愿购买整个路易斯安那？这可是有史以来和平时期最大的一笔土地交易！"原来法国当时动用军队

---

① J. 布卢姆：《美国的历程》上册，杨国标译，商务印书馆 1988 年版，第 273 页。

难于镇压杜桑·卢维杜尔领导的海地起义，1802年的亚眠和约仅仅是暂时休战。在即将到来的对英战争中，法国需要金钱。而且，既然英国控制着大西洋，继续占领孤零零的路易斯安那对法国也就用处不大了，把它卖给美国还可以阻止英、美重归于好。

经过讨价还价，法、美于1803年4月30日达成协议，美国以1500万美元（5000万法郎）购买这块土地，居住在这里的天主教徒享有公民权和信仰自由。西部农民欢迎这一购买，而联邦党人则以违宪和财政理由加以反对。参、众两院事后予以批准，美国领土因此扩大一倍。

二、探查远西部地区

1803年1月，国会秘密拨款资助一支探险队前往远西部，探查密苏里河上游并寻找去太平洋的道路。1804年5月，总统派刘易斯和克拉克率探险队从圣路易斯出发，足迹遍及远西部，直达太平洋沿岸。他们寻找贸易机会和矿藏，记录当地风土民情。1806年，探险队再次出发。事后发表探险者日记，它给美国后来对奥勒冈地区提出领土要求提供了证据。1812—1814年，英、美战争打消了美国人向北扩张的念头。1818年，英、美两国以北纬49°为彼此之间国界线，从伍兹湖直到落基山，奥勒冈地区由两国共管。

三、吞并佛罗里达

1811年，国会通过兼并西佛罗里达的秘密协议，并占领该地。佐治亚边疆居民贪婪地觊觎着西属东佛罗里达。而越界骚扰的印第安人和逃亡的黑人奴隶，也都把东佛罗里达当成避难所。1818年，门罗总统命令杰克逊将军率军清剿边疆的印第安人，必要时可越界进入东佛罗里达。1819年，美国和西班牙签订边界条约，把东佛罗里达割让给美国，美方出价500万美元，西班牙放弃对奥勒冈地区北纬42°以南的领土要求。

四、门罗宣言

从海地开始的拉丁美洲独立战争持续到1822年时，墨西哥及其以南大部地区已取得独立。同年12月2日，美国承认墨西哥独立。而法国外交大臣孟莫朗西在神圣同盟维罗那会议上却表示，法国打算武装镇压西班牙叛乱，并准备出兵干涉西班牙美洲殖民地独立运动，俄、普、奥三国在会上表示同意。由于英国控制着海洋，故其态度有决定意义。而英国势力这时已深深地渗入拉美，在这里的进口商品和外来投资中占很大份额。因此，英国认为把拉丁美洲变成英国殖民地只是时间问题。既然如此，先让拉美殖民地独立才符合英国利益。对于法国干涉拉美一事，英国自然反对。另外，从1812年起，俄美贸易公司已扩展到旧金山附近，沙皇亚历山大一世于1821年发布敕令，声称这家公司在北纬51°以北享有排他性商业特权，并禁止外国船只靠近海岸。[①] 美国针对这一声明警告说，任何欧洲列强不得再来美洲建立新殖民地。

英国对拉美出口量从1822年起被美国超过，因而担心美国在这里取得排他性商业地位，加上神圣同盟允许法国干涉拉美，英国外交大臣坎宁于1823年8月16日向美国建议，两国发表联合声明，反对法国干涉拉美事务，并保证不把这些西班牙属地的任何部分作为各自的兼并对象，该声明草案对承认这些新共和国的话却只字未提。

门罗总统几乎要接受这一草案，前总统杰佛逊、麦迪逊和内阁成员也都同意，但国务卿约翰·昆西·亚当斯力排众议，认为英方建议并不是符合美国利益的最佳选择。因为：①美国早已承认拉美革命者为交战一方，允许在美购买武器，并于1822年承认了这些新独立的共和国；②美国无须保护英国在拉美的贸易地位；③这一联合声明将捆住美国手脚，使美国今后不能兼并古巴或其他拉美领土。于是亚当斯建议，与其充当英国军舰后面一只小游艇尾随而行，不如我们独自行动，针对法、俄声明表明美国的原则，显得更为坦率，也更有尊严。门罗总统衷心赞成亚当斯的建议，他在1823年12月给国会的年度咨文中宣布：任何欧洲列强不得把已获自由和独立的美洲国家当作自己今后殖民的对象。欧洲政治制度与新世界有本质差别，两者不容混淆。美国不曾干涉过欧洲在南北美洲已有的殖民地，而且避免卷入欧洲事务。但是，欧洲国家在西半球控制已获独立的国家的任何企图，都将被看作对美国不友好的举动，构成对这个国家和平与安全的威胁。这个以不干涉和非殖民化为核心的政府声明，即门罗宣言（门罗主义）。

鉴于美国当时实力有限，这种向欧洲列强公开挑战的宣言受到欧洲报纸的嘲笑：傲慢、大胆、空洞之类的指责不绝于耳，不过英、法等国在拉美既得利益未受损害的情况下也没有采取行动，俄国则声明其领土范围在

---

① David Burner, *An American Portrait*, Charles Scribner's Sons, N. Y., 1980, p. 221.

北纬54°40′以北现有地区。① 但从长远观点来看，情况就不同了，此宣言的重要性在于它奠定了美国对西半球外交政策的基础，标志着美国独立外交路线已经完全形成，即由华盛顿总统开创、体现在此宣言中的对欧中立主义，最符合美国利益。

门罗宣言有利于拉美各国维护其独立，当时受到拉美国家的欢迎。随着美国内战后综合实力不断增强，门罗主义逐渐从保护西半球的盾牌演变成北美向中、南美洲扩张的进攻性武器，美洲是美洲人的美洲变成美洲是美国人的美洲。

五、西进运动

主要指美国人民开发西部土地的拓殖运动，它与政府的领土扩张互相促进。如果从 1803 年购买路易斯安那算起，西进运动在本土一直持续到 1890 年才基本结束。因为据 1890 年人口调查，远西部直到西海岸的人口密度已超过每平方英里两人，即边疆自由土地已被开发完毕。② 边疆这个词并非人工划定的两国边界地区，而指殖民者已经占据的土地的边缘地带，它并不固定而是在不断向西边移动着。美国的兴起和强盛可以说是在西进运动中完成的。

1793 年，惠特尼发明轧花机，它比手工清理棉籽快几十倍。当时英国市场棉花需求量很大，亚拉巴马和密西西比州的沃土特别适宜棉花生长。购买路易斯安那后，自由土地无比广阔。美国南部种植园的主要作物就从烟草改为棉花。当时耕作粗放，宜农荒地又很便宜，而棉田的土壤肥力损耗很快。因此，南部农场主不断加入西进行列。

在北部，伊利运河 1825 年通航后，出现了移民高潮。当年运河沿岸地价由 5 美元/英亩上升到 20 美元/英亩。③ 据统计，当时在中西部建一个 40 英亩小农场的费用为 112 ~224 美元。而到 19 世纪 50—60 年代，已上涨到 1000 美元。许多买不起西部土地的穷人去那里私自开荒，被称为非法占地者。在衣阿华和密苏里州，1838 年已有 2/3 自由土地被他们私自占据。

1848 年，加利福尼亚发现金矿，引起移民潮，史称“淘金热”。1862

---

① David Burner, *An American Portrait*, Charles Scribner's Sons, N. Y., 1980, p. 222.

② 杨生茂：《美国历史学家特纳及其学派》，商务印书馆 1983 年版，第 5 页。

③ 黄安年：《美国的崛起》，中国社会科学出版社 1992 年版，第 109 页。

年5月20日，林肯总统促使国会通过宅地法，允许美国公民为垦殖之目的，缴纳10美元手续费，即可占有公共土地160英亩。在这块地上居住或耕种五年以上（含军龄）即发给土地证，成为合法主人。此法令促使更多穷人前来西部开荒。70年代西部发现银矿，也推动了西进运动。

西进的过程大致是，先来的是猎人，随后是皮毛收购商，然后是放牧者，最后定居下来的是农民拓荒者。商人、工匠紧随其后，形成市镇。有的边疆人一生搬迁10次。理由是，要想尽快赚3000美元，那就先在新宅地上住3年，这160英亩地就归你所有，如遇上好机会，每英亩可卖20美元。①

西进运动也是一场驱逐印第安人的运动，他们本是这块森林和草原上自由自在的打猎人。奴隶主奴役他们的企图失败了，但他们始终固守传统的部落生活习俗和谋生方式，自我孤立于美国主流社会之外。于是，无论哪个政党都不关心他们，因为他们不纳税，也就没有选举权。于是，除了他们手中的皮毛商品和脚下的土地，谁也不需要他们。结果，他们的命运只剩下一个：被驱赶到西部、远西部，一直到白人不愿意居住的地方去。从1812年战争到内战期间，联邦政府的政策是把他们赶到密西西比河以西的大草原。政府曾庄严保证，只要青草还在生长，印第安人就可以永远保住他们在大河以西的新领土。但60年代以后，河西出现了白人。达科他的黑山上发现金矿，落基山有银矿，而且大草原既是良好的牧场，也可以大面积种植小麦。西进的白人不断霸占印第安人的土地，一再把他们驱赶到荒凉土地上。政府则实施所谓“保留地制度”，对那些不愿迁出的印第安人，当地白人、民团和联邦军队加以驱赶和屠杀。印第安人只有几次小规模武装反抗，如黑鹰战争（1832）。40年代，住在佐治亚州的切罗基印第安人为保住自己的土地，上告州政府直到联邦最高法院。高法判定佐治亚州对切罗基人没有管辖权，无权占有他们土地。但州政府无视高法终审判决，总统又不出面干预，切罗基人不得不含泪离开故土。

1876年，西部土地上的印第安人包围并全歼卡斯特率领的210名联邦军队，这是印第安人的最后一次胜利。结果，在解除这些印第安人武装的战争中，200多名西荷族男女老幼被杀。1802—1882年，白人对印第安人发动过上千次征服战争，夺走他们1500万英亩土地。1775—1877年，强

---

① 雷·艾伦·比林顿：《向西部扩张——美国边疆史》下册，戴维伟译，商务印书馆1991年版，第436页。

迫他们签订卖地契约370项。印第安人人口从原来的100万减至24万。[1]

西进运动的影响。①美国的民主不是从苏珊·康斯坦特号于1607年载运到弗吉尼亚的，也不是五月花号载到普茨茅斯的，它产生于美国的森林之中。[2] 西进运动使美国成为一个边疆社会，使美国人保持着开拓精神。文明的人群一直同原始社会相接触，这种在自由土地上成长起来的个人主义同终身强制服役是格格不入的。它形成美国人性格中的粗暴、强悍、精明和实干品质，但也带来种种弊端：商业道德低下、政党分肥、滥发纸币和自由铸造银币等。美国有一把打开欧洲解决不了的历史之谜的钥匙：美国是一块没有历史的国土，它展现了世界历史的进程。特纳这样标新立异，旨在反驳“美国是欧洲文明的延伸”这一传统观点，强调美国文明的独创性与本土特征。②对中西部的开发促进美国的经济独立。一方面，内战前夕，中西部商品化农牧业与新英格兰工商业以及南部种植园经济同样重要，已形成三足鼎立的区域经济结构。三者共同构成互相依赖、共同繁荣的全国统一市场。另一方面，中西部自由农民是阻止南部奴隶制向西部扩张的主要屏障。移民对中西部的开发增强了联邦政府在内战中的实力。③西部自由土地给东部沿海城市的过剩劳动力提供出路，成为缓和国内阶级矛盾的安全阀。④从世界范围看，美国西进运动吸引欧洲移民前来进行大规模农业生产。使欧洲1871—1895年小麦价格下降一半，这震撼着欧洲大小土地所有制的根基。这些移民使美国很快就会摧毁英国迄今为止的工业垄断地位（恩格斯）。[3]

六、与墨西哥的战争

得克萨斯原为墨西哥共和国一个省。从18世纪30年代起，大批美国移民在这里自行成立临时政府，把得克萨斯边防军赶走，宣布独立。墨西哥政府军赶来平叛，固守阿拉莫的200名武装叛乱分子宁死也不后撤，结果被占优势的政府军消灭。此后，“牢记阿拉莫！”的复仇声便响彻美国各地，一大批狂热的志愿人员在政府纵容下攻击墨西哥军队，成立“孤星共和国”。1837年，美国承认了这个国家。

但是，当这个孤星共和国申请与美国合并时，北方国会议员担心奴隶

---

① 黄安年：《美国的崛起》，中国社会科学出版社1992年版，第151页。
② 杨生茂：《美国历史学家特纳及其学派》，商务印书馆1983年版，第143页。
③ 马克思、恩格斯：《共产党宣言·1882年俄文版序言》。

制在这里扩展会打破1820年以来奴隶州与自由州议员名额在国会的力量平衡，因而反对接纳。直到1845年占领得克萨斯才与美合并。1846年，美国借口边界纠纷，正式对墨西哥宣战，第二年攻入该国首都墨西哥城，后者被迫与美国缔结和平条约（1848），割让得克萨斯、新墨西哥和加利福尼亚，美国付给墨西哥1500万美元。墨西哥共和国丧失一半领土，美国得到235万平方公里土地。

七、奥勒冈和阿拉斯加

根据1818年英美公约，北纬49°线为加拿大与美国边界。奥勒冈地区由两国共管。英国人首先到达这一地区，英、美皮毛商都来此定居。20年代英国哈得孙湾公司实际上控制了这一地区，美国人势力较弱。但从30年代起，美国出现了一股“奥勒冈热”，示威者高喊：“49度或战争！”波尔克总统在1848年竞选中提出重新占领奥勒冈的口号。在就职演说中他声称美国对奥勒冈的领有权是明白无误和不容置疑的，“只要有移民在我们领土上，我们就有责任保护他们”。但当时与墨西哥作战在即，波尔克决定与英国谈判，英国公使断然拒绝以49°为分界的建议，但政府认为不值得为此与美国打仗，哈得孙湾公司已北移到温哥华岛上。1846年，英、美达成协议，奥勒冈地区划归美国，两国以49°为界，英国占有温哥华岛。

1848年，波尔克表示愿出1亿美元购买古巴，遭西班牙拒绝。1852年，美国声明无意夺取古巴，但拒绝英、法关于三强国中任何一方不得占领古巴的协定草案。

1867年，俄国以720万美元要价，把阿拉斯加这块150万平方公里的土地卖给美国，包括阿留申群岛。美国报纸当时讥讽国务卿西华德用公款为他们家买了一个冰箱（icebox）。但20世纪60年代以后，这里石油年产上亿吨，还有丰富的森林和鱼类资源，而且具有重要的战略地位。

1853年，美国用1000万美元从墨西哥手中购买加兹登4.5万平方公里土地，以便修筑一条东西方向铁路时通过该地区。至此，美国的陆地边疆拓展即告完成。1898年，美国吞并夏威夷，1959年夏威夷成为美国第50个州。

八、与远东的关系

1833年，美国与暹罗王国签订贸易条约，但这时美国与远东有利可图的贸易集中在广州。鸦片战争期间，美国充当英国帮凶，并乘机强迫中国签订《望厦条约》，其中损害中国主权和利益的条款超过《中英南京条约》。1853 年，培理率美国舰队打开日本大门。

从 1803 年购买路易斯安那到墨西哥战争结束，美国用 40 年时间就把领土从密西西比河延伸到太平洋东海岸，本土的陆地面积已经达到今日的规模。

第二节　工业革命

一、棉纺工业

1790 年，一位熟悉英国纺织机械的英国移民塞缪尔·斯莱特在罗德艾兰的波特基特为商人摩西·布朗建设起一座棉纺厂，共有 72 枚纱锭，由 9 名童工操作，用水力驱动机器。斯莱特被称为美国制造业之父，这是美国第一家工厂。到 1807 年已增加到 15 家棉纺厂、8000 枚纱锭。在杰佛逊总统禁运法（1807—1809）和 1812—1814 年英、美战争期间，由于进口受阻，民族工业发展较快。1814 年，已有 13 万枚纱锭投产，共几百家棉纺厂，集中在新英格兰。1816 年，美国工业投资共 1 亿美元，其中棉纺业投资占 5200 万美元。到 50 年代，新英格兰地区的棉纺业已实现机械化。1860 年，美国棉纺业资本 9800 万美元，产值 1 亿美元，工人 12.2 万人，纱锭 520 万枚。美国棉纺业仅次于英国，居世界第二位。

二、交通运输

（一）收费公路。1794 年，一家私人公司在宾夕法尼亚建成兰开斯特至费城 66 英里硬面公路，两边有排水沟，宽 24 英尺。各地纷纷仿效这种收费公路，尤其是联邦政府投资建成的昆布兰大道，从昆布兰（宾州西南角）到伊利诺伊州万达利亚（圣路易斯东 100 公里），全长 843 公里，耗资 680 万美元，19 世纪上半期陆续向西延伸，是通往中西部的主要陆上通道，沿途兴起了一批新城市。① 但在长途运输中，它竞争不过运河与铁路。

（二）运河。1807 年，富尔敦发明轮船。1825 年，伊利运河通航，从布法罗到纽约的货运期从 20 天缩至 8 天，运费从每吨 100 美元降至 10 美元。运河总投资 700 万美元，通航 9 年收回投资，它使纽约取代费城成为美国第一大海港。1850 年全国运河共有 3100 英里（4800 公里）。

---

① 福克讷：《美国经济史》上卷，王锟译，商务印书馆 1989 年版，第 345 页。

（三）海运。19 世纪上半期多用纵帆船和飞剪快船，轮船在 19 世纪晚期才广泛用于远洋运输。

（四）铁路。1828 年美国开始修铁路（比英国晚 3 年），1830 年通车，1840 年有 4553 公里线路（欧洲总长 4087 公里），1860 年美国铁路达 52600 公里，占世界一半，比欧洲长 3000 公里。这与联邦、州、县的鼓励、资助和英国资本分不开。铁路每吨每英里运费 3 ~ 5 美分而驿车 15 美分。内战前夕，北方铁路占全国 2/3。

铁路、运河的发展刺激了采煤、冶金、造船和机械工业，促使工业布局西移，加快了西部开发，尤其是中西部农牧业发展。

（五）通信。莫尔斯于 1837 年发明点线结合的电码系，1854 年，获专利权。1861 年，营运的电报共 5 万公里，电报借助铁路获得迅速发展。1866 年，第一条横贯大西洋的海底电缆建成使用。

三、大规模工业革命时期

从以上史料可以看出，美国大规模工业革命开始于 19 世纪 30—40 年代。按库兹涅茨的推算，当时美国国民生产总值（GNP）人均 474 美元（1965 年美元）。考虑到美国从殖民地年代起工人平均工资就比英国高 1/3 至一倍和物价上升，这一人均值与英国工业革命开始时的 227 美元水平相当（法国始于 19 世纪 30 年代，人均 GNP 242 美元）。

从美国工业产值增长速度看也是这样，1830 年全国工业产值是 1776 年的 50 倍。① 1839—1859 年，每 10 年人均工业产值增长率为 17. 3%，而英国为 10. 3%。1810 年、1840 年、1860 年美国工业产值分别是 1. 99 亿美元、4. 83 亿美元、18. 86 亿美元。② 美国不仅大量引进英国机器和专利，自己还发明了许多机器，如伊莱亚斯·豪（1819—1867）于 1846 年发明缝纫机。据商标局统计，1790—1811 年，年均发放专利证 646 件，1850—1860 年年均 2525 件。③ 原因之一是美国人力成本一直高于欧洲，机械比手工更合算。

工业零部件标准化。曾经发明轧花机的惠特尼接受了政府一笔军事订

---

① 保罗·肯尼迪：《大国的兴衰》，中国经济出版社 1989 年版，第 116 页。

② 四川大学 56 级同学编：《外国国民经济史讲稿》（近现代部分），高等教育出版社 1959 年版，第 122 页。

③ 福克讷：《美国经济史》上卷，王锟译，商务印书馆 1989 年版，第 324 页。

货，要他在28个月里制造出一万支来复枪，他在康涅狄格州钟表匠诺思帮助下，首创标准化方式加工零部件：按实物在图纸上绘好形状和尺寸，标注各部分加工精度和光洁度、对材料的要求，再用各种机床（车床或磨床……）分别加工来复枪上每一个零部件，然后装配成一个个成品，使每个零部件（如枪栓）在任何一支来复枪上都可以互换使用并确保性能良好。这一具有普遍意义的技术变革使机器零件的加工减少了对手工操作（往往由钳工承担）的依赖，便于大批量、机械化加工，大幅度降低加工成本、提高生产率，便于更换易磨损零件，延长了来复枪的使用寿命。诺思把这种标准化方式用于钟表工业，也生产出大批低成本时钟供应市场。这一革新如此重要，以至于英国议会于1855年派代表团来美国专门考察这种加工方法，并购买制造来复枪的全套专用设备。①

外贸。汉密尔顿向国会提交《关于工业报告书》（1791），建议征收进口税，理由是这可以增加国税收入，加强联邦政府地位，保护本国幼稚工业。1816年，麦迪逊总统针对英国货大量涌入，把进口税提高到20%，30年代，南方各州反对高关税，1846年达成妥协，即沃尔克税则，把进口货分成A、B、C、D四组：A级是奢侈品，税率100%；B级是半奢侈品，税率40%；C级和D级为30%～50%。② 美国工业产值1860年已占世界总量17%。但多数居民住在农村，不过中西部农产品和南部棉花已成为国内外市场的组成部分。1860年，出口的农产品占总出口值80.5%，其中棉花占60%，工业品只占15.3%，进口中工业制成品占一半。英国向美国输出工业品、资本而进口棉花和粮食。从这种外贸结构看，“合众国是欧洲的殖民地”③。1860年，美国进出口总额分别为3.5亿美元和3.3亿美元。

四、资本原始积累

北美殖民地经济从一开始就以市场为导向，对外贸易是宗主国英国和殖民地商人资本原始积累的共同手段。对于美国来说，资本还来源于以下几方面。

第一，拍卖国有土地和私人土地投机。美国从印第安人和其他列强手里得到土地后，把这些国有土地卖给私人和公司，无偿满足穷人的土地要求

① 徐玮：《美国近代经济史》，黑龙江科技出版社1988年版，第176页。
② 夏炎德：《欧美经济史》，上海三联书店1991年版，第371、373页。
③ 马克思：《资本论》第1卷，人民出版社1975年第一版，第833页注253。

（1862年宅地法），无偿赠送给铁路公司（联邦赠1.8亿英亩，各州赠1.4亿英亩，土地局出售1亿多英亩，共计5.21亿英亩）。① 拍卖土地成为政府一项财政收入。土地投机是资本原始积累的重要途径，其地位超过别国。

第二，近代国债、赋税制度和关税保护。独立战争胜利后联邦和州政府欠债总额7500万美元，其中1200万美元是外债，另有几个州的债务共2500万美元。当时几乎没有人关心外债，但内债怎么办？南方许多州已还清了债务，而北方几个州未还。退伍老兵和城乡居民战后忙于恢复生产和经营，急需现金。投机商乘机压价，以票面值15%～20%的现金从老兵和穷人手里购进战时政府债券。社会舆论认为，政府应当以贬值了的市场价购进这些债券（大陆券），而华盛顿政府的财政部长汉密尔顿根据宪法第六条规定，在向国会提交的《关于公共信用的报告》中，建议政府按票面值兑现大陆会议和邦联国会时期所欠之内债与外债，所需款项通过征税筹措，最终支付本金。他还建议发行新公债，用新公债按票面值兑换旧公债，包括各州政府的旧公债，认为只有这样才能恢复政府信用。麦迪逊反对汉密尔顿的办法，主张按市场价兑现，把差额支付给退伍士兵和公民。当时某些国会议员一面派人下乡廉价收购债券，一面振振有词地指责麦迪逊的方案，那些还清了战时债务的州如弗吉尼亚、马里兰、北卡罗来纳、佐治亚的议员也反对汉密尔顿，因为这等于他们的州以纳税方式两次偿还同一笔债务。但是当汉密尔顿答应给还了债的州以补贴后，后者不再作声。针对国会内外反对派的议论，汉密尔顿向总统保证：没有足够的证据证明某些国会议员是证券经纪人或票据商。至于社会上有人利用国会悬而未决的法案进行投机，那是谁也难以避免的。华盛顿总统相信了他的话。1796年6月10日，国会通过法令，由联邦政府承担所有战时债务并以票面值兑现。其实汉密尔顿的真实意图是利用国债制度加快资本集中的步伐，让少数生意人短期内积累起足够多的资金办企业、开商店，良好的公共信用还有利于吸引外资，把美国早日建成一个英国式的工商业强国。从政治上看，联邦政府以票面值兑现并把州政府债务揽过来，都有利于树立政府在资本家心目中的公信力。

1790年12月13日，国会通过了汉密尔顿关于成立合众国银行的报告，该行经营存贷款、贴现和发行货币业务，由政府发给为期20年的特许状。合众国银行于1791年1月正式成立，创业资本1000万美元，其中私

---

① 雷·艾伦·比林顿：《向西部扩张——美国边疆史》，商务印书馆1991年版。

人资本800万美元，国会认购200万美元，用政府公债支付。这是一家由私人经营、具有国家银行职能的商业银行，与1694年成立的英格兰银行类似。1791年4月15日，国务卿杰佛逊发表意见书，认为宪法并未授权国会成立类似垄断性质的银行，故违宪。汉密尔顿回答，宪法授权政府做任何“必要而适当”的事来履行其职责。此即“默示条款”（或含蓄权力）。这就是历史上对宪法条文从宽与从严解释的争论。华盛顿总统认真听取双方意见，最后批准国会通过的成立合众国银行的法案。杰佛逊从小农的利益出发，担心少数银行家和大商人操纵这家银行，形成中央集权，削弱州权，损害社会下层尤其是农民利益，故从严解释宪法。他希望把美国建成一个以小农为主的法国式社会，避免英国式工商业社会中的欺诈行为。① 1792年，国会通过法案规定1美元等于24.75格令黄金，折合1.6克黄金，或含银量371.25格令。金银比价15∶1。

1771—1826年，还本付息占政府开支20%，最高年份达56%。政府收入来源除拍卖土地外，建国初期啤酒税曾占政府收入1/3。当时内地交通不便，许多小农把余粮酿成啤酒运往市场，这样比运粮节省运费，但政府酒税高达酒价1/3，曾引起威士忌抗税事件，华盛顿总统派遣军队前往抗税地区武装游行，以显示力量，迫使农民屈服。黄绍湘先生说这是农民起义②并不准确。关税是政府另一财源。内战爆发后，政府扩大消费税范围，消费税总额超过关税。到19世纪末，关税税率曾高达40%以上。从1861年、1913年起，政府开始征收个人和公司所得税。这种直接税到1917年已占联邦政府税收一半左右，由此，形成了以所得税为主体的复合税收制度。③

第三，外国对美投资。1843年外国对美投资1.5亿美元，1864年为4亿美元。④ 到1914年，外国对美投资共67亿美元，主要是英国资本。直到20世纪初，美国铁路资产的1/4仍为英国人等外国人所拥有。⑤

五、移民政策

美国是移民之国。初期前来北美的移民分为自愿和强迫两种。前者是来自

---

① 李昌道：《美国宪法史稿》，法律出版社1986年版，第152页。

② 黄绍湘：《美国早期发展史》，人民出版社1957年版，第369页。

③ 魏杰：《看得见的手》，人民出版社1993年版，第4—5页。

④ 中国社会科学出版社经济结构组办公室：《主要资本主义国家的经济结构》，中国社会科学出版社1981年版，第4页。

⑤ 宋则行：《世界经济史》上卷，经济科学出版社1993年版，第292页。

欧洲的契约劳工，有的书上译作契约奴隶，不确切。奴隶来自非洲的黑人。1830年前后，每年进入美国的移民约10万人，1882年为80万人。1820—1920年，迁入美国的移民共3365万人。从移民来源看，内战前多来自西欧、北欧新教国家。19世纪50—60年代，以爱尔兰人（天主教徒）最多，70—80年代为修建太平洋铁路雇佣30万中国劳工，80年代多为意大利和东欧天主教、东正教移民。1900—1910年，来自奥匈帝国的移民有200多万、俄国移民150万。① 移民动机：第一，躲避宗教迫害，追求宗教自由，如1620年五月花号移民始祖。第二，物质利益，追求高工资和自由土地（旧世界失去土地的农民来到这块土地无限而没有农民的新世界）的劳动者和投机商、冒险家。

1882年以前是自由移民时期。建国初期，尽管开国元勋们对外国移民的政治倾向疑虑重重，政府针对法国大革命期间的形势和后来法美关系紧张制定过限制移民的法律，但殖民地年代的移民传统和美国经济发展对劳动力的需求，使政府对移民几乎来者不拒。一般人也相信他们有能力同化移民，认为美国是全世界被压迫者的庇护所。内战以来，移民之多、持续年代之长使许多土生的美国人和旧移民怀疑新来者的宗教信仰和政治倾向会破坏美国社会原有的团结与和谐，担心劳动力市场竞争加剧，带来贫困和犯罪，会“结束美国对欧洲社会弊病的免疫力”。社会上的排外情绪受到报刊片面报道和政客、种族主义者煽动而不时蔓延。

1882—1945年是限制与选择移民时期。移民大量涌入固然有助于美国经济和西部开发，但也带来大量社会问题，如大城市贫民区、市政设施不足等。1873年，经济萧条严重打击加利福尼亚矿山开采，大批白人失业。他们把怨恨转向移民，而在横贯美国大陆的铁路完工之后，数万名无事可做的华工就成了排外情绪的首要目标。1879年，加州政府在工会压力下通过法令，限制华工，并发生迫害华人的骚乱，华人死伤数百人，财产损失百万美元以上。1882年5月6日，国会不顾阿瑟总统否决而通过“排斥华工法”，规定10年内暂不接受华人移民，禁止华人入籍（留学生除外），并对非美国出生的所有华人后裔不予承认。10年期满后可以延长，此法一直延续到1943年。这是美国第一个以种族和国籍为理由禁止移民入境的联邦法令，标志着自由移民时期结束。② 1882年，美国华人人口有13万，

① Hugh Seton Watson, *Nations and States*, Mthuen-London, 1977, p. 215.

② 丁则民：《百年来美国移民政策的演变》，《东北师大学报》1986年第3期；丁则民：《美国建国以来移民政策的发展变化》，《湖北大学学报》1997年第2期。

1920 年只有 6.2 万。[①] 1907 年，国会授权罗斯福总统与日本签订“君子协定”，由日本自己限制其移民来美国。这是照顾到日本打败俄国后国际地位已经提高的面子。1911 年，国会通过“文化测验”法案限制移民。

总之，美国移民政策表现为理想主义和实用主义互相渗透，利己与博爱相互补充，宽容与歧视、开放与限制交替使用的倾向，它反映了美国国内地区和集团利益、个人与社会利益、政治与经济利益的矛盾和统一，是美国种族、宗教、文化多元化的重要原因和具体表现。

六、中西部农业

1840 年，阿巴拉契亚山以西人口 810 万，新英格兰人口 880 万。此后随着人口增加和水陆交通改善，中西部成为全国商品粮、饲料（玉米）主要产区。农场数和耕地面积均占全国一半以上。内战前夕，调往新英格兰和南部的粮食分别是 1839 年的 15 倍和 6.6 倍。在大平原地区，一个牧场主通常有 2 万～5 万英亩草地。[②] 30 年代出现了脱谷机和割草机，每天割 15 英亩。40 年代出现小麦、玉米播种机，1855 年在巴黎国际博览会上展出小麦收割机。这是麦考密克 1831 年发明的马拉收割机。1860 年，收割机年产 4000 台。后来，以麦考密克命名的公司成为世界上最大的农机制造厂家。各县还经常举办展览会，展出良种马、牛和“美奴利”羊。出版好几种农业报纸。1850 年，密执安州成立一所农学院。1862 年 7 月 2 日，林肯总统签署《莫里尔土地授权法》，用于农业院校、工程技术、军事科学研究场地和费用。[③] 该法实施后，全国共新建 69 所农业院校，讲授与现代农业科学技术有关的众多课程，建立 65 个农业实验室和实验农场，从事新肥料、农作物与牲畜新品种、防治病虫害研究。

第三节　黑人奴隶制度及其危机

一、奴隶制度

北美独立战争期间，大陆军士兵累计达 30 万人，其中有 5000 黑人士

---

① 彭谦：《中国为什么说不?》，新世纪出版社 1996 年版，第 89—90 页。

② 雷・艾伦・比林顿：《向西部扩张——美国边疆史》，商务印书馆 1991 年版，第 371 页。

③ David Burner, *An American Portrait*, Charles Scribner's Sons, N. Y., 1980, p. 369.

兵，他们大都来自北部。许多人为自由献出了生命，而当那些幸存者战后要求自由身份时，有些奴隶主不同意。华盛顿将军授权几个法院调查实情以确定这类要求是否正当。最后，有些州政府专门制定法律给予“在新近结束的战争中服过役”的所有奴隶自由。[①] 1775 年，许多人参加教友派组织的反奴隶制协会。1783 年，马里兰州禁止买卖黑人。1803 年，南卡罗来纳州禁止输入奴隶。废除奴隶制的州有纽约（1799）、宾夕法尼亚（1780）、马萨诸塞、罗德艾兰（1784）和新泽西（1804）。结果北方有数万黑人获得自由。1787 年，联邦政府通过的西北土地法令中规定，属于该法管辖的地区不得实施奴隶制度。1807 年，国会通过法律，禁止从非洲和别国进口奴隶，此后奴隶贸易只能以走私方式进行。

1790 年，美国第一次人口普查数为 392.9 万人，其中黑人 75 万，占 19.1%，集中在马里兰以南地区。自由黑人 5.9 万人，南部和北部各占一半。[②] 18 世纪最后 20 年，由于欧洲烟草市场供大于求，种植烟草又使土地过早枯竭，水稻和靛青的利润也不大，经济萧条使奴隶价格下跌，奴隶制陷入困境。但惠特尼 1793 年发明轧花机后，棉花取代烟草成为主要作物，当时棉花每磅（1 磅 = 0.37 公斤）35 美分，英国棉纺厂需要大量棉花。1790—1810 年，美国棉花产量增长 60 倍，从 680 吨增至 38600 吨。[③] 1820 年，佐治亚、南卡罗来纳棉花产量占全国一半。到 1850 年，棉花种植中心已经西移到亚拉巴马和密西西比河一带。

表 10　18—19 世纪美国棉花种植及出口

年份	棉花产量	棉花出口值	占出口总值比例
1790 年	4000 包	6676 万美元	22%
1860 年	538.7 万包	33358 万美元	57%

注：1 包等于 500 磅（lb）。

随着棉田扩大，奴隶制度重新繁荣。用南方人的话说：“棉花就是国王。只要我们三年不生产棉花，英国就会垮下去，而且整个文明世界都要

---

① 约翰·霍普·富兰克林：《美国黑人史》，张冰姿译，商务印书馆 1988 年版，第 114 页。

② 约翰·霍普·富兰克林：《美国黑人史》，第 192 页。

③ 奇波拉：《欧洲经济史》第 4 卷，下册，贝昱译，商务印书馆 1988 年版，第 235 页。

垮台。”因此他们乐观地预计，一旦发生冲突，英国会支持他们。后来的史料证明，欧洲市场棉花价格从战前每公斤1.78法郎（1860）涨到6.46法郎（1864），但印度棉花部分地弥补了美国缺口。美国内战结束后，欧洲棉价逐年下降：4.66法郎（1865）、3.93法郎（1866）、2.82法郎（1867）。[①] 另外，南方还大量种植其他农作物。1859年，15个奴隶州生产全国一半玉米和29%的小麦。从1840年起，英国棉花进口量开始递减，但德国等国的进口增加。

1790年，南方共有67.8万奴隶，1860年为395万名。奴隶平均价格：1767年为350美元，1808年为150美元，[②] 1828年为700美元，1860年为1000～1500美元。造成这种价格波动的原因，显然与同一时期种植园经济繁荣与否有关。另外，维也纳会议后欧洲列强禁止奴隶贸易、国际市场货源短缺、只能以走私方式进口，也是内战前夕美国奴隶价格上涨的重要因素。奴隶价格昂贵导致棉花成本上升，而1860年英国棉布价格只有1821年的1/3。[③] 这一涨一落必然会使20名奴隶以下的小种植园利润减少或无利可图（在奴隶制度下，不可能通过技术进步提高效率）。因此，从纯粹商业角度看，奴隶制经济在内战前已存隐忧。

奴隶州共有白人800多万，其中只有38万人拥有奴隶。奴隶劳动带来的好处与其余700多万白人无关，但“任何一个社会的统治思想，都是统治阶级的思想”，这些只有一小块土地的、贫困的白人自耕农，几乎都在梦想有朝一日变成奴隶主，以证明自己应有的财富和地位。否则，内战开始时奴隶州白人纷纷参军参战，战争初期南部各方面处于劣势却捷报频传就难以解释了（许多军官逃往南方也是一个原因）。

南部各州都有“奴隶法规”，具体条款不尽相同，但基本精神大同小异：奴隶是财产而不是人，法律保护这种财产所有权。顺从主人并为主人劳动是奴隶的天职，对违犯法律，危害主人所规定的处罚十分严厉而具体，对奴隶的限制严格又详尽。奴隶的处境因主人而不尽相同，但市场经济的竞争规律驱使所有主人“在最短时间里从这些当牛马的人身上榨出更

---

① Arthur Louis Dunham, *The Anglo-French Treaty of* 1860 *and the Progress of Industrial Revolution in France*, Univ. of Michigan Press, 1930, p. 198.

② 刘祚昌：《美国内战史》，人民出版社1978年版，第95页。

③ B. R. Mitchell, *British Historical Statistics*, Cambridge University Press, 1988, p. 761.

多的劳动”。[①] 因此，一些奴隶往往七年后即劳累致死或部分地丧失劳动能力。

人们对奴隶制度攻击最多的是说它否定人权，“独立宣言是‘不言而喻的谎言’”。但只要南方奴隶主、北方商人和英国工厂主需要棉花，这种制度就可以容忍，甚至是“必要的”了。奴隶制度的最大隐患在于它只能通过不断扩大耕地、不断增加新奴隶才能维持这种制度的生存条件。如果棉花价格上升，农场主就设法购买土地和奴隶，扩大生产规模；如果棉花跌价，他们就得用未来的收成作抵押借债，以便维持来年生产。总之，无论棉价升降，农场主的流动资金都依赖纽约的银行家及其代理人。本来农场主是有利可图的，但棉花价格取决于以英国为中心的世界市场。南部与北部、南部与英国的国内外贸易，在船运、仓储、信贷、保险等各个环节都由纽约或英国商人控制着，进出口大都经过纽约港转口。扣除这些费用，农场主的纯收入就不多了。内战前夕，南部农场主共欠北部银行家4亿美元债务。

奴隶制度只适用于技术和工具简单并便于监督的农业生产领域，而与自由劳动制度下的自耕农、工厂工人格格不入。因此，随着北部工农业生产技术的改进和劳动效率的提高，以及南部奴隶主对北部银行家依赖程度的增加，奴隶制度的出路只有两条：不断向西部土地扩展或者在原有土地上坐以待毙。内战前40年间两种社会制度冲突的实质就在于此。

从区域经济布局看，美国工业几乎全在北部。1812—1814年，美国民族工业迅速增长。而战后英国廉价工业品大量涌入，损害了民族工业。于是，在北方议员一再推动下，国会数次提高制成品进口税。到1828年，其税率之高已达到禁止性关税的程度（后略有降低）。联邦税收颇丰，但高价工业品，尤其是高价生产资料加重了南部农场主的负担，加深了后者对联邦政府的怨恨。因此，关税税率之争一直是南、北双方议员在国会唇枪舌剑争论的议题。

二、两种制度的冲突

1818年，密苏里居民要求以自由州身份加入联邦，南方议员反对，理由是政府1790年已宣布过梅森—迪克逊线为中西部土地上自由州与奴隶州分界线，而密苏里在这条北纬39°43″线以南地区。国会议员们经过激烈辩

① 《马克思恩格斯全集》第23卷，人民出版社1972年版，第29页。

论，于1820年达成妥协，规定密苏里以奴隶州加入联邦，从马萨诸塞州东北部划出缅因以自由州加入联邦，以保持国会南、北双方参议员名额相等的局面。而以北纬36°30′为中西部土地上自由州与奴隶州分界线。

1846年，美国打败墨西哥并获得大片土地后，国会在奴隶制能否向新土地扩展的问题上展开辩论，议员威尔莫特提出一项修正案：今后美国获得任何新领地，都以不在上面实行奴隶制为必要条件，此即威尔莫特附文。这一附文在参议院通过后，在众议院两次投票均未通过。此后15年间，是否允许奴隶制扩张，一直争执不下。因为南、北双方深知，如果不允许奴隶制向新领地扩展，它终将消亡。①

1848年1月，人们在加利福尼亚发现黄金。消息传开，一年内有8万人蜂拥而至。这里没有政府，到处是淘金者的宿营地和小酒馆，暴力和犯罪事件层出不穷，泰勒总统鼓励当地居民申请加入联邦。1849年10月，他们选出的代表开会通过了一部自由州宪法，并申请加入联邦。国会讨论这一申请时，南部议员表示：宁愿合众国分裂，也不能让加利福尼亚以自由州身份加入联邦。最后达成妥协：①加州作为自由州加入联邦，新墨西哥州的奴隶制存废与否，按“居民主权原则”确定。②禁止在首都华盛顿买卖奴隶。③逃亡奴隶法。全国所有法院都有责任捕捉逃亡奴隶，必要时可动用军队加以协助。这就把奴隶制度推广到全国。该法还规定，不许陪审员参与此类案件，原告的口供是唯一证据。对拒绝逮捕逃亡奴隶的法官处以1000美元罚金，藏匿逃亡奴隶者坐牢半年并赔偿1000美元。

美国获得奥勒冈和加利福尼亚之后，从东海岸去太平洋沿岸（西海岸）的陆上交通问题突出起来。50年代初，国会讨论了一系列横贯大陆的铁路线方案，南部方案看来最为理想，但北方议员反对。道格拉斯建议铁路从中部穿过，批评者说那里没有地方政府，他于是建议宣布密苏里妥协案作废，领地及由领地居民申请建立的新州是否采用奴隶制，应由当地居民通过其代表解决，此即居民主权原则。法案经国会4个月辩论后付诸表决并获通过，此即堪萨斯—内布拉斯加法。这两地都在北纬36°线以北，该法废除1820年妥协案，取消了对奴隶制扩张的地理和法律限制（马克思）。

堪—内法中的居民主权原则，给奴隶主以可乘之机，他们纷纷携带奴

① J. 布卢姆：《美国的历程》上册，杨国标译，商务印书馆1988年版，第463页。

隶抢先占领密苏里以西这块肥沃的大平原——堪萨斯，制造虚假多数，企图使这里成为奴隶州。北方农民也闻风而动，纷纷前来定居。在这里形成两个地方政权。1856 年，双方多次发生枪战，200 多人死亡。到 1857 年，堪萨斯自由居民已达到当地奴隶的 10 倍。1860 年，堪萨斯居民申请国会承认其为自由州，但国会在民主党操纵下拒绝批准，直到 1861 年，南方诸州叛乱后才以自由州加入联邦。堪萨斯冲突是全国内战的预演。

斯科特原为密苏里一名奴隶，他的主人是个军医。该军医带他到自由州住了两年，又把他带回密苏里。不久主人病死，斯科特便向密苏里法院起诉，要求自由，理由是他曾在自由州居住过。此案正在审理时，他被主人亲属卖给纽约一位居民，此人又把他转卖给一位密苏里人。于是他在一个进步团体指导下，上诉到最高法院。1857 年，最高法院的判决书是：国会无权在领地上禁止奴隶制度。密苏里妥协“违宪”。奴隶是财产，主人把他的财产带到美国任何地方，其财产权都不受剥夺。自由黑人不是公民，他们“一直被认为是劣等种族”，把黑人当作奴隶是正当的、合法的。这一判决和逃亡奴隶法在北方的实施，使那些原来不关心政治的居民也对奴隶制向全国扩张感到担心。

斯科特判决引起废奴派人士和 1854 年成立的共和党的反对。废奴运动是 30 年代兴起的一场资产阶级民主运动，其政治目标是废除奴隶制度。但在何时（立即还是将来）、以什么条件（无偿还是有偿）、什么方法（合法还是非法）、在多大范围（地理和年龄范围）废奴的问题上，一直存在分歧并形成不同派别，各派立场也随着形势在变化。废奴运动不限于集会、辩论和出版物宣传活动，他们还秘密组织“地下铁道”协助成千上万黑人奴隶从南部逃往加拿大。① 斯托夫人的小说《汤姆叔叔的小屋》1852 年出版后，一年内销售 35 万册，反奴隶制思想的传播更为广泛。

1859 年 10 月 16 日，废奴运动中的激进派约翰·布朗等 21 人突然袭击弗吉尼亚的哈泼斯渡口，试图夺取当地军火库，然后发动周围黑人奴隶武装起义，但没有成功。州政府派罗伯特·李率民团镇压了这次暴动，布朗受重伤后被俘。在狱中他谢绝好友帮助，不愿越狱逃跑。他在遗书里写

---

① 内战前夕，林肯总统在白宫接见一个黑人代表团时说：“鉴于奴隶制问题弄得国家多年来鸡犬不宁，为了一劳永逸解决纷争，政府在非洲购买了一块土地（今日之利比里亚 Liberia），并出资为你们安排必要的生产和生活设施。你们愿意去吗？”黑人表示，如果在美国都得不到自由，我们还能到世界上哪里争取自由呢？

道："我，约翰·布朗，现在深信，这个罪恶国土上的罪行，只有鲜血才能洗净。"最后他昂然走上戒备森严的绞刑台。内战期间，联邦军队士兵们经常高唱约翰·布朗的颂歌奔赴战场。

还需要指出，在美国，"没有一件冤案是适宜于用私刑来纠正的"，违反宪法和法律规定的废奴行为，"只会增加而不会减少它的祸害"（林肯）。这也反映了当时多数人的观点。马克思把布朗的死同俄国农奴制改革相提并论，是强调布朗大无畏献身精神所起到的鼓舞作用，而不一定赞成他这种斗争方式。林肯也同情布朗起义的高尚动机，但又认为这种作法"就其哲理说，和历史上许多次谋刺帝王的企图相仿"。法国大革命同布朗基密谋式革命的区别也在于此。

第四节　南北内战

一、1860 年选举

这次总统选举是在堪萨斯流血冲突和布朗起义的背景下开始的。南、北双方的敌对情绪有增无减，双方都把这次选举看成是决定奴隶制度未来命运的一场政治斗争。共和党竞选口号是："不给奴隶制一寸新土地！"即反对奴隶制向西部扩张。共和党总统候选人是林肯（1809—1865）。他出生在肯塔基州一个普通农民家庭，当过农民、短工、船夫，在黑鹰战争中担任上尉连长，与别人合开过小商店，但失败了。当过小邮政局局长，只断断续续接受过一两年正规教育，但他靠勤奋自学成为开业律师。1847—1849 年，任联邦参议员，加入共和党。在伊利诺伊州竞选议员时，他与在职参议员道格拉斯进行过七次公开辩论。林肯表示，奴隶制在道义上是错误的，联邦政府不可能永远忍受半奴隶半自由状态，"裂开的房子是不能持久的"。但他把维护联邦统一看得高于一切，因此他认定，南方人拥有奴隶是合法的，不过他反对扩展奴隶制。最后竞选失败（46∶54），但这次辩论提高了他在全国的知名度。1860 年，他被共和党提名为总统候选人，11 月获得成功。

林肯当选总统的消息传出后，1860 年 12 月 20 日南卡罗来纳州退出联邦。接着，南部另外 6 个州也退出联邦。1861 年 2 月 4 日，脱离联邦的州代表在亚拉巴马州首府蒙哥马利开会成立美利坚诸州邦联。他们选举戴维斯做总统，不久又有几个州加入。南部邦联共有 11 个奴隶州，首都里士满，宪法以公开维护奴隶制为宗旨。此后，美国出现了两个中央政府、两个国会、两部宪法、两支军队。北部联邦在人口（2200万：900万）、兵力（200万：80万）、工业产值（75%：25%）、银行资本（4/5：1/5）、铁路（2.2万英里：9000英里）等方面比南方拥有优势。

二、南北战争（1861—1865）

1861年3月4日，林肯在总统就职演说中表示："我无意直接或间接地干涉南部各州的奴隶制度。""我们南方那些心怀不满的同胞们，内战这一重大问题的决定权……掌握在你们而不在我手中。政府决不会攻击你们，除非你们发动攻击。"

4月12日，南部邦联军队因早先命令联邦在查尔斯顿的萨姆特要塞守军投降未成，悍然发起攻击，内战正式爆发。初期，双方都以为能在短期内打败对方，踊跃参军的青年在军乐队和民众欢呼声中奔赴前线，但联邦军队在首都华盛顿附近的失败打破了北方速胜的幻想。政府立即征召50万志愿军，到秋天已征集到60万人。而邦联军队在李将军指挥下主动出击，掌握着战略主动权。1862年5月，林肯颁布《宅地法》。9月22日，又颁布《初步解放宣言》，宣布从1863年1月1日起，仍在叛乱的各州境内，所有奴隶一律获得自由，符合条件者可参加联邦军队。而在联邦政府内的南方各州，仍采取自愿、逐步、有偿解放奴隶的措施。解放宣言受到国内外舆论的广泛支持和赞扬。它使内战从维护联邦统一的战争变成一场解放奴隶的革命战争，联邦军队成为一支吊民伐罪的仁义之师。① 1863年1月1日，林肯宣布所有叛乱州的奴隶"从现在起永远获得自由"。由于《解放宣言》是总统在战时出于军事需要而发表的文件，奴隶们也乐于把自己称作"军需品"。因此，随着内战结束，这项战时法令也失效了。1865年1月，国会通过第13条宪法修正案正式废除奴隶制。

宅地法和解放宣言并未使战场形势立即改观，这不仅因为新法令落地生效尚需时日，还由于麦克莱伦等指挥官政治上同情南方、军事指挥上屡屡失误所致。另外，随着内战长期化，厌战情绪滋长，纽约爆发了反对征兵法的大规模骚乱。这是因为前线损兵折将，兵员短缺。1863年3月，国会发布《征兵法》，征召所有20～40岁男子必须当兵，但应征者缴纳300美元或雇佣兵役者可以免征。这个法令引起穷人的极大反感，他们高喊这

① David Burner, *An American Portrait*, Charles Scribner's Sons, N. Y., 1980, p. 367.

是一场富人之间的战争却让穷人当炮灰，加上“铜头蛇”（Copperhead）①挑拨离间，7月13—16日，在纽约发生5万~7万人参加的街头骚乱，政府军平息骚乱时造成500多人死亡。

长期内战终于使北方的优势显示出来，在解放宣言感召下先后有50万黑人逃离叛乱各州，其中20万黑人入伍，25万黑人担任后勤服务。1863年7月1日，波托马克军团新司令里德将军率联邦军队在葛底斯堡同敌军激战，三天后攻克该要塞。敌我伤亡2万：2.3万人。7月4—8日，密西西比河下游的维克斯堡也被北军攻陷，2.9万守军投降。这两次胜利是内战转折点，此后联邦军队掌握了战略主动权。消息传出，黄金下跌10美分/盎司。1864年9月，谢尔曼率10万大军攻占邦联战略要地亚特兰大，与格兰特的大军南北呼应。11月，谢尔曼大军向海洋进军。12月12日到达海边，在海军协助下于20日攻陷萨凡纳，然后挥师北上。这时格兰特12万大军向李将军的6万叛军发起进攻，格兰特不顾官兵伤亡，直插叛军首都里士满，1865年4月3日攻下该城。9日，邦联军队总司令李将军率军在里士满以西阿波马托克斯法院大厅向格兰特将军有条件投降：确保叛军官兵生命安全。这些俘虏向联邦宪法宣誓效忠后全部予以释放，并让那些声称拥有骡马的军人牵走牲口回家耕地。4月26日，叛军最后一支军队向谢尔曼投降。美国内战以联邦政府胜利而结束。战后未审问过任何战犯，伪总统和总司令被捉住后曾予以监禁，不久被释放。双方四年间参战兵力共有300万人，北方与南方伤亡36万：25.8万，军费36亿美元：15亿美元。

三、战时对外关系

南部奴隶州之所以悍然挑起内战，是因为他们相信：届时英、法两国为保证棉花来源，会出面干涉。实际上内战一开始，英国外交大臣J. 罗素曾于5月3日接见邦联三人代表团。5月13日，英国政府发表中立宣言，肯定南部邦联为交战国而非叛乱者，皇家海军还前往美国领海。

1861年11月，南部邦联政府派两名代表乘英国邮船“特伦特号”前往英国，争取外交干涉。美国军舰圣哈辛托号舰长威尔克斯在公海强行拦截这艘邮船，并登船逮捕这两名邦联代表，把他们押解回波士顿，美国公众把他奉为英雄。按照国际法，美国军舰侵犯了悬挂中立国国旗的英国商

① 内战期间北部民主党人中反对镇压叛乱、破坏社会秩序的人。

船在公海的权利。英国报纸纷纷要求：联邦要么赔偿损失，要么就是战争。首相帕麦斯顿和外交大臣罗素向美国发出照会：威尔克斯是否奉政府命令行事？如果是，英国将对美宣战。

林肯总统“不愿同时进行两场战争”，他授权外长西华德向英国声明，威尔克斯事先并“没有得到政府训令”。1862 年 1 月，政府释放了这两名邦联代表。

尽管英国没有参战，但内战第一年它就为南部邦联建造了 290 艘军舰，包括很有杀伤力的亚拉巴马号装甲舰，该舰在 1864 年 6 月 19 日前共摧毁合众国 50 艘商船。不过英国政府始终没有直接干涉美国内战，这要归功于林肯明智的外交策略，发布《解放宣言》后欧洲进步舆论的支持，尤其是英国工人阶级不顾失业痛苦（因缺棉花而失业）对联邦政府的声援和对本国政府的压力，再加上 1863 年以来内战局面改观，迫使英国不敢或不便于直接干涉。

四、林肯总统

1863 年 11 月 19 日，林肯总统在宾州葛底斯堡战场遗址参加国家公墓落成典礼，并发表著名演说。结束语是：“我们要更加忠诚于这些光荣的先烈们为之献身的事业。我们决不能让他们的鲜血白流。我们一定要让这个国家在上帝保佑下获得自由的新生，并使这个民有、民治、民享的政府永世长存。”1864 年，他连任总统。第二年 4 月 14 日晚在首都福特剧院看戏时被人暗杀，终年 56 岁。美国黑人把他奉为伟大的解放者，家家户户悬挂他的画像。他受到举国上下和全世界进步人士的哀悼、怀念和崇敬，马克思代表第一国际发吊唁电。他在美国历史最危急的关头领导军民维护联邦统一，埋葬了奴隶制度这一最大隐患，取得内战胜利并一再呼吁全体美国人以和解与宽容态度重建国家。据美国一批历史学家 1962 年对 34 位总统评选后的排名顺序，林肯在历届总统中排名第一，连国父华盛顿都屈居第二。① 林肯的伟大不仅由于政绩突出，还因为多数美国总统都出生于东部各州，尤其集中在弗吉尼亚（时人讥讽为弗吉尼亚王朝），且多毕业于名牌大学或出生于名门望族，或以显赫军功为晋身之阶。这些政治资本和家族背景林肯都不具备，因此，人们把林肯看成普通美国人通过个人奋斗

① 威廉·A. 德格雷戈里：《美国总统大全》，夏伯铭译，上海人民出版社 1991 年版，第 702—703 页。

获得成功的一个典型。反过来说，正是美国的民主制度把这样一个平凡的人变成伟人和英雄（马克思）。

林肯是一位谦虚、质朴、出类拔萃而且品德高尚的英雄，马克思把这位资产阶级国家的总统称为工人阶级忠诚的儿子的确是罕见的。林肯的主要功绩在于维护国家统一并废除了奴隶制度。过去国内有些学者把废奴的功绩主要记在群众账上，而强调林肯被动、温和的一面，责难他不是废奴主义者。这显然忽视了林肯的律师经历以及总统的职责和身份，尤其是忘记了美国是一个法制社会。其实，林肯政府和废奴运动是策略不同而大方向一致的两股进步的社会力量，二者在内战前互相区别又互相补充；奴隶州挑起内战后，二者的策略分歧逐渐缩小，而互相依赖与战略配合的程度加深了；解放宣言发表后，终于汇合成一股强大的革命合力，共同冲垮了北美历时200余年的奴隶制度。①

林肯在内战期间，行使了比小罗斯福之外任何一位总统更大的权力，其权限比克伦威尔和邱吉尔之间任何一位英语国家统治者的范围更广。如果说林肯是柏拉图所梦想的那种理想的专制统治者，那么从美国宪法和惯例来看，他也不失为一个独裁者。②

林肯的高尚品质和政治家风范③足以使他名垂千古。与他有关的书籍的发行量，在美国仅次于《圣经》。林肯敏捷的才智、淳朴的推理，他那些点缀着名言警句的奇闻逸事，他使对话者在亲切愉快的气氛中不知不觉接受他的观点的才能……总之，有关他的一切，已成为美利坚民族遗产的一部分。

我们在反对个人迷信的同时，不能把英雄崇拜中的合理成分也一概否定。“见贤思齐焉，见不贤内自省焉”，就是在提倡大家以英雄人物为榜样，不断完善自己。这有助于在社会上，尤其是在青少年中形成好学上进的风气，并把他们争强好胜的心理引向正确的方向。

---

① 张跃发：《也谈对林肯的评价》，《世界历史》1988年第3期。

② 塞缪尔·莫里斯：《美利坚合众国的成长》，天津人民出版社1980年版，南开大学历史系美国史研究室译，第879页。

③ 当林肯因公拜访麦克莱伦（他常以拿破仑自命）时，仆人说：“将军正在午睡，他让客人稍等。”总统在客厅等了一个多小时。事后有人嗔怪总统有失尊严，林肯回答：“如果他打了胜仗，我愿意给他拉马垂镫。”

五、内战的意义

内战是美国第二次资产阶级革命，它结束了建国以来一直存在的一国两制局面，最终消除了自由劳动与强制劳动制度的对立。是对半个世纪以来“州权至上”论的致命打击，体现了这一时期遍及西方的民族主义潮流：在德国和意大利是建立统一的民族国家，在美国是维护国家统一。①这种统一已被置于普遍人权这一更为牢固的基础之上，联邦宪法中的人权有了更多的真实性。内战还给欧洲工人阶级敲响了警钟（马克思）。

300 多万奴隶成为自由劳动者以后，给美国的经济增长、社会进步和全民文化程度的提高注入新的动力。到 1894 年，美国就成长为世界上头号工业强国。内战锻炼了工人阶级，促进了工人运动的新高涨。

但黑人在获得公民权后，社会上对他们的歧视仍很严重，黑人争取种族平等的斗争任务还很艰巨。这需要政府、黑人和社会上全体成员的共同努力。

---

① T. Walter Wallbank, *Civilization: Past and Present*, Harper Collins Publisher, 8th Edition, 1996, p. 315.

第十五章

意大利和德国分别统一

德国和意大利各自实现国家的统一，把民族复兴的百年梦想变成现实，是这两个民族国家从弱到强的历史转折点，也是19世纪民族主义潮流在欧洲的最大胜利。

第一节 1848年意大利革命

拿破仑一世当年在意大利的改革，有助于打破地方分立、削弱封建势力。如采用统一的法律和行政制度、实行征兵制。拿破仑时期的军政官员成为19世纪意大利统一运动的先锋。[①] 但在1815年维也纳会议之后，意大利又处在奥地利、西班牙和法国统治之下。随着正统王朝复辟，贵族和僧侣特权又恢复了。但丁的著作不许阅读、哥白尼和伽利略的太阳中心说不许讲授，一位红衣主教公然鼓吹：民愚则易治。

但是意大利近代工业在19世纪初已有初步发展，首先是欧洲恢复和平后市场对丝的需求增加。虽然海外可以满足，但就欧洲本身而言，法国南部，尤其是意大利北部的气候特别适宜种桑养蚕，而且这里从16世纪以来就在养蚕缫丝。到19世纪中叶，搓丝技术正在现代化，皮蒙特和伦巴第有七八百家搓丝厂，雇工15万人，用水力驱动机器。许多商人和地主向丝织工业投资。养蚕和丝织已成为近代意大利最初的主要产业，丝的出口常占出口总额1/3左右。[②] 棉纺织业刚刚开始，意大利共有近千家近代化丝、棉、麻纺织厂，其中15家规模较大。这里从30年代起开始修建铁路，但直到60年代末统一之前，成绩一直微不足道。在波河河谷出现了200～700英亩大农场，采用雇佣工人和新技术。

但奥地利把伦巴第和威尼西亚当作自己的殖民地，限制这里的丝织工

---

① C. W. 克劳利：《新编剑桥世界近代史》第9卷，中国社会科学出版社1992年版，第436页。

② 奇波拉：《欧洲经济史》第4卷，吴继淦译，商务印书馆1991年版，第230页。

业。征收高额土地税和香烟税，盐税超过盐价 10 倍，从这里征收的税款占奥地利国库收入 1/4 以上。各封建邦国都有关税壁垒，仅波河沿岸就有 20 多个征税关卡。货币和度量衡也各行其是。这就很难在意大利形成统一市场。

在政治上，维也纳会议恢复了各邦国的正统王朝。他们重建君主专制政体，贵族和僧侣享有特权，南部农村实行对分制（农民和地主各得收成一半）。

总之，殖民统治、政治分裂和封建专制严重阻碍市场经济的发展。于是，驱逐外国势力、实现国家统一并推翻专制王权，就成了意大利革命者的任务。1820—1821 年革命并未完成这一任务。

1848 年，欧洲革命的火炬首先是在西西里岛首府巴勒摩点燃的，接着就蔓延到撒丁王国的重要城市都灵地区、托斯坎尼和教皇国。2 月初，撒丁国王和托斯坎尼大公被迫颁布宪法。维也纳 3 月起义的消息一传过来，米兰就爆发起义，起义者还把奥军赶走。威尼斯、帕尔马也爆发起义。撒丁王国乘机对奥宣战，各邦纷纷声援。但是到 8 月，奥地利迫使撒丁国王同意奥对伦巴第和威尼斯的统治。这时，威尼斯起义者成立共和国。11 月 15 日，罗马发生游行示威，教皇出逃。1849 年 2 月，由普选产生的制宪会议根据加里波第的提议，废除教皇国，成立罗马共和国，革命家马志尼是共和国三执政之一。

革命高潮促使撒丁国王阿尔伯特于 3 月 27 日再次对奥宣战，但战争以失败告终。阿尔伯特退位，由其子继承王位，即埃曼纽尔二世，新国王与奥签订停战协定。接着，托斯坎尼、罗马和威尼斯的革命政权在内外反动势力夹攻下先后失败。法军攻陷罗马，伦巴第、威尼斯重新沦为奥地利的省。莫德纳、帕尔马和托斯坎尼也在奥地利控制之下。西班牙波旁王朝统治着两西西里王国，教皇国受法、奥共同支配。

第二节　革命后的意大利

1848 年革命失败后，意大利又恢复了政治分裂、封建专制和外族统治，只有撒丁王国除外。不过意大利进步人士总是在问自己：英、法等国在各自统一的政府之下已经有几个世纪，并已成为强国，为什么我们仍然各自为政而在世界上无足轻重？我们曾拥有古代罗马的光荣、中世纪各城市共和国的自由，还有文艺复兴时期的辉煌，但是在科学进步和政治自由的19世纪，我们意大利人为什么却无所作为？

不过1848年革命毕竟给撒丁王国保留了一部宪法，而且它是一个独立国家。于是许多追随马志尼的革命者逐渐把希望寄托在伊曼纽尔二世身上，认为他适宜做意大利独立和统一事业的领导人。另外，1852年任首相的加富尔不但热衷于独立和统一事业，还有一套明确的实施纲领，因而赢得意大利革命者的拥护。

加富尔于1810年出生于都灵一个贵族地主之家，上过军校，16岁成为军事工程师。1831年，因自由思想被军方开除，此后17年间他在故乡继承父业，经营农场。他每天都在努力改良土壤或设法降低成本，像一个企业家那样安排并管理农场的每一个细节。之后他获得成功，成为一个大富翁，这坚定了他投身政坛的信心。在此期间，他曾多次游历英法，有好多天站在英国议会下院走廊里注视议员的辩论和议会工作程序，并通过读书和社交活动仔细了解英国的历史、政治和社会。他说："如果我是一个英国人，我的名字决不会默默无闻。"1847年，撒丁王国取消书报检查，加富尔创办《统一报》，献身于立宪政府和1848年反奥战争。1850年，埃曼纽尔二世任命他为商业和农业大臣。由于加富尔比别的大臣更能干、更有活力，两年后他便成为首相，从此成为意大利独立和统一的中心人物。①

在经济方面，皮蒙特、伦巴第、托斯坎尼与教皇国于1847年建立关税同盟，这是对30年代德国关税同盟的反应。五六十年代，意大利北部出现了更多面向市场的大农场。在热那亚、都灵和米兰（工业三角地带）出现了机器工业。1855年，热那亚的安萨尔多开始装配机车。② 到1859年，全意大利有1700公里铁路，人们把这比喻为给国家缝制皮靴（意大利地图像一只皮靴）。1851—1858年，撒丁王国商品流通额增加一倍。但政治分裂带来的不幸后果随处可见，当时有数百种货币，撒丁王国的里拉与法国法郎等值，金银比价也是15.5∶1。由于撒丁王国经济实力日益雄厚，加上加富尔首相的出色领导，这里逐渐成为全意大利实现统一的希望与核心。

---

① Carl Becker, *Modern History*, Silver, Burdett and Company, 1933, p.383.

② 奇波拉：《欧洲经济史》第4卷，吴继淦译，商务印书馆1991年版，第235页。

第三节 领导统一事业的两大派别

1848年革命失败后，撒丁王国成了各邦国革命者的避难所。1856年，在加富尔秘密鼓励下成立的意大利民族协会，主张在撒丁王国领导下自上而下地统一国家，实行君主立宪。该协会领导人是曼宁，代表资产阶级和自由派贵族利益，通称自由派。

以马志尼为代表的民主派在独立与统一问题上与自由派观点一致，但方法更为激进。他们主张通过自下而上的革命战争推翻各邦国封建王朝，建立统一、民主的共和国。他们代表小资产阶级利益，这些城乡小私有者占总人口的大多数。工农业产品商品化和工业革命使其中越来越多的人失业和破产，马志尼那一套充满革命激情，却杂乱无章甚至自相矛盾的理论，正好表达了他们的悲惨处境、愤慨心理和美好愿望。

1848年革命失败以后，马志尼多次组织“青年意大利党”人在各地发动武装起义，均以失败告终，后来他走上巴贝夫式的密谋道路，组织个别人刺杀国王、大公，以此来发动群众。这些作法虽然对唤醒民众有一定效果，但同时也使许多民主派人士逐渐脱离马志尼路线，转而支持自由派。

加富尔首相的杰出贡献如下。

第一，增强撒丁王国实力。在政治上，他以英国为榜样，建立立宪政府，限制天主教会特权，保证言论、出版和宗教自由。在意大利自由派人士中树立良好形象。在经济上他促进农业、修铁路，把热那亚建设成地中海最好的港口。用关税保护民族工业，与外国签订优惠商约以扩大市场。经过长期经营，建立起一支装备良好、训练有素的5万人常备军。

第二，争取民主派人士的支持。以马志尼为代表的民主派并不相信加富尔的统一路线。认为那是把撒丁王国版图扩展到全意大利的一种手段。曼宁是马志尼的主要支持者，在1848年短命的威尼斯共和国中曾起过领导作用。失败后流亡国外，献身于意大利自由事业。但从1855年起，他认识到马志尼的共和理想行不通。1856年，曼宁领导一批爱国者组成意大利民族协会，副主席是加里波第，帮助撒丁王国的统一事业。① 加富尔不便于公开支持，但他与曼宁的朋友法瑞拉作了一次私下谈话，鼓励他们“勇往

① 克拉潘：《1815—1914年法国和德国的经济发展》上，傅梦弼译，商务印书馆1965年版，第210页。

直前，去干你们认为合适的事。如果失败或受到议会、政府方面的责难，我将为你们承担责任”。[①] 此后他与这一组织继续秘密接触，许多民主派人士转而支持加富尔统一大业。

第三，亲法联俄，在列强夹缝中寻求外交支持。20 年代和 1848 年意大利革命的历史一再证明，妨碍国家统一的主要力量来自奥地利。富庶的北意大利既是奥国皇帝的重要财源，又是他与法、俄在欧洲争霸的资本。

起初，加富尔奉行简单、僵硬的营垒外交：亲近自由主义的英、法，反对专制主义的俄、奥。在克里米亚战争中，他应法国要求派出 1.5 万名军人前去作战。但在 1856 年巴黎和会上，意大利只得到列席国地位。不过加富尔在会上看清了大国关系中的微妙变化：法、俄开始秘密会谈。俄国代表对法国取代奥地利在北意大利的立场态度暧昧，因为俄视奥为其主要敌人。俄国既不愿法国因占北意大利而更强大，又要利用法、奥争斗以减轻与奥地利竞争的压力。经过讨价还价，法国以支持俄国对波兰占领为代价，双方达成默契，法、俄实现谅解。在巴黎和会上一直坐冷板凳的加富尔在法、俄支持下，终于有机会在会上就奥地利在意大利的统治慷慨陈词了。加富尔还于 2 月 26 日与俄方会谈，双方商定互派大使。[②]

法、俄达成默契后，巴黎和会主席、俄国外交大臣瓦列夫斯基一改对加富尔的冷淡态度，允许后者在 4 月 8 日会议上公开发表反奥讲话，并将讲话列入会议记录。7 月，法、俄互派大使，撒丁也与俄国正式建交。这些事态发展令英国坐卧不安。这个世界大国不愿法国在欧洲更加强大。英、俄两国的共同立场是，如果意大利不得不受外国支配的话，让它附属于奥地利比附属于法国更好一些。[③] 因此，英国支持奥地利并劝告撒丁不要与奥为敌。加富尔争取英国支持的希望破灭了，但他一直小心翼翼设法使英国在未来的反奥战争中哪怕保持中立也好。

拿破仑三世在克里米亚战争中得到加富尔增援后曾经答应：为意大利做点事情。1858 年 7 月，他与加富尔在撒丁边界附近一个小村庄普隆比埃秘密会谈，双方商定法国将援助撒丁与奥作战，撒丁取得伦巴第、威尼西亚、帕尔马、莫德纳和教皇国的一部分，上意大利在教皇领导下成为联邦国。法国将获得撒丁王国的尼斯和萨伏伊作为补偿。

---

① Carl Becker, *Modern History*, Silver, Burdett and Company, 1933, p. 388.

② 辛益：《夹缝中弱国外交的奋起》，《世界历史》1993 年第 3 期。

③ Carl Becket, *Modern History*, Silver, Burdett and Company, 1933, p. 389.

第四，加富尔设法使奥地利“入侵”皮蒙特。

拿破仑三世给加富尔的承诺有一个条件：只有当奥地利进攻撒丁时法国才出兵援助，加富尔心领神会。意大利各地反奥情绪不断高涨。1859 年元旦，拿破仑三世在一次外交招待会上对奥地利大使公开说：“我很痛心，我们同贵国的关系并不像以前那么良好。”元月底，法国与皮蒙特签订联盟条约。加富尔授予加里波第将军军衔，并命令他组建阿尔卑斯轻骑兵。不久，埃曼纽尔在议会讲话：撒丁对意大利各地向我们发出的痛苦呼喊不可能无动于衷——换句话说，撒丁支持各邦反奥的民族事业。

英、俄两国本来并不希望改变意大利现状，不过英国对意大利自由事业又很同情，而且英国政府担心奥地利战败会使法、俄更加强大，① 于是建议列强召开国际会议解决意大利问题，加富尔知道召开这种会议只会打乱他的计划，但他又不便反对，以免失去英国的同情，最后只能坚持撒丁作为会议成员并希望奥国不同意，同时，他把军队调往奥国边境。在英国压力下，拿破仑三世准备放弃与撒丁的协议，皮蒙特陷于孤立，加富尔绝望了，他声称要烧掉他的报纸，辞职甚至自杀。但这时奥地利皇帝约瑟夫和他的军官们愚蠢地作出了加富尔梦寐以求的事：给撒丁王国送来最后通牒，傲慢地要求撒丁军队在三日内撤销动员，单方面裁军，否则，奥将宣战。4 月 23 日，奥地利特使送来这份通牒。26 日，奥的要求遭到拒绝。当奥军进攻撒丁的消息传来时，加富尔脸上露出笑容，他对同僚们说：“死而无憾——我们已经创造了历史。现在让我们去吃晚饭吧。”加富尔向世人证明，“弱国无外交”的说法并不完全正确。

第四节　对奥战争与完成统一

统一运动第一阶段。对奥战争（1859—1866）开始。4 月 29 日，奥军越过界河打响第一枪。在加富尔号召下，加里波第率志愿军参战。6 月 4 日，10 万法军和 3 万撒丁联军在马进塔战役中打败奥军，22 日把奥军赶出伦巴第，拿破仑和埃曼纽尔以解放者身份骑马并排穿过米兰市区大街，受到居民欢呼。

反奥战争引发各地革命高潮。4—6 月，中部各邦国君主被革命者赶

---

① ［意］路易吉·萨尔瓦托雷利：《意大利简史》，沈珩译，商务印书馆 1998 年版，第 510 页。

走，罗曼纳人民起来反抗教皇统治。起义各邦建立由自由派人士组成的临时政府，并要求与撒丁合并。这使拿破仑三世感到意外，他不愿看见身边出现一个统一而强大的意大利，更不愿让教皇失去世俗权力。于是他于7月8日与奥地利在维拉弗朗卡单独媾和：威尼西亚仍归奥地利，仅把伦巴第让给撒丁，而法国得到尼斯和萨伏伊，中意大利各邦恢复君主统治。加富尔要求战斗到底，国王不同意，他愤而辞职。丧权辱国的和约引起群众愤慨。这时，英国希望意大利统一以抗衡法国。1860年1月15日，英、法达成协议：外国不得干涉意内部事务，中部诸邦用公民投票决定各自归属。1月20日，加富尔复职。经过投票，1100万：500万票同意中部与撒丁合并。3月24日，根据条约，尼斯和萨伏伊举行公民投票，结果这两地并入法国。至此，撒丁王国实现了意大利的局部统一。

统一运动第二阶段。加里波第远征。1860年4月4日，西西里首府巴勒摩爆发起义。经过激战，革命者到月底已席卷全岛。消息传到北意大利，加里波第立即组织千人远征军，于5月5日从热那亚分乘两艘轮船前往西西里，在西部小镇马撒拉登陆。经过几星期殊死战斗，加里波第的红衫军同当地革命者一起解放全岛。他没收波旁王室土地分给农民，废除贵族和教士特权。8月22日，他率两万军人渡海在半岛南端登陆。9月7日，攻陷两西西里王国首都那不勒斯，推翻西班牙波旁王朝对南意大利的统治，重建1848年宪法。这在1100万居民中受到普遍欢迎，但也受到保守、反动势力的牵制。加里波第率军继续北上。

加富尔得知加里波第收复了南意大利广大国土后十分高兴。他知道法国皇帝答应他合并中意大利，但并未答应他合并教皇国，他担心这会引起法国干涉。早在加里波第率军北上罗马途中，加富尔得到英国允许后立即派军队南下，进入教皇辖地。教皇国两个省安布里亚和马尔撒愿与撒丁王国合并。9月10日，国王埃曼纽尔亲率4万军人穿越教皇辖地途中，在卡斯蒂尔菲德罗受到教皇军队阻拦，撒丁军队歼灭了这支教皇军队继续南下，加里波第欢迎国王率军进入那不勒斯。加富尔建议，在南意大利举行公民投票，加里波第不顾民主派领导人克里斯皮反对，同意公民投票。10月下旬投票结果是南意大利与撒丁合并。革命时期分配公共土地的法令被取消，农民运动遭镇压。国王要给加里波第财产、荣誉和奖赏，均被拒绝，他渡海回到家乡卡普雷拉遍地岩石的小岛种地去了。

1861年3月，第一届意大利议会在都灵开幕，17日宣布意大利王国成立，埃曼纽尔为第一位国王，在1848年皮蒙特宪法基础上建立新政府，首都设在佛罗伦萨。在全国2000万人口中，当时只有30万有选举权。第一届议会里430名议员大都来自撒丁王国。新政府成立后，实行了一些资产阶级改革。6月6日，加富尔去世，享年51岁。

这时，威尼西亚地区和教皇国仍处在奥、法控制之下。加富尔和继任首相一再与教皇谈判，均遭失败；劝拿破仑三世从罗马撤走军队，但皇帝置之不理。1861年、1862年和1867年，加里波第先后组织志愿军试图解放威尼斯和罗马，均以失败告终。1866年，普奥战争爆发，意大利加入普鲁士一方对奥作战，但以失败而告终。只有加里波第志愿军一再获胜。普军在萨多瓦击败奥军主力后，根据维也纳和约，威尼西亚归还意大利。1870年，普法战争爆发，拿破仑三世一败涂地，不得不于8月19日把驻扎在罗马的驻军全部撤回。意大利政府军和加里波第志愿军于第二天占领罗马，经过公民投票，10月2日罗马并入意大利并成为王国首都。教皇被剥夺世俗权力，避居梵蒂冈，政府每年给教皇拨款12.9万英镑。1871年1月，中央政府从佛罗伦萨迁至罗马。5月，国会通过《教皇保障法》：教皇人身不受侵犯，他享有皇家荣誉和特权，有从事宗教活动的充分自由。外国驻梵蒂冈代表享有外交特权与豁免权，教皇每年从财政部领取325万里拉（相当于以前教皇领地上的收入）。教皇有权离开梵蒂冈去境外任何地方自享其乐。但此法仍未使教皇满意，庇护九世自称是梵蒂冈的囚徒，继任教皇继续以不越出梵蒂冈一步以示抗议。直到1929年2月，意大利政府与教皇代表签订《拉特兰条约》，规定教皇是梵蒂冈城的统治者，享有充分主权。由政府一次性付给教皇7.5亿里拉现金和10亿里拉政府债券。教皇自愿放弃其囚徒地位，并于7月25日第一次从梵蒂冈外出。1930年，教皇庇护十一世取消教徒“不应参与”政治活动的命令，罗马教廷与政府的关系趋于正常。

意大利统一运动（1859—1870）始终贯穿着自下而上和自上而下两种方式的斗争与协调。由于自由派在撒丁国王和加富尔首相领导下实行政教分离、君主立宪，对民主派采取团结、利用和限制策略，同时充分利用列强之间的矛盾和国际局势变化中出现的每一个有利时机，终于完成了国家统一大业。

由于自由派路线在统一过程中居支配地位，统一后还保留着某些封建残余，如1866年民法条款中夫妻不得离异、妻子要从属于丈夫。宪法规定国王拥有统率军队、任命大臣和参议员、否决议会法案的权力。全国只有2%的人有资格选举众议员。1921年，选举改革实现了30岁成人选举权，

选民从 350 万增至 800 万（1881 年全国人口 2800 万）①

尽管如此，意大利实现独立和统一（只有圣马力诺除外）毕竟是文艺复兴以来许多志士仁人的共同理想，也是拿破仑战争以来一代又一代革命者毕生为之奋斗的共同目标，是实现国家工业化和社会近代化的政治前提。因此，它是意大利民族走向复兴的转折点。在欧洲舞台上，意大利王国的出现结束了维也纳会议以来五强并立的大国格局，削弱了奥地利在列强对峙中的平衡作用。

第五节　五六十年代的德国

一、两种统一方案

1848 年革命虽以帝国宪法的失败而告终，但五六十年代的经济繁荣和工业革命，使资产阶级对国内统一市场和国家统一的愿望更加强烈。长期处于欧洲领先地位的德国自然科学，以及在国际学术界占主导地位的德国古典哲学，不但繁荣了民族文化，促使新技术革命早日到来，还赋予德国人深刻的理论思维风气，广大知识分子和热血青年更急切地渴望结束政治分裂、早日实现国家统一。

1848 年革命虽然失败了，但普鲁士毕竟留下一部钦定宪法，按此宪法产生的议会和政府比起英国议会来，权力小得多。不过同 1848 年前相比，同普鲁士的竞争对手奥地利相比，仍然是一个进步。

在 1848 年革命高潮中开幕的法兰克福全德议会上，代表们讨论德国统一时，形成以普鲁士为核心的小德意志和以奥地利为核心的大德意志两种方案。从德意志民族的地理范围和分布特点看，北德意志（以美因河为界）和南德四个邦国以及奥地利帝国西部，大部分居民是德意志人。小德意志方案只包括上述南、北德意志地区。若按此方案（大致与今日德国地图相当，奥地利除外），统一后的德国将是由单一民族组成的国家，而按大德意志方案，则在上述小德意志方案基础上再加上奥地利帝国。这个帝国西部以维也纳为中心，其地理范围相当于现代奥地利，居住着德意志人；帝国东部（沿摩拉瓦河画一条南北分界线）的面积占全国 2/3，居民以非德意志各民族为主。1848 年，匈牙利、捷克、北意大利人民的民族起

---

① ［意］路易吉·萨尔瓦托雷利：《意大利简史》，沈珩译，商务印书馆 1998 年版，第 535、553 页。

义和民主要求也证明，这些非德意志民族已经觉醒，尤其是1861年意大利王国成立后，意大利中部地区已不再隶属于奥地利。相比之下，小德意志方案是切实可行的。

从1834年德意志关税同盟成立以来的经济和社会发展趋势看，普鲁士在整个德意志地区占有明显优势。关税同盟在1865年经过改组，普鲁士的权力扩大了，北德意志几个小邦也陆续加入。这个同盟和6000公里铁路网构成未来新国家大厦的骨架。

二、工业发展

1848年革命失败后，普鲁士国王腓特烈·威廉四世同他的“宫廷帮”朋友们常年形影不离。他们镇压一切民主活动，宫廷职位以及军、政和宗教要职都由贵族和容克地主把持着。资产阶级既害怕普鲁士王权又担心无产阶级革命，于是转而经营工商业或者从事高等教育和科学研究。

五六十年代是欧洲工商业繁荣时期，德国尤其如此。这20年间带来的成就，比以前整整一个世纪还要多（恩格斯）。W. W. 罗斯托也认为，1850—1873年是德国工业的起飞时期，即加速增长时期。[①] 德国1850年产褐煤520万吨，1871年产煤2940万吨（其中褐煤850万吨），比法国多一倍以上。[②] 1850年产生铁20万吨，1871年产钢140万吨，也超过法国。[③] 在机器制造业方面，1846年有131家机械厂，1861年有300多家。埃森的克虏伯铸钢工厂于1847年开始铸造大炮，在欧洲最先采用转炉炼钢，60年代实现从采煤到冶金的纵向联合，1870年有16000名职工，是德国最大的军火供应商。德国棉花消费量从1850年1.78万吨增至1871年11.22万吨。1870年共有18800公里铁路。外贸1850年、1864年和1872年进口贸易额分别是545亿马克、1081亿马克、3262亿马克；出口分别是519亿马克、1131亿马克、2321亿马克。[④] 五六十年代经济的快速增长，增强了国家的经济实力，资产阶级更需要国家统一并借助国家力量开拓海外市场。

---

① Peter Mathias and M. M. Postan, *The Cambridge Economic History of Europe*, Vol. Ⅶ, Cambridge University Press, 1978, p. 383.

② 迪特尔·拉夫：《德意志史》，波恩，InterNatione中文版，1987年版，第133页。

③ Palmer, *A History of the Modern World*, p. 512.

④ 中国社科院世界经济与政治研究所编：《苏联和主要资本主义国家经济历史统计集》，第613—614页。

但是，鉴于1848年革命的“教训”，他们感到只有投靠某个现成的大国才能实现全德统一。1856年，意大利民族协会成立后，他们于1859年1月成立德意志民族协会，协会成员不久就达到2.5万人。口号是即使最强硬的普鲁士军事统治，也比小邦林立造成的悲惨处境好。

三、农业

1850年3月2日，普鲁士政府颁布《调整地主和农民关系法》，无偿废除次要的封建义务。主要义务必须赎买，数额相当于年贡的20倍，也可以把相当于这笔赎金的土地割让给地主。实施这个法令后，地主从农民手里掠取2400万塔勒（1塔勒=3马克）赎金和11.3万摩尔根（1摩尔根=10.5中国市亩）土地。这些获得人身自由的农民，大都成了农场和城市工厂的雇佣工人，因为仅有的那点土地难以糊口。从1811年改革到19世纪晚期，普鲁士农民给地主交纳的赎金共有10亿马克。许多容克地主用这些资金和土地把原有庄园改建成面向市场、剥削雇佣工人的大农场。

农民赎买封建义务之后，地主仍保留着“世袭领地裁判权”。直到19世纪末，容克地主仍然迫使农民自带牲口为自己干活。在德国西部和西南部，农民的土地所有权在1850年以后也不如法国农民那样充分。①

但在农业技术领域，德国的进步极为明显。李比希是农业化学奠基人，他首先指出，农作物所需营养成分以氮、磷、钾为基础。40年代出版《农业化学基础》，他用硫酸处理骨粉，制成易溶于水的过磷酸钙肥料。1842年，德国建成第一座磷肥厂。1856年，他用硫酸处理天然磷矿，再加石膏，便得到过磷酸钙。1889年，全欧洲磷肥产量（包括矿渣磷肥）700万吨。1861年，在斯达斯非特发现光卤石，并生产钾肥，90年代建成钾肥厂。1914年前，德国是世界上主要钾肥生产国。

甜菜是一种大量消耗土壤肥力的经济作物，施用这些矿物肥料后增产效果明显。1866—1870年，德国年均产粗糖21万吨，1886—1890年均产110万吨。克里米亚战争时期黑海沿岸粮食出口受阻，德国成为西欧粮食主要供应国，但泽（即今日波兰的格但斯克）的粮价是欧洲标准价格。但由于德国人口增长快，尤其是城市人口大幅度增加，还有美国廉价小麦竞争，从80年代起，德国成了粮食进口国。19世纪晚期，土豆产量为粮食

---

① 克拉潘：《1815—1914年法国和德国的经济发展》，傅梦弼译，商务印书馆1965年版，第227页。

总产的两倍，除食用、做牛饲料外，还用于生产酒精（乙醇），全国有5000个酒精厂。

四、宪法纠纷

1861年腓特烈·威廉四世去世，由其弟继位，称威廉一世，早在1856年他就是国王副手，1858年为摄政，这位军事专家一贯重视普鲁士军队的战斗力。意大利战争（1859—1860）在德意志引起自由主义和民族主义感情的新高涨。1860年，政府向众议院递交《义务兵役法》，这是由新任陆军大臣罗恩草拟的军事改革方案：①增加编制，每年应征新兵由4万增至6.3万人；②服役期3年；③削减地方自卫队。这需要大量拨款，上院同意拨款，下院这时发生了不利于政府的重要变化：新成立的德意志进步党在议会有109席，其纲领要求保存地方自卫队和两年服役期。该党与中央党左翼一起构成议会多数。1861年3月6日，下院拒绝军事改革所需的拨款。国王两次解散议会，但1862年新选出的下院中，自由派议员仍占多数（230：352）。国王在绝望之余准备退位，这时罗恩向国王提议让俾斯麦担任政府首脑。

五、俾斯麦

容克地主出身，在哥廷根、柏林大学学法律，毕业后回乡经营庄园。历任萨克森议员、普鲁士驻法兰克福邦联议会代表（1851—1859）、驻俄大使（1859—1862）、驻法大使（1862）。他仇视自由派、反对1848年革命，并试图带领他庄园里的农民去柏林解救国王。[①] 他认定由霍亨索伦王室统治的普鲁士国家去创建一个更伟大的德国已经命中注定了。在他看来，德国的统一必须由人民去完成，但无须征得人民的同意。他认为自己对被统治者的真正利益比后者更清楚，并以此作为独裁的证据。这无异于告诉被统治者，他们并不比儿童更负责任。这是在压迫他们之后还加以侮辱，因为他把后者的童年看成是永久的[②]。不过，政治和军事策略确实是一门学问、一种艺术。

---

① 卡尔·艾利希·博恩：《德意志史》，第3卷，张载扬译，商务印书馆1991年版，第217页。

② ［美］悉尼·胡克：《理性，社会神话和民主》，金克译，上海人民出版社1965年版，第292页。

从国王选择他当首相第一天起，他就自信这是上帝的安排。他建议国王继续实施军事改革而无须等待议会同意。于是政府开征新税，39个团的常备军陆续组建完成，军队编制、训练和装备按陆军部及总参谋部的改革计划都在大力推进，总参谋长是1857年上任的毛奇。① 给士兵换发新式撞针枪（子弹往弹仓里装填而不再从枪口装填），杀伤力更大。几年之内，普鲁士陆军成为欧洲最出色的军队。

俾斯麦的统一计划是：①用战争手段把奥地利排斥于德意志邦联之外；②吞并北德意志各邦以扩大普鲁士版图；③统一奥地利之外的所有德意志邦国，形成联邦，由普鲁士在其中起领导作用。

1862年9月30日，俾斯麦在议会讲话："只要看一眼地图就清楚，普鲁士瘦长的身躯不可能单独地、长时期承担起确保国家安全的军备。这必须由所有德国人共同承担。德意志看重普鲁士，不在于其自由，而在于它的实力……普鲁士必须积聚力量以待时机。这样的时机我们已错过好几次了。……当代种种重大问题不是通过演说、或者多数人的决议所能解决的——这正是1848年和1849年的错误——（解决这些重大问题）需要铁和血。"② 他还声称："我们这里不是英国，我们这些大臣是国王的奴仆而不是议会的奴仆。"

俾斯麦知道自由派盼望国家统一，而保守派支持他的强硬立场，于是他提出"漏洞理论"：当议会和国王发生冲突时，宪法并未规定解决办法。因此，政府未经议会授权也能征收必要的税赋用于处理国家事务。议会自由派对俾斯麦无可奈何。

不过阻碍国家统一的主要阻力是奥地利而非议会。为了把奥排斥在外，俾斯麦不惜发动战争，问题在于找到一个借口。对加富尔而言，奥地利是外国侵略者；而对俾斯麦来说，奥是同胞兄弟，当时国内并无反奥情绪。他只能等待时机，而机会来自国外的事态发展。

---

① 组建总参谋部是德国人的一个创造。拿破仑事必躬亲，没有这样一个正规的指挥班子，这是他后期失败的原因之一。

② 迪特尔·拉夫：《德意志史》，波恩，InterNatione中文版，1987年版，第136页。

第六节　三次王朝战争

一、普奥与丹麦的战争

1853年11月15日，丹麦国王弗里德里希七世去世，新国王克里斯蒂安四世于18日继位，他在11月13日起草的新宪法上签字。该宪法取消什列斯维格的传统特权，限制霍尔斯坦因的权利。① 霍尔斯坦因当局拒绝向新国王效忠，并呼吁法兰克福的德意志邦联议会承认奥古斯滕堡为独立的什—霍—劳恩公国的大公，普鲁士认定丹麦吞并两公国公然违背1852年伦敦协定书。俾斯麦多年的外交官生涯使他熟悉各国宫廷与国际形势。他知道俄国感激他在波兰1863年一月起义中给予的支持。他又向英国表示，普鲁士不想改变波罗的海现状。他对法国许诺，愿意让拿破仑三世出面主持会议，讨论什—霍问题。然后，他拉拢奥地利，请奥与普共同要求丹麦放弃这部适用于所有州的宪法，严格遵守伦敦协定书。两国还商定如对丹麦作战，这两公国的前途只应由普、奥决定。奥地利同意这样做，只是在向世人表明，皇帝没有把统一德国的领导权拱手让人。

1864年1月16日，普、奥向丹麦发出最后通牒：废除宪法，两公国只服从共同达成的协议。2月1日，普、奥军队入侵什列斯维格。5日，丹麦军队失败后撤。到4月，普奥军队已进入丹麦本土。4—6月，英国倡议召开会议，旨在挽救丹麦。6月26日，战争又起，丹麦被迫交出什列斯维格—霍尔斯坦因和劳恩堡。8月14日，普、奥签订加斯丁协议，奥管理霍尔斯坦因（与普相连），普管理什列斯维格（与丹麦相邻）。俾斯麦这一安排使霍尔斯坦因成了普鲁士领土中间的一块奥地利飞地。对丹麦的战争过去14年后，俾斯麦还津津乐道：“这一安排是我一生中最大的外交成就。”因为这是给奥地利埋设的战争陷阱。

二、普奥战争

俾斯麦说过：“政治是量力而行的艺术，是关于可能出现的事物的艺术。”1865年10月，俾斯麦会见拿破仑三世时含糊其辞地暗示，如果法国在未来的普奥战争中保持中立，法国将获得莱茵河畔的土地。而皇帝相信

① 李元明：《世界近代国际关系史》上，中共中央党校出版社1988年版，第276页。

奥地利能打败普鲁士，至少会在长期消耗战中两败俱伤。1866 年 4 月 8 日，在拿破仑三世帮助下，俾斯麦同意大利缔结攻守盟约：对奥战争爆发后，意将在三个月内对奥作战；普许诺威尼西亚将归意大利。为了使国内舆论能接受这场兄弟阋墙的战争，俾斯麦于 4 月 9 日向邦联议会提出一项奥地利不会接受的邦联改革方案——核心是把奥地利排除在外。① 奥地利果然反对，并在会上发生冲突，两国开始动员军队。鉴于普、奥共管已不可能，奥地利让霍尔斯坦因议会讨论两公国前途，并把两公国交给邦联议会决定。俾斯麦以这样做违反了加斯丁协议为理由，派军队入侵霍尔斯坦因，奥军撤离。邦联议会谴责普鲁士，俾斯麦的代表声明，邦联议会无权如此对待一个成员国，要求解散邦联议会。

6 月 24 日，普、奥战争正式开始，四天后意大利对奥宣战。7 月 3 日，普、奥主力在萨多瓦决战，23.8 万奥军对 29.1 万普军，经三天激战后奥军失败。俾斯麦对奥议和，条件主要是把奥从德意志排斥出去，但国王和总参谋长却要他乘胜追击，直捣维也纳。国内的战争狂热达到顶点，俾斯麦劝他们克制，以免对方结成敌对的同盟，因为“生活在欧洲的不光是我们自己，而且还有三个憎恨我们的强国”。但国王固执己见，俾斯麦以辞职相威胁，腓特烈·威廉一世才被迫让步。1866 年 7 月 20 日，普、奥缔结停战协定。26 日，签订尼古尔斯堡预备和约：普军撤出奥地利。奥地利承认“没有奥地利参加的新的德意志组织”，奥把它对两公国的一切权利让给普鲁士。和约结尾处宣布，奥地利参加的德意志邦联停止存在。② 经过普奥战争，普鲁士吞并了汉诺威、黑森、拿骚、法兰克福自由市等北德意志大部分地区。俾斯麦及时利用民族情绪加紧立宪工作。新议会批准了政府已支付的军事费用——宪法纠纷也就烟消云散。北德意志 24 个邦国，包括三个自由市共同缔结联盟条约。1867 年 4 月，由普选产生的帝国制宪议会通过联盟宪法。规定普鲁士国王是联盟主席、军队统率和外交领导者，俾斯麦任联盟总理。联盟内部取消关税和交通限制，货币和度量衡统一。联盟还与南德意志诸国建立关税议会。至此，全德统一市场已经建立。

奥军溃败完全出乎拿破仑三世的预料，它以短暂的“七周战争”载入史册。当拿破仑三世尚未从震惊中醒悟过来，和平条约已经签订，而且给

---

① 李元明：《世界近代国际关系史》，中共中央党校出版社 1988 年版，第 284 页。

② *An Encyclopedia of World History*, Harrap, London, 1972, p. 731.

战败者的条件如此宽大，使拿破仑三世找不出任何借口出兵莱茵河，而只能眼看着普鲁士把德国引向统一。“在普奥战争中被打败的不仅是奥地利，而且有法国资产阶级。”（恩格斯）

三、普法战争（1870—1871）

战前国际关系。普奥战争后，只剩下南德意志四个国家：巴伐利亚、符滕堡、巴登和黑森—达姆施塔特还在德意志联盟之外，完成统一的阻力主要来自法国的干涉。1867 年，布拉格和约第 4 条关于南德诸邦“在国际上独立存在”的条款，就是法国施加影响的结果。

克里米亚战争后，法国成为大陆霸主，它宁愿德意志的分裂局面一直保持下去，而普奥战争的结局使法国首次感到普鲁士崛起的威胁。在国内，皇帝的统治地位从 60 年代起开始动摇，他很想通过一场对外战争的胜利巩固其统治，阻止德国统一并企图把法国领土扩大到莱茵河左岸。

英国拥有世界霸权。因此，它不希望任何一个大国主宰欧洲事务。对于普鲁士的兴起，英国并不反感，相反，这正是抵消法国霸权的平衡力量。当时法在印度支那、非洲和叙利亚的扩张正威胁着英国利益，在苏伊士的活动更恶化了英、法关系。俾斯麦预见到英国的均势外交有利于己而不利于法国。

俄国对普鲁士一连串军事胜利深感不安，曾联合英国阻止普对汉诺威的合并但未成功。俾斯麦知道俄对英、法封锁两海峡一直耿耿于怀，而法国在波兰问题上的态度以及坚持巴黎和约（1856）不能修改的立场使俄反感。因此他派使节向俄保证，普鲁士将协助俄国废除巴黎和约中对俄军舰出入两海峡的限制，以换取俄在未来普法战争中保持中立。1868 年，两国签订一项互助条约，规定任何一方在战时一旦受到两个强敌威胁，另一方将予以支援。1863 年，普助俄镇压波兰起义，也是普、俄接近的一个原因。

普奥战争结束后，皇帝约瑟夫就与匈牙利国王签订协定（1867），把奥地利帝国改为奥匈二元帝国，匈在内政方面独立。这两个民族从 1848 年革命以来一直有隔阂，但为什么不完全分开呢？因为两国在欧洲都算不上强国，无法单独自卫。当时奥地利刚刚战败，对普心有余悸，而且从克里米亚战争以来同俄国矛盾很深，如在未来的普法战争中站在法国一边，很可能招致俄国报复。因此，奥地利不大可能成为法国盟国。

意大利因法军不从罗马撤走，对法态度冷淡。因此，在普法战争前夕，法国拉拢俄、奥和意的外交努力均告失败，而俾斯麦在内政、外交上高人一筹，军事上也占优势。

1867 年 3 月，法国皇帝同尼德兰国王兼卢森堡大公国国君威廉三世就购买这个小国谈判时，后者表示要等普鲁士许诺，他才能作出决定，因为普在卢森堡驻有一支守备部队。俾斯麦向尼德兰（即荷兰）国王紧急建议：不同拿破仑三世缔结条约，然后在 5 月 7—11 日伦敦会议上促使列强对卢森堡大公国的独立和中立作出集体保证。当时，普鲁士主动放弃驻军权，避免了冲突。又挫败了法国皇帝吞并卢的计划。这时又传来消息说，完全凭借法国武力支持的墨西哥皇帝马克西米连一再失败，6 月 19 日被革命军处决。拿破仑三世在外交上节节失利，使国内反对派重新抬头。

1868 年 9 月，西班牙发生政变，波旁王朝的西班牙女王伊萨贝拉二世被废黜后逃往法国。10 月 5 日，成立的临时政府和议会通过议案实行君主立宪，并于 1869 年 6 月 15 日提名霍亨索伦王室的利奥波德亲王为西班牙王位继承人。经过一系列幕后活动，利奥波德于 1870 年 6 月 19 日接受这一提名，普王腓特烈・威廉一世也同意了。7 月 2 日，西班牙议会推迟表决王位继承人的人选，这一秘密泄露出来引起法国舆论的震惊。7 月 6 日，外交大臣格拉蒙在议会讲话：除非普鲁士撤销这一提名，否则法国将以战争来回答。11 日，法国大使贝内德蒂前往威廉一世疗养地埃姆斯，请国王命令利奥波德放弃王位继承人身份，国王拒绝这一要求，但他立即秘密派使节要求利奥波德放弃王位继承权。12 日，利奥波德之父安东尼亲王代表他远在阿尔卑斯山的儿子表示，放弃王位继承权。但格拉蒙和法国政府对这一外交胜利仍不满足，指示法国大使要求威廉一世给皇帝写这样一封道歉信：正式拒绝接受王位继承的提名，并许诺将来永不重提此事。13 日，国王在埃姆斯接见法国大使，只答应利奥波德放弃王位继承权，其他要求一概拒绝。当天下午，大使再次要求接见，威廉让人通知大使，他“已经没有什么可说的了”。

同日，国王给柏林的俾斯麦首相发去电报，通报了他与法国大使交谈的内容。俾斯麦召集罗恩和毛奇商量这封电报。他对电文作了修改，使语气变得鲁莽一些，给人以两国关系正在破裂的印象。毛奇说，电报原来是退却的信号，现在就成了回答挑战的号角。① 人们把修改后公开发表的埃姆斯电报比喻为用红布条引诱高卢牛。这时，两国朝野一片战争叫嚣。

---

① 艾伦・帕麦尔：《俾斯麦传》，高年生译，商务印书馆 1982 年版，第 173 页。

7 月 19 日，法国向普鲁士宣战，俾斯麦立即得到南德意志各邦的支持以及俄对普的善意中立立场。宣战后的法军行动迟缓，只在境外占领一个小镇，而普军兵分三路，以排山倒海之势向法境猛攻。9 月 2 日，法军在色当战败投降，拿破仑三世也当了俘虏。消息传到巴黎，巴黎人民于 9 月 4 日起来革命，推翻第二帝国，宣布共和，成立国防政府。

9 月 4 日前，普军已越过边界，但并未改变德国在战争中的防御性质。9 月 19 日，普军包围巴黎。10 月 27 日，巴赞元帅率 17 万官兵在梅斯向普军投降。1871 年 1 月 18 日，腓特烈·威廉一世在凡尔赛宫镜厅加冕称帝，德意志国家的统一大功告成。28 日，国防政府同德国签订停战协定：立即缴付 2 亿法郎赔款，限期召开国民议会，以便批准和约草案。2 月 13 日，新一届国民议会在波尔多开幕。26 日，法、德签订初步和约。5 月 10 日，双方在法兰克福签署正式和约：①法国将阿尔萨斯—洛林割让给德国；②赔款 50 亿金法郎；③法国承担德国占领军一切费用，直到赔款付清再撤出。

德国民族主义者认为，割让阿尔萨斯—洛林是把黎塞留和路易十四时代占领的德意志领土收回来了。而法国失掉的不仅是讲德语的阿尔萨斯，还包括讲法语的洛林。[①] 法国人把这看作法兰西民族被征服的象征。大革命以来，这里的德裔居民已经与法国人同命运。都德的短篇小说《最后一课》就描写了当地居民被德军占领后的民族感情。占领阿尔萨斯—洛林是此后法德关系一直恶化的直接原因，也是欧洲国际关系紧张、爆发世界大战的根源之一。

四、评价

这次统一把一个奄奄一息的德意志联盟变成生气勃勃的、统一的民族国家（马尔克斯）。[②] 实现了德意志民族几百年来的共同理想。统一后的德国有了单一货币、度量衡和市场规则，这有助于国民经济增长和国家工业化。统一的民族国家还给工人运动提供了广阔的活动空间，德国工人政党成为国际工运的先锋队。普奥、普法战争也促进了意大利统一。

德意志帝国（又称第二帝国，指神圣罗马帝国的继承者）的诞生，改

---

① Hugh Seton Waston, *Nations and States*, Westview Press, 1977, p. 97.

② 古奇：《十九世纪历史学与历史学家》，耿淡如译，商务印书馆 1989 年版，第 10 页。

变了 1815 年以来的欧洲政治地图和 1856 年以来大国之间的力量均势。俄国乘机于 1871 年 3 月宣布废除黑海条款，列强在伦敦开会承认俄国在黑海的主权，同时坚持 1856 年巴黎和约规定的土耳其在两海峡对一切外国军舰封闭的原则仍然有效，但又补充土耳其素丹有权“在和平时期对友好国家和盟国军舰开放两海峡”，这一补充是英国为削弱俄国外交而加上的。

阿尔萨斯等地被德国兼并，使俄国成了欧洲的主宰。（马克思代表第一国际关于普法战争的第二篇宣言，1870 年）

一个统一的、有雄厚经济实力和军国主义传统的帝国，其成立仪式有意排斥本国公众而安排到战败国的皇宫里，当着德意志各邦君主的面戴上皇冠，这伤害了法兰西民族的感情。

德国和意大利分别实现统一，是 19 世纪欧洲民族主义的最大胜利。推动两国统一的核心分别是普鲁士和撒丁王国，妨碍这两国统一的阻力来自同一个国家——奥地利。这两国的统一大业还归功于政治家不露声色、不受道德约束的政治计谋和外交艺术，即所谓强权政治，[①] 也就是俾斯麦所说的“血和铁”。这种强权政治在近现代历史上比比皆是。

---

① T. Walter Wallbank, *Civilization: Past and Present*, Seventh Edition, 1976, p. 220.

第十六章

19 世纪晚期的世界经济

16 世纪开始的地理大发现，把欧洲市场扩展为世界市场；19 世纪的工业革命和新技术革命，放大了市场逐利机制和政府宏观调控效果，这一对看不见和看得见的手，使世界经济走向一体化。

第一节　世界经济增长的一般趋势

一、加速增长

16 世纪以来的国际贸易，尤其是 18 世纪以来从英国开始的工业革命，使世界市场逐步发展成互相竞争又彼此依存的全球经济体系。到 19 世纪中期，英国完成了工业革命，其他西方国家从 30 年代起陆续进入大规模工业化时期。五六十年代各国经济普遍繁荣，70 年代以后更是加速增长。世界工业总产量，在 1850—1870 年增长一倍，而在 1870—1900 年增长 2.2 倍，到 20 世纪头 13 年又增长 66%。另一组数字显示，1918 年前 50 年间，世界经济年均增长 2.1%，比 19 世纪上半叶年均增长高一倍。按不变价格计算，1800—1900 年世界经济年均增长 1.45%。① 表 11 是 1700—1913 年世界工业生产指数（以 1913 年为 100）。②

表 11　1700—1913 年世界工业生产指数

年代	生产指数	年代	生产指数
1700—1710	0.55	1880	26.9
1880—1812	3.18	1890	40.1
1820	4.16	1894	42.2
1840	7.40	1900	58.7
1860	14.7	1913	100
1870	19.5		

① 高斌、李平：《也谈经济增长的长期趋势》，《经济研究》1993 年第 2 期，第 41 页。

② 宋则行、樊亢：《世界经济史》上卷，经济科学出版社 1993 年版，第 280 页。

上述数据和其他资料表明，西方经济经过五六十年代的繁荣之后，从19世纪70年代起直到1913年为止，进入加速增长时期。这一增长周期之长，其间波动幅度之小，只有1951—2007年间可与之相比。

二、周期波动

1914年前世界经济加速增长的这一长期趋势，并非连续不间断地均衡增长，而是经历了一系列周期性经济危机。① 如1825年英国经济危机、1837年美国金融危机、1847年欧洲经济危机、1857年危机。1873—1875年、1896年、1900年、1903年和1907年，美国工业产值都分别比上一年下降10%，甚至更多。②

列宁认为，垄断"必然要引起（经济）停滞和腐朽的趋向"。③ 更加一般的结论是，经济危机（或萧条）是资本主义制度内在矛盾的必然表现。现在的问题是，在市场经济条件下，这个一般性政治结论不能作为中央政府宏观经济决策的出发点。实际上，在市场条件下，任何国家的国民经济都不可能在长时期（通常指20年以上）内实现无波动的均衡增长，而总是呈现出扩张与收缩的交替变动。经济学家通过对国民生产总值（GNP）、物价平均指数、就业和收入等宏观指标的统计、计算和分析，把这些宏观经济活动扩张与收缩的交替变动称为经济周期或商业周期。④ 一个周期包括扩张、衰退、收缩和复苏四个阶段。这一连串变化周而复始地不断出现，但并非定期出现。⑤

三、非均衡增长

这是加速增长与周期波动的共同结果。非均衡增长的一个具体表现是

---

① 经济危机（economic crisis），一般指资本主义再生产过程中爆发的周期性生产过剩危机。英文常用衰退（recession）、萧条（stagnation）、不景气（slump）来表示，只有1929—1933年大萧条、大恐慌才用 the Great Depression 表示。在美国，如果国民经济连续两季度下降到一定幅度，同时失业率高于6%，即视为衰退（recession）。因为在西方发达国家，现在不超过4%的失业率即视为充分就业。上一次衰退发生在1990年7月到1991年3月，持续8个月，此后转为增长。从2001年下半年开始，美国经济又陷入衰退。2002年缓慢复苏。

② 福克讷：《美国经济史》下卷，王锟译，商务印书馆1964年版，第360—361页。

③ 《列宁选集》第2卷，第818页。

④ 魏埙：《现代西方经济学教程》下册，南开大学出版社1992年版，第281页。

⑤ 于建玮：《经济发展辞典》，四川辞书出版社1989年版，第7—8页。

各国经济增长速度不相同。

表 12　1820—1913 年西方几个强国在世界工业中所占份额　（单位:%）

年份	英国	美国	德国	法国	俄国	其他
1820	50	10	10	15 ~ 20		
1840	45	11	12			
1850	39	15	15			
1860	36	17	17	12		
1870	32	23.3	13	10	4	
1880	28	28	13	9		
1890	22	31	14	8		
1900	18	31	16	7	5	
1910	14	35	16	7		
1913	14	36	16	6	6	22

表 12 说明，英国在 19 世纪七八十年代失去工业垄断地位。美国从 19 世纪 90 年代起超过英国，居世界第一。德国从 1910 年起超过英国居世界第二位。1860—1910 年，法国工业年均增长 1.8%、英国 2.2%、德国 3.9%、美国 4.9%。①

表 13　1830—1890 年欧洲列强的人均国民生产总值
（按 1960 年美元价格计算）②　单位：美元

国别	1830 年	1840 年	1850 年	1860 年	1870 年	1880 年	1900 年
英国	346	394	458	558	628	680	785
意大利	265	270	227	301	312	311	311
法国	264	302	333	364	437	464	515
德国	245	267	308	354	426	443	537
奥匈帝国	250	266	283	288	305	315	361
俄国	170	170	175	178	250	224	182

① 阿瑟·刘易斯：《增长与波动》，梁小民译，华夏出版社 1987 年版，第 7 页。
② 保罗·肯尼迪：《大国的兴衰》，蒋葆英译，中国经济出版社 1989 年版，第 215 页。

从表 13 可知，1830—1900 年英、法人均国民生产总值增长一倍以上。美国工业总产值从 90 年代起就居世界第一，其人均收入 1914 年比英国高 1/3，比法国、德国高一倍。

表 14　1914 年各强国的国民收入、人口和人均收入①

国别	国民收入（亿美元）	人口（万人）	人均收入（美元）	国别	国民收入（亿美元）	人口（万人）	人均收入（美元）
美国	137	9800	377	德国	120	6500	184
英国	110	4500	244	意大利	40	3700	108
法国	60	3900	153	俄国	70	17100	41
日本	20	5500	36	奥匈帝国	30	5200	57

四、工业化国家与世界其余地区的差距扩大，欧美强国在世界经济中处于支配地位

表 15　部分国家和地区的人均工业化水平②
（以英国 1900 年为 100）

国别	1750 年	1800 年	1830 年	1860 年	1880 年	1900 年
整个欧洲	8	8	11	16	24	35
英国	10	16	25	64	87	100
奥匈帝国	7	7	8	11	15	23
法国	9	9	12	20	28	39
德意志诸邦/德意志	8	8	9	15	25	52
意大利诸邦/意大利	8	8	8	10	12	17
俄国	6	6	7	8	10	15
美国	4	9	14	21	38	69
日本	7	7	7	7	9	12
中国	8	6	6	4	4	3
印度	7	6	6	3	2	1

① 保罗·肯尼迪：《大国的兴衰》，蒋葆英译，中国经济出版社 1989 年版，第 305 页。

② 保罗·肯尼迪：《大国的兴衰》，第 186 页。

第二节　工业革命与新技术革命的关系

英国完成工业革命后，到 19 世纪末，德、法、美和欧洲其他强国也完成了工业革命，其主要标志是，工业产值超过农业。这样，上述各国的国民经济结构就实现了主体产业从传统农业向近代工业的转换。英国工业革命又称为第一次技术革命，而德国、美国工业总产值后来居上的内在动力则是 19 世纪晚期的新技术革命，又称第二次技术革命。这场革命实现了第二产业内部的技术升级与结构优化。① 法国物理学家、工程师卡诺 1824 年提出热力学中理想的热力循环，为一切热机提高热效率指明了方向。在法国工程师勒努瓦二冲程内燃机基础上，德国工程师奥托按四冲程原理发明卧式煤气机，提高了热效率。1892 年，德国工程师狄塞尔制成第一台压燃式内燃机，改进了四冲程内燃机，用低级油代替汽油，而热效率更高，成为现代工业中主要的动力机。

表 16　第一、第二次技术革命比较

项目	第一次技术革命	第二次技术革命
主导技术（动力机）与机械化	蒸汽机（1784）。现在蒸汽机热效率为 7%。 在纺织等制造业部门，机器取代了手工工具。	电机（发电机和电动机）与内燃机从 19 世纪晚期开始商业化。现在，内燃机车热效率 25%，电力机车热效率 65%。 制造业、采矿、交通运输全面机械化。1890 年轮船在远洋运输中的吨位超过帆船。农业半机械化，矿物肥料、农用拖拉机（1920）、信息技术产业化。
主要国家	英国	德国和美国
能源及其转换	煤炭（一次能源）在冶金工业中以焦炭的形式取代木炭。	电力和石油产品（二次能源）逐渐取代煤炭在能源结构中的主要地位。

① 林钧海、张跃发：《世界历史上工业革命与技术革命的关系》，《青海师院学报》1984 年第 1 期。

续表

项目	第一次技术革命	第二次技术革命
代表性工业部门与产业结构	纺织工业与机械工业 劳动密集型产业	电力、电器和化学工业。 机械工业趋向大型、专用、标准化和精密化。 技术密集和资本密集型产业。
科学与技术的关系	技术发明推动科学研究（如蒸汽机的改良推动热力学研究）。新机器大多由熟练工匠在传统经验的基础上发明出来。	科学理论指导技术发明（如热力学与内燃机，电磁理论与电机）。科学家和技术人员在技术和工艺设计中起主要作用。技术发明开始产业化（如贝尔实验室）。
工业组织与技术进步的关系	蒸汽机与纺织机械的配套使用，产生了工厂制度。	电力、重化工、汽车和飞机制造业从一开始就为大企业所垄断。这些大公司往往设有专搞技术开发与引进的部门。德国在这方面最为成功，如染料合成。

第三节　国际贸易

一、国际贸易与经济增长

经过库兹涅茨等人的研究已经发现，19 世纪世界主要贸易大国的经济增长快于其余国家，而 1800—1913 年世界贸易增幅大于世界经济的平均增长速度，其间以英国最快。① 1800—1913 年每十年世界三大产业人均增长约为 7.3%，而同期世界贸易人均增长 33%。1913 年人均外贸值是 1800 年的 25 倍以上，而世界人均产量同期只增长 2.2 倍多，两者相差 11 倍。1913 年外贸总值在世界总产值中占 33% 而 1800 年只占 3%。这说明，国际贸易对世界经济增长的贡献越来越大。

1880—1914 年，虽然贸易保护主义重新抬头，但由于多数贸易大国实行金本位制，英镑和伦敦金融业在国际多边贸易中一直发挥着中介和中心作用，世界贸易和投资得以继续稳定增长，其增速年均 3.4%，快于同期

① A. G. Kenwood and A. L. Loughead, *The Growth of the International Economy*, 1820 - 1980, George Allen & Unwin, 1983, p. 91.

世界工业产值2.1%的增速。

表17　1820—1870年英、美、德、法在世界贸易中所占比重（单位:%）

年份	英国	美国	德国	法国
1820	18	8		
1840	21	8		12
1850	21	10		11
1860	21	11		11
1870	22	8	13	10

1913年，欧洲占世界贸易62%，北美占13.3%，亚洲占11.1%，拉美占7.6%，非洲占3.7%，大洋洲占2.4%。1850年前后，美国进口商品的2/3来自欧洲，70年代占1/2，其中英国商品50年代占美国进口额的46%，1911—1913年占17%，而来自欧洲大陆的商品（德国为主）1913年占美国进口额的1/3。拉丁美洲的外贸，有2/5是与西欧和美国进行的，非洲和大洋洲外贸对欧洲市场的依存度超过了拉丁美洲。19世纪末，美国取代英国成为加拿大头号贸易伙伴。

直到19世纪70年代，英国仍是印度和中国的主要贸易伙伴，但随着鸦片贸易衰退和日本的工业化。80年代日本对亚洲其余国家的进出口迅速增加。到1913年，亚洲有一半进口商品来自日本。

从初级商品与制成品贸易的地区分布看，英国和西北欧是世界上初级产品（主要指谷物、热带产品和工业原料）的最大进口地和制成品的最大出口地，但英国出口份额逐年缩小，说明英国在世界上的工业垄断地位已经受到挑战。到1913年，随着欧洲、北美工业革命的完成，从这里出口的制成品占世界出口总量的90%，欧美以外地区的制成品出口虽然只占10%，但呈上升态势。这是日本、印度等亚洲国家和地区现代民族工业和外资企业迅速发展的结果。19世纪，世界贸易的总格局是，少数欧美强国在国际贸易中占据支配地位，以伦敦为中心的国际期货市场决定着大宗商品的市场价格和交易方式。

二、贸易自由与关税保护

随着拿破仑战争的结束，英、法之间的经济封锁与反封锁停止了。英国从20年代起陆续取消对机器出口的禁令。1846年，废除谷物法，这是英国走向自由贸易的主要标志。此后，德意志关税同盟（1853）、法国与荷兰（1862）、意大利（1870）也取消了谷物进口税，1860 年，英国政府代表科布登同法国皇帝顾问谢瓦利埃签订商业条约，双方大幅度降低几十种商品关税，法国许多商品税率只有 10%，铸铁每百公斤关税为 25 法郎。① 当时有 165 家制造厂商恳请皇帝保护国内工业。但总的说来，法国工业在适度的关税保护下，经过竞争增强了实力。互相减免关税有利于法国葡萄酒等商品对英出口。此后，英、法两国又分别同德意志关税同盟以及其他许多欧洲国家签订了类似的减免关税的双边条约，这有利于扩展国际贸易与经济合作。但在运用这一最惠国条款过程中，最成问题的地方在远东。英、美利用各自工业、海运和军事优势，迫使中、日和其他东方国家开放市场，使其失去了司法、关税和一部分领土主权，这些标榜自由贸易的双边条约都是损害亚洲国家权益的不平等条约。

19 世纪中后期的技术进步增强了贸易自由化的效果，铁路、运河、邮电网络的建设和使用，尤其是 80 年代末以来轮船在远洋运输中取代帆船大大节省了运费。1870—1905 年，英国批发物价下降 10%，而运费平均下降 30%。类似的技术进步由于欧洲各国开放其内河而效益倍增：从 1868 年起，一切国家均可在莱茵河自由通航。随后，易北河、多瑙河也实现了国际通航自由。1875 年，几个海上强国同丹麦签订条约，使丹麦取消了海峡过境费。

1849 年，英国废除航海条例之后，对其殖民地的贸易从垄断转向互惠制度：允许殖民地制定某些独立的商业政策，如澳大利亚境内英国各殖民地之间有的是互惠，有的是保护关税，南非 1860 年实行固定关税，加拿大与美国从 1866 年起互免关税。减免关税使国际贸易加速增长，1830—1850 年增加 3 ~ 4 倍。1800—1913 年世界贸易每年人均增长 3.3%，其中 1840—1870 年达到 5.3%，当然这不应全部归功于自由贸易政策，它只起了一部分作用。②

60 年代以来各国之间的最惠国条款，包括很长的有效期，并附有减让税率的商品清单，这就使缔约国此后提高进口税率变得十分困难，因而对

---

① W. O. Henderson, *The Industrial Revolution on the Continent*, Germany, France, Russian 1800 - 1914, Quadrangle Books, Inc., 1962, p. 155.

② A. G. Kenwood and A. L. Loughead, *The Growth of the International Economy*, 1820 - 2000, Routledge, 1999, p. 80.

1880 年以后重新抬头的贸易保护趋势发挥了抑制作用。金本位制也有利于国际贸易。

由于各国经济规模与发展水平不同，而自由贸易给欠发达国家带来的好处有时不足以弥补其他方面的损失。因此，美国第一任财政部长汉密尔顿在给国会《关于制造业的报告》（1791）中声称，政府对工业应该用补助金和补贴制度加以鼓励，并辅之以关税保护，避免进口货在国内市场的竞争，借以保护“幼稚工业”使之快速发展。1816—1833 年、1842 年、1846 年，美国进口税率都比较高。德国经济学家李斯特在其《政治经济学国民体系》（1841）一书中尖锐批评古典经济学家们的自由贸易理论是把经济实力不同的国家放在同一个起点上。他认为一个国家要从传统农业社会成功地向工业化社会过渡，必须在过渡时期采用贸易保护政策。当科布登和其他学者鼓吹自由贸易有利于国际和平时，拿破仑三世已注意到“一个国家出口的商品数量总是同它所能够运往敌国的炮弹成正比”。① 不过这位法国皇帝还是派人与科布登签订了 1860 年英法商约。

贸易保护重新抬头。1868 年，俄国开始对制成品进口征收高关税。1891 年，对煤、钢、机器和化工产品征收的关税之高，使这些产品的进口几乎停止。② 1879 年 1 月，德国借口俄国一些地区兽疫流行，以检疫为借口停止进口俄国牲畜，③ 同年 7 月公布新的关税法，制定温和的保护税率，以减轻进口工业品和俄国农产品、畜产品对本国工农业的竞争压力。1885 年和 1889 年，德国再次提高谷物进口税，其他欧洲国家纷纷仿效。1890 年，美国把进口税率提高到 50%。1892 年、1910 年，法国对于除原料之外的进口商品都提高了税率。只有英国、荷兰和丹麦一直保持自由贸易。不过，1891—1893 年德国同奥匈、比利时、瑞士和罗马尼亚分别签订双边条约，降低进口关税。④

贸易保护重新抬头的原因是：①德国、美国等新兴国家保护民族工业；②19 世纪晚期的军备竞赛和社会公共设施、普及教育增加了政府开

---

① 雷吉娜·佩尔努：《法国资产阶级革命史》下册，第 534 页。

② A. G. Kenwood and A. L. Loughead, *The Growth of the International Economy*, 1820－1980, George Allend & Unwin, 1983, p. 85.

③ 李元明：《世界近代国际关系史》上册，中共中央党校出版社 1988 年版，第 322 页。

④ 卡尔·艾利希·博恩：《德意志史》第 3 卷，上册，张载扬译，商务印书馆 1991 年版，第 419 页。

支，而关税是财源；③美、俄廉价谷物大量涌入西欧市场；④70 年代的萧条对各国经济的打击相当严重；⑤国内某些行业（利益集团）给政府施加压力，而某一国一旦自我保护，别国必然仿效或加以报复。

尽管恢复了保护主义，1870—1914 年世界贸易年均增长仍高达 3.4%，高于同期世界经济年产值平均 2.1% 的增长率。① 有选择的贸易保护是 19 世纪晚期德国、美国经济后来居上而英国相对落后的原因之一。贸易保护对德、美资本的积聚和集中，即垄断性大公司的成长也起了促进作用，这些托拉斯和控股公司垄断了国内市场，尤其是市场价格。而英国就不容易形成垄断价格，因为在自由贸易条件下，进口产品的竞争威胁始终存在。

第四节　资本输出

从拿破仑战争结束到 50 年代中期，欧洲大约有 4.2 亿英镑（20.5 亿美元）资本投向国外。到 1870 年，这一数字已超过 3 倍。1900 年，各国对外投资总额达到 47.5 亿英镑（230 亿美元）。1914 年，国际资本达到 95 亿英镑（430 亿美元），为 1870 年的 7 倍，而 1870—1900 年世界工业产值增加 2.4 倍。

到 1914 年为止，各强国资本输出数字和比例分别是：英国 40 亿英镑，占国际资本 43%；法国 19 亿英镑，占 20%；德国 12 亿英镑，占 13%；比利时、荷兰和瑞士为 11 亿英镑，占 12%；美国 7 亿英镑，占 7%；其他国家 5 亿英镑，占 5%。

同一时期世界各地接受外来投资情况是，欧洲 25 亿英镑，占世界总量的 27%；拉丁美洲 18 亿英镑，占 19%；美国 15.3 亿英镑，占 16%；亚洲 15 亿英镑，占 16%；非洲 8.3 亿英镑，占 9%；加拿大 7.7 亿英镑，占 8%；大洋洲 5 亿英镑，占 5%。

到 1914 年，其他主要的资本输入国分别是：俄国和巴尔干国家，主要从法、德借贷；巴西、墨西哥吸收的外资占拉丁美洲输入资本的 80%；亚洲资本输入地主要是英属印度、锡兰（斯里兰卡）和中国。

国际资本总额的 40% 流向美国、加拿大、阿根廷、乌拉圭、南非联邦、澳大利亚和新西兰，另外 27% 流向欧洲。说明第一次世界大战前夕的国际资本，主要投向欧洲、美国等发达地区和英联邦。

---

① A. G. Kenwood and A. L. Loughead, *The Growth of the International Economy*, 1820 – 1980, George Allend & Unwin, 1983, p. 88.

一、英、法、美三国资本投向及其变化

（一）英国对外投资

到 1870 年，英国对其殖民地的投资占对外投资的 1/3，其中印度最多，达 9500 万英镑，主要用于印度 1845—1875 年铁路建设。从 19 世纪 80 年代到 1914 年，英国对加拿大和澳大利亚自治领的投资增加而对印度的投资相对下降，后期英国以有价证券形式对美国铁路公司投资大增，对欧洲投资已不重要。

（二）法国对外投资

1816—1851 年，法国对外投资 25 亿法郎（9800 万美元），多投向西班牙、美国和比利时。1851—1881 年，欧洲吸收了大部分法国资本，主要用于伊比利亚、意大利、中欧与俄国铁路建设。奥斯曼帝国和埃及吸收的境外资本也主要来自法国。

1851—1914 年，法国对东欧（尤其是俄国）、西半球和近东的投资在上升。而 1914 年对法属殖民地的投资还不足外资总额的 10%。1914 年，法国对外投资的 3/5 在欧洲、16% 投向西半球。

（三）美国对外投资

美国在 1914 年前主要是资本输入国，但从 1870 年起，对外投资已达 7500 万美元（1500 万英镑），多投向邻近的墨西哥、加拿大和南美矿山或制造业。1899 年，美国对外投资增至 6.85 亿美元（1.4 亿英镑），其中 80% 投向欧洲。1914 年，美国对外投资共 35.14 亿美元（7.17 亿英镑），多投向南美、亚洲的制造业、矿山和农业企业。

二、影响国际资本流向和流量的因素

资料显示，19 世纪国际资本的增幅超过同期国际贸易增幅。19 世纪中期，国际资本输出总额只有 4 亿英镑，同期国际贸易年均总值 12 亿英镑。显然，国际资本、国际贸易与世界经济三者之间存在着互相制约、互相促进的关系。1914 年以前，国际贸易和国际资本投资主要集中在欧洲、北美发达国家之间，因为这里市场机制比较成熟、基础设施比较完善、劳动力素质较好、消费市场容量大。但随着欧洲北美工业化进程向世界其余地区扩展，欧洲向海外移民和列强对亚非地区的殖民地化，尤其是西欧北美人均实际工资的提高，导致劳动力成本上升，使发达国家的国内投资和相互投资环境相对恶化。而 19 世纪晚期的新技术革命和迅速增加的国际资本总量，以及某些

欠发达地区刚开始工业革命时对资本的殷切需求，使发达国家的“过剩”资本向这些工资低廉、资源丰富、投资回报率高的地区流动。这一广大地域的某些沿海、沿江地段这时已被纳入世界市场体系之中，发展现代工业的起码条件——铁路、港口等基础设施已初具规模。这就使国际资本有必要也有可能流向欠发达地区。1910 年，西方国家资本输出的 2/3 投向亚洲、美洲和大洋洲。1914 年，英国 50% 以上的资本投向其殖民地（如印度）、半殖民地（如土耳其和中国）和自治领地。英国把这么多资本投向这里，是因为英国商品的国际竞争力相对下降，到原来的出口市场直接设厂就地销售更加有利可图，英国投资者到英属殖民地还能受到政府保护和优待。

此外，国际投资还是政府的一个外交工具。1887 年，俾斯麦禁止俄国到德国资本市场贷款以来，俄国 1888—1896 年从法国得到 55 亿法郎借款。

19 世纪国际资本稳定增长的原因之一是，以英国为首的西方国家实行金本位货币制度。这种以英镑为中心的世界货币体系有两大特点：一是固定汇率，二是物价稳定。1873—1896 年，西方国家物价指数还略有下降。[①] 这两点有利于投资者购买中长期外国债券，也有助于股票市场的扩大并减少风险。

一方面，国际贸易和资本输出促进各国经济增长和全球经济一体化，工业化国家之间经济的依存度和竞争性都增加了，世界市场和世界领土已经被分割完毕，重新瓜分市场和领土的商业战争以及帝国主义战争愈演愈烈。另一方面，国际资本流动自由又是全球经济一体化的前提和结果。20 世纪以来，外国直接投资（FDI）的增长率已超过同期世界贸易和产出的增长幅度。1986—1997 年，FDI 流入量年均增长率为 16.1%，同期 FDI 流出量年均增长 17.2%，FDI 已成为国际融资的主要形式之一。[②] 国际贸易和资本输出强化了发达国家对亚洲、非洲和拉美地区的经济控制和政治统治，迫使这些地区的殖民地和独立国家成为农产品和矿产品供应国，造成当地经济畸形发展，并完全依附于宗主国和发达国家的消费市场。这种殖民地经济形态一方面阻碍民族工业的成长和经济独立，另一方面国际资本的流入又促进这些地区的自然经济向市场经济转化，客观上刺激民族工业和民族资产阶级的成长，“充当了历史的不自觉的工具”。[③]

---

① H. J. Habakkuk, *The Cambridge Eeonomic History of Europe*, Vol. 2, down, Cambridge University Press, 1952, p. 460.

② 据联合国贸易和发展会议《1998 年世界投资报告：趋势和决定》，中国人民大学报刊 2000 年第 3 期，第 5 页。

③ 马克思：《不列颠在印度的统治》，《马克思恩格斯选集》第 2 卷，第 68 页。

第五节　垄断资本

一、垄断资本的形成及发展趋势

1846 年以前的西方市场经济，具有社会转型的过渡性质，当时各国竞相实施重商主义政策。1846—1873 年，是西方国家自由主义的极盛期，即经典资本主义时期。1873 年和 1900 年两次经济萧条之间是资本主义经济从自由竞争走向垄断的过渡时期。1900—1903 年萧条以后是垄断资本在西方大国的统治地位已经确立的时期。列宁指出："这时卡特尔成了全部经济生活的一种基础。资本主义变成了帝国主义。"①

垄断或独占可定义为没有相近替代品的某种产品的唯一生产者，该产品的这个唯一生产者就不必考虑其他厂商削价销售的可能性。

表 18　各类垄断组织的集中情况

名称	企业联合范围	垄断领域	独立程度	分类与实例
普尔 Pool	同行业联合	短期、单项价格协定（通常 1～3 年）。	各自独立	19 世纪初和 40 年代在英国两次兴起又瓦解。1870 年签订的芝加哥铁路运输联营协定，维持货运垄断价格。
卡特尔 Cartel	同行业联合。有些卡特尔发展成托拉斯。	在划分市场、规定产量和价格方面达成协议，有效期 5～10 年。	仍保持生产和商业经营权。	在德国最为普遍。石油输出国组织（OPEC）就是一个卡特尔，其成员国通过减产协议，使国际油价由 3 美元（1972）升至 11 美元（1974）、35 美元（1981）。
辛迪加 Syndicate	同行业或邻近行业联合	企业合并	丧失独立性	是俄国的主要垄断组织形式。鲁尔卡特尔 1893 年成为鲁尔—威斯特伐利亚煤炭辛迪加。

① 列宁：《帝国主义是资本主义的最高阶段》，人民出版社 1959 年版，第 18 页。

续表

名称	企业联合范围	垄断领域	独立程度	分类与实例
托拉斯 Trust	按生产流程组成的纵向联合	企业合并		20世纪初，托拉斯已遍及美国各主要工业部门。如美孚石油公司（Standard Oil Co.）于1882年由股份有限公司改组为美国第一个托拉斯。
康采恩 Konzern	跨行业	由大公司以持股公司的形式控制所属企业，常以某一大银行为靠山，是一种金融资本的统治。	世界大战前的德国和日本，战后西方各国普遍存在。如德国康采恩克虏伯，日本四大家族康采恩：三井、三菱、住友、安田。	

表19　各种市场结构的主要特点①

市场结构	厂商数目	产品性质	对价格的控制程度	进入该行业的难易程度	售卖方式	举例
完全竞争	很多	同质	完全不能控制	非常容易	市场交易或拍卖	小麦、大米
完全垄断	一个	没有合适替代品的特殊产品	在很大程度上可以控制	不可能	广告、服务	公用事业、高端军工产品
垄断竞争	较多	有一定差别	能在一定程度上加以控制	比较容易	广告、质量和价格	香烟、糖果、服装
寡头垄断②	很少	有一定差别或同质	能在较大程度上加以控制	比较困难	竞争	汽车、钢铁、民用航空

① 魏埙：《现代西方经济学教程》上册，南开大学出版社1992年版，第166页。

② 寡头垄断 oligopoly。意为通过形成一个卡特尔并像垄断者一样行事，以使自己的总利润最大化。详见［美］曼昆：《经济学原理》第16、17章，梁小民译，北京大学出版社2012年版。

表19说明，在大多数市场经济国家里，处于理想状态下的完全竞争与没有任何竞争、完全由一家厂商垄断的商品并不多，大多数商品的生产和销售处在自由竞争与垄断并存的第三、第四种状况下。

二、产生垄断的原因

第一，19 世纪晚期出现的垄断组织不同于 16 世纪以来英国、荷兰、法国政府特许的海外贸易公司。前者是西欧各国进入工业化时代后，用自由主义取代重商主义的结果。而特许贸易公司是商人阶层兴起和重商主义政策的共同结果。自由竞争引起生产集中和资本积聚，这种集中达到一定程度，就自然而然地造成垄断。第二，在 19 世纪晚期新技术革命中出现的许多新兴工业部门，一开始就是垄断企业。如电力、电器和化学工业。第三，某些公用事业如邮政、城市供水、供电、供气，由于政府赋予它某种市场特权而成为垄断者。这些关系国计民生的商品和服务，不能任凭私人单独支配。第四，经济繁荣与萧条的周期波动加快了垄断企业的成长。在萧条期间，大批中小企业被兼并，造成企业破产与合并的直接原因通常是削价竞争。卡内基通过使用酸性转炉炼钢法，使钢轨成本从 70 年代的每吨 100 美元降到 90 年代的 12 美元。美孚石油公司通过扩大炼油厂规模使每加仑石油费用从 1882 年的 1.5 美分降至 1884 年的 0.54 美分。① 德国统一后，资本家为了打开国际市场，钢轨国内售价每吨 130 马克而出口价每吨 115 马克，煤炭国内售价每吨 17 马克而卖给奥地利只要 8 马克，葡萄酒国内售价每吨 185 马克，出口每吨 115 马克。一旦控制了这些国外市场，厂家再抬高价格。1900—1902 年，德国钢铁卡特尔把每吨钢售价分别提高到 250 马克（国外）和 140 马克（国内），美孚石油公司也这样做。第五，银行资本与工业资本融合，有价证券市场的发展加快了大企业垄断全国以至世界市场的趋势。美国洛克菲勒和摩根两大财团是银行资本与工业资本融合的著名例证。1891 年，纽约花旗银行成为美孚系统的金融调度中心。1901 年，银行家摩根收购卡内基和其他钢铁企业，组成美国钢铁公司，是美国历史上第一家拥有 15 亿美元资产的工矿业公司，控制着全国钢产量

---

① 罗森堡·伯泽：《西方致富之路》，蔡鸿滨译，商务印书馆 1985 年版，第 246 页。

的65%①

19世纪60年代以前，资本转移所花费的成本相当高。随着五六十年代铁路、运河和城市公用事业建设股票和债券大量上市，加上电话和电报在金融交易中的应用，使不同地区、不同金融工具之间的相对利率差别缩小，全国资本市场趋向均一化和一体化，这就使资本转移成本大大降低，金融部门可以从大量资本中获得较高利润，证券市场获得快速发展。②

对19世纪末美国工商业所作的评估表明，一个经济效益良好的独资经营的大企业如果直接转移其产权，可按它年收入3倍的价格出售。但如果该企业是一家合股公司，它的股票已经上市公开交易，那么它就能以8倍的价格迅速出售。③ 原因是前者的经营权与所有权不可分割，很难将该公司营业的预期收益变成可流通的资产，购买其全部产权的买主不仅要有足够的财力，还要有良好的企业管理经验和才能。而股份公司的产权与经营权已经分开，产权通过上市股票分散在许多持股人手里。换句话说，发展股票等形式的有价证券市场，不仅是为了高速度、低成本筹措资本，而且有助于建立现代企业制度（对国有企业的股份制改造、所有权与经营权分离等），高度开放的金融市场也是吸收外资的重要途经。如新泽西美孚石油公司1895—1904年共有41家入股公司，资产共3亿美元，股东27万人。而大股东只要控制总资本的10%便能控制该公司。股票交易由专门的经纪人在固定的交易场所按一定程序每日进行，这就大大降低了产权转移（在不同企业、不同产业部门、不同地区和国家之间）的单位成本。于是，资本市场的扩张速度远大于商品市场的扩展速度。以德国为例，在银行协助下，所有股份公司共售出股票12亿马克，1913年售出120亿马克。据桑巴特计算，德国1886—1895年建立的股份公司有1696家，共拥有资本16.86亿马克；1906—1913年是1467家，资本20.87亿马克。这些股份公司大部分不是新建企业而是由私人企业演变来的。在普鲁士，股份公司的股票金额1870年前仅占工业总资本的9.3%，1873年约占30%，1903—

---

① J. 布卢姆：《美国的历程》下册，第1册，杨国标译，商务印书馆1988年版，第45页。

② 证券交易的主要市场是证券交易所。它将个人储蓄资金引入对企业的投资，并为企业股票的上市和交易提供场所，也为政府和公司、企业发行各种新证券、筹集新资本提供运作机制。

③ 杰拉尔德·冈德森：《美国经济史新编》，杨宇光译，商务印书馆1994年版，第485页。

1904年占50%（包括矿山）。[1]

三、对垄断组织的评价

垄断价格总是高于边际成本，因而相对地高于完全竞争的市场，而产量则相对地低于完全竞争的市场。垄断还造成消费者和社会福利的净损失。有些垄断企业人为地阻碍技术进步，有时管理机制僵化。但是，如果垄断源于企业在研发（R&D）上花费资源并获新产品，那么，该企业在知识产权保护期内获取的额外利润，对有关各方都是好事，政府理应予以保护。从规模效益看，大企业实力雄厚、信誉好、筹资容易，有许多高素质技术人才和人力资源，技术引进、仿制、创新能力强，管理比较规范。因此成本低、效率高。[2] 这些垄断企业往往发展成跨国公司，不但增强了本国产品在国际市场的竞争力和占有率，还是国家综合实力的重要标志。

为了遏制垄断企业的无限制扩张与不正当竞争行为，美国国会1890年、1914年通过《谢尔曼反托拉斯法》和《克莱顿法》，并对美孚等大公司按这些法律加以制裁。托拉斯本来是英国、美国普通法中的信托制度，即为特定目的而将财产托付给他人管理。谢尔曼反托拉斯法出台前，美国公司盛行股票的信托做法，即将自己股票尤其是股票表决权信托给受托人，由受托人统一行使表决权。结果受托人因掌握多家公司的股票而加以控制，进而统一各家公司的定价，垄断市场。对此，反垄断法的核心有三项，一是禁止反竞争的合同、决议、协议或行为；二是禁止以不正当方式获取或维持垄断地位；三是禁止反竞争的合并以及对合并申请的控制。当时美国总统西奥多·罗斯福说："大工业的成长是自然的、必然的和有益的。""要摧毁他们的尝试将是枉费心机。"（1902年12月国情咨文）这位总统在另一次国情咨文中说："工业巨头……总的说是极大地造福于我们的人民的。然而，他们有真正的和重大的罪恶，这也是事实。"美国报纸把这类自相矛盾的言行讽刺为"总统打猎成功之梦——对'好托拉斯'手下留情而对'坏托拉斯'使其屈服——一个贪婪的狩猎者。"[3]

这些"坏托拉斯"巨头如洛克菲勒、卡内基、福特，面对社会舆论对

---

① Peter Mathias and M. M. Postann, *The Cambridge Economic History of Europe*, Ⅶ, Cambridge University Press, 1978, p. 567.

② 但公司越大，内部交易成本越高。当公司内部交易成本抵消其规模时，就不能再扩大规模了（《北京晚报》1999年9月29日第3版）。

③ David Burner, *An American Portrait*, Charles Scribner's Sons, N. Y., 1980, p. 557.

其黑幕的揭发和抨击并没有惊慌失措，而是分别成立以自己名字命名的永久性基金会，投资数千万美元从事教育、艺术、医学研究等公益事业，逐渐改善自己的社会形象。这些工业巨头要求自己基金会的负责人要像办企业一样精打细算，让每一分钱都获得最大的效益，即社会效益。

第六节　开创社会保障制度

一、俾斯麦之前的社会救济制度

在中世纪，欧洲各地农村的教堂、城镇的行会一直在提供有限的社会救济。1536 年，英国颁布法规，要求教区承担济贫责任，救济失去劳动能力者、安置流浪者等。济贫费来自当地居民的自愿捐款，由教区执事募集。爱德华六世时期，济贫费改为义务性交纳。1563 年、1572 年、1574 年、1597 年的几项法规把济贫费的收缴和使用权授予治安法官。① 17 世纪，英国已经建立起一个济贫扶困的社会性法律系统。1834 年以前，大体上以教区为单位，救济款来自教区内所有常住居民缴纳的税收。1793 年对法作战期间，英国粮价上涨，各地教区作出慷慨的反应。1815 年恢复和平后，由于 20 多万士兵和水兵复员，涌入劳动力市场，济贫开支增加了，每年济贫税高达人均 1 ~2 周工资的水平，英格兰南部农业区的济贫税负担也上升一半。而在苏塞克斯，1831 年的济贫开支增长 3 ~4 倍，某些教区的救济税竟然超过劳动者年收入的 1/3。1811 年，全国第二次人口调查结果显示出的人口快速增长趋势，似乎证实了马尔萨斯 1798 年所作的不详预言。社会舆论认为，济贫款实际上是在鼓励那些早婚、多子女、大家庭、游手好闲和不会精打细算的人。于是，政府派人作了两年广泛的社会调查后，于 1834 年通过济贫法（此法一直实施到 1918 年），建立三人济贫署。把济贫对象限制在丧失劳动能力的人身上，合并与扩大基层济贫所的管辖范围，选举产生济贫所监护人若干名，管理财产、设施和济贫事务。那些有劳动能力的人及其家属，今后只能在新设立的车间里劳动，领取的报酬不超过外面独立劳动者的最低工资。此法实施后，1838 年全国济贫开支仅 400 万英镑，比 1819 年少 350 万英镑，到 1849 年也只花费 550 万英镑。

马尔萨斯人口论助长了自由放任主义者对社会底层的痛苦所抱的冷漠

---

① 程汉大：《英国法制史》，齐鲁书社 2001 年版，第 243 页。

态度。1834 年，济贫法把生存竞争、个人主义而不是人道主义作为指导思想。它把贫困完全归咎于个人，目的是鼓励人们向外迁移、晚婚和双职工。实际上需要救济的绝大多数是儿童、老人和病人。在实施新济贫法时，有的济贫所甚至把有劳动能力的济贫对象出租给工厂主。它还助长工厂老板压低工人工资的倾向，劳动人民把济贫所劳动车间称为穷人的巴士底狱、变相的监狱。① 至于工资劳动者自发组织起来的互助会所起的作用，同社会需求相比简直是杯水车薪。

二、俾斯麦创立社会保障制度

德国统一后，工会组织迅速发展，社会民主党在议会内外的力量和影响迅速增长，引起政府的严重忧虑。帝国宰相俾斯麦一方面对工人政党采取压制政策，于 1878 年促使国会通过《反对社会民主党企图危害治安的法令》（简称非常法）。另一方面首创社会保险，目的在于使工人疏远社会民主党。他相信，如果 50 万老工人领取政府发放的养老金，平民百姓将会把国家看成慈善机构，对帝国产生好感。俾斯麦的政治立场是反动的，但也不难看出他维护社会长期稳定的良苦用心。

1883 年，德国政府颁布医疗保险法，建立医疗保险金法人团体，用于支付工人医疗费和病假补贴。1884 年的事故保险法规定对事故伤害免费治疗，并对长期失去劳动能力者发放救济金。1889 年，伤残和养老保险法规定由雇主负担 1/3 费用，职工自己负担 2/3，从工资中逐年扣除。到 1890 年，全国享受医疗保险的人（不含家属）占总人口 10%，1913 年达到 39%。1870 年，德国男子平均寿命 36 岁，1913 年达到 45 岁。

俾斯麦在倡导和组织实施这些法令的过程中，意识到这是政府的社会责任。他说："这并非施舍，而是那些有劳动愿望而无法劳动的人们有权要求照料。为什么只有那些在战争中失去劳动能力的人或年老退休的官员才能享受这种权利，而劳动的士兵就不能享受呢？"

这些社会保障的发放标准用今天的尺度来看还很低，社会受益面也很小，但德国政府把社会保障从过去由民间团体承担的慈善事业变成政府的一项社会职能，这同英国的自由放任相比是一个根本转变。在资金筹措和管理方式上都为现代社会保障体系奠定了基础，俾斯麦不愧是西方国家社会保障制度的开创者。

---

① E. H. Hunt, *British Labor History*, 1815 - 1915, Humanity Press, 1981, pp. 130 - 134.

第十七章

19 世纪晚期的几个世界强国

工业革命、新技术革命以及广泛的社会变革，提高了欧美列强的国际竞争力。争霸战争和局部冲突遍及新旧大陆和海洋深处。大国之间纵横捭阖，国际局势风云变幻，世界大战一触即发。

第一节 法国

一、法兰西第二帝国（1852—1870）

强权帝国时期（1852—1860）。从 1852 年 12 月 2 日起，法国历史进入第二帝国时代，这是一个披着立宪外衣的君主独裁政权，是在资产阶级已经丧失治国能力，而工人阶级尚未获得这种能力时唯一可能的形式。[①] 历史上把这个帝国和俾斯麦的德国称为波拿巴式政权，即强权政府。帝国表面上建立在普选和全民公决的合法基础上，但只要稍加分析就不难看出，这位皇帝一贯玩弄政治手腕。内政大臣佩尔西尼说，以各种名义推荐上来的候选人那么多，800 万选民怎么知道谁是好人呢？因此，政府有责任“开导”选民。于是，省长们奉命只协助官方候选人竞选，垄断舆论阵地的官方报纸和官方资助全力以赴。这种官方候选人制度足以确保每次选举不会出现任何重大意外：1852 年选举中，只有 3 名反对派当选，1857 年只有 5 名。[②]

按 1852 年 1 月 14 日通过的宪法，议会成了摆设。立法院投票通过法律而无权监督政府预算。150 名参议员由总统即后来的皇帝任命。规定不允许批评政府、不得进行辩论。议员终身任职且薪金丰厚，这些既得利益者也乐得唯命是从。按 1852 年 2 月 17 日法令，警方封闭了一切反政府报刊，其余报纸主编由内政部长指定。1864 年，强制推行工人手册制度，手册由工头保管。

拿破仑三世建立起一套庞大的官僚机器和警察系统，还有一支 50 万人

---

① 《马克思恩格斯选集》第 2 卷，人民出版社 1972 年版，第 374 页。

② 波埃尔·朱盖尔：《法国史》，蔡鸿滨译，商务印书馆 1985 年版，第 381 页。

的军队，以及由国家供养的天主教僧侣，后者控制着学校和社会救济。帝国这种军事集权统治实际上代表金融贵族和大工业资本家利益。

政府允许商人组成股份制银行发行长期债券，由政府资助的信托基金发行5%利息的债券，信托基金后来变成国家金融机构，这些信贷给铁路、造船、公共事业的发展以很大支持。拿破仑三世实施的社会政策包括改善工人居住条件、举办大型公共工程、拓宽街道、修建新的林阴大道、改建塞纳河两岸，使巴黎市容焕然一新，巴黎从12个区扩大到20个区，人口从130万（1851）增加到180万（1855）。全国铁路从3627公里（1851）延长到16207公里（1858）。

克里米亚战争恢复了法军的荣誉，冲淡了人们对帝国镇压措施的记忆。意大利战争（1859）使法国获得尼斯和萨伏伊，但这次战争伤亡巨大，1.7万军人丧命。国际红十字会就是因这场战争而建立的。

这一时期帝国政府相当稳固，因为从50年代经济繁荣和对外侵略中得到好处的资产阶级可以容忍专制统治。六月镇压使工人元气大伤，加上蒲鲁东主义影响，他们还不足以对政府构成威胁。

自由帝国时期（1860—1870）。1860年，英法商约损害了某些资本家利益，三次对外战争（克里米亚、意大利和中国）和大兴土木增加了财政赤字，1861年赤字接近10亿法郎。拿破仑三世背弃加富尔的行为引起自由派的愤慨，面对舆论压力，这个早年参加过烧炭党，后来靠政治手腕上台的皇帝及时作出让步，1859年对于逐出国外的不同政见者实行大赦。1860年，他允许立法院批评政府，放宽出版法的限制。共和派、保皇派和僧侣乘机组成自由联盟，并在1863年选举中把35人送进议会，其中17人是共和派。1861年，立法院的权力扩大到财政领域。1864年，废除了73年前颁布的霞不列法。

如果说意大利战争有得有失，墨西哥战争则是一场灾难。1861—1867年，法国以债务问题为借口发动墨西哥战争，耗资1亿法郎，损失5000军人，拿破仑三世扶植的皇帝马克西米里安被民族主义者推翻并处死，法军在美国压力下撤走。这招致反对派的攻击，他们还批评皇帝没有干预1866年普奥战争，听任强大的普鲁士出现在莱茵河对岸。其实第二帝国在海外颇有进展：1854—1856年征服塞内加尔，《天津条约》打开了中国七个通商口岸，1867年征服交趾支那，迫使柬埔寨国王承认法国是其保护国，1869年苏伊士运河通航，法国持有公司一半股票。

不过皇帝还是让步了，1867年议会被授予质询权。1868年5月，公布出版自由法、有限度的公众集会权。于是共和派（他们以创建第三共和国为目标）和激进派从 1868 年起活跃起来，工人罢工并组织工会增强了共和派的声势。律师甘必大在一次政治案件中为被告辩护时发表演说：“17 年来你们这些对法国实行绝对统治的人听着，你们从来不敢说‘让我们像 1789 年、1830 年和 1848 年的人们庆祝他们胜利的日子一样，把 12 月 2 日作为一个庄严的国家纪念日来庆祝’，这就证明你们良心有愧。你们拒绝庆祝这个纪念日，我们将庆祝它。我们将每年定期纪念那些在那一天倒下来的人，一直到这个国家重新取得自由之后，以自由、平等、博爱的名义惩办你们罪行的那一天为止。第二帝国，它的起源就是犯罪，它的行为就是残暴。”这篇演说使他名声大噪，共和派推举他为领袖。1869 年 5 月，议会选举时，政府（保皇派）和反对派候选人分别得票 443.8 万和 335.5 万，新议员里包括 30 名共和派。6 月末，共和派议员要求政府大臣对议会负责。在 40 名左翼议员配合下，116 名共和派在议会里占据多数。7 月 12 日，皇帝接受 116 名议员的方案：立法议会有权创制法律、批评政府和表决预算，参议院可以公开审议法律提案。当时大臣们要对议会负责，但又处于依赖皇帝个人这样一种模棱两可的地位。甘必大代表共和派要求普选权、出版自由、集会权、审理所有政治案件都要有陪审团参加、政教分离、废除常备军。这时工会组织迅速发展，罢工事件层出不穷。到 1870 年春天，多数大城市里都有第一国际支部，巴黎、里昂、卢昂和马赛还建立起第一国际支部联合会，共有会员 20 万人。激进派即新雅各宾派德勒克吕兹也表明了推翻帝制建立共和的决心。

到 60 年代末，法国政坛出现了派别众多、社会基础极为广泛的政治反对派，任何一个偶然事件都足以触发一场新的革命。

二、巴黎公社

（一）9 月 4 日革命

普法战争爆发后，法军一触即溃。9 月 2 日，拿破仑三世在色当投降。4 日，巴黎爆发革命，推翻了第二帝国。以特罗胥为首的临时政府宣告成立。为取得公众信任，临时政府自称“国防政府”。特罗胥和外长法夫尔一方面向公众发誓战斗到底，另一方面在议会承认，“目前巴黎要想抵挡住普军围困，简直是一桩蠢举”。于是，政府于 9 月 8 日拟就求和条件并派梯也尔出使英、俄、奥三国，乞求列强出面调停。普鲁士不承认国防政府。9 月 18 日，普军直逼巴黎城下，俾斯麦提出苛刻的和平条件，法夫尔不敢接受。此后巴黎就处在敌军围困之中。

（二）3 月 18 日革命

9 月 4 日革命以来，巴黎市民迫使国防政府普遍武装市民抵抗侵略。新成立的国民自卫军共建立 194 个营，武装起 30 万工人和市民，并出现了领导中心“20 区中央委员会”。

10 月 27 日，17 万法军在麦茨向普军投降。消息传来，巴黎人民起义，但未成功。1871 年 1 月 22 日的起义也失败了。28 日国防政府同德国签订停战协定。2 月 12 日，国民议会在波尔多开会，梯也尔取代特罗胥任政府首脑。鉴于停战协定已签，政府从 15 日起停发国民自卫军战士的薪金。而围城以来巴黎市民饥寒交迫，他们要求政府允许延期支付围城期间的房租，但遭拒绝。2 月 26 日，梯也尔与俾斯麦签订预备和约。丧权辱国、割地赔款引起市民极大愤慨。3 月 15 日，国民自卫军中央委员会成立。18 日凌晨，梯也尔命令政府军偷袭蒙马特尔高地，夺走国民自卫军在那里设置的大炮。但被闻讯赶来的群众团团围住，指挥官勒康特和克列芒·托马斯命令士兵向群众开枪。士兵们拒绝服从，反而倒转枪口把这两名将军打死了。随后，政府军撤走，中央委员会命令自卫军占领市政厅和其他重要据点。到晚上，政府机关均被自卫军占领。梯也尔和其他政府官员连夜逃往凡尔赛。

（三）巴黎公社成立

3 月 18 日革命成功后，中央委员会全力组织普选。候选人的产生办法按 1849 年选举条例实行：只要获得列入名单的 1/8 选民的选票，就有资格成为候选人。中央委员会规定从两万选民中推选一名委员（过去是每区 3 名，巴黎共 20 个区，60 名委员），新办法对穷人有利。3 月 26 日，报纸登出 20 个区的所有候选人，头一名是仍在狱中的布朗基。当天有 22.9 万选民出来投票，占注册选民（48 万）一半，考虑到逃出巴黎的 10 万居民，这个投票比例高于 1870 年 11 月选举各区区长的选民数（22.7 万）。共选出 86 名委员，其中 21 名资产阶级分子退出公社，实有委员 64 人。4 月 16 日，补选了 17 名新委员。3 月 28 日，巴黎公社正式成立，20 万人在成立大会上高唱《马赛曲》。

（四）公社的措施

第一，建立无产阶级政权。公社成立当天就决定公社委员不得兼任凡尔赛国民议会议员。第二天（29 日）颁布法令“巴黎公社为现今唯一的政权”。凡尔赛政府的命令和通告今后一律无效。接着废除征兵制，用全民武装代替常备军。用新的民事法庭和选举司法人员的制度取代旧警察和旧法官。公社下设10个委员会，分管各方面具体工作。宣布教会与国家分离（4月3日），取消宗教预算。

公社委员一律由选举产生，对选民负责。接受选民监督，选民可以罢免不称职官员。各市政机关职员最高薪金为每年6000法郎。电报局内原来工资差距1∶9，调整后为1∶3.9。4月7日，公社作出“关于反对任意逮捕的决议”，旨在维护自由原则。公社公告标题上方都有“自由、平等、博爱”这三个词。巴黎群众还组织了40个俱乐部，提意见、建议，有的被公社采纳。

第二，社会、经济和文化措施。公社陆续颁发免交房租的法令，没收逃亡者房屋给无家可归者居住。禁止各企业克扣工人工资或罚款，违者交法院追究。20法郎以内的典当物归还原主。尤其是4月16日宣布把逃亡工厂主留下的工厂转交工人生产协作社管理，登记财产并使之复工，将来由仲裁法院作价交还原主，是一个包含公有制倾向的法令。其他包括提高教师工资、普及初等教育、奖励文化艺术、维持面包原价、公布各种日用品牌价。公社驻法兰西银行代表并未没收其资金，反而允许凡尔赛方面提取现金。

（五）公社保卫战

3月18日晚，政府官员逃往凡尔赛时，军队只有1.5万人，而公社有30万全民武装力量。后来俾斯麦释放法军俘虏，使凡尔赛兵力于4月初达到6.5万人。从4月2日起，政府军开始向公社发起进攻。5月23—28日是流血的一周，公社战士们经过浴血战斗，最后失败了。3万名战士被杀害，5万人被逮捕，其中4.6万人受到军事法庭审判，分别被判死刑、徒刑、苦役和流放。

（六）马克思与公社

普法战争爆发后，马克思于7月23日在伦敦以国际总委员会宣言的方式告诫法、德工人，这是一场王朝之间的战争，“如果德国工人阶级容许这场战争失去纯粹防御性质而变为反对法国人民的战争，那么无论胜利或失败，都同样要产生灾难深重的后果”。在第二篇宣言（1870年9月9日）中，马克思指出：“防御的战争确实是以路易·波拿巴投降、色当失陷和巴黎宣告成立共和国而终结了。”因为8月11日威廉一世在告法兰西民族书中写道：由于拿破仑皇帝向以前、现在仍然愿意同法国人民和平相处的德意志民族发动了进攻，为了打退他的进攻，威廉才负起指挥德国军队的责任，而战争事变的进程使他不免要越过法国国界。

恩格斯 1895 年总结道："一方面，法国让巴黎听天由命地观望着它在麦克马洪的炮弹下流血；另一方面，布朗基派（多数）和蒲鲁东派（少数）使公社本身发生分裂，其中哪一派都不知道应该干什么，……"

马克思在第二篇宣言中强调："当敌人几乎已在敲巴黎城门时，一切推翻新政府的企图都将是绝望的蠢举。法国工人应该执行自己的公民职责，但同时他们不应当为 1792 年的民族回忆所迷惑。"公社被血腥镇压两天后，马克思就在《法兰西内战》中对公社加以肯定，称赞他们的革命首创精神，深刻总结经验教训。把公社看成是"终于发现的，可以使劳动在经济上获得解放的政治形式"。在公社存在的 70 多天里，马克思数次同公社中的国际巴黎支部成员保持联系，提出过不少建议，但由于巴黎被围，而且公社多数委员是蒲鲁东主义者和布朗基主义者，这些主客观条件决定了马克思不可能影响公社的大政方针。

公社失败后，欧洲各国政府和主流社会把巴黎公社看成社会主义者阴谋通过内战推翻政府的证据。[①] 在"捉拿公社社员"的反动叫嚣中乘机围剿第一国际各国支部。为此，马克思、恩格斯在各种场合热情宣传公社的事业和原则，同时热心帮助那些流亡到英国来的公社社员，带头募捐，总委员会建立救济基金，安排他们的生活并协助寻找工作。在《法兰西内战》中，马克思"把公社不自觉的倾向当作多少有些自觉的计划而归功于它，在当时的情况下证明是正确的，甚至是必要的"（恩格斯 1884 年 1 月 1 日致伯恩斯坦的信）。"公社无疑是国际的精神产儿，尽管国际没有动一个手指去促使它诞生；要国际在一定程度上对公社负责是完全合理的。"（恩格斯）[②]

三、第三共和国[③]

1870—1871 年的外战和内战，使法国人口自然增长率分别降至 －2.5%、－12.2%，并严重影响到后来的人口增长。镇压巴黎公社以后，议会于 1871 年 8 月授予梯也尔"共和国总统"职务。为了尽早还清战争

---

① 卡尔·兰道尔：《欧洲社会主义思想和运动史》上卷，第一册，群立译，商务印书馆 1994 年版，第 360 页。

② 《马克思恩格斯选集》第 4 卷，第 413 页。

③ 第一共和国（1792—1804）、第二共和国（1848—1852）、第三共和国（1870—1940）、第四共和国（1945—1958）、第五共和国（1958 年至今）。

赔款，政府以5%的高利率两次发行公债，共92.8亿法郎。法兰西银行贵金属存量由11.32亿法郎减至7.6亿法郎，加上提高间接税和进口关税，总算筹齐50亿法郎赔款，① 使德国占领军提前一年半撤走，不必再支付额外的占领军费用。但沉重的财政负担和此后恶性通货膨胀严重削弱了法国经济。梯也尔解散国民自卫军，实行义务兵役制，改进武器和战备设施，以恢复法国的大国地位。

共和初期，国民议会里2/3议员是保皇党人，他们又分成正统派、奥尔良派和波拿巴派。1873年5月，保皇党人迫使梯也尔辞职，让麦克马洪继任总统，为恢复帝制做准备，但恢复帝制不得人心。1875年1月，国民议会以353∶352的一票多数通过第三共和国宪法。这是共和派与保皇派妥协的产物，既能适应共和制也能适应君主制。② 但它毕竟结束了1870年以来“从窗缝里潜入的共和国”③ 的不正常局面，“不管目前法国的共和政府怎样被人瞧不起，然而，共和国最终建立毕竟使法国工人有了一个基础，可以组织起来，成为一个独立政党，……为它本身的利益进行战斗”。④

法国是多党制国家，各党纪律松弛，党员朝秦暮楚。这是西方政党的“通病”，也与法国长期存在大量小企业、自耕农有关，是1789年大革命，尤其是19世纪工业革命以来，社会各阶级、阶层不断分化重组在政治上的表现，1873—1890年的17年间更换了34次内阁。直到1879年1月在参议院选举中共和派获58席，在参、众两院均获多数，这一形势迫使麦克马洪总统在任期还有一年就提前辞职（1月30日），新总统格雷维是共和派。至此，帝制复辟的危险才最终消失。

（一）布朗热事件

这是一起鼓吹沙文主义狂热和反共和主义阴谋的事件。布朗热曾任驻突尼斯占领军司令，1886年经克列孟梭推荐任军政部长，在军队里以改革为名哗众取宠、捞取政治资本。他在政治上极力鼓吹对德复仇，博得一部分社会舆论的赞许，人们用歌曲、纪念品和报刊上的文章吹捧他，形成一股布朗热“热”。1887年，俾斯麦加紧反法宣传。4月，法国警官施奈伯勒因公务进入阿尔萨斯被捕，这加剧了社会上对德复仇的情绪。布朗热建

---

① 樊亢、宋则行：《外国经济史·近代部分》下册，人民出版社1965年版，第114页。

② 张芝联：《法国通史》，北京大学出版社1989年版，第398页。

③ 皮埃尔·米盖尔：《法国史》，蔡鸿宾译，商务印书馆1985年版，第423页。

④ 《马克思恩格斯全集》第19卷，人民出版社1972年版，第154页。

议对德发出最后通牒，遭到格雷维总统拒绝。布朗热威望大增，温和共和派同右翼势力倒阁成功，组成以鲁维埃总理为首的新政府。年底，格雷维总统因丑闻也被迫辞职，当权的共和派名誉扫地。1888 年 3 月，政府解除布朗热将军军职，这个“浑身上下都是假”（恩格斯）的政治骗子立刻成了所有保皇派和反对派的旗帜。他在 1889 年年初议会补选中获得 24 万张选票，上万名拥护者催他发动政变。当时全国上下因对此事态度不同而分裂为两大政治派别。政府立刻取缔“爱国主义者战斗团”，改革选举办法。内政部传言要逮捕布朗热，这个胆小鬼闻讯逃往比利时，这使布朗热运动陷于分裂，共和派把人们的注意力转向 1889 年国际博览会和大革命一百周年纪念活动，被人遗忘的布朗热则在失去情妇的绝望中于 1891 年自杀。

（二）巴拿马丑闻

法国巴拿马运河公司总经理莱塞普斯原为苏伊士运河的设计师。该公司股票吸引着从农民到资本家的数万法国人。后来因债务缠身，公司多次借助政府用发行抽奖债券的方法筹措资金，15 亿法郎一售而空。1888 年，议会通过法令发行债券。规范债券市场的措施导致该公司于 1889 年 2 月倒闭，8.5 万股民的债券无法兑现，有人因破产而自杀。议会经过四年调查和两次法院审理，发现该公司把大笔资金慷慨地送给报纸主编和某些参、众两院议员。在宣判该案的前一天，公司与股票交易所的主要中间人，一个来自德国的犹太银行家突然死亡，这一消息引起更大范围的轰动。此案涉及 104 名部长、议员和报界要人，贿赂数额从几万到几十万法郎不等。此后，“巴拿马”就成了官商勾结、制造骗局的代名词，但除了公共工程部长和莱塞普斯被判 5 年监禁外，其余官员逍遥法外。此案不但严重损害政府威信，还引起社会上的反犹太人情绪。

（三）德雷福斯案件

德雷福斯是法国总参谋部一名上尉参谋。1894 年 9 月，总参谋部发现一份机密文件丢失，据说已出卖给德国。当时反犹情绪弥漫法国，大家不约而同地怀疑到德雷福斯身上，因为他是犹太人。于是，他受到无端指控并被判处终身监禁。当法官宣判完毕，有人立即从德雷福斯的军服上撕下军官肩章，旁听席上一群人高喊：“杀死犹太人!”右翼分子借此掀起排犹、反犹狂热，鼓动对德复仇。后来真相大白，政府竟然以国家安全为借口不许公布，并宣布真正的罪犯艾斯特加齐少校无罪。1898 年 1 月 3 日，著名作家左拉在《震旦报》上发表致总统的公开信《我控诉》，为德雷福斯伸张正义。左拉被控犯诽谤罪，被迫逃亡国外。此案几经反复，直到

1906年，在社会舆论压力下，最高法院才宣告德雷福斯无罪，恢复名誉和军职。对这起冤案的平反，成了把犹太人纳入欧洲社会的一个象征，但反犹主义不久死灰复燃。

当年有一位来自维也纳的新闻记者、犹太人西奥多·赫茨（1860—1904）在巴黎采访并报道这起冤案的全过程。当他在旁听席上目睹德雷福斯被判罪和“杀死犹太人！”的鼓噪时，萌发了建立犹太人民族国家的念头，后来他在日记中写道：德雷福斯事件使我变成了犹太复国主义者。

犹太民族简史

犹太人的祖先希伯来人和阿拉伯人一样，都是闪族（Shem）或闪米特（Semite）人的后代，其古代文明与埃及、巴比伦一样久远，却被夹在这两大民族中间，他们人少而且土地贫瘠。据《圣经·旧约·士师记》记载：摩西率希伯来人（Hebrew）从埃及出发，越过西奈沙漠，历时40年来到迦南（公元前1230）并占领之。在扫罗统治下建立以色列王国（公元前1023），第二代国王大卫及其继承者所罗门时期，犹太国历史达到其繁荣的顶点。公元前586年，新巴比伦国王尼布甲尼撒二世占领耶路撒冷，把数万犹太人掳往巴比伦城，直到公元前538年才陆续释放他们。犹太人返回巴勒斯坦的锡安（Zion）。公元前516年，耶路撒冷的犹太教圣殿完工。罗马人征服这里后，在帝国时代成为一个行省。省督的残暴统治引起犹太人于公元60年起义，公元70年耶路撒冷被攻陷，圣殿被毁。132—135年，犹太人起义被镇压，50万犹太人丧生、逃亡或被卖为奴。幸存者从此离开家园，流散于世界各地。《旧约》是希伯来人的圣经，也是基督教经典《圣经》的一部分。392年，罗马皇帝狄奥多西一世把基督教定为国教。在中世纪，西哥特法律禁止犹太人购置土地，手工行会又把这些异教徒拒之门外。为谋生计，犹太人只好经商。他们会讲当地语言，犹太牧师会讲希伯来语。他们又集中在一个社区（大分散、小集中），散居世界各地的犹太人构成东西方贸易的商业网络。由于天主教会禁止其信徒借贷生息，犹太人便在金融领域捷足先登。然而外来户经商致富更易遭人嫉妒。十字军东征期间，数万犹太人被杀害和驱逐，“永远流浪的犹太人”从传说变成现实。1290年后，英国不再有犹太定居者。1701年，英国才出现第一个犹太教会堂。16世纪，犹太人纷纷迁往东欧和近东，俄国犹太人占世界总数的2/3。法国大革命前，西欧有40万犹太人，其中30万在法国。①

犹太人四散分离使他们在居住国成为少数民族，备受当局的限制和周围某些居民的歧视。面对逆境和异国，他们不得不互相帮助、相依为命，犹太社区就成了他们赖以生存的绿洲。希伯来语成为犹太民族的标志。“犹太人没有国土，但宗教是他们的国土。”民族语文和民族宗教赋予犹太人民族自豪感、归属感和凝聚力。重视教育、善于经商又使他们在欧洲各国拥有不容忽视的政治能量和经济实力。所以，同样是没有祖国的流浪民族，他们比吉卜赛人的民族意识要强得多。

法国大革命以来，犹太人在欧洲获得了平等地位，并已完全融入各国主流社会。他们也把居住国当成自己的祖国。然而德雷福斯冤案使赫茨感到：即使在法国，排犹、反犹主义也如此根深蒂固。此后，在赫茨倡导下，欧洲各国出现犹太复国主义（Zionism）组织。1917年11月2日，英国外交大臣贝尔福征得美国总统威尔逊同意后宣布，赞成在巴勒斯坦建立一个犹太人的民族家园。第二次世界大战期间，希特勒屠杀600万（占总数1/3）犹太人，加快了他们迁往巴勒斯坦的步伐。1947年11月29日，联合国大会通过决议，在巴勒斯坦分别建立以色列国和巴勒斯坦国。1948年5月14日，以色列国成立，阿拉伯人与以色列人冲突不断，1948—1849年、1956年和1967年三次爆发中东战争，导致数百万巴勒斯坦难民逃离家园。

四、经济增长缓慢

70年代以来，法国经济增长缓慢，原因如下：第一，普法战争以及割地赔款使国家元气大伤。而这场战争的人均税负法国92法郎、德国67法郎。以煤产量为例，直到1880年才超过1873年水平。第二，法国煤铁资源数量和品位都远不及英国、德国。洛林（割让出一部分）高原铁矿丰富但含磷高。90年代采用托马斯法以前不易冶炼。1/3煤炭依赖进口，1913年进口2200万吨煤和140万吨铁矿（国内年产铁矿2190万吨）。② 第三，法国大企业的垄断程度不如德国、美国以及英国。在国际市场最具竞争实力的是丝织、高级服装、家具、化妆品和葡萄酒这一类消费品、奢侈品。

---

① ［以色列］阿巴·埃班：《犹太史》，阎瑞松译，中国社会科学出版社1986年版。

② W. O. Henderson, *The Industrial Revolution of the Continent*, *France*, *Germany and Russia* 1800 – 1914, Frank Cass and Co. Ltd, 1961, p. 169, p. 179.

第四，到19世纪末，国内投资只占法国投资总额的1/3，原因是回报率和安全性不如房地产、政府债券、外国债券等。国内长期资本投入不足，影响到新兴工业的发展和对传统工业的技术改造。而这一现象又与战争、政治动乱、政局不稳有关，只有棉纺织业的投资未受影响。① 直到19世纪最后几年，工业股票数量才迅速增加。② 第五，法国农业经营规模一直比英国、普鲁士等国小。1882年，耕地不足1公顷的农户占总数38%，1～10公顷者占46%。到1908年，10公顷以下农户仍占84%。③ 农民人均产值只及英国一半。第六，人口自然增长率在西方大国中是最低的，1890—1895年均为负增长。

1894年以后，法国工业增长加快，同德、美差距缩小，1900—1913年世界工业指数平均增长66%，美国增长85%，德国增长66%，法国增长51%，英国增长26%。1913年，汽车4.5万辆，铝1.35万吨，均占世界第二位，化工产品和人造丝产量仅次于德国、美国。这时法国新兴工业和冶金工业已取代过去纺织在加工工业中的主导地位。1870—1914年，出现了4万家公司，冶金、棉纺和糖都被个别公司所垄断，法国银行资本的集中过程比工业资本快得多。1914年，在110亿法郎银行总资产中，五家最大银行占80%。法国对外投资以借贷资本（公债）为主，并通过金融机构为外国政府和公司发行债券、提供贷款或购买外国有价证券。这种投资方式利息高，且有本国银行和输入国政府做担保，风险小，又是政府的秘密外交武器。私人直接对外投资较少。法国借贷资本集中于俄国、南美、土耳其，对其殖民地投资只占10%。苏联十月革命胜利后，法国对外投资的一半化为乌有。战前法国食利者200多万人，占总人口的5%，而英国有100万人，占总人口的2.2%。列宁称法国是高利贷帝国主义。

第二节　英国

一、维多利亚时代

1860年的英法商约标志着英国完成了向自由贸易的转变。在与比利时

① 奇波拉：《欧洲经济史》第4卷，贝昱译，商务印书馆1988年版，第58页。

② ［法］弗朗索瓦·卡龙：《现代法国经济史》，吴良健译，商务印书馆1991年版，第55页。

③ 樊亢、宋则行：《外国经济史·近代部分》下册，人民出版社1965年版，第149页。

（1862）、德国（1865）的关税条约中英国许诺：不再恢复帝国优惠制，各殖民地给英国的任何优惠，别国均得以享受。许多类似的双边条约极大地推动了国际贸易自由化。1846年，英国出口总值5000万英镑，5年后增至1亿英镑。1851年，在伦敦海德公园举办的国际工业博览会，由女王丈夫阿尔伯特亲王在巨大的水晶宫里主持开幕式，展览历时半年，参观者累计600万人次。英国各种先进的机器令人惊叹，别国也送来展品，如美国的收割机，表明技术发明并非英国人的专利。巴黎（1867）和芝加哥（1893）也举办了博览会。

自由贸易也使金融市场迅速扩展。19世纪中期，伦敦八大股份银行存款10年增长2.7倍。原来私人投资风险很大，1856年《股份公司法》生效后，投资人只负担注册资本内的有限责任。国际资本市场迅速发展，欧洲大陆各国，尤其是美国的铁路建设从英国筹集到大笔资金。1870—1874年，英国年均对美投资6100万英镑，当时英国人口只有2300万。1855年，英国对外投资累计债权2.64亿英镑，1870年达6.93亿英镑、1914年为40亿英镑，占同期国际资本总额的43%，资本投向也从欧洲向西半球和英属印度等殖民地倾斜，到1913年为止的一个世纪里，90亿～100亿英镑投向海外，4500万～4600万人移居海外。①

80年代以后，列强竞相提高关税，英国仍坚持自由贸易，不过也采取了某些应对措施。1897年，英国宣布帝国特惠制是大不列颠的内部事务，不再受英国与别国双边条约的约束。英国对外贸易仍在增加，有形贸易（货物贸易）从1823年开始一直有逆差，80年代别国的关税壁垒加剧了英国的逆差，但英国国际收支在1816—1930年的绝大多数年份都有盈余。这是因为无形贸易（服务贸易）收入带来的出口顺差，如劳埃德保险社的收入，加上对外投资收益，足以弥补有形贸易逆差而有余。例如，1913年英国商品贸易逆差1.58亿英镑，而英国商船运输净收入高达9400万英镑。80年代以后，英国的工业垄断地位虽已丧失，但仍是各国工业设备、船舶、铁路设施的主要提供者。在整个19世纪，大不列颠的机器和其他生产资料的生产年均增长2.3%，而生活资料的生产年均增长1.6%。② 1851

---

① ［澳］A.C. 肯伍德：《国际经济的成长》，王春法译，经济科学出版社1996年版，第19页。

② W.H.B. 考特：《简明英国经济史》，方廷钰译，商务印书馆1992年版，第371页，第211—213页。

年，全国城市人口超过一半。19世纪后期，英国也出现了垄断企业，但规模不及美国、德国。原因是英国新兴工业相对落后，机器制造仍具有竞争实力，另有广大殖民地可以作为贸易和投资市场。总之，伦敦仍然是国际期货的综合性交易中心和国际金融中心，拥有最大的商船队和殖民地，占据着世界海洋的战略要地（如海上生命线），拥有最强大的海军舰队。19世纪是英国历史上前所未有的盛世，史称维多利亚时代。这一时期英国社会仍然保持着浓厚的清教徒道德标准，公共建筑物宏伟、华丽又不失庄重，具有皇家气魄，社会中上层家庭都有壁炉，家具和室内陈设比较讲究而且实用，即所谓维多利亚风格。

二、两党制度

1688年革命前后，议会下院出现了两股互相竞争的政治势力，双方议员为了贬低对方，分别称其为托利党人和辉格党人，前者代表国教高级教士和土地贵族利益，比较守旧；后者代表城市资产阶级利益，是推动1688年政变的主力。起初辉格党权势显赫，但1783—1830年托利党人连续执政。两党通过议会选举竞争下院席位，进而控制内阁，形成责任内阁制。在1832年议会改革和1846年废除谷物法期间，托利党和辉格党分别演变成保守党和自由党。① 保守党代表土地贵族中保守、反动的一翼，不过从皮尔起，该党也反映工厂主利益；而资产阶级激进分子在自由党内逐渐掌握主导权，他们倡导变革、信奉自由主义，与保守党轮流执政。宪章运动失败后，工会组织分别支持这两大政党。1867—1894年，自由党连续执政。

在80年代，英国兴起新工会（工联）运动，几百万非熟练、半熟练工人投身其中。他们构成社会民主联盟（1881）等社会主义团体的基础。1884年，以萧伯纳为首的一批知识分子成立费边社，主张以渐进、改良方式改造社会。1893年，独立工党成立，进而组成全国劳工政治同盟。

1896年、1898年、1903—1906年和1909—1913年英国工人实际工资下降，劳资关系又趋紧张。资方用法律武器动摇“工会法”，迫使工运各派联合起来。1900年，独立工党、社会民主联盟、费边社和新工联召开大会，成立工人代表委员会，1906年该会改名工党。1918年，工党特别代表

---

① 阎照祥：《英国政党政治史》，中国社会科学出版社1993年版，第294—296页。

大会通过党章，主张生产资料公有制。而自由党在爱尔兰问题上发生分裂，1886 年，以张伯伦为首的自由党工会主义者与保守党结盟，自由党又面对工党竞争，逐渐衰落。1920 年，工党党员超过 400 万，全国 2/3 工会会员为其党员。1924 年，工党上台执政。此后，工党取代自由党地位，与保守党一起成为英国两大政党，直到今天。

三、工联主义

1825 年，政府允许工人成立工会。1834 年，出现第一个全国工会组织——全国总工会联合会。

英国工业在世界上的垄断地位及英国遍及世界的殖民地，使工人平均工资在 19 世纪明显高于大陆各国。1810 年以来，人均实际工资上升，同期消费物价指数稳中有降。① 40 年代以来，技术工人的待遇大为改善，失业风险降低，改良主义倾向有所滋长。熟练工人于 1851 年成立混合机器工人工会，工会章程规定要尽最大努力维护自身利益，“在需要时互相帮助”，“在我们的行业阻止多余的劳动力”。会员每周交一先令会费，而当时多数工人周工资不足一英镑。② 1852 年有 12500 名会员。接着在机械、矿工、木工和细木工行业的熟练工人中也组织起类似的工会。这些工会会费高，办事效率高，权力集中在脱产的工会官员手中，他们力求与雇主搞好关系，罢工只是最后手段。口号是“诚实的劳动，合理的工资”“防御而不是进攻”。1867 年，议会改革后也不参加竞选，而满足于让自由党代表自己。1869 年，举办了 1300 个合作社，资本共 200 万英镑，这些工会会员不足全体工人人数的 1/10。在美国内战期间，英国纺织工人忍受减产和失业痛苦，支持美国联邦政府，阻止本国政府承认南部邦联，表现出崇高的国际主义精神。

伦敦工联理事会领导人奥哲尔参加第一国际，但拒绝改为国际英国支部，只宣布与国际“合作”。马克思代表国际宣读《法兰西内战》后，奥哲尔拒绝签字，借口国际是政治组织，退出总委员会。

1871 年，《工会法》确认工会基金与互助会基金一样受法律保护。

---

① 克里斯·库克、约翰·史蒂文森：《朗曼 1714—1980 年英国史手册》，第 182 页。

② 余志远：《英语国家概况》（英文），外语教学与研究出版社 1996 年版，第 79 页。

1875 年，法律承认罢工工人有权组织和平的纠察队，加上同年“雇主与工人法”，工会组织的合法地位完全得到确认。① 1860—1914 年，英国工人实际工资平均上涨一倍，其中 1880—1894 年上涨 45%。工联主义代表上层工人利益。

四、文官制度改革

文官指政府文职机构中的全体雇员，狭义的文官指政府中事务性、技术性的雇员或公职人员。公职人员的产生有三种途径：选举、任命、公开的竞争性考试。

1688 年以后，国王和贵族仍有权任免、晋升官吏。责任内阁制建立初期，任人唯亲、收受贿赂十分严重，改革呼声虽早有耳闻，但因涉及的利益集团太多，各方关系一时难以协调，何况议会改革尚未实现，于是就一拖再拖。1848 年，下院一个委员会调查文官经费，提交《关于常任文官组织的报告》，即诺思科特—屈维廉报告，建议用考试决定文官的录用和晋升，以取代当时官场裙带关系网。此报告受到保守势力反对，理由竟然是服从上司高于一切。但是克里米亚战争爆发后，英军指挥官的无能无情地暴露出旧官制的弊端。

1855 年，上台的帕麦斯顿首相下令设皇家文官委员会，开始淘汰冗员。1870 年，格拉斯通首相发布第二个枢密院令，确立公平竞争原则：申请者不分出身、不论贫富，均可参加考试。合格者由皇家文官委员会向政府各部推荐录用，试用期半年。还制定统一的录用标准、工资和工作条件。实施初期，外交和内政部拒不接受。后经 1890 年、1914 年、1918 年和 1931 年的调整与改善，文职人员终于完成了从官员到国家雇员的根本转变。1870 年法令标志着英国近代文官制度的确立。

文官改革提高了行政效率和政府威信，基本上杜绝了任人唯亲等弊端。它确保法律和政令的连续性不受竞选、政府换届和首长变动的影响，适应工业化、市场化社会对行政管理规范化、专业化、决策科学化的需要。文官队伍的相对稳定和逐级提升使他们安心本行、积累经验。

英国对高级文官的选拔，过分重视通才即人文学科的基础素养，而 16—17 世纪培根等先辈倡导的传统这时已经淡化，导致英国社会上人文与自然、基础与实用科学的某种隔阂。这反映了英国悠久的绅士风度和贵族

① 蒋孟引：《英国史》，中国社会科学出版社 1988 年版，第 508 页。

传统，不能不说是英国工业以至科学技术在 19 世纪相对落后的一个原因。

其他行政、社会与教育改革。中世纪以来，英国一直实行地方自治，城镇和农村基层政权的行政、司法和警察大权掌握在当地治安法官手中，他们不领薪金，但只有地方上的头面人物才有权担任。1835 年的市镇自治机关法采用选举方法定期更换基层政权成员，削弱了土地贵族和国教僧侣的传统特权，有利于中产阶级。在自由党领袖格拉斯通第一次组阁期间，政府设内政部（1872）监督地方自治机关。

1875 年的公共卫生法有助于改善英国的环境卫生。同年的工匠住房法规定，由政府资助穷人盖房。

1870 年的教育法案旨在革除当时弊端：全国 400 万学龄儿童几乎一半未入学，其中 100 万学生在国教会堂附设的学校里上学，这些学校接受政府拨款，政府派人视察，而另外 100 万学生所在学校就得不到这些资助和关心。当时英国整个教育状况远远落在普鲁士、瑞士和美国后面。这个教育法案在增加对现有初等学校拨款、减轻地方政府教育税负的同时，建立一批寄宿学校，这类学校的经费由中央拨款、学生父母缴费和地方税收共同负担。1876 年法案对于没有送子女入学的父母要加以处罚。

在英国，有钱人家往往把子女送到私立学校，英国人称公学①。这些学校采用封闭式管理，教学质量高、设施完善，但收费也高。牛津和剑桥大学 1/3 的新生来自这些贵族学校。他们从小形成一个社交圈子，成年后在政府、公司的高级职位上又是同僚。

在德国社会保障法律的影响和本国工人运动推动下，长期奉行自由放任政策的英国政府逐渐负起某些社会责任。1905 年的失业工人法规定由市镇当局举办小型工程项目，以工代赈、减少失业。1906 年的老年年金法规定给 70 岁以上老人发放年金。1909 年，在各地开设就业介绍所。1911 年，国民保险法规定由政府、雇主和工人三方出资实施保险计划，到 1927 年受益者达 1500 万人。1929 年，地方自治法把救济贫民的职责移交给郡和市政府。②

宪章运动虽然无果而终，但 19 世纪晚期几次议会改革却实现了宪章派

---

① 英国历史悠久、久负盛名的公学（public school）有伊顿公学（Eton College）、哈罗学校（Harrow School）、温彻斯特（Winchester College）和拉格比公学（Rugby）。

② 考特：《简明英国经济史》，方廷钰译，商务印书馆 1992 年版，第 321—329 页。

的某些要求。1867年议会改革规定，凡居住在城市一年以上且缴10英镑房租或有房产、缴纳济贫税者，农村居民凡全年付10英镑租金的佃户或5英镑收入者均有选举权，取消46个衰败选区的议会席位，总共空出52个席位重新分配。这次改革使全国选民达到240万人，占总人口1/10以上。此后，工业资产阶级取代了土地贵族在下院的优势地位。1872年，议会通过法案实行秘密投票。1884年，议会法使全国选民增加到450万（总人口3600万）。1885年，议会法重新分配议席，全国城乡基本上做到按人口平均分配议员名额（共650名）。1918年，人民代表法规定，所有年满21岁男子和30岁妇女都有选举权。经过近百年渐进式改革，英国终于实现了普选权。

五、不列颠帝国

英国殖民地分为两类：一类是白人移民殖民地，如加拿大、澳大利亚、新西兰等；另一类是非移民殖民地，其中最大也是最重要的当数印度。

（一）印度

1. 古代印度社会特点。印度是人类古代文明发源地之一，那里的哲学、代数和医学曾达到很高水平，源于印度的“阿拉伯数字”是全人类的共同财富，但是，印度的农村公社始终是东方专制制度的牢固基础。① 14世纪以来，以村社为收税单位。在古代社会向国家进化过程中逐步形成的种姓制度②是世界上最严格、历时最长的世袭等级制度，其影响所及，至今仍是社会进步的障碍。佛教和印度教用好人来世升高一级种姓、坏人来世变狗和虫子的轮回说强化了种姓制度。③ 这种宗教狂热和宗教对立，以及部落之间、种姓之间的互相对立，使印度传统社会完全建立在所有社会

---

① 《马克思恩格斯选集》第2卷，人民出版社1972年版，第67页。

② 中文“种姓”一词，来自Caste，或瓦尔纳（Varna）以及‘阇提”（印地语Ja. ti，都是指社会成员按照世袭的职业划分的排他性等级制度，从高级种姓依次往下是婆罗门（Brahman or Brahmin）、刹帝利（Kshatriya）、吠舍（Vaisya）和首陀罗（Sudra）。7世纪以后吠舍只包括商人，而手工业者和农村公社成员处于依附地位，降至首陀罗，即第四等级的种姓。10世纪印度教取代佛教的地位后，这种等级制度得以巩固和强化。刘欣如：《印度古代社会史》，中国社会科学出版社1990年版，第241页。

③ Carlton J. H. Hayes, *Medieval and Early Modern Times*, Macmillian Co. Inc., 1964, p. 326.

成员的互相排斥和与生俱来的互相隔离所造成的均势上面。于是，“全部印度历史”，“就是一次又一次被征服的历史。这些征服者就在这样一无抵抗二无变化的社会消极基础上建立了他们的帝国”（马克思）。印度13亿人口中82%信奉印度教，其余信伊斯兰、锡克等教，低等种姓1.6亿人（2001年），占总人口14%，其中2/3是文盲。印度卢比（纸币）上印着15种本国文字。①

2. 印度沦为英国殖民地。1497年，葡萄牙探险家达·伽马乘船来到印度西海岸卡利库特。然后满载东方货物驾船返回里斯本，赚取的利润是这次航行成本的60倍，之后其他商人纷纷仿效。葡萄牙的印度公司在西海岸果阿建立据点，此后这里成为该公司总部所在地。1534年，他们占领孟买并拥有锡兰岛。1661年，英国购买孟买，另建马德拉斯，法国、荷兰、丹麦也在印度建立商业据点。为了争夺印度，这些国家进行过多次战争。1757年，普拉西之战中，克莱武率3000名军人（多数为当地雇佣兵）打败孟加拉统治者1.8万骑兵和5万步兵。印度史学家说，这不是一场战斗而是一场交易（战前英国人收买当地头面人物，后者答应打败仗）。战后，英国方面勒索酬金594万英镑。② 这次战斗是印度沦为英国殖民地的开始。七年战争结束后，英国把法国势力赶出印度，只留下本地治里等少数据点。

1813年，政府在工业家的压力下，取消东印度公司在印度的贸易垄断权，1833年议会完全取消该公司的商业业务，把它变成一个“受国王和议会委托”在印度进行殖民统治的军政机构，期限20年。在此期间，公司股东每年得10.5%的红利。

1834年，政府取消公司对华贸易垄断权后，大批中小商人纷纷来到加尔各答，参与鸦片贸易，每年运往中国的鸦片几乎加倍，商人获利之余，政府每年收税100万英镑，而中国外贸变成逆差，每年支付七八百万两白银。直到1858年，政府才撤销东印度公司，这时英国已完全征服印度，印度领土分为附属邦国和英国领土两部分。

3. 印度民族起义。在英国所有海外殖民地中，印度给英国朝野提供的财富是最多的。印度不但是英国向阿富汗、缅甸等周边地区扩张的根据地，还是英国“海上生命线”的通道和中转站，更是英国向远东扩张，用

---

① 王树英：《宗教与印度社会》，人民出版社2009年版，第45页。

② 宋则行、樊亢：《世界经济史》上卷，经济科学出版社1993年版，第173页。

炮舰和商品打开中国大门的后勤基地。

1848年，英国驻印总督达荷胥提出“绝户领地”政策：剥夺了七个没有直系男嗣土邦王公的封号及其世袭领地，他甚至以治理不善为由吞并了另外五个邦的领地。在征服印度的战争中，英国雇用20多万本地人当兵，薪饷丰厚、家属税轻，但1856年新募兵法取消了这些优待。至于广大农民，他们缴纳的田赋占收成一半。殖民当局还革除某些陋习，如夫死妇殉。因此，对英国殖民者的仇恨遍及印度社会的各个阶层。在普拉西之战百年纪念日前夕，各地纷纷传言，届时大家将把英国人赶走。

导致兵变的直接原因是英国人发给印度士兵的新式步枪埃菲尔德的弹仓纸。据说是涂了动物油脂（牛油、猪油）的防锈纸，而印度教和穆斯林士兵认为触摸这些不干净的弹仓纸是对他们宗教信仰的亵渎。1857年5月，密拉特、德里被起义士兵包围。6月中旬，反英起义扩及恒河河谷广大城乡。起义军控制德里，抬出莫卧儿末代皇帝组成政府，宣布豁免农民捐税，对地主和高利贷者征收特别税。4万名英军前来镇压，德里和鲁克瑙保卫战尤为壮烈，这在印度历史上特别值得赞誉。1857年9月和1858年3月，两城陷落，起义失败。

印度历史上这场规模空前的民族独立战争失败后，英国改变了统治方式：第一，议会取消东印度公司，另设印度事务部，总督改为副王，女王兼印度女皇。第二，增加部队中英国人的比例，同时把不同宗教信仰和种姓的印度士兵混编在同一连队里，把军队部署在与其宗教、种姓不同的地区。成立最高法院。第三，利用土邦王公。在立法委员中设印度代表，最重要的是取消“绝户领地”制（1859年），准许王公物色养子作为继承人，并归还以前没收的领地。60年代又使中部各地的包税人获得土地占有权。

4. 殖民地经济与民族资本的成长。直到19世纪中期，英国仍然主要把印度看作工业品销售市场。但从60年代起，英国资本大量投向印度铁路建设，1870年达到7700公里，1913年达34656公里，占亚洲1/3以上。铁路投资共2.2亿英镑。据估计，到1910年，英国对印度投资总额达4.5亿英镑。投资者每年得到的回报为4000万英镑，超过英对印贸易纯收入（1913年2800万英镑）。英国资本控制了印度工农业主要部门，如黄麻及其制品、锰矿（1900年12.7万吨，居世界第一）、茶叶（到19世纪末产量为中国的5倍）和棉花。正如印度副王（总督）寇松勋爵所说：“没有印度就没有大英帝国。”而传统农业进一步衰落，全印2/3农民负债，其中一半农民的债务已无偿还希望。

1851 年，买办商人达瓦尔在孟买开办第一家印资纺织厂。到 1914 年已有 264 家，662 万纱锭，超过日本（241 万）和中国（30 万）的生产能力。但印资企业在纺纱、织布和原料来源方面受英资控制。尽管如此，民族工业在各个行业仍有发展。1907 年建立的塔塔钢铁公司有资本 163 万英镑，1913 年产出第一批钢材，后来成为印度的垄断企业。

（二）加拿大和澳大利亚

加拿大。1812—1814 年英美战争后签订的根特条约在确认美加边界的同时，也等于确认加拿大的疆域。1815 年欧洲恢复和平后，大批英国移民迁入，到 1850 年这里已有 200 万人口，殖民者在大湖地区开凿运河、修建铁路，当地工业有了发展。

魁北克省分裂为上、下加拿大后，发生过一次叛乱，总督德拉姆于 1839 年向英国议会呈递《关于英属北美事务的报告》，建议成立自治政府，于是上、下加拿大 1840 年联合，设立议会。1867 年，英国议会批准建立加拿大自治领，包括原来的上、下加拿大，新布伦瑞克和新斯科舍。哈德孙湾公司的土地 1869 年以 150 万英镑价格被拍卖，公司只留下其余的 1/20。北部广大地区也被并入自治领。1867 年法令规定，这里的下院议员由选举产生，起草的提案伦敦有最后决定权。

加拿大支柱产业是谷物、木材、渔业、皮毛和采矿，多用于出口。英、美两国占其外贸的 90%，1914 年英国资本占外资的 72%。

为了吸引移民，政府于 1872 年公布自治领土地法，每户移民交手续费 10 元即可得到 160 英亩土地。1881 年，政府给太平洋铁路公司颁发特许状，并授予 2500 万英亩土地。从蒙特利尔到西海岸的 2893 公里铁路于 1886 年通车。铁路和土地法吸引了大批移民，1920 年加拿大人口达 850 万，1996 年达 2800 万。1898 年，自治领关税增至 25%。1900 年，德国取消对加的最惠国待遇，以示报复。

1871 年，颁布银行法，加拿大银行和工业中出现了垄断企业。

澳大利亚。1770 年 4 月，英国探险家库克在澳登陆，后来三次在东海岸登陆，这块大陆成为英国殖民地。1788 年，英国开始往这里流放犯人，到 1819 年移民达 3 万，3/4 是犯人及其子女。18 世纪末，当局向自由移民赐配土地。1851 年，发现金矿，人口猛增。1855 年，维多利亚地区开始限制中国移民。1888 年，英国支持澳大利亚各地方政府排斥华人的作法，此后中国移民被完全禁止进入。1902 年，制定全面限制移民进入的法律。

1850 年，羊毛出口值达 4000 万英镑，占英国羊毛进口一半。80 年代出现冷藏技术后，带动了这里的肉类加工和出口。1850 年，英国议会通过澳大利亚殖民地政府法，这里建起立法机构，自定关税，但所定法律要经英王政府确认。

1891 年，第一届澳大利亚联邦议会开幕。1894—1909 年，各州给妇女公民权。1897—1900 年，澳大利亚各州实现政治上的统一。1901 年，澳大利亚成为英联邦自治领。1904 年，沃森组建第一届工党内阁。1910 年，北部领土成为澳大利亚属地。

澳大利亚主导产业是农牧业和采矿。新南威尔士小麦面积 1910 年达 137.6 万公顷，产量比 10 年前增加 9 倍。采矿以煤、金、锡为主。1890 年，铁路达 16000 公里，制造业也发展起来，新南威尔士建起现代化大型钢铁厂，英国是其主要贸易伙伴和投资国。

六、爱尔兰问题

爱尔兰是英国历史上第一块海外殖民地，又是不列颠帝国遗留给当代英国人的最后一块政治伤疤。

爱尔兰岛面积只有英国本土的 1/3，两地最近处距离 30 多公里，岛上地势低平、温暖多雨，终年绿草如茵，有绿岛之称。12 世纪的爱尔兰在文化方面是统一的（宗教、语言等），但政治上分裂成几个王国。其中的莱斯特国王被对手打败后，便请求英格兰国王派兵相助，亨利二世的军队于 1171 年登陆，不久便征服了爱尔兰。14—15 世纪，英国人再次征服该岛，并开始与当地居民融合，不过，到 16 世纪，英国占领区仅限于都柏林附近。亨利八世宣布自己是爱尔兰国王，统治范围扩大了。经过多次战乱，到 1603 年，整个爱尔兰岛都在英王司法管辖之下，许多英国新教移民在该岛东北部定居，而爱尔兰人信奉天主教。

1632 年，查理一世任命他的宠臣温特沃思爵士为爱尔兰代理总督，1639 年任升总督，并被册封为斯特拉福伯爵。

英国革命期间，克伦威尔征服了爱尔兰。此后英国奉行重商主义，不许这里发展与英国竞争的工农业产品，致使爱尔兰人长期贫困落后。1845—1847 年，土豆因枯萎病而绝收，土豆是爱尔兰人的主食（英国不许他们种小麦），大饥荒导致 100 万人病、饿而死，另有 160 万人逃亡，多数去了美国。爱尔兰人口从 850 万减至 655 万（1851）。殖民统治、宗教矛盾和土地问题（这三点是爱尔兰问题的核心）使爱尔兰民族主义运动重新高涨，长期以来成为影响英国政坛的一个重要因素。

1789 年，爱尔兰发生叛乱，皮特（Pitt，the Younger）率军予以镇压。1801 年，英国吞并爱尔兰并取消其议会，来自爱尔兰的议员帕涅尔（Parnell，C. S. 1846—1891）等人在英国议会辩论中采取拖延战术——发表无休止的长篇演说，旨在阻碍议会对其他紧迫议题的讨论，引起朝野对爱尔兰问题的注意。另外，爱尔兰暴力事件此起彼伏，英国爱尔兰事务大臣 F. 卡文迪什（F. Cavendish）等人在都柏林公园散步时被暗杀。议会被迫两次通过土地法，对爱尔兰佃农稍作让步。1886 年，下院通过自治法案（Home Rule）：在爱尔兰设两院制议会，其权力与 1867 年加拿大自治领议会相当。1893 年，自治法案由下院通过后，被上院否决。1905 年，新芬党（Sinn Fein）成立，旨在实现统一和独立。1912 年，自治法案在下院通过后，上院表决结果是推迟两年。1914 年，英国参战，此案遂成废案。1919 年，新芬党在大选中获胜后，召开议会宣布成立爱尔兰共和国。1921 年 12 月，英、爱条约签订：东北 6 个县从新成立的爱尔兰自由邦（Irish Free State）脱离出来隶属英国，其余 26 县组成的自由邦拥有自治权（Diminions States）。民族主义者拒绝此条约，在南部发动内战。1923 年被打败后，转入地下，成立爱尔兰共和军（IRA）。第一任总统 W. T. 科斯格雷弗（W. T. Cosgrave）1932 年任此职。爱尔兰共和国 1949 年成为英联邦成员，宪法宣布要和平统一南、北爱尔兰。50 年代以来，新芬党领导的 IRA 重新活跃起来，他们在北爱尔兰发动城市游击战，在英国本土多次制造爆炸和恐怖事件。在北爱尔兰，占总人口 60% 的新教徒拒绝脱离英国，其余居民多为天主教徒，北爱尔兰统一党领导天主教徒旨在与爱尔兰共和国合并。两派不断发生流血冲突，1969 年英军前来北爱尔兰维持治安。1985 年，英、爱两国达成协议，除非获得北爱尔兰大多数居民同意，将不改变北爱尔兰现状。① 1998 年 4 月的受难节协议旨在建立一个由北爱尔兰天主教徒和新教徒共享权力的自治政府。这一和平条约结束了历时 30 年的暴力冲突。但由于 IRA 不放下武器，和平进程受挫。11 月 30 日，英国议会把北爱尔兰执政权力授予当地官员，而爱尔兰共和国于 1998 年 5 月 22 日举行公民投票，决定放弃对北爱尔兰的领土要求，并对宪法作相应修改。2000 年 5 月 6 日，IRA 宣布封存其武器，由国际监督员予以检查，北爱尔兰和

① ［英］雨果·杨格：《铁女人撒切尔夫人传》，汤玉明译，西北大学出版社 1990 年版，第 4 页。

平进程重新启动。2005 年 7 月，IRA 宣布放弃武装斗争。2007 年 5 月 8 日，北爱尔兰两大党派组成联合政府。

马克思说：“爱尔兰是英国土地贵族的堡垒，对爱尔兰的剥削不仅是他们物质财富的主要来源，而且是他们最大的精神力量。”因此他深信，不是在英国，而是在爱尔兰才能给英国统治阶级以决定性打击。① 因此，英国工人支持爱尔兰独立，不是一个抽象的正义问题，而是他们自身解放的首要条件。

七、对外关系：光荣孤立

早在 16 世纪，神圣罗马帝国查理五世与法国法兰西斯一世争霸期间，英国就开始了均势外交。

在 19 世纪大部分年代里，英国是世界上唯一的超级大国。这种独一无二的国际地位和它在世界各地拥有的战略据点与实际利益，使英国在对外关系中有能力且有必要奉行自由主义、均势外交和帝国主义政策。希腊独立和意大利统一战争期间，英国的态度和立场，都是自由主义的。

帕麦斯顿有一句名言：英国没有一成不变的朋友和敌人，“我们只有永久的经常的利益”。“英国长期以来一直反对欧洲大陆出现最强大、最富于侵略性和最霸道的国家”，目的在于使欧洲大国之间的力量对比和相互关系保持某种均势，即实力均衡的状态，以免其中某一个强国向英国的世界霸主地位挑战，这就是英国的均势外交。1854 年，英国联合法国对俄宣战，旨在削弱而非摧毁俄国，遏制其扩张势头而不追求新领土，就是为了恢复大陆国家之间的力量均势。

80 年代以后，大国结盟已经成为国际关系的新特点。而英国从东方战争（1854—1856）以来却奉行光荣孤立政策，首相索尔兹伯里 1896 年在伦敦市长举行的宴会上表示，“英国不参加固定的同盟与集团”，据说是为了保持行动自由，而且英国的综合实力使它对于单独维护自身利益充满自信。但 90 年代英、德矛盾上升，这时英国已经失去工业优势，其强国地位受到诸多威胁，为了集中力量对付德国的挑战，对于俄国在远东的扩张，尤其是把中国东北“俄罗斯化”的态势，便只有借助别国，以便维护自己

① 《马克思恩格斯选集》第 4 卷，人民出版社 1995 年版，第 378 页。

在远东的既得利益。[1] 1902 年，英、日建立同盟，说明英国已经放弃半个世纪以来的光荣孤立政策。

70—80 年代以来，列强掀起瓜分世界领土的狂潮，到处抢占殖民地，起初英国并不热心，但是随着别国贸易保护主义的兴起，丧失了工业垄断地位的英国在世界市场受到的竞争压力越来越大，英国商品和资本对其殖民地的依赖加深了，加上非洲钻石、黄金等矿产的发现和开采，英国也加入到抢占、争夺殖民地的行列中来了。布尔战争（1899—1902）即为一例。

1487 年，葡萄牙探险家迪亚士的船只到达非洲最南端，由于这里风暴凶猛，船员们死里逃生，故称此地为风暴角，葡王认为由此前往东方寻找新航路很有希望，故改名为好望角。1652 年，荷兰东印度公司在此建立居民点开普敦。1806 年，英国人占领该地。1814 年，荷兰把此地割让给英国。居住在这里的布尔人是在荷兰出生的或有荷兰血统，他们不得不移居非洲内地继续务农。一部分人越过奥兰治河建立奥兰治自由邦，另一批人北渡瓦尔河建立德兰士瓦共和国，还有一支迁往东北的纳塔尔，但被英国人赶走，他们也迁入前两个布尔人国家。纳塔尔于 1844 年被并入开普殖民地。1867 年，人们在瓦尔河与奥兰治河交汇处发现钻石矿，英国于 1871 年以 9 万英镑代价购买此地。1877 年，英国宣布吞并德兰士瓦。1879 年，击败纳塔尔地区的祖鲁人，祖鲁人对布尔人多年来的威胁随之消失。1880—1881 年，德兰士瓦的布尔人打败英国军队，此即第一次布尔战争。战后，英国承认德兰士瓦内政独立，德兰士瓦承认英国宗主权。英国禁止布尔人向林波波河以北发展，布尔人心怀不满。

1884 年，在德兰士瓦的兰德地区发现迄今世界上最大的金矿，从 1886 年开始工业开采（多年来占世界产量一半）。采金者蜂拥而至，英国人罗德斯的公司垄断这里的钻石和黄金开采。1888 年，这里的英国公司增至 642 家，帝国银行在此设 71 家分行。

罗德斯于 1889 年取得“英国南非公司”的特许状，向林波波河以北

---

① 以当时南满唯一的开放港口营口为例，1896 年英国进港船只 19711 只，装货 210 万吨，而俄船 66 只，装货 13000 吨。俄国在我国东北建成中东铁路后，英国商品随即进入北满各地，直至俄国边境，齐齐哈尔等地甚至看不到一家俄国商店。即使俄国最有竞争力的煤油，在这里也受到美国油的排挤。就中俄贸易而言，1899—1903 年俄对华出口 5589 万卢布，而从中国进口货价值高达 24500 万卢布。据李节传《军事封建帝国——俄国远东政策（1892—1904）》，天津人民出版 1993 年版，第 198—201 页。

扩张，寻找金矿。公司于 1895 年把这一地区命名为罗德西亚（津巴布韦），使布尔人国家（德兰士瓦和奥兰治）处在英国殖民地包围之中，英国决心吞并这两国，德兰士瓦总统克鲁格引进荷兰、德国资本，旨在对抗英国。

1890 年，被任命为开普殖民地总督的罗德斯偷袭德兰士瓦失败，德皇威廉二世立即去电祝贺克鲁格“不借助友好国家”的帮助所取得的胜利，德国势力继续渗入。英国人与总统克鲁格谈判不成，迫使布尔人发起进攻，1899 年布尔战争爆发。英军占有优势，但布尔人采用游击战术多次获胜，年底英军增至 25 万人，占领该国首都，但布尔人顽强战斗，英军增至 48 万人并采取焦土政策，历时 3 年死亡 2. 1 万人，战费 2. 2 亿英镑才打败布尔人。1902 年签订的和平条约规定英国吞并德兰士瓦和奥兰治自由邦，英语是官方语言，布尔语在学校和法院继续使用，政府自治，英方给布尔农民 300 万英镑用于恢复生产。

布尔战争无疑是英国发动的一场帝国主义战争；不过战争的另一方就不能说是帝国主义者了，两个布尔人国家显然是在为保卫祖国而战。如果因为布尔人几百年前移居南非，以侵占当地黑人土地为理由，把布尔战争的双方都说成是帝国主义者，那就错了。因为英国移民去北美建立 13 个殖民地时也侵占了当地人土地，却没有史家说那场战争是帝国主义战争，而异口同声地说是北美独立战争。

第三节　德国

一、帝国宪法

1871 年 3 月 13 日，德国按照普遍、平等、不记名投票方式和比例代表制选举出第一届帝国国会代表。4 月 16 日，帝国国会开幕。国会通过了俾斯麦以 1867 年《北德意志宪法》为蓝本制定的帝国宪法。

这部宪法有四个特点：第一，帝国是由 25 个邦国和自由市组成的联邦制国家，但中央权力很大，各邦地位不平等，普鲁士占据特殊地位。中央权力涉及行政、军事、外交、财政、税收、邮电、铁路等领域。中央制定的法律高于各邦法律的效力。宪法规定在联邦议会中只要 14 票反对就能阻止对宪法的修改，而普鲁士王国占 17 票，其他各邦最多 6 票，多数邦国只有 1 票，加上一些小邦对普鲁士的屈从，因此，在帝国参议院实际上占有 2/3 议席，享有否决权。在帝国国会中，普鲁士在全部 397 名议员中占 236

席，因为它占全国人口2/3。第二，皇帝、宰相是国家机器的核心。宪法规定皇帝是国家元首，拥有立法、行政、外交大权。有权提出法律草案，公布和监督法律，任命官吏，召集议会，根据联邦议会决议提前解散帝国国会，宣战、媾和、缔约、结盟、任命和接受使节。他还是帝国陆海军大元帅，任命高级军官时无须国务大臣副署。联邦如受到外国侵略，他可以不经国会同意而决定作战。宰相由皇帝任命，只对皇帝负责，以皇帝名义行使行政权力，兼任联邦议会主席，宰相还兼普鲁士王国首相。“铁血首相”俾斯麦任此职20年，威廉一世赋予他全权。这种集权政体被宪法学家指责为“前所未有的霸业”。第三，用议会粉饰门面。议会由联邦议会和帝国国会两院组成。联邦议员由各邦元首任命，有立法权，批准或否决帝国国会法案，决定预决算，又是最高法院。帝国国会由选民选举产生，权力比联邦议会小。两院权力都比不上英国下院。第四，军事警察制度。陆海军将领直接对皇帝负责，实行普遍的义务兵役制。宪法把普鲁士军国主义传统扩展到全德国。

由此可见，帝国是“以议会形式粉饰门面、混杂着封建残余、已经受资产阶级影响、按照官僚制度组织起来、并以警察来保卫的、军事专制制度的国家”（马克思《哥达纲领批判》）。普鲁士官僚把持着帝国高级军政职务。不过，宪法有助于消除小邦分立状态，有利于工业革命和逐步走向政治民主化。

二、文化斗争

这是俾斯麦致力于政教分离，加强帝国政府权力而向天主教和中央党发动的一场斗争。统一后的德国政体和法律，基本上来自普鲁士。在德国人中间新教徒占一半。新政府强迫境内丹麦人、波兰人（共240万）使用德语，并向波兰人地区移民。① 这种普鲁士强权政治引起小邦不满，他们组织起天主教中央党，在议会形成一股势力。俾斯麦以反教权主义为名，用行政手段颁布一系列法令，打击天主教。1871年，撤销普鲁士内政部天主教事务局，禁止教士利用讲坛发表政治主张。1872年3月，命令所有学校接受政府监督，6月，把所有当教士的教师开除出学校，7月，取缔耶稣会，把耶稣会士驱逐出国，12月，与梵蒂冈断绝外交关系。1873年，

---

① 卡尔·艾利希·博恩：《德意志史》第3卷，上册，张载扬译，商务印书馆1991年版，第284页。

《五月法令》宣布国家严格管理教士，有权任免教职。1875 年，全国一律采取世俗结婚仪式。对于抗命教士取消其主教区津贴并加以放逐，没收全部财产。这些法令和措施遭到天主教徒强烈反对。到 1876 年普鲁士境内多数主教被捕、被逐，1/4 主教、教士空缺。教皇庇护九世宣布这些法令无效，声称要把顺从者革出教门。随着国内外其他矛盾上升，俾斯麦于 1887 年废除或放宽了这些反天主教立法条文，并转而利用天主教中央党打击社会民主党。

三、法制与财税

1871 年，《帝国责任法》把原普鲁士 1838 年铁路法的规定推广到其他产业部门。1896 年，联邦议会和帝国国会通过民法典，1900 年生效，这是对法兰西法典的继承和发展。

随着帝国权力的扩大和工业化社会的客观需要，帝国扩充行政机构，通过副职法（1878），推行帝国和普鲁士王国官员一身兼二职的做法。因俾斯麦长期不在柏林，另设副宰相。后从宰相办公厅分设出内政、司法等五个厅。在基层，剥夺东部六省地主的司法权和行政权，建立省和乡镇组织，赋予其自治权力。

帝国采用三级普选制，1904 年又改用复选制：按选民产业和受教育程度给每人 1 ~4 张选票。各邦有内政自主权，梅克伦堡大公国的等级议会和宪法一直使用到 1918 年。

帝国财政来源。第一，法国战败后赔款 50 亿金法郎（合 40 亿马克），其中 24 亿金法郎用于伤残基金、战备设施和建造国会大厦，其余 26 亿金法郎分给各邦，各邦用于还债并购买工业设备。于是在交易所里掀起一股投机风潮，人们竞相滥设公司。第二，各邦按帝国预算的分摊额上缴税金，头 10 年普鲁士每年上交 3200 万 ~5100 万马克，其余各邦国 1900 万 ~3100 万马克。第三，关税收入，1879 年议会通过“保护关税和提高烟草税”提案，关税、个人所得税、遗产税成为帝国和各邦一大财源，消费税、交通税收入属于帝国。1899 年，海军大量订购军舰，帝国财政开支大增，各邦分摊额也加重了。

1891—1895 年，普鲁士实行税制改革，用个人累进所得税代替分级征税法，减轻低收入者税负，增加了政府收入。这一改革还调整了中央、邦国和乡镇三者利益，帝国依靠间接税（关税、消费税），联邦各成员国靠直接税（个人所得税），乡镇依靠利益所得税（不动产税）。

四、经济后来居上

1870—1903 年，德国工业产值增长 4.6 倍，而英、法分别为 1.3 倍和 1.6 倍。1870 年和 1913 年，德国工业在世界总量中的比重由 13% 升至 16%，仅次于美国，居第二位。

农业。由于关税保护，加上国内大量采用化学肥料以及收割机（1882—1907 年数量增加 15 倍）、脱谷机，进步显著，1850—1910 年马铃薯产量增长 5 倍，约占世界 1/3。甜菜面积扩大，1890—1900 年用甜菜制成的食糖出口占外贸总值 6%，远大于煤铁出口。畜产品增幅超过农产品。但由于德国工业化和人口增长，加上生活改善，1910 年德国 40% 的小麦、43% 畜产品依赖进口。

工业。德国工业从 50 年代起迅速增长。1850—1913 年，国民总产值增长近 5 倍，年均 2.6%，同期人口增长 2.5 倍。① 这一时期德国股票总市值大体上与国内总产值同步增长：1896—1913 年 GDP 年均增长 3.12%，而 1850—1875 年、1876—1895 年和 1896—1913 年股票年均增长率分别是 2.3%、2.7% 和 3.4%。劳动生产率年均增长 1.5%。1850—1875 年，新建铁路 8000 公里。同期铁路投资占全部净投资额的 1/4。工业领域的投资在 50 年代只占总投资的 14%，90 年代末达到 50% 以上。城市建筑占 1/4 ~ 1/3，带动了建材、金融、玻璃、电力和公用事业发展。

德国经济后来居上的原因有：第一，19 世纪中期以来，在自然科学领域里，德国总体上处于世界领先地位。德国又是 19 世纪晚期兴起的新技术革命中心。由于采用英国人托马斯发明的碱性底吹转炉炼钢法，洛林地区的高磷铁矿石满足了德国需求量的 3/4，鲁尔的炼焦煤就在附近。这一技术进步使德国 1880—1900 年钢产量增长 10 倍。1847 年，西门子建起制造电报设备、电线和海底电缆的工厂，接着德国敷设了 6 条大西洋电缆。1913 年，在电器产品的国际贸易总额中，德国占一半以上。在有机化工这一新兴部门，合成染料苯胺紫是英国人柏琴从煤焦油中提炼的，但首先在德国成批生产出来，1900 年德国苯胺紫占世界市场 80%②。基尔霍夫和本生在 1860 年前后创立光谱化学分析方法。1913 年，第一家合成氨厂在巴

---

① 卡洛·M. 奇波拉：《欧洲经济史》第 4 卷，上册，王铁生译，商务印书馆 1989 年版，第 95 页。

② 夏炎德：《欧美经济史》，上海三联书店 1991 年版，第 649 页。

登的苯胺纯碱公司（BASF AG，又译巴斯夫公司）建成投产，日产30吨。德国光学产品和精密仪器闻名世界。克虏伯1811年在埃森建立铸钢厂，这一时期以制造大炮闻名，产品出口到46个国家。

第二，大力发展教育。早在腓特烈大帝时代，普鲁士的学校就由政府派出的学督管理，而当时其他国家的学校都受教会管辖。教育世俗化有利于文化与科学知识的普及以及学术繁荣。1806年耶拿战争失败，1807年被迫签订割地赔款条约后，教育大臣洪堡对国王腓特烈·威廉说："国家必须用学术力量弥补在物质上受到的损失。"国王深受感动，同意成立柏林大学，1809年为此拨款15万塔勒。[①] 1838年，政府教育支出300万塔勒，相当于同一年英国教育经费的20倍。1913年，教育经费占国家财政开支的16.8%，占国民收入的2.4%，仅次于军费开支。[②] 1825年，普鲁士开始实施初等义务教育，60年代适龄儿童入学率已达97.5%，超过英、法两国。

在高等教育方面，18世纪末德意志地区已有42所大学，是当时欧洲各国中最多的。中世纪的大学往往从"神学推论"出发，仅仅是一个培养牧师和律师的场所，德国的大学既培养专门人才，又是教学与学术研究中心，强调观察、经验、实验和数学，哈勒大学和哥廷根大学是18世纪德国大学的榜样，教育大臣洪堡倡导"大学自治""学术自由""教育与科研相结合"。学生可以带着学分自由地转入任何一所大学，柏林大学是按这一教育思想创办的第一所大学。德国的大学直到20世纪30年代一直被认为是世界上水平最高的。[③] 有些大学的实验室成为国际学术活动的中心。李比希（毕业于吉森大学）、路德维希（毕业于莱比锡大学）在各自学术领域处于世界一流水平。

在文科中学、综合性大学之外，普鲁士于19世纪初还建立了一套工科与职业教育体系。1799年，柏林工业大学成立，这类工科大学以数学、物理为基础，注重某一专门工程技术的研究与人才培养，为实用技术和生产实践服务的目的更明确。从19世纪初开始，普鲁士就建立起双轨制教育体系，文科中学主要给大学输送新生，职业学校为各行各业培养熟练技工和

---

① J. W. 汤普森：《历史著作史》下卷，第三册，孙秉莹译，商务印书馆1992年版，第203—204页。

② 参见《中外近代史上的改革》，中共中央党校出版社1991年版，第163页。

③ 符娟明：《比较高等教育》，北京师范大学出版社1987年版，第30—34页。

中等技术、业务人才。1900年，《基本法令》规定，职业中学毕业生也有资格考取大学。这是一种各有侧重又互相开放、结构合理并使人尽其才的教育体系。在科研方面，1887年成立国立物理—技术研究所，1911年成立威廉皇家研究所①，大学和大公司都有研究机构。电力、化工等新兴工业多为大公司所垄断。这些大公司附设的技术研究部门致力于开发、引进新技术、新发明，并使其产业化、商业化。19世纪晚期，德国成为世界新技术革命中心，这种教育和科研体系发挥了重要作用。

第三，德国统一有助于经济增长。

第四，德国人口增长快，工资水平比英、法两国低。

五、对外关系：从大陆政策到世界政策

正当普通德国人陶醉于战争胜利和国家统一时，俾斯麦清醒地意识到新兴帝国的国际地位是脆弱的：与英、法、俄不同，德国至少有三条战线会遭到进攻。为了消除大国的疑虑，俾斯麦一再公开强调：德意志帝国不再有任何领土要求，它已经心满意足。除了保持安宁，在和平环境中继续发展之外，它别无所求。

法国的敌视既然已成定局，俾斯麦便把他的外交目标确定为：同欧洲各大国建立良好关系，使法国找不到朋友，以免别国同法国联合起来进攻德国。俾斯麦执政20年来一直追求这一目标，此即所谓大陆政策。1872年，奥地利皇帝约瑟夫宣布访问柏林，俄国亚历山大二世想知道他的奥国对手与德国人讨论什么。于是转告柏林说，沙皇想参加会晤。同年9月，三国皇帝在柏林会晤。由于奥匈帝国和英国在东方反对俄国这一点上有共同利益，1873年奥、俄两国只签订了一个遇到第三国进攻威胁时彼此商谈的政治协定。随后威廉一世也加入这个协定，此即三皇协定。按俾斯麦的打算，三皇协定要用于孤立法国和克服俄、奥对立，但后来的事态发展使三皇协定成了一纸空文。

1875年3月，法国下院批准军官法，目的在于改变法军劣势。德国政府宣布禁止出口马匹，总参谋长毛奇两次威胁要发动先发制人的战争，这个谈话传到巴黎，报纸上议论纷纷。俾斯麦虽然明确表示反对毛奇这种说法，法国外长还是请求英、俄予以保护。英、俄的反应使俾斯麦认识到，

---

① 约瑟夫·本·戴维：《科学家在社会中的角色》，赵佳苓译，四川人民出版社1988年版，第253页。

为了防止出现反德联盟，德国务必在国际上采取克制态度。

（一）东方危机与德奥同盟

1875年，波斯尼亚和黑塞哥维那人起来反抗土耳其统治，本地地主反对改宗为伊斯兰的这次起义蔓延到保加利亚，土耳其人残酷镇压。“保加利亚暴行”震撼欧洲舆论界。第二年，塞尔维亚人和门得内哥罗即黑山人武装反抗土耳其。俄国出面干涉，以保护塞尔维亚等地东正教徒。东欧其他斯拉夫民族上层势力与之呼应，共同鼓吹泛斯拉夫主义，企图在俄国领导下组成一个斯拉夫大帝国。为了获得“欧洲的受托人”这一身份，俄国希望德国出面召集列强开会，俾斯麦只是通过威廉一世告诉沙皇，一旦俄土战争爆发，德国将信守善意的中立。但东方问题也同奥地利密切相关，而德国希望俄、奥在东方问题上避免冲突，以免德国在这两个邻国之间作出困难的抉择——那将迫使其中一个与法国结盟而导致德国腹背受敌。出于这种考虑，俾斯麦在1876年1月主动与英国友好。在维护欧洲大国均势方面，德、英两国立场一致。俄国看到德国不肯在中立立场上再向自己前进一步，便于1877年1月与奥地利达成布达佩斯协议，自行划分两国在巴尔干的势力范围。然后俄国以土耳其显贵会议1月18日拒绝列强的改革纲领（要求土耳其改善其境内东正教徒地位）为理由，于1877年4月24日对土宣战。5月6日，英国照会俄国：英国将反对俄国封闭两海峡和占领土耳其，重申英国在君士坦丁堡和两海峡的传统地位。土耳其顽强抵抗。到1878年1月，俄军直逼君士坦丁堡城下。2月15日，英国舰队来到土耳其首都。3月3日，俄、土在郊外一村庄签订《圣斯特法诺条约》：第一，门得内哥罗和塞尔维亚脱离土耳其而独立。第二，罗马尼亚独立并取得多布罗加，罗把比萨拉比亚西南部给俄。第三，波斯尼亚和黑塞哥维那取得自治权。第四，土耳其把巴统、阿尔达汗、卡尔斯、巴亚齐特割让给俄国。第五，保加利亚成为一个选侯领导下的自治国，由俄军占领两年。其领土向南扩展到爱琴海的色雷斯，西南部包括马其顿大部。土向俄赔款14亿卢布。这个条约满足了几个民族的独立愿望，但在俄保护下出现的大保加利亚不但超越俄奥布达佩斯协议的范围，也引起西方大国和德国的反对。奥匈帝国外交大臣安德劳希建议召开国际会议，英与俄、土、奥经过一系列双边秘密协商并取得某些一致后，于1878年6月13日至7月13日召开由俾斯麦主持的柏林会议。《柏林条约》全面修改圣斯特法诺条约：第一，保加利亚领土大为缩小，马其顿和色雷斯被划出，东北之一部分给罗马尼亚。第二，罗马尼亚、塞尔维亚和门得内哥罗分别成为主权国家，罗仍占有多布罗加而把比萨拉比亚（多瑙河沿岸）划给俄国。第三，奥匈帝国托管波斯尼亚和黑塞哥维那，并在新帕扎尔驻军。第四，认可俄国得到的巴统、阿尔达汗和卡尔斯。第五，土耳其素丹许诺在其亚洲各省实行改革。第六，英国得到塞浦路斯。英土秘密协议（6月6日）规定，英向土保证将阻止俄在高加索和小亚细亚的扩张，作为交换，素丹把塞浦路斯割让给英国。《柏林条约》保留1856年巴黎条约和1871年伦敦协定有关两海峡通行的规则，旨在限制俄国扩张。

《柏林条约》直接促进巴尔干各民族解放运动，该条约遗留下塞尔维亚统一、马其顿、克里特岛和希腊问题，导致巴尔干冲突继续扩大。不过它遏制了俄国的扩张势头，改善了英、德关系。会前，英国首相迪斯累利以怀疑的目光注视俾斯麦关于“诚实的掮客”的表白，《柏林条约》的内容表明，德国果然没有提出任何要求，而只对维持现状感兴趣。外交大臣索尔兹伯里断定，与别国相比，英、德两国共同点最多而敌对情绪最少。

相反，德、俄关系开始恶化：第一，1879年1月，德国借口俄国一些地区兽疫流行，以检疫不合格为由，停止进口俄国牲畜。7月12日，德国公布新关税法，主要针对俄国农产品和畜产品。第二，俾斯麦在柏林会议上的所谓亲奥反俄立场使三皇同盟实际上瓦解了。第三，俄、奥两国对巴尔干的争夺在柏林会议后变本加厉，德国担心奥匈帝国崩溃后出现的斯拉夫国家亲俄、亲法。因此坚决支持这个多瑙河君主国。1879年8月15日，亚历山大二世给威廉一世的信中威胁：德国牺牲俄国利益将导致不幸的后果。德国对这一恫吓的回答是于12天后，即8月27日由俾斯麦与安德劳希就缔结德奥同盟达成协议，10月17日两国正式签订同盟条约。这是一个秘密的防御同盟：如缔约一方遭到俄国进攻，另一方保持善意的中立。如果进攻的国家得到俄国支持，则同盟盟约开始生效。后一假设是针对法国的。俾斯麦担心的是，不要让维也纳把两国同盟理解为德国支持它与俄争夺巴尔干——而这正好是威廉二世所犯的错误。

这一时期，英、法、意三国对北非的争夺引人注目。1875年，英国从负债累累的埃及手里买进苏伊士运河公司1/3的股票。1878年柏林会议期间，英、法达成协议：埃及、突尼斯分别属于英、法势力范围。德国支持这一安排，以便把法国注意力从阿尔萨斯—洛林转向非洲。1881年，法国把突尼斯变成自己的保护国，但这引起意大利对法国的仇视，因为突尼斯与西西里遥遥相望，那里有一万意大利移民，而法国资本在突尼斯占支配地位。1882年5月，意大利加入德奥一方，组成三国同盟。

英、法占领埃及和突尼斯引起其他列强在亚、非广大地区的殖民扩张。德国政府在商人推动下，1884 年占领西南非洲（今纳米比亚）、多哥、喀麦隆和北新几内亚以及附近的俾斯麦群岛，1885 年占领东非（今莫桑比克）。这些活动受到德意志殖民联合会的推动。俾斯麦给商人及其公司的这类海外活动提供国家保护，但着眼于商业竞争，并没有建立军事基地和移民的打算。

在整个 80 年代，俾斯麦的外交努力都服从于防止法、俄结盟这一目标。尤其是 1887 年俄德再保险条约：如果法国进攻德国，俄国保持中立；如果奥匈进攻俄国，德国保持中立；如果俄英、德英、俄土间发生战争，缔约另一方中立。在绝密的附加议定书中德国支持俄国对保加利亚和两海峡的政策。

1888 年 3 月，威廉一世去世，弗里德里希三世即位 99 天也去世了，接着继位的是他的儿子威廉二世。1890 年，年轻气盛的新皇帝迫使俾斯麦辞职并开始亲政。他在位 30 年，撤换了四位宰相。亲政后头一个外交行动是让 1890 年 6 月期满的再保险条约不再延期，同时与英国缔约，把桑给巴尔送给英国以换取本土的海上屏障赫尔戈兰岛，这给沙皇造成德国亲英反俄的印象。

1893 年法俄外长互换信函、1894 年法国政府批准的军事协定，是一个针对德国，也针对三国同盟的秘密协定。法、俄官方这一时期交往密切，德国本应与英国友好，以免在法俄同盟面前孤立无援，但英、德在非洲扩张中的矛盾（布尔战争初期德皇给德兰士瓦总统的贺电）、法德争夺摩洛哥造成的两次危机（1905—1906、1911）导致英、法亲近而与德国疏远。这主要是威廉二世亲政以来用冒险的世界政策取代俾斯麦谨慎的大陆政策的结果，这一政策的特点是在海外大举扩展殖民地，向英国的世界霸权挑战。1897 年，他的外交大臣比洛在帝国国会发表演说：“让这个或那个邻邦瓜分大陆和海洋，而我们自己只满足于欣赏蔚蓝色天空的时代已经一去不复返了。……我们根本不想把别人推到阴暗中，但我们自己也要取得阳光下的一块地盘。”他又说：“我们不能容忍任何外国的朱比特对我们说‘有什么办法呢？世界已经分割完了！’……我们在全世界各地区有自己的利益。如果英国人谈论建造大不列颠，法国人谈论建造法兰西帝国，俄国人谈论占领亚洲，那么我们要求建造大德意志帝国……没有强大的陆军和海军而要获得幸福，那是万万不行的。”威廉二世这一世界政策旨在夺取海外殖民地，为此目的，必须发展一支强大的海军。海军大臣蒂尔皮茨

1897年给德皇关于发展海军的报告中就把英国作为假想敌，德国从1898年起开始扩充海军。1904年的日俄战争使列强相信，大型新式战列舰比鱼雷和巡洋舰更重要。于是英国1906年建成“无畏号”，同年德国帝国国会批准海军扩军法案，也开始建造无畏舰，这一时期德国占领中国胶州湾，计划修筑巴格达铁路直达波斯湾，这些都构成对英国海军优势的威胁，英国表示要用双强标准加以对付。英、德海军军备竞赛是这一时期国际关系的重要特征。到1912年，英、德和解的努力失败了。

（二）巴格达铁路

1888年，柏林—君士坦丁堡铁路完工，德国政府便着手修筑巴格达铁路，又称3B（柏林、拜占庭和巴格达三地英文、德文第一个字母都是B），以便控制土耳其并向南亚扩张。同年，德意志银行首先买下君士坦丁堡向东约100公里、到伊兹米特（Izmit）的铁路，并取得由此到安卡拉铁路租让权（1892年完工）。1893年，德国的安纳托利亚铁路公司与土耳其政府签约，修建两条到巴格达的铁路。1899年10月，威廉二世第二次访问土耳其，他在大马士革发表演说，声称自己是土耳其素丹生死与共的朋友，也是全世界3亿穆斯林可信赖的朋友。土耳其于1903年与安纳托利亚铁路公司签订租让条约，规定德意志银行另设一家巴格达铁路公司从事这项工程，但对资金来源和铁路终点未作规定。

英国在土耳其有巨大利益，特别担心德国修这条铁路会威胁它在波斯湾直到印度的利益，但又希望德国因此放弃在西南非洲的铁路计划，还可以借德国遏制俄国势力南下。

俄国反对德国在家门口修铁路，但无力阻止，便要德国同意俄国控制两海峡作为报答。而德国一直利用两海峡问题在英、俄之间制造不和，所以乘机要求俄国在未来的德法战争中保持中立，这是俄不可能答应的。直到1911年德、俄才达成协议，德国承认俄国在伊朗拥有特殊利益，保证不在伊朗北部修铁路，俄国表示不阻挠德国修巴格达铁路。法国出于对俄友好的立场反对德国3B铁路。

1913年，英国取得对巴格达—巴士拉港口沿线控制权和内河航行权，德国于是表示不把铁路修到波斯湾沿岸，也不建港口。英、德准备在1914年6月15日签订条约，但大战爆发后此事便不了了之。①

从普法战争到威廉二世亲政（1871—1890），法、德矛盾支配或影响

① 王绳祖：《国际关系史》第3卷，世界知识出版社1995年版，第163—173页。

着欧洲大国之间的关系；威廉二世亲政到大战爆发（1890—1914），英、德竞争是欧洲列强之间的主要矛盾。

六、社会主义运动

巴黎公社失败以后，德国工人政党成为国际共产主义运动的先锋队。

1860 年，资产阶级自由派组织“民族协会”，成立工人教育协会，并于 1862 年带领一批工人会员参观伦敦国际博览会。这些工人回国后，决定召开德国工人代表大会。莱比锡工人教育协会的委员们邀请拉萨尔阐明他对劳工问题的观点，拉萨尔写了《公开的答复》，号召工人阶级组织独立的政党。这个党要以直接普选权（针对三级选举制）为战斗口号，使工人代表进入各邦国立法机构，以便维护其合法利益，政治纲领是采取一切合法手段，进行和平宣传，宣传经费来自工人捐献后建立的金库。拉萨尔还鼓吹由现存的国家帮助工人出资建立工厂，以避免在“铁的工资规律”下资本家对工人的剥削，他还去法兰克福和美因兹宣传这些思想。他这一套观点虽然混乱不清、漏洞百出，却明白易懂，加上他雄辩的口才和出色的组织才能，1863 年 6 月 23 日，来自 11 个城市的工人代表在莱比锡名人纪念堂成立全德工人联合会，拉萨尔当选主席，几乎享有独裁权力。到 1864 年夏天，拉萨尔因为爱情与一位罗马尼亚贵族青年决斗而死时，联合会拥有几千名会员。拉萨尔生前留下遗嘱，让贝克尔担任主席，但后者限于能力只任职一年，联合会选举拉萨尔的助手施韦泽担任主席职务，施韦泽于年底使联合会机关报《社会民主党人报》创刊号得以问世。他聘请马克思的学生和战友威廉・李卜克内西担任编委，侨居英国的马克思、恩格斯表示赞成。

1863 年 6 月，另一个全国性工人组织——德意志工人协会联合会在法兰克福成立，该组织宣扬劳资合作，但在 1864 年、1867 年第二、第四次代表大会上，马克思的学生威廉・李卜克内西和倍倍尔分别被选进领导机构，倍倍尔任主席。在 1868 年纽伦堡大会上接受第一国际纲领，同年加入第一国际。1869 年 8 月，以该联合会为基础的全德社会主义者代表大会在爱森拉赫城开会，正式成立德国社会民主工党，又称爱森拉赫派。这是德国第一个按马克思学说建立的社会主义政党。成立后创办《人民国家报》，参加议会选举，建立工会，组织罢工，在工人中的影响超过了拉萨尔派。1871 年德国统一后，爱森拉赫派进一步壮大。在它领导下，德国工人处于欧洲工运的前列。这引起俾斯麦的仇视，他对爱森拉赫派和拉萨尔派都予以压制。两党面对共同的处境，又有某些共同点，广大党员纷纷要求合并，处于内外交困中的拉萨尔派于 1874 年 10 月主动要求与爱森拉赫派合并（施韦泽已于 1872 年辞去主席职务）。李卜克内西等领导人同意就两党合并举行会谈。1875 年 2 月，两党在哥达城开会，共同拟定了一个充满拉萨尔观点的纲领草案，并于 3 月 7 日在双方机关报上发表，马克思、恩格斯从报上看见后感到吃惊。因为党的纲领是一面旗帜，外界就是根据它来判断这个党的，而刚发表的是“一个我认为极其糟糕的、会使党堕落的纲领”。1875 年 4 月，马克思写出《对德国工人党纲领的几点意见》，即《哥达纲领批判》，把它寄给白拉克，要他转给党内其他领导人阅读。

马克思在《哥达纲领批判》中批评拉萨尔许多错误观点，发展了科学社会主义：第一，“在资本主义社会和共产主义社会之间，有一个从前者变为后者的革命转变时期。同这个时期相适应的也有一个政治上的过渡时期，这个时期的国家只能是无产阶级的革命专政”①。第二，马克思首次把共产主义社会分为“第一阶段”和“高级阶段”。指出在第一阶段，即今天我们常说的社会主义社会里，消费资料在各生产者中间的分配，仍然要遵循商品交换中的等价原则。只有在高级阶段才能做到各尽所能、按需分配。② 但威廉·李卜克内西、倍倍尔并未接受马克思的批评，于 5 月在哥达城召开的合并大会上通过了这个纲领。改名德国社会主义工人党。只是因为合并后出现的情况比原来预料的好，资产阶级舆论对纲领作了马克思主义的理解，党员人数增加到 2. 5 万人。因此，马克思、恩格斯也就没有公开发表《哥达纲领批判》，16 年后才由恩格斯公开发表。

两派合并后，工人政党和工人运动的蓬勃发展引起俾斯麦的忧虑，他利用当时发生的两起谋刺德皇事件，于 1878 年操纵帝国国会，通过《反对社会民主党企图危害治安的法令》（以下简称《非常法》）。面对政府迫害，党内出现了混乱，伯恩斯坦等“苏黎世三人团”和莫斯特为首的无政府主义集团分别从右和“左”两方面危害党的事业，马克思、恩格斯帮助党的领导人制定合法与非法斗争相结合的策略，纠正“左”、右倾错误。1880 年 8 月，党在瑞士维奇召开秘密大会，从组织和策略上端正方向，党的各项活动有新的起色，选民票不断增加。1890 年，国会不再延长《非常

---

① 马克思、恩格斯心目中的无产阶级专政是巴黎公社式的，这同列宁、斯大林的苏维埃政权不尽相同。

② 《马克思恩格斯选集》第 3 卷，人民出版社 1995 年版，第 304—305 页。

法》。在1890年党代会上改名为德国社会民主党。

从1893年起，德国社民党在普选中获得的选民票一直是各党中最多的（这一年获选票143万张，议席56个）。1912年选举赢得2/3选民票，在下院91个席位里获25席。① 后来成为议会第一大党，并且把多数工会会员吸引到自己旗帜下，② 使德国社会民主党成为当时“全世界最统一、最团结、最强有力的党”。③ 但是党获得合法地位并在议会取得更多席位后，错误思潮也滋长起来，恩格斯和党的领导人批判了恩斯特为代表的青年派半无政府主义集团后，又面临福尔马尔为代表的右倾机会主义派别。1899年，伯恩斯坦发表《社会主义的前提和社会民主党的任务》，受到倍倍尔、罗莎·卢森堡的批评，在与这些“左”、右派斗争中党基本上遵循马克思主义路线，使工人运动继续发展。

七、第二国际

（一）历史背景

1870—1905年，国际形势的一个重要特点是：西方资产阶级革命已经结束，东方还没有成熟到实现这种革命的程度，资本主义处在相对和平的发展时期。这一时期无产阶级的主要任务是“聚集和团结无产阶级的力量，准备进行未来的战斗”。

70年代末，工人运动重新高涨，特点是非熟练工人觉醒并成为斗争的基本力量。工运的规模和斗争的激烈程度超过五六十年代。19世纪七八十年代，欧美多数国家建立工人阶级政党，这为第二国际奠定了坚实的组织基础。

继德国社会民主工党之后，法国工人党在盖德和拉法格领导下于1879年10月在马赛成立。1880年，工人党在哈佛尔大会上通过由盖德和拉法格起草的《哈佛尔纲领》，其中理论部分导言是马克思口授的。主张建立独立的无产阶级政党，夺取政权，剥夺资产阶级，以便实现生产资料集体所有制。但是党内以马隆与布鲁斯为代表的改良主义者要求取消党的最终目的，把无产阶级政党的活动限制在资本主义制度“可能”允许的范围

---

① 卡尔·艾利希·博思：《德意志史》第3卷，上册，张载扬译，商务印书馆1991年版，第341页。

② 兰道尔：《欧洲社会主义思想与运动史》，第416页。

③ 《马克思恩格斯全集》第22卷，群立译，商务印书馆1994年版，第484页。

内，把工人政党变成改良主义党，所以被称为可能派。1882年2月，在圣太田大会上，盖德派退出大会，在里昂召开自己的代表大会，保留法国工人党名称，继续坚持《哈佛尔纲领》，该党队伍不断壮大。

在英国，由海德曼领导的民主联盟于1884年改为社会民主联盟，宣布接受马克思主义，但实行宗派主义政策，脱离工人群众，爱琳娜·马克思－艾威林夫妇等退出联盟，另建社会主义同盟，但不久，无政府主义者在同盟里占优势。1890年，同盟解散，英国多数工人处在工联主义影响之下。

其他欧美国家这一时期也陆续建立起工人政党。

（二）恩格斯晚年的理论贡献

马克思1883年3月14日逝世，恩格斯在他墓前的追悼辞中说，马克思发现了唯物史观这一人类历史的发展规律，还发现了资本主义生产方式和资产阶级社会的运动规律，主要是剩余价值学说，这样就把社会主义理论置于科学的基础上。

此后，恩格斯在整理、出版马克思《资本论》第二、第三卷的同时，还担负起指导国际共产主义运动的任务。他出版《家庭、私有制和国家的起源》（1884），在这本书里，作者分析了原始社会向阶级社会的形成过程和阶级社会的一般特征，不同社会形态中家庭关系演变的特点，古代国家形成的三种方式（希腊式、罗马式和德意志式）。剖析国家的起源和实质，随着阶级的消失，国家也必然消亡。在《路德维希·费尔巴哈与德国古典哲学的终结》（1886）中，恩格斯揭示德国古典哲学，尤其是黑格尔和费尔巴哈哲学与马克思主义哲学的关系，系统阐述辩证唯物主义和历史唯物主义原理。他把全部哲学，特别是近代哲学的基本问题归结为思维和存在的关系问题。二者的关系包括两个方面：①什么是本原的，是精神还是自然界；②思维和存在有无同一性。这类似于西方哲学中的本体论与认识论。恩格斯分析现代历史后得出结论：一切政治斗争都是阶级斗争，而一切争取解放的阶级斗争，归根到底都是围绕着经济解放进行的。恩格斯1895年在为马克思《1848年至1850年法兰西阶级斗争》一书再版而写的《导言》中强调：第一，马克思在《路易·波拿巴的雾月十八日》中首次提出经济改造的方式，即生产资料归社会所有。第二，1848年革命时，“欧洲大陆经济发展的状况还远没有成熟到可以铲除资本主义生产的程度”，“1848年的斗争方法，今天在一切方面都已经过时了”，“如果说国家间战争的条件已经变化，那么阶级斗争的条件也有了同样大的变化。实行突然袭击的时代，由自觉的少数人带领着不自觉的群众实现革命的时代，已经过去”。“相反，在起义者方面，一切条件都变坏了。人民各个阶层都同情的起义，很难再有了；在阶级社会中，中等阶层大概永远不会毫无例外地统统团结在无产阶级的周围，……‘人民’看来将总是分开的，……要把他们武装起来就更为困难了。”“历史表明我们也曾经错了，暴露出我们当时（指 1848 年——引者注）的想法只是一个幻想。”第三，“资产阶级和政府害怕工人政党的合法活动更甚于害怕它的不合法活动，害怕选举成就更甚于害怕起义成就”①。恩格斯还写出其他一系列著作。

第一国际解散后，恩格斯并不急于建立新的国际组织，而是希望在条件成熟之后，他在 1874 年致左尔格信中说：“我相信，下一个国际——在马克思的著作产生了多年的影响以后——将是纯粹共产主义的国际，而且将直截了当地树立起我们的原则……”② 但是英国工联主义者、法国可能派纠合美国劳动骑士团和其他国家的无政府主义团体，于 1888 年在伦敦开会并公开宣布，他们将于第二年 7 月 14 日在巴黎召开国际工人代表大会，成立新的国际。此举旨在掌握国际工人运动领导权。而德、法两国工人政党的领导却麻木不仁，有的人甚至主张参加“可能派”筹备的大会。恩格斯不顾年迈，放下其他工作，催促德、法工人政党领导人为成立新的国际加紧筹备，他自己也直接参加这项工作。1889 年 2 月，德、法、比、荷等国工人政党代表在海牙开会，决定同年 7 月在巴黎召开国际社会主义者代表大会。

（三）成立经过

1889 年 7 月 14 日，即法国大革命 100 周年纪念日，来自 22 国的 407 名代表在巴黎开会，大厅里悬挂着“全世界无产者联合起来”“实行生产资料社会化”等大幅标语。会上，马克思主义者同取消政治斗争的无政府主义、改良主义者经过辩论，通过了关于劳动立法和无产阶级经济斗争与政治斗争的决议。为了纪念美国芝加哥工人 1886 年 5 月 1 日为争取 8 小时工作制举行的罢工斗争，大会通过关于“五一”国际劳动节的决议，象征工人阶级的团结、斗争和胜利。这次大会标志着第二国际成立。

（四）第二国际的特点

由于当时国际共产主义运动处于合法斗争与和平发展时期，各国工人

---

① 《马克思恩格斯选集》，第 4 卷，第 2 版，人民出版社 1995 年版，第 510、517、520 页。

② 《马克思恩格斯选集》，第 4 卷，第 1 版，人民出版社 1972 年版，第 413 页。

政党按照本国情况自行制定斗争策略，因此第二国际是一种松散的联合组织，1889年成立时就没有组建类似第一国际的常设机构，也未发表《成立宣言》和《共同章程》。它的基本制度是每隔几年召开一次国际性代表大会，大会协议对各国党组织没有约束力。1900年虽然成立由各国党代表组成的社会党执行局，1907年又通过《国际代表大会和国际章程》，但这些机构只起联络、“信箱”作用。第二国际这种各国党之间独立自主、自由联合、自愿联系、相互平等地讨论问题的作风，是国际共产主义运动历史上的优良传统。①

（五）第二国际的主要活动及重要事件

定期召开代表大会、必要时召开代表会议是第二国际组织的主要活动方式。从1889年成立大会（第一次）到世界大战前的巴塞尔代表大会（1912年11月），前后召开过九次，继成立大会上通过每年5月1日为国际劳动节之后。在1910年哥本哈根大会（第八次）上通过决议，每年3月8日为国际妇女节。

第二国际的活动主要有三个方面：第一，组织动员各国工人进行反对资本主义的斗争。第二国际多次代表大会上都通过这方面决议，要求各国党组织通过各种方式（尤其是工会）把工人组织起来，对他们进行思想教育，帮助他们改善劳动和生活条件，实施保护劳工的立法，引导他们投入争取消灭资本主义剥削、推翻资产阶级统治、实现社会主义的政治斗争。在工人罢工、组织工会、开展政治斗争方面，第二国际取得了很大成绩。1901年，在哥本哈根召开国际工人工会代表会议。1890年以后，德国社会民主党成为议会选举中得票最多的党，1893年，法国社会主义者在选举中获得49个议会席位，英国在1892年大选中也有15名工人代表进入议会下院。②

第二，反对军国主义的斗争。随着欧洲两大军事集团逐渐形成和大战的临近，反对军国主义和帝国主义战争成为第二国际中后期历次代表大会的重要以至主要议题。为此而通过的决议都是正确的，这对于抵制欧洲各国社会上日益猖獗的沙文主义、军国主义狂热，提高工人阶级觉悟和国际团结，起到很好的作用。大战前夕，西欧各国人民掀起声势浩大的反战集会和游行。但是有些决议短期内难以实现，如1889年国际成立大会《废

---

① 周作翰：《国际共产主义运动史》，高等教育出版社1994年版，第96、99页。
② 周作翰：《国际共产主义运动史》，高等教育出版社1994年版，第99页。

除常备军、实行全民武装》的决议。

第三，围绕伯恩斯坦的论战。伯恩斯坦是德国社会民主党右派领袖。1878 年，德国颁布《非常法》后，他流亡瑞士，负责编辑党的机关报。1879 年，他与赫希伯格、施拉姆三人以三颗星代替署名，在《社会科学和社会政治年鉴》上发表《德国社会主义运动的回顾》一文，主张无产阶级应接受资产者领导等，被称为“苏黎世三人团”。马克思、恩格斯曾撰文予以批评。1881—1898 年，伯恩斯坦任《社会民主党人报》主编。1896—1898 年，他发表一系列文章，后来汇集成《社会主义的前提和社会民主党的任务》一书，宣称马克思主义已经“过时”，对马克思的哲学、政治经济学和阶级斗争理论予以“修正”。1901 年回国后多次当选国会议员，大战期间支持德国的侵略政策。

伯恩斯坦的观点受到威廉·李卜克内西、倍倍尔、罗莎·卢森堡等党内领导人的批评，卢森堡为此还发表《社会改良还是社会革命》一书，在德国社民党代表大会上展开辩论。在第二国际 1900 年巴黎代表大会上，围绕米勒兰入阁事件，马克思主义者和伯恩斯坦主义者展开激烈的斗争。

米勒兰入阁事件。国际工人运动史上社会党人第一次参加资产阶级政府的事件。1899 年，法国政府因德雷福斯案件陷于困境，新总理瓦尔德克－卢梭任命社会党人米勒兰为商业部长，米勒兰未经本党同意即擅自接受。此举在国际共运中引起轩然大波，饶勒斯①赞成，而盖德派反对，在 1900 年第二国际第五次代表大会（巴黎）上展开激烈争论。最后通过了考茨基起草的决议案，认为个别社会党人参加资产阶级政府，是一个“策略问题”而非原则问题，这个调和分歧的决议案被称为“橡皮决议案”。此后，右倾机会主义路线在第二国际和欧洲大多数工人政党内部居于支配地位。

（六）第二国际的历史地位

第一，第二国际促进了马克思主义的传播和社会主义思想的普及。马克思、恩格斯晚年发表一系列著作，各国党的刊物发表许多理论探讨和普及性文章、著作。德国党还创办中央党校和其他群众性报告会、讨论会，

---

① 饶勒斯（Jean Jaures，1859—1914）是法国社会党领袖之一，历史学家、哲学家。1899 年赞助米勒兰入阁，1901 年成立以他为首的法国社会党。1903 年当选为众议院副议长。1904 年创办社会党机关报《人道报》。1905 年该党与盖德、拉法格领导的法兰西社会党合并为法国统一社会党，并为领袖之一。世界大战前夕反对军国主义和帝国主义战争，1914 年 7 月 31 日被暗杀。

其他各国党组织也办了党校。伯恩斯坦挑起的理论论争也吸引着更多的人去思考、去探索。

第二，这一时期国际工人运动扩展到前所未有的规模，各国社会主义政党、工会、合作社和其他群众组织蓬勃发展。第二国际的活动范围超过了第一国际，欧洲、美洲和大洋洲许多国家建立社会主义政党。世界大战前夕，第二国际拥有 30 多个全国性工人政党，党员人数 356 万，选民 1200 万以上，工会会员 1000 万，合作社社员 700 万，1913 年成立国际工会组织，还有国际妇女、青年、新闻等组织。

第三，第二国际领导工人阶级为反对资本主义制度、维护工人切身利益和政治权利展开卓有成效的斗争，取得了辉煌成果。

第四，开展反军国主义和帝国主义战争、保卫世界和平的斗争。

第五，首次确定各党之间独立自主、平等协商的相互关系。

总之，第二国际的成绩是巨大的，它创造的斗争策略、积累的宝贵经验至今仍然是我们的宝贵财富，从它后期所犯的路线错误中，我们也能总结出有益的教训来，更不能以偏概全，一概否定第二国际的历史功绩。

第四节　美国

一、世界头等经济强国

（一）美国经济规模与产业结构优化

1860 年，美国工业生产占世界总量 17%，在各工业强国中居第四位。在国内三大产业中，工业在 1860 年只占总产值的 17%。[①] 到 1890 年，美国工业已占世界工业总量的 31%，居第一位。到 90 年代，美国工业总产值在国内才超过农业总产值。这说明当时美国经济按其价值总量而言，已经成为世界上名副其实的头等强国。

从人均产值看，美国经济的增长速度和发达程度也位居世界前列：1860 年，美国人口 3150 万，国民生产总值 GNP 70 亿美元，人均 GNP 220 美元。1910 年，这三个数字分别是 9240 万、350 亿美元和 379 美元。[②]

---

① 杰拉尔德·冈德森：《美国经济史新编》，杨宇光译，商务印书馆 1994 年版，第 249 页。

② David Burner, *An American Portrait*, Charles Scribner's Sons, N. Y., 1980, 1985, p. 411.

1913 年，人均 GNP 超过英国，居世界第一。从实体经济的产量看，1914 年美国产钢 2560 万短吨（1 短吨 =0.9 公吨）、煤炭 5 亿短吨、黄金 441.8 万盎司、白银 6962.3 万盎司、面粉 1.07 亿袋，加工棉花 480 万包、石油 2 亿吨。这些数字，除黄金不如南非、白银与墨西哥相当外，其余产量均居世界第一。

（二）工业结构的优化

1860 年，美国制造业产值最多的行业依次为：面粉和肉食加工、棉纺织、木材、鞋靴、机器。到 1914 年，这一顺序变成：食品罐头、钢铁、面粉、机器、木材。1929 年的顺序为：汽车、肉罐头、钢铁、机器、石油加工。

以上顺序变化说明，美国制造业在 1860 年以农林产品加工为主，1914 年处在轻工业向重工业转换过程中，到 1929 年，技术、资本密集的新兴工业部门已取代劳动密集型产业居主导地位。总之，美国主导产业经历了从商品化大农业向现代工业的转变后，在第二产业内部又实现了劳力密集型工业向技术和资本密集型工业、从传统工业向新兴工业的产业升级和结构优化。

1. 汽车工业。1900 年，在联邦政府年度经济统计中首次单列出汽车，1913 年产量 1000 辆。福特公司率先采用自动流水生产线大批量制造 T 型大众牌小汽车，单车价格从原来的 850 美元降到 1908 年的 250 美元，而当时工人日工资不低于 5 美元，且日工时已降至 8 小时。美国进入汽车消费大众化时代。汽车工业还带动了石油加工、公路、建筑、钢材、玻璃和橡胶等行业的发展。

1879 年，爱迪生发明电灯，1895 年电灯销售量达到 100 万只，爱迪生一生有上千项发明专利。1906 年，福雷斯特发明三极管，此后美国开始商业无线电广播。1876 年，贝尔发明电话，1900 年美国有 80 万门电话机，为欧洲的两倍。美国电话电报公司（AT&T）控制了全国市场。贝尔还建立世界上第一个把新技术产业化的贝尔实验室，这同爱迪生实验室一样，把技术发明从个别人偶然的好奇心变成了一项经常性商业业务。美国和德国一起成为 19 世纪晚期开始的新技术革命中心。1790 年美国通过专利法，10 年间共登记专利 276 项，1850—1860 年 25200 项，1860—1890 年共有 67.6 万项。1900 年美国在校大学生 23 万人，平均每万人大学生人数超过西欧各国。

2. 铁路。1860 年，美国有 3 万英里铁路线，担负全国 2/3 运输量。亨利·索罗赞叹道："我听见铁马让群山发出回声，喷气如同雷鸣。它的脚步摇撼大地，鼻孔里冒出火光和浓烟。"内战以后美国出现铁路建设高潮。1869年，横贯大陆、直达美国东西海岸的铁路通车。从1864年起，联邦政府赠送给两家铁路公司1.3亿英亩土地，铁路工地沿线各州又送了4900万英亩。1907年，对铁路投资占全国总投资的1/7。在世纪之交，欧洲人拥有的35亿美国债券中，有一半是铁路债券。1898年以来12年间，新建铁路年均5000英里，到1911年总长度达24万英里，超过欧洲总和，占全世界1/3。卧铺车厢（1864）、暖气车厢（1890）、标准轨距4英尺8.5英寸（1865）、用钢轨代替铁轨、车辆制动阀、联动道岔装置、专用电话通信、自动挂钩等技术发明和引进，使铁路运力增加，客车更舒适、更安全、更快捷。铁路网的延伸促进了西进运动、工业布局的西移和中西部农业的发展，促进了美国工业化进程。

铁路市场的不正当竞争。1899年，各铁路公司购买车厢、机车等设备总值9000万美元，这些设备的90%购自国内。在自由放任条件下，盲目投资、重复建设、舞弊和投机不断出现。在筑路高潮中，各地同时开工，投标时几乎没有竞争，承建单位便乘机提高造价。这些公司上市时，又增加虚股，称为"掺水"，加上其他因素，致使新铁路一投入运营便负债累累，如太平洋铁路建设费5800万美元，而承建单位的工程费高达1.2亿美元。国会众议员艾木斯在铁路公司兼职，他拿出343股股票让议员低价买进，条件是给他的公司以"必要的协助"，这类贿赂竟涉及副总统。在运输市场，铁路公司为招徕大顾客如石油公司，往往竞相降价，而在没有竞争对手的铁路线上抬高运价以资弥补，造成短途单位运价高于长途，大公司给铁路支付运费还能得到回扣和折价或给权贵优惠。这些都损害了散货、小货主利益，引起中西部广大农民的愤慨，他们于1867年组织农会，给政府施压。1887年，国会通过州际贸易法，宣布折扣、运费协议为非法，责成地方检察官起诉，受害人可获得三倍的损失赔偿。

3. 农业。1862年，莫里尔土地法对美国农业科研、教育、人才培养和农业科学知识普及发挥了巨大作用。内战结束后，大部分美国农场主已经是十足的企业家，盛行个人主义生活方式并以纯粹商人的身份出现。农场规模通常比欧洲大得多，这些都是美国农业的重要特点。麦克考密1831年发明谷物收割机，1902年组建世界上最大的收割机公司，生产马拉收割机、冷模铁犁、脱谷机、圆筒形谷仓。各州出版农业杂志，指导农民的经营、耕作等技术。1877年3月的荒地法规定，政府以每英亩0.25美元低价出售公地，条件是买主三年内灌溉其中一部分土地。

优越的自然条件、农场的规模效益、技术水平、交通设施、政府鼓励再加上成熟的市场条件，使美国农业的生产率和商品率达到世界先进水平。19 世纪末，全国粮食的 1/3 和棉花的 70% 用于出口。1900 年前后，美国成为世界上最大的农产品出口国。1898 年，出口牛肉 3.6 亿磅、猪肉 6.5 亿磅，主要运往欧洲。19 世纪末，欧洲市场 52% 的粮食是美国提供的。① 芝加哥至今还是小麦、玉米等谷物最大的国际期货交易中心。

美国农产品的竞争力由于成本下降而不断增强：1866 年每蒲式耳小麦和玉米分别是 1.45 美元和 0.75 美元，每包棉花 0.31 美元，1893 年每包棉花降至 0.06 美元，1894 年每蒲式耳小麦和玉米降至 0.75 美元和 0.28 美元。市场价也一再下跌，小农场常常无利可图，加上商业贷款高利率使许多家庭农场负债上升。1890 年，1/4 农场已被抵押，其中威斯康星、密执安、依阿华州有一半农场被抵押出去了。这种供大于求的农业问题直到世界大战爆发才得以扭转。不过战后欧洲农业恢复，对美需求减少，而美国农场主仍在盲目扩大规模，使美国农业更深地陷入增产与降价的恶性循环中，农业萧条一直持续到罗斯福新政。

4. 商业零售。内战结束后，一批美国商人模仿巴黎百货公司的做法，把成千上万种不同商品分别陈列在同一幢楼房里，品种、规格齐全。顾客进门后，一次可买到所需的全部商品。这些商品往往直接从工厂大批进货，中间环节少、质量有保证，商品明码标价，做到价格适中、不讨价还价。这种大型、综合性、连锁商店又叫百货公司。到 1929 年，食品杂货业的连锁店销售量已占全国市场的 1/4，这是商业领域的一场革命。人们漫步在装潢考究、灯红酒绿的百货公司，逐渐成为一种社会风尚。

二、垄断资本

1870 年，约翰·D. 洛克菲勒建立美孚石油公司。到 1882 年就控制了全国炼油能力的 90%。这家石油托拉斯的成功以及 80 年代一批控股公司的市场垄断，导致国会通过谢尔曼反托拉斯法（1890）。政府据此法对美孚提起诉讼，迫使该公司宣布解散，所属公司被分成 20 家独立公司，并以新泽西美孚石油公司作为整个美孚系统的持股公司。1911 年 5 月，该持股

---

① 李节传：《军事封建帝国主义——俄国远东政策（1892—1904）》，天津人民出版社 1993 年版，第 204 页。

公司经联邦最高法院裁决解散，分成38家独立的公司。

到1899年，全国有185个工业联合体（托拉斯），资本总额30亿美元，占全国制造业总资本的1/3；到1904年，这三个数字分别为305个、70亿美元、2/5。全国铁路的95%属于6家大公司。90年代以后，在第二次公司合并潮流中，银行家发挥了重要作用。以卡内基（1835—1919）为例，这个苏格兰工人家庭的穷小子，1848年只身来匹兹堡定居时，去棉纺厂作工，周薪1.2美元，不久成为电话局职员。内战期间成为宾州铁路公司经理。在1873年萧条时期，他低价买下设备，改进并扩大自己的钢铁企业。到1900年，他在匹兹堡的几家企业年产钢达70万吨，超过了英国。这一年他获利4000万美元，成为世界首富。当他声称要合并其他大型钢铁企业时，这些同行吓坏了，他们转而向银行家摩根求助，请他出面组织一家公司以便制止这场竞争。卡内基急流勇退，他把自己的企业卖给摩根，获5亿美元。合并后的美国钢铁公司资产达15亿美元，钢产量占全国2/3。摩根还控制着国际收割机公司、几家铁路公司、人寿保险公司。

1907年，经济萧条时他协助联邦政府稳定了财政秩序。而卡内基在经营其他企业的同时，还从事慈善事业。

美国崇尚个人自由，政府对公民的经济活动采取自由放任态度，加上美国经济规模和消费市场容量远大于任何欧洲国家，这就给私人垄断企业的扩展以更大的活动余地。因此，美国私人垄断资本的实力及其对本国经济、政治的支配程度，都超过别国垄断资本。这一特点在罗斯福新政之后仍然如此，而在英、法等国，以国有企业或国有控股形式存在的国家垄断资本在国内资产总值中所占比重较大。

（一）金融及财政

1816年成立的第二合众国银行营业执照为20年，1836年期满时杰克逊总统不予展期。该行关门之后，许多州允许人们自由开设银行，1816年国内有7000种不同的钞票在流通，由1600家银行发行，其间许多银行陆续消失。1862年，联邦个人所得税改为600～10000美元收入者征税3%，10000美元以上征5%。1863年，《银行法》规定，那些接受联邦官员监管的银行，钞票发行额度不得超过本州有价证券总量的90%①，还要用1/3资本购买联邦有价证券。到年底，已成立400家这类银行，其他银行发行的钞票不得强制流通，从1866年起还要上缴国库10%的税收。1863年，

① ［法］让·里瓦尔：《银行史》，陈淑仁译，商务印书馆1997年版，第59页。

杰伊·库克在费城建立一家国家银行，以便推销战时公债（绿背纸币），内战期间共发行5亿美元公债，与货币一样可以流通。到1865年，联邦公债共计27亿美元，这导致物价上涨一倍。

在美国，人们把商人银行称为投资银行，后者帮助政府和企业在有价证券交易所寻找资本。美国内战时期，纽约出现了四家投资银行，其中一家由摩根创办，起初是其父“伦敦公司”的分支机构。1890年，摩根已经成为与洛克菲勒、梅隆等齐名的大富翁。1907年，纽约证券交易所发生恐慌，摩根应交易所请求，出面联络其他投资银行予以支持，使证券市场恢复正常。

美国金、银铸币原先也是按市场16∶1的比价定值的，但1848年加利福尼亚发现黄金，1849年黄金产量为上年41倍，此后产量年年递增，直到1860年。这期间金币大量上市，一美元银币市场价涨到1.02美元，国会便于1873年废除白银美元（硬币法），不料这时在达科他发现大型银矿床。全国白银产量从60年代以来加速增长，1874年产量为1869年的3倍，达到2886万盎司，此后产量继续上升，但是这些白银已不能铸造货币，而且这时欧洲国家陆续废除了复本位制。银矿老板眼见白银贬值到原价的72%，就联合中西部农民，后者长期以来备受农产品价格下跌之苦，这些人都把美国经济萧条的原因归咎于政府1873年法令，称这个硬币法是“1873年罪行”。面对社会压力，联邦政府转而定期收购白银并铸造一定数量的银币，1878—1900年共铸银币3.78亿美元。

1900年，美国实施金本位制，规定一美元含金量为25.9格令（1格令=0.0648克）的九成纯金，黄金价格固定为1盎司20.67美元，建立1.5亿美元的黄金储备。鉴于1907年金融恐慌导致成千上万储户蜂拥挤兑现金，许多银行因现金不足而关门停业。这迫使政府于1913年通过联邦储备法，以恢复金融秩序，根据此法成立美联储（Federal Reserve），即中央银行，以满足商业银行的流动性需求，并履行央行对后者以及对整个金融市场（包括所有金融机构）的规范、监管职能。

美国实施金本位制，其经济和金融实力来自内战以后国民经济的快速增长和产业结构升级、金银产量大幅增长、外国资本大量流入以及大部分年代的外贸顺差，这些顺差常以黄金形式流入国库和民间。

（二）股票市场

第二次英美战争（1812—1814）结束后，美国进入和平发展时期，史称门罗总统执政期间为“和谐时代”。商品市场的繁荣和投资需求的扩大，带动了金融市场的扩张，而商业银行满足不了资本市场对回报周期长、风险大的新项目（如运河、铁路）的需求。1817 年，纽约证券交易所成立。1830 年，第一批价值数百万美元的铁路股票和债券上市发行。到 1838 年，银行、公路、铁路和运河公司股票发行额已达 1750 万美元。到 40 年代，电报使纽约成为全国最大的证券市场（伊利运河 1825 年通航后，纽约取代费城成为最大港口）。1848 年，加利福尼亚发现黄金后，纽约证券市场更趋繁荣。

三、文官改革

杰佛逊 1801 年任总统时，联邦雇员不足千人。而到 20 世纪 70 年代，各级政府雇员已达 1700 万，其中包括 200 多万军人，其余是行政人员和专业雇员。现在 85% 文职雇员根据文官制度考核选用。

改革前美国官场的社会形象总体上说声誉不佳，人们普遍认为只有那些缺少一技之长又热衷于投机钻营、贪财谋私之徒，才削尖脑袋去谋求一官半职。早在杰克逊时代，美国政坛就盛行轮流担任公职的分赃制度，或称政党分肥制：每一任总统上台后，就罢黜上千名联邦政府各部门官吏而代之以同党和亲信，以及竞选时的得力助手和捐助者。有一名亲信竟然公开说，在官场上如同在情场和战场上一样公平合理，那就是赃物（猎获物）属于胜利者。林肯总统很廉洁，但不时受到求职者纠缠，有时在大街上也被挡住去路。1869 年上台的格兰特总统原为内战英雄，因此他在就职演说中有本钱夸口："我的总统职位是不谋而得，我在履行职责时无拘无束。"但他任命的内阁成员多为卑鄙小人，政府里贪污受贿成风。两名投机商雇用总统的妹夫艾贝尔·科尔宾，以便对白宫施加影响。3 人合谋使投机商在游艇上宴请总统，造成后台很硬的社会舆论，然后在 1869 年 9 月下旬套购黄金，每盎司金价在 4 天内从 140 美元涨到 163.5 美元，格兰特意识到受了骗，命令财长立即抛售 400 万美元联邦黄金，24 日金价在 15 钟内又从 162 美元下跌到 133 美元，致使上万名投资者顷刻破产，严重损害了政府形象。

1881 年，加菲尔德总统上任才 200 天，就被一个求职未遂者在火车站候车室开枪打死，他行凶前高喊："我要让亚瑟成为总统。"（亚瑟当时是副总统）报纸标题是"总统死于政党分肥制?"人们哀叹，政党分肥使十人之中的九个变成冤家对头，剩下一个还是忘恩负义者。看来改革文官制度已经刻不容缓，英国文官改革对美国也是一个推动。

彭德尔顿法即国会1883年通过的调整和改革合众国文官法案。该法规定，成立一个获得两党支持的文职人员三人委员会监督文官制度，对申请者实行公开的竞争性考试，禁止向文职人员勒索政治捐款或迫使他们从事党派性服务工作，拒绝酒鬼担任文官。文官改革把公平竞争原则引入官场，改变了任人唯亲、政治交易等腐朽作风，以及大换班和短期行为，提高了文官素质和行政效率。到1900年，通过考试录取的官员已达到9.5万人，占总数40%。

四、两党制度

1789年，联邦政府成立。4月，华盛顿就任美国首届总统（1792年连任）。在国内外政策出现分歧的过程中，以国务卿杰斐逊为代表的一派于1792年成立共和党。他们主张重视小农，以法国为榜样，以乡村、边疆，特别是以南方为基本盘，努力限制联邦政府对地方各州权利的“侵犯”。1794年，改称民主共和党，与此对立的是以汉密尔顿、约翰·亚当斯（1797—1801年任总统）为首的联邦党。后者重视实业，希望建设成英国式的工商业国家，主张强化联邦政府权力。建党初期，两党围绕内政外交和1796年大选展开斗争，并在联邦、州和基层分别组建党的机构，各级党组织的核心人物被称为党魁（boss），指挥本党竞选总统的活动。1801—1825年的总统都是民主共和党人。在1824年总统选举中，民主共和党人J. Q. 亚当斯和安德鲁·杰克逊都参加竞选。支持J. Q. 亚当斯的人在1824年就从民主共和党中分离出来组建了国民共和党，最终J. Q. 亚当斯赢得了总统选举。杰克逊一气之下，自组新党，取名民主党，一直延续至今。老民主共和党经此选举，不久也就瓦解。1828年，杰克逊以压倒优势当选总统。此后，一部分国民共和党人同反杰克逊势力，以约翰·亚当斯为首创建辉格党。此外，随着奴隶州和自由州矛盾的激化，民主党在西部土地问题上因观点不同分裂为南、北两派，这是该党1860年大选失败的一个原因。而辉格党在限制奴隶制问题上与北方民主党人、自由土地党人、废奴主义者取得共识，于1854年成立共和党，1860年赢得总统大选。1861—1885年的总统均为共和党人，从克利夫兰总统开始，民主党和共和党轮流执政直到今天。

两党竞争并轮流执政，既避免了多党制下联合政府或内阁频繁改组造成的政局动荡，又能把全国选民的注意力吸引到仅有的两位总统候选人身上，预先排除了第三党，尤其是工人政党上台执政的可能性，因此，它比多党制更有利于维护资产阶级的利益。① 但进入 21 世纪以来，政治极化和社会分裂已显而易见。

五、进步运动

美国在成长为世界头号强国的过程中，物质财富大量增加、社会日益繁荣，但变化太快使各种社会问题堆积如山：大城市贫民窟、市政设施跟不上需求、贪污受贿、失业、贫困和犯罪，尤其是不公平竞争日益困扰着美国人。1893 年，全国有 4000 个百万富翁，其中不少人通过垄断市场、偷税漏税进而影响政府决策，支配国家经济生活。这些现象加剧了贫富分化和社会不公正，引起大规模工人罢工。广大中小资产阶级也处在垄断资本兼并、破产的威胁之下。当时许多新闻记者大量报道这方面的社会问题和政界丑闻，形成一股黑幕揭发风潮，并且有针对性地提出各种改革要求，史称进步运动。进步运动的领导者和积极分子多数是受过良好教育的中产阶级成员，包括老罗斯福总统，其矛头所指，主要是大公司老板、为非作歹的城市官员，他们既关心工业化的牺牲品贫民和工厂工人，又厌恶阶级斗争。但这不是真刀实枪的革命，而仅仅是美国人民拍打一下地毯。这是一个实用色彩浓厚、成分复杂、目标有时自相矛盾的社会运动。作家海明威借用马克·吐温的书名“镀金时代”为这一时期命名，是有道理的。

进步运动中收效明显的领域是市政改革、妇女选举权、管理城市公用事业、公平征税、保护森林和生态环境、保护消费者、保护工人，对垄断行为和其他商业欺诈的限制也取得了一定成效。威尔逊总统的“新自由”及其内外政策，被认为是进步运动的鼎盛期。

六、对外政策

1917 年前的美国外交，可以概括为：第一，对欧洲列强采取孤立主义，即政治上避免卷入，而尽可能发展贸易；第二，对于拉丁美洲众多弱小的邻国奉行霸权主义——这是对门罗主义的引申；第三，在东亚和太平洋地区采取扩张主义。随着 1890 年西进运动结束，美国在全球范围内逐步走上干涉主义、扩张主义道路。

---

① 陈其人：《美国两党制剖析》，商务印书馆 1984 年版，第 177 页。罗豪才、吴撷英：《资本主义国家的宪法和政治制度》，北京大学出版社 1983 年版，第 139 页。

美国对外贸易从 1870 年的 3.93 亿美元增至 1900 年的 13.3 亿美元，同期对外投资从零增至 5 亿美元。政客们信奉“适者生存”的口号，许多国会议员同英、法、德议员一样鼓吹对外扩张，渴望在世界事务中发挥重要作用。

（一）美西战争

西班牙是一个老牌殖民主义国家。18 世纪已经衰落，19 世纪初拉丁美洲革命后，大部分殖民地获得独立，仅剩下古巴、菲律宾等美洲和太平洋几块地方还在西班牙手里。菲律宾被美国人看成进入“无限广阔的中国市场”的跳板。杰佛逊购买路易斯安娜以来，几任美国总统都想吞并古巴，1895 年古巴人民起义时美国在古巴的投资达 5000 万美元，年贸易额 1 亿美元。

1897 年，马德里自由主义者掌权，新政府召回被称为“屠夫”的总督韦莱尔，答应古巴自治，但起义军为独立而继续战斗。1898 年 2 月 15 日，美国军舰缅因号在哈瓦那爆炸沉没，舰上 260 名官兵丧生。消息传出，美国报刊大声疾呼“牢记‘缅因’号！”国会不等事故调查完成，便一致同意拨款 4000 万美元充作军费。麦金莱总统要求西班牙允许古巴独立，西班牙只同意单方面停止在古巴的军事行动。4 月 21 日，美国对西班牙宣战，22 日，总统宣布封锁古巴。宣战后不到 10 周，美国就在加勒比海和菲律宾取得胜利。12 月，美国与西班牙在巴黎签订和约：古巴独立，西班牙撤军并由美军占领。将菲律宾、波多黎各、关岛割让给美国，美国支付 2000 万美元。美国等待近百年才拿下古巴，并不是顾忌西班牙，而是担心海上强国英国。直到这时，美国具有足够实力而且英、美关系良好，才把这颗成熟的果实采摘下来，此即“熟果政策”。美西战争是美国成为帝国主义世界大国的重要标志。

1898 年，美国吞并夏威夷，1899 年占领威克岛，与德国瓜分萨摩亚群岛（美占东部）。

（二）门户开放政策

日本于 1895 年打败中国、迫使中国大量割地赔款以后，西方列强掀起瓜分中国的狂潮。中国沿海、沿边地区和长江流域已经分别割让（租借）给列强，变成列强各自的势力范围，并丧失了一部分国家主权，如关税、治外法权。1898 年，美国打败西班牙，占领菲律宾期间，本想大举进军中国市场，这时却发现自己已被列强排斥于中国市场之外。例如，1900 年中国进口的煤油中，美国所占比例已由 10 年前 100% 降至 41.5%，沙俄则由十年前的零增至39.1%。为了在中国获得与其他列强相同的贸易特权，国务卿约翰·海于1898年9月6日分别照会英、俄、德、法、意、日，提出对华门户开放：要求这些国家对所有外国船只开放其在中国势力范围的港口，对进口货给予同等优惠待遇，并收取同样的铁路运费，后一条款是特别针对俄国在满洲的铁路计划而提出的要求。① 英国有条件地表示同意，俄国含糊其辞，德、意、日表示，若其他大国完全接受这些条件，他们也同意。

1900年5月，中国发生义和团运动，杀死231名外国侨民（为外交官及其家属），② 而杀死的中国基督教徒更多。围攻驻华使馆的义和团群众多达10万人，切断使馆与外界联系一个月。8月，八国联军进入北京，其中美军2500人，列强在赔款数额上竞相加码，日本在华商业利益巨大，且阴怀独占中国之野心，故主张减少数额，美国力主从轻赔偿，提出3000万两白银，折合2440万美元。③ 清政府在辛丑条约上签字。美国得到这笔赔款，在向其受害侨民家属支付赔偿后，把1100万美元余款退还中国作为留美学生和美在华办学之用（如清华大学前身）。1900年7月3日，约翰·海再次照会列强，要求“平等和公平的贸易”，宣称美国的政策是保持中国领土和主权的实体。门户开放并不反对中国领土被宰割的既成事实，而是力图挤进列强在华势力范围，保持并扩大美国在华权益。另外，美国的门户开放，起初主要针对俄国向远东扩张，但是等到1905年罗斯福调停日俄战争时，日本同俄国一样已成为美国的制衡对象，此后，野心勃勃的日本更成为美国对华扩张的主要竞争对手。

（三）马汉的海权理论

从90年代起，海军实力论风靡美国，首创这一理论的是马汉（1840—1914）。他参加过美国内战，从安那波利斯海军学院毕业并任院长（1886—1889，1892—1893），后任巡洋舰舰长（1893—1895）、美国海军战略委员会委员、美国历史学会主席，1908年任海军事务委员会主席，著作有《海上力量对历史的影响，1660—1783》（1890）等。

他强调海上力量使一个国家能对海上交通实行普遍的控制。某些地理

---

① 信夫清三郎：《日本外交史》上册，天津社会科学院日本所译，商务印书馆1980年版，第308页。

② Donald A. Ritchie, *Heritage of the Freedom History of United States*, Macmillan Inc., 1985, p. 495.

③ 王绳祖：《国际关系史》第3卷，世界知识出版社1995年版，第302页。

位置由于占据着内线，构成海战的战略据点，如苏伊士、巴拿马。占据这些战略要点就能在与任何敌国的海上抗争中处于优势地位。海上战略的目的是获得制海权。要在战争中控制海洋，首先必须消灭敌人舰队，其他一切都是枝节问题。单纯靠袭击商船并不能赢得对海洋的控制。① 海军可以使本国获得世界资源的途径保持畅通，同时使敌人失去这种权利而扼杀其经济。从这个意义上说，“战争最终不是战斗而是实业”。至于那些处于劣势的国家的海军，应该以攻为守，不时地从它隐蔽于其中的港口出发，抓住战机，逐渐削弱敌人。用它的存在迫使敌人分散兵力并耗费资源，为本国商船护航。

马汉认为强国的主要条件是控制海洋，这已为英国100多年的历史所证明。美国资源丰富，边疆无强敌，又面对两大洋，理应继英国之后称霸海洋，进而称霸全世界。

马汉是海权扩张论的代表人物，他同麦金德的陆权优势论一起，共同构成地缘政治学中的两大流派。地缘政治学认为国内外政治事件、对外关系与国际关系是由地理因素决定的，即地理环境制约政治事件的发展。麦金德是牛津大学地理学教授，他认为：“谁统治东欧，谁就能主宰心脏地带；谁主宰心脏地带，谁就能主宰世界岛（指欧亚大陆）；谁统治世界岛，谁就能主宰全世界。”② 他认为内陆倾向强的民族是俄罗斯的斯拉夫民族，海洋倾向强的是以英、美为中心的盎格鲁—撒克逊民族。

马汉与麦金德都认为，俄罗斯、中亚的广大陆地是一个重要的势力中心，亚洲北纬30°~40°的狭长地带（土耳其到中国）是俄国陆军与英国海军之间的不安定地带。后者从海上用武力阻止俄向亚洲扩张，并可控制中国。他预言这是英、德、日、美共同利益之所在。③

当时美国的海军战略恰好处在由纯粹保卫北美大陆转向为本国海上扩张提供军事手段的过渡时期。马汉的理论一提出来，立刻在西奥多·罗斯福这些年轻政治家心中产生共鸣。1898年美国海军军费是1891年的3倍。19世纪80年代，美国海军在世界上居第12位，1900年已位居第三。

美国把拉丁美洲看成本国的后院。1889年，美国迫使西半球国家组成

---

① 拉塞尔·F. 韦格利：《美国军事战略与政策史》，彭光谦译，解放军出版社1986年版，第210—212页。

② 麦金德：《历史的地理枢纽》，林尔蔚译，商务印书馆1985年版，第13页。

③ 张文奎：《人文地理学概论》，东北师范大学出版社1993年版，第287—288页。

泛美同盟，总部设在华盛顿。1895 年，迫使英国同意由它来调解英属圭亚那与委内瑞拉的边界纠纷，声称“美国今天在本半球实际上拥有主权，它的命令对于所要干涉的目标来说就是法律”。罗斯福总统在 1904 年、1905 年两次国情咨文中宣布，如果本半球某个国家表现得软弱无力或行为不端，美国将不得不“行使国际警察权力”。此即门罗主义的延伸或罗斯福推论。他还借用一句非洲谚语解释这一霸权政策：“手持大棒而说话温和，你将无往而不胜。”美国就用这根大棒在哥伦比亚国内策动巴拿马独立，并于 1914 年建成巴拿马运河。大棒政策不限于加勒比地区，在与加拿大解决阿拉斯加边界、1905 年调解法、德摩洛哥纠纷中，都有大棒挥舞的影子。

塔夫脱总统声称美国外交要“以金元代替枪弹”。1910 年，他把金元外交解释成为使“我们的资本家获得赚钱的投资机会而积极干预”的政策。金元外交实际上是“武力的先驱”。这一政策出笼后，美国资本首先涌向拉丁美洲。到 1913 年，投资额已达 12.4 亿美元，在墨西哥、中美洲和古巴，美国投资额远超英国。

第五节　日本

一、自由民权运动

明治维新之后，士族失去了传统特权，大都沦为备受剥削压迫的平民，他们心怀不满，其中留恋特权者甚至想推翻政府。受西方影响的知识分子以天赋人权为依据，要求政治权利。工商业者希望经营自由，摆脱各种束缚。深受地税、兵役之苦的农民多次发动武装起义。政府内部的反对派，如鼓吹征韩论但已下野的参议板垣退助等人，乘机要求改组政府。

1874 年 1 月，板垣和片岗健吉冲破日本禁止结社的传统，组织起“爱国公党”，公开批判“藩阀专权”，提出《设立民选议院建议书》，开始了自由民权运动。4 月，板垣、片岗等人在故乡高知县创建“立志社”。第二年，以立志社为中心，会合各地社团代表 40 多人建立“爱国社”。在各地宣传民权和国权：民权指基本人权，国权指尊崇天皇。

为了瓦解自由民权运动，内务卿大久保利通诱劝板垣再度入阁。1875 年 3 月，板垣任参议。4 月，天皇发布诏书，要逐渐建立立宪政体。板垣入阁后，爱国社于 4 月解散，但其他成员创办了不少报刊，继续鼓吹天赋人权和自由平等。6 月，政府颁布法令，以谗谤罪对报刊罚款、对记者判刑，板垣愤而退出政府。

针对政府禁止结社、讲演的布告，自由民权派于1879年9月11日在大阪重建爱国社。1880年，各地以豪农为主的平民阶层向元老院递交召开国会的建议书、请愿书50多件。有些志士仁人在报刊上发表宪法草案。1881年10月11日，明治政府发布诏书：1890年开设国会。

开设国会的诏书引起自由民权派的分裂，激进派于1881年10月18日组成自由党，主张立宪政体；以总理大隈重信为首的渐进派于1882年4月建立立宪改进党，也主张君主立宪。伊藤博文授意福地源一郎组建立宪帝政党，成员多为上层保守人士，该党主张主权在君和钦定宪法。

政府对自由民权运动的压制和怀柔政策，使党的领导人丧失斗志，板垣、伊藤出国游历，由政府出钱；而基层党员则发动群众，关东各地农民小规模起义时有发生，但被政府镇压。由于士族、地主和商人的退缩与叛卖，从1884年起，自由民权运动走向衰落。1884年，朝鲜甲申政变后，“讨伐清朝”的一阵阵喧嚣转移了群众视线。福泽谕吉在《时事新报》上鼓吹日本“脱亚入欧”，在东亚以列强自居，醉心于对外扩张。

自由民权运动是资产阶级向政府争取民主和人权的群众性改革运动，它促进宪法的颁布和议会的设立，在历史上具有进步作用。

二、大日本帝国宪法

在自由民权运动推动下，政府于1882年派伊藤博文率宪法考察团赴欧访问，历时一年。他率团广泛考察各国宪法和政体，还在奥地利向施太因请教，深信已充分掌握了巩固皇权基础、大权不致旁落的大道理。回国后他以普鲁士宪法为蓝本，参与起草宪法，天皇也参与修改。1889年2月11日（纪元节），在文武百官、外国使节参加下，天皇以御赐方式颁布《大日本帝国宪法》。①帝国由“万世一系之天皇统治之”，天皇有权“统率陆海军”、宣战、媾和及缔约、任免文武官吏、召集或解散国会；②国会分贵族院（今参议院）和众议院。众议员由每年纳税15日元、具有财产资格、25岁以上的男子选举产生，仅为协赞天皇行使立法权的工具；③内阁由总理大臣和国务大臣组成，均由天皇任命，只对天皇负责；④陆海军和参谋本部直属天皇，与内阁并列，使军人得以直接干预政治。以上四点反映出宪法维护天皇专制的本质，但又规定天皇的统治权“依宪法之条规行使之”，政府司法“以天皇名义，依法律由法院行使之。天皇的臣民有居住、迁徙、信教、言论、集会、结社”权。给皇权披上一件立宪外衣，使帝国具有现代国家体制的外观，毕竟是一个进步。

总之，1889年宪法试图把全体臣民对天皇的敬畏与中央政府决策集团对天皇的无情摆布，即把实际决策强加给他结合在一起。这个决策集团最初由明治维新时期的众多功臣组成，特别是其中的元老，“一身而安社稷”。20世纪30年代以来，决策集团成员由军界实力派组成，现在由国会中的主要政党头目组成。前一个目标达到了，对天皇的崇拜往往达到狂热的程度，后一种方式在元老制和军界干预政治时会产生灾难性后果。天皇引人注目的决断其实只有一次明确无误，那就是1945年8月，当大臣们赞成与反对争执不下时，他决定接受最后通牒，并亲自发表广播讲话。

天皇这种神权色彩和绝对权威，直到1947年《日本国宪法》颁布才告终止。1946年元旦，天皇发表声明，他是人而不再具有神性，这样一来，神道的国教地位也消失了。今日天皇仅为“日本国之象征及日本国民整体之象征，其地位基于主权所在之日本国民之总意”。“天皇……并无干预国政之权能。”① 天皇成了民族团结的象征、政治稳定的标志，以及把历史传统与未来变化融为一体的感情纽带。② 新建立的最高法院有权复查法律是否合乎宪法。

三、日本工业革命

资本原始积累。据日本学者近年研究，日本工业化资本来源于：①国家资金。②华族、士族持有的货币和俸禄公债券。③政商即特权商人，其次是普通商人和地主的货币积累。上述资金的总源头是地租。在日本，国家机器起到西方商人和海外公司的作用，农村被置于“国内殖民地”的地位。④引进外资。明治政府继承了原幕府与各藩外债共1000万日元。新政府1868年借英国东方银行50万洋银。1870年为修铁路，以关税和铁路收益作抵押，在伦敦借240万英镑（7分利息的公债）。以上外债共2600万日元。70年代政府年收入6000万日元，其中外债占40%。鉴于中国、埃及因外债而丧失主权，政府改而排斥外资。⑤战争赔款和战时景气。1895年日本打败中国后，得到赔款2亿两白银，后加“归还”辽东又勒索3000

---

① 木下太郎编：《九国宪法选介》，康树华译，群众出版社1981年版。

② 日本列岛孤悬海上，自然灾害频仍。这给全民以风雨同舟、生死与共的凝聚力。而天皇“万世一系”的血统和至尊地位，以及在大化改新、明治维新中的独特作用，又成为凝聚大和民族的向心力。1947年宪法仅仅给民众对天皇的偶像崇拜披上了一件光鲜的理性外衣。

万两，并迫使中国以英镑支付,[①] 共3808万英镑，折合3.64亿日元，这2.3亿两白银等于日本5年财政收入之和，除用于扩军备战外，还作为金本位制的准备金。⑥外贸顺差。1870年生丝出口占其总出口额29.4%，仅次于茶叶（31%）。1880—1930年，生丝均为出口值最多的商品。1906年后，生丝产量超过中国。日本还用长工时、低工资加上进口先进纺织设备来增强纺织品在国外的竞争力，以换取外汇。1917年，日本进出口分别为5.25亿日元和8.12亿日元，顺差2.87亿日元。

日本工业革命始于70年代，比西欧晚且起点低，人均GNP只有74美元（1965年美元，下同），仅为英、法、德、美开始时人均值的1/6～1/3。

工业革命阶段划分如下：①1868—1900年，以纺织、食品工业为主，其产值各占工业总值36.3%（1900）。②1900—1925年，工业结构仍以轻工为主。1910年，工业产值超过农产值。③1925—1945年，日本成为以重工业，尤其是军工为主的高度工业化国家。

日本工业革命的特点有：第一，起点低、起步晚。国家政权的现代化是工业革命的前提，又是工业革命的助推器。第二，资本原始积累与工业革命同时进行。日本垄断资本——财阀（源于幕府时代的政商）在与明治政府勾结中成长，又引进新技术而成为家族式现代化大公司。这是日本军国主义的经济基础。第三，军事工业一开始就得到长足发展，中日、日俄战争促进了工业化，世界大战使日本得以主宰东亚市场。第四，日本工业革命是日本人主动从欧美移植并获得成功的，因此对亚、非、拉美各国具有示范作用和普遍意义。不过日本工业化依靠中国赔款，朝鲜大米、黄金，奴役东亚各国，是不可取的，如1885—1887年，从朝鲜掠夺的黄金相当于日本国内黄金总产量的4倍。

四、对外关系

在这一时期日本的对外关系可概括为两个方面，一是从西方列强手中收回主权，二是对东方邻国发动侵略战争。

明治初年，日本就以“大力充实军备，耀威于海外”作为侵略国策，并逐步具体落实所谓“大陆政策”：1874年侵略台湾、1875年制造江华岛

① 远山茂树：《日本近现代史》第1卷，邹有恒译，商务印书馆1983年版，第127页。

事件。1882年再次入侵朝鲜，迫使朝鲜与其缔结不平等的《仁川条约》，在朝驻军千余名士兵以“保护”使馆。在所谓《日朝修好续约》中扩大元山、金山、仁川口岸的开放范围，增开港口杨华镇，日本使领馆人员及家属有权到朝鲜内地游历。

1884年12月4日，朝鲜首都以亲日派金玉均为首的开化党占领王宫，劫持国王，史称“甲申事变”。由于中国清政府出兵，亲日派被赶走，但日本还是迫使朝鲜于1885年1月9日签订《汉城条约》，表示向日本道歉。同年4月，伊藤博文诱迫清政府签订《中日天津条约》，为日本借故出兵朝鲜提供依据。因为明清以来，朝鲜一直是中国的属国，丰臣秀吉当年侵略朝鲜，曾被中朝联军击退。

日本侵朝初步得手，并看透了清王朝颟顸、软弱的本质后，参谋本部于1887年草拟出《征伐清国策》：五年后夺取盖平以南的辽东、山东登州、舟山、澎湖、台湾和长江沿岸。1890年，内阁总理大臣山县有朋公开发表《施政方针》：“盖国家独立自卫之道有二：一是守卫主权线；二是保卫利益线。何谓主权线？国疆是也。何谓利益线？同我主权线之安危有紧密关系之区域也。”“方今立于列国之间，欲维持国家之独立，仅仅守住主权线已不足，非保护利益线不可。”明治初年日本“耀威于海外”的狂妄野心这时已演变成期限明确、目标具体、措施周密的军事计划。这就暴露了日本完全吞并朝鲜，侵占中国沿海、沿江地区和几乎所有岛屿的“大陆政策”的狼子野心。

明治政府成立后，欧美列强与日本幕府签订的一系列不平等条约仍然有效。1871年10月8日，以右大臣岩仓具视为大使，参议木户孝允、大久保利通、伊藤博文为副使的48人使节团赴欧美访问，旨在取消这些不平等条约，并学习西方建设现代化国家的经验。但在华盛顿、伦敦等首都的交涉以失败告终，使节团转而走访欧美12国，全面考察西方社会的各个领域。他们以英国为富国标本，以德国为强兵楷模。大久保利通访问回国后，放弃原先的保守观点，成为学习西方、殖产兴业的主要推动者。①

这次出访修约的目的虽未实现，在国内收回主权的外交努力却屡有进展：1869年1月，美国驻日公使馆秘书要求新政府承认美国在幕府时修建江户、横滨之间铁路的权利及附加条款，新政府在英国支持下予以拒绝，迫使美国放弃这项权利。普鲁士人格特纳在北海道有300万坪租地、99年

① 吴廷缪：《日本史》，南开大学出版社1994年版，第406—407页。

租期的合同，新政府也以 6.25 万银元代价予以赎回。1873 年，新政府公布《日本矿业法》，规定外国人不得勘探、租用矿山或与日本人合办企业。1875 年，英、法被迫撤退幕末以来在横滨的驻军，1877 年日本开始解雇外籍警官。1875 年，日本从美国手里收回小笠原群岛。同年与俄签订《库页岛・千岛交换和约》：库页岛属俄，两国以宗谷海峡为界。俄国所占的千岛群岛从占守岛到得抚岛共 18 个岛屿让给日本，以堪察加地方的洛帕特卡角和占守岛之间的海峡为两国国界，这一边界划分直到第二次世界大战末期。日本就这样在从欧美列强手中收回领土和国家主权的过程中，同时把西方近代殖民主义枷锁强行套在朝鲜、中国等亚洲邻国身上。

1871 年 11、12 月，琉球岛民两次乘船来中国大陆进贡，均因风暴漂流到台湾，45 人先后被当地高山族居民杀害，其余受到凤山县清政府官兵保护，两批共 57 人先后去福州的琉球馆，1872 年 7 月回到琉球群岛那霸港。琉球船民被台湾高山族居民误杀，这本来纯属中国台湾府（1887 年改行省）与属国琉球之间的内政，但早已在觊觎琉球和台湾的日本人利用外务卿副岛种华来华互换《中日修好条规》的机会，在北京派柳原前光到总理衙门质问高山族居民区的主权问题，清政府官员反问：我“自有措置，何预贵国事，而烦为过问?”又说：“杀人者皆属‘生番’，故且置之化外，未便穷治。日本之‘虾夷’，美国之‘红番’，皆不服王化，此万国之所时有。”日方抓住“化外”一词，为其侵略张目。1874 年 5 月 22 日，日军在台湾登陆，6 月 1 日发起进攻，台湾人民英勇抗击，日军战死、病死 573 人，加上福州船政大臣沈葆祯率大军渡海保卫台湾。9 月 14 日，大久保利通在柳原前光公使陪同下来北京议和，腐朽的清政府在《北京专约》中承认“台湾‘生番’曾对日本国属民等妄为加害”，日本出兵是“保民义举”。用 50 万两白银换来日军撤出台湾。1879 年，日本废琉球藩改冲绳县，完全吞并了琉球群岛。

为了实现吞并朝鲜、征服中国沿海的大陆政策，日本一方面加紧战争准备，另一方面争取列强支持。在备战方面，采用德国式军制，设置国防会议，建设军港，建造铁甲舰。到甲午战争前夕，海军有 31 艘军舰、24 艘水雷艇，陆军兵力 12 万人，共 7 个师团，加上 10 万名后备军，战时可动用 23 万兵力，枪支、火药性能也有改进。日军还派间谍到中、朝实地秘密调查，绘制军用地图。1893 年，建立海军司令部，与陆军参谋本部并列，公布战时大本营条例。

李鸿章等人率湘军、淮军镇压太平天国后，汉人军队取代八旗成为清军主力。从1870年起李鸿章一直任直隶总督兼北洋大臣。战前清军兵力35万人，但互不统属、训练废弛、军纪败坏。海军有南洋、北洋水师，军舰82艘、水雷艇25艘，总吨位85000吨。北洋水师实力不亚于日军，但李鸿章把北洋海军当成私产（近代中国军阀割据实始于此），弊端百出；朝廷又分为光绪为首的帝党和西太后为首的后党。帝党想通过反侵略战争提高皇帝地位，以便改良政治，挽救国家危亡；后党守旧、主和，以保持既得权势。战前西太后每年从海军军费中提取400万两白银修建颐和园，为其60大寿（1895）做准备。

1894年，朝鲜古阜郡郡守贪赃枉法，全罗道农民控告无门，东学道道徒全琫准率数千饥民发动武装起义，以“逐灭夷倭，灭尽权贵”相号召，并攻下全州。政府无力镇压，便通过清廷驻朝鲜通商事宜大臣袁世凯请求派兵“速来代剿”。但中、朝两方都担心日本借故出兵，故稍有迟疑。日本驻朝代理公使则派译员会见袁世凯，问“贵政府何不速代朝戡乱？我政府必无他意”。该公使也亲自会见袁世凯，敦促清政府出兵。李鸿章相信“必无他意”的保证，于6月10日令丁汝昌率“济远”“扬威”二舰赴仁州、汉城保护侨商，又命叶志超等率1500人渡海入朝，镇压东学道。同时电训驻日公使“知照”日本外务省，“以符前约”，日本得知清朝出兵决定后，立即设立大本营，6月10日派400名军人进驻汉城。月底兵力达12000人，军舰10余艘。同一天农民军与政府达成《全州和约》，汉城归于平静。日本失去挑起战争的口实，转而于16日向清政府提出“共同改革朝鲜内政”的方案，清朝提出两国先行撤军。日本于六七月两次向中国递交绝交书。7月17日，日本驻英公使电告《日英通商条约》16日已经签字，5年后英国放弃领事裁判权，日本在西方列强面前首次获得平等地位，还消除了英国干涉日本在朝鲜作战的顾虑。7月31日，又得知俄国不拟干涉日本在朝鲜的行动。外务省官员立即去朝鲜，要驻军首领大鸟圭介“促成中日冲突，为今日急务。为断行此事，可采取任何手段”。在美国支持下，大鸟于7月20日带兵闯入王宫，劫持国王李熙，组织以大院君李昰应为首的傀儡政权。朝鲜傀儡政权于25日宣布废除与清朝的宗藩关系，并“授权”日军驱逐驻牙山的清军。

中日战争已如箭在弦上，大权在握的西太后却盼望从速和解，以便筹办她的60寿典，唯命是从的李鸿章仍然把希望寄托在俄、英等国调停上（美其名曰“以夷制夷”）。俄只是口头劝告，并无行动，英与日刚签商约，乐于看见日本遏制俄在远东的势力，德、法、美也支持日本。这时，光绪皇帝连下密谕，警告李鸿章不要依赖各国调处，以免贻误战机。迫于皇帝和舆论压力，李鸿章才于7月21日被迫出兵。平壤的清军将领叶志超未战就弃城而逃，日军乘机围追堵截。在海上，我“济远”“广乙”舰25日从牙山返航时，被日军击沉一舰。我“高升”号运兵船被击沉，700多官兵殉难，“操江”号被俘。9月17日，中、日海军主力在黄海大战，我5舰沉没，死伤千余人，日本死500人，主力舰“吉野”号失去战斗力，另外4舰负重伤。邓世昌等广大官兵英勇抗敌、视死如归，而李鸿章为保存实力，命令其余舰船藏匿威海卫港内消极避战。

在陆上，日本第一军10月24日偷渡鸭绿江，26日占九连城。第二军在金州花园口登陆后，12天里清军竟毫无反应。10月中旬以来旅顺告急，丁汝昌赴天津请求北洋海军出海驰援，李鸿章予以训斥。11月17日，日军不战而夺取大连。18日进攻旅顺，我守军13000人，而统帅龚照玙等将领已于17日逃往烟台，唯有徐邦道在北城歼敌百人。22日，旅顺军港陷落，日军进港后杀我民众6万多人，全城仅留下36人用以掩埋尸体。

1895年元月下旬，日本陆海主力围攻威海卫。2月11日，丁汝昌服毒自杀。14日，营务处道员牛昶炳与日军舰队司令签订降约《刘公岛条约》，港内11艘军舰、军用物资及设施全归日军所有。17日，敌军占领威海卫，北洋海军全军覆没。

在辽河战场，刘坤一率6万人驻山海关至营口一带。3月4日，日军进攻牛庄，守将临阵逃跑，7日营口陷落。在辽河东线的清军大营10日内全线溃退。辽阳、凤城、海城、岫岩民众自发组成还乡团保土御敌。

1895年3月14日，李鸿章奉命赴日议和，20日双方在马关春帆楼开始谈判。4月17日签订《马关条约》：中国承认朝鲜“独立”，割让辽东半岛、台湾和澎湖，赔偿白银2亿两，开放沙市、重庆、苏州、杭州为通商口岸，日本人可在通商口岸设厂，并免征杂税，日军暂驻威海卫。

甲午战败，① 说明仅靠洋务运动挽救不了颟顸、守旧、腐朽的清王朝。战前，日本密谋策划，千方百计诱骗清军上当。清廷上下却忙于祝寿，帝、后两党钩心斗角，战和不定。主帅李鸿章对上热衷于趋奉西太后，对外寄希望于列强调停，目的都在于保存实力，把北洋水师当成个人的政治资本，临战仍然举棋不定。战时远在天津，不仅消极避战，连部下的好建

---

① 日本人至今仍称其为日清战争。理由是中国从满族入主中原时便已亡国。因此认为中华文明理应由大和民族来传承。

议也充耳不闻。南洋水师见死不救，使中日之战变成日本举国一致同李鸿章个人之间的战争，战败后甘愿代朝廷赴日丧权辱国。清王朝之腐败无能与专权卖国，已到无可救药、天怒人怨的地步。

《马关条约》引起列强对日不满，俄国旨在把中国东北据为己有。4 月 17 日签字当天，俄国就联合德、法，三国驻日公使于 22 日照会外务省：要求日本放弃辽东半岛，俄国还把军舰开进神户与烟台，以武力相威胁。日本迫于三国压力，于 5 月 5 日宣布接受劝告。11 月 8 日，日本与中国在北京签订《辽南条约》，辽东半岛归还中国，中国支付白银 3000 万两作为还辽“报酬”。3 个月内撤军，宣布台湾海峡为国际航道。《马关条约》标志着列强开始竞相瓜分中国。法国以促日还辽有“功”，1895 年迫使清政府签约，把云南划为法国的势力范围。沙俄胃口更大，1896 年 5 月尼古拉二世加冕时指名要李鸿章前往祝贺，签订《中俄密约》：日本如果侵俄、中或朝领土，两国军队互相援助并接济军火，对俄开放全部中国港口，中国许俄在东北修筑铁路并作军用，一国不能单独与敌议和，旨在吞并我国东北，有效期 15 年。英国于 1897 年 2 月迫使清廷签约，占我云南猛卯三角地区领土，从缅甸修铁路至云南，开放梧州、三水（广东）。法国深为不安，迫使清廷声明：海南岛决不割让予他国。1897 年年初，德国要求租借胶州湾。11 月间，两名德国传教士在山东曹州巨野逞凶杀人，激起民变，两名传教士被杀。德国乘机迫使清朝签订条约：租胶州湾 99 年，在山东修铁路，沿线 30 里可采矿，把山东变成德国势力范围。德占胶州引起俄占旅顺大连，东北三省以至长城以北都沦为俄国势力范围。法国也不甘落后，租借广州湾（今湛江），要求两广、云南不得割让他国。英国于 1898 年租借深圳河以南地区新界，租期 99 年，香港土地扩大十倍。又租借威海卫，把长江流域划入其势力范围。日本进而把福建变成自己的势力范围。列强还疯狂争夺铁路修筑权，并互相承认各自在中国的势力范围。到 1895 年，列强在华夺得 1.9 万公里铁路修筑权。

《马关条约》在国内引起朝野震惊。台湾官民抗议朝廷罪行，誓死“和倭人决一死战”。从日军 5 月登陆至 11 月占领台南，宣布“平定”这半年间，台湾军民的抵抗牵制了日军 1/3 陆军和大部分海军，侵台的日本主力近卫师团一半被歼，伤亡加染病者 2.7 万人。直到 1898 年，清朝国旗还在大平顶山飘扬。1901 年 5 月，日寇杀死所有受降人员，抗日分子和可疑人士更不必说。康有为等 1300 名应试举人更是在 5 月 2 日签名上书：拒签和约、迁都抗战、变法图强，史称“公车上书”，中华民族在深重危机中开始变法维新。

五、日俄战争

以俄国为首的三国迫日还辽成功后，日、俄为争夺中国东北和朝鲜展开殊死斗争。日本公使于1895年10月发动政变，杀死闵妃，拥立大院君为朝鲜国王。但1896年2月被亲俄派政变所推翻，国王及其家属和政府迁入俄国公使馆。在5月4日的《小村—韦贝备忘录》中，日本承认朝鲜与俄国具有与日本同样的利害关系。

这时，日、俄为争夺中国都在扩军备战。1895年，西伯利亚铁路已延伸到贝加尔湖。1900年8月，八国联军攻陷北京，山县有朋把大陆政策明确为"北守南进"。认为中国"虽可暂免瓜分，但因国家元气久已衰耗，自身已无恢复之力"，迟早要被列强瓜分，日本应早做准备。①《辛丑条约》签字后，列强中只有俄国军队仍陈兵于山海关外，日本感到难以阻挡其扩张势头，而英国对俄东扩也深为忧虑。日、英两国经过多次协商，在与布尔人的战争（1899—1902）结束前夕，1月30日由林公使和兰斯多恩外交大臣签署的《日英同盟协约》开始生效，2月11日在东京和伦敦同时公布。该条约主要条款是相互承认、尊重并维护日、英两国在中、朝的"特殊""特别拥有的"利益。

日英同盟使日本在与俄争夺东北亚时态度更加强硬，对华资本输出侧重于南满（四平以南）和朝鲜。1903年10月8日，日本和美国分别迫使清政府开放奉天和大东沟（日）、奉天和安东（美）。但是，俄国并未履行从满洲撤兵的协定，日本主战派于是成立反俄同志会。"总之，绝大多数国民（应为皇民）的态度都是与其维持现状，莫如在战争中一赌胜负。"②从1903年8月以来日本一方面与俄谈判，另一方面加紧战争准备。

1904年2月6日，联合舰队司令东乡平八郎率领四个舰队驶离佐世保。8日，驱逐舰开始攻击旅顺口。第二天，两艘俄舰在仁川港外被击沉。2—5月，日军数次堵塞旅顺口，给巡洋舰等大型舰船进出港口造成困难。日军逐渐掌握了制海权。5月，陆军攻占金州和大连湾，对旅顺形成海陆包围态势。9月4日，日军占领辽阳。1905年1月1日，俄国关东防御司令施特塞尔向日本乃木希典投降。旅顺口陷落"是沙皇制度投降的前奏"。

---

① 信夫清三郎：《日本外交史》上册，商务印书馆1980年版，第314页。
② 信夫清三郎：《日本外交史》上册，商务印书馆1980年版，第332页。

2月中旬，日军向沈阳发起进攻，3月10日占领沈阳，日俄战争结束，日军伤亡4万，俄军死伤3万，被俘4万。① 5月27日，来自波罗的海的俄国舰队在对马海峡遭日军重创，舰队指挥涅波加多夫向东乡投降。

1905年9月5日，日、俄在美国调停下签订《朴茨茅斯条约》：俄国“承认日本于韩国之政事上军事上及经济上之卓绝利益”，俄把它在辽东半岛、旅顺口、大连湾，以及长春至旅顺铁路移交日本，将南库页岛割让给日本，中国的领土、主权和权益就这样被更换了主人。

日俄战争一开始，俄军便向中国发出奴役性通令：东北一切捐税全部交给俄国，俄军所到之处须供应给养，如有反抗，将予以歼灭。战争期间，我东北同胞屡遭日俄军队抢劫、烧杀和蹂躏，海城、盖平一带数百个村庄被毁，难民数以万计。清政府竟无耻宣布“局外中立”，并划定辽河以东为战区，辽河西为中立区，把大好河山拱手交给列强任其践踏。

《朴茨茅斯和约》签字后，日本对朝鲜的自由处置权，还得到英、美等国的正式承认。1910年，日本正式吞并朝鲜。

这场战争在西方列强面前最终确立了日本的世界强国地位。俄国战败、中国软弱、列强纵容、战必获利极大地刺激了日本军国主义者的侵略胃口。

总之，日本近代外交是一部只与强者“共舞”而视弱者为鱼肉的历史，遇到列强出兵中国，日本就趁火打劫以牟私利，如1900年八国联军侵华。

第六节　俄国

一、改革后的俄国社会

俄国废除农奴制以来，贵族势力衰落了：1877年他们拥有7310万俄亩（1俄亩=2.7英亩）土地，到1905年剩下5320万俄亩，1911年只有4320万俄亩。人均土地面积也缩小了：1887年为538.2俄亩，1905年为488俄亩。拥有的役马从1891年的54.6万匹减至1908年的49.9万匹。解放农奴时，地主虽然得到国家以债券形式给予的一次性补偿，但大部分地主没有文化，受传统观念束缚，在市场化和工业化过程中坐失良机，很少

① 孙成木：《俄国通史简编》（下），人民出版社1986年版，第294页。

有人利用其大量地产和财富去经营商品化大农场，而成功者就更少了。有些贵族宁愿客居巴黎和尼斯，坐吃山空、消磨时光。许多大地主依然固守传统的经营方式和生活方式。有一本小说这样描述俄国农村的贵族老爷：当他看到墙上挂钟指到十点时，伸开胳膊打一个呵欠：“离午饭只剩两小时了，还能干什么事呢？”

据1897年人口普查，全国3/4人口住在农村。1861年总人口7300万，1897年1.25亿，1917年1.7亿。1860—1905年，土地价格上升一倍多。1861年后，有28%农民仅靠土地已难以维持生计，1900年这一比例升至52%。许多农民进城打工，但成功者不多。农村公社给他们提供最低限度的保障，进城打工者也想回农村度过晚年。

农民的赋税，加上政府垫付的份地赎金，按每俄亩土地衡量，是原来农奴给贵族劳役（代役租）的10倍，虽然1886年废除了人头税，而份地赎金在1905年前农民一直在支付，另有间接税负担，这些税收构成帝国的主要财源，如进口税、国内消费税。伏特加、糖、茶、烟草、棉花、铁的销售从1894年起实施政府垄断。为了弥补外贸逆差并为工业化筹集资金，政府一直鼓励粮食出口。20世纪前10年，俄国粮食出口占出口总值的2/3，而1861年前占2/5。

二、俄国的工业化

这一时期工业化的特点是：农村贵族衰落、小农破产，而城市中等阶级（工业家、生意人和技术人员）兴起，俄国企业家和各行业的雇主来自不同的社会阶层，其中有不少外国人，俄国的大资本家多来自过去的批发商。

但多数俄国人十分贫困，购买力有限。于是工业家们一方面依赖政府的大笔订货，另一方面开始向国外销售产品，然而俄国制成品在国外竞争不过西欧产品，便转向土耳其、波斯、阿富汗和中国市场。

1861年以前，用当时的新技术装备起来的纺织业和甜菜加工已经有很大发展，军需工业在政府参与和扶持下也有较大规模。克里米亚战争失败后，政府增强了对铁路军事价值和战略意义的认识，1856年就制订铁路建设计划。1857年成立“俄国铁路总公司”，亚历山大二世要求把全国26个省用铁路连接起来。1860—1870年，有7亿卢布投入铁路建设，政府仅仅在1877年就为此借债18.53亿卢布。1871年以前，几乎所有铁路都属于私人。受资本不足和信贷系统落后的制约，政府在80年代不得不赎买私人铁路。1860 年铁路线达 1600 公里，1880 年达 23900 公里，这促进了谷物出口，还引来现代技术和管理、组织方法。1905 年，全国铁路长达 61085 公里，其中西伯利亚铁路全长 6000 公里。政府从南俄冶金工厂定购的钢轨每普特 2 卢布，而英国厂商答应只要 0.75 卢布。但政府全部从国内定购，每年仅此一项就多花 1500 万卢布。90 年代俄国冶金工业欣欣向荣，西伯利亚铁路就提供了一半市场。[①] 精明强干的财政大臣维特通过举借外债、津贴、减免税等方式鼓励私人企业发展。铁路建设和 1897 年实施金本位制加快了外资流入速度。1880 年外资为 1 亿卢布，1900 年达 9 亿卢布，到 1914 年年初，外债总额达 60 亿卢布（当时 1 卢布 =0.51 美元），其中 22 亿卢布投向 2000 家工矿企业。在矿山开采中外资占 90%，冶金行业外资占 40%，化工业外资占 50%，纺织业外资占 28%。按外资来源国区分，法国资本占 1/3，英国资本占 1/4，德国资本占 1/5，比利时资本占 14%。在 18 家大银行里，外资占 42.8%，占俄亚银行总资产的 72%。如果在 20 多亿生产性投资之外再加上国家发行或担保的债务，则外资高达 85 亿卢布，减去俄国对外投资净外债 75 亿卢布。从政府对外债的依赖性看，俄国处在外国，尤其是法国的半监护地位。[②] 但不要把这种依赖性看成单方面的。在世界大战前夕，法俄面对共同敌人德国，相互依赖对双方安全都有利。1881—1913 年，外资利润、佣金几乎达到 30%。世界大战结束后在热那亚会议上，协约国通知苏联代表，沙俄政府共欠 160 万法国人 110 亿 ~ 120 亿法郎债务。[③]

1860—1913 年，俄国工业产量年均增长 5%，但同期人口年增长 1.5%，且农业产值比重大，这 50 年间国民收入年均增长只有 1% 左右，远低于同期德、美、日等国的增长率。1913 年工业人均产量不足美国的 1/10。1908 年，俄国仍有 4/5 少年儿童不能入学，1914 年各种中等学校在校生仅占适龄青少年的 2% ~ 3%，而美国 1904 年在校儿童占总人口的 23%，德国占 19%、英国占 16%、法国占 15%[④]。这在很大程度上与以下

---

① 李节传：《军事封建帝国主义——俄国远东政策（1892—1904）》，天津人民出版社 1993 年版，第 194—195 页。

② M. M. Postan and Edward Miller, *The Cambridge Economic History of Europe*, Vol. 1, Cambridge University Press 1966, p. 851.

③ ［法］让·巴蒂斯特·迪罗塞尔：《外交史》上册，汪绍麟译，上海译文出版社 1992 年版，第 69—70 页。

④ 部彦秀：《阻碍俄国资本发展的原因》，《世界历史》1993 年第 1 期。

因素有关：沙皇专制与农奴制残余，幅员辽阔，有些地区自然条件恶劣，而且新征服领土地域辽阔，中亚中部和南部是20世纪60年代以后才并入版图的，这些非俄罗斯人居住区实为国内殖民地。城乡、地区和民族之间的生产力水平、文明程度差异极大，欧俄部分现代大工业同内地中世纪传统农业并存，西方化的圣彼得堡同东正教建筑为中心的莫斯科遥遥相对，这些巨大差距，加上官方的大俄罗斯主义，使民族、宗教和阶级矛盾日益加剧。不过俄国自然资源极为丰富且品种齐全，铁路网开始形成，识字率迅速提高（新兵中的识字率从1880年的22%上升到1913年的68%）①。十月革命前全国已拥有一支用现代科学技术武装起来的人才队伍，涌现出一批具有世界水平的科学家、工程师，以及享有国际声誉的文学艺术大师和音乐家。不过他们在学术活动中往往会遇到人为阻力，如鲍塔皮耶夫主教勒令米丘林停止科学研究：“你的植物杂交工作和东正教道德不相容——你把上帝的花园变成了妓院。”

19世纪80年代以后，煤炭、石油、黑色和有色金属工业发展很快，其中外资比例较高。到1913年俄国经济规模已相当可观，工业产量居世界第五位，超过了日本。1872年，属于沙皇私人财产的里海巴库油田向外国资本开放。1886年，原油产量286万千升，占世界总产量的38%，而当年美国产原油445万千升，占世界总量的56%。1898年，俄产量1011万千升，成为世界头号产油国，1901年后才被美国超过。

资本原始积累。西伯利亚皮毛出口，中亚棉花的廉价供应，粮食出口以及大战前的石油出口（19世纪90年代后期年均100万吨，1904年达180万吨）。农民赎买份地缴纳的赎金，这些赎金主要以奢侈品消费方式促进商业资本的发展，最后是外资流入。

建立现代赋税和金融体系。19世纪50年代的克里米亚战争，19世纪60年代农奴制改革中政府给地主发放的债券，加上19世纪70年代对土耳其的战争，导致物价全面上涨：1879年面值1卢布的纸币在市场上只能买到19世纪50年代69.1戈比商品。为了稳定金融市场并增加财政收入，政府加紧开采乌拉尔和西伯利亚黄金。1881年以后政府提高卢布存款利率，1888年实现了财政收支平衡。

增加粮食出口。1861—1865年年均出口138万吨，1881—1885年为

① 卡洛·M. 奇波拉：《欧洲经济史》第4卷，下册，吴继淦译，商务印书馆1991年版，第91—97页。

480 万吨，粮食出口占出口总值从 1861 年的 39.6% 增至 1887 年的 52.2%。1870—1890 年，仅粮食出口就获利 5.5 亿卢布。这一增长不仅依靠产量增长，还以国内饥饿为代价。

对工业品出口给予补贴的同时，政府把进口税平均税率从 1881 年的 10% 提高到 1885 年的 20%。1890 年，对煤、铸铁、钢和一部分机器征收 28.7% 的进口税，1891 年税率几乎达到禁止进口的程度，财政大臣维特在提高税负之余还增加新税。1897 年，实施金本位制，帝国银行发挥着中央银行职能。1905 年，维特从英、法两国政府借款 4 亿美元。随着外资流入和国内资本积累，现代信贷系统有很大发展：农民银行（1883）、诺贝尔银行（1885）、40 多家商业银行及其 200 家分行、250 家城市银行、100 多家股份银行陆续开业。到 20 世纪初，俄国已经形成一个具有现代水平的银行系统。

自由劳动力。废除农奴制度后，农村公社发给农民外出打工的证件继续增加：19 世纪 60 年代为 130 万件，19 世纪 80 年代为 490 万件，19 世纪 90 年代为 700 万，1900 年前后全国农村有剩余劳动力 1540 万人，占农村劳动力总数的 34%。①

俄国垄断资本。第一个辛迪加普洛达梅是 1902 年在危机中由几家外国公司在南俄组成的冶金企业，到 1908 年，这家辛迪加合并了乌克兰大部分冶金工厂。1901 年，它包括 30 家最大的冶金企业，拥有全国冶金行业 70% 的资本、33% 的劳动力和 74% ~88% 的成品销售额，然后又合并了波罗的海地区的钢铁厂。② 1906 年，在乌拉尔冶金行业出现了一个销售卡特尔组织，这个销售钢板的协议存在了三年，名曰克罗夫亚，1909 年它控制了国内 52% 的钣材销售。后来它与普洛达梅合并，并得到外国银行支持。该企业由外国人掌握，直到世界大战前后，普洛达梅主宰着俄国、欧洲部分的铁市场，克罗夫亚成为辛迪加组织，控制着乌拉尔、西伯利亚和中亚市场。

1902—1908 年，卡特尔已经普遍存在，如乌克兰的煤矿、涡轮机制造（1902）、莫斯科地区的棉纺厂（1904）、中部工业区的制造业厂家有一半属于卡特尔组织。

在石油行业，诺贝尔兄弟和马祖特两家公司 1905 年达成在国内市场出售精炼油和石油产品的协议。1910 年，这两家公司合并为“诺玛兹”卡特尔。在俄国银行的支持下，战前对荷兰皇家壳牌公司构成威胁。在俄国还

---

① 孙成木：《俄国通史简编》下，人民出版社 1986 年版，第 135 页。

② M. M. Postan, *The Cambridge Economic History of Europe*, Vol. Ⅵ, p. 848.

有6家石油公司，诺玛兹只控制15%的出口份额，而在国内市场占有3/4销售额。到1914年，三家大公司生产470万吨石油，其他厂商生产450万吨，1913年俄国石油占世界总量20%。

这些卡特尔都依赖银行，形成金融资本，其中外资比例高：50家股份银行拥有银行资本的80%，支配着俄国与外国的金融关系，渗透到矿山、冶金、金属加工，尤其是军工部门，如普梯诺夫公司。1879年，百人以上企业的工人占工人总数的67%，1890年占71%。1913年产业工人共350万，其中40%以上工人受雇于千人以上的大企业。①

三、1905年革命与立宪改革

封建农奴制度的残余、历代沙皇对外侵略扩张战争、沙皇专制与东正教的精神统治、对边疆地区居民的掠夺和俄罗斯化高压政策，使俄国成为各民族的监狱。加上垄断资本与中小型企业、外国资本与民族资本的矛盾，尤其是伴随工业化而来的西方文化对俄国传统社会的全面冲击，给普通俄国人带来巨大的希望和机会，同时也使俄国社会的阶级矛盾、民族矛盾、传统观念与西方价值观的矛盾、沙皇政府与列强争夺世界霸权的矛盾迅速激化，而且互相交织在一起，使俄国成为帝国主义时代各种社会矛盾的交会点。19世纪90年代以后，俄国经济增长和社会现代化的步伐加快了。这些矛盾更加突出，社会动荡不安、政治危机加剧。这是一个发展超前而改革滞后、各种利益集团的关系失去平衡、社会失去稳定的时期。

思想渊源。俄国先进分子的革命思想和行动由来已久。1905年前的俄国革命运动史分为以下几个时期。

（一）贵族革命时期（1825—1861）

十二月党人起义唤醒了一代知识分子，以赫尔岑、别林斯基为代表的革命知识分子开始探索俄国革命道路。赫尔岑1857—1861年在伦敦创办《钟声》杂志，对俄国青年一代进行革命的启蒙教育。这一时期的革命队伍里以青年军官和知识分子为主，其观点是反对农奴制，主张在俄国农村公社基础上绕过西方式资本主义，直接实现社会主义（民粹主义）。

（二）平民知识分子时期（1861—1895）

这一时期的革命者已不限于贵族，而是扩大到以大学生为主体的平民知识分子中间了。代表人物是车尔尼雪夫斯基。他们把俄国式空想社会主

① 周尚文：《新编苏联史》，上海人民出版社1990年版，第2页。

义——民粹主义从理论变成实践，“到民间去!”成了青年知识分子的口号。1873年，有31100多名大学生和青年志愿放弃大城市里文明、舒服的家庭生活，穿上农民服装，来到广大农村地区，与农民同吃、同住、同劳动，宣传革命理想。这些青年人的革命热情和吃苦精神令人赞叹。

1876年，民粹派在彼得堡成立秘密的“土地与自由社”，成员150多人，以普列汉诺夫为首，纲领是每个农民有权拥有一块土地，把全部社会职能转归农村公社，村社完全自治，推翻沙皇政府，改变现存社会制度。农民对拥有土地当然很向往，但对于推翻沙皇，响应者不多，政府又不断镇压民粹派分子。于是土地与自由社在1879年分裂为土地平分社（固守原来立场）和民意党，后者热衷于个人恐怖，把某些下流放纵的强盗也吸收进来。1881年，民意党人刺杀了沙皇亚历山大二世，行刺者也当场死去。事后有些民意党领导人被捕并被处死，1884年被迫停止活动。普列汉诺夫这时从民粹主义转向无产阶级民主主义。1883年，他和阿克雪里罗得在瑞士创立劳动解放社。他把马克思、恩格斯的许多著作译成俄文，在国内秘密散发。针对民粹派关于俄国可以避免资本主义的论调，普列汉诺夫回答：“俄国已经走上了资本主义道路。”

（三）俄国无产阶级民主主义革命时期（1895①—1914）。

列宁是无产阶级革命导师，马克思主义理论家，俄国共产党和苏维埃社会主义共和国联盟（1922—1991）的主要创建人。他把马克思主义的基本原理同俄国具体实际相结合，把马克思主义发展到列宁主义阶段。他生于俄国辛比尔斯克，父亲是当地国民教育视察员。1887年，进喀山大学法律系学习，开始参加革命活动，并学习和传播马克思主义。1893年秋，移居圣彼得堡。1894年，发表《什么是“人民之友”以及他们如何攻击社会民主党人?》，批评民粹派理论及其政治观点，宣传唯物史观，主张建立工人政党。1895年秋，联合圣彼得堡各马克思主义小组，创立“工人阶级解放斗争协会”。12月被捕入狱，1897年2月被流放到西伯利亚东部。1899年3月，公开出版《俄国资本主义的发展》，运用马克思的经济学说深入分析俄国历史和现状，批驳民粹派的空想社会主义，很有说服力。1900年列宁出国，在莱比锡创办全俄第一家政治报纸《火星报》，为建立工人政党做思想和组织准备。1902年，在斯图加特出版《怎么办?》一书，

---

① 列宁：《俄国工人报刊的历史》，《列宁全集》第20卷，人民出版社1959年版，第240页。

针对工人运动中崇拜自发论的错误，指出“没有革命的理论，就不会有革命的运动”。

1903 年，俄国社会民主工党第二次代表大会召开（先在布鲁塞尔，后移至伦敦），标志着该党正式成立。大会通过了列宁参与起草的党纲，选举出党的领导机构。在讨论党章第一条草案时，在党员与党组织关系问题上产生了意见分歧，形成以列宁为首的布尔什维克派（多数派）和以马尔托夫为首的孟什维克派（少数派）。1904 年，在日内瓦出版《进一步，退两步》，批评孟什维克在组织问题上的机会主义、自由主义，强调“无产阶级在夺取政权的斗争中，除了组织以外，没有别的武器”①。他制定了无产阶级政党的组织原则和建党学说。1903 年 11 月，列宁因为不同意孟什维克分子进入《火星报》而退出编辑部。1905 年 7 月，列宁结合当时的革命实践，发表《社会民主党在民主革命中的两种策略》，深刻论证无产阶级在民主革命中的领导权和工农联盟问题、资产阶级民主革命向社会主义革命转变问题，制定党的革命策略，批评孟什维克的机会主义。

面对国内复杂的社会矛盾和尖锐的政治危机，沙皇政府企图通过一场胜利的对外战争转移社会舆论的注意力，掩盖其专制本质。但是 1905 年元旦旅顺口驻军向日本投降的消息，反而促进了 1905 年革命的爆发。

1905 年 1 月 16 日，圣彼得堡普梯洛夫厂工人因四名工友被无理开除且交涉未成而开始罢工。20 日，罢工工人达 15 万。22 日，20 万工人及其家属在加邦牧师（1870—1906）带领下，手持圣像和沙皇画像，列队前往冬宫和平请愿，诉说困境和冤情，要求 8 小时工作制、把土地转交给人民、实施大赦和普选、通过秘密投票选出立宪会议代表。队伍行进到冬宫入口处被封锁，军警向手无寸铁的人群开枪，死伤 4600 多人，此即“流血的星期日”。2—4 月，全国 80 万工人罢工，欧俄 1/5 县的农民自发地起来烧毁地主庄园。

2 月，俄军在沈阳败北，沙皇担心内乱扩大，于 3 月 3 日公开许诺，将召开咨询性的杜马（议会）、宗教宽容、允许波兰学校里使用波兰语、犹太教合法、取消农民一部分赎金。3 月 8 日，米留科夫教授组织统一联盟，要求议会制政府和全民普选权。4 月 25 日至 5 月 10 日，社会民主党在伦敦召开第三次代表大会，24 人出席，代表 20 个委员会。孟什维克在日内瓦召开代表会议，只有 9 个委员会的代表。三大在列宁领导下制定出

① 《列宁选集》第 1 卷，人民出版社 1960 年版，第 510 页。

党在这次革命中的路线：消灭地主土地所有制、推翻沙皇专制制度、建立共和国。这场资产阶级民主革命的领导力量是无产阶级，农民是它的同盟军，主张没收地主、政府和教堂土地，开展政治总罢工，武装起义是革命的最高形式。7月，列宁在《社会民主党在革命中的两种策略》一书中系统阐述这一正确路线，驳斥孟什维克和第二国际对俄国革命的歪曲。

在布尔什维克号召下，各地工人在5月1日和14日举行罢工。伊凡诺夫—沃兹涅先斯克市7万纺织工人罢工72天（5月末至8月初），并选出工人代表苏维埃150名（其中50人是布尔什维克），领导工人罢工，并履行革命政权的某些职能。6月20日，波兰城市罗兹工人总罢工，军队奉命“不要吝惜子弹”，工人武装反抗，三天内工人死伤千余人。

6月27日，“波将金”号装甲舰水兵起义，7月8日失败。8月19日，沙皇政府公布帝国杜马选举条例：有限度的公民权、杜马的协商权。这一让步太小，当时已经很难安抚民心。布尔什维克号召人民加以抵制，致使杜马选举流产，革命风潮一浪高过一浪。10月23日、25日，莫斯科、彼得堡分别举行全市总罢工，全国有200万工人参加，火车停开、轮船停运、工厂和商店关门、学校停课。大中城市里到处是工人、学生集会和示威游行，社会生活全面瘫痪。秋天，全国1/3以上的县发生农民起义，波兰等少数民族要求独立，沙皇允许芬兰自治。政府一面镇压群众，一面作出妥协：10月30日（俄历10月17日）沙皇发表《十月宣言》：授予杜马以立法实权，选民范围扩大了，公民享有人身不可侵犯权、信仰、集会和结社自由。指定维特为政府首相，沙皇专制政体正在转变成立宪政体。

10月17日宣言公布后，新闻自由了，一部分政治犯获释。大资产阶级和自由派地主代表建立“十月十七日同盟”（十月党），这是一个拥护政府的党。中等资产阶级和某些知识分子代表组成立宪民主党（或称“人民自由党”），他们害怕反动势力，更害怕人民。10月26日，各工厂代表在彼得堡工艺学院举行群众大会，当晚成立苏维埃。一个月后彼得堡苏维埃拥有562名代表，执委会中孟什维克居多数。12月，莫斯科苏维埃有250名代表，来自184个工厂，由布尔什维克领导，成为武装起义的机关。这时全国有55个城市和工人区建立了苏维埃，其中布尔什维克占优势的有44个。11月间还发生了喀琅施塔得水兵起义和塞瓦斯托波尔水兵起义，出现了水兵、士兵和工人苏维埃，布尔什维克一再鼓吹罢工，这导致更多的自由派分子站在政府一边。

12月23日，社会民主工党41名代表在芬兰召开代表会议，主张布尔什维克和孟什维克统一，取消原来归还农民割地的条文，改为没收政府、教会和大地主的土地，主张“迅速在各地准备起义”。会议于30日结束，代表们回国参加当地起义。

12月16日，彼得堡190多名苏维埃代表被逮捕，这导致莫斯科工人暴动。22日，莫斯科政治总罢工开始，10万工人游行，工人战斗队从政府军手中夺取武器。25日，莫斯科的战斗白热化，政府援军入城，布尔什维克莫斯科委员会和苏维埃决定从31日午夜停止武装起义。

1905年革命失败了。但是，“没有1905年的‘总演习’，就不可能有1917年十月革命的胜利”①。1905年12月24日，政府颁布国家杜马选举法：地主一张选票等于市民3张、农民15张、工人45张，全国一半成年男子因不够财产资格没有选举权。政府还削弱了杜马权力，杜马休会期间，政府可自行立法。国务会议与杜马平起平坐，相当于上院，其成员一半由沙皇任命，另一半在上层社会里选举产生。维特从英、法借款4亿美元，以免新杜马将来制约政府。1906年3月2日，维特被解除首相职务，沙皇指定立场保守的高尼米克接替此职。国家杜马选举随后开始，布尔什维克加以抵制，但因革命已转入低潮，这次抵制活动失败了，列宁后来承认这次抵制是错误的。4月，社会民主工党在斯德哥尔摩召开四大，布尔什维克和孟什维克形式上统一了，大会许多决议有错误。5月7日，政府公布基本法：沙皇仍然是专制君主，握有外交、宣战、媾和、任免大臣等权力；立法权属于议会，议会分为国家杜马和上院，上院即原帝国枢密院；杜马休会期间由沙皇行使立法权，杜马的财政预算权受到严格限制。5月10日，第一届国家杜马开幕，499名代表中立宪民主党人占166席，倾向该党者占144席，农民代表占130席，社会民主党（孟什维克）占18席。在土地和征税问题上杜马与政府有矛盾，7月21日被强行解散。布尔什维克参加了第二届杜马选举，1907年3月5日杜马开幕，左派为222席，占总席位的43%。在讨论土地问题时，杜马的观点更为政府所不容。新首相斯托雷平6月16日宣布解散第二届国家杜马，公布更加保守的新选举法。沙皇政府抛弃自己宣布的不经杜马同意不得颁布法律的10月17日宣言。史称“六三政变”。1905—1907年革命结束了，按新选举法选出的442名代表中，右翼（黑帮）占144席，十月党人占154席，立宪民主党人占54席，社会民主党人占18席。

---

① 《列宁选集》第4卷，人民出版社1972年版，第184页。

经过 1905 年革命，俄国已形成没有代议机构政府就难以维持统治的局面。因此，政府需要第一个多数（右翼），以便镇压人民，还需要第二个多数，用于拉拢资产阶级。而第三届国家杜马（1907—1912）代表中最大的两个派别只拥有相对多数席位，难以形成简单多数，又不可能相互联合，因此，杜马就无法挑战政府权威。

斯托雷平首相一上台，就残酷镇压革命群众，绞刑架遍布全国，人民称之为“斯托雷平领带”。他一方面扩充密探组织，即黑色百人团或称黑帮分子，加强恐怖统治。另一方面，他实施各项改革，第一，土地改革。农民有权退出农村公社，使自己的份地变成私有财产（1906 年 11 月 22 日），还迫使村社把农民分散在各地的条田合并成一大块完整耕地。到 1916 年 1 月 1 日，欧俄 275 万农户的份地变成私产，其中 248 万农户拥有近 1700 万俄亩私人土地，这些农户占欧俄 40 个省农户的 1/4，退出村社的 1/6 农户建起私人农场。他们是革命前的富农。第二，设立农民土地银行。有偿还能力的农民可以得到贷款，用于购买土地和其他生产资料。1906—1915 年，农民从地主、国家和皇室手里买地 430 万俄亩。① 第三，移民垦荒。政府把欧俄中部农民迁往西伯利亚和土耳其斯坦草原。1906—1916 年，共迁出 300 万人，但其中 50 万人又返回原籍。全国农村矿物肥料使用量增加一倍。1906 年，购买农机款 3800 万卢布，1913 年达到 1.3 亿卢布。1913 年，全国小麦、黑麦、大麦、燕麦、玉米总产量共计 8610 万吨，当时人口 1.6 亿，人均 570 公斤。而 1955 年人均 500 公斤。② 1900 年，欧俄 50 个省国民收入达 65.796 亿卢布，1913 年达 118.55 亿卢布。全俄罗斯帝国人均收入 102 卢布，同一年德国 292 卢布、法国 355 卢布、英国 463 卢布、美国 695 卢布，与西方的差距已经缩小。③

在 1907—1912 年第三届国家杜马时期，斯托雷平与杜马合作继续他的改革活动：社会保险、地方自治、教育、警察重组、土地银行、鼓励人们迁往西伯利亚等。1911 年 9 月 14 日，斯托雷平在基辅被革命党人暗杀。

1912—1916 年，召开第四届国家杜马。这一时期外交已成为主要议

---

① Nicholas V. Riasanovsky, *A History of Russia*, Oxford Univ. Press, N. Y., 1984, p. 433.

② 《苏联和主要资本主义国家经济历史统计集》，第 83 页。均按俄国、苏联疆域计算的人口数。

③ N. V. Riasanovsky, *A History of Russia*, Fourth Edition, Oxford University Press, 1986, 11, p. 432.

题，尤其是1912—1913年巴尔干战争吸引着人们的注意力。1915年，杜马成为反对帝制的中心。1917年，二月革命期间成立国家杜马临时委员会，它组成第一届临时政府，宣布废黜沙皇尼古拉二世，建立共和体制。1917年3月11日，第四届国家杜马被解散。

四、对外关系及其在中亚、远东的扩张

克里米亚战争失败以来，俄国一直梦想恢复它在欧洲大陆的霸权地位。为了实现这一目标，沙皇在国内解放农奴、修筑铁路、推进以军工为主的国家工业化，在对外关系中表现为利用列强之间的矛盾。具体目标主要是打开两海峡，并瓜分土耳其“遗产”，与奥匈帝国争夺巴尔干，在中东、远东与英国争夺殖民地和势力范围，尽一切可能把俄国版图扩展到中欧、巴尔干、南亚、中国和美洲。

这一时期俄向中亚和远东的扩张取得极大的成功。1871—1890年的法德矛盾和1890—1914年的英德竞争扩大了俄国外交在欧洲的活动空间。但在列强竞相争夺世界霸权的帝国主义时代，俄国贪婪的野心与其实力相对不足发生矛盾。在1878年柏林会议上，俄国打开两海峡的企图受挫，便迁怒于德国。1879年，德国对俄的高关税更使俄、德疏远，与奥匈争夺巴尔干又因德奥同盟（1879）而一再退让。于是，与法国结盟（1892）就成了俄国对欧外交的基石。

1890年以后，英、德竞争上升为左右大国关系格局的持久因素。俄在巴尔干，尤其是1905年在远东受挫之后，转而化解与英国在近东、南亚和远东的矛盾。1904年英法协定和1907年英俄协定，标志着1871年以来大国之间的战略性重组过程终于定型。两大军事集团已经摆开阵势，决心在全世界厮杀一场，沙皇专制体制数百年来扩张、争霸的历史终于走到尽头。

1802—1856年，俄国在中亚的版图已向南扩张到里海中部至咸海、锡尔河下游直到巴尔喀什湖北岸一线。1861年，美国内战爆发，欧洲市场棉花紧缺，这时俄国纺织业已经工业化。1862年，来自中亚的棉花占俄进口量的一半。中亚南部三个汗国浩罕、布哈拉和希瓦地处沙漠，但锡尔河、阿姆河等河谷和许多绿洲地区农业发达、棉花产量高。这里还是俄国工业品销售市场，1864年俄与中亚三国贸易额为474万卢布，1867年达1000万卢布。[①] 棉花供应和其他商业利益，以及官僚、贵族对土地、财富和爵

① 孙成木：《俄国通史简编》下，人民出版社1986年版，第230页。

位的贪婪，诱使沙皇派遣军队征服中亚三国。另外，这三个封建的神权国家互相敌视且内战频仍，又给俄军入侵提供了机会。1853—1913 年，俄军陆续灭亡这三个汗国。1884 年，向南推进到阿富汗边界，东南方从 1860 年起已推进到中国巴尔喀什湖北岸。

1858 年，英、法联军攻陷大沽和天津。俄国东西伯利亚总督按沙皇早已批准的计划乘机率军来到瑷珲，与黑龙江将军奕山谈判。5 月 28 日，迫使奕山在《瑷珲条约》上签字：黑龙江右岸至乌苏里江属于中国，左岸划归俄国。但精奇里江以南至江东 64 屯仍由中国人永远居住，归中国官员管辖，中国割让土地 60 多万平方公里，乌苏里江以东至滨海地区由中俄共管。但这 64 个村庄不久就被俄军烧毁，成千上万中国居民被杀害或被投入黑龙江溺死。

《瑷珲条约》签字以后，俄以调解中、英关系为名，诱使清政府签订《天津条约》（1858）：俄在上海等口岸通商、停泊军舰，并设领事馆，东正教士可来华传教。两国派员查勘“从前未经定明边界”，为日后侵华找借口。1860 年 6 月，俄军占领海参崴，并改名符拉迪沃斯托克（俄文“东方主人”）。在英、法侵华期间，俄怂恿英、法攻占北京，然后以调停有功自居，逼迫清政府于 1860 年 11 月 14 日签订中俄《北京条约》：中国割让乌苏里江以东地区和库页岛共 40 万平方公里领土，并把它单方面拟定的中、俄西段边界走向强加给中国。

1847 年，俄军擅自深入我国巴尔喀什湖以东，建立科帕尔堡（塔尔迪库尔干附近），1853 年在伊犁河以南建立维尔尼堡，1862 年俄占斋桑泊以东地区和伊塞克湖，一直进逼到塔城附近。1864 年，中、俄拟定《勘分西北界约记》，割让给俄 44 万平方公里土地。

1871 年，俄军攻占伊犁，并统治伊犁 10 年之久。1881 年《伊犁条约》规定，俄归还特克斯河流域和穆扎尔山口，以及霍尔果斯河以西土地。中国为收回伊犁等地赔偿 900 万卢布。俄在中国获得多项贸易特权。1882—1884 年，《伊犁界约》《喀什噶尔界约》等 5 项界约又丧失 7 万平方公里。其中 1884 年《中俄续勘喀什噶尔界约》规定从乌孜别里山口起，俄国边界一直向西南直到阿富汗，中国边界一直向南直到阿富汗边界。俄国兼并中亚三国并与英国商定阿富汗北部边界后，陆军部于 1891 年年初拟定了占领帕米尔的计划：7 月 300 名哥萨克军人入侵，1892 年，1500 名军人奉亚历山大三世之命强占萨雷阔勒岭以西两万平方公里中国土地。1894 年，俄照会中方：双方暂时维持现状，清政府复照同意，但声明按 1884 年

《续勘喀什噶尔界约》，中国应得的一切权利，不因未进军稍有减损，此后俄仍占有萨雷阔岭以西土地。甲午战败后，俄军又乘机越过1884年《中俄续勘喀什噶尔界约》规定的俄国边界，而且向东越过中国边界，把实际控制线推进到乌孜别里山口一直向东南方，直到阿富汗边界东北端，使中、阿共同边界只剩75公里（此即现在的中国与塔吉克斯坦边界未定界），涉及领土2.8万平方公里。

中国甲午战败后，俄侵华野心更大，维特首相改变铁路线路，撤销原方案（从赤塔沿黑龙江北岸经伯力南下，顺乌苏里江东岸到海参崴）改由经中国东北直达海参崴。俄利用李鸿章参加尼古拉二世加冕典礼之机，答应给李鸿章300万卢布贿赂，诱使李鸿章在《中俄密约》上画押，准许俄在东北修铁路。1896年，《中俄合办东省铁路公司合同章程》及续订合同（1898）使俄取得哈尔滨—沈阳—旅大铁路筑路权。1903年，中东铁路3800公里全线通车，俄国沿线驻军7万，铁路公司占地240万亩，在哈尔滨设警察部和法院。

1897年11月，德国占领胶州湾，12月，俄舰开进旅顺口，1898年，与清朝签订《旅大租地条约》，后设“关东省”，霸占旅顺、大连直至辽东半岛。

日俄战争后，两国于1907年签订秘密协约，把中国东北划分为南满、北满，作为各自势力范围，俄承认日与朝的“共同政治关系”，日承认俄在中国外蒙的“特殊利益”。1909年，美国国务卿诺克斯向各国建议将中国东北铁路“中立化”：由美国操纵的国际银行团借款给中国赎买回来，以便控制之。该方案立即遭日、俄反对。1910年，俄、日签订第二个密约：双方重申1907年密约条款，互不侵犯对方势力范围内的“特殊利益”。此现状遭破坏时，两国谈判采取共同措施予以保护。1912年7月，日、俄第三次密约规定以北京所在子午线（东经116°27″）划蒙古为东、西两部分，分别作为日、俄势力范围。1911年7月，俄唆使外蒙王公、喇嘛秘密策划让外蒙脱离中国，8月，杭达多尔济率团去彼得堡，乞求沙皇保护。10月，俄驻北京公使要挟清政府承认外蒙“独立”，并派兵进驻库伦。武昌起义后，外蒙活佛哲布尊丹巴在俄支持下于12月公然宣布“独立”，自称“大蒙古帝国日光帝”。此举受到中国人民的普遍抗议和国际舆论的谴责。1912年11月3日，俄与外蒙伪政权签约规定，俄有权保护外蒙“自治”。列宁指出这是“掠夺蒙古”的条约。① 1913 年，袁世凯为借助外力实现其称帝野心，签署《中俄声明文件》，承认外蒙自治，不派驻军队、不安置官员、不移民，外蒙政治、土地、交涉事宜与俄协商，外蒙沦为俄殖民地。1915 年，俄又迫使袁政府把呼伦贝尔地方划为“特区”，任俄支配，1914 年，俄军占领外蒙西北的唐努乌梁海，予以兼并。

第七节　1871—1914 年的国际关系

近代国际关系始于 1648 年《威斯特伐利亚条约》，欧洲各国君主为了结束 30 年战争，分别派代表参加国际会议并签字批准这一多边国际条约，条约加剧了德意志的分裂局面。但历史地看，却推动了近代国际法的发展，它划定的国家间边界奠定了 1815 年前欧洲政治地图的基础。宗教条款确定了三大教派（天主教、路德教和卡尔文教）的法律地位和地理分布（这一分布至今如故），有助于宗教宽容。更重要的是由此确立的如下原则：各国无论大小、胜败，都以主权国家身份参加国际会议，解决国际争端。国际条约对缔约各方都有约束力。这就打破了中世纪以来罗马教皇和神圣罗马帝国皇帝凌驾于各国之上，仲裁国际争端的局面。

1871—1914 年的国际关系错综复杂、头绪繁多。但重点是大国多边关系，其中起主要作用的是 1890 年前后的德、法矛盾和英、德竞争，两大军事集团与两次巴尔干战争。

一、东方问题

巴尔干半岛位于欧、亚、非三大洲的接合部，自古以来就是东西方文明的交会点，又处在民族迁移、宗教冲突（基督教与伊斯兰教、天主教与东正教）的最前沿。十字军东征（1096—1291）和奥斯曼土耳其向欧洲扩张，都以巴尔干为主战场。

克里米亚战争之后，东方问题再次突出起来，它包括大国争霸和巴尔干民族问题两个方面。1869 年，苏伊士运河通航，英国关注航道北侧的安全，俄国一心想废除 1856 年巴黎条约，以便控制两海峡，并利用南方各斯拉夫民族的解放事业与奥地利争夺巴尔干。1866 年，奥地利被普鲁士打败后，转而向南扩张，首先要吞并土耳其的波斯尼亚和黑塞哥维那两个省。

---

① 蒙古国在列宁逝世前已独立。

1871年，德意志和意大利完成国家统一后，巴尔干各民族受到很大鼓舞。1875年，波—黑两省爆发起义，大国随即介入，英、俄立场尖锐对立。1876年6月，塞尔维亚、门得内哥罗向土耳其宣战。10月，土耳其军队逼近贝尔格莱德。这时俄向土发出最后通牒，要求休战六周，英国倡议在君士坦丁堡召开国际会议，但未成功。俄于1877年1月与奥签约：波—黑划归奥匈，俄将兼并比萨拉比亚。4月，俄国对土宣战。1878年1月，当俄军逼近土耳其首都时，英国舰队占领君士坦丁堡附近岛屿，并向俄发出威胁。3月，俄、土签订圣斯特法诺条约。

二、三国同盟

普法战争后，德国以孤立法国为国策；俄国把它在柏林会议上的失败归咎于俾斯麦。1879年1月，德国以检疫为借口，禁止进口俄国畜产品，俄国借卢布贬值之机把进口税提高到48%，两国关系更加恶化。1879年10月，俾斯麦与奥匈帝国结盟，德奥同盟是一个针对俄国的秘密防御同盟，有效期5年。在俾斯麦推动下，1882年德、奥、意在维也纳签订《三国同盟条约》，其中《奥意协定》涉及巴尔干事务，《德意协定》涉及反法共同利益。德、奥从意方得到在未来战争中持善意中立的保证。意大利在巴尔干事务中获得发言权，并在未来与法国争夺的黎波里、摩洛哥时可望得到德国援助，随后意大利公开声明该条约决不针对英国。1887年条约到期，三国在柏林续订使之继续有效，此即《三国同盟续约》。1891年，意大利首相鲁丁尼公开向外界加以公布。

三、英德竞争与法俄结盟

威廉二世即位后，迫使俾斯麦辞职（1890）。此后，德国背离俾斯麦大陆政策，在世界范围与英国争夺霸权。

19世纪五六十年代，英国自由主义政治家把殖民地看成国家的负担，对继续向海外扩张持消极态度。但从70年代开始，列强瓜分殖民地的竞争愈演愈烈，加上英国在新一轮技术革命中丧失了过去的优势，而别国关税保护重新抬头，于是殖民地对英国的海外贸易和对外投资就显得尤为重要。不过英国对于单独保卫它在海外的殖民地仍然信心十足，在列强纷纷结盟的八九十年代继续奉行“光荣孤立”政策。1887年，维多利亚女王登基50周年庆典期间，英国召开殖民地会议，决定加强澳大利亚的海军防卫，因为德国扬言要占领新几内亚东部。1898年3月16日，俄国占领旅顺之后，英国把俄在远东的扩张视为主要威胁。为了阻止俄国，英国只得与别国结盟。3 月 29 日，殖民大臣张伯伦向德国大使表示：英、德应就其他问题达成谅解并通知俄国，即承认俄在满洲已占领的地盘，但到此为止，中国其余部分将由英、德共同保护。德国的答复是：争取在殖民地问题上取得有利结果，但公开结盟并不可取。

1899 年 11 月，威廉二世访问英国，张伯伦与随行的德国外交大臣毕洛夫谈判，建议两国分割摩洛哥，英国参与巴格达铁路建设。毕洛夫未明确表态，而是让英国劝美国善待德国。11 月 30 日，张伯伦在莱斯特发表演说，主张英、美、德三方联合，但毕洛夫 12 月 11 日在帝国议会演说中却公然提出建设大海军以抵制英国。英、德第二次结盟谈判以失败告终。

1901 年，英、德开始新一轮结盟谈判：英国建议在远东问题上结成地区同盟，德国则要求："一方面是（大陆）三国同盟，另一方面是大不列颠及其殖民地，各被当作一个整体对待。因而不仅对英国任何殖民地的联合进攻，而且对一个单独的三国同盟成员的联合进攻，都被确定为履行条约的要素。"① 英国当时正忙于南非战争，欧洲弥漫着反英情绪，德国朝野尤其如此。英国拒绝与德国结盟，但外交大臣兰斯多恩退而提出可就个别问题或地区问题与德国达成谅解，德国不肯让步。两国三次结盟谈判终于无果而终，原因是英国不惜一切代价都要维护其殖民帝国和海军优势，而德国决心向英国的世界霸权发起挑战。英国 1902 年与日本结盟遏制俄国，英、德海军军备竞赛愈演愈烈。

法俄关系中最大的未知数是德国的动向，威廉二世的"新路线"最初所面对的是俄国的敌意和法、俄可能结盟的前景。德国认为，只要能与英、意、奥结成同盟，就能够在大陆保持对法俄结盟的优势。《德俄再保险条约》1890 年期满时德国不同意延期，这给俄国与法国接近扫清了第一个障碍，德、俄关系恶化则加强了英国的国际地位。

德国撕毁再保险条约使俄国处于孤立地位，1891 年意大利公布《三国同盟续约》后，俄国外交大臣吉尔斯于 8 月 21 日向法国致函表示：鉴于三国同盟续订，而英国在一定程度上随声附和，法、俄应当缔结条约。27 日，法国外长里博复函表示同意。在此期间，法国海军访问俄国，沙皇亚历山大三世登上军舰，在马赛曲的乐声中当众向三色旗脱帽致敬。1892 年

① 转引自王绳祖《国际关系史》第 3 卷，世界知识出版社 1995 年版，第 335 页。

8 月，法国副总参谋长布瓦代弗尔将军访问圣彼得堡并签订《法俄军事协定》：第一，如果德国或意大利在德国支持下进攻法国，俄军将全力进攻德国。如果德国或奥匈帝国在德国支持下进攻俄国，法军全力进攻德国。第二，如果三国同盟或其中一国动员其军队；俄国和法国得知后应立即同时动员其全部军队，并调动到边界地区。第三，法国对德作战兵力 130 万，俄国对德国作战兵力 70 万 ~ 80 万。届时这些军队应尽快参战，以便迫使德国两面同时作战。协定还规定两国总参谋部保持经常合作、互通情报，不得单独媾和，协定有效期与三国同盟相同。

1893 年 7 月，德国通过法案加强陆军实力，并对俄国展开新的关税战，这使法俄同盟更加巩固。10 月，俄国海军访问法国军港土伦，受到盛大欢迎。1894 年 1 月 4 日，法国驻俄大使吉尔斯通知俄国："总统和法国政府将履行 1892 年《军事协定》文本。"至此，法俄同盟正式建立。

四、三国协约

普法战争后一直势不两立的法德矛盾，以及 90 年代日益尖锐的英德竞争，迫使英、法两国缓和矛盾，共同对敌。英国放弃"光荣孤立"政策，1902 年与日本结盟，但在欧洲，只有法国能协助英国与德国抗衡，而英、法之间在海外的矛盾可以妥协。法国从 1871 年以来一直伺机对德复仇，并收复失地，而德国企图孤立和打击法国，德法战争危机成为"欧洲的常态"。法国经过 20 年苦心经营，才冲破俾斯麦大陆体系，与俄国建立同盟关系，对俄贷款修建西伯利亚铁路。不料 1904—1905 年日俄战争把俄国兵力陷在远东，使法国在与德国武力对峙中处于不利态势。威廉二世旨在重新分割殖民地的"世界政策"，对英、法这两个老牌殖民帝国都构成威胁。

为了摆脱外交困境，法国在世纪之交一方面加强法俄同盟，另一方面瓦解三国同盟：1900 年 12 月，法国认可意大利在的黎波里和昔兰尼加的权利，意大利同意法国占领摩洛哥。于是两国于 1902 年 11 月 1 日签订中立协定：缔约国一方"直接或间接地成为某一大国或几个大国进攻的目标时"，另一方须严守中立。缔约国一方"由于受到直接挑衅而被迫首先宣战"时，另一方也要"严守中立"。这就摆脱了法国在地中海的孤立地位。

1904 年 2 月，日俄战争爆发。4 月 8 日，英、法签订了一系列协定：《关于纽芬兰、西非及中非的协定》《关于埃及和摩洛哥的声明》和《关于暹罗、马达加斯加和新赫布里底的声明》，双方在这些殖民地的矛盾取得谅解。《英法协约》虽然只字未提共同反德，也无具体的军事协定，但双方化解了这些矛盾，显然有利于共同对付德国。《英法协约》签订后，英国便把原先部署在地中海的160艘军舰集结到本土水域，全力应对德国。

英、俄两国矛盾很深，1902年英日同盟就是针对俄国的。在1904年日俄战争中，威廉二世劝沙皇签订《德俄同盟条约》，而德、俄两国大臣则心存疑虑：条约草案把两国的军事互助限制在欧洲，却在俄国南部的亚洲边界矛盾重重。德国这一扩张态势更威胁到英国在印度的利益。因此，俄国外交大臣拉姆斯多夫认为，法俄同盟才是俄国外交的基石，而法国决不会同意德俄军事协定。《朴茨茅斯条约》签字后，沙皇向德皇表示，需要征求法国意见，实际上将其搁置。

英、法对俄、德接近深为不安。法国劝英国与俄国妥协；英国这时深感德国是其主要敌人，于是向俄国示好；沙皇于1905年10月也向英国大使表示了友好的强烈愿望。摩洛哥危机加深了英国的紧迫感，1906年，英、俄开始谈判。两国长期角逐的地区是远东、近东和中亚。远东因俄战败已受到限制；在近东，英国在埃及已站稳脚跟，在向俄舰开放两海峡问题上的矛盾有所缓和；在中亚，俄国铁路已靠近阿富汗边境，而这里一直是印度防务的弱点（阿富汗人数次挫败英军侵略）。英、俄谈判集中在这一地区。

这时德国修建巴格达铁路并向波斯大量投资，英俄谈判步伐加快了。1907年8月13日，《英俄协定》签字，主要内容是把波斯一分为三：东南和北部分属英、俄势力范围，中部为缓冲区。俄国承认阿富汗不属于"俄国势力范围"，英国表示"无意改变阿富汗政治现状"，阿成为英、俄之间的缓冲国。《西藏协定》规定双方只通过拥有宗主权的中国与西藏发生关系。

1907年《英俄协定》标志着1879年以来列强分化组合的过程已基本完成，欧洲终于形成英、法、俄协约国集团和以德国为首的三国同盟互相对峙之势。此后两大集团争夺的焦点收缩到欧洲及其外围地区。此时，危机频仍，地区冲突不断，小国在列强支持下有恃无恐，大国插手地区争端牟取私利。协约国同德国一样，都是世界大战的始作俑者。

五、波斯尼亚危机

1878年，《柏林条约》曾授权奥匈帝国管理波斯尼亚—黑塞哥维那，并在新帕扎尔驻军。20世纪初，奥匈准备把波—黑纳入本国版图，而新成立的青年土耳其党和土耳其政府都要收复波—黑两省。奥匈帝国利用俄国战败和1908年夏天土耳其资产阶级革命胜利、新政府立足未稳之机，于1908年9月就吞并波—黑一事得到俄方认可，奥同意修改《柏林条约》，使俄军舰能通过两海峡。但德国、意大利只是答复有条件地同意修改，英国表示反对。10月7日，奥匈宣布兼并波—黑，并声称已取得俄国的同意。俄急忙提议将此问题交柏林会议签字国讨论，奥匈政府加以拒绝，俄国、塞尔维亚同奥匈帝国的矛盾加深了。土耳其新政府1909年2月承认这一兼并，奥赔偿250万英镑，并放弃对新帕扎尔州的占领。德、奥要求俄国和塞尔维亚同意这一兼并，并以战争相威胁。3月底，俄、塞被迫屈服，波斯尼亚危机得以平息，但俄、奥矛盾更加尖锐。1909年10月，沙皇尼古拉二世访问意大利，两国秘密缔结《拉匡尼基协定》：俄、意共同维护巴尔干现状，排斥任何外国的统治，这表明意大利疏远了三国同盟。

六、两次巴尔干战争

1911年9月，意大利两万人的军队在北非登陆，打败土耳其守军。11月，宣布兼并的黎波里和昔兰尼加，并恢复该地区的旧称——利比亚。1912年10月18日，土耳其在《洛桑条约》中予以承认。

土耳其的失败鼓起巴尔干各民族的勇气，1912年3—9月，塞尔维亚、保加利亚、希腊和门得内哥罗秘密结盟，准备对土作战，并约定事先通知俄国。1912年10月8日，门得内哥罗首先向土耳其宣战，塞尔维亚、保加利亚和希腊随后也发出最后通牒，要土耳其按《柏林条约》的规定，在马其顿和色雷斯实行民族自治，土加以拒绝，巴尔干战争爆发。10月底，四国联军逼近君士坦丁堡。11月28日，阿尔巴尼亚宣布独立，土耳其战败求和。1913年5月30日，《伦敦条约》规定由列强处理巴尔干半岛的民族问题。保加利亚获得的领土最多，协约国支持希、塞的领土要求。6月29日，保加利亚在奥匈支持下向马其顿的希、塞军队发起进攻，第二次巴尔干战争爆发。保军初战失利，罗马尼亚和土耳其军队加入希、塞、门一边，渡过多瑙河逼近索非亚，保加利亚要求停火。8月10日，五国签订《布加勒斯特条约》，保加利亚领土大为缩小，塞、希、罗均获新领土。战后，保加利亚和土耳其投入同盟国怀抱。塞尔维亚占领阿尔巴尼亚都拉斯湾作为出海口。1913年夏天，六国大使在伦敦通过《阿尔巴尼亚国家机构条例》，承认该国独立，但列强对阿国界未达成一致。10月初，塞尔维亚又占领阿领土，英国和三国同盟站在阿一边。后来三国同盟把阿视为其殖民地，而法、俄支持塞占阿领土。17日，奥匈向塞发出最后通牒，要求塞立即撤军，塞尔维亚经与俄协商，从都拉斯湾撤出了军队。

第一次巴尔干战争属于民族解放战争，第二次就变成一场王朝战争，并为半岛外的列强所利用，两大军事集团于 1914 年在巴尔干挑起世界大战。起初，塞尔维亚方面是正义的，但从全局看不起决定作用，这场世界大战是一次列强争夺世界霸权的帝国主义战争。

第十八章

近代文明的边缘：亚洲、非洲和拉丁美洲

第一节　概论

人类历史进入近代文明，我们才有本来意义上的世界史。换句话说："世界史不是过去一直存在的；作为世界史的历史是结果。"① 这是由于西欧、北美首先实现了国家工业化和社会现代化，而世界其余地区仍处在各自传统社会阶段。于是，西欧国家用炮舰和廉价商品打开亚洲、非洲、拉丁美洲的门户，形成统一的世界市场，并在19世纪末完成了对世界领土的瓜分和征服，把欧美以外所有地区都变成殖民地、附属国和半殖民地，"使东方从属于西方"。

亚洲、非洲和拉丁美洲近代史，是一部西方近代殖民主义扩张和统治的历史，也是近代民族解放运动和资产阶级民主运动史。

近代殖民主义是一部用"火与剑"写成的血腥历史，许多土著民族遭受灭顶之灾，无数富庶的城市毁于一旦，他们的财富被殖民者用欺骗、贿赂和公开抢劫席卷一空，后者又世世代代奴役、剥削他们。总之，近代殖民主义无情地打断了东方各古老民族原来的历史进程，它的罪恶已经被永远钉在历史的耻辱柱上。

但是"道义上的愤怒无论多么入情入理，经济科学总不能把它看作证据，而只能看作象征"（恩格斯）。历史学同样如此。"如果亚洲的社会状况没有一个根本的革命，人类能不能完成自己的使命。""因此，问题不在于英国是否有权利来征服印度，而在于印度被不列颠人征服是否要比被土耳其人、波斯人或俄国人征服好些。"（马克思）从这个意义上说，近代殖民主义"毕竟是充当了历史的不自觉的工具"。它一方面促进亚洲等国家传统社会的瓦解过程，另一方面加快了这些古老国家向近代文明社会转型的步伐。近代殖民主义是否以及在多大程度上完成这种双重的历史使命，

---

① 恩格斯：《卡尔·马克思（政治经济学批判）》，《马克思恩格斯选集》第2卷，人民出版社1972年版，第112页。

不但取决于宗主国的经济发展水平和社会文明程度（外因），更取决于这些殖民地、半殖民地人民的民族传统和应对能力（内因）。

1500 年以来的中国历史，尤其是 1840 年鸦片战争以来的近代史，是世界近代历史的一部分。在此期间，中国从东亚文明的中心沦落为西方列强的半殖民地。说明人类社会进入近代文明、世界历史成为一个整体时，闭关自守、故步自封必然落后，落后（尤其是制度落后）就会挨打。传统文明只有融合到人类文明的主流中去，才能更清晰地看出自身的优势和缺陷，主动取长补短。明清以来的西学东渐，实际上是西方文明中国化和中国传统文明现代化相互融合、彼此促进的过程，也是中国仁人志士第一次用近代科学方法重新审视本国传统文明，并在批判中加以继承和发展的过程。这一过程同政治、经济和文化领域的太平天国、洋务运动、戊戌变法、辛亥革命、近代民族工业的成长和反帝反封建的五四运动相辅相成，标志着中华民族开始觉醒、开始变革、开始奋起直追了。其间虽然仍有逆流，如张勋复辟、袁世凯称帝、日本志在灭亡中国等内忧外患，但中国走向独立、共和，实现国家工业化和社会现代化已经是大势所趋、人心所向，其他任何力量都阻挡不住。

第二节　非洲

非洲是世界第二大洲。东非大湖地区是人类发祥地之一，埃及是人类古代文明摇篮之一。非洲的自然景观宏伟壮丽，天然动物园举世无双，有世界原料仓库之美誉，但至今还是人类开发程度最低的大陆，也是世界上贫困人口比例最多的大陆。

一、非洲的殖民化

葡萄牙亲王、航海者亨利开办航海学校并于 1419 年率领探险队沿非洲西海岸向前航行。1420 年占领马德拉群岛，1456 年占领佛得角……1488 年葡萄牙人迪亚士的船只到达好望角。此后，西班牙和葡萄牙为争夺海外领土发生争执，经罗马教皇亚历山大六世于 1494 年调解，两国签订托尔德西拉斯条约：佛得角以西 370 里加（每一里加合 6 公里）处，从北极到南极画一直线，称教皇子午线，该线以西发现的非基督教领土归西班牙所有，以东归葡萄牙。这是对世界领土的第一次瓜分。

1521 年，葡萄牙水手麦哲伦抵达香料群岛后，西、葡两国在该岛归属问题上又发生争执，1529 年，两国在西班牙萨拉哥萨再次签订条约，以摩鹿加群岛（即香料群岛）东侧的经线（约东经 130°）为界，此线以东属西班牙（主要指西属美洲），以西属葡萄牙（主要指亚洲和非洲）。世界领土第二次被西、葡瓜分“完毕”。两国成为最大的殖民帝国。但 1420—1876 年这 400 多年间，欧洲殖民者对非洲的占领仅限于沿海局部地区，占非洲总面积的 10%，其中英国占 4.1%、法国占 2.8%、葡萄牙占 0.7%、西班牙占 0.8%、布尔人占 2.4%。主要用作奴隶贸易据点，绕道非洲的船舶中途停靠站、交易点，只有布尔人在南非草原建立了若干农牧场，这些欧洲白人对辽阔的内陆地区仍然一无所知。非洲对于他们来说仍是神秘的未知世界，一个“黑暗大陆”！

从 19 世纪中期开始，欧洲列强对非洲的扩张步伐加快了，科学考察、地理探险、传教士活动，尤其是武装入侵增加，规模也扩大了。到 1914 年世界大战前夕，非洲领土已经被欧洲列强瓜分完毕（只有埃塞俄比亚和利比里亚例外）。

非洲在这半个世纪被迅速瓜分的原因是：第一，苏伊士运河通航（1869）、南非发现钻石矿（1867—1870）和金矿（1886）。这些事态发展增强了非洲在世界政治、经济和战略上的重要性。第二，19 世纪 70 年代兴起的新技术革命，进一步增强了欧美国家的经济实力。西欧、北美这一核心地区与其外围——世界其余地区的差距扩大了，加上陆地和海上的运输技术、成本优势、信息传播手段的进步，促使国际贸易和国际投资迅速增长，欧洲列强对海外市场，包括非洲市场展开激烈争夺。19 世纪晚期，欧洲列强一再掀起争夺殖民地、瓜分世界领土的狂潮。后来居上的德国公开要求“阳光下的地盘”，声称有权拥有与其实力相称的殖民地。英国等老牌殖民帝国则因为国际竞争力相对下降，更加依赖已经到手的殖民地市场，“帝国就是工人的饭碗。谁不愿意看到英国发生内战，他就应当成为帝国主义者”。“我恨不得把天上的月亮和星星也变成英国殖民地。”（罗德斯）于是欧洲列强竞相争夺非洲领土，如英国的开罗—开普敦计划；以及法国、德国从非洲东西海岸把各自殖民地连成一片的类似计划。为此，列强甚至不惜兵戎相见，如英、法之间的法绍达事件（1898），法、德争夺摩洛哥引起的两次危机。这一时期国际关系的新特点是，几个帝国主义强国都在争夺世界霸权。对非洲领土、资源和战略据点的争夺或妥协，这时已不再是孤立的地方事件，而被列强纳入各自世界战略的通盘考虑之中。

1876 年 9 月，经比利时国王利奥波德二世倡议，国际地理会议在布鲁塞尔开幕，会上成立“国际勘察和开发中非协会”，各国设立分会并组织对非洲的探险活动。斯坦利受利奥波德委派，于1879—1884年深入非洲中部，勘察刚果河流域，出版《穿越黑暗大陆》。1881年，他在刚果河下游南岸建了一座新城，命名利奥波德维尔（现已改名为金沙萨）。1880年，法国海军军官布拉柴在刚果河北岸建立兵站，后来法国地理协会把此兵站命名为布拉柴维尔。这两个城市隔河相望。紧随其后的是葡、英、德等国的探险家，他们都深入刚果河下游地区“探险”。为了共同瓜分非洲并协调彼此利益，西方15国于1884年11月15日至1885年2月26日在俾斯麦主持下召开柏林会议，会议达成协议：承认比利时国王以个人名义占有刚果自由邦；各国均可在刚果河流域自由贸易，刚果河通航自由；今后任何国家在非洲取得领土必须是“实际有效的占领”并通知各缔约国。

会后，各国根据“有效占领”原则加紧瓜分并争夺非洲，或达成妥协、划分势力范围。到1914年，非洲领土已经被列强瓜分完毕。其中法国在非洲的殖民地达400万平方英里，主要包括法属西非、中非（赤道非洲）、东非（马达加斯加和索马里）以及北非的摩洛哥、阿尔及利亚和突尼斯（受法国保护）。英国占有370万平方英里殖民地，主要分布在南非、东非、西非的尼日利亚，北非的埃及（受英国保护）和苏丹。德国占有喀麦隆、西南非洲（今纳米比亚）、德属东非（坦噶尼喀）、多哥。意大利占有的黎波里和昔兰尼加两城，进而扩展为利比亚，还包括意属索马里、厄立特里亚。葡萄牙占有安哥拉、葡属东非（即今日莫桑比克）、几内亚—比绍。比利时占有非洲中部刚果。西班牙占有西属撒哈拉、塞卜泰（即休达）及沿海附近地区。另有埃塞俄比亚和利比里亚两个独立国家。

（一）埃及

1517年，奥斯曼土耳其素丹谢里木一世征服埃及后，并未触动原有封建的生产关系。从1250年以来就掌握埃及实权，拥有土地的马木留克别伊仍然大权在握。1798—1801年，拿破仑大军征服埃及，在埃及人民一再起义和英军登陆的内外打击下，法军被迫撤回。1805年，开罗人民奋起反对马木留克别伊的暴政。土耳其素丹派驻埃及的一名阿尔巴尼亚军官穆罕默德·阿里被指定为埃及总督（1805—1848），他转到起义者一边来，在埃及实施多项改革，兴修水利，扩大耕地面积，棉花、甘蔗、蓝靛、生丝、小麦、稻谷产量增加，商品率提高，强制征购粮食等农产品并垄断出口贸易，手工业品由国家专卖，建立新式工厂尤其是军工企业。阿里还创设军校，扩大陆军和海军。国力增强后，他出兵占领麦加和麦地那，并占领苏丹。1824—1827年，参与镇压希腊独立运动，30年代曾两次打败土耳其。但在欧洲列强干预下，阿里承认土耳其的宗主地位。这时英法资本已经渗入埃及，继任总督赛义德是阿里幼子，他逐步取消奴隶制度，废除土地国有，废除商业垄断。1857年，建成亚历山大到开罗的铁路。1859年，与法国签约开凿苏伊士运河。

1861年，美国内战爆发后，埃及棉花在欧洲市场有利可图。总督伊斯梅尔大量举债，用于苏伊士运河和其他现代化公共设施和农业水利工程，他任职期间埃及的小学从185所增至4685所。苏伊士运河1869年建成通航，埃及民工死亡12万人，政府负担1600万英镑施工费用，法国只出资400万英镑，埃及借外债2亿法郎。1874年，被迫出售苏伊士运河公司的17.6万股股票，共值4亿法郎，占总股本44%。英国出于战略和商业考虑阻止法国购买，而只用1亿法郎就买断埃及政府这些股票，成为公司的最大股东。

出售运河股票后，埃及公私债务仍达9100万英镑。1876年，伊斯梅尔宣布财政破产，英、法乘机对埃及实施“双重监督”制度，1878年成立“欧洲人内阁”，首相、财长等均为欧洲人，政府里外籍职员薪金约为埃及职员的十倍。

19世纪中期以来，埃及近代工业有了发展。西方资产阶级民主思想广为传播，面对政府的卖国政策，青年学生的民族意识开始觉醒。1879年，一批爱国军官、咨议会议员和知识分子成立祖国党，主张维护埃及主权、实施宪政、增强军力。2500名被解职的军官走上开罗街头，要求“欧洲人内阁”辞职。1881年，该党在阿拉比领导下发动起义，“欧洲人内阁”被撤换。1882年年初，爱国党成员组阁，巴鲁迪出任首相，阿拉比任陆军部长。9月，英军占领开罗，巴鲁迪、阿拉比等被流放锡兰岛。阿拉比领导的抗英运动失败后，英国转而出兵镇压苏丹马赫迪领导的起义军。

（二）苏丹

位于尼罗河中上游，面积250万平方公里，北部是阿拉伯人，南部多黑人，是非洲最大的国家。阿里征服苏丹后，1824年以喀土穆城作为总督驻地，总督下辖若干省，由埃及人任省长。他们横征暴敛，仅1873年一年就搜刮100万英镑税款，政府还控制了出口贸易。埃及人协助英国资本渗入苏丹，欧洲各国商人、传教士纷纷深入内地。1867—1873年，英国人贝克尔在埃及人帮助下，率军征服上尼罗河流域。贝克尔着手禁止奴隶贸易，英国任命他担任新建的赤道省省长。苏丹人在先知马赫迪领导下，掀起反抗英、埃统治的武装起义，且初战获胜。

英军占领开罗后，于1883年11月初由希克斯将军率埃及军队上万人向南征服苏丹，但在乌拜伊德战役中被马赫迪起义军歼灭，希克斯和所有军官被击毙，生还者仅250人，苏丹大部分地区随之获得解放。

1874年，英国任命戈登继任赤道省省长，此人以屠杀中国太平军战士而“战功”显赫。1877—1879年，升任苏丹总督。戈登到喀土穆就职后，宣布减免赋税、不妨碍奴隶贸易。表示承认马赫迪为科尔多瓦（位于北苏丹地区）的统治者（素丹），埃及对科尔多瓦拥有宗主权，而把南苏丹划归英属东非（今肯尼亚、乌干达）。但马赫迪坚持苏丹全境独立的立场。1885年1月，马赫迪攻克恩图曼，2月13日，攻陷喀土穆，戈登将军被起义军战士的长矛刺死。起义军乘胜北上，解放了除红海港口萨瓦金之外的苏丹全部领土。在欧洲列强疯狂瓜分非洲，随心所欲地把整个大陆划分为一块又一块殖民地的年代里，苏丹人民却打败了当时最强大的殖民帝国军队，这是非洲近代历史上最光辉的篇章。

1885年6月，马赫迪逝世后，他的战友阿卜杜拉巩固了苏丹的统一和独立：废除英埃统治时期的税制，没收外国人侵占的土地，鼓励农民种植经济作物、发展手工工场，开办数百所学校，学校附设在清真寺里，阿拉伯语为统一的官方语文，镇压封建主和酋长的分裂活动。然而斗转星移，阿卜杜拉及其亲信占据军政要职后，也成为大土地所有者。

英国为了实现其开罗—开普敦连成一片的殖民扩张计划，于1885—1889年唆使埃塞俄比亚进攻苏丹，使其两败俱伤。1896年，派遣基钦纳将军率1.5万英、埃军队重新征服苏丹。1898年，攻陷首都喀土穆，苏丹军队伤亡、被俘共2.6万人。1899年，英、埃签订《管理苏丹协定》。1900年，占领苏丹全境。

扑灭埃及和苏丹的民族独立运动后，1882年英国宣称对埃及的军事占领只是暂时的，英国“继续承认奥斯曼帝国对埃及拥有宗主权”，承认穆罕默德·阿里家族世袭埃及王位。其实英驻埃及最高代表兼总领事及大批英国顾问统治着埃及，苏丹名义上由英、埃共管，实际上英国人说了算。

埃及青年政论家穆斯塔法·卡迈尔于1899年创办《旗帜报》，旨在争取埃及独立并制定宪法。他继承阿拉比的事业，于1907年12月7日发起召开祖国党第一次全国代表大会，再次成立祖国党。要求英军撤出埃及，实现民族独立和宪政。大会推举卡迈尔为领导人，该党纲领是“自由、和平与民族文化”。1908年，卡迈尔逝世时，十万开罗市民为他送葬。该党组织群众从事反英运动，受到英国殖民当局迫害，党组织遭破坏。

（三）埃塞俄比亚

埃塞俄比亚位于非洲东北部，东靠红海。古埃及史书称今日苏丹及其附近地区为努比亚。13—16世纪，阿姆哈拉人（居住在今天埃塞俄比亚北部）建立阿比西尼亚王国。近代欧洲人称其为阿比西尼亚人（黑皮肤人的土地）。塞拉西一世不喜欢此名，改用埃塞俄比亚。

1841年，英国人在绍阿公国获得贸易特权。1849年，又迫使内陆几个公国签约：英国商品进口免税，在国内减税。外敌入侵和国内经济发展，促使库阿尔族的统治者卡萨从1853年起，在其他小诸侯支持下开始用武力统一国家，① 到1855年征服了提格雷、戈雅、绍阿等公国，卡萨自立为万王之王，名曰西奥多皇帝。起初英国领事协助他的统一事业，西奥多统一全国军队，给士兵定期发薪饷，改革税制，发展经济，禁止奴隶贸易，让农民、工人各安其业。这位皇帝是基督教徒，他把各地教会置于皇权控制之下，清除犹太教和伊斯兰教。1862年10月，新领事卡梅伦建议他与英结盟反对土耳其，西奥多把这位英国领事、其他欧洲商人和传教士投入监狱。英国转而收买那些对西奥多改革表示不满的酋长和教会人士发动叛乱。1866年元月，西奥多接受英国派来的新领事拉萨姆，但又把后者投入监狱。英国政府几经交涉未成，② 便以此为借口，于1868年派遣纳皮尔率远征军1.5万人入侵埃塞俄比亚。西奥多面对优势敌军和国内叛乱投敌分子，率领6000军人抵抗。4月10日，在阿诺基战役中牺牲，随从官兵宁死不降。此后，埃塞俄比亚又陷入内乱和分裂状态。

苏伊士运河通航后，红海的战略地位上升。列强竞相占领沿海港口以至内地。英国占领柏培拉、泽拉等港口。法国早在1862年就占领奥博克，在吉布提港兴起前奥博克一直是法属索马里的行政首府。1884年，英国、法国、埃及和埃塞俄比亚签约：埃及军队从苏丹和红海沿岸撤走，英、法两国分别以泽拉和奥博克为主要港口，在红海沿岸建立各自的索马里保护地。1885年，意大利在英国支持下占领马萨瓦港，并向内地高原扩张。英国此举旨在遏制法国势力。

英国军队撤出埃塞俄比亚时，把大批武器和军需品送给提格雷的统治

---

① 赵涉慧等：《非洲通史》，北京师范大学出版社1984年版，第188页。

② Langer, *An Encyclopedia of World History*, Houghton Mifflin, 1968, p. 870.

者卡萨，卡萨于1871年打败有名无实的皇帝乔吉斯二世。1872年，他在阿克苏姆登基，称约翰四世，并改革内政，国内局势趋于稳定，而埃及和埃塞俄比亚之间战火不断。英国支持约翰四世，约翰允许英国商人和传教士在本国自由活动。

约翰深感与埃及、与苏丹作战只能使亲者痛、仇者快，便建议与苏丹国王联合起来对付欧洲殖民者，苏丹国王阿卜杜拉1888年复信要约翰改信伊斯兰教，于是两国重燃战火。1889年2月，约翰率15万大军进攻苏丹，3月12日在麦特玛战役中失败被杀，一年前已反叛约翰的绍阿省统治者孟尼利克登基为皇帝。

孟尼利克二世向各省委派地方长官、限制奴隶制度、首次在政府设立各部、改革税制、修道路、架设电报线、开办医院和学校，巩固了政权，得到人民的拥护。

1889年5月2日，意大利与孟尼利克二世签订乌西阿利条约，后者将其北部土地割让给意大利，意回报3万支步枪、28门大炮和300万里拉作为补偿。该条约第17条（用阿姆哈拉文写）为："埃塞俄比亚万王之王陛下在与其他列强或政府所发生的一切交涉中，可以借助于意大利国王陛下的政府。"而意大利文本竟把"可以"篡改为"必须"。1890年2月，意大利把埃塞俄比亚割让给它的土地合并为厄立特里亚，并依据篡改了的条约通知各国，宣布埃塞俄比亚受意大利保护。孟尼利克提出抗议，并公布阿姆哈拉文条约文本。1893年2月，孟尼利克宣布废除乌西阿利条约。

意大利恼羞成怒，于1895年3月25日派遣军队大举入侵埃塞俄比亚，孟尼利克发表告全国人民书，并迅速组建一支11万人的军队，还配备着40门大炮。1896年3月1日，在阿杜瓦战斗中，8万埃军打败1.7万意军。意军伤亡万人，被俘4000人，包括两名将军和300名军官。这场胜利使埃塞俄比亚成为列强瓜分非洲时期，唯一一个战胜敌人的国家，在非洲民族解放运动史上具有重大意义。

埃塞俄比亚政治上保持独立，然而列强打着经商旗号仍在损害其主权。俄（1896）、德（1905）和美（1906）在埃设立使馆，德国人还在埃境内享有各种自由。俄国军官渗入埃军，想在红海取得军事基地。已经在非洲之角站稳脚跟的英、法、意为了阻止其他列强染指，于1906年共同声明：不干涉埃塞俄比亚的独立和主权，但又宣布各自拥有势力范围。塔纳湖以西属于英国，铁路沿线①属于法国，厄立特里亚向南直到首都亚的斯亚贝巴附近的新月形地带属于意大利。孟尼利克二世公开予以驳斥，重申本国主权不容侵犯。不过埃塞俄比亚经济（尤其是外贸）仍然被列强所垄断。1911 年 12 月 12 日，孟尼利克二世去世，国内政局动荡，列强插手其间。1916 年 4 月，里吉·雅苏登上皇位并改信伊斯兰教。9 月 27 日，里吉·雅苏被基督教会人士推翻，由哈拉尔总督塔法里·马康南（1892—1975）辅佐孟尼利克女儿继皇帝位，自任摄政王。马康南于 1928 年发动政变，然后自称海尔·塞拉西一世皇帝。

（四）索马里

索马里位于非洲东北角两侧沿海地区，因其地形特点而享有非洲之角的称呼。1856 年，苏伊士运河开始施工，位于红海和印度洋之间的索马里很快成为列强瓜分的对象。1862 年，法国以签约方式“购买”奥博克，但只升起一面国旗。直到 1881 年，法国人才在此设公司，1884 年任命驻军司令，建立法属索马里保护地。1892 年，把行政中心移至吉布提，并逐步扩大地盘。英国从 1877 年起，先后与埃及总督和泽拉、柏培拉等地酋长签订条约，使其地区接受英国“保护”。1887 年，英国通知其他列强，索马里北部沿海地区为其保护地。英、法为争夺吉布提周围地区发生过冲突。1889 年，意大利对英国保护地以东的索马里地区提出领土要求，英国为了对付德国在东非的扩张，支持意大利，并把英属桑给巴尔素丹辖地巴拉韦、摩加迪沙等海港及其附近地区转交给意大利，1905 年桑给巴尔素丹取得酬金后放弃管辖权，1908 年形成意属索马里。

意、英的入侵从一开始就受到索马里人的反击。1899 年 8 月，一位名叫哈桑的伊斯兰教长领导人民展开反英以及所有异教徒的圣战。1902 年初，起义军达 12000 人。1903 年，在贡布鲁山之战中击毙 200 名英军，包括 9 名军官，但在 1904 年一次战斗中失利。1905 年 3 月，哈桑与英国、意大利、埃塞俄比亚签约，承认索马里受意大利“保护”，但从奥比亚港至诺加尔河直到河口埃勒港之间的地区除外。哈桑在这里建立起一个神权国家，卧薪尝胆，力图东山再起。1908 年，哈桑在英属索马里重举起义大旗，迫使英军撤至海岸几个港口城市。到 1911 年年底，英属索马里内陆地

① 法国利用它对孟尼利克的支持，迫使后者（授权给他的瑞士籍顾问）于 1894 年 3 月与法国签约，由法国修筑吉布提到首都亚的斯亚贝巴的铁路。后因法国资金不足，英国插了进来。到 1918 年全线通车时，法国买断了英国的全部股权。

区全部获得解放。直到1920年，英国才把起义镇压下去。

第三节　拉丁美洲

拉丁美洲指美国以南的中、南美洲和加勒比海地区。从1492年起，该地区沦为西班牙、葡萄牙和法国殖民地（英国1655年占有牙买加、1814年占领圭亚那）。西、葡殖民者也把他们的语言文字带到这里。而西、葡、法语属于印欧语系罗曼语族，罗曼语源于古罗马语，说此语的罗马人最初居住在今天罗马城郊的拉丁姆一带，故罗曼语又称拉丁语，美洲的这一地区也称为拉丁美洲。

一、美洲的殖民化

哥伦布1492年在西班牙国王和王后资助下，率领80多名海员西行，于10月12日来到巴哈马群岛，又航行到古巴、海地岛，此后三次横渡大西洋，发现了新大陆。其他欧洲探险家纷至沓来：巴尔博亚1513年穿越巴拿马地峡看见“南海”，科尔特斯率领由西班牙人和当地印第安人组成的500人军队，并携带10门大炮于1519—1521年征服墨西哥，阿兹特克文明被毁。1531年，皮萨罗率领一支更小的军队征服秘鲁，将印加国王宫殿里的金银财宝抢劫一空。1519年，麦哲伦的船队沿巴西海岸南下，穿过大陆最南端的海峡首次进入一片平静的海洋，为此他命名太平洋。265名海员驾驶5艘船继续西行，由于预计的航程比实际距离短，他们在赤道线上经受缺乏淡水、食物以及疾病的折磨，船舱里腐烂的老鼠肉也成了美味佳肴。1529年3月6日，他们到达荒凉的关岛，15日到达菲律宾。4月，麦哲伦因参与当地居民两派间的械斗被杀，他的部属采购香料后在归途中躲过葡萄牙人，于1522年9月6日回到西班牙。这是人类第一次环绕地球航行获得成功。

1500年，葡萄牙人卡布拉尔奉王室之命前往东印度探险，航行途中意外地到达今天的巴西沿岸，他们登陆并宣布此地归葡萄牙。此后，葡王多次派人沿南美东海岸探险，后来在这里发现一种珍贵的树木，类似东方红木，便以此木（Brazil）命名该地，中文译名巴西。葡萄牙从巴西掠走的黄金累计价值6亿美元、金刚石3亿美元。

西班牙王室在加利福尼亚到智利的广大美洲地区迅速建立起一个殖民帝国，查理一世还于1524年在马德里建立印度事务院，下辖四个总督区

(副王区)：新西班牙总督区，首府墨西哥，包括今天墨西哥、中美洲地峡、古巴等岛屿及美国南部；新格拉纳达总督区，首府利马，包括今哥伦比亚、委内瑞拉、厄瓜多尔等地；秘鲁总督区，首府瓦尔帕莱索，包括今秘鲁和智利；拉普拉塔总督区，[①] 首府布宜诺斯艾利斯，包括今玻利维亚、巴拉圭、阿根廷等地。在各总督区之下，还在古巴、委内瑞拉等地设都督辖区，都督也由国王任命，总督和都督区下辖省、市、镇。

西班牙美洲的社会结构界线分明，在1400万（1800年）总人口中，约有30万半岛人[②]，占据拉美军队、政府、司法和教会等所有高级职位，这些高级官吏和顾问把自己在殖民地的任期看作一生中“永远不会再有的幸福时代”。对王室指令“尊从而不照办”，在各自辖区和职权范围内巧取豪夺。300万土生白人即克里奥人是西班牙移民的后代，掌握着这里的大部分土地，构成地主和中级官吏的主体（在历任的170个总督、都督中，只有4人是土生白人)，殖民地工商业者也来自这一阶层。他们最先接触到法国的启蒙思想，对半岛人飞扬跋扈和宗主国的种种限制心怀不满，要求分享政权并与宗主国脱离，是独立战争的领导力量。处在社会底层的是印第安人和黑人，以及各种混血人种。印第安人和白人的后裔称梅斯提索人，在中美洲称为拉迪诺人，在某些安底斯国家称为乔洛人。黑人约占现在总人口的7%。[③] 白人和黑人的后代是缪拉托人。这两种混血人种现在约占拉美总人口的40%。黑人和印第安人的后代称萨姆博人。

殖民政府对印第安人实施一种半农奴制——监护征赋制，又译作大授地制；在矿区实行强迫劳役制——米达制。1720年，废除监护征赋制，进而发展起大庄园制，到19世纪初，从西非沿海输入巴西的黑人奴隶累计500万人，占当时巴西人口总数的一半（现在巴西有1200万黑人)。目前，海地、格林纳达、牙买加、巴哈马等地的黑人占其总人口80%以上。混血人种比例大的国家为墨西哥和中美地峡各国。欧洲移民及其后裔约占拉美总人口的39%，主要分布在南美各国。以白人为主的国家有阿根廷、乌拉圭、古巴和哥斯达黎加。[④] 印第安人当年约3000万人，使用500多种语

---

① 四个总督区 Viceroyalties：New Spain，New Granada，Peru and La plata.

② 指伊比利亚半岛出生的居民。刘宗绪：《世界近代史》，高等教育出版社1986年版，第86页。

③ 张森根：《拉丁美洲经济》，人民出版社1986年版，第9页。

④ 中共中央对外联络部主编：《拉丁美洲手册》，上海人民出版社1978年版，第10、18页。

言。21 世纪以前，拉美人口自然增长率年均 2.7% 以上，非洲也只有 2.5%，亚洲 2.3%，世界平均 2%。拉美多数居民信奉天主教，在殖民地年代，这里的教会比西班牙本土要宽容一些。

西班牙美洲的经济在最初两个世纪以贵金属开采为主，当时有一座山的银矿年产值曾达 10 亿美元。[①] 矿工们在日落收工下山的路上，往往会被银矿石绊住脚。这些金条、银锭从墨西哥韦拉克鲁斯和哥伦比亚的卡塔赫纳装船运往西班牙。当时海盗和私掠船在公海横行，途中风险很大。在整个殖民时期，西班牙共攫取 250 万公斤黄金和 1 亿公斤白银。17 世纪中期以后，随着西班牙国力衰落，西属美洲殖民政府对外贸的控制有所放松。大商人与法国、荷兰、英国船主勾结，开始从事有利可图的走私贸易，克里奥人越来越不受政府管束，甚至发生叛乱。到 18 世纪，殖民地工业发展起来，种植园农业更加重要，而葡属巴西的金矿逐渐枯竭，金银出口在美洲经济中的占比下降了。西班牙人从一开始就依赖当地劳动力，新西班牙的印第安人一周工资还不到 1/4 便士，以至于旧西班牙穷苦青年根本接受不了。[②] 在 16—17 世纪价格革命期间，西班牙平均工资高于其他国家，法国南部成千上万农民到西班牙打工。这同北美殖民地年代大量欧洲移民迁入相反。

到 18 世纪末，美洲社会里中上层人士已经习惯于说西班牙语、使用英国商品而阅读法国小说。北美独立战争和法国大革命对拉丁美洲知识分子影响很大。在拿破仑战争期间，西班牙被迫参加法国的“大陆封锁”体系，英国为了打破封锁，控制着西班牙海岸。这些都削弱了西、葡两国对拉丁美洲殖民地的控制，有利于拉丁美洲民族解放战争取得胜利。

二、海地革命（1791—1803）

海地是法国最富庶的殖民地，这里出口的蔗糖和咖啡占法国殖民地贸易总值一半。岛上 4 万法国人统治着 50 万黑人奴隶，另有 3 万自由人。这些身份自由的有色人种处处受限制，奴隶同种植园主的矛盾一直很尖锐。法国大革命爆发后，海地也发生了武装起义，1797 年黑人杜桑·卢维都尔

---

① Carlton J. H. Hayes, Frederic F. Clark, *Medieval and Early Modern Times*, Macmillian Publishing Company, 1966, p. 343.

② 克拉克：《新编剑桥世界近代史》第 1 卷，张文华等译，中国社会科学出版社 1988 年版，第 642—643 页。

参加起义队伍，1794 年指挥起义军把入侵的西班牙殖民军赶出海地，1797 年成为起义军总指挥。1798 年，又驱逐英国侵略军，控制了海地全境。1801 年，他宣布海地自治，并颁布宪法，下令解放全部奴隶。1801 年，法国派 2.9 万军人和 54 艘战舰进攻海地受挫，转而诱骗卢维都尔谈判，然后将其扣留，送往法国后死于狱中。但海地起义军于 1803 年 10 月迫使法军投降，11 月 29 日海地宣布独立。

海地人民发动起义，先后打败西班牙、英国和法国侵略军。摆脱了殖民统治，成立共和国，并废除了奴隶制度。这在拉丁美洲民族解放和民主运动历史上都是第一次，给拉美各殖民地人民树立了光辉的榜样。

三、西班牙美洲殖民地独立战争（1810—1826）

1810 年，法军占领西班牙本土后，中央政府不复存在，西属美洲人民乘机发动武装起义。加拉加斯、基多、波哥大、布宜诺斯艾利斯等城市的殖民当局均被推翻，政权转到起义军指挥机构洪达手中。

拉美独立战争有三个中心战场：以拉普拉塔地区为中心的南部战场，起义领导人是圣・马丁；以新格拉纳达为中心的北部战场，领导人为玻利瓦尔；以墨西哥为中心的中美洲战场，领导人为希达尔哥。其中以墨西哥起义规模最大。

1810 年 9 月 16 日，小贵族出身的天主教神甫希达尔哥在墨西哥中部省份瓜拉华托的多洛雷斯村号召印第安人、梅斯蒂索人（包括一部分克里奥人）从西班牙人手中夺回他们祖先失去的土地，成为自由人，他充满激情的演说使群情振奋，听众热烈响应，此即“多洛雷斯吼声”。

希达尔哥率领 8 万人起义军连克数镇，直逼墨西哥城下。但 1811 年 1 月战败被俘，英勇就义，他是墨西哥独立运动之父。他的战友、当过乡村神父的梅斯蒂索人莫瑞洛斯率领起义军继续战斗，他主张种族平等、废除教会和军官特权、废除奴隶制度。1813 年，在他倡议下召开国会，宣布独立。1814 年，通过宪法，解放南部广大地区，但克里奥人因失去其大地产而纷纷投敌。1815 年，起义军被打败，莫瑞洛斯牺牲，余部退而坚持游击战。

在新格拉纳达地区，米兰达从 1810 年开始领导委内瑞拉独立战争，1811 年他领导的洪达否认西班牙摄政地位。7 月 5 日，宣布委内瑞拉独立，而且是拉丁美洲自由国家大家庭中的一员。召开国会并通过了宪法，米兰达是革命军总司令。他委派玻利瓦尔等人去英国寻求援助。米兰达、玻利瓦尔等领导人都出身于克里奥富商或大地主家庭，没有采取措施改善下层民众生活，因此缺乏群众基础。1812 年，西班牙军队卷土重来，又征服了委内瑞拉大部分地区。米兰达战败被俘，后死于狱中。1813 年，玻利瓦尔率军攻入加拉加斯，委内瑞拉共和国再度成立，国会授予玻利瓦尔“解放者”的称号。第二年革命失败，玻利瓦尔流亡国外。

在拉普拉塔地区，布宜诺斯艾利斯革命者于 1810 年 5 月建立临时政府洪达。五月革命的领导人是律师摩勒诺和北部革命军司令贝尔格拉诺。1811 年 5 月，巴拉圭革命者逮捕西班牙省长，建立洪达，8 月 14 日宣布独立。拉普拉塔地区东岸省革命者于 1811—1812 年两次围攻蒙得维的亚。1828 年，东岸省独立，名曰乌拉圭。

1814—1815 年，拿破仑帝国崩溃，神圣同盟建立，这有利于西班牙国王斐迪南七世镇压拉美争取独立的革命战争，革命形势转入低潮。

西属美洲独立战争的胜利。1816 年，玻利瓦尔得到黑人共和国海地援助，带领 250 名战士在委内瑞拉奥里诺科河河口登陆，与当地游击队会合，击败西班牙驻军，解放了大片地区。为了吸引广大黑人参加革命队伍，玻利瓦尔许诺战后给士兵土地，他还得到欧洲数千名志愿者的增援。1818 年，委内瑞拉召开国会，选举玻利瓦尔为共和国总统，他给国会提交一部宪法。1819 年，玻利瓦尔的军队在英国自愿者协助下越过安第斯山脉，8 月 7 日在波耶加河打败一支占优势的保皇派军队后，于 8 月 10 日占领波哥大，此役使新格拉纳达地区获得解放。12 月 17 日，委内瑞拉国会（包括新拉纳达地区议员）宣布建立大哥伦比亚共和国，包括新格拉纳达、委内瑞拉和基多，并通过了宪法，玻利瓦尔被选为总统和军事独裁者。

1820 年，西班牙国内发生革命，斐迪南七世接受 1812 年宪法（按此宪法，议会里有殖民地代表）。玻利瓦尔立即派特使去西班牙议会，劝说议员们认可哥伦比亚独立，议会予以拒绝，独立战争重新爆发。1822 年，共和国军队肃清基多的西班牙残军，大哥伦比亚全部领土获得解放。

西班牙革命爆发后，墨西哥克里奥大地主和高级教士担心会有更多的人参加游击队，一位曾镇压过革命的西班牙军官伊脱比德利用上层社会这种惧怕心理，于 1821 年率军队进入墨西哥城，2 月 24 日宣布墨西哥独立，维护天主教会原有的地位和财产并迫使墨西哥总督离职。1822 年 5 月 19 日，伊脱比德发动政变，自称皇帝奥古斯丁一世。1823 年，革命者推翻帝制，重建共和。

中美洲各省在 1811—1814 年举行起义，但被西班牙镇压。1821 年，诸省在危地马拉城召开洪达，宣布独立。1823 年 7 月，中美联合省正式成立。1838—1839 年，分为五个国家。

在南美南部，拉普拉塔联合省（阿根廷）于 1816 年 7 月 9 日宣布独立。1817 年，圣・马丁率联合省军队越过安第斯山攻入智利，与当地起义军会合，击溃西班牙军队。1818 年，智利宣布独立。1820 年，圣・马丁率军队从智利经海路进攻西班牙在南美的统治中心秘鲁。1821 年，秘鲁共和国成立，圣・马丁为“护国公”。但共和国只控制沿海地区，上秘鲁仍未解放。1823 年，玻利瓦尔率军队越过安第斯山向上秘鲁挺进，1824 年 12 月 9 日，西班牙军队主力 9000 人，骑兵、炮兵 13 个营与起义军在阿雅库乔决战，玻利瓦尔的战友苏克雷率 3000 军人打败敌军，秘鲁总督、4 名元帅、10 名将军和 2000 士兵被俘。这次胜利最终确保拉丁美洲脱离西班牙 300 多年殖民统治获得独立。1826 年 1 月，西班牙在美洲大陆最后一个据点卡亚俄港守军向玻利瓦尔投降。

四、巴西独立

葡萄牙 16 世纪侵占巴西后，在这里分设 12 个管区，由王室任命大贵族前来统治。统治者占据大片土地，奴役印第安人，后来又从非洲运入黑人奴隶。18 世纪末，土生白人种植园主、地主和商人实力雄厚，要求摆脱殖民枷锁。美国独立和法国大革命的消息同样鼓舞着巴西人民，1788 年在南部米拉斯吉拉斯州，一批知识分子和青年军官组成秘密团体，由自称“拔牙者”的牙科医生席尔瓦・沙维尔领导，口号是独立、共和与废除奴隶制。因叛徒出卖，多数成员被监禁或流放，沙维尔于 1792 年就义。

1808 年，拿破仑大军攻入葡萄牙，摄政王阿尔加尔弗亲王在英国海军帮助下逃往巴西。1815 年，摄政王宣布成立“葡萄牙、巴西和阿尔加尔弗联合王国”，以安抚巴西人的民族情绪。1816 年，摄政王成为“联合王国”国王，称若奥六世（1816—1826 年在位）。拿破仑的大陆封锁使巴西对欧洲贸易大幅下降，同阿根廷争夺乌拉圭的战争使经济萧条更为严重。1817 年，巴西东北部伯南布哥州土生白人起义并夺取政权，两个月后被镇压。1820 年，葡萄牙发生革命，新议会要若奥回国。1821 年，他离开巴西，临别时嘱其子佩德罗：必要时应宣布独立，自立为帝。1822 年，巴西民族主义情绪高涨，佩德罗于 5 月 13 日宣布自己是巴西的永久保卫者，他还召集议会，制宪议会于 6 月 3 日开幕。9 月 7 日，葡萄牙议会给佩德罗送来公函，要巴西附属于葡萄牙，佩德罗于是宣布巴西独立。10 月 12 日，在参议院倡议下，摄政王佩德罗被授予巴西立宪皇帝称号，佩德罗宣誓接受议会正在起草和讨论的宪法。12 月 1 日，举行佩德罗一世的加冕典礼。1888 年，巴西废除奴隶制度，1889 年，改帝制为联邦制共和国。

五、古巴独立战争

1810—1826 年，解放战争使西班牙失去对整个美洲大陆的殖民统治，加勒比海上这个盛产甘蔗糖的殖民地古巴对西班牙就显得更加重要，这个"永远忠诚的岛屿"同菲律宾一样，成了西班牙殖民当局的摇钱树，政府横征暴敛、官吏贪污腐败。西班牙还垄断古巴对外贸易，与美国打贸易战，这损害了古巴一部分克里奥人（种植园主）的经济利益（克里奥在古巴占多数），他们走上了独立和革命道路。

（一）十年战争（1868—1878）

1868 年 9 月 18 日，西班牙发生革命，29 日马德里人民起义，次日伊丽莎白女王逃往法国。10 月 10 日，种植园主、律师塞斯佩德斯－卡斯略蒂在马埃斯特拉山领导人民起义，宣布古巴独立，逐步解放奴隶。1869 年，各省代表开会制定共和宪法，选举塞斯佩德斯为总统，颁布信教自由和解放奴隶等法令。西班牙残酷镇压，塞斯佩德斯 1873 年被俘就义。1878 年，战争双方签订《桑洪协定》，起义军方面答应停止武装斗争，西班牙许诺实行改革：古巴代表有权出席西班牙议会。1880 年、1886 年，在古巴废除了奴隶制。

（二）1895—1898 年解放战争

桑洪协议签字后，西班牙继续搜刮钱财，还没收起义者财产，土地兼并更加严重。1895 年，占古巴人口 1.4% 的种植园主占有全岛 45.5% 土地。19 世纪晚期，欧洲国家开始用甜菜制糖，古巴糖失去欧洲市场，加上美国于 1894 年提高蔗糖进口税，致使古巴许多种植园破产。古巴革命党（1892 年在纽约建立）领导人何塞·马蒂于 1895 年 2 月 24 日在奥连特省发动武装起义。3 月 25 日，他与戈麦斯共同发表宣言，宣布解放古巴是"全国意志的表现"。5 月，马蒂在战斗中牺牲，戈麦斯率起义军继续战斗。9 月，起义军民的代表开会宣布古巴独立，起草临时宪法，选出总统。戈麦斯和马塞奥（1854—1896）率领军队发起"突进战役"，在 3 个月内，从东到西横扫全岛，打败四倍于己的殖民军，迫使敌军残部退守几个海港。西班牙殖民军虽然采用集中营政策，但到 1898 年年初，起义军已解放全岛 2/3 的土地，对哈瓦那形成包围态势。就在古巴军民即将赶走西班牙军队时，早已虎视眈眈的美帝国主义插了进来。1898 年 4 月 25 日，借口“缅因号”军舰在哈瓦那被炸向西班牙宣战。12 月，美、西签订《巴黎和约》，西班牙放弃对古巴的一切要求和特权。美国在古巴大肆收买上层人物、监督议会选举，把美国国会通过的普拉特修正案①作为宪法附录强加给古巴人民。古巴成为受美国保护的国家。

六、墨西哥资产阶级革命

独立战争胜利后，墨西哥人民也遭受大授地制和考迪罗主义之苦。1824—1848 年发生过 200 多次政变，更换了 31 个总统，其中 1841—1848 年更换了 21 个。1846—1848 年，美国大举入侵，迫使墨西哥割让 55% 的国土。内忧外患迫使胡亚雷斯总统②实施改革：政教分离、没收教会地产、解散修道院、教育世俗化等。守旧势力发动叛乱，胡亚雷斯推动政府进行改革战争（1858—1860），这引起天主教国家法国的军事干涉。法军占领墨西哥城，并扶植其傀儡奥地利大公马克西米里安作墨西哥皇帝（1864），墨西哥军民经过五年战斗，赶走法军，并处死马克西米里安，恢复共和国。

1872 年，胡亚雷斯逝世后，他的部将迪亚士成为总统（1876—1880，1884—1911）。这个独裁者支持有权势者兼并土地，使农民重新沦为农奴或债务农。他恢复教会特权、出卖国家主权，深受美国资本家赏识。美国钢铁公司和美孚石油公司占据墨西哥 3/4 矿山和一半油田。外资占有的墨西哥耕地中，有一半属于美国资本。到 19 世纪末，墨西哥民族资本也有初步发展，1876 年有 700 公里铁路，1911 年达到 24717 公里。迪亚士在选举前夕逮捕马德罗，后马德罗从监狱逃亡美国，以维护宪法的名义，号召墨西哥人民推翻迪亚士暴政，并宣布要给农民分配土地。国内各阶层人民热烈响应，南、北两支农民军打败政府军，1911 年 5 月 25 日迪亚士被迫下台。11 月，马德罗就任总统（1911—1913），他恢复民主政治，但没有兑现农民有其田的许诺。受美国支持的原马德罗军队参谋长韦尔塔（1854—

---

① 普拉特修正案规定美国为“保护古巴独立”，“有权对古巴进行干涉”：美国有权在古巴购买土地用于建立媒站和海军基地。未经美国允许，不得与外国签订条约或者借款。这是美国参议员普拉特（Plato，O. H.）1901 年 3 月提出的，故名。由于古巴人民一再反对，美国于 1934 年 5 月被迫废止，但至今占据着关塔那摩军事基地。

② Juarez，Benito Pablo，曾任司法部长。1858—1862 年、1867—1871 年、1871—1872 年任总统。

1916）利用人民的不满情绪发动政变，杀害马德罗总统，建立起独裁政权，奉行亲英政策。

1913年，卡兰萨（1859—1920，1917—1920年为总统）领导群众展开打倒篡权者、维护宪法的斗争，他率领的护宪军在维亚（1877—1923）农民军支持下、在墨西哥工人群众配合下展开护宪斗争，加上美国对韦尔塔亲英不满，7月15日韦尔塔政权垮台，卡兰萨的护宪军占领首都，随即迫使维亚的农民军撤离首都。1915年，卡兰萨政府公布土改法令：规定过去从印第安人及其村社夺走的土地一律归还原主，必要时将从大农庄划出土地分给农民，成立全国土地委员会具体实施之。卡兰萨还争取到无政府工团主义者领导的工人武装“红色大队”的支持。1916年3月，美国陈兵十万于美墨边境，卡兰萨政府在人民支持下迫使美军于1917年撤走。1916年12月，墨西哥召开制宪会议，1917年2月颁布新宪法。新宪法第23条规定：土地、河流、矿藏属于国家所有。教会不得拥有不动产。国家将采取适当措施拆散大地产，发展小块土地所有制。第123条规定工人有权组织工会。8小时工作制，每周工作6天，夜班7小时。在工资、女工、童工、工伤、解雇、劳资纠纷等方面都有保护弱者的具体措施。新宪法重申1857年宪法关于政教分离、参政权、合作社、扫除文盲、组织政治团体等权利。

这部宪法公布后，虽然并未完全实施，但仍是当时拉丁美洲最进步、最民主的宪法。1910—1917年革命是一场反帝反封建的资产阶级革命。

七、独立之后的拉丁美洲

拉丁美洲各国尽管在政治上取得独立，但殖民统治时期大地产制和封建剥削依然存在，而大工业尚未建立，对外贸易和国内市场又掌握在英国人手里。于是政治和经济权力仍由一小撮人把持着——过去是半岛人，这时是那些在革命年代战功显赫、大权在握的克里奥人。他们是拥有大种植园、大矿山的主人，或者是一心想往上爬的军政官员。厄瓜多尔军校就教导学生：“军事生涯的最后一步是获得共和国总统职位。”[①] 大种植园主、大矿山主同时经营外国制成品的进口贸易，成为外国厂商在当地的特许代理人。政权的社会基础十分狭窄，军事政变层出不穷，玻利维亚在74年间

---

① 斯塔夫里阿诺斯：《全球通史 1500年以后的世界》，吴象婴译，上海社科院出版社1992年版，第531—532页。

发生过60次“革命”。哥伦比亚70年间爆发27次内战，秘鲁独立100年来更换过50多个总统。19世纪墨西哥政权更替72次，其中有60次是通过考迪罗式的政变上台的。[①] 考迪罗们多为制宪能手，1810年以来，拉美各国颁布过上百部宪法，都徒有虚名、形同废纸。这种通过军事政变夺取国家权力，依靠军队实行独裁统治的政治体制，史称考迪罗主义。它造成政局长期动荡，内战持续不断，野心家为寻求外国支持而不惜出卖国家主权。社会秩序尤其是市场秩序紊乱，资金外逃而经济增长缓慢。这种由一小撮人支配国民经济、垄断军政要职而广大农民失去土地的社会—经济结构，还导致贫富差别悬殊、阶级矛盾激化。

拉丁美洲人均可耕地面积高于世界平均值，但是带着宗主国烙印的拉丁美洲大授地制，经过1810—1826年独立战争不但未受打击，反而因克里奥人把持军政大权而得以巩固和发展。他们没收了原西、葡殖民统治者的土地后，继续用廉价收购、垄断水源、丈量土地和强迫迁移等手段，从印第安人手里掠夺土地。19世纪兼并的土地面积比前3个世纪的总和还多，智利1%的农户占有全国52%的土地。1910年墨西哥革命前，全国85%的土地集中在占全国1%的人手中。1880—1884年，墨西哥仅通过一次丈量土地就使全国1/4土地落到庄园主和外国资本家手中。在阿根廷，甚至采取屠杀印第安人的手段扩大地产。[②] 失去土地的印第安农民和梅斯提索农民租种大地主划分的小块土地，形同中世纪农奴，有的佃农沦为大地主的债务农民，永远偿还不清债务本息，世世代代依附于大地主，是一种变相的债务奴隶制。

这种封建式剥削与农民的贫困、愚昧互为因果，使拉丁美洲农业生产水平长期处于落后状态。在巴西腹地，直到20世纪初期，平均200个农户才有一部犁。生产力低下加上掠夺式开发，使大片森林消失、水土流失严重，委内瑞拉和巴西等国的耕地面积实际上只占可耕地的1%。农民贫困还使国内市场萎缩。这就使拉丁美洲的商品化农产品只能依靠国外市场。

19世纪中叶以后，随着铁路由沿海向内地延伸，拉丁美洲的外向型经济有所发展。阿根廷的小麦和牛肉、巴西的咖啡、智利天然硝石和铜、玻利维亚的锡和墨西哥石油，以及中美洲各国的热带水果都在世界市场享有

---

① 郑家馨、何芳川：《世界历史——近代亚非拉部分》，北京大学出版社1990年版，第422页。

② 中共中央外联部编：《拉丁美洲手册》，上海人民出版社1978年版，第24页。

盛誉，有的还占有压倒优势，这些产品构成该国经济的主导产业。这种单一经济结构由于外资渗入和受国际市场行情变动（消费国掌握着支配权）的影响，国民经济实际上受外国资本控制。当国外求大于供时，获利的主要是国内买办资本家、大地主和大商人；当国外供大于求时，国民经济就陷于严重萧条之中。但从另一方面看，市场化经济有助于国家工业化。

1877 年，墨西哥仍没有近代工业，而到 1910 年已有 146 家机器纺织厂。巴西的近代工厂 1850 年只有 50 家，投资额 18 万英镑，1907 年达 3000 多家，投资额 4200 万英镑。阿根廷铁路 1880 年只有 2000 公里，1914 年达 3 万公里。拉美各国经济发展吸引了大量海外移民，欧洲移民带来熟练技术和资本。

拉美近代工业中外资比例较大，到 1914 年，列强对拉美的投资及所占份额如下：英国 37 亿美元（7.56 亿英镑，当时 1 英镑兑换 4.87 美元），占 43.5%；美国 17 亿美元，占 20%；法国 12 亿美元，占 14.1%；德国 9 亿美元，占 10.6%；比利时、荷兰、葡萄牙等欧洲国家共 10 亿美元，占 11.8%。这些投资共 86 亿美元，其中 1/3 投在阿根廷，1/4 在巴西，另外 1/4 投在墨西哥。这 80 多亿美元占西方列强对外投资总额 440 亿美元的 19.3%。从投资方向看，英国到 1913 年年底对拉美直接投资中，67% 投资在铁路，尤其在阿根廷、乌拉圭、秘鲁和哥伦比亚铁路中占压倒优势。英国资本还在拉美航运、公用事业、采矿、金融业中占支配地位。①

第四节　亚洲

亚洲是地球上最大的一块陆地，整个欧洲不过是它的延长部。亚洲东部面对浩瀚的太平洋，青藏高原和帕米尔高原从它的腹地拔地而起，其高度和幅员只有放在这块世界岛屿上才算协调。在人类古代文明历史上，亚洲长期以来位于“世界”舞台的中央：世界三大宗教佛教、基督教和伊斯兰教，都诞生于亚洲。古代四大文明中心有三个分别位于亚洲两河流域、印度河与黄河中下游。

但是，亚洲对于古人来说实在是太大了，而且腹地又横亘着难以逾越的高山雪原和沙漠戈壁。因此，亚洲历史上从未出现过欧洲式的整体化文明——无论是罗马帝国的世俗政权还是基督教会的一统天下，更没有 15 世

① 张森根：《拉丁美洲经济》，人民出版社 1986 年版，第 288—290 页。

纪以来那种群雄争霸的民族国家体系。于是，亚洲从古代文明的初创时期就分为各自独立、平行发展的三大区域：西亚（近东）、南亚和东亚（远东）。中亚内陆地区和东南亚（中印半岛）则是不同文明的交会区域。西亚文明同古埃及、古希腊与古罗马文明密不可分；南亚的印度文明直到德里素丹时期（1026—1526）仍然在独自缓慢地发展；东亚儒家文明处在一个更加封闭的地理单元里，只有丝绸之路和佛教东传这样极为有限的交往。

一、奥斯曼帝国：改革与革命

1529 年，土耳其骑兵在维也纳城下被联军击败，帝国向欧洲扩张的锋芒首次受挫。1683 年，土耳其军队在维也纳城外再次败北，1699 年更是被迫与奥地利、波兰、威尼斯签订卡罗维茨条约：奥地利获得匈牙利几乎全部领土，以及特兰斯瓦尼亚、克罗地亚和达尔马提亚。波兰和威尼斯也各有所获。俄国继续与奥斯曼作战，直到 1700 年获得亚速夫。这是列强对奥斯曼帝国的第一次分割。1740 年，奥斯曼与法国签约，在确认 1535 年条约中各项特权的基础上，又允许法国商人经帝国领土与俄国通商。其他欧洲国家竞相仿效，也获得类似的商业特权，这是奥斯曼帝国沦为列强半殖民地的开端。1774 年，库楚克·开纳吉条约（西里西亚地区多瑙河边一村庄名）又使俄国获得新领土，并有权在奥斯曼水域自由航行，素丹承认克里米亚的鞑靼人享有“独立”地位。俄有权干涉多瑙河两公国内政，有权在君士坦丁堡建立东正教堂，土耳其有义务予以保护。这些条款成为俄国此后进一步干涉的基础。

但是，这个外强中干的军事封建帝国仍然占有巴尔干、高加索直到北非的广大土地。军事采邑制是土地占有的基本形式，采邑主（领主）有义务为素丹服军役。采邑内的农民被束缚在份地上，向领主、国家或教会缴纳地租、捐税并服劳役。到 17 世纪，农民的租、税负担比 100 年前增加六七倍，一部分地租和捐税改为货币形式。由于包税制、货币贬值（原因之一是欧洲商人借助条约特权带来廉价白银），导致境内金价大幅上涨和寅吃卯粮，许多农民破产，农村一片萧条。到 18 世纪末，全国一半耕地已经荒芜。手工业受行会章程（须经素丹批准）和外国商品竞争而日渐衰落。进口贸易掌握在外国商人，尤其是法国商人手中，他们享有减税特权，而本国商人缴纳的进口税是外商的 2 ~ 4 倍，还经常遭受官吏勒索与盗匪抢劫，商品每经过一个省都要纳税。过去，来自东方的贵重商品经过海上、陆地丝绸之路，都在国内中转，再运往欧洲。新航路开通后，东、西方贸易无须经帝国领土中转，政府的税收减少了。

为了挽救帝国，塞里姆三世在1792—1796年颁布法令实施改革，没收拒服军役的领主的采邑。改组海军，按欧洲方式训练军队，开办新式军校。组织“十二人委员会”监督宰相，设立财政局，对烟、酒、咖啡征税。派遣驻外使节。改革遭到官僚贵族、总督、高级阿訇和近卫军军官的反对，他们于1794年、1806年，两次发动叛乱。1806年，沙皇发动俄土战争，守旧势力乘改革派大臣和军队开往前线的机会，策动近卫军在首都暴动，塞里姆三世被废黜，新素丹穆斯塔法四世（1807—1808年在位）登基后，国家又回到改革前的老样子。

巴尔干地区多数居民信奉东正教，他们备受重税盘剥，以及当局的宗教侮辱和民族歧视，奥斯曼近卫军的专横尤其招致怨恨。1804年，塞尔维亚人民武装起义，1805年，起义者建立行政委员会，曾多次打败土耳其军队。1806年，解放最后一座要塞贝尔格莱德，正式要求民族独立。1830年，素丹承认塞尔维亚自治权和选举大公的权利，但有权在贝尔格莱德等地驻军。在此期间，希腊人民起义（1821—1829），迫使土耳其承认希腊独立。

巴尔干民族起义和希腊独立使改革派重新抬头。素丹马赫穆德二世1826年用武力镇压近卫军反叛并将其解散，1831年废除军事采邑制。使大小采邑变成与军役无关的私有财产，政府只征收土地税，剥夺采邑主的军事、政治权力，发给养老金共75万英镑，并把伊斯兰教会的土地和其他产业置于政府控制之下。在行政方面，中央设内政、外交、陆军、财政各部，派文官去各地任省长和县长。在经济文化方面，取消内地关卡，开办军医学校，恢复军校，派遣留学生，设军事科学院和音乐学校。

鉴于帝国军队一再被埃及新军打败，外交大臣雷希德·帕夏劝说素丹阿卜杜尔—梅吉德一世（1839—1861年在位）同意实施改革，并于1839年11月3日在皇宫花园里向大臣、高级阿訇以及各国使节宣读他草拟的敕令，即《玫瑰园敕令》：帝国全体臣民不分宗教信仰一律享有人身、名誉和财产权且不受侵犯。改革税制，首先废除包税制。改革征兵制。对卖官鬻爵、贪污受贿者将严加惩处。此后还颁布改组法院、军队、政府和教育机构的法令。旨在建立近代集权政府、名人议会、省谘议会和各地法院。

这次改革较以往深刻而广泛，但当时还缺乏相应的阶级基础，封建守旧势力强大，加上列强掣肘，因此成效并不显著。

克里米亚战争虽然胜利了，但在巴黎和会上，奥斯曼作为战胜国却被排斥在外。《巴黎条约》内容是：①土耳其成为“欧洲协调国”，列强尊重（奥斯曼）帝国的独立和完整。②黑海中立化。各国商船可以进出两海峡（不含军舰）。③各国无权干涉土耳其素丹与其臣民的关系（主要针对俄国）。④多瑙河对外开放，各国船只均可自由航行。⑤土耳其对摩尔多瓦、瓦拉几亚有宗主权，俄国放弃对两公国的保护权，由缔约国共同保障两公国的权利。⑥俄国割让比萨拉比亚南部给摩尔多瓦。摩尔多瓦和瓦拉几亚在土耳其主权下成为一个联合公国。⑦俄放弃卡尔斯以换取塞瓦斯托波尔等地。⑧塞尔维亚自治，由列强保障其权利。①

巴黎和会还对海洋法做出四项规定：①私掠船制度予以废止；②除违禁品外，中立国国旗可以保护敌国货物；③除违禁品外，中立国货物即使在敌人的国旗下也不得被没收；④封锁必须有效。② 就是说必须有足够强大的军事实力有效控制对方海岸及其港口。这四项规定成为国际法中的四大规则。

克里米亚战争胜利后，来自俄国的威胁有所减轻。在英、法等国的压力下，1856 年 2 月 21 日，素丹阿卜杜尔·麦基德一世颁布诏书，重申 1839 年改革（《玫瑰园敕令》）的各项原则，并列入巴黎和约作为政府必须履行的义务，诏书规定利用欧洲的科技和资本修建铁路，发展商业。保障基督教臣民的生命、荣誉和财产安全，废除基督教会首领的民事权力。这些教会将来由教士的宗教会议和全国教徒会议予以管理。保障学术自由，一切文官职位对素丹的全体臣民开放。平等征税，所以基督教徒必须服兵役，但允许他们花钱让别人顶替。废除酷刑，改革监狱，全体臣民在法律面前都是平等的。在某些情况下外国人可以获得地产（不动产）。1856 年敕令是 19 世纪历次改革中最重要的一次。但也为英、法两国控制土耳其提供了方便。1856 年，创办奥斯曼银行，有权发行货币，由英、法资本控制。该行掌握着国内外贸易。1858 年，颁布新土地法，使土地完全私有化。经过九年修订，1876 年，完成奥斯曼民法典。克里米亚战争期间，为筹措军费，帝国政府向英、法借款。1870 年，已负债 25 亿法郎，政府只得以关税收入作抵押。土耳其更深地陷入半殖民地地位。

---

① 杨闯：《近代国际关系史》，中国人民大学出版社 1998 年版，第 183—184 页。

② William L. Langer, *An Encyclopedia of World History*, Houghton Mifflin, 1968, p. 774.

1870 年 10 月 31 日，俄国否决了 1856 年巴黎和约中对英、法有利的黑海条款，英国、奥地利抗议，但德国支持俄国。1871 年 3 月 13 日，伦敦国际会议上俄国不得不公开声明：反对采取违犯国际协议的单方面行动。

1875 年 7 月，黑塞哥维那和波斯尼亚起义，随后是保加利亚。土耳其与塞尔维亚、门得内哥罗作战。1877—1878 年，俄土战争后签订柏林条约。

1876 年 12 月 23 日，公布宪法，奥斯曼帝国不可分割，个人自由，学术、出版和教育自由，平等纳税，不得罢免法官。1877 年 3 月 19 日，第一届土耳其议会开幕，但素丹很快宣布休会，以便重建其专制权力。

1889 年，伊斯坦布尔军医学校几名学生在艾哈迈德·里扎领导下成立秘密组织“统一与进步”委员会。1894 年，新的统一与进步委员会成立，此即青年土耳其党。1896—1908 年，青年土耳其运动复活并发展起来，接受西方教育的一批知识分子代表商业资产阶级利益，希望蒙受屈辱的素丹仿效西方改革内政，以防帝国崩溃。他们与亚美尼亚、马其顿和其他革命组织合作从事革命活动。1897 年，青年土耳其党人在首都发动军事政变的密谋失败，数十人被处死刑或流放，但国内外高涨的革命形势使该党受到鼓舞，加上长期克扣军饷和密探横行，军队里也成立革命组织。1906 年，基马尔（凯末尔）在大马士革和第五军团军官中建立“自由委员会”。1907 年 12 月，青年土耳其党在巴黎开会，共同纲领是废黜素丹哈米德二世（1876—1909 年在位），恢复 1876 年宪法。为实现这一目标，他们采取拒绝纳税、鼓动军队发动起义等办法。1908 年 7 月 5 日，青年土耳其党总负责人尼亚齐·贝伊少校在雷士那率部起义，第二、第三军团官兵纷纷响应。在萨洛尼卡被捕的军官思维尔贝伊逃跑后与尼亚齐会合。马其顿农民和穆斯林居民也参加起义军。7 月 23 日，起义军在沿途居民欢呼声中开进萨洛尼卡，向素丹发出最后通牒，限 24 小时内恢复宪法。第二、第三军团准备开进首都伊斯坦布尔，连素丹身边的近卫军也人心浮动。哈米德二世遂于 7 月 24 日下诏恢复 1876 年宪法，答应召集议会，解散特务组织，取消新闻检查，承认全国各民族、各宗教一律平等。青年土耳其党公布纲领，规定在马其顿给农民分配土地、取消什一税。年底议会开幕，青年土耳其党在 230 个席位中占 150 席。

1909 年 4 月 12 日，素丹操纵的“穆罕默德联盟”和亲英的买办商人组织的“自由联盟”在首都发动政变，解散议会，杀害青年土耳其党人。

后者在萨洛尼卡建立救国军，4月23日，在首都郊外打败叛军，24日重占伊斯坦布尔，流放米哈德二世，处决政变首领。米哈德之弟继位，称穆罕默德五世（1909—1918年在位），由青年土耳其党组织新政府。8月，公布修订后的宪法：维齐尔①以素丹的名义任命其他大臣，素丹无权解散议会，内阁对议会负责。土耳其资产阶级革命（1908—1909）结束。

这场革命把封建专制体制变成资产阶级君主立宪制，是土耳其历史上一大进步。但是青年土耳其党执政后并未完全实践其纲领，逐渐沦为买办商人和封建地主的政党，列强强加给土耳其的不平等条约继续有效。更为严重的是该党在维护国家统一的幌子下鼓吹大奥斯曼主义，镇压阿尔巴尼亚和阿拉伯各族人民的解放斗争。在对外关系中投靠德国，幻想利用德国抵消英、法、俄在土耳其的影响。此时的奥斯曼帝国仍然是一个半封建半殖民地国家。

在革命前后，境内许多少数民族已成为独立国家，或被奥地利、俄罗斯吞并，如1908年保加利亚独立，波斯尼亚和黑塞哥维那被奥地利吞并。

二、伊朗：巴布教起义与1905年革命

伊朗（原名波斯）是有四五千年历史的文明古国。公元前6世纪古波斯帝国盛极一时。7—18世纪，阿拉伯人、突厥人、蒙古人、阿富汗人先后入侵。1795年，境内东北部的突厥人恺加部落统一伊朗，建立恺加王朝。

18世纪末，俄国军队占领伊朗的里海沿岸，1801年兼并格鲁吉亚，1804年入侵阿塞拜疆，占领巴库等地。1813年，签订古利斯坦条约，夺去高加索山脉以南12个省，有权干预伊朗王位继承，控制里海交通，俄商在伊朗享有免税特权。1826年，俄军再次入侵，第二年攻陷大不里士，威胁德黑兰。1828年，与伊朗签订《土库曼彻条约》，俄国获得埃里温和纳希切万两汗国全部领土，完全控制里海，享有领事裁判权，并获得赔款2000万卢布。

伊朗国王为了抵御俄国侵略，时而与法国结盟（1807），时而与英国友好（1800、1812）。英国乘机于1800年、1809年、1814年、1841年四次与之签约，获领事裁判权、关税协定权（进口税5%）、国内关卡税收豁免权、购买土地权。在德黑兰、大不里士设商务代办处。法国通过1807年

① 维齐尔（Vizir or Vizier），指奥斯曼帝国的高官或大臣职位。

条约也获类似权利。伊朗成了俄、英、法的半殖民地。

英国机器棉纺织品借助关税优惠，很快占领伊朗市场。伊斯法罕土布每匹 9 卢布，英国布只卖 3 卢布，商人破产、工人失业。在农村，贵族和官员把采邑卖给商人。由于工商业萧条，社会游资转向土地投机。新的地主阶层栽培经济作物为出口服务，使地租上升。租、税负担达到农民总收入的 2/3 以上。国王把总督一职卖给出价最高者，后者上任后便加倍搜刮民脂民膏，造成农民流离失所。19 世纪 40 年代，南阿塞拜疆人口减少一半。处在水深火热之中的城乡民众渴望宗教领袖带领他们改变现状，而什叶派阿訇却在充当腐朽、专制的封建统治者的帮凶。

小商人家庭出身的塞义德・阿里・穆罕默德（1819—1850）于 1844 年宣布自己是巴布。“巴布”指“门”，即救世主的意志将通过此门传达给人民。1847 年，阿里被捕入狱，在狱中写成《默示录》，系统阐述巴布教教义：人类社会各时代依次向前发展，旧制度与旧法律随旧时代结束而结束，代之以新制度与新法律，这些都由“主”派下来的“先知”制定。巴布宣称他是受主委派而降临的先知。《默示录》就是新圣经，一切制度和法律都应按《默示录》重新制定。《默示录》主张人人平等，反对剥削压迫，并提出许多反映商人利益的要求。

巴布教最初在社会上层人物中传播，受到当局镇压后，转而面向广大群众，某些宣传家对教义加以修改，如新先知即将降临，一切旧制度、旧经典均已失效，人民已经没有义务向统治者纳税服役；统治者将失去特权，降为平民；他们进而提出废除私有制、男女平等的要求；号召信徒们到王宫和显贵府邸里把一切东西都拿走。这些宣传受到城乡下层群众欢迎。1849 年 2 月，全国已有 10 万巴布教徒。

1848 年，700 名巴布教徒在伊朗北部马赞德兰省举行武装起义，不久增至 2000 人。1850 年年初，1 万名政府军在大炮掩护下镇压起义，并用欺骗手法逮捕起义军领袖穆罕默德・阿里，当众处决。5—6 月，巴布教徒分别在赞詹、亚兹德和尼里兹发动起义。赞詹城 1.5 万名起义者占领东城，宣布人人平等、财产公有。狱中的巴布教主与他们有联系。政府杀害了巴布教主，更多的巴布教徒参加起义队伍。当局派 3 万军人进攻赞詹城起义者，起义军消灭政府军 8000 人。到年底，政府军用大炮摧毁赞詹城，起义者全部战死。1851 年，大规模起义基本结束。

巴布教起义是因为伊朗人民不堪忍受外国商品借助特权廉价倾销、本国封建势力剥削压迫而发动的农民起义，这场起义同东方其他国家的反封建斗争一样，从一开始就披着宗教外衣。不过巴布教教主不像中国太平天国领袖那样仅仅粗浅地利用现成的外来宗教，而是用更加贴近下层群众的思想（平等要求、恢复早期伊斯兰教教义）和语言，赋予它新的目标和生命力，这是对已经僵化、腐朽的伊朗正统教派什叶派的反叛。所以，巴布教起义既是一场农民反封建的政治斗争，也是一次伊斯兰教的宗教改革运动。

在巴布教起义打击下，国王纳瑞尔（1848—1896 年在位）支持他的宰相密尔扎·达吉汗实施财政和军事改革、裁减冗员、禁止卖官和贪污、取消教俗权贵某些特权。这些既得利益者群起反对，迫使国王于 1852 年把密尔扎·达吉汗处死。

苏伊士运河通航后，列强竞相争夺伊朗。1872 年，英国电报通讯社创办人路透从国王手里得到一系列特许权：开采石油等矿藏、办工厂、开银行、修公路等。英国政府获得为期 60 年的银行特许权，1890 年，国王又给英国人 50 年烟草专卖权。1908 年，伊朗发现石油，英国人获得 5/6 领土上的开采权。到 1914 年，英国在伊朗投资达 960 万英镑。1879 年，俄国军官教导团来到伊朗，帮助伊朗训练哥萨克骑兵团（后扩充为旅）。沙皇就这样控制了伊朗政府的核心组织——军队。80 年代之后，俄国在伊朗北部还获得架电线、修公路、设银行、捕鱼等经济特权。到 1914 年，俄国在伊朗的投资达 16400 万卢布。伊朗国王以关税收入作为英、俄贷款的抵押。德国人到 19 世纪末也把手伸向伊朗，他们搜集情报，尤其是计划把巴格达铁路支线修到德黑兰，对英属印度和俄属中亚构成威胁。

伊朗的半殖民地依附地位，加剧了国内社会矛盾。在农村，棉花、椰枣等农产品出口有利可图，地价上升，王公大臣和教俗封建主竞相兼并土地，同时加重对农民的剥削，以满足其对进口商品的享受欲望。传统的封建剥削方式、落后的生产水平和小农经营，加上高利贷盘剥，使广大农民极端贫困。70 年代初发生饥荒，150 万人饿死，占全国人口 15% 以上。伊朗手工业产品竞争不过进口的工业制成品，又受到重税盘剥，企业纷纷破产，只有买办商人阶层在发展。到 19 世纪末，纺织、陶瓷等近代民族工业兴起，这些商人和资本家同官府、封建主关系密切，但又受到进口商品的竞争压力和重税、随意没收财产，以至草菅人命的威胁，外商享有的条约特权直接损害他们的利益。他们同新出现的少数自由化地主一起要求限制王权、改革弊政。

1905 年 12 月，德黑兰地方官员毒打、屠杀商人和阿訇，引起首都及各地罢市，当国王穆扎法尔丁（1853—1907）命令首都警察驱散示威群众时，数千人跟随阿訇们离开首都，前往效外清真寺避难，在阿富汗尼鼓舞下，他们要求立即罢免专权、腐败的首相艾恩·多拉，召开议会，制定宪法。全国各地广泛响应。国王穆扎法尔丁被迫于1906年1月同意召开议会，并免去毒打阿訇的德黑兰地方官职务，以平息事态。夏天，当局又逮捕革命者，军警向抗议的群众开枪，引起更大规模的民众示威，首都经济活动陷于停顿。大不里士示威者声称，如果两天之内不实行宪法，将发动武装暴动。① 国王遂于8月5日撤销首相职务，并颁布敕令召集议会。9月选举议员，10月召开第一届议会。1907年1月，穆扎法尔丁去世，其子穆罕默德·阿里（1872—1925）即位。

议会在制宪过程中，农民自发组织起来抗税抗租，有的还袭击贵族庄园。市民组织“恩楚明”（委员会），起初用于监督议会选举，后来成为地方自治和革命政府，有些市民还组织武装敢死队。

伊朗宪法由1906年选举法、基本法和1907年基本法补充条款组成，什叶派伊斯兰教为国教，规定了国王的继承、亲政（18岁）和加冕（向议会宣誓、誓词）程序，国王敕令须由有关大臣副署，国王有权统率军队、宣战与媾和、任免大臣、颁布法律、铸币。“国王的权力只限于本宪法规定的范围。”议会下院“有权就它认为有利于国计民生的一切问题”，经讨论后按多数票通过议案，经上院同意，国王批准后执行。一切法律的制定和修改，基本法的变更，财政，国界，举办内外国债，出资兴建铁路，向国内外公司出租工、商、农业租让权均须经下院同意。波斯国民在法律面前一律平等。“任何人的生命、财产、住宅和荣誉神圣不可侵犯。”学术自由，教育归公共教育部管辖，凡无损于宗教、公共利益和秩序的和平游行完全自由，出版自由且不受审查（但不得违犯伊斯兰教）。设立司法部和法院，公开审判（除非这危及安全和妇女尊严）且有陪审官。“法院成员的任命将由法律规定之。”法官未经法定程序，不得免除其职务。②

英、俄两国担心伊朗革命危及各自享有的条约特权，德国“同情”伊朗立宪运动的立场更使英、俄不安。于是，两国把他们多年来争夺伊朗的

---

① 郑家馨、何芳川：《世界历史——近代亚非拉部分》，北京大学出版社1990年版，第398页。

② 周南京选辑：《近代亚洲史料选辑》下册，商务印书馆1985年版，第70—86页。

矛盾搁置起来，于1907年达成妥协：塞琉西亚—伊斯法罕一直向东，这条线的北边属于俄国势力范围，阿巴斯—克尔曼一线南边属于英国势力范围，中间为缓冲地带。对于伊朗内政，两国主张“维持现状”，显然旨在维护旧政府而敌视革命者。俄国与伊朗同属君主专制政体，沙皇对这个邻国的革命格外仇视。尼古拉二世公然声称，伊朗国王应当立即解散议会，禁止革命集会。在国内，宪法公布之后，高级阿訇和自由派人士认为革命已大功告成，阻挠下层民众的激进要求。1907 年 12 月，国王阿里在俄国支持下发动政变，他以哥萨克骑兵为核心，调集各路军队来首都捣毁议会，取缔革命组织。全国掀起护宪运动，首都涌现出数千人护宪武装，大不里士革命委员会（恩楚明）照会各国，宣布不承认背弃宪法的国王，呼吁另立新君，国王被迫重新宣誓信守宪法。

1908 年 6 月，阿里再次发动政变，近卫军哥萨克旅在俄国军官指挥下炮轰议会大厦和清真寺，杀害革命者。6 月 27 日，阿里宣布解散议会和恩楚明等革命组织，并废除宪法。反革命势力气焰嚣张，革命中心转移到大不里士，领导权转入阿赫曼·沙为首的激进派手中，作为国王阿里之子，他建立摄政王政权。实权掌握在当地恩楚明手中，他们要求恢复宪法，召开议会。革命武装同官军激战。1909 年 4 月，俄军出兵干涉，占领大不里士。革命力量转往吉兰省。这时英军在南部登陆，镇压阿巴斯港和布什尔港的革命运动。1909 年夏天，吉达的费达伊部队和南部一支部落军在英国支持下同时向德黑兰进军。7 月，两支军队进入首都，国王阿里被废黜，这位废王躲进俄国使馆。

1909 年 7 月，新政府立阿里 14 岁的儿子为国王，给废王阿里发放高额养老金。恢复宪法，召开第二届议会。这一届议会里地主出身的代表增多，资产阶级与自由派地主决定国家大政方针，人民的民主权利受到限制，对穷人疾苦漠不关心。政府还聘请美国人担任财政总监，对列强的软弱和依附并未改变。1911 年 7 月，废王阿里在沙俄支持下率 3 万雇佣军再次复辟，但被粉碎。秋天，英、俄公开干涉伊朗内政，两国军队从南、北入侵。12 月，沙俄支持阿萨特汗的部队与警察包围议会大厦，解散议会，成立亲俄政府，卡扎尔专制王朝复辟。伊朗资产阶级革命失败了。

1905—1911 年革命比巴布教起义前进了一大步，这次群众性的革命运动以立宪、召开议会为奋斗目标，并取得某些成果，最后在英、俄干涉和反动势力联合进攻下失败了，但其政治影响已永垂史册。

三、印度：民族民主运动

19 世纪末，对印度的资本输出已成为英国的主要剥削方式。英国公司和殖民当局共同垄断印度的基础设施和经济命脉。1893—1899 年，世界市场上白银价格大幅下跌，英国殖民当局人为地提高卢比对英镑比价，使卢比脱离银本位而依附于英镑。结果卢比对白银比价上升两倍多，这有利于英国对印度的资本输出。印度原来是粮食出口国，英国殖民当局只顾发展经济作物，对水利设施疏于维护，粮食种植逐渐萎缩。1899 年，印度发生饥荒，饥民达 5000 万。1900 年前后 10 年间，600 万人死于瘟疫。

1885 年 12 月 28 日，印度国大党在浦那举行成立大会。大会决定在严格遵守法律的前提下从事政治活动。大会决议主要有：在印度举行文官考试、减少军费、反对吞并上缅甸、其他改革。前三届年会代表中知识分子占一半，商人和地主占 25%，工厂主占 25%。1904 年，第 20 届年会决议称："我国人民陷入可悲的贫困，主要由于多年来国家财政收入过大"所致，要求增加教育经费、在高级行政部门增加印度雇员、调查农民负债状况、反对分割孟加拉。直到 1905—1908 年民族高潮中，才首次提出自治要求（1907 年国大党苏拉特大会决议）。

1905 年 10 月 16 日，总督寇松无视印度人民的强烈反对，悍然宣布孟加拉分割法案①生效，旨在分而治之，引起加尔各答 5 万人游行，孟加拉人民纷纷前往恒河举行国丧涤手仪式。在抗议之余，示威者还喊出"自产"② 和"自治"口号。

1905 年 12 月，在国大党勒克瑙大会上，提拉克（1856—1920）第一次在大会讲坛上提出"印度必须获得自治"。1906 年夏天，加尔各答黄麻工人罢工，要求增加工资，印度人与英国人平等。同年 12 月，在加尔各答年会上，连 80 高龄的国大党老前辈、年会主席瑙罗吉（1825—1917）也论证了印度实现自治的必要性。结果年会通过了国大党的"四大纲领"：自治、自产、抵制英货和民族教育。"四大纲领"进一步鼓舞了广大群众的斗争热情。

1907 年春天，东孟加拉农民掀起大规模起义，反对地主和高利贷者。

---

① 把孟加拉分为以达卡为中心的东孟加拉（今孟加拉国）和以加尔各答为中心的西孟加拉地区（今属印度一个邦）。

② 自产指普及国货，抵制英货。

同时旁遮普农民抵制当局过高的水税和掠夺农民土地的法案，并于5月占领拉瓦尔品第。当局听说1857年大起义50周年时将发生全国性起义，于是宣布旁遮普处于战争状态，并派军队镇压。但当地铁路工人罢工，拒绝运输军队。夏天，各地邮政、电报职工罢工。11月，孟加拉铁路工人罢工10天。1908年，马德拉斯等省的工人抗议当局迫害极端派领袖提拉克。

面对革命怒潮，英国于1905年派明托代替寇松的印度总督职务。明托扩大立法会议委员名额，邀请国大党温和派参与立法事务。1906年，他支持宗教领袖们分别成立伊斯兰教联盟和印度教大会，用以牵制国大党。结果，伊斯兰领袖支持孟加拉分割法案（东孟多数居民信奉伊斯兰教，西孟信印度教），反对“自产”和抵制英货运动，两大教派在选举权等问题上争论不休，在下层信徒中还出现大规模教派流血冲突。国大党内部的温和派也放弃“四大纲领”，在1907年苏拉特年会上召来警察，把极端派逐出会场。极端派另开大会，成立“民族主义者党”。起义密谋失败后，有人热衷于个人恐怖，群众基础更为狭窄。而英印当局则乘机颁布法令，禁止集会游行，取缔“民族主义者党”，查禁该党报刊。1908年，以颠覆政府罪逮捕提拉克，判处六年苦役，这引起孟买工人政治总罢工（7月23日），要求立即释放提拉克。示威者同军警发生流血冲突，最后被正规军镇压。29日罢工结束，但工人与军警的冲突还持续了两个星期。这是印度1905—1908年资产阶级民族民主运动的最高潮，在一直崇尚非暴力斗争方式的印度近现代历史上是非常突出的。

四、泰国的近代化改革

泰国旧名暹罗，位于中南半岛中部，是中国近邻。14世纪，暹国与罗斛国合并，称暹罗国。从16世纪开始受到西方殖民者入侵。1793年，拉玛一世（1782—1809年在位）最终结束了长期以来与缅甸的冲突，重新实现对国内所有土王的统治，同安南国瓜分柬埔寨，获得柬一部分领土。1844年，把柬埔寨置于自己保护之下。1855年4月18日，拉玛四世（1851—1868年在位）按中英南京条约模式，与英国签约，建立领事馆，引入治外法权，英商有权入境贸易，英货进口税只有3%，出口货物只征一次税。美、法也与之签订类似的不平等条约，列强打开了暹罗大门，西欧各国商人蜂拥而至，原来本国贵族垄断的对外贸易全由外商控制。英国凭借其商品的竞争优势，又占有香港和新加坡等中转港而成为最大的赢家。暹罗的矿产和贵重木材被大量收购外运。1863年，法国变成柬埔寨的保护国，并迫使暹罗于 1867 年声明放弃在柬的权利。

拉玛四世 1868 年应法国人之邀外出观看日全食时，感染疟疾病逝。他的第九个儿子朱拉隆即位为拉玛五世，当时只有 15 岁，但在宫中已受到良好的教育，来自欧洲的教师使他知道天下大势。在亲政之前，他又访问英属印度和荷属爪哇，对西方政治制度有了感性认识。1873 年，朱拉隆正式登基，举行加冕礼时，他免去臣民的跪拜之礼，邀外国使节上前厅叙谈，不理会贵族们的非议。他继承其父王的亲民作风，经常在公众场合接触民众，询问他们的生活和想法。民众的意愿坚定了他改革的决心，他首先在宫中设立西学，请英国教师给贵族子弟上课，其中有些青年成了他日后变革的骨干。

朱拉隆国王于 1874 年颁布法令解放奴隶后代，此后任何人不再生而为奴。以印度教《摩奴法典》为依据，已有上千年历史的奴隶制度被他一举废除。农民拥有自己的土地和财产，允许土地买卖。设议政团和枢密院，按欧洲模式在中央设 12 个部，1892 年形成类似西方的内阁制。地方政权分府、县、村三级，府督由中央任命，边区的土邦、藩属也各有归属，官员有固定薪金，地方行政归内政部管辖。财政改革：废除包税制，改由内务部直接征管（仿照英属缅甸），避免了滥征和截留，官场腐败有所收敛。用人头税取代劳役，把王室开支与国家财政分开，国王还聘请不少外籍顾问改进税收和财政工作。司法改革：按西方法律起草法令，聘用英属缅甸和印度的欧籍律师，改革警察和监狱制度。国王深知，专业人才是改革成功的组织保证。1891 年，他派丹龙亲王访问欧洲，考察教育。回国后丹龙帮助国王设公共教育部，用近代世俗教育取代以佛教寺院为中心的宗教教育。政府设立测绘、法律、医科、行政、陆军、海军等专科学校或专业，采用英国教材，聘请欧洲人授课。同时选派贵族青年出国留学。20 世纪初开始推行平民教育。军事改革：1888 年废除募兵制，随后实行义务兵役制。请欧洲人当教官，按欧洲方式练兵，购买西方军火、战舰，并自行建造。建成一支军种、兵种比较齐全的现代化正规军队，对维护泰国独立、安全发挥了很大作用。

在此期间，公路、邮政、运河也发展起来，1893 年从曼谷到沙没巴干，即北榄的铁路通车。

19 世纪末，帝国主义国家掀起瓜分世界的新一轮狂潮，弱小的暹罗自然难以幸免。法国占领越南、老挝、柬埔寨后，多年来都在向暹罗扩张；英国巩固了它在印度、缅甸、马来亚的殖民统治后，对暹罗志在必得。

1893年7月，英、法炮舰在曼谷交火，法国让步。1896年6月15日，英、法就暹罗问题达成妥协，双方保证暹罗王国的独立。1897年，朱拉隆国王到欧洲参观访问。

1907年，英、法协约确认暹罗独立，但湄公河以东领土是法国势力范围，河西是英国势力范围。1909年，英国放弃治外法权，但暹罗把吉打、吉兰丹、玻璃市等①割让给英属马来亚。

1910年，朱拉隆去世，其子瓦栖拉即位，即拉玛六世。他在英国受过教育。登基后兴建水利工程，颁布义务教育条例，创办文官学校，引入西方银行制度。他把一夫一妻制定为法律，是历史上第一位不娶嫔妃的国王。新国王的改革有两大特点，一是强化专制王权，二是全面效法西方。

1917年，暹罗加入协约国对德作战，派千余人的远征军赴欧洲战场。战后以战胜国资格成为国际联盟创始国之一，尤其是摆脱了不平等条约：德国放弃治外法权，美国仅保留最惠国待遇，法国、日本和苏俄也先后放弃，然后以平等身份与外国签订新约。暹罗成为继日本之后第二个摆脱不平等条约的亚洲国家。

五、菲律宾民主革命和独立战争

菲律宾古代为苏禄国，占据苏禄岛，以产珍珠闻名。14世纪分裂为东、西、峒三王。三王于1417年（明永乐十五年）携其眷属来中国访问，东王巴都葛八答剌后来老死于山东德州，明朝厚葬之。墓地至今犹存，其随从留居德州。苏禄国于15世纪建立素丹政权。1521年，麦哲伦在菲律宾中部登陆后，为了保护刚入教的菲律宾基督徒，在部落械斗中被杀。到16世纪末，西班牙控制群岛大部分地区，逐步建立起一套殖民统治制度。

1565—1821年，菲律宾由西班牙驻墨西哥的行政长官代为统治。1821年，墨西哥独立之后改由西班牙派总督直接统治。马尼拉总督府下分设省、镇和村，分级负责司法、征税和治安。在经济上采用大授地制，西班牙国王把群岛上所有土地封赐给大小殖民者，后者逐渐演变成封建大地主。当地居民交纳贡赋，每年服劳役40天，地方政府用低价或无偿地强制征购农副产品，殖民当局实行外贸垄断制度。

西班牙殖民政府是政教合一的体制，马尼拉大主教下辖若干主教区。教会不但全面控制信徒精神生活的一切方面，它本身就拥有诸多特权和物

---

① Kedah, Kelantan, Perlis, Trenggatan.

质财富，尤其是地产。大主教和主教均可干预甚至代理总督的行政职务。

19 世纪初，在英国压力和经济自由思想的影响下，西班牙开放马尼拉港，英、美银行在此设立分行。苏伊士运河通航后，菲律宾对外贸易从 1810 年的 1100 万比索增至 1870 年的 5300 万比索。外贸需求刺激菲律宾麻、糖、烟草、干椰肉等经济作物的种植，促进港口建设和基础设施的改善，如定期航班、电报、铁路、海岛灯塔。农产品加工和运输又促进了加工工业。一批大地主和商人单独或与外资合作办厂，民族资本和买办资本有了发展。来自社会中上层的年青一代受教育程度较高，具有更强烈的民族主义意识。

1872 年，甲米地（在马尼拉湾入口处）的士兵和兵工厂工人不堪忍受剥削压迫，举行起义。当局镇压起义后，还乘机杀害了与起义无关、只是主张改良和“教会菲律宾化”的三名下级僧侣，引起社会各界震动，一批知识分子采用宣传和请愿方式要求政治和社会改革。

小说家何塞·黎萨尔（1861—1896）于 1892 年 7 月在马尼拉创立“菲律宾联盟”。其宗旨是把菲律宾群岛团结成一个严密、有力、统一的共同体，必要时互相保卫，防止一切暴力和不公正行为，奖励教育、农业和商业。这个民族运动纲领尽管措辞温和、目标有限，仍遭殖民当局嫉恨，黎萨尔被逮捕，联盟被迫解散，知识分子发起的“宣传运动”也被当局扼杀。

1892 年，参加过菲律宾联盟的波尼法秀于同年创建秘密革命团体卡提普南，① 主张通过武装斗争获得民族独立。认为“一切人都是平等的。保卫被压迫者，与压迫者做斗争”。领导机关为最高委员会，在省、镇两级也有委员会。革命爆发前，已拥有 3 万名成员，追随者数十万，多来自社会下层。1895 年，何塞·马蒂领导的古巴独立战争吸引大批西班牙军队前往镇压，西班牙在菲律宾的兵力空虚。1895 年，菲律宾殖民军前往棉兰老岛镇压摩洛人起义，在马尼拉留守的兵力只有 200 人。1896 年 8 月，“卡提普南”一家地下印刷厂被当局破获，秘密文件被查抄，形势危急，波尼法秀决定提前发动起义。1896 年 8 月 26 日，他在巴林塔瓦克发动上千名革命者武装起义，菲律宾独立战争开始了。

巴林塔瓦克起义爆发后，各地卡提普南纷纷响应，革命烽火遍及菲律

① 卡提普南是苏加禄语 Katipunan 的音译，意为“协会”，全名是“民族儿女最高贵的协会”。

宾群岛，殖民当局于 12 月 30 日杀害与武装起义无关的黎萨尔。这引起更大反响，一些地主、资产阶级上层人物也投身革命。1897 年 3 月，一部分地区的卡提普南代表在特黑洛斯召开的大会上选举革命军队领导人阿奎纳多为新政府总统，波尼法秀拒绝承认这一选举结果，4 月被阿奎纳多以“颠覆”“叛国”罪名杀害。

这时西班牙新总督率 1.8 万军队反扑，阿奎纳多于 10 月来到革命军占领区开会。11 月 1 日，大会通过菲律宾共和国宪法，宣布独立，人民享有各项自由。11 月 18 日，阿奎纳多与殖民当局达成妥协：阿奎纳多宣布解散政府，同部下一起携带当局送的 80 万比索流亡香港，革命军人放下武器，骨干离开菲律宾。

1898 年年初，马尼拉附近的美军受到爱国武装袭击。4 月，美国、西班牙战争爆发。5 月 1 日，美军在马尼拉湾打败西班牙海军。月底，阿奎纳多返回国内，集结起 1 万多革命军人。6 月 12 日，他在甲米地宣布菲律宾独立，但又宣布这是在“强大而仁慈的美国保护下”的独立。年底，革命军控制了几乎整个群岛。12 月，美国与西班牙在巴黎签订和约，迫使西班牙把菲律宾移交美国，美国付给西班牙 2000 万美元。1899 年 1 月 20 日，菲律宾宪法公布，阿奎纳多出任共和国总统，他号召革命者反对美军侵略。2 月 4 日，美军同革命军爆发冲突。3 月 4 日，一个美国使团受政府委托与菲方谈判，许诺给菲律宾“自治政府以最充分的自由”，但被革命者拒绝。1900 年 2 月，塔夫脱受命在菲组建政府。而菲律宾总统阿奎纳多杀害了革命军抗美将领安托尼奥 · 鲁纳。到 1899 年 11 月，革命军被迫化整为零展开游击战，作战上千次，消灭美军 1.6 万人。这种打了就跑的战术导致美军的疯狂报复，几十万菲军民被杀害。1900 年 12 月，美国在菲律宾培植起所谓联邦党，主张在美国主权之下保持和平。1901 年 3 月，阿奎纳多总统被俘后宣誓效忠美国，号召菲律宾人停止抵抗。到 1902 年 4 月，抗美游击战争基本结束，菲律宾沦为美国殖民地。

六、印度尼西亚民族起义和独立运动

（一）荷兰的侵略与殖民统治

印度尼西亚 17 世纪中叶处于分裂割据状态。其中马鲁古群岛出产珍贵的香料（胡椒、豆蔻、丁香等），中世纪以来在欧洲市场就久负盛名。为了垄断香料贸易，葡萄牙人于 1511 年强占安汶岛。1596 年 6 月，霍特曼率一支荷兰船队抵达万丹港和香料群岛，均无功而返。荷兰人范尼克率 8

艘船于1598年11月再来万丹。时值万丹与葡萄牙人武装冲突，范尼克助素丹击退葡人，进而获准设办事处，满载4船胡椒回国，获利4倍。到1601年，荷兰共有10多批远洋船队来此收购香料。1602年，荷兰议会把各公司联合起来，名曰“东印度公司”，资本250万荷兰盾，议会授予特许状：公司有权以议会名义宣战、签约、占地、建筑炮台，公司控制盛产香料的各个岛屿。1610年，设总督府。1619年，英、荷发生武装冲突，荷兰人获胜，占领雅加达。1621年，改为巴达维亚，成为荷兰人在远东的大本营。1678年，东印度公司的军队占领马塔兰。1684年，万丹变成荷兰属地。公司把印度尼西亚领土分为直辖殖民地和藩属土邦。爪哇3/5面积和一半人口属直辖地，荷兰人任省长，当地王公任下属官吏，其余岛屿为藩属。如万丹、梭罗等岛，仍由各邦素丹统治，实权在公司派出的官员手里。丁香、咖啡等作物在哪个岛屿上种植，都由公司指定。当地农民收摘的产品，必须按公司定价卖给他们，违者受罚。公司巡逻船严防“走私”，班达岛居民把豆蔻卖给非荷兰籍商人，岛上一万多人被杀。日用品进口也由荷兰人垄断。公司还在印度尼西亚实施盗人和贩卖奴隶制，经过训练的盗贼、译员，到藩属土邦贩卖人口，邦主（土王）把臣民（青年）卖给公司为奴，公司还派人到中国沿海掳掠人口作为奴隶来源。1770—1779年，公司从印度尼西亚汇回荷兰的汇款年均400万盾，掠去的金银珠宝等于此款两倍。而印度尼西亚遍地饥荒、人口减少、土地荒芜。① 由于印度尼西亚人民反抗，加上公司内部管理不善，有些职员公私不分，到1780年，公司已负债2500万盾，几乎破产。荷兰国内商人对公司的垄断权也怨声载道，要求开放印度尼西亚市场。荷兰政府遂于1796年接管公司业务。1800年，东印度公司正式解散，政府接管其资产并承担债务。

（二）苏拉巴蒂起义

苏拉巴蒂原为巴厘岛奴隶，后到东印度公司服役，升至中尉。1683年，因遭受当局猜疑和荷籍军官侮辱，遂率一批战士在巴达维亚以南山区起义。1685年，他突围并投奔马塔兰国王阿孟古拉二世。不久，这位国王抗荷态度暧昧，苏拉巴蒂率军离开首都马塔兰，独立抗荷。1706年，在战争中受伤并去世。1719年，这场起义被镇压。

（三）蒂博尼哥罗起义

蒂博尼哥罗是日惹素丹的庶子。他对荷兰殖民者剥夺印度尼西亚贵族

---

① 刘祚昌：《世界史·近代史》下册，人民出版社1984年版，第51页。

权力深为不满，企图重建一个独立强盛的伊斯兰王国，他在贵族中的反荷言行引起当局的仇视。1825 年 7 月，当局借口修筑公路，派军队包围蒂博尼哥罗住宅，企图逮捕他。他冲出重围，于 7 月 20 日率领部属在日惹附近的斯拉朗发动武装起义，号召人民参加圣战，消灭荷兰殖民者。数日内有 6 万农民响应，日惹王族 70 多人参加起义，起义军包围荷军在日惹的大本营，不久起义席卷爪哇岛中部和东部。1825 年 10 月，蒂博尼哥罗建立伊斯兰王国，自立为素丹。起义军节节胜利。1828 年，荷兰政府派德·科克（后由迪·贝斯任总督）代替原总督范·德尔·卡勃仑。荷兰军方采用碉堡战术围困起义军，并拉拢当地贵族。蒂博尼哥罗的主要助手奇阿依·摩佐于 1828 年 11 月叛变投敌。1830 年，蒂博尼哥罗受骗前往马吉冷与德·科克举行停战谈判，被逮捕后押往巴达维亚。这次起义坚持了五年，歼灭殖民军 1.5 万人，荷兰花费 2000 万盾，是印度尼西亚民族解放斗争历史上的光辉篇章。

镇压蒂博尼哥罗起义带来的财政负担，促使殖民当局加紧剥削印度尼西亚人民。1830—1870 年，政府实施强迫种植制：每个农户必须用其 1/8 的土地种植甘蔗、蓝靛、咖啡等，按定价交售政府，供荷兰商人出口欧洲市场。不适宜种这些作物的地方，农民交纳人头税，每年花 1/5 时间为政府服役。管理此事的官吏和封建主可从总收益中提取好处，结果，这些管理人员强迫农民种植的经济作物高达全部耕地的 1/2，政府收购价还不够生产费用，服役农民远离家乡劳动半年左右。这造成大面积饥荒，人口税减，而政府出口额 1830—1840 年增长 5 倍，达 7400 万盾。40 年间共搜刮 8 亿盾。[①] 1840 年，英国人入侵北婆罗洲。苏伊士运河通航后欧洲资本家不断来到印度尼西亚。面对外来竞争，荷兰政府加紧侵占爪哇以外岛屿。1849 年，征服巴厘岛。1860 年，吞并南加里曼丹的马辰王国。1873 年，苏门答腊北端的亚齐王国（Atjlh，今名 Aceh）被征服。印度尼西亚群岛完全成为荷兰殖民地。

19 世纪中期以后，荷兰工业革命接近于完成，其经济政策也和英国一样，从重商主义转向自由主义。1863 年，殖民当局废除丁香、豆蔻的强迫供应制。1870 年，颁布糖业法和土地法：不再强迫农民种植甘蔗，允许私人资本经营种植园，土地法规定凡不能证明其私有权的土地收归国有，政府将其租给私人种植，最长 75 年。印度尼西亚农民可出租土地给外国法

---

① 刘祚昌：《世界史·近代史》下册，人民出版社 1984 年版，第 51 页。

人，为期25年，但不能出售给外国自然人。

19世纪70年代以来，荷兰工业制成品大量进入印度尼西亚市场，还有私人资本前来投资设厂、开矿、建种植园。1900年产石油53万吨，1915年达154万吨。其他如银、煤也大幅增长。种植园和矿山用地从1883年18.9万公顷增至1900年的65.2万公顷。进出口快速增长，且为顺差：1909年印度尼西亚出口200万盾，进口40万盾，荷兰资本家完全控制了印度尼西亚经济。但同其他列强相比，荷兰是一个小国。为了保住这块“命运攸关”的海外殖民地，19世纪末荷兰在印度尼西亚奉行特殊的“门户开放”政策，让各个列强的利益在印度尼西亚互相牵制。结果外国资本大量涌入，其中英国资本增长最快，并同荷兰资本结合：1907年荷兰皇家公司和英国壳牌运输贸易公司合并组成皇家壳牌石油公司。荷方占总股本60%，英方占40%，合并后在英属婆罗洲、墨西哥、委内瑞拉、罗马尼亚、埃及、美国开辟新油源。

印度尼西亚民族工商业发展缓慢，且多为小型轻工业，如“沙龙”（传统的染花布，做裙子用）的产销。在商业零售领域，华侨发挥了重要作用。不过印度尼西亚产业工人数量较多，他们大都在外资企业、种植园和港口做工。1905年，印度尼西亚出现国有铁路工会，1908年三宝垅成立的铁路工会更有战斗性。其他工商企业、学校和机关也陆续成立工会组织。

随着民族工商业的初步发展，出现了一批受西方文化影响的近代知识分子，他们出身于商贾、官吏和封建贵族。1908年5月20日，爪哇医科学校学生在医生瓦希丁·苏迪罗·胡索多号召下创立“至善社”，倡导民族文化，在唤醒民族意识方面起过积极作用。印度尼西亚独立后曾把这一天定为民族觉醒节。同年，留学荷兰的印尼学生成立“印度尼西亚人联合会”，要求印尼独立。1911年，印尼花裙商人在梭罗成立“伊斯兰教商人公会”，1912年改为“伊斯兰教联盟”：救济贫穷盟员并改善其处境，发展民族工业，维护“伊斯兰教的纯洁”。“联盟”领导人佐格罗阿·米诺多一再表白：联盟不是要推翻荷兰殖民统治，它只是一个商业性组织。但在形势推动下，该组织要求改革印尼政治和经济，维护民族利益，1913年已有8万会员。1911年中国辛亥革命后，泗水的华侨给该联盟泗水分会以很大支持。1912年，“东印度党”成立，这是德克尔和一群土生荷兰人组成的进步政党，主张所有东印度人，即在印度尼西亚生长、以印度尼西亚为祖国的各族人民，不分种族民族一律平等，争取最终脱离荷兰而独立。该党成员多为知识分子，许多人是中下级官吏。因政见于1913年被取缔，领导人被驱逐出境。

七、越南农民起义和民族解放运动

（一）越南沦为法国殖民地

1802年，越南广南省割据政权阮氏后裔阮福映勾结暹罗和法国殖民者，镇压西山农民起义，同年建立阮氏王朝。阮朝扩大官僚机构，加强中央集权。把全国分为南、北、中三圻，定都顺化。对内重农抑商、盐铁专卖并垄断外贸，对外抵抗西方入侵，又向邻国扩张，派兵入侵柬埔寨，使其受越南保护，还迫使老挝国王称臣。

法国商人和传教士从17世纪就来到越南。19世纪中叶，拿破仑三世加快侵越步伐，多次进犯土伦（岘港）、西贡、嘉定等地。英、法在第二次鸦片战争（1856—1860）中打败中国后，法军乘势占领越南嘉定、定祥、边和、永隆。1862年，阮朝与法国签订不平等条约：割让南圻东部三省和昆仑岛，开放土伦等三港，赔款400万皮亚斯特（西班牙银币），法国人可自由贸易，还规定今后越南与别国交涉须通过法国，意在割断越南与中国传统的宗藩关系，进而控制其内政与外交。1867年，法国强占整个南圻。1873年，占领河内。1874年，西贡条约强化法国的占领和特权。1883年，顺化条约使阮朝承认法国对越南的保护权。1884年，巴特诺条约使越南完全沦为法国殖民地。中国清政府在《天津条约》（1885）中承认法对越的殖民统治。不久，法国占领柬埔寨、老挝，把三国合并成“印度支那联邦”，由西贡的法国总督统治。

（二）勤王运动（1885—1896）

1885年7月，阮氏王室成员尊室说在顺化抗法失败后，和咸宜帝（阮福明）共同向各地文绅（退休官吏和乡村举人）颁布檄文，号召他们兴师勤王。尊室说在顺化首先举兵起义，各地文绅和义士纷纷响应，潘廷逢在香溪起兵直到1896年病逝，抗法10年。各地勤王之师以忠君爱国为宗旨，遍及河静、义安、广平和清化等省。法国采取镇压与分化兼施的政策。1888年，咸宜帝被俘，尊室说亡命中国，各地起义相继失败。

（三）安世农民起义（1884—1913）

法国占领越南全境后，把强占农民的土地改为种植园。地处越南北部边陲的安世地区北江一带，就有5000公顷土地被法国人强占，用作垦殖场。安世农民在黄花探（1857—1913）领导下利用山区地形，采用游击战术一再打败法军。1894 年，当局同黄花探达成协议，用巨款赎回战俘，法军撤出安世及附近地区，归黄管辖。1895 年，法军前来围剿，1897 年再次被迫与黄花探媾和。1909 年，法军又一次向安世进攻，直到 1913 年才利用内奸杀害黄花探。在此期间，中国黑旗军在越南的余部（参加过中法战争）由冯子材率领，与越南人民并肩抗法。

（四）法国对越南的殖民掠夺

从 19 世纪末到 1914 年，高利贷剥削仍然是法国人一个重要的掠夺方式。东方汇理银行 1875 年成立时资金只有 800 法郎，1910 年已达 4800 万法郎，该行业务范围主要在印支和中国。每当这里修铁路、公路、水利工程时，殖民当局总是向法国政府借款，由政府在国内发行公债。1886—1913 年，法国政府发行这类公债共达 4. 27 亿法郎。第二是土地掠夺，到 1913 年，法国殖民者在南、中、北三圻共掠夺土地 47 万公顷，法国地主通过当地代理人把这些土地出租给农民，坐收高额地租，而很少直接经营种植园。第三是苛捐杂税，用于支付殖民当局的军政开支和偿付高利贷本息（国债）。1892—1912 年，越南殖民当局的预算收入增长一倍，南圻 27 年间增加 6 倍。这些收入来自直接税（土地税、人头税等）和间接税：烟、酒、房屋、鸦片等。第四是外贸垄断。从 1892 年起，法国商品输入越南可减免税，而对别国商品课以重税。苛捐杂税和每年十几次劳役引起广南省会安农民抗税斗争，并席卷中圻各地，后来遭到残酷镇压。

20 世纪初，法国人开始在越南投资矿山和小型加工业，越南民族工商业也发展起来。殖民当局规定，越南南北方交流的商品必须纳税，税率超过法国商品进口税。工商业者受到歧视。法国启蒙思想，日本明治维新，尤其是中国康有为、梁启超的著作对知识分子的影响，促使潘佩珠、曾拨虎等人于 1904 年 5 月创立维新会，提倡君主立宪。潘佩珠、曾拨虎率先赴日，三年后东游日本的越南绅商子弟多达 200 人。潘佩珠在日本会见孙中山、梁启超和日本政要。他出版的《越南亡国史》《提醒国民歌》《海外泪史》激发了越南人的民族意识。

这些维新派分两类：潘佩珠等人志在勤王、君主立宪，反对法国殖民统治；潘周桢等人主张“启民智、长民权”，否定暴力斗争，幻想依靠法国使越南进步。1908 年，日本应法国要求驱逐所有越南留日学生，潘佩珠来到中国。辛亥革命后，潘佩珠为代表的维新派抛弃君主立宪思想，主张民主共和。

在东游日本的同时，国内文化启蒙也蓬勃展开。1907 年 3 月，梁文干等知识分子在河内成立东京义塾，阮权任校长。义塾的宗旨是破旧俗立新风、废科举弃八股，发展实业、提倡国货。学塾由进步人士资助，教员义务授课，或不收学费，略有补贴。上千名男女青年前来求学，课程有地理、自然和卫生，以及《越南国史略》等。各地开设分校，9个月后被当局关闭。

在孙中山帮助下，潘佩珠于1912年在广州刘永福旧宅召开大会，成立越南光复会，宣布“驱逐法国殖民者，争取越南独立，成立共和国”，随即成立临时军政府。光复会会员多为越南侨民，并在中越边界一带数次暴动，袭击法国兵营，均失败。后来北洋军阀势力抬头，广州都督龙济光于1913年监禁光复会领袖潘佩珠，国内的革命者也屡遭镇压，越南民族解放运动转入低潮。

八、朝鲜民族解放斗争

（一）朝鲜封建社会及其危机

朝鲜传统社会同中国类似，也是一个君主对内专制、对外闭关锁国的封建国家。西方人称其为“东方隐士”。国王把土地分给朝廷文武官吏（两班）和各级衙署，俸禄和其他开支来自地租收入，这些土地不准买卖。但18世纪以来，贵族、官吏、土豪兼并土地，土地买卖已经出现。农民给政府交田税、人头税、服劳役，地方政府另立各种杂税。到19世纪时，官吏腐败、税负繁重。手工业者专为政府定制产品，官工匠分为京工匠和外工匠，分别给皇宫、中央各府和道、府、郡制作。这时官工匠也直接面向市场，如罗州丝绸、韩山苧布、开城铜器等行销全国，以至海外。商人分为行商、坐商。行商奔赴农村定期集市或沿街叫卖；坐商有固定店铺，有些还兼批发，从事兑钱、借贷业务，同政府关系密切。所有社会成员分为四个等级，一是贵族，称两班。享有免税权，并可支配贱民人身。二是中人，包括大商人、医师、阴阳师等，可任官吏但不得列入两班。三是常人，即农民、小商人、手工业者。四是“贱人”，包括奴隶、胥吏、艺人、屠夫等。各等级尊卑有序，连服饰也有严格区别。

（二）实学

18—19世纪，朝鲜某些知识分子以实事求是的学风，致力于经世致用之学，史称实学。实学早期代表柳馨远（1622—1673），号硒溪，1654年进士及第但终身不仕，致力于学术，且反对程朱理学的迂腐议论。他著述颇丰，在众多学科领域都有很深造诣。他批评朝政腐败，反对嫡庶差别、反对歧视工商业。主张发展农业，裁减两班衙门。中期代表李瀷（1681—1763），号星湖，1705 年应试未中，遂断念仕途，钻研学问。认为人依靠头脑认识事物，他对地震、海潮的理解比较科学。政治上批判身份制度，重民生而轻君主。洪大容（1731—1783）到过中国，回国后著书介绍西方近代天文和数学。实学集大成者是丁若镛（1762—1836），号茶山。1789 年，文科甲科及第，入仕途。1801 年，被流放后专攻学术，强调研究学问应以利用“厚生”为目的。反对门阀制、世袭制。强调文学的教育功能，反对单纯“吟风咏月”。这些学者都主张土地公有、均田、按劳分配。他们抨击封建统治阶级、倡导改革，具有启蒙作用，实为朝鲜近代思想之先驱。

（三）大院君执政

1863 年 11 月，国王哲宗死后无嗣，由王族李昰应之子即王位，称高宗（1863—1907），新王年方 12 岁，由其父以大院君的称号摄政。大院君改革内政，把全国 500 余处书院减至 47 处，收回书院土地，削弱各地豪强势力。他改革税制，取消农民和贵族的服饰区别。标榜以才择官，给失意文人和非两班出身者委以官职。但他为了皇家威严，历时三载，耗银 2500 万两重修景福宫，加重农民负担。发行劣质货币，造成物价飞涨、社会矛盾激化。面对东、西边两大邻国屡屡遭受西方列强入侵的局面，大院君加强海防，在维护民族独立的同时，却又继续奉行闭关锁国政策。1866 年，朝鲜军民击退美国舍门将军号商船和法国 7 艘军舰的入侵（丙寅洋扰）。1871 年，美国 5 艘军舰、1200 名官兵入侵江华岛，又被击退。1873 年，高宗之妃闵妃集团借口“国王亲政”，把大院君赶下台，把持中央和地方实权。

1875 年，日本派战舰“云扬号”进攻江华岛和釜山等地。1876 年，日舰载运 1000 军人开赴朝鲜，还在下关集结重兵。闵妃被迫与日本签订《朝日修好条约》（江华条约）：开放釜山等三港口供日商居住和贸易。日本有权测量朝鲜海岸、绘制海图及拥有领事裁判权。随后又签《附录》和《贸易规则》，取得减免关税特权，日商在朝鲜使用日币并带回朝币。1882—1892 年，美、英、法、俄与朝鲜签订类似不平等条约，朝鲜沦为列强的半殖民地。1881 年，朝鲜进出口总额比 1875 年增长 17 倍，其中进口增长 20 倍，有巨额逆差；日本资本的渗透以及高利率，加上宫廷开支浩大，导致财政危机、民怨沸腾。70—80 年代，农民起义规模和地区迅速扩大，为历代所罕见。

民族危机和社会危机在军队里也有反映，1882 年（壬午年）6 月，汉城驻军数千人为抗议兵曹判书闵谦镐克扣军饷、聘请日本教官并按日本方案改编军队而举行起义，史称“壬午兵变”。起义官兵同市民一起冲进王宫，处决了闵谦镐等反动大臣。闵妃集团请求清朝帮助，清廷派 3000 军队来汉城镇压起义，并将起义中乘机夺权的大院君押到中国，闵妃重新执政，日本也驻军汉城。

（四）开化派改革和甲申政变

壬午兵变前后，朝鲜的封建统治体制已处在风雨飘摇、朝不保夕之中，统治阶级内部分化出一批年轻官员，他们效法日本明治维新，改革内政，想把朝鲜引向近代文明社会，这些人被称为开化派。代表人物是金玉均和洪英植，他俩去过日本，洪英植还以副大臣身份赴美交涉通商事务。他们在国王高宗支持下，派青年赴日留学、创办学校、研究农学、开办农场、设立邮局、改革警察制度。他们还出版报纸，鼓吹改革思想。曾收到一定效果，但是随着改革深入，守旧派群起反对，幼稚的开化派人士企图借助日本人。1884 年（甲申年）12 月 4 日，开化派发动政变，借助日本军队杀死守旧派官员闵台镐等人。第二天，开化派组成新政府，宣布与清朝断绝关系，朝鲜完全独立，第三天公布了一个改革政纲。闵妃集团在清军支持下平定政变，洪英植被害，金玉均亡命日本，新政权只存在了 3 天。

这时国内局势每况愈下，1885 年日本对朝鲜商品输出 139 万美元，1892 年为 255 万美元。朝鲜进出口货物的 80% 由日本商船承运，日本商馆占外国在朝商馆的绝大多数。日商凭借雄厚资本和条约特权，大量收购朝鲜大米、大豆、棉花。1885—1992 年，朝鲜三个开放港口（釜山、元山、仁川）对日出口从 37 万美元增至 227 万美元。其他欧美商品也经过朝鲜的中国商人之手流入城乡各地。而朝鲜百业萧条，流民遍及中俄边境，1891 年来中国东北的朝鲜流民有 10 余万人。

（五）甲午农民战争

1860 年，崔济愚创立东学道，以此与西学，即天主教分庭抗礼。东学将儒、佛、道三教融为一体，宣扬“人乃天”“天心即人心”、万民平等的道理，反对等级制度。东学道信徒日众，朝廷以“惑世诬民”的罪名于 1863 年将崔济愚杀害。第二代教主是崔济愚的弟子崔时亨，后来也被处死。1888 年，全琫准（1854—1895）加入东学道，后任右阜、泰仁地区教主（教会职务）。

1893 年，全国农作物歉收，饥民遍野。1894 年年初，全罗道古阜郡农民为反抗郡主赵秉甲私立名目征税和其他暴政，在全琫准领导下举行武装起义。宗旨是“内斩贪虐之官吏，外逐横暴之强敌”。5 月下旬，起义军和政府军主力在黄龙村激战，全琫准设伏大败官军，然后乘胜攻克全道。朝廷假意同农民军议和，同时请求中国派兵镇压起义。

1894 年 6 月，清兵在牙山登陆。日本以此为借口，用武力占领王宫，监禁国王，组成以全弘集为首的亲日派政府。7 月，中日甲午战争爆发。9 月，清军战败离朝。日、朝军队转而镇压农民起义军，20 万人惨遭杀害。1895 年 3 月，全琫准因叛徒告密被捕，在汉城遇害。

甲午农民战争是在东学道旗帜下进行的农民起义，其规模和影响在朝鲜历史上前所未有，他们的反暴政、反侵略斗争冲击了封建制度，唤醒了民族意识。

（六）日本吞并朝鲜和义兵运动

甲午之战中国失败后，日、俄为独占朝鲜而激烈争夺。马关条约签字后，俄国伙同德、法迫使日本将辽东“归还”中国。高宗王后闵妃集团看到沙俄势力强大，便启用亲俄派组阁。日本召回文官公使井上馨，改派军人出身的三浦梧楼出任驻朝公使，令其除掉闵妃。10 月 8 日，三浦打着大院君旗号，指挥日本士兵、浪人冲进王宫，杀死闵妃，迫使高宗清洗亲俄派，亲日派重新组阁，此即乙未事变。此事使日、俄矛盾激化，引起国内民众反对，而新组成的亲日内阁的种种倒行逆施，把更多民众逼向对立面，各地义兵揭竿而起。他们反对朝廷，也反对日本侵略者。朝廷派王宫警卫队主力出京城镇压地方起义，俄国乘机以保护使馆名义，调兵进驻汉城。俄国公使韦贝勾结亲俄派官员诱骗高宗于 1896 年 2 月迁到俄国公使馆避难，史称“高宗俄馆播迁”。高宗改组政府，建立亲俄派内阁。1897 年 2 月，高宗返回王宫。

1904 年日俄战争爆发后，日本强迫朝鲜签订《韩日议定书》，朝鲜采纳日本关于改革施政的劝告，日本随时可以占领朝鲜。8 月 22 日又签《雇聘外国人协定》：朝鲜必须聘日本人为财政和外交顾问，处理外交事务要先与日本协商。

1905 年 5 月 27 日，俄国海军在对马海战中全军覆没。日本于 11 月 11 日迫使朝鲜签订《第二次日韩协定》，1905 年是乙巳年，故称《乙巳条约》：日本在朝鲜设统监一职，全面管理朝鲜外交，旅居外国的朝鲜人由日本领事保护其利益。条约公布后引起各地民众极大愤慨。高宗在日本统监伊藤博文威逼下，只得令大臣再议。大臣中李之用、朴齐纯等五人表态

“可”，使条约得以通过。朝鲜人民称此五人为“乙巳五贼”。

日本统监伊藤博文上任后，把朝鲜政治、经济、文化全面纳入殖民统治轨道。1907 年，解散朝鲜军队，迫使高宗退位。此后又改编朝鲜学校教科书。1910 年 8 月 22 日，《韩日合并条约》签字后，日本将统监府改为“总督府”，朝鲜完全沦为日本独占殖民地。

（七）反日义兵斗争

1895 年日本公使派军人进宫杀死闵妃，制造乙未事变后，朝鲜人民纷纷举起义旗，抗击日军，处死亲日派官吏。1905 年《乙巳保护条约》签订后，义兵斗争再起高潮。如卸任官员崔益铉（1833—1906）1906 年与林秉瓒率 80 人在全罗道组织义兵，发动定山起义。1907 年 8 月，汉城侍卫队两个步兵营举行起义。据统计，1904—1910 年，各地义兵队伍达 600 多支。① 1908 年，全国 240 郡几乎都有义兵，对敌作战 1400 次，参战义兵累计达 7 万人次。1907—1911 年，据日方数字，参加义兵作战的人数达 143600 多人，作战 2900 余次。② 1911 年以后基本上停止活动。

朝鲜人民在敌我力量对比悬殊、国际形势日益险恶的艰苦条件下前仆后继，坚持六年抗日武装斗争，“从而证明了它具有民族独立和民族自决的历史权利”③。

① 顾铭学：《朝鲜知识手册》，辽宁民族出版 1985 年版，第 159—160 页。

② 刘祚昌：《世界史·近代史》下册，人民出版社 1984 年版，第 335 页。

③ 恩格斯：《支持波兰》，1875 年 3 月 24 日，《马克思恩格斯选集（第二卷）》，1972 年版，第 632 页。

附录一

书　评

杨鹏飞：评《近代文明史》

改革开放以来，国内出版的高校世界史教材计十种有余。这些新教材在纠正“文革”极左思潮方面作出了不懈的努力，并在不同程度上打破了苏联科学院多卷本《世界通史》体系的框架，这些改革方向值得肯定。不过坦率地说，包括跨入21世纪这几年的新版教材在内，从总体布局、史料取舍及更新直到学术创新来看，迄今未见重大突破。

造成上述情况的原因不难理解。理论的满足程度，取决于社会对理论的需要程度。在极左年代，社会科学曾屡受冲击，通史教材政治化、政治取向极端化扭曲了历史学。历史是客观存在且不曾逆转、不会重复的，历史事实不能改写更不容歪曲，而史学著作却需要与时俱进、常写常新。作为深层次反映“文革”后国内外宏观变化的世界史教材，从滞后到适应，甚至某种超前自然需要假以时日。山西师范大学教授张跃发先生所著《近代文明史》（世界知识出版社2004年版）一书的出版，有助于弥补上述缺憾。

按理说，历史教材本应该述而不驳，即重在叙述，然而《近代文明史》前两章却旨在立论，而且论始之于“驳”。第一章针对高教版《世界史·总序》与其古代、近代部分“前言”自相矛盾，进而与之商榷；第二章从民族国家这一命题的争论写起，针对某些学术刊物上的论点加以反驳，然后综述并分析西欧社会从天主教世界中分化出民族国家体系，再经过革命或改革变成近代国家。这样，前两者的商榷就变成了对近代社会人类文明发展总趋势的系统阐述。从写作体例来看，这种以商榷开头的写法有悖于教材编纂之常规。但是，多年来我国许多高校都在使用高教版《世界史》，该书古代、近代和现代史之间的年代断限及其判断标准又事关通史全局，更关系到近代史的前提。因此，作者先与之商榷，使编纂格式服从内容需要。第三章写世界市场，看似与历史无关，但却是西方列强后来居上、在近代超过中国的共同因素。这一章是理解全书后续内容的知识准备，列强国民经济市场化以及国家工业化、全球经济一体化盖由此始。

张先生认为，世界通史中的近代部分是一部人类从传统社会向近代文明过渡的历史，是各专门史、诸国别史在世界范围交流、碰撞并融为一体的历史。《近代文明史》旨在赋予通史教材以文明进化的学术内涵，使读者从近代国家、近代金融、近代科学与哲学、近代欧洲文学、近代工业与工人运动、近代殖民主义与民族解放运动、近代国际关系的形成与演变中具体把握近代文明的丰富内涵与发展趋势。

除上所述，新作还涉及某些基础理论，如西欧封建制度的特点、人权及其真实性与欺骗性、暴力革命与个人恐怖、科学社会主义中“科学”的针对性与相对性等（以上各词条在书中页码详见2005年再版附录），在同类教材中实属难能可贵。

新作的优点显而易见，但并非尽如人意，如书中未附地图以及缺少德意志等国的王朝世系表等。此拙见不知作者以为妥否?

总之，新作史料翔实、布局有方、思路清晰、自成体系，是一部颇具学术价值的力作，是我国高校教材改革的一个新成果。

（本文作者杨鹏飞，西北师范大学文学院副教授。）

载《世界历史》2006年第4期

王宝龙：世界近代史研究的重点及其形态特征

改革开放之前，我们的历史研究和教材编纂一直处在阶级斗争为纲的支配下，中外经济史则受制于计划体制及其理论的束缚，本能地排斥市场经济及其思想。导致政治史、经济史……直到通史，都日益僵化，已经失信于民。最典型的莫过于斯大林主政时出版的《联共（布）党史简明教程》。国内的国际共产主义运动史和中国、世界通史（尤其是其中的近代史）都与此有关。要摆脱多年来形成的这种泛政治化思维惯性，客观而且系统地评述历史上和现实中的市场经济，以及与之匹配的政治、法律体制。亲历之后，才知其中甘苦。

于是，不少史家这些年来改变研究角度，借用社会学某些方法，或从文化史的视角出发研究历史。有些学者已经出版了一批有价值的论著，使社会史、文化史成为史坛上新的显学。法国年鉴学派早已致力于此，在国际史学界颇有影响。

但问题是，“社会”和“文化”的历史内涵是什么，边界又在何处，无论就现状和历史而言，自然科学（含多数分支学科）及其专门史、自然史、科学史之外的学问，都属于社会科学和人文学科（humanities，关于人的学问，尤指文学、语言、历史和哲学）。关于自然科学与社会科学的差异，请参阅张跃发教授《近代文明史》（世界知识出版社 2004 年、2005 年）第十一章第一节最后一页。文化史的研究范围，也有这个问题：对象宽泛、边界模糊。如考古学家就把北京猿人用火后留下来的堆积层称为文化层。当然，社会史、文化史研究无疑具有其存在价值和发展余地。但如果试图据此突破现有的世界通史体系，实现新旧交替与学科创新，似乎难以奏效。为什么？

社会学从整体上研究人的行为与人际关系。马克思把人的本质归结为一切社会关系的总和（《关于费尔巴哈的提纲》）。而在人的一切社会关系中，政治关系处于核心位置（卢梭），不管社会形态何等千差万别，各民族文化多么千姿百态，归根到底总要涉及权力和财富、权利与义务（如商业合同、契约）的分配和再分配。前者往往体现在制度化安排中，后者属于民事关系中人（自然人和法人）的功利性行为规则或结果。可以把二者概括为政治和经济。经济是基础，政治是经济的集中体现，国际政治体系是以民族国家为主体的国际社会赖以支撑的体制框架（framework），类似自然界的有机体。通史研究及其教材编纂也是如此。而社会史、文化史学者在绕过“阶级斗争为纲”的旧体系的同时，也就有意无意淡化了政治本身的骨架和经济的基础作用，把自己的研究对象和范围置于通史的边缘地带和次要位置。

与上述社会史、文化史学者避重就轻不同的是，罗荣渠先生的《现代化新论》（北京大学出版社，1993 年）和钱乘旦先生的《世界现代化历程·总论卷》（凤凰出版传媒集团、江苏人民出版社，2010 年 3 月第一版）直指通史的整体研究。他们认为，近现代史是现代化的历史。这一观点从全局出发，赋予世界近现代史以全新的社会形态特征。这种理论创新的勇气值得称道，作者经过严谨论证得出的重要论点给读者宝贵的教益；他们踏实的学风，同当前学界个别同人浮躁、自负的毛病相比，尤其令人敬佩。

不过，学术研究成果不仅需要肯定和敬佩。

苏联和中华人民共和国前 30 年学术界最大的弊端之一是一言堂。对主流观点的任何非议，不是压制，就是无限上纲。在改革开放30多年后的今天，学术界需要平等的讨论和商榷。

本着这种想法，笔者以张跃发的《近代文明史》与罗荣渠、钱乘旦二位的现代化观点加以比较后提出两点意见，向同行、前辈与读者求教。

1. 从字面上看。近现代史就是现代化进程的历史，似有同义反复之嫌：现代化 modernization 这个单词，中文又译为近代化。而且在西方人看来，近代史 Modern History 指文艺复兴以来直到当代的历史，等于我们国内的近代史加上现代史和当代史。有鉴于此，张跃发在1999年出版《民族国家与世界经济 1500—1900》（时事出版社）一书中，以此作为近代史的研究重点。顺便指出，这本35万字的专著是此后近60万字的通史《近代文明史》的前期准备。

2. 从历史分期看。近代史是与欧洲中世纪（Middle Ages，medieval history）相对而言。后者指500—1500年的千年黑暗时代，是夹在两个文明高峰，即古希腊、古罗马古典文明与文艺复兴之间的一段低谷。而此后的近代欧洲则后来居上，迎头赶上并超越同期的中东伊斯兰文明和远东儒家文明（详见《近代文明史》第二章第一节表一），使欧洲成为全球文明的辐射中心。钱先生在《总论卷》目录中不止一次提及“前资本主义”“资本主义形成前”“工业资本主义时期”，似乎放弃了其现代化理念，又回到近代史等于资本主义史的老路，而《近代文明史》的第一章近代史开端与社会形态陷阱则系统阐述了近代文明与传统社会、近代社会与资本主义的关系，并以此贯穿全书始终。《总论卷》目录里还不止一次提到民族国家，认为“王权的演变”“最终催生出现代的国家形态，即‘nation state’——现代国家。”（第175页）与此相对应的是，《近代文明史》第二章专论民族国家与民族主义，第一节标题：民族国家是天主教世界的对立物；第二节：从民族国家到近代国家；第三节：民族感情与近代民族主义。

关于工业化、早期工业化、重商主义（早期、鼎盛期）、商业精神，则散见于《总论卷》各章节标题中；而《近代文明史》与《总论卷》以及现行其他通史、经济史不同之处在于：张先生参照西方经济学理论，在选择并编纂通史中的经济史史料过程中，系统评述欧美市场经济的孕育、形成和发展史；第三章世界市场，重在国际商品市场和国际金融市场，尤其是货币制度的演变和近代金融体系的框架；第六章及其后各章节在分述英、美、法等国断代史时，都把市场经济融汇贯穿其中；第七章英国工业革命，在“工业革命的普遍意义”下提到“产业结构的两次转型”（1996）和“科学发展”（1999）；第十七章全面评述全球经济一体化。

中国史是世界史的一部分，但由于两门通史的分工，这里无须重复中国通史的内容。张先生在其书最后一章第一节总论中，把1500年以来的中国近代史概括为中国传统文明近代化与西方文明中国化相互融合与交锋、彼此促进的历史。这一历史进程仍在继续。这一概括，对欧美以外的世界各大民族也适用。2011年以来的“阿拉伯之春”从历史的长时段宏观尺度来衡量，同样是阿拉伯各国的传统文明即伊斯兰文明与外来的西方文明在融合与交锋中闪现的几朵浪花：利比亚变局类似十字军东征的现代版，叙利亚事变尚处于现在进行时态，历史自有定论。总之，西方的基督教文明经过17—18世纪的近代化历程之后，至今仍在世界上居于支配地位，而远东地区的儒家文明，经过19—20世纪的改革与革命，今天总体上已处于相对成熟、大体稳定的局面，并呈现出自主发展的主动状态。其发展势头，在发达经济体主权债务危机阴影陪衬下，显得格外明亮。而在阿拉伯世界，在可预见的未来，仍将长期处于社会转型的阵痛期。以上三点，可以看成是基督教、伊斯兰教和儒家三大文明在当代世界上的战略态势（详见《近代文明史》第20—21页，三大文明对比）。塞缪尔·亨廷顿的《文明的冲突与世界秩序的重建》（周琪等译，新华出版社，1998年版）并未摆脱陈旧的冷战思维和战地记者难以避免的肤浅文风。

笔者期待十卷本《世界现代化历程》（2011）的主编和西欧卷作者对本文指出的不尽如人意之处加以考虑，对现代化与资本主义的关系，民族国家等课题能有更加清晰、首尾一贯的表述。因为这些都涉及近代史研究的主要对象、理论基础、历史定位和整体框架。窃以为不宜回避，更含糊不得。

最后，笔者引述《近代文明史》重版时“内容提要”中一段话，表达近代史的社会形态特征：

“在世界通史中，近代部分是一部人类从传统社会向近代文明过渡的历史，是各专门史、诸国别史在世界范围交流、碰撞并融为一体的历史。本书旨在赋予通史教材以文明进化的学术内涵，读者可以从近代国家、近代金融、近代科学与哲学、近代欧洲文学、近代工业与工人运动、近代殖民主义与民族解放运动、近代国际关系的形成与演变中，具体把握近代文明的丰富内涵与发展趋势。”

这也可以作为对《近代文明史》书名的解释（原书名是《世界历史：

从传统社会到近代文明》)。全书突破了近代史姓“社”还是姓“资”的传统思维模式，且自成体系。

本文系山西师范大学教改项目“马克思主义史学理论与世界史教学”(项目编号：SD2009YBKT—10）成果。

载《全国新书目》2012 年第 8 期，总第 812 期

附录二

主题索引

符号

一画

二画

三画

四画

五画

六画

七画

八画

九画

十画

十一画

十二画

十五画

十六画

附录三

译名注释

二画

卜尼法斯八世　Boniface VIII 教皇（1294—1303）

人身保护法　Habeas Corpus Act（1679）

三画

三级会议　esetats generaux，Estates General.

土地调查册　Domesday Book 即最终税册，后称末日审判书（Day of Judgement）。

土伊勒里宫　Tuileries 法国王宫。

土库曼彻条约　Tr. of Turkmanchai，1828.

工党　Labour Party in Britain

工联主义　Trade Unionism

大卫·李嘉图　David Ricardo 1772—1823 英国经济学家。

大乡绅　thane

大卡诺　Carnot，L. N. M. 1753—1823，法国军事工程师。

大主教　archbishop

大议事会　Great Council

大抗议书　Grand Remonstrance

大陆会议　Continental Congress 1774—1789，美国国会前身。

大宪章　Magna Carta

大授地制（监护制）　encomienda 16—18 世纪西班牙殖民者奴役美洲印第安人的制度。1720 年改为大地产制或大庄园制（Latifundismo）。

大教堂　cathedral

万丹　Bantan 印度尼西亚港市。

小教区　Parish

凡尔登　Verdun 法国要塞。

门罗　James Monroe 美国总统 1817—1825。

门罗宣言　Monroe Doctrine

马丁·路德　Martin Luther 1483—1546，德国宗教改革家、新教创始人。

马扎尔人　Magyar 蒙古人种之一。884 年进入欧洲，统治匈牙利平原。

马扎然　Jules Mazarin 法国首相 1643—1661。

马木留克　Mameluke 埃及的骑兵，1811 年前指这里的统治阶级。

马布里　Mably，G. B. de 1709—1785，法国空想共产主义者。

马尔萨斯　Malthus，T. R. 1766—1834，英国经济学家。

马尔蒙　Marmont，A. F. L. V. de 1774—1852，法国元帅。

马尔默　Malmo 瑞典南部港市。

马汉　Mahan，A. T. 1840—1914，美国海军军官、战略家。

马伦哥　Marengo 意大利北部城市。

马进塔　Magenta 北意大利战场。

马志尼　Giuseppe Mazzini 1805—1872，意大利爱国者、共和主义者。

马克·吐温　Mark Twain 1835—1910，美国作家。

马克西米里安 Archduke Maximilian of Austria 奥地利大公，墨西哥皇帝 1864—1867。

马克西米里安一世 Maximilian I 奥地利大公、神圣罗马帝国皇帝 1493—1519。

马拉 Jean Paul Marat 1743—1793，法国革命领导人。

马祖特 Mazut 俄国石油公司。

马格德堡 Magdeburg 易北河中游的德国城市。

马基雅维利 Niccolo Machiavelli 1649—1527，意大利政治理论家。

马隆 Benoit Malon 1841—1893，法国工人党内可能派首领。

马塔兰 Mataram 印尼港市。

马斯顿荒原 Marston Moor 英国地名。

马鲁古群岛 Maluku，Kepulauan 旧名摩鹿加群岛 Moluccas，又称香料群岛，位于印尼。

马塞奥 Antonio Maceo Grajales 1854—1896，古巴解放战争领导人。

马赫迪 Mahdi（Muhammad Ahmad ibn Abdallah）1841—1885，苏丹宗教领袖。

马赫穆德二世 Mahmud II 奥斯曼素丹 1808—1839。

四画

王室食物征集权 purveyance 英国一项古老的王室权利。国王等宫廷显贵外出期间，由沿途臣民提供食品、物品和服务，其价格由宫廷官员自定，并开单据，准以此代为纳税。此特权多年来引起社会不满，1657 年被废除。

王堂 Great Court，Curia Regis in England.

开明专制 Enlightened Absolutism or Enlightened Despotism

开俄斯岛 Khios 土耳其西海岸边的希腊岛屿。

开除教籍 excommunication 绝罚。

天主教 Catholicism

无敌舰队 Invincible Armada

韦尔塔 Victoriano Huerta 1854—1916，墨西哥军队参谋长。

韦尼奥 Vergniaud，P. V. 1753—1793，法国政治家。

专区和区 District and Canton 法国省以下的行政区划。

不信国教者 Dissenter，Nonconformist 对清教徒 Puritan 的称呼。

尤里乌斯二世 Julius Ⅱ 教皇（1503—1513）。

厄尔巴岛 Elba 意大利近海小岛。

车尔尼雪夫斯基 Chernyshevsk，N. G. 1828—1889，俄国革命思想家。

戈麦斯 Maximo Gomez 1836—1905，古巴解放战争领导人。

戈登 Gordon，C. G. 1833—1885，英国殖民军官。参与英法联军进攻北京，率“常胜军”镇压太平军。在非洲喀士穆战役中被击毙。

比昂多 Glavio Biondo 1392—1463，意大利历史学家，考古学创立者。

比洛 Bernhard von Bülow 1900—1909，德国宰相。

比萨拉比亚 Besarabia 位于黑海西北角，多瑙河下游北岸。

比得尔 James Biddle 美国外交官。

切罗基人 Cherokee 印第安人的一支。

瓦尔河 Vaal 奥兰河（Orange）支流，在南非。

瓦尔密 Valmy 法国地名。

瓦尔德克—卢梭 Rene Waldeck-Rousseau

1899—1902，法国总理。

瓦拉几亚　Wallachia 罗马尼亚南部平原。

瓦迪埃　Vadier 法国革命家。

瓦格拉姆　Wagram 维也纳附近一村庄。

瓦特　James Watt 1736—1819，英国发明家，发明蒸汽机。

中世纪　Medium Aevum，Mediaeval or Gothic.

内伊　Michel Ney 1769—1815，拿破伦一世麾下的元帅。

内克尔　Jacques Necker 1732—1804，法国财政总监。（1776—1781、1788—1789、1789—1790）。

贝内德蒂　Beneditti，C. V. 1817—1900，法国外交官。

贝尔　Bell，A. G. 1847—1922，苏格兰出生的电话发明人。

贝尔朋议会　Barebones Parliament in 1653

贝尔格拉诺　Manuel Belgrano 1770—1820，阿根廷独立战争领袖。

贝尔福　Balfour，A. J. 英国外交大臣，1916—1919。

贝多芬　Ludwig van Beethoven 1770—1827，德国作曲家。

贝克尔　Baker，Samuel 英国军官。

贝克莱　George Berkeley 1685—1753，英国哲学家。

贝歇尔　Becher，J. J. 1635—1682，德国财政专家。

牛顿　Isaac Newton 1642—1727，英国人，近代最杰出的科学家。

毛奇　Moltke，Helmuth von 1800—1891，普鲁士陆军元帅。

长老派　Presbyterian

什一税　tithe

什叶派　Shi'ah

什列斯维格—霍尔斯坦因　Schleswig-Holstein。

公约　Convention

公簿持有农　（英国）Copyholder 按领主意愿领有土地并缴纳地租或劳役的佃农。其领有份地的根据是领主法庭的登记公簿。

丹东　Danton，G. J. 1759—1794，法国革命家。

乌瓦洛夫　Uvarov，S. S. 1786—1855，俄国教育大臣、科学院主席。

乌尔姆　Ulm 德国南部城市。

乌尔班二世　Urban Ⅱ 教皇（1088—1099）。

乌西阿亚条约　Tr. of Uccialli，1889.

乌拉弗尔　Ouvrare 1776—1846，法国商人。

乌特勒支和约　Tr. of Utrecht。

文化斗争　Kulturkampf，Fight for Civilization。

文艺复兴　The Renaissance 始于意大利的文艺复兴，Quattrocento 为其早期阶段。

方济各会　Order of Friars Minor

户平　Hirado 日本长崎县平户市，位于岸边小岛上。

孔德　Auguste Comte 1798—1857，法国哲学家。

孔代亲王　Prince of Conde，Louis de Bourbon 1530—1569，法国胡格诺教领导人、亨利四世叔父，死于宗教战争。

孔多塞　Condorcet，A. N. de 1743—1794，法国数学家、哲学家。

孔斯坦　Constant de Rebecque 1767—1830，法国作家、政治家。

巴士底狱　Bastille 法国国家监狱。

巴贝夫　Babeuf，F. N. 1760—1797，法国

共产主义革命家、谋略家。

巴布 Bab 原名阿里·穆罕默德，Ali Mohammad of Shiraz 1819—1850，伊朗巴布教派创始人，自称巴布，即先知，在巴布教起义中被处决。

巴尔扎克 Balzac，H. de 1799—1850，法国小说家。

巴尔博亚 Balboa，V. N. de 1475—1519，西班牙探险家。

巴亚齐特 Bayazid 高加索地区地名。

巴达维亚 Batavia 印尼首都雅加达旧名。1800 年拿破仑以此命名他在荷兰建立的共和国。

巴伐利亚 Bavaria，Bayern 德国州名。

巴伊 Bailly，J. S. 1736—1793，天文学家、法国国民议会首任主席。

巴克尔 Buckle，H. T. 1821—1862，英国历史学家。

巴拉斯 Barras，P. F. J. N. 1755—1829，法国督政府首领之一。

巴耶济德 Bayezid Ⅱ 奥斯曼素丹 1481—1512。

巴枯宁 Bakunin，M. A. 1814—1876，俄国革命家、无政府主义者。

巴统 Batumi，Batum 黑海东岸港市。

巴夏礼 Parkes，H. S. 1828—1885，英国外交家。

巴顿 Edmund Barton 1901—1903，澳大利亚联邦首任总理。

巴斯克人 Basque 西班牙东北部山区的古老民族。

巴鲁迪 Barudi 1882 年任埃及首相。

巴登 Baden 奥地利北部城市。从 869 年起是法兰克王国宫廷所在地。

巴雷尔 B. Barere de V. 1755—1841，法国革命家，救国委员会委员。

五画

正统主义 Legitimism

正教 Orthodox 东正教或希腊正教。与天主教、新教并称为基督教三大教派。1504 年基督教东西两部分正式分裂，以君士坦丁堡为中心的东部教会自称正统教会。分四大牧首区，在东欧居支配地位。1589 年俄国大主教自命牧首并受沙皇控制。

甘必大 Gambetta，L. M. 1881—1882，法国共和派领袖、总理。

甘姆布瑞条约 Tr. of Cambrai

艾劳 Eylau 波兰地名。

艾恩·多拉 Ayn ud-Dola 1903—1906，伊朗首相。

古尔登 gulden，guilder 尼德兰和德意志铸币，又译荷兰盾。

古里斯坦条约 Tr. of Gulistan，1813.

古登堡 Johann Gutenberg 1395—1468，德国金匠，发明活字印刷术。

本生 Bunsen，R. W. 1811—1899，德国化学家。

本地治理 Pondicherry 地名，位于印度东海岸。曾经为法国殖民据点。

札克·卢 Jacques Roux 1752—1794，法国大革命中岔激（疯人）派领袖。攻击雅各宾专政，主张财产平等、重分土地。被捕后自杀。

左拉 Emile Zola 1840—1902，法国作家。

丕平 Pepin the short 751—768，法兰克国王。

布尔战争 Boer War（1899—1902）

布尔诺 Brno 捷克第二大城市。

布伦塔诺 Clemens Brentano 1778—1842，

德国文学家。

布伦瑞克　Duke of Ferdinand Brunswick 1735—1806，普鲁士将军。

布里埃　Brienne 法国财政大臣。

布里索　Brissot，J. P. 1754—1793，法国大革命时期吉伦特派领袖。

布汶　Bouvines 法国地名。

布拉柴　Brazza，P. P. C. S. de 1852—1905，法国军官。Brazzaville 刚果首都。

布罗代尔　Fernad Blaudel 1902—1985，法国历史学家。

布莱克　Robert Black 1599—1657，英吉利共和国时期的海军将领。

布莱克　Joseph Black 英国化学家。

布朗　Robert Browne 约 1550—1633，英国不信奉国教派（Nonconfrormists）领袖、公理会 Congregational Church 创始人。

布朗热　Boulanger，G. E. 1837—1891，法国将军，政治冒险家。

布朗基　Blanqui，L. A. 1805—1881，法国革命家，空想共产主义者。首创"无产阶级专政"这一命题。

布朗基　Blanqui，Jerome Adophe 英国经济学家。

布鲁日　Brugge 比利时西北部城市，现距海岸 14 公里。13—15 世纪为西欧对外贸易中心之一。

布鲁克　Bruck，K. L. 1798—1860，奥地利商人、商业大臣。

布鲁诺　Giordano Bruno，1548—1600，意大利哲学家，以异教罪名被处死。

布鲁斯　Paul Brousse 1844—1912，法国社会主义者，可能派领导人之一。

布赖特　John Bright 1811—1889，英国政治家。

布雷达　Breda 荷兰南部城市。

平克尼　William Pinkney 1764—1822，美国律师、外交家。

卡内基　Andrew Carnegie 1835—1919，美国实业家、慈善家。

卡贝　Etienne Cabet 1788—1856，法国空想共产主义者。

卡文迪什　Cavendish，F. C. 1836—1882，英国爱尔兰事务大臣。

卡文迪什　Henry Cavendish 1731—1810，英国化学家、物理学家。

卡布拉尔　Cabral，P. A. 1460—1526，葡萄牙探险家。

卡尔文　Jean Calvin 1509—1564，瑞士宗教改革家、新教神学家。

卡尔文主义　Calvinism 或归正宗（Reformed Church）。

卡尔斯　Kars 土耳其东北重镇。

卡尔斯巴敕令　Carlsbad Decrees，1819。

卡兰萨　Carranza，V. 墨西哥总统（1917—1920）。

卡托—堪布累齐和约　Tr. of Cateau-Cambresis

卡亚俄港　Callao in Peru

卡伦　Calonne，C. A. 1734—1802，法国财政大臣。

卡芬雅克　Cavaignac，L. E. 1802—1857，法国军人，共和派政治家。

卡利克斯特二世　Calixtus Ⅱ 教皇（1119—1120）

卡利克斯特三世　Calixtus Ⅲ 教皇（1455—1458）

卡利库特　Calicut 印度西海岸港市。

卡佩王朝　Capetian 987—1328，法国的封建王朝。

卡洛林王朝　Carolingian 751—987，法兰

克王国的一个王朝。

卡洛维茨条约 Tr. of Karlowitz

卡特赖特 Thomas Cartwright, Puritan divine, 1535—1603, 英国长老会教徒、剑桥大学教授。

卡诺 Carnot, N. L. S. 1796—1832, 法国物理学家、热力学奠基人。

卡诺莎屈服 humiliation at Canossa

卡萨 Ras Kassa 埃塞俄比亚一部落首领。先后征服 Tigre、Gojjam、Shoa 等诸侯国，名曰 Theodore 皇帝。

卡斯累利 Castlereagh, R. S. 英国外交大臣（1812—1822）。

卡斯提 Castile 10 世纪在西班牙西部建立王国，1479 年与阿拉贡王国合并，形成西班牙王国。

卡斯蒂尔菲德罗 Castelfidero 罗马城附近地名。

卡普雷拉 Caprera 意大利小岛。

卡瑟琳（阿拉贡的） Catherine of Aragon 1501 年与亨利七世长子亚瑟结婚，1502 年亚瑟死后她于 1509 年与其弟亨利八世结婚，1533 年亨利未经教皇批准便与她离婚。

卡瑟琳（美第奇的） Catherine de'Medici 1519—1589, 法国亨利二世王后，法兰西斯二世、查理九世、亨利三世之母，查理九世的摄政王 1560—1563，晚年大权在握。

卢卑克 Lübeck 德国北部港市。

卢格 Ruge, A. 1802—1880, 德国哲学家。

卢梭 Rousseau, J. J. 1712—1778, 法国启蒙思想家。

甲米地 Cavite 马尼拉湾入口处。

史蒂芬逊 George Stephenson 1781—1848, 英国工程师，发明铁路机车（蒸汽火车头）。

白金汉公爵 Buckingham, G. V. 1592—1628, 英国詹姆士一世、查理一世的宠臣。

印加 Inca

印度兵变，印度民族起义 Indian Mutiny, Sepoy Mutiny 1857—1858, 英军中以印度士兵为主力的民族起义。

外国直接投资 foreign direct investment 缩写 FDI。

闪族 Semite 又译塞姆，闪米特。

兰克 Leopold von Ranke 1795—1886, 德国历史学家、西方近代史学奠基人。

兰学 Rongaku

兰顿 Stephen Langton 约 1150—1228, 英国坎特伯雷大主教。

兰斯多恩 Lansdown, H. C. K. P. F. 英国首相（1782—1783）。

兰德地区 Witwatersrand 简称兰德（Rand），南非德兰士瓦省南部，有世界最大金矿。

汇票 bill of exchange 在完成一件约定事项后，一方要求另一方向第三方付款的书面指示。

汉尼拔 Hannibal 公元前 247—183, 迦太基统帅。

汉弗莱·吉尔伯特 Sir Humphrey Gilbert 约 1539—1583, 英国军人、探险家。

汉泽曼，汉塞曼 Hansemann, D. J. 1790—1864, 普鲁士企业家、政治家。

汉泽曼 Adolf V. Hansemann 1827—1903, 德国银行家、政治家。

汉诺威 Hannover 德国西北部州名。

汉密尔顿 Alexander Hamilton 美国联邦党领袖、财政部长 1789—1795。

汉普登　John Hampden 1594—1643，抵制查理一世政府专断的英国议会领导人。

汉撒（同盟）　Hansa，Hanseatic League.

议会　Parliament

尼古尔斯堡　Nikolsburg 普奥预备和约（1866）签约地点。

尼古拉二世　Nicholas Ⅱ，Nicolò Ⅱ 教皇（1058—1061）

尼采　Nietzsche，F. W. 1844—1900，德国哲学家，唯意志论的主要代表。

尼姆维根条约　Treaties of Nijmegen

尼康　Patriarch Nikon 1605—1681，俄国东正教会总主教（牧首）。

尼斯　Nice 法国南部港市。

尼德兰　Netherlands 即荷兰（Holland）王国。

弗·培根　Francis Bacon 1561—1626，英国政治家、哲学家和散文家。

弗兰茨·约瑟夫　Franz Joseph，Francis Joseph 1830—1916，奥匈帝国皇帝 1848—1916。

弗兰茨二世　Franz Ⅱ 1768—1835，末代神圣罗马帝国皇帝（1792—1806），1804 年为奥地利帝国皇帝，改称弗兰茨一世。

弗里德兰　Friedland 尼德兰北部沿海省名。

弗里德里希一世　Frederick Ⅰ，Barbarossa 神圣罗马帝国皇帝（1152—1190）。

弗里德里希二世　Frederick Ⅱ 神圣罗马帝国皇帝（1215—1250）。

弗罗林　Florin 佛罗伦萨 Florence 金币。上面有百合花图案，为该城国徽。

弗朗索瓦·吉斯公爵　Francois de Lorraine Guise 1519—1563，法国军人。吉斯家族成员。镇压新教徒，引起宗教战争，后被暗杀。

弗斯特　Forster，W. E. 1818—1886，英国政治家。主持通过初等教育法（1870）。

加里西亚　Galicia 今波兰东南部地区。

加里波第　Giuseppe Garibaldi 1807—1882，意大利民族英雄。

加的斯　Cadiz 西班牙西南部港市。

加泰罗尼亚　Catalonia 卡塔卢尼亚，指西班牙北部地区。

加格恩　Gagern，W. H. 1799—1880，1848 年法兰克福议会主席。

加斯丁协议　Castein Convention（1864）

加富尔　Cavour，C. B. 1810—1861，意大利统一事业的实际领导人，撒丁王国首相。

皮尔　Robert Peel 英国首相（1834—1835）。

皮姆　John Pym 1583—1643，英国议员、长期议会领袖。

皮特（小）　William Pitt（younger）英国首相（1783—1801，1804—1806）。

皮特（老）　William Pitt（the Elder）1708—1778，英国首相。

皮萨罗　Francisco Pizarro 1475—1541，西班牙殖民征服者，探险家。

皮蒙特　Piedmont，Piemonte 意大利东北部，波河上游地区。

边沁　Jeremy Bentham 1748—1832，英国哲学家，提倡功利主义。

边际成本　marginal cost

圣·马丁　San Martin 1778—1850，南美洲殖民地独立战争领导人。

圣·伯尔纳山口　St. Bernard in Alps

圣·鞠斯特　Sant Just? —1794，雅各宾

派主要领导人之一，法国革命家。

圣太田 Saint Etienne 法国地名。

圣巴托罗缪大屠杀 Massacre of St. Bartholomew's Day

圣西门 Saint Simon，H. 1760—1825，法国空想社会主义者。

圣哈辛托号 San Jacinto 美国军舰。

圣斯特法诺条约 San Seafano Treaty in 1878

六画

邦纳罗蒂 Buonarroti，P. M. 1761—1837，巴贝夫战友。

吉卜赛人 Gypsy

吉本 Gibbon，Edward 1734—1794，英国史学家。

吉尔伯特 Humphrey Gilbert 1537—1583，英国军人，探险家。

吉伦特派 Gironde 法国大革命中的共和派右翼，因其议员多来自吉伦特省，故名。

吉斯公爵 Henry Guise 1550—1588，法国宗教战争时期天主教方面领导人。

托马斯·莫尔 Sir Thomas More 1478—1535，英国下院议长、内阁大臣、大法官，《乌托邦》作者。

托尔德西拉斯条约 Tr. of Tordesillas

托伦 Tolain，H. L. 1828—1897，法国工人运动领袖，蒲鲁东主义者。

托克维尔 Tocqueville，A. C. H. C. de 1805—1859，法国政治理论家、历史学家。

托利党人 Tories

托莱多 Toledo 西班牙中部城市。西哥特（534—711）、卡斯提（1085—1560）王国首都，711—1085 年受摩尔人统治。

托斯坎尼 Tuscany，即现今 Toscana in Italy。

考迪罗 Cuadillo 指拉美各国依靠暴力攫取政权并以此维持独裁统治的人。

考茨基 Kautsky，K. J. 1854—1938，德国社会民主党和第二国际领袖之一。

亚历山大三世 Alexander Ⅲ 教皇（1159—1181）

亚历山大六世 Alexander Ⅵ 教皇（1492—1503）

亚当·斯密 Adam Smith 1723—1790，苏格兰经济学家，近代政治经济学创立者。

亚当斯 Samuel Adams 1722—1803，美国革命家。

亚多瓦伯爵 Count of Artois 1824 年成为法国查理十世。

亚里士多德 Aristotle BC 384—322，希腊哲学家。

亚眠条约 Tr. of Amiens（1802）

亚得里亚那堡 Adrianople in west Turkey

亚瑟 Prince of Wales Arthur 1486—1502，英国亨利七世长子，王位继承人，1501 年与阿拉贡的卡瑟琳结婚，次年亚瑟亡故。

权利请愿书 Petition of Right（1628）这是英国议会为了限制国王特权而与查理一世发生冲突后作出的反应。由爱德华·科克提议并起草“臣民的诸多权利和自由”宣言。

西门子 Siemens，E. W. von 1812—1892，德国实业家，电工技术界先驱。

西门子—哈尔斯克公司 Siemensand Halske.

西西里 Sicilia，Sicily 意大利岛屿。

西华德 Seward，W. H. 美国国务卿 1861—

1869.

西里西亚 Silesia 奥德河中上游地区。

西沙尔平 Cisalpine 位于阿尔卑斯山南到罗马一带地区。

西沙尔平共和国 Cisalpine Rep. 在北意大利。

西耶斯 Sieyes, E. J. 1748—1836，法国大革命初期宣传鼓动家，长期生存于权力中心。

西班牙地方议会 Cortes

西班牙贵族 hidalgos

西哥特王国 Visigothic Kingdom（466—711）

西徐亚人 Scythians 古代泛指东南欧大草原的游牧民族；特指阿尔泰山的印欧语系游牧民族，于公元前 9 世纪移入南俄罗斯。

西斯特斯四世 Sixtus Ⅳ 教皇（1471—1484）。

西塞罗 Cicero 公元前 106—43，罗马雄辩家、作家和政治家。

在外地主 absentees

有条件投降 capitulation

有控制的共同浮动汇率制 controlled mutual floating rate mechanism。

达·伽马 Gama, Vasco da 1469—1524，葡萄牙航海家。

达比 Abraham Darby 1678—1717，烧制焦炭的发明者。

达尔马提亚 Dalmatian or Dalmacija，指亚得里亚海东岸。

达兰贝尔 d'Alembert, J, le R. 1717—1783，法国数学家、启蒙学者。

达武 Davout, L. N. 1770—1823，法国元帅，任百日王朝陆军大臣。

达荷胥 Dalhousie, J. A. B. R. 1812—1860，印度总督（1847—1856）。

列扎诺夫 Rezanov 俄国航海家。

列克星敦 Lexington 美国马萨诸塞州东北城镇名。

至尊法令 Act of Supremacy, 1534.

贞德 即圣女贞德 Joan of Arc, St. 1412—1431，17 岁率 6000 人的军队解除了奥尔良城之围。有勤王护驾之功，被英军俘虏，火刑处死。法兰西民族英雄。

光荣孤立 Splendid Isolation

吕内维尔条约 Tr. of Luneville（1801）

吕西安 Lucien 拿破仑之弟。

因斯布鲁克 Innsbruck

朱比特 Jupiter 古罗马主神，希腊宙斯神。

米兰 Milan, Milano 意大利伦巴底首府。

朱利叶斯二世 Julius Ⅱ 教皇（1503—1513）。

朱拉隆 Chulalongkorn, Rama V 1868—1910，泰国国王（拉玛五世）。

廷德尔 William Tyndale 1494—1536，《圣经》的英文翻译。

乔安娜 Joanna 1479—1555，阿拉贡国王妃。

休谟 David Hume 1711—1776，苏格兰哲学家。

伍兹湖 Lake of Woods in North U. S. A.

伏尔泰 Voltaire 1694—1778，法国启蒙思想家。

伦巴底，伦巴第 Lombardy, Lombardia 意大利北部。

伦敦市议会 Common Council

华兹华斯 William Wordsworth 1770—1850，英国浪漫主义诗人。

华盛顿 George Washington 1732—1799，美国首任总统（1789—1797）。

自由持有农（英国） freeholder 类似自由农民（yeoman）。

自抑法 Self-Denying Ordinance

自治领 Dominion（of Canada in 1867）。

伊利里亚 Illyria 位于巴尔干半岛西北部。

伊拉斯谟 D. Erasmus von R. 1465—1536，尼德兰人文主义者。

伊兹米特 Izmit 土耳其地名。

伊莱亚斯·豪 Elias Howe 1819—1867，美国人，发明缝纫机。

伊萨贝拉 Isabella I of Castile 卡斯提女王（1474—1504），1469 年她与阿拉贡的斐迪南结婚。1479 年阿拉贡和卡斯提两国合并，夫妻以国王和王后身份共同统治统一后的西班牙王国。

伊脱比德 Iturbide 西班牙军官。

伊斯莱本 Eisleben 马丁·路德的故乡。

伊斯特里亚 Istria 巴尔干半岛西北部一个小半岛。

伊斯梅尔 Ismail 1830—1895，埃及总督（Khedive 1863—1879），穆罕默德·阿里之孙。

全国总工会联合会 Grand National Consolidated Trade Union in Britain（GNCTU）

多布罗加 Dobrudja，Dobrogea 罗马尼亚滨海平原，北高南低。

多洛雷斯 Dolores in Province of Guanajuato in Mexico

刘易斯和克拉克 Lewis and Clark

米什莱 Jules Michelet 1798—1874，法国历史学家。

米兰达 Miranda，S. F. de 1750—1816，拉丁美洲独立战争领导人。

米达制 Mita 南美洲矿区的强制劳役制。

米拉波 Mirabeau，H. G. R. 1749—1791，法国革命初期国民议会领导人。

米拉斯吉拉斯 Minas Gerais 巴西南部州名。

米留科夫 Paul Milukov 1859—1943，俄国立宪民主党首领，历史学家。

米涅 Mignet，F. A. M. 1796—1884，法国历史学家。

米诺卡岛 Minorca 位于地中海西部，属于西班牙。

米勒 Muler，J. P. 1801—1859，德国生物学家。

米勒兰 Millerand，E. A. 1859—1943，右翼社会党人，法国总统 1920—1924。

汤因比 Arnold J. Toynbee 1889—1975，英国历史学家。

汤因比 Arnold Toynbee 1825—1883，英国经济学家。

汤普逊 William Thompson 英国工运领袖。

宅地法 Homestead，in 1862，USA.

安东尼亲王 Charles Anthony 利奥波德亲王之父。

安东尼特 Antonette，Maria from Austria 法国路易十六的王后。

安立甘教 Anglican Communion 又称（英国）国教、圣公会 Church of England。与路德宗、归正宗（卡尔文教）同为新教三大主流教派。英国国教在组织上同罗马天主教会断绝关系，国王成为全国宗教首领；但仍采用天主教仪式。

安汶岛 Pulau Ambon 又称安波拉 Amboina，印尼马鲁古群岛南部小岛。

安茹伯爵 Duke of d'Anjou 西班牙查理二世的外孙。

安南　Annanm 越南。

安特卫普　Antwerp（en）比利时北部港市。

安德劳希　Gyula Andrassy 匈牙利首相（1867），奥匈帝国外交大臣（1871—1879）。

那不勒斯　Napoli 或 Naples（英语）意大利南部港市。

那瓦尔　Navarre 或 Navarra 西班牙东北部一个省。

收复失地运动　Reconquista

红衣主教　Cardinal 枢机主教。

约瑟夫·波拿巴　Joseph Bonaparte 那不勒斯国王（1806—1808），西班牙国王（1808—1813），拿破仑一世之兄。

约瑟夫　Joseph 俄国东正教首任总主教（metropolitan bishop），又称牧首。

约瑟夫二世　Joseph Ⅱ 神圣罗马帝国皇帝（1765—1790）。

约翰·布朗　John Brown 1800—1859，美国废奴主义烈士。

约翰·劳　John Law 荷兰银行家。

约翰·昆西·亚当斯　John Quincy Adams 美国总统（1825—1829）。

约翰·洛克　John Locke 1632—1704，英国哲学家。

约翰·海　John Milton Hay 美国国务卿（1898—1905）。

约翰·密尔顿　John Milton 1608—1674，英国诗人、共和主义小册子作者。

约翰逊　Samuel Johnson 1709—1784，英国文学家。

伊壁鸠鲁　Epicurus BC 341—270，希腊哲学家。

七画

麦考莱　Macaulay，T. B. 1800—1859，英国历史学家、辉格党政治家。

麦克　Mack 奥地利将军。

麦克马洪　MacMahon，M. E. P. de 1808—1893，法国元帅、总统（1873—1879）。

麦克莱伦　McClellan，G. B. 美国内战初期联邦军队总司令（1861—1862）。

麦迪逊　James Madison 美国总统（1809—1817）。

麦金莱　William Mckinley 美国总统（1897—1901）。

麦金德　Mackinder，H. J. 1861—1947，英国地理学家。

玛丽　Mary 1457—1482，勃艮底公国公主，嫁给奥地利大公马克西米里安。

玛丽女王　Mary，Qeen of Scots，苏格兰女王（1542—1587），法国法兰西斯二世王后（1559—1560），返回苏格兰后再嫁。被迫逊位，逃往英格兰。因图谋暗杀伊丽莎白一世被斩首。

玛丽娅·特丽莎　Maria Theresa 奥地利大公、匈牙利和波希米亚女王（1740—1780），Francis I 的皇后。

远西部　Far West 美国地域名，与中西部相对而言。

坎宁　George Canning 1770—1827，英国外交大臣、首相。

芬克　Vincke 德国银行家。

芬奇　Finch，Sir John 1584—1660，英国政治家。

芬奇　Sir John Finch 英国国王宠臣、王室大法官（1535—1640）。

劳德　William Laud 1573—1645，英国查理一世宠臣。同斯特拉福一起唆使国王实施无议会统治 11 年。他的宗教划一政策引起苏格兰发动主教战争，被长期议会弹劾，议会并于 1644 年剥夺其财产和公民权利，第二年被处决。

克列孟梭 G. Clemenceau 法国总理（1906—1909，1917—1920）。

克伦威尔 Oliver Cromwell 1599—1658，英国革命家。

克里奥人 Creotes 土生白人。

克里默 Thomas Crammer 1489—1556，英国坎特伯雷大主教，被玛丽女王处死。

克利夫兰 Cleveland，S. G. 美国总统（1885—1889、1893—1897）。

克拉林顿 Clarendon，E. H. 1609—1674，英国查理二世的枢密顾问、大法官、史学家。

克林格尔 Klinger，F. M. von 1752—1831，德国剧作家、小说家。

克莱武 Robert Clive of Plassey 1725—1774，英国军人。普拉西战役的胜利者。

克雷门七世 Clement Ⅶ 教皇（1523—1534）

克雷门三世 Clement Ⅲ 教皇（1187—1191）

苏尔特 Soult，N. J. de D. 1769—1851，法国军人，由士兵升为元帅。

苏克雷 Sucre，A. J. de，南美独立战争领袖之一。玻利维亚总统（1826—1828）。

苏里曼 Suleiman 1520—1566，奥斯曼素丹，欧洲人称其为大帝。

苏沃洛夫 Suvorov，A. V. 1730—1800，俄国军事家。

苏拉巴蒂 Surapati ？—1706，爪哇军人。反抗荷兰统治的农民起义领袖。

苏拉特港 Surat 印度西海岸港口。

杜马 Duma 俄国议会。

杜卡特 ducat 从 1140 年起在意大利东南阿普利亚（Apulia，Puglia）公国铸造的银币（后铸金币）的名称。

杜尔果 Turgot，A. R. J. 法国路易十六财政大臣（1774—1776），重农学派代表。

（杜）巴丽夫人 Comtesse du Barry 1743—1793，法国路易十五最后一个情妇。

李卜克内西 （1）Wilhelm Liebknecht 1826—1900，威廉·李卜克内西，德国共运领袖；（2）Karl August Ferdinand Liebknecht 1871—1919，卡尔·李卜克内西，德国共产党领袖。

李比希 Justus von Liebig 1803—1873，德国化学家、农业化学奠基人。

李尔本 John Lilburne 1614—1657，英国革命期间平等派领导人。

李维 Titus Livy（Livius）公元前 59—公元 17，罗马历史学家。

李斯特 Friedrich List 1789—1846，德国经济学家。

肖莱马 Carl Schorlemmer 1834—1892，德国化学家、社会民主党党员、马克思、恩格斯的战友和朋友。

里吉·雅苏 Lij Yasu 1916 年为埃塞俄比亚皇帝。

里朋 Ripon 英国地名。

里埃哥 Riego 1785—1823，西班牙革命家。

别林斯基 Belinsky，V. G. 1811—1848，俄国文艺理论家、哲学家。

利凡特 Levant 泛指地中海东岸。

利文斯顿 Livingston，R. R. 担任美国驻法公使、首任国务卿（1781—1783）等职。

利古里亚 Liguria 意大利西北部地名。

利沃夫 Lʹvov 位于乌克兰西部的城市。

利维坦 Leviathan

利奥十世 Leox X 教皇（1513—1521）

利奥波德二世 Leopold Ⅱ 神圣罗马帝国皇帝（1790—1792）。

利奥波德二世 Leopold Ⅱ 比利时国王（1865—1909）。

邱吉尔 Churchill，W. L. S. 英国保守党政治家、首相（1940—1945，1951—1955）。

何塞·马蒂 Jose Julian Marti 1853—1895，古巴诗人、民族解放运动领袖。

但丁 Dante Alighieri 1265—1321，意大利诗人。

伯戈因 John Burgoyne 1722—1792，英国将军。

伯尔纳 Ludwig Borne 1786—1837，德国历史学家。

伯克 Edemund Burke 1729—1797，英国辉格党政论家，下院议员。

伯利恒 Bethlehem 犹太教、基督教圣地。

伯恩斯坦 Eduard Bernstein 1850—1932，德国社会主义右翼思想家。

佛兰德斯 Flanders 旧地名，又译佛兰德尔，位于今天法国北部。

佛来明人 Fleming 讲佛来明语的比利时人。

伽利略 Galilei（Galileo）1564—1642，意大利实验科学家、经典力学先驱。

希达尔哥 Miguel Hidalgoy Costilla 1753—1811，墨西哥牧师、独立战争领导人。

希克斯 William Hicks 英国军官。

希波克拉底 Hippocrates 公元前 460—377，古希腊医师，被称为“医学之父”。

狂飙突进 Sturm und Drang，德国的文艺复兴

犹太人 Jew

狄更斯 Charles Dickens 1812—1870，英国小说家。

狄德罗 Denis Diderot 1713—1784，法国启蒙思想家、唯物主义哲学家、《大百科全书》总编。

岛原起义 Shimabara Rising 1637—1638，日本九州岛上一次农民起义。

亨利二世 Henry Ⅱ 法国国王（1547—1559）。

亨利八世 Henry VIII 英国国王（1509—1547）。

亨利三世 Henry Ⅲ 法国国王（1574—1589）。

亨利三世 Henry Ⅲ the Black 德意志国王（1028—1056，包括波兰、波希米亚和匈牙利），神圣罗马帝国皇帝（1039—1056）。

亨利四世 Henry Ⅳ 法国国王 1589—1610，其父、母分别是波旁家族成员和那瓦尔女王。胡格诺领导人。登基后实现了宗教和解。

亨利四世 Henry Ⅳ 神圣罗马帝国皇帝（1056—1106）。

库克 Captain James Cook 1728—1779，库克船长，英国探险家。

庇尔尼茨 Pillnitz 德国城市。

庇护二世 Pius Ⅱ 教皇（1458—1464）

庇护十一世 Pius XI 教皇（1922—1939）

庇护五世 Pius V 教皇（1566—1572）

闵采尔 Thomas Münzer 1489—1525，再洗礼派、宗教改革家、德国农民战争领袖。

沙夫豪森 Abraham Schaaffhausen 1756—1824，德国银行家。

沙勿略 Francis Xavier 西班牙传教士。

沙文主义 Chauvinism

沙设巴干 Samut Prakan 又译北榄，泰国地名。

沙恩豪斯特 Scharnhorst 1756—1813，普鲁士军事改革家。

沃尔夫 Chirstian von wolff（wolfe）1679—1754，德国哲学家、数学家。

沃尔克税则 WalkerTariff 美国税法（1846）。

沃尔波尔 Robert Walpole 1676—1745，英国财政大臣，实为首任首相。

沃尔姆斯 Worms 莱茵河左岸的德国城市。

沃森 Watson，J. C. 1867—1941，澳大利亚总理（1904），工党政府总理（1901—1907）。

君权神授 divine right of kings

张伯伦 Joseph Chamberlain 自由党统一派领袖，保守党政府殖民大臣（1895—1903）。

八画

阿卜杜拉 Abdullah 马赫迪战友。

阿扎尼亚 Azania 指白人种族主义者统治的南非。

阿巴斯—克尔曼 Abarshah，Nishapur—Kerman.

阿布德·拉赫曼 Abd-al-Rahman ？—788，在安达卢西亚（Andalucia）建立的倭马亚王朝首任埃米尔（Emir）。

阿尔瓦公爵 Duke of Alva，F. A. de Toledo 1507—1582，西班牙军人，尼德兰总督，以残暴著称。

阿尔贝 Albert，A. M. 1815—1895，法国政治家。

阿尔布雷希特 Albrecht of Brandenburg 1514—1545，美因兹大主教。

阿尔汉格尔斯克 Archangel，Arkhangelsk 俄国西北部港口。

阿尔尼姆 Arnim，L. A. von 1781—1831，德国文学家。

阿尔弗雷德·克虏伯 （1）Alfred Krupp 1812—1887，德国实业家。（2）Friedrick Krupp 1787—1826。（3）Friedrick Alfred Krupp 1854—1902。

阿尔达汗 Ardahan 外高加索地名。

阿克顿 Acton，J. E. D. 1834—1902，英国史学家。

阿拉贡，阿拉冈 Aragon 位于西班牙东北部。1035—1479 年为独立的阿拉贡王国。

阿格拉 Agra 莫卧尔帝国首都（1566—1569、1601—1658），距德里东北 160 公里，有泰姬陵。

阿维农 Avignon 法国罗讷河下游城市。1348—1791 年属教皇资产。

阿瑟 Arthur，C. A. 美国总统 1881—1884.

努比亚 Nubia 东非古国。

纳瓦拉，那瓦尔 Navarre，Navarra 位于西班牙、法国边境一带，古代那瓦尔王国所在地。居民多为巴斯克人（Basque）。

纳尔逊 Horatio Nelson 1758—1805，英国海军上将。

纳皮尔 Robert Napier 驻印度英军总司令 1871，直布罗陀总督 1876。

纳希切万 Nakhchivan 在阿塞拜疆境内。

纽可门 Thomas Newcomes 1663—1729，

英国发明家。

青年骑士 bachelors

拉丁姆 Latium 罗马城郊地名。

拉马丁 Lamartine, A. M. L. de P. de 1790—1869，法国政治家。

拉瓦锡 Lavoisier, A. L. de 1743—1794，法国化学家、近代化学奠基人之一。

拉伯雷 Francois Rabelais 1494—1553，法国讽刺作家。

拉辛 Racine, J. B. 1639—1699，法国剧作家。

拉纳 Lannes 法国元帅。

拉采尔 Friedrich Ratzel 1844—1904，德国地理学家、人文地理学创始人之一。

拉法耶特 Marquis de Lafayette 1757—1834，法国革命中的君主立宪派、国民自卫军司令。1792 年逃往奥地利。1830 年七月革命领导人之一。

拉法格 Paul Lafargue 1842—1911，法国工人党创始人之一。参与创建第二国际。

拉特兰公会议 Lateran Councils 1123—1517 年间天主教会在罗马拉特兰宫举行过五次会议。

拉萨尔 Ferdinand Lassalle 1825—1864，德国早期工人运动领袖。

拉蒂默 Latimer, H. 1485—1555，主教、亨利八世的首席顾问。

拉普拉斯 Laplace, P. S. de 1749—1827，法国科学家。

耶稣会 Society of Jesus

苯胺纯碱公司 BASF AG 巴斯夫公司，在德国巴登。

昔兰尼加 Cyrenaica, Barqah 利比亚东部，古希腊人曾在此建城。

英国国教 Church of England, Anglican Communion 宗教改革后的官方教会，教义与天主教相同，组织上脱离了罗马教皇。欧洲三大新教派别之一。

英诺森十世 Innocent X 教皇（1644—1655）

英诺森三世 Innocent Ⅲ 教皇（1198—1216）

英联邦 British Commonwealth

林波波 Limpopo 非洲东南部河流。

枢密院 Privy Council 16—17 世纪英国君主的行政权力机关。其成员包括政府和宫廷重要官吏。定期开会，按国王意志处理大政方针直到日常琐事。其功能到 18 世纪已被内阁 Cabinet 所取代。

杰克逊 Andrew Jackson 美国总统（1829—1837）。

杰佛逊 Thomas Jefferson《独立宣言》主要起草人、美国总统（1801—1809）。

雨果 Hugo, V. M. 1802—1885，法国浪漫主义文学的代表。

奔萨 Penza 俄国地名。

欧文 Robert Owen 1771—1858，英国空想社会主义实践家、合作社运动先驱。

贤人会议 assembly of wise men, or witenagemot.

尚家尼埃 Changarnier 法国军官。

旺代 Vendee 法国西部地区。1793—1795 年间，这里发生过大规模反政府暴乱。

果阿 Goa 位于印度西海岸，1961 年被印度政府用武力强制收回。

昆布兰大道 Cumberland 通往美国中西部的主要通道。

国务会议 Council of State 英国新旧政府空位期的行政机关（1649—1660）。在公开处决国王、取消上院后由长期议会残存的议员（普莱德清洗）选举产生。护国主时期（1653—1659）由护国主和22名终身任职者组成。1660年被废除。

圆颅党人 Roundheads

明托 Minton，G. J. E. M. K. 加拿大总督（1898—1904），印度总督（1905—1910）。

迪木里埃 Dumouriez，C. F. du P. 1739—1823，法国革命政府的军队将领。

迪亚士 Porfirio Diaz 墨西哥总统（1876—1880、1884—1911）。

迪亚士 Diaz，B. ？—1500，葡萄牙航海家。

迪斯累利 Disraeli，B. B. 1804—1811，英国首相（1867—1868、1874—1880），小说家、现代保守党创始人之一。

罗可可 Rococo

罗兰夫人 Madame Roland de P. J. 1734—1793，法国革命中吉伦特派的思想灵魂（人物）。

罗讷省 在法国罗讷河 Rhone 流域。

罗克罗伊 Rocroi 西班牙地名。

罗伯特·李 Robert Edward Lee 美国内战中南军总司令（1862—1865）。

罗伯斯庇尔 Robespierre，M. F. M. I. de 1758—1794，法国大革命中雅各宾派领袖，领导公安委员会（1793—1794），后被逮捕并处死。

罗金罕 Rockingham，C. W. W. 英国辉格党领袖、财政大臣（实为首相 1765—1766）。

罗素 John Russell 英国自由党领袖，首相（1846—1852、1856—1866）。

罗莎·卢森堡 Rosa Luxemburg 1871—1919，德国社会民主党左派领袖、党的理论家。

罗恩 Roon，A. T. Gf. v. 1803—1879，普鲁士元帅、政治家。

罗特尔 Rother，C. v. 1778—1849，德国海外贸易公司和债务管理局领导人。

罗曼纳 Romagna 意大利博洛尼亚市 Bologna 周围广大地区，当时属教皇国。

罗斯托 Rostow，W. W. 1916—2003，美国经济学家。

罗斯福 （小）Roosevelt，F. D. 美国总统（1933—1945）。

罗斯福 （老）Theodore Roosevelt，美国总统（1901—1909）。

罗歇—迪科 Roger-Ducon 法国督政官。

罗德西亚 Rhodesia 今日 Zimbabwe 津巴布韦。

罗德斯 Rhodes，C. J. 1853—1902，英国狂热的殖民主义者。

罗耀拉 St. Ignatius Loyola 1491—1556，西班牙军人。1521年皈依罗马天主教，耶稣会创立者。

帕尔马 Parma 意大利波河中游南岸；西班牙王后的女婿。

帕伦西亚 Palencia 西班牙中部一城市。

帕麦斯顿 Palmerston，H. J. T. 英国内务、外交大臣、首相（1855—1858、1859—1865）。

帕克尔 Matthew Parker 1504—1575，英国坎特伯雷大主教。

帕特森 Paterson，W. 1658—1719，英格兰公司创始人。

帕涅尔 Parnell，C. S 1846—1891，爱尔兰民族主义者。

帕维亚 Pavia 意大利北部地名。

凯莱曼 F. Kellermann，瓦尔密大捷中的法军指挥官之一。

凯特 Katt，Robert 英国农民起义领袖。

图尔 Toul 帝国时期的德意志主教领地。

图林根 Thuringen 德国地名。

牧师 Priest，Clergy 司铎、神甫、僧侣、神父，位居主教与助祭之间。

佩里埃 Perier，C. P. 1777—1832，法国金融家、首相。

佩德罗一世 Pedro Ⅰ 巴西皇帝（1822—1831）。

的黎波里 Tripoli，Tarabulus 利比亚首都、最大港口。

彼特拉克 Francesco Petrarch 1304—1374，意大利诗人。

金本位制 Gold Standard

金融工具 Financial instrument 又称金融票证，指任何具有货币价值或能证明货币交易的书面凭证。

刻普勒 Johannes Kepler 1571—1630，德国数学家、天文学家。

法夫尔 Favre，J. G. C. 1809—1880，法国共和主义代表人物。

法兰西斯一世 Francis Ⅰ 法国国王（1515—1547）。

法罗 Falloux，F. A. P. 法国政治家。

法郎吉 Phalanstery 法伦斯泰尔。

法瑞拉 Joseph Farina 意大利爱国者。

波尔 Reginald Pole 1500—1558，英国坎特伯雷的红衣主教（大主教）。

波尔图 Porto 葡萄牙北部港市。

波希米亚 Bohemia 今捷克中西部地区。

波希米亚 Bohemia 今日捷克中西部。

波美拉尼亚 Pomerania 位于奥得河下游至维斯瓦河 Vistula 之间的沿海地区。

波洛尼亚宗教条约 Concordat of Bologna。

波旁家族 Bourbon family 该家庭成员于16至19世纪曾在法国、西班牙、那不勒斯建立王朝。

波琳 Anne Boleyn 1507—1536，英国亨利八世之妻，婚后生女伊丽莎白（后为女王），而亨利想要儿子以便男嗣继位，他数次控告她犯通奸罪，被处死。

波雅尔 Boyar 指那些以王公、大贵族和沙皇近臣为核心的世袭贵族。

宗教裁判所 Inquisition

官房主义 Kameralism

孟尼利克二世 MeneliK Ⅱ 1844—1913，埃塞俄比亚皇帝（1889—1913）。

孟莫郎西 Montmorency 法国外交大臣。

孟福尔 Montfort，S. de 1208—1265，英国实际上的统治者（1264），他于1265年召集议会，首次邀请骑士和市民代表参加。

孟德斯鸠 Montesquieu 1689—1755，法国启蒙思想家、法学家。

绍阿 Shoa 埃塞俄比亚中部省份。

九画

契约 feudal contract

契约劳工 indentured servants

玻利瓦尔 Simon Bolivar 1783—1830，拉丁美洲独立战争领导人。

封地 feudum or fief

封臣 Vassal

封特涅尔 Fontenelle 1657—1757，法国哲学家。

胡亚雷斯 Juarez，B. P. 1806—1872，墨西哥总统（1858—1862，1867—1871，1871—1872）。

胡格诺教徒 Huguenots 16—17世纪法国基督教新教徒，属于卡尔文教派。

胡斯 John Huss（Hus）1369—1415，捷克爱国者、宗教改革家。

柯尔律治 Coleridge, S. T. 1772—1834，英国诗人、评论家。

柯立尼 Coligny 法国胡格诺教领导人。

柯西莫·美第奇 Cosimo de Medici 1389—1464，银行家、佛罗伦萨统治者、美第奇家族成员。

查士可耶—塞罗 Tsarkoe-Selo 俄国第一条铁路。

查尔斯顿 Charlestown 南卡罗来纳州港市。

查理·马特 Charles Martel 法兰克王国宫相 Mayor of the Palace，从 717 年起成为王国实际统治者。732 年率军挫败摩尔人入侵。查理曼大帝祖父。

查理一世 Charles Ⅰ 西班牙国王 Carlos Ⅰ（1516—1556），神圣罗马帝国皇帝（1519—1558，称查理五世）。

查理二世 Charles Ⅱ 西班牙国王（1665—1700）。

查理四世 Charles Ⅳ 西班牙国王（1788—1808）。

查理四世 Charles Ⅳ 神圣罗马帝国皇帝（1347—1378）。

查理五世 Charle V 神圣罗马帝国皇帝（1519—1556）。

查理八世 Charles Ⅷ 法国国王（1483—1498）。

查理九世 Charles Ⅸ 法国国王（1560—1574）。

查理十世 Charles X 1757—1836，亚多瓦伯爵 Count of Artois，法国国王（1824—1830）。

哈勒大学 Halle 1694 年创办于德国。

查理曼大帝 Charlemagne, the Great 法兰克国王 768—814，神圣罗马帝国皇帝 800—814，Cherles Ⅰ。

柏拉图 Plato 约公元前 429—347，希腊哲学家。

柏柏尔人 Berber 非洲北部闪米特人 Hamitic peoples 的后代。

柏琴 Perkin, W. H. 1838—1907，英国有机化学工业家。最早用人工合成染料和香料。

勃艮第 Burgundy 约 457 年建王国，1477 年并入法国。

勃朗 Browne, R. 1550—1633，英国公理会创始人。

威尔克斯 Wilkes, J. 美国海军军官。

威尔莫特附文 Wilmot Proviso

威尼西亚 Venitia 意大利东北部地区。

威克里夫 John Wycliffe 1320—1384，英国宗教改革家。

威灵顿 Arthur Wellesley Wellington，原名韦尔斯利 Wellesley，英国军人，政治家。在滑铁卢战役中打败拿破仑。

威斯特伐利亚 Westfalen, Westphalia 包括今天德国北莱茵—威斯特伐利亚州之一部。

威廉 （奥康的）William of Occam（Ockham）1285—1349，英国经院哲学家、唯名论者。

威廉一世 William, WilhelmⅠ 普鲁士国王（1861—1888），德意志帝国皇帝（1871—1888）。

威廉二世 William, Wilhelm Ⅱ 普鲁士国王、德意志帝国皇帝（1888—1918）。

显贵会议 assembly of notable in France

星室法庭 Star Chamber 1487 年依法设立的英国王室法庭，受理臣民请愿。在威斯敏斯特大教堂内。它有权通过简易程序惩罚违法者，旨在绕过普通法以便抑制豪强势力横行乡里。后来逐渐演变成王权扩张的工具。查理一世无议会统治年代更是对被告和证人刑讯逼供，用于对付政敌和清教徒。后被长期议会废除。

哈布斯堡　Habsburg，Hapsburg 欧洲的皇族，其名称源于瑞士的家庭城堡。其家庭成员在 1273—1806 年间被多次授予神圣罗马帝国皇帝称号，1278—1806 年统治奥地利。

哈米德二世　Abdul Hamid II

哈克卢特　Richard Hakluyt 1552—1616，英国地理学家。

哈克斯　W. Haukins 英国航海家。

哈里发　Caliph 某些穆斯林国家的统治者。

哈里斯　T. Harris 1804—1878，美国外交官。

哈佛　John Harvard 1607—1638，英国清教牧师、新英格兰殖民地开拓者、哈佛大学捐助人。

哈泼斯渡口　Harper's Ferry 在美国弗吉尼亚。

哈桑　Hassan，M. A. 1864—1920，索马里的伊斯兰教长。

哈勒姆　Harlem 荷兰沿海城市。

哈登堡　Karl Auguste Hardenberg 1750—1822，普鲁士改革家。

贴现行　Discount House

拜兰　Beylen 在西班牙首都以南。

拜伦　Byron，G. G. 1788—1824，英国浪漫派诗人。

香槟　Champagne 香巴尼，法国东北部地名。

科布伦茨　Koblenz 德国城市。

科布登　Richard Cobden 1804—1865，英国政治家。反谷物法同盟领导人。

科尔多瓦　Cordova 西班牙城市。

科尔伯　Colbert，J. B. 1619—1683，法国路易十四的财政大臣、海军国务大臣。重商主义代表人物。

科尔斯特　Hernan Cortes 1485—1547，西班牙殖民征服者、探险家。

科芬纳尔　Coffinhal，1754—1794，法国法官。

科克　Sir Edward Coke 1552—1634，英国律师、政治家。1628 年为议会起草《权利请愿书》。

科苏特　Lajos Kossuth 1802—1894，匈牙利民族解放战争领袖。

科帕尔堡　在巴尔喀什湖东岸，今名科普堡。

科鲁拉　Corunna，La Coruna 西班牙西北部港市及省名。

重农学派　physiocracy

复本位制　Bimetallism

保罗三世　Paul Ⅲ 教皇（1534—1549）。

俄国缙绅会议　Zemskii sobor。

皇家壳牌石油公司　Royal Dutch/Shell Group。

独立派　Independents 英国清教徒中的激进派。主要指公理宗 Congregationalists、浸礼会 Baptists。主张各教区独立，不赞成教会从属于国家政权。革命领袖克伦威尔是独立派代表。

饶勒斯　Jean Jaures 1859—1914，法国社会党领袖。

帝国国会　Reichstag（德国）。

帝国特惠制　Imperial Preference

施韦泽　Schweitze 1833—1875，德国工人领袖。

施太因　Stein，H. F. K. 1757—1831，普鲁士政治改革家。

施托皮兹　Staupitz，J. 1460—1524，爱尔维修城代理主教。

施拉姆 Schramm, K. A. 1849—1914，德国社会主义工人党内的改良主义者。

施奈伯勒 Schnaebele 法国警官。

施洛塞尔 Schlozer 1735—1809，德国历史学家。

施格尔兄弟 Schlegel, A. W. von 1767—1845；Fridrich von 1772—1829，德国文学家、语言学家。

美因兹 Mainz 德国西南部城市。

美联储 Federal Reserve Board，美国的中央银行 FRB。

首年俸禄 Annates 中世纪以来，担任天主教神职职务的人员都要把他们第一年的俸禄 benefice 献给罗马教皇。

总教堂 cathedral 大教堂。

洪堡 Karl Wilhelm von Humboldt 1767—1835，德国语言学家、教育改革家、普鲁士教育大臣。

洛克菲勒 Rockefeller, J. D. 1839—1937，美国实业家 。

济伯尔 Heinrich von Sybel 1817—1895，德国史学家，普鲁士学派首席代表。

宫廷会议 （御前会议）Concilium Regis, King's Council。

祖鲁 Zulu（land）南非纳塔尔省东北。

神圣罗马帝国议会 Diet 1806 年被废除，之后 Diet 指德意志联邦。

费尔巴哈 Feuerbach, L. A. 1804—1872，德国哲学家。

费尔法克斯 Fairfax, T. 1612—1671，英国议会军司令。

费边社 Fabian Society（英国，1884）。

费希特 Fichte, J. G. 1762—1814，德国哲学家。

费顿号 Phaeton 英国军舰。

贺拉斯 Horace 公元前 65—公元前 8 年，罗马抒情诗人、讽刺作家。

十画

泰恩 Taine, Hippolyte 法国史学家。

泰勒 Taylor, Z. 美国总统（1849—1850）。

班达群岛 Kepulauan Banda 印尼班达海一群岛名，其中最大的岛 Pulau Lontar 上产豆蔻。

素丹 Sultan 某些伊斯兰国家最高统治者的称号，又称哈里发（Caliph）。

都灵 Torino, Turin 意大利西北部城市。

都铎王朝 House of Tudor 1485—1603 in England.

都德 Alphonse Daudet 1840—1897，法国作家。

热瓦普，热马普 Jemappes 比利时地名。

热罗姆·波拿巴 Jerome Bonaparte 1784—1860，法国元帅。拿破仑幼弟。威斯特伐利亚国王（1807—1813），1851 年助其侄路易·波拿巴夺取政权。

埃贝尔 Hebert, J. R. 1757—1594，法国革命中的宣传鼓动家、埃贝尔派领袖。

埃吉山 Edgehill 英国地名。

埃米尔 Emir 对伊斯兰国家统治者的尊称。

埃克哈特 Eckhart 1260—1328，德国宗教改革的先驱。

埃里奥特 Sir John Eliot 1592—1632，英国下院议员。1629 年因协助起草议会决议（未经议会同意不得征税等）而第三次被投入监狱，并罚款。后病死。

埃姆斯 Ems 德国疗养胜地。

埃菲尔德 enfield 一种弹仓纸。

埃曼努尔二世 Vittorio Emanuele Ⅱ 撒丁王国国王（1849—1861），意大利国王（1861—1878）。

埃塞克斯 Essex, R. D. 1591—1646，英国内战中议会军司令，1645 年辞职。

莱巴赫 Laibach 今名卢布尔雅那 Ljubljana 斯洛文尼亚首都。

莱布尼茨 Leibniz, G. W. von 1646—1716，德国科学家、哲学家。

莱讷河 Leine 德国威悉河支流，附近有哥廷根大学 Gothingen。

莱辛 Lessing, G. E. 1729—1781，德国文艺理论家、剧作家。

莱昂 Leon 西班牙西北部城市。

莱帕恩托 Lepanto 地中海岛屿。

莱斯特 Leicester 英格兰中部郡名、市名。

莱斯特，伦斯特 Leinster 爱尔兰中东部一省名。

莱塞普斯 Lesseps, F. 1805—1894，法国企业家。1879 年经手巴拿马运河失败。

莫扎特 Mozart, W. A. 1756—1791，奥地利作曲家。

莫尔 Thomas More 1478—1535，英国空想社会主义者。

莫尔斯 Morse, S. F. B. 1791—1872，美国艺术家，发明电磁式电报机。

莫里尔 Morrill (Land Grant Act in 1862)。

莫里哀 Moliere 1622—1673，法国讽刺剧作家。

莫卧儿王朝 Dynasty of Mughal, 1526—1761。

莫罗 Moreau 法国政治家。

莫佩蒂乌 Maupertius, P. L. de 1698—1759，法国科学家。

莫泊桑 Maupassant, H. R. A. Guy de 1850—1893，法国自然主义小说家。

莫斯特 Most, J. J. 1846—1906，德国社会主义者、无政府主义者。

莫瑞洛斯 Morelos y Pavon, J. M. 1765—1815，墨西哥独立战争领导人。

莫雷 Mole 法国保守共和派政治家。

莫德纳 Modena 意大利半岛北部城市，当时还包括波河以南至西海岸地区。

莎士比亚 William Shakespeare 1564—1616，英国诗人和剧作家。

格兰特 Grant, U. S. 美国总统（1869—1877）

格列高利十四世 Gregory XIV 教皇（1590—1591）

格列高利七世 Gregorius VII，教皇（1073—1085）

格伦威尔 George Grenville 英国财政大臣（1763—1765）。

格劳秀斯 Hugo Grotius 1583—1645，荷兰法学家、诗人。

格里塞尔 Grisel 出卖巴贝夫的叛徒。

格拉斯通 Gladstone, W. E. 英国自由党领袖，曾 4 次任首相（1770—1782）。

格拉蒙 Gramont, A. A. A. 1819—1880，法国外交家。

格林 Green, T. H. 1836—1882，英国哲学家。

格林兄弟 Grimm, Jacob 1785—1863; William 1786—1859，德国作家。

格林将军 Nathanael Greene 1742—1786，大陆军在北美南部的主要将领。

格林德尔 Edmund Grindal 1519—1583，英国坎特伯雷大主教。

格罗斯特 Gloucester 英国城市。

格特纳 Gaertner, R. 普鲁士商人。

格雷欣法则 Gresham's law.

格雷维 Grevy, F. P. J. 法国总统

（1879—1885、1885—1887）。

索尔兹伯里 Salisbury，R. A. T. G. 1830—1903，英国首相（1885、1886—1892、1895—1902、1603—1612），财政大臣（1608—1612）。

索尔兹伯里 Robert Cecil，Ist earl of Salisbury 即罗伯特·塞西尔，英国詹姆士一世的首席秘书 1563—1612。

哥白尼 Nicolaus Copernicus 1473—1543，波兰天文学家。

哥尼斯堡 Konigsburg 今日 Kaliningrad。

哥达 Gotha 德国地名。

哥德利埃俱乐部 Cordeliers

贾汗季 Jahangir，N. M. 亦作 Jehangir，印度莫卧尔皇帝（1606—1627）。

柴可夫斯基 Chakovskii，P. E. 1840—1893，俄国作曲家。

恩格尔法则 Engel's law

特兰托公会议 Council of Trent 1545—1563，天主教会为反对宗教改革而在奥地利特兰托召开的第 19 次公会议。

特兰斯瓦尼亚 Transilvania 指罗马尼亚中西部到匈牙利蒂萨河 Tisza 以东地区。

特伦顿 Trenton 北美独立战争战场。

特里尔 Trier 马克思故乡。

特纳 Turner，F. J. 当代美国史学家，首创边疆学派。

特拉法加 Trafalgar 西班牙西南部一个岬角。

特罗波 Troppau 西西里岛小镇。

特罗胥 Trochu，L. J. 1815—1896，法国将军、国防政府首脑 1870。

特赖奇克 Treitschke，H. V. 1834—1896，德国历史学家。

积极公民 citoyen actif

倭马亚王朝 Umayyad of Muslim Spain 756—1031。

俾斯麦 Otton von Bismarck 1815—1898，普鲁士王国首相（1862—1890），德意志帝国宰相（1871—1890）。

倍倍尔 August Bebel 1840—1913，德国社会民主党和第二国际领导人之一。

航海者亨利 Henry the Navigator 1394—1460，葡萄牙亲王。

拿破仑 Napoleon Bonaparte 1769—1821，法国皇帝（1804—1814），1815 年在大革命中因战功从上尉直接晋升少将。1799 年发动政变成立执政府，1804 年称拿破仑一世。他征服了大半个欧洲，在立法、行政等方面多有建树。半岛战争和入侵俄国失败后被迫退位。百日王朝复辟失败后被流放到圣·赫勒拿岛。

爱尔顿 Ireton，H. 1611—1651，英国议会军将领，克伦威尔女婿。

爱尔维修 Helvetius，C. A. 1715—1771，法国启蒙时代哲学家。

爱森纳赫 Eisenach 德国中部小城。

爱奥尼亚 Ionia Is. 希腊西海岸群岛。

翁德劳希 Andressy，G. 奥匈帝国外交大臣（1871—1879）。

十一画

高乃依 Pierre Corneille 1606—1684，法国剧作家。

高尼米克 Iva Goremykin 俄国首相（1906）。

高级教士 prelate

高等法院 Parlement 法国革命前的司法机关。

席勒 Schiller. J. C. F. 1759—1805，德

国诗人、剧作家、文学理论家。

唐宁 Downing, Sir George 1623—1684，英国政治家。

唐森德 Charles Townshend 英国财政大臣（1766—1767）。

涅曼河 Niemen 流经俄罗斯，在立陶宛名曰尼亚穆纳斯河，入波罗的海。

海顿 Haydn, F. J. 1732—1809，奥地利作曲家。

海涅 Heinrich Heine 1797—1856，德国诗人，政论家。

海德曼 Hyndman, H. M. 1842—1921，英国社会党右翼领袖。

诺瓦利斯 Novalis, F. F. von H. 1772—1801，德国诗人。

诺贝尔 Immanuel Nobel 瑞典工业家。

诺加尔河 Nogal 河口有港市 Ely, Eil, in Somalia。

诺伊斯塔 Neustadt 德国 Haardt 河畔城市。

诺玛兹 Nobmaz 俄国石油公司。

诺思 Frederick North 英国首相（1770—1782）。

诺思科—维廉报告 Northcote Trevelyan in 1848, Britain。

理念论 idea

理性主义 rationalism

授职权争论 investiture controversy

教友派 Brethren

教会最高法庭 Court of High Commission 这是亨利八世 1535 年成为英国教会首领后对原来宗教法庭职能的强化。该法庭有权按照《至尊法令》《宗教划一法》自设司法程序，惩罚违法的清教徒和律师。詹姆士一世更把这一司法特权扩展到非宗教领域。1641 年被议会取消。

培理 Perry, M. G. 1794—1858，美国军官。

掘土派 Diggers 英国革命并未满足穷人的土地要求，1649 年有几十人在温斯坦莱的思想影响下，去圣·乔治山一带开荒种地，试图建立土地公有的理想社会。信奉者在各地仿效，此即掘土派。1650 年被当地政府和民间力量驱散。

基马尔 Kemal 第一任土耳其总统（1923—1938），被授予"土耳其之父"称号 Ataturk。

基尔霍夫 Kirchhoff, G. R. 1824—1887，德国物理学家。

基佐 Guizot, F. P. G. 法国七月王朝首相 1847—1848，曾任教育大臣、外交大臣、历史学家。

基钦纳 Kitchener, H. H. 1850—1916，英国将领。在埃及和苏丹服役 1883—1899，参与指挥布尔战争。印度驻军司令、国防大臣。

基督 Christ 基督教创始人。这是对耶稣 Jesus 的尊称。

基督教 Christianity 与佛教、伊斯兰教并称世界三大宗教。公元一世纪起源于巴勒斯坦。以《旧约全书》、《新约全书》为圣经。4 世纪时被罗马帝国定为国教。1054 年分裂为罗马天主教和希腊正教。

勒克莱尔 Leclerc, C. V. 1772—1802，法国将军，拿破仑妹夫。

勒努瓦 Etienne Lenoir 1822—1900，比利时发明家。

勒康特 Lecomte 法国军人。

菲利普二世 Philip Ⅱ 西班牙国王

（1556— 1598），英国女王玛丽一世丈夫。葡萄牙国王（Philip Ⅰ）。

菲利普五世 Philip Ⅴ 西班牙国王（1700—1746）。

菲利普四世 Philip Ⅳ 西班牙国王（1621—1665）。

菲利普四世 Philip Ⅳ 法国国王（1285—1314）。

萧伯纳 Shaw，G. B. 1856—1950，英国剧作家，评论家，费边社会主义者。

萨凡·莫洛佐夫 Savva Morozov 俄国工厂主。

萨尔茨堡 Salzburg 今奥地利西北部城市。

萨伏伊 Savoy 位于日内瓦湖以南的山区。原为一公国，曾属于意大利。

萨多瓦 Sadowa in Koniggratz 普奥决战战场。

萨克森 Saxony，Sachsen 位于德国东部。

萨拉托加 Saratoga 位于纽约州北部，因为 1777 年战役而闻名。

萨拉哥萨 Zaragoza 西班牙东北一省名、省会名。

萨姆博人 Zambos 黑人与印第安人后代。

梵蒂冈 Vatican 在罗马城内。

梅克伦堡 Mecklenburg 位于德国易北河与梅克伦堡湾之间的地区。

梅里叶，梅叶 Jean Meslier 1664—1729，法国乡村牧师、空想共产主义者。

梅特涅 Metternich，C. W. L. 奥地利外交大臣（1809—1848）。

梅维森 Mevissen，G. von 1815—1899，德国银行家。

梅斯 Metz 法国东北部城市。

梅森—迪克逊线 Mason-Dixson's Line。

梯也尔 Thiers，L. A. 法国总统（1871—1873），历史学家。

梯也里 Thierry，J. N. A. 1795—1856，法国历史学家。

副王 Viceroy

副助祭（副执事） subdeacon

雪莱 Shelley，P. B. 1792—1822，英国抒情诗人。

曼宁 Daniele Manin 1804—1857，意大利爱国者，威尼斯共和国总统，民族协会主席。

曼托瓦 Matua 意大利城市。

曼托瓦，曼图亚 Mantova，Mantua 意大利北部城市。

曼佐尼 Alessandro Manzoni 1785—1873，意大利诗人、小说家。

曼彻斯特 Manchester，E. M. 1602—1671，英国内战中议会军将军。克伦威尔指责他不称职。

曼罗耶尔一世 Manoel Ⅰ 葡萄牙国王（1495—1521），外号“幸运者”，在位时拥有庞大的殖民帝国。

圈地运动 Enclosure 圈占耕地 inclosure and engrossing。

移民始祖 Pilgrim Fathers in North America。

笛卡尔 Rene Descartes 1596—1650，法国哲学家、解析几何与光学奠基人。

笛福 Deniel Defoe 1660—1731，英国作家。

领主 Lord 与 Vassal 相对而言。

康华里 Charles Cornwallis 1738—1805，英国将军。曾任印度、爱尔兰总督。

康帕内拉 Tommaso Campanella 1568—1639，意大利空想共产主义者。

康科德 Concord 位于波士顿以西。

康普豪森 Ludolf Camphausen 1803—

1890，实业家、普鲁士首相。

康德　Immanuel Kant 1724—1804，德国哲学家、科学家。

盖耶　Ludwig Geyer 波罗罗兹市棉纺厂主。

盖奇　Thomas Gage 北美殖民地英军总司令（1763—1774）。

盖得　Guesde，M. B. J. 1845—1922，法国工人党创始人之一。

清教徒　Puritan 16 世纪中期，一部分英国国教徒主张按卡尔文教义“纯洁”教会。80 年代他们脱离国教而独立，90 年代以后分为两派：激进的称之为独立派 Independent；温和的称之为长老派 Presbyterian。

寇松　Curzon，G. N. C. 印度总督（1898—1905），英国外交大臣（1919—1924）。

密执安　Michigan 密歇根州，美国。

密拉特　Meerut 印度北方邦西部城市。

屠格屠夫　Turgenev，I. S. 1818—1883，俄国作家。

骑士党人　Cavaliers 指英国保王党人。

维尔纳　Vilna，Vilnius 维尔纽斯，立陶宛首都。

维尼奥　Vergniaud，P. V. 1792—1793 年当选为法国立法议会、国民公会议长。1793 年 10 月被雅各宾派处死。

维吉尔　Virgil，Vergilius Maro 公元前 70—19，罗马诗人。

维亚　Villa，F. 18771923，墨西哥农民军领袖。

维克斯堡　Vicksburg 密密西河下游要塞。

维利希　August Willich 1810—1878，德国人，共产主义者同盟领导人之一，宗派集团首领。

维拉弗朗卡　Villafranca 法国与撒丁在此村秘密媾和。

维罗那　Verona 意大利北部城市。

维柯　Vico，G. B. 1668—1744，意大利哲学家、近代历史哲学创立者。

维特　Witte，S. Y. 俄国财政大臣（1892—1903），首相（1905—1906）。

维登堡　Wittenberg 德国东部城市。

十二画

琼斯　Jones，E. C. 1819—1869，英国宪章运动左翼领导人。

塔夫脱　Taft，W. H. 美国总统（1909—1913）。

塔列朗　Talleyrand-Perigord，C. M. de，1754—1838，法国外交家。

塔勒　Thalers 德国货币。4 塔勒兑换 7 弗罗林（1838）。

提尔西特条约　Treaties of Tilsit

提拉克　Tilak，B. G. 1856—1920，印度国大党领袖、民族主义运动领导人之一。

提道尔（素丹国）　Tidore Sultanate 印尼马鲁古群岛上出产丁香的岛国。

博马舍　Beaumarchais，P. A. C. 1732—1799，法国剧作家。

博丹　Jean Bodin 1530—1596，法国政治理论家。

博罗迪诺　Borodino 莫斯科以西村庄名。

彭德尔顿法　Pendleton Act．确立美国文官制度的法令，1883 年提出。

斯大林　Stalin，J. V. 1879—1953，前苏共和苏联领导人，曾长期支配国际共产主义运动。

斯托夫人　Stowe，H.（E.）B. 1811—1896，美国女作家。

斯托雷平 Stolypin，P. A. 俄国首相（1906—1911）。

斯达非斯非特 Stassfaurd 德国地名。

斯多葛主义 Stoicism

斯汤达 Stendhal 1783—1842，法国作家。

斯坦利 Stanley，H. M. 1841—1904，英国探险家。

斯图尔特·穆尔 John Stuart Mill 1806—1873，苏格兰经济学家、哲学家。

斯威夫特 Jonathan Swift 1667—1745，爱尔兰讽刺小说家。

斯科特 Dred Scott 1795—1858，美国黑人奴隶。

斯特劳斯 Straub，D. F. 德国神学家，史学家。

斯特拉福 Strafford，T. W. 1593—1641，英王宠臣。

斯特恩 Laurence Sterne 1713—1768，英国幽默小说家。

斯海尔德河 Schelde 欧洲西部河流，在安特卫普入海。

斯宾诺莎 Baruch Spinoza 1632—1677，荷兰哲学家。

斯宾塞 Herbert Spencer 1820—1903，英国哲学家，社会学家。

斯温运动 Swing

联邦议会 Reichsrat（德国）。

葛底斯堡 Gettysburg 位于美国宾州南部。

蒂克 Tieck，J. L. 1773—1853，德国诗人。

蒂罗尔 Tirol，Tyrol 今奥地利西南部。

蒂博尼哥罗 Dipanagara 1785—1855，印尼中爪哇农民起义领袖 1825—1830。

惠特尼 Eli Whitney 1765—1825，美国发明家，发明轧花机。

雅各宾派 Jacobin 在法国革命中，原指那些在巴黎圣·雅各宾修道院参加革命活动的俱乐部成员；后指共和派左翼。1793 年他们推翻吉伦特派统治，推行极左政策，史称雅各宾专政。

斐扬派 Feuillants 法国革命期间国民议会中的温和派。

斐多菲 Petofi Sandor 1823—1849，匈牙利爱国者、诗人。

斐迪南一世 Ferdinand Ⅰ 匈牙利和波希米亚国王（1526—1564），神圣罗马帝国皇帝（1558—1564）。

斐迪南二世 Ferdinand Ⅱ 神圣罗马帝国皇帝（1619—1637）。

斐迪南二世 Ferdinand Ⅱ 阿拉贡国王（479—1516）1，1469 年与卡斯提王储伊萨贝拉结婚。1479 年两国合并，改称卡斯提国王斐迪南五世。

斐迪南七世 Ferdinand Ⅶ 西班牙国王（1808、1814—1833）。

辉格党人 Whigs

赎罪券 indulgence

黑格尔 Hegel，G. W. F. 1770—1831，德国哲学家。

黑幕揭发 muckraking

傅立业 Fourier，C. 1772—1837，法国空想社会主义者。

奥比亚 Obbia 索马里港口。

奥古斯丁 Augustine of Hippo，St. 354—430，希波的主教。早期基督教神学家、哲学家。有《上帝之城》等著作。他的神学思想在 5—12 世纪的西欧教会里居统治地位。

奥尔良 Orleans 法国中部城市。

奥尔良公爵 Duke Orleans 1640—1701 法国路易十四之弟。其后裔路易·菲利普是国王（1830—1848）。

奥尔斯塔特 Auerstadt 德国地名。

奥尔斯滕堡 Augustenburg 德国地名。

奥兰 Oran 阿尔及利亚北部港市。

奥托 Otto, N. A. 1832—1891，德国工程师，研制成四冲程内燃机（1876）。

奥托一世 Otto Ⅰ 德意志萨克森国王（936—973），神圣罗马帝国皇帝（962—973）。

奥托二世 Otto Ⅱ 萨克森国王、神圣罗马帝国皇帝（973—983）。

奥格斯堡 Augsburg 德国南部城市。

奥斯特里茨 Austerlitz 捷克布尔诺市东一村庄名。

奥斯曼一世 Osman Ⅰ 又称 Ottoman Ⅰ，奥斯曼国家创建者。1299 年自称埃米尔。

奥斯曼突厥人 Ottoman Turkish 即土耳其人。

御前会议 Concilium Regis, King's Council。

腓特烈·威廉一世 Frederick William Ⅰ 普鲁士国王（1713—1740）。

腓特烈·威廉二世 Frederick William Ⅱ 普鲁士国王（1786—1797）。

腓特烈·威廉三世 Frederick William Ⅲ 普鲁士国王（1797—1840）。

腓特烈·威廉四世 Frederick William Ⅳ 普鲁士国王（1840—1861）。继位者威廉一世（1861—1888），统一后的德国皇帝。

腓特烈一世（红胡子） FrederickⅠ即巴巴罗萨 Barbarossa，德意志国王（1152—1190），神圣罗马帝国皇帝（1155—1190）。

腓特烈二世 Frederick Ⅱ 即腓特烈大帝，普鲁士国王 1740—1786。

鲁丁尼 Rudini, A. S. di 1839 —1908，意大利首相。

鲁克瑙 Lucknow 印度北方邦首府。

鲁伯特 Prince Rupert 1619—1682，英国内战中王党军队司令。内战失败后，他成为海盗，劫掠议会船只。复辟王朝时期被任命为海军司令。

鲁昂 Rouen 法国北部港市。

鲁道夫一世 Rudolph Ⅰ of Habsburg 德意志国王、神圣罗马帝国皇帝（1273—1291），哈布斯堡王朝奠基人。

普瓦提埃 Poitiers 法国 Vienne 省首府。

普列汉诺夫 Plekhanov, G. V. 1857—1918，俄国马克思主义理论家，革命家。

普拉西 Plassey 印度加尔各答北一村镇。1757 年英军在此大败印军，为英占印度之始。

普林尼 William Prynne 1600—1669，英国革命期间清教小册子的作者。

普罗达梅 Prodament 俄国铁路卡特尔组织。

普查廷 Putiatine, E. V. 俄国海军中将。

普莱斯堡条约 Tr. of Pressburg

普莱德 Thomas Pride 英国议会军上校。1648 年 12 月 6 日他奉全军会议之命率军队逮捕、驱逐了 140 多议员，此即“普莱德清洗”。

普特尼（争论） Putney（Debates）1947 年，伦敦近郊普特尼教堂展开的关于英国宪制的争论。

普通信徒 Layman 平信徒（有别于神职人员）。

普梯诺夫公司 Putilov Firm 俄国军工企业。

普雷斯顿 Preston 英国内战战场。

道格拉斯 Douglas, S. A. 1813—1861，美国民主党参议员。

曾格 Zenger, J. P. 1697—1746，纽约市记者。

温斯坦莱 Gerrard Winstanley 1609—1660，英国空想共产主义者，掘土派代言人。

温斯顿 Waston, J. C. 1904 年任澳大利亚工党政府总理和议会领袖（1901—1907）。

富尔顿 Robert Fulton 1765—1815，美国工程师，发明蒸汽轮船。

富兰克林 Benjamin Franklin 1706—1790，美国政治家、外交家、商人和科学家。

富格尔 Fugger 15—16 世纪拥有欧洲最大的商社、矿山和银行。其子 Jocob 和孙 Anton 时达全盛期。三十年战争后衰落。

谢瓦利埃 Michel Chevalier 1806—1879，法国经济学家、商人。

谢尔本 Shelburne or Lansdowne, W. P. 英国首相（1782—1783）。

谢尔曼 Sherman, W. T. 美国陆军总司令。

谢里木一世 Selim Ⅰ奥斯曼帝国素丹（1512—1520）。

谢林 Schelling, F. W. J . von 1775—1854，德国哲学家。

强权政治 Realpolitik

强权帝国时期 Authoritarian Period, 1852—1860 in France。

十三画

瑙罗吉 Naoriji, D. 1825—1917，印度国大党元老。

蓬巴杜夫人 Pompadour, J. A. P. Marquise de 1721—1764，路易十五的情人，法国艺术的保护者。

蒲柏 Alexander Pope 1688—1744，英国诗人。

蒲鲁东 Proudhon, P. J. 1809—1865，法国小资产阶级社会主义者、无政府主义创始人之一。

蒙田，蒙太涅 Montaigne, M. E. de 1533—1592，法国作家。

蒙克 George Monck 英国政治家。1651 年被任命为苏格兰的军区司令。1660 年他把流亡荷兰的查理一世之子请回国，取代了不得人心的护国主军人政府。复辟王朝开始。

蒙克 Monck, G. 1608—1670，英国将军。

蒙默斯公爵 Monmouth, J. S. Duke of 1649—1685，英国查理二世私生子。

赖德律—洛兰 Ledru-Rollin, A. A. 1807—1874，法国激进共和派政治家。

雷希德（帕夏） Reshid Pasha, Mustaafa 1800—1858，奥斯曼帝国外交大臣。

雷岛 ls. of Rhe 法国岛屿。

富歇 Joseph Fouche 1759—1820，拿破仑的警察首脑。

路布兰 Nicolas Leblanc 1742—1806，法国化学家。1791 年发明制造纯碱方法，现已淘汰。

路易·勃朗 Louis Blanc, J. J. C. 1811—1882，法国政治家。

路易·拿破仑·波拿巴 Louis Napoleon Bonaparte 1808—1873，拿破仑一世之侄。法国第二共和国总统（1848—1852），拿破仑三世（第二帝国 1852—1870）。

路易·菲利普　Louis Philippe 1773—1850，奥尔良公爵，法国七月王朝国王。

路易十一　Louis Ⅺ 法国国王（1461—1483）。

路易十三　Louis XⅢ 1610—1643，法国国王，先由其母后 Marie de Medicis 摄政至 1617 年；此后首相黎塞留大权在握。

路易十四　Louis XⅣ 法国国王（太阳王 1643—1715），1661 年亲政。

路德维希　Ludwig，C. F. W. 1816—1895，德国生理学家，生理学中物理化学学派奠基人。

简·西摩　Jane Seymour 1509—1537，英国王后，亨利八世第三个妻子。

魁奈　Francois Quesnay 1694—1774，法国经济学家、重农学派创始人和领袖。

詹姆士·穆尔　James Mill 1773—1836，苏格兰哲学家。

新不伦瑞克　New Brunswick 加拿大大西洋沿岸省，1784 年由新斯科舍省分出其北部建成。

新芬党　Sinn Fein 爱尔兰语：我们自己。1905 年成立的爱尔兰民族主义政党。

新帕扎尔　Sanjak of Novi Bazar 巴尔干地名。

新教徒　Protestants 原指路德教徒，也包括卡尔文、胡格诺、英国清教徒等。

新斯科舍　Nova Scotia 加拿大东南部一省。

塞卜泰　Sebta，Ceufa 休达 in Morocco（Sp）。

塞万提斯　Miguel de Cervantes 1547—1616，西班牙小说家、剧作家。

塞尔维特　Michael Servetus 1511—1553，西班牙出生的医生和神学家。

塞西尔　William Cecil 1563—1612，英国首席国务秘书 1558，从 1608 年起任财政大臣。

塞里姆三世　Selim Ⅲ 奥斯曼帝国素丹（1789—1807）。

塞拉西一世　Haile Selassic Ⅰ 原名马康南（T. Makonnen），埃塞俄比亚皇帝（1930—1974）。

塞琉西亚—伊斯法罕　Seleucia-Esfahan，伊朗地名。

塞缪尔·亚当斯　Samuel Adams 1722—1803，北美独立战争领导人之一。

塞缪尔·斯莱特　Sumuel Slater 英国技工。

福尔马尔　Vollmar，G. H. von 1850—1922，德国社会民主党右翼首领。

福吉谷　Forge Valley 费城以西一个荒凉的山谷。

福克斯　Fox，C. J. 1749—1806，英国辉格党领袖。1783 年与诺思组成短命的联合内阁。

福楼拜　Flaubert，G. G. 1821—1880，法国文学家。

十四画

赫尔戈兰岛　Helgoland 北海东南部的德国近海群岛。

赫尔岑　Herzen，A. I. 1812—1870，俄国政论家、革命理论家。

赫尔维谢　Helvetic，Helvetian 指瑞士新教徒（慈温利教徒 Zwinglian）。

赫希伯格　Karl Hochberg 1853—1885，德国社会主义工人党内的改良主义者。

赫茨　Theodor Herzl 1860—1904，犹太复国主义运动创始人。

赫斯基森 William Huskisson 1770—1830，英国保守党政治家。倡导自由贸易。

赫德尔 Herder，J. G. von 1744—1803，德国诗人、哲学家。

歌德 Goethe，J. W. von 1749—1832，德国剧作家、诗人和思想家。

豪 William Howe 北美独立战争时期的英军总司令（1776—1778）。

赛义德 Mohammed Said Pasha 埃及帕夏（1854—1863）。

缪拉 Joachim Murat 法国元帅，那不勒斯国王（1808—1813）。

缪拉托人 Mulattos 白人和黑人的后代。

十五画

撒丁王国 Kingdom of Sardinia 意大利统一前已获独立的那一部分，包括皮蒙特和撒丁岛。

撒丁岛 Sardinia，Sardegna 地中海第二大岛，现在属于意大利。

黎萨尔 Jose Rizal 1861—1896，菲律宾民族独立运动领袖。

黎塞留 Richelieu 1585—1642，法国路易十三的国务秘书兼御前会议主席，即首相（1624—1642），枢机主教。

德兰士瓦 Transvraal 南非（阿扎尼亚）东北部省份。

德克尔 Douwes Dekker，E. F. E. 印度尼西亚革命家。

德拉姆 Durham，J. G . L. 1792—1840，英国政治家。1839 年，他提交的“英属北美事务报告”为政府制定殖民地政策奠定了基础。

德雷克 Sir Francis Drake 1540—1596，英国航海家、舰队副司令（1588）。

德雷福斯案件 Dreyfus Affair 1894—1906 指诬陷法国犹太人军官的案件。

德意邦联议会 Bundestag

德意志邦联 German Confederation，Deutscher Bund.

德意志各邦议会 Landtag

德意志关税同盟 The Zollverein

德意志帝国银行 Reichs Bank

德穆兰 Camille Desmoulins 1760—1794，法国革命家、报纸编辑。

摩尔人 Moor 非洲西北部阿拉伯人与柏柏尔人的混血后代。公元 8 世纪成为伊斯兰教徒，进入并统治西班牙。

摩尔多瓦 Moldova，Moldavia 多瑙河下游地区，现在分属罗马尼亚和摩尔多瓦两国。

摩加迪沙 Mogadisha，Mogadishu 索马里首都。

摩西·布朗 Moses Brown 北美商人。

摩洛人 Moro 菲律宾棉兰老岛居民。

摩莱里 Morelly 生卒年不详，法国空想共产主义者。

摩根 Morgan，J. P. 1837—1913，美国金融家。

摩勒诺 Mariano Moreno 1778—1811，阿根廷革命领袖。

摩鹿加群岛 另见马鲁古群岛。

潘恩 Thomas Paine 英国左翼政论家，活跃于北美和法国革命大潮中，出版小册子《常识》（1776）、《人权》（1791）、《理性时代》（1793）。

十六画

薄伽丘 Giovanni Boccaccio 1313—1375，意大利作家。

融资 accommodation

霍布士　Thomas Hobbes 1588—1679，英国政治哲学家。亚里斯多德以来试图全面发展人性论的第一位思想家。

霍尔巴赫　Holbach，P. H. T. 1723—1789，法国启蒙思想家。

霍亨林登　Hohenlinden 德国巴伐利亚一小镇。

霍亨索伦家族　Hohenzollern 源于符腾堡的德国望族。家族主根系出自 1415 年勃兰登堡选侯。

霍金斯　Sir John Hawkins 1532—1595，英国奴隶贸易的开创者、海军将领。

穆扎法尔　Muzaffar ad Din 1853—1907，伊朗国王。

穆尔　James Mill 1773—1836，苏格兰哲学家。

穆尔　John Moore 1761—1809，英国政治家、军人。

穆尔　John Stuart Mill，1806—1873，英国哲学家、经济学家。

穆罕默德·阿里　Mohammed Ali Shah 1872—1925，伊朗国王。

穆罕默德·阿里　Muhammed Ali 埃及总督（1805—1848）。

穆罕默德五世　Muhammand V 奥斯曼素丹（1909—1918）。

穆斯塔法·卡迈尔　Mustapha Kamel 1907 重建埃及祖国党的政治家。

穆斯塔法四世　Mustapha IV 奥斯曼素丹（1807—1808）。

儒尔当　Jourde 法国军官。

十七画

戴维　Davy，Sir Humphry 1778—1829，英国化学家。

戴维斯　Jefferson Davis 1808—1889，美国内战时期南部邦联总统（1861—1865），民主党人，晚年著书为南部叛乱辩解。

戴维爵士　Sir Humphry Davy 1778—1829，英国化学家。

霞不列法　Le Chapelier 1791—1864，法国针对工人的法律

十八画

魏玛　Weimar 位于德国东部，爱尔福特以东伊尔姆 Ilm 河畔。

魏特林　Wilhelm Weitling 1808—1871，德国早期工人运动活动家、空想共产主义者。

图书在版编目（CIP）数据

近代文明史/张跃发，景晓强编著．—北京：
时事出版社，2021.10
ISBN 978-7-5195-0364-2

Ⅰ．①近…　Ⅱ．①张…②景…　Ⅲ．①文化史—世界—
近代　Ⅳ．①K103

中国版本图书馆 CIP 数据核字（2021）第 152317 号

出 版 发 行：时事出版社
地　　　址：北京市海淀区彰化路 138 号西荣阁 B 座 G2 层
邮　　　编：100097
发 行 热 线：（010）88869831　88869832
传　　　真：（010）88869875
电 子 邮 箱：shishichubanshe@ sina. com
网　　　址：www. shishishe. com
印　　　刷：北京良义印刷科技有限公司

开本：787×1092　1/16　印张：38.5　字数：642 千字
2021 年 10 月第 1 版　2021 年 10 月第 1 次印刷
定价：198.00 元
（如有印装质量问题，请与本社发行部联系调换）